醴陵年鉴

LILING YEARBOOK

2020

（总第34卷）

醴　陵　市　档　案　馆
醴陵市党史和市志研究室
编

方志出版社
Publishing House of Local Records

图书在版编目（CIP）数据

醴陵年鉴. 2020 / 醴陵市档案馆，醴陵市党史和市志研究室编. --北京：方志出版社，2020.12
ISBN 978-7-5144-4713-2

Ⅰ. ①醴… Ⅱ. ①醴… ②醴… Ⅲ. ①醴陵—2020—年鉴 Ⅳ. ①Z526.43

中国版本图书馆CIP数据核字（2021）第004683号

醴陵年鉴（2020）

编　　者：醴陵市档案馆　醴陵市党史和市志研究室
责任编辑：齐　笑

出 版 者：方志出版社
地址　北京市朝阳区潘家园东里9号（国家方志馆4层）
邮编　100021
网址　http://www.zgfzcb.cn
发　　行：方志出版社图书经销中心
电话（010）67110500
经　　销：各地新华书店
印　　刷：湖南省越来越好印务有限公司　0731-84453344

开　　本：889×1194　1/16
印　　张：23
字　　数：702千字
版　　次：2020年12月第1版　2020年12月第1次印刷
印　　数：0001～1200册

ISBN 978-7-5144-4713-2　定价：298.00元

醴陵年鉴编辑委员会

醴陵年鉴编辑部

编 辑 说 明

一、《醴陵年鉴》以马克思列宁主义、毛泽东思想、邓小平理论、“三个代表”重要思想、科学发展观、习近平新时代中国特色社会主义思想为指导，坚持辩证唯物主义和历史唯物主义的立场、观点和方法，记载年度内全市的政治、经济、文化、社会生活等方面的情况和重要事件，汇集信息资料，为各级领导决策和各界人士了解醴陵提供参考依据，为今后续修地方志收集和储存史料。

二、《醴陵年鉴（2020）》采用分类编辑法，以条目为主要记事形式，基本结构为类目、分目、条目3个层次，个别分目下设子目。根据2019年全市政治、经济、社会发展等实际情况，《醴陵年鉴（2020）》在篇目结构上有部分调整，共设特载、醴陵概览、大事记、中国共产党醴陵市委员会、醴陵市人民代表大会、醴陵市人民政府、中国人民政治协商会议醴陵市委员会、民主党派、群众团体、军事、法治、综合经济与管理、农业、工业、贸易·粮食、城建·环保、交通·邮政·通信、财政·税务、银行·保险、民政·社会保障、教育、文化和旅游·体育·传媒、医疗卫生、区·街道·镇、人物和附录类目，有146个分目、889个条目、702千字。全书有彩版37幅、照片150张，表格23个。

三、本年鉴文字由全市各撰稿单位提供，经单位负责人审核，由年鉴编辑部编辑、审校。由于统计数据的来源、口径、方式、时间的不同，所载数据存在不一致的情况，请读者以《醴陵市2019年国民经济和社会发展统计公报》为准（其中人口数以公安局年报为准）。文中数据增减比率在未注明的情况下均为与上年同期比较值。文中未特别注明的“省”“市”分别为“湖南省”“醴陵市”。

四、本年鉴附录类目中“主要机构及负责人名录”分目所列名录均由市委组织部提供，均以2019年1月1日至12月31日任职为准。

五、本年鉴照片主要由市融媒体中心、市创建工作领导小组办公室提供，部分照片由其他单位提供，所有照片均标注了供图单位或作者名称。本书照片未经供图单位或作者授权，任何单位或个人均不可转载、修改、编辑和复制。

醴陵市全景图（市档案馆 供图）

城市名片

经济综合发展全国百强县（市）

基本竞争力全国百强县（市）

营商环境全国百强县

全国投资潜力百强县（市）

全国科技创新百强县（市）

全国新型城镇化质量百强县（市）

中国县级市全面小康指数前 100 名

国家园林城市

湖南省文明城市

仙岳胜境（彭雪飞摄）

醴陵数字 2019

土地面积：2156.6 平方公里
户籍人口：1052264 人
地区生产总值：716.4 亿元
第一产业增加值：60.5 亿元
第二产业增加值：371 亿元
第三产业增加值：284.9 亿元
三次产业结构：8.4:51.8:39.8
财政总收入：73.32 亿元
一般公共预算收入：43.97 亿元
公共财政预算支出：76.4 亿元

农作物播种面积：70 千公顷
粮食总产量：48 万吨
工业总产值：增长 14.1%
规模以上工业企业：548 家
规模以上工业企业产值：增长 15.8%
陶瓷产业产值：增长 13.5%
鞭炮烟花产业产值：增长 9.5%
建筑业增加值：57.5 亿元
房地产开发企业：53 家
商品房销售面积：83.9 万平方米

渌江书院

（渌江书院建设项目指挥部办公室 供图）

商品房销售额：48.9 亿元

固定资产投资：增长 14.2%

工业投资：增长 14.9%

高新技术产业投资：增长 50.3%

基础设施投资：增长 11.4%

民生投资：增长 65.7%

房地产开发投资：增长 16.4%

社会消费品零售总额：248.3 亿元

外贸进出口总额：5.1 亿美元

接待国内外游客：801.35 万人次

旅游综合收入：83.25 亿元

金融机构各项存款余额：392.7 亿元

金融机构各项贷款余额：265.4 亿元

基础教育学校：490 所

学校、幼儿园教职工：11459 人

医疗卫生机构：686 个

每千人口拥有：医生 2.2 人、护士 3.2 人

自然村通水泥（沥青）路建设：379.52 公里

城乡居民人均可支配收入：36582 元

——数据统计摘自《2019 年醴陵市国民经济和社会发展统计公报》

JIAN SHE "SI GE LI LING"
建设“四个醴陵”

中共醴陵市委十二届八次全体（扩大）会议暨市委经济工作会议 （市融媒体中心 供图）

市委书记胡湘之出席中共醴陵市委十二届八次全体（扩大）会议暨市委经济工作会议 （市融媒体中心 供图）

市委副书记、市人民政府市长董巍出席中共醴陵市委十二届八次全体（扩大）会议暨市委经济工作会议 （市融媒体中心 供图）

中共醴陵市委十二届八次全体（扩大）会议暨市委经济工作会议主席台 （市融媒体中心 供图）

醴陵市第十六届人民代表大会第五次会议 （市融媒体中心 供图）

市人大常委会党组书记、主任贺小玲出席醴陵市第十六届人民代表大会第五次会议 （宋丹 摄）

人大代表通过相关决议决定 （杨杰 摄）

出席醴陵市第十六届人民代表大会第五次会议的人大代表 （杨杰 摄）

中国人民政治协商会议醴陵市第十四届委员会第五次会议 （宋丹 摄）

政协醴陵市委员会党组书记、主席江曙明主持政协醴陵市第十四届委员会第五次会议 （宋丹 摄）

中国人民政治协商会议醴陵市第十四届委员会第五次会议开幕式 （宋丹 摄）

中国人民政治协商会议醴陵市第十四届委员会第五次会议闭幕式 （宋丹 摄）

CHAN YE FA ZHAN
产业发展

中建材碲化镉发电玻璃项目在湖南醴陵经济开发区东富工业园玻璃产业园开工，株洲市委书记毛腾飞出席（王志翔 摄）

市委书记胡湘之出席“产业项目建设年”集中开工仪式，醴陵玻璃产业园一期6个项目同时开工（市融媒体中心 供图）

“第二届创新湖南高峰论坛——2019年区域科技创新与经济高质量发展峰会”在醴陵市召开（市融媒体中心 供图）

醴陵市召开2019年中小企业政策宣传月活动暨三季度“四个十条”政策兑现大会（市融媒体中心 供图）

醴陵市召开贯彻落实减税降费政策新闻发布会（市融媒体中心 供图）

东城大道项目建成通车仪式（市融媒体中心 供图）

“产业项目建设年”集中开工仪式现场（市融媒体中心 供图）

QUAN YU LV YOU
全域旅游

醴陵故事酒吧街区开街 （市融媒体中心 供图）

醴陵故事酒吧街夜景 （市融媒体中心 供图）

“一江两岸”——“醴陵门”落成
（市融媒体中心 供图）

“一江两岸”新人行景观桥——青云桥效果图
（市融媒体中心 供图）

醴陵故事酒吧街 （市融媒体中心 供图）

2019 年醴陵市春季乡村文化旅游节在船湾镇清水湾畔举行
（市融媒体中心 供图）

2019 年醴陵市夏季乡村文化旅游节在均楚镇君子山生态文化景区开幕
（市融媒体中心 供图）

5 月 27 日，2019 年省级工业旅游示范点名单发布，醴陵市新世纪艺术馆、湖南醴陵釉下五彩城开发建设有限公司、湖南湘瓷实业有限公司 3 家单位上榜。

醴陵瓷谷（湖南醴陵釉下五彩城开发建设有限公司）
（市文化旅游广电体育局 供图）

湖南湘瓷实业有限公司 （市文化旅游广电体育局 供图）

醴陵市新世纪艺术馆 （市文化旅游广电体育局 供图）

WEN WU HE WEN HUA YI CHAN BAO HU

文物和文化遗产保护

醴陵窑月形湾古窑开馆仪式 （王志翔 摄）

9月29日，全国重点文物保护单位醴陵窑月形湾古窑厂复原陈列馆开馆，为湖南省首个制瓷古窑址复原陈列馆。

醴陵窑月形古窑外景 （王志翔 摄）

醴陵窑月形湾古窑内景 （王志翔 摄）

醴陵窑月形湾古窑内景 （王志翔 摄）

3月4日，湖南省第十批省级文物保护单位名单公布，耿传公祠（耿飚旧居）、醴陵群力瓷厂旧址、孙家湾窑址、毛泽东考察湖南农民运动旧址——醴陵文庙和毛泽东考察湖南农民运动旧址——醴陵火车站旧址5处文物保护单位入选。

耿传公祠（耿飚旧居）（市文化旅游广电体育局 供图）

毛泽东考察湖南农民运动旧址——醴陵文庙
（市文化旅游广电体育局 供图）

毛泽东考察湖南农民运动旧址——醴陵火车站旧址
（市文化旅游广电体育局 供图）

孙家湾窑址 （市文化旅游广电体育局 供图）

醴陵群力瓷厂旧址 （市文化旅游广电体育局 供图）

MIN SHENG SHI SHI

民生实事

12 月 18 日，湖南中医药大学第一附属医院“湘中医·医疗联盟单位”暨张涤名医工作室在醴陵市白兔潭镇中心卫生院（醴陵市二医院）成立 （市融媒体中心 供图）

6 月 21 日，2019 年全国食品安全宣传周（株洲）启动仪式在醴陵市举行 （杨炼 摄）

9 月 3 日，湖南工业大学醴陵陶瓷学院竣工开学 （王志翔 摄）

9 月 3 日，醴陵市民中心开放运营 （市融媒体中心 供图）

2019 年 6 月，狮子坡水厂提质扩容改造工程竣工投产 （市瓷城水务发展有限公司 供图）

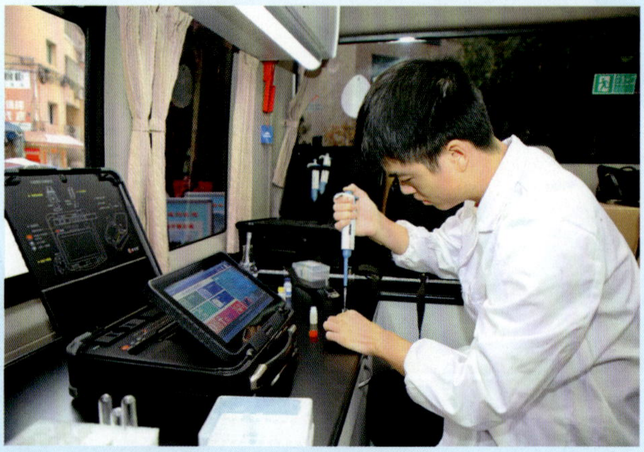

食品安全快速检测车进社区 （杨炼 摄）

JING ZHUN FU PIN
精准扶贫

市委书记胡湘之（左二）调研枫林镇精准扶贫工作

（王志翔 摄）

市委副书记、市长董巍（前左）在明月镇云岩居委会调研扶贫工作

（市扶贫开发领导小组办公室 供图）

扶贫展销会上，后盾单位、社会爱心人士和周边村民认购贫困户生产的农产品

（市扶贫开发领导小组办公室 供图）

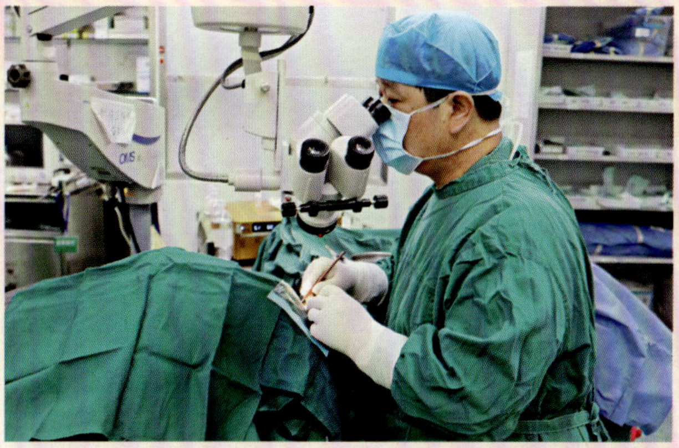

湖南省“光明扶贫”工程“复明 10 号”流动手术车湖南醴陵站，为 138 名家庭贫困的白内障患者免费实施手术

（市扶贫开发领导小组办公室 供图）

精准扶贫政策宣传板报 （王志翔 摄）

醴陵市扶贫开发领导小组全体会议 （宋丹 摄）

KANG HONG JIU ZAI
抗洪救灾

7月7日，醴陵市召开抗洪抢险生产自救动员大会 （市融媒体中心 供图）

市委书记胡湘之现场指挥抗洪救灾工作 （市融媒体中心 供图）

市委副书记、市长董巍查看洪灾情况 （市融媒体中心 供图）

军民奋战齐抗洪 （黄珂 摄）

抗洪救灾爱心捐赠物资 （市融媒体中心 供图）

灾后防疫 （市卫生健康局 供图）

转移受灾群众 （市来龙门街道 供图）

发放救灾物资 （市来龙门街道 供图）

灾后清扫街道 （市来龙门街道 供图）

LU JIANG SHU YUAN
渌江书院

（渌江书院建设项目指挥部办公室 供图）

胡湘之、贺美华、孙建平、刘海宾、贺小玲、江曙明、易文星共同为渌江书院成为湖南大学岳麓书院战略合作单位、学生实习基地及湖南图书馆合作共建单位揭牌。

文化产品

学生到渌江书院开展文化活动

渌江讲坛邀请国内知名学者，围绕国学经典、诗词艺术、文学历史、经济金融等领域开展讲座交流

渌江讲坛

吕中元画展作品

渌江书院全景

图书阅览室

文韬武略的书院学子

渌江书院正门

民国楼

日月亭

吟诗古樟

五贤堂

CHENG SHI CHUANG JIAN HE XING FU LI LING GONG ZUO
城市创建和幸福醴陵工作

（市城市创建工作领导小组办公室 供图）

仙山公园樱花园

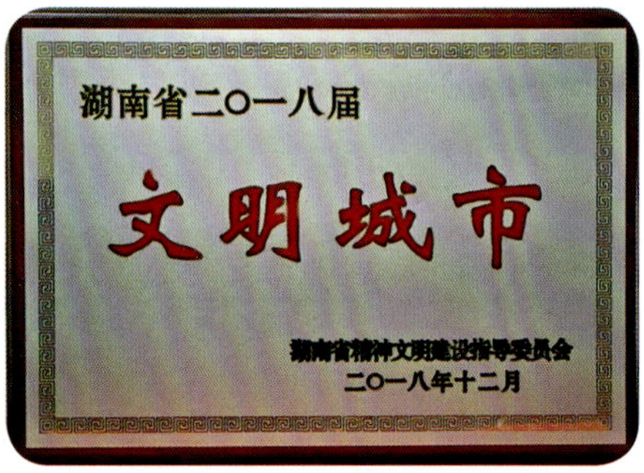

2019 年，城市创建工作在市委、市政府的坚强领导下，坚持“创建为民、创建惠民”的理念，紧扣迎检目标，根据国家城市创建标准要求，结合专家指导意见，对标对点、合力攻坚，圆满完成市委、市政府下达的工作任务。成功创建省级文明城市，并以全省第一名 93.21 分的成绩顺利通过省级文明城市年度文明程度指数测评；顺利通过国家园林城市园林绿化遥感测试、资料申报、现场考查，成功创建“国家园林城市”；顺利通过国家卫生城市省级考核鉴定、国家资料申报和暗访检查；幸福醴陵建设被评为株洲先进。城市面貌日新月异，市民的获得感、归属感、幸福感不断增强。

创建国家园林城市

7月26日，市委、市政府召开创建国家园林城市攻坚动员大会

10月14日，中国公园协会会长刘佳福带领国园专家组到醴陵市现场考查国家园林城市创建工作

10月14日，国园现场考查专家组组长石继渝一行在市文化路核查遥感图斑

4月17日，市委副书记邹志超主持召开创国园遥感黄斑修复工作调度会

3月5日，市人大常委会副主任、市创建办主任翁菊清主持召开创园工作推进会

创建国家文明城市

10 月 8 日，市委、市政府召开迎接湖南省文明城市复查模拟测评情况反馈会

市直部门组织开展“文明醴陵爱心助考”活动

志愿者参加禁毒日主题活动

市创建办机关干部参加志愿服务活动

华塘村新时代文明实践站

创建国家卫生城市

5 月 31 日，市委、市政府召开创建国家卫生城市省级考核鉴定反馈会

5 月 29 日，省爱卫办主任倪友新到太一市场就醴陵市创建国家卫生城市进行省级考核鉴定

7 月 11 日，市创建办机关干部在南门市场协助清理“7·9”洪灾后的垃圾

6 月 17 日，副市长陈佳深入建筑工地督查创建工作

城市创建一瞥

状元洲文化公园

寨南路小游园

书院小游园

会展中心林荫停车场

醴陵夜景

“一江两岸”游园

财源塔广场

滨河路林荫大道

凤凰大道

城乡统筹·幸福醴陵

7 月 26 日，市委、市政府召开“城乡统筹 · 幸福醴陵”工作推进会

4 月 22 日，市委副书记、市长董巍专题调度“城乡统筹·幸福醴陵”工作

“城乡统筹 · 幸福醴陵”三社联动——社工与社会组织一同看望老人

“马放塘社区 + 义工联合会 + 社区志愿者 + 专业社工”开展保护渌江河活动

“世界读书日”全民阅读活动

市图书馆星海明筑分馆开展阅读伴成长活动

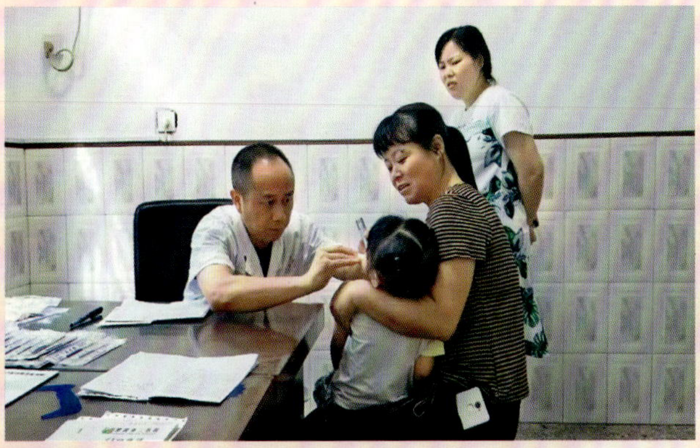

省儿科专家、“湘雅乡情”教授张涤在白兔潭镇中心卫生院坐诊

泗汾镇中心卫生院高血压示范门诊

醴陵福田医养中心

东岗村养老服务日间照料中心

2019 HU NAN (LI LING) GUO JI TAO CI CHAN YE BO LAN HUI

2019 湖南（醴陵）国际陶瓷产业博览会

“2019 湖南（醴陵）国际陶瓷产业博览会”启动仪式 （市融媒体中心 供图）

“2019 湖南（醴陵）国际陶瓷产业博览会”开幕式 （市融媒体中心 供图）

“2019 湖南（醴陵）国际陶瓷产业博览会”展销现场 （市融媒体中心 供图）

重大项目签约仪式 （王志翔 摄）

高校艺术陶瓷作品 （王志翔 摄）

全国艺术高校（醴陵）陶瓷创新设计孵化基地授牌仪式 （王志翔 摄）

醴陵市陶瓷文创设计与产业化合作项目文本交换仪式 （王志翔 摄）

2019 年“北京艺术毕业季”全国百校联展、高校艺术生活陶瓷展文创设计作品 （王志翔 摄）

DI SI JIE ZHONG GUO YAN HUA BAO ZHU BO LAN HUI JI
第四届中国烟花爆竹博览会暨

签约活动 （宋丹 摄）

辽宁专场对接会 （宋丹 摄）

第四届中国烟花爆竹博览会暨 2019 醴陵烟花爆竹交易会开幕式现场 （市融媒体中心 供图）

2019 LI LING YAN HUA BAO ZHU JIAO YI HUI
2019 醴陵烟花爆竹交易会

爆竹传统手工艺演展 （宋丹 摄）

博览会焰火文艺晚会 （肖陵 摄）

博览会展销现场 （市融媒体中心 供图）

烟花爆竹展厅 （肖礼群 摄）

2019 HU NAN LI LING FANG DI CHAN BO LAN HUI
2019 湖南醴陵房地产博览会

2019 湖南醴陵房地产博览会开幕式 （市融媒体中心 供图）

“2019 湖南醴陵房地产博览会”内场 （杨炼 王志祥 贺宇 摄）

参展的房地产企业 （王志祥 贺宇 摄）

纪念耿飚 110 周年诞辰

8 月 26 日，醴陵市举办纪念耿飚 110 周年诞辰座谈会
（杨炼 摄）

8 月 28 日，大型话剧《耿飚将军》在醴陵中国陶瓷谷国际会展中心首次演出
（市融媒体中心 供图）

耿飚亲属到椟木岭中学参观 （杨炼 摄）

耿飚亲属到耿传公祠参观 （杨炼 摄）

纪念李立三 120 周年诞辰

11 月 18 日，醴陵市举办纪念李立三 120 周年诞辰座谈会 （杨炼 摄）

11 月 18 日，“纪念李立三 120 周年诞辰”纪念封首发仪式在李立三故居举行 （杨炼 摄）

纪念李立三 120 周年诞辰文艺汇演 （杨炼 摄）

李立三亲属资助贫困学生仪式合影 （市委宣传部 供图）

李立三亲属参观李立三故居 （杨炼 摄）

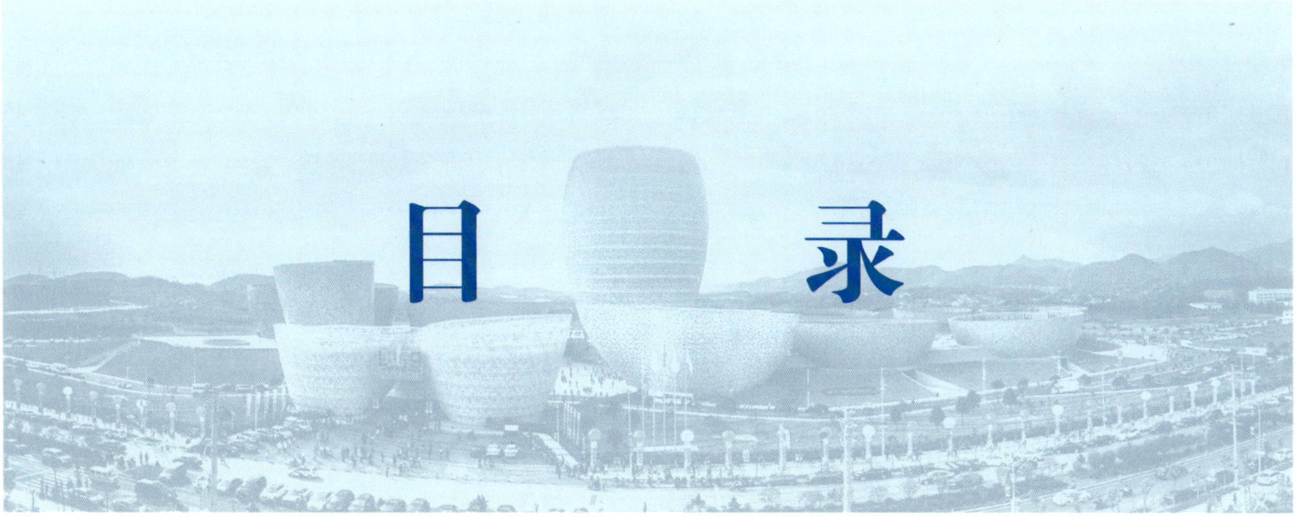

目 录

特 载

醴陵概览

大 事 记

中国共产党醴陵市委员会

醴陵市人民代表大会

醴陵市人民政府

中国人民政治协商会议醴陵市委员会

民主党派

群众团体

军 事

法 治

综合经济与管理

农　业

工　业

贸易·粮食

城建·环保

交通·邮政·通信

财政·税务

银行·保险

民政·社会保障

教 育

文化和旅游·体育·传媒

医疗卫生

区·街道·镇

人　物

附　录

索　引

突出高质量发展主题
加快迈进县域经济千亿时代

——在市委十二届八次全体（扩大）会议
暨市委经济工作会议上的讲话

中共醴陵市委书记　胡湘之

（2020 年 1 月 4 日）

一、我们已具备高质量发展的坚实基础

2019 年，是务实进取、奋发有为的一年。这一年，大事、难事、要事特别多，每一件都扎扎实实、圆圆满满。我们接受省委巡视的政治检阅，经受主题教育的思想洗礼，战胜历史罕见的洪涝灾害，建成醴陵陶瓷学院，举办陶瓷博览会、花炮博览会，举行新中国成立 70 周年系列庆祝活动以及李立三诞辰 120 周年、耿飚诞辰 110 周年纪念活动，创建“省级文明城市”“国家园林城市”，收获省级平安市、全省外贸先进市、全省民政工作先进市、全省交通平安市、全省“七五”普法先进市等 50 余项省部级以上荣誉。高质量发展态势明显，主要体现在“十个新”：

政治建设得到新加强。始终把政治建设摆在首位，推动全市把准政治方向，筑牢政治忠诚，坚决做到“两个维护”（坚决维护习近平总书记在党中央和全党的核心地位，坚决维护党中央权威和集中统一领导）。从讲政治的高度抓好省委巡视整改，立行立改事项全部办结，信访件办结率 94.5%，反馈的 5 个方面、48 个具体问题全部完成整改，稳妥解决群众买房办证、城乡垃圾处理等一批困扰多年的历史难题，健全完善项目招投标、国企薪酬管理等 23 项规章制度。扎实开展“不忘初心，牢记使命”主题教育，市委常委班子率先垂范、以身作则，带动各级党组织和广大党员干部集中研讨 5000 余场、检视问题 4900 余个、解决群众难题 3000 余个，立足于思想上的深学笃用，内化为行动上的追随看齐。

县域实力迈上新台阶。综合实力首次挺进全国五十强，名列第 46 位；基本竞争力跃升至全国百强第 70 位。位居营商环境全国百强第 26 位、全省第 3 位，跻身全国投资潜力百强第 57 位、科技创新百强第 49 位、新型城镇化质量百强第 55 位、全国县级市全面小康测评第 59 位。全年地区生产总值增长 8.3%。完成一般公共预算收入 43.97 亿元，增长 5.2%，实现财政总收入 73.32 亿元。规模以上工业增加值增长 10.5%，固定资产投资增长 14.2%，社会消费品零售总额增长 10.4%。园区实现技工贸收入 518 亿元，增长 17%。陶瓷、花炮、玻璃产业产值逆势增长 13.5%、9.5%、12.1%。农业生产在大灾之年保持稳定，粮食总产与往年持平。全域旅游蓬勃发展，全市接待游客 801.35 万人次，旅游综合收入 83.25 亿元。三次产业结构比优化为 8.4 ∶ 51.8 ∶ 39.8。

三大攻坚战实现新突破。突出防范化解债务风险，隐性债务零新增，金融运行总体平稳、可防可控。深入推进脱贫攻坚，年内 261 户 618 人如期脱贫，解决"两不愁三保障"（不愁吃、不愁穿，义务教育、基本医疗、住房安全有保障）问题 839 个，巩固脱贫"九清零"（教育扶贫问题清零、健康扶贫问题清零、住房安全保障问题清零、安全饮水问题清零、致贫返贫问题清零、扶贫小额信贷风险清零、光伏扶贫问题清零、群众对扶贫工作不满意的问题清零、扶贫领域信访舆情问题清零）工作获株洲市第一名，贫困户分类管理工作被国务院专刊推介。抓好污染防治，渌江水质稳定保持Ⅲ类以上，主要河段达到Ⅱ类标准。完成种植结构调整面积 6.59 千公顷。全年空气优良天数 340 天，优良率上升至 93.1%。

防汛抗灾夺取新胜利。面对历史罕见的特大雨情汛情，全市上下有效应对、科学调度，20 余万名干群投入抗洪抢险，安全转移受灾群众 7.8 万人，解救受困群众 4.3 万人，实施灾后重建项目 236 个，做到了损失降到最低、抢救速度最快、抢险效果最好、灾后重建最实。人民群众自发向党委、政府送来锦旗和感谢信。全省灾后重建现场推进会在醴陵市召开，"醴陵经验"在全省推介。

项目建设取得新进展。实施重点项目 261 个，完成投资 315 亿元。新签约项目 115 个，合同引资 296 亿元，项目数、引资数再创历史新高。碲化镉发电玻璃、华瓷汇总部经济中心等 116 个项目相继开工，旗滨电子玻璃、电瓷检验检测中心等 88 个项目竣工运营。玻璃产业园入驻企业 8 个。完成征地 548.8 公顷，征拆 1326 栋（套），58 个项目征拆清零，新开工建设标厂 20 余万平方米。深入推进温暖企业"三百"（百家单位帮扶企业、百家企业成长计划、企业问题百日销号制度）行动，企业满意度达 99.7%。累计兑现"四个十条"（《关于促进经济开发区招商引资的十条政策》《关于促进陶瓷产业发展的十条政策》《关于促进花炮产业发展的十条政策》《关于促进大众创业万众创新的十条政策》）奖补资金 1.7 亿元，惠及企业 1500 余家次。减税降费 3.66 亿元，以政府税费的"减法"，换来市场效益的"加法"，年内新增市场主体 7564 家。

改革开放激发新活力。年度重点改革任务 22 项全面完成、6 项有序推进。党政机构改革、事业单位分类管理、园区体制改革成效明显。全面完成并组工作，全市村民小组由 8147 个减少到 3775 个，精减 53.7%。农村土地确权登记颁证率达 95%。新市民中心投入使用，畅通"简政放权、便民利企"最后一公里。供销社综合改革经验在全省推介，市供销社被全国供销总社授予"金扁担改革贡献奖"。株洲市级以上研发平台增至 26 个，新增省级"小巨人"企业 7 家。陶瓷博览会、花炮博览会共吸引海内外近 700 家企业参展，成交额近 200 亿元，现场签约 175 亿元，参观人次 60 余万。主动对接"一带一路"，举办跨境电商峰会，组织企业参加德国纽伦堡礼品展、法兰克福消费品展、汉诺威工业博览会等重大国际展会。自营进出口企业增至 397 家，外贸进出口总额突破 5 亿关口，达 5.1 亿美元。

城乡环境展现新面貌。东城大道、333 省道等道路建成通车，交通内成网、外成环。境内高速出入口达 8 个，"四通八达、说走就走"已成现实。搬迁新建姜湾、阳三石等农贸市场 11 个，新汽车西站竣工投入使用，建成寨子岭公园、东岸游园等一批城市休闲绿地。千年古迹"醴陵门"原址重现，"一江两岸"酒吧街区正式运营。着力改善农村人居环境，植树 132 万株，完成农户改厕 2 万户、"四类房"（违建房、危旧房、空心房、偏杂房）整治 101 万平方米，完成农村公路建设 3 年计划，硬化、拓宽道路 400 余公里。佘溪村入选全国乡村治理示范村，五彩陶瓷小镇获批省级特色产业示范小镇，白兔潭镇获评全省"美丽乡村"示范镇。新增现代农业龙头企业 10 家，吉泰、清泥湾等企业在省股交所股改挂牌。"醴陵玻璃椒"入选农业农村部"一村一品"名录。获评全省"茶油大县"。

民生民利得到新改善。将七成以上财力用于民生，全面完成为民办实事项目。城、乡居民人均可支配收入增长 8.9%、9%。新增城镇就业 7361 人，农村劳动力转移就业 4070 人。社会保险扩面提质，参保人数达 78.8 万人。城乡低保、特困供养全面提标。有效防控非洲猪瘟，确保疫情不过境、不入境。完成棚户区改造 7.4 万平方米。第三届房地产博览会交易房产 3389 套。完成 59 所标准化学校建设、62 所薄弱学校改造，高考本科二批及以上上线率创历史新高。基层医疗服务能力提升，本地就诊率上升至 93.8%，医共体建设被列为国家试点。

社会治理形成新格局。集成推进"城乡统筹·幸福醴陵"创新社会治理系列行动，成为全省社会治理创新示范联系点和试点县。网格化服务管理入选人民网全国创新社会治理典型案例。率先在全省挂牌成立县级退役军人事务局。扎实推进"一村一辅警、一格一助警"，扫黑除恶专项斗争得到中央督导组充分肯定。禁毒工作成效明显，民调排名大幅上升。连续三届（三年一届）获评全国森林防火先进单位，全国县市区仅此一家。化解信访积案 46 件，赴京上访人次同比下降 50%。安全生产和社会综治 2 项工作连续 3 年获评全省先进。

党的建设得到新改进。加强理论武装，市委理论学习中心组集中学习 18 次，全市党员干部“学习强国”参学覆盖率超过 90%。在株洲市率先建成融媒体中心并投入使用。累计新改建村级综合服务平台 185 个。整顿 32 个软弱涣散基层党组织，转化 4 个“扫黑除恶”重点整治村。被列为全省“柔性引才”县级试点，引进各类人才近千名。完善容错纠错机制，及时为 107 名干部澄清正名。坚持从严管党治党，严格落实“两个责任”（党委主体责任，纪委监督责任），深入开展巡察，坚定不移推进党风廉政建设和反腐败斗争，处置问题线索 752 件，立案 168 件，党纪政务处分 162 人。积极践行网上群众路线，收集办理群众诉求 1 万余件。弘扬社会主义核心价值观，涌现出陈自绪、赵石毛等一批道德模范。与主流媒体深度合作，成为全省首家与红网达成全面战略合作的县（市）。市文化馆被评为国家非物质文化遗产（釉下五彩瓷烧制技艺）保护单位。全国重点文物保护单位新添“醴陵群力瓷厂旧址”，我市国保单位增至 5 家。编纂出版《醴陵历代名人录》《醴籍烈士名录》，醴陵点击率和好评度大幅提升。

一年来，市委常委会充分发挥统揽全局、协调各方的领导核心作用。支持人大、政府、政协依法依规、积极主动开展工作，法院、检察院独立行使审判权和检察权。重视做好新形势下统一战线工作，深化协商民主，加强同心引领。科协、文联、残联圆满完成换届，工青妇、工商联、侨联等群团组织发挥桥梁纽带作用，凝聚了方方面面的力量和智慧。老龄老干、档案史志等工作都取得新进步。

过去一年确是比较艰难的一年，多重困难相互叠加、多重矛盾相互交织，但主要经济指标逆势上扬，好于预期，高于省、株洲市平均水平。这主要得益于习近平新时代中国特色社会主义思想的正确指引，得益于省委、省政府和株洲市委、市政府的坚强领导，得益于各级各界的关心支持，得益于全市干群的担当作为。全市上下进一步巩固和发展讲政治、讲大局、讲团结、讲实干的良好局面。

在肯定成绩的同时，不能忽视问题和不足：一是整体实力还不够强。长沙县、浏阳市、宁乡市的地区生产总值均已过千亿元，醴陵市分别只有他们的 40%、50%、60% 左右。二是项目推进还不够快。要素保障不够有力，项目履约周期较长，亲商安商护商氛围还不浓厚。三是改革力度还不够大。“放管服”（简政放权、放管结合、优化服务）改革不够彻底，一些制度瓶颈还没有得到根本性的突破。各领域综合性改革还不够深入，公共服务供给还不足。四是基础工作还不够牢。生态环保等方面历史欠账较多，安全生产、综治维稳等不确定因素较多，防范化解重大风险压力较大。五是干部作风还不够实。反“四风”（形式主义、官僚主义、享乐主义和奢靡之风）仍要持续用力，“为官不为”问题仍然存在，“马上就办、真抓实干”作风有待加强等等。以上这些问题，需采取坚决措施加以解决。

二、我们正处在高质量发展的关键时期

当前，醴陵处于“爬坡上坎”的紧要关头。全市上下务必观大势、识大局，因势而谋、顺势而为。要看到，2020 年是书写历史的一年。今年是全面建成小康社会和“十三五”规划收官之年，我们党将实现第一个百年奋斗目标，进而向第二个百年奋斗目标进军。这是中华民族伟大复兴的重要里程碑，必将载入史册。落实到醴陵，我们要在提前三年全面建成小康社会的基础上，实现更高水平全面小康，圆满收官“十三五”，昂首迈入“十四五”。要看到，2020 年是决战决胜的一年。“三大攻坚战”（防范化解重大风险攻坚战，精准脱贫攻坚战，污染防治攻坚战）是高质量发展必经的关口。从初战告捷、深入推进，到决战决胜，越往后走，越是难啃的“硬骨头”。全市目前还有 3400 余名建档立卡贫困人口未脱贫，主要是深度贫困户；今年有 3 万余名档外“三类对象”（特困供养对象、低保对象、残疾对象）纳入扶贫考核。今、明年是隐性债务还本付息高峰期。城市“三创四化”（创建国家文明城市、国家园林城市、国家卫生城市，推进城市绿化、亮化、美化和数字化）、农村人居环境整治任重道远。形势逼人、责任催人、任务压人，必须以百米冲刺的干劲、排除万难的勇气，坚决完成既定目标任务。要看到，2020 年是突围升级的一年。从“世界百年未有之大变局”“中华民族伟大复兴战略全局”两个大局来看，今年经济形势比去年还要复杂严峻，但全国、全省经济稳中向好、长期向好的基本面没有变，这一大势倒逼我们加快转型升级。从自身来看，交通区位发生深刻变化，一批优质项目逐步发力见效，城市经营步入收获季节，全市上下人心思齐、人心思进，积蓄起向前突破、向上升级的强大力量。要自我加压、调高目标，用 5 年左右时间迈进以“千亿总值、千亿产业、千亿园区”为硬核的县域经济千亿时代。

2020 年全市工作的总体要求是：坚持以习近平新时代中国特色社会主义思想为指导，坚持稳中求进、进中争先总基调，坚持新发展理念，坚持创新引领开放崛起，着力抓好“产业项目建设年”活动和温暖企业“三百”行动，着力推动高质量发展，

着力打赢三大攻坚战，着力做好“六稳”（稳就业、稳金融、稳外贸、稳外资、稳投资、稳预期）工作，着力打造株醴都市区，确保全面建成更高水平小康社会和“十三五”规划圆满收官，加快迈进县域经济千亿时代，加快建设富强美丽幸福文明新醴陵。

今年的工作目标是：地区生产总值增长8%以上，一般公共预算收入增长5%，规模工业增加值增长9%，固定资产投资增长10.5%，社会消费品零售总额增长10.5%，城乡居民收入增长高于经济增长，生态环境进一步改善，完成节能减排等约束性指标。

要完成这一目标任务，必须强化“一个理念、四种意识”。新发展理念。真正把新发展理念作为经济工作的根本要求，作为增强“四个意识”（政治意识、大局意识、核心意识、看齐意识）、坚定“四个自信”（道路自信、理论自信、制度自信、文化自信）、做到“两个维护”的重要标尺，贯穿于各项工作始终，从实际出发，按规律办事。决战决胜意识。就是要打大战、打硬战、打攻坚战，“毕其功于一役”。认真踢好“临门一脚”，吹响冲锋号，不达目的决不收兵。产业至上意识。醴陵依产业而生、因产业而胜，必须持之以恒抓产业项目建设，继续推行企业向园区集中、要素向产业集中、干部向服务集中，加快构建现代产业体系。城市高地意识。抓城市，就是抓发展、抓环境、抓民生、抓竞争力。既要开疆拓土、又要精耕细作，既要厚重如山、又要柔情似水，着力打造产业之城、文化之城、创新之城。过紧日子意识。坚持勤俭办好一切事情，该保的一定保住，该压的必须压下，以党委、政府过“紧日子”，换来老百姓的“好日子”。

三、我们要把握高质量发展的工作重点

统筹兼顾、突出重点，着力抓好七个方面工作：

（一）**着力推进产业项目建设**。围绕产业引项目。继续开展“招商引资三乡行动”，确保全年引进项目120个以上，引进投资300亿元以上，力争引进“500强”项目8个，投资过50亿元项目2个，过10亿元项目10个，过1亿元项目40个。陶瓷产业重点抓好“一谷一校一所一湖一镇一展会”（“一谷”，做实做强中国陶瓷谷，进一步打响区域品牌；“一校”，办好醴陵陶瓷学院；“一所”，加快陶瓷研究所回归；“一湖”，推进陶子湖项目建设；“一镇”，推动五彩陶瓷特色小镇创国家级特色小镇、创AAAA旅游景区；“一展会”，成定制举办陶瓷博览会），尽快突破千亿产值。花炮产业要全面推行机械化、自动化生产，加快淘汰落后产能，完成122个工区的关闭退出、兼并整合，办好花炮博览会，打造“安全、时尚、环保”的现代产业集群。立足园区落项目。紧扣国家级经开区目标，统筹推进“一谷一城一园”（中国陶瓷谷、渌江新城、东富工业园）发展，培育引进5家10亿元企业、5个国家级平台，引进总部经济企业5家以上，入园企业达到550家以上。做大做强玻璃产业园，新引进玻璃上下游企业10家以上，打造湖南乃至中南地区最大的玻璃生产基地，申创玻璃特色产业小镇。加快碲化镉发电玻璃、中盐红四方、华瓷汇总部经济中心等项目建设，新建标准厂房25万平方米。强化保障推项目。继续实行市级领导联系项目制度，推行“四个一”（一个问题、一套方案、一套班子、一抓到底）机制，加强项目实时调度。落实签约项目履约责任制，有效提高项目履约率。加大征地拆迁力度，完成征地533.33公顷，征拆房屋1500栋（套），收储土地666.67公顷以上。

（二）**着力打赢三大攻坚战**。脱贫攻坚，要把确保所有贫困人口脱贫作为硬任务，集中兵力打好深度贫困歼灭战。年内必须完成剩余现行标准下建档立卡贫困户脱贫任务。严格落实“两个帮扶”（驻村帮扶、结对帮扶）责任，抓好“两不愁三保障”问题清零，认真落实档外三类对象政策保障，巩固提升脱贫质量，坚决防止脱贫人口返贫。继续开展“户帮户亲帮亲，互助脱贫奔小康”行动，大力推进产业扶贫、消费扶贫、社会扶贫，构建政府、市场、社会协同推进的大扶贫格局。要始终把实现更高水平的全面小康作为核心任务，认真落实“一个不少一户不漏”要求，切实解决示范点背后的代表性问题、平均数背后的满意度问题、达标值背后的获得感问题。污染防治，要坚决打好蓝天保卫战、碧水攻坚战、净土持久战，推动生态环境质量持续提升。全面落实“河长制”，深入实施渌江综合治理三年行动计划，力争渌江水质全线达到Ⅱ类以上。全面完成城乡黑臭水体治理和镇区污水处理设施建设。严格落实“土十条”（《土壤污染防治行动计划》）要求，积极开展矿山整合退出、复绿，年内植树造林2.67千公顷以上，调整种植结构4.6千公顷，修复治理面积666.67公顷，休耕1.9千公顷。风险防范，重点防控政府债务风险。落实关于化债的各项部署要求，加速推进平台公司转型发展，统筹化存量、控增量。坚决守住“三保”（保基本民生、保工资、保运转）底线，年内一般性支出压减20%以上，“三公”[政府部门人员因公出国（境）经费、公车购置运行费、公务招待产生的费用]经费压减30%以上。严厉打击非法金融活动，确保不发生系统性、区域性金融风险。

（三）**着力优化营商环境**。贯彻落实优化营商环境“28条”（《中共中央、国务院关于营造更好发展环境支持民营企业改革发展的意见》），深入开展百家单位帮扶、百家企业成长、企业问题百日销号“三百”行动，推动市场主体活力和社会创造力竞相迸发。把成本降下来。进一步完善“四个十条”，落

实减税降费各项政策措施，推行更加灵活多样的土地供应政策，推广标准厂房租售结合的经营模式，持续降低企业用电、用工、用地、税费、物流等方面成本。使支撑强起来。强化“产业规划 + 专项政策”的引导支持作用，实施向创新创业平台、智能制造推广运用、企业兼并重组、龙头企业上市等方面倾斜的优惠政策。打造一批设计、检测、信息、市场等公共服务平台，不断完善企业公共服务体系。发挥产业发展基金、风险补偿金的杠杆作用，撬动银行信贷资金向实体经济有效投放。坚持“培、引、留”相结合，引进企业急需人才100名以上。推动华联瓷业、恒茂高科、阳东电瓷等企业上市发展。年内新增规模工业企业50家以上。让服务优起来。畅通政企沟通渠道，巩固“亲”“清”型政商关系。强化主动服务意识，推行“马上办、网上办、就近办、一次办”政务服务模式，为企业提供“保姆式”“一站式”贴心服务。扫除影响市场主体平等竞争的各种障碍，确保市场公平、开放、透明。对于一切阻碍企业发展的人和事，一律从严从快依法打击。

（四）**着力统筹城乡发展。**加快株醴融城。围绕由东城大道、沪昆高速、莲易高速、渌江航道组成的水陆立体交通网，抢抓机遇、整合资源，加快株醴都市区建设。抓紧完善国土规划、产业规划，严控道路两厢土地开发，抓好土地储备和拆违控违。启动醴娄高速建设，推动醴茶铁路恢复客运运营。大力承接长株潭产业转移，积极导入产业配套，突出特色小镇建设、基础设施建设、物流产业发展，策划实施一批大项目、好项目。提升城市品位。深入开展“三创四化”，确保国家卫生城市夺牌，获得全国文明城市提名。推进第二自来水厂、仙岳山文化广场、城乡生活垃圾资源化处理、渌江水系综合治理等项目建设，启动梧桐山公园、五里牌游园等景观建设。抓好农家渔火、渌水人家、历史码头、清代文庙等建设，让“一江两岸”唤醒“老醴陵”记忆。加快云盘山路、澄潭江路、玉瓷路二期、向阳河路等项目，启动楚东桥、车站路建设，打通塔前路、寨子岭南路等“断头路”，完善城市交通路网。提升城市管理水平，打造5条样板街。全面完成城市总体规划编制。推进乡村振兴。落实粮食安全责任制，确保粮食播种面积66.67千公顷以上，粮食总产50万吨以上。建好20千公顷油茶产业基地，打响“醴陵茶油”“醴陵玻璃椒”等农业品牌，培育一批现代农业龙头企业。以治垃圾、治污水、治厕所、治村容村貌、治陋习“五治”为重点，抓好农村人居环境整治，确保农村安全饮水、危房改造、通组道路、卫生厕所、公益性公墓“五个全覆盖”。把全域旅游创建和乡村振兴紧密结合起来，办好乡村旅游节，年内重点建好25个以上“美丽乡村”。加快湘赣边区开放合作。对接反哺支持、强基兴业、美丽边区、红色记忆“四大行动”，打造106国道沿线特色产业带和沪昆高速沿线红色旅游带“两个经济带”，建设花炮自动化生产示范区、陶瓷产业转型升级示范区、湘赣边红色旅游示范区“三个示范区”。用好醴茶铁路恢复客运的机遇，抓紧推出“红色记忆”旅游、“穿越湘赣边”自驾游、“湘赣边文化之旅”、“瓷都之旅”四大精品旅游线路。

（五）**着力深化改革开放。**坚持改革推动。抓好供给侧结构性改革，巩固“三去一降一补”（去产能、去库存、去杠杆，降成本，补短板）成果。抓好财税体制改革，加快构建全方位、全过程、全覆盖的财政绩效管理体系。抓好“放管服”改革，确保100项第二批“一次办”事项落地。做好机构改革“后半篇文章”，加快转变政府职能，优化乡镇机构编制，改革乡镇事业站所管理体制，提高服务效能。抓好园区管理体制改革，做到权力和责任同步承接、调控和监管同步加强、受理权限和能力建设同步推进。抓好农村综合改革，全面完成土地确权登记颁证、产权制度改革任务。统筹推进教育、文化、卫生等各项社会事业改革。坚持开放带动。用好国际会展中心这个平台，大力发展会展经济，做到月月有展会。对接“一带一路”，大力开拓国际市场，争创跨境电商综合试验区，力争外贸进出口突破6亿美元。鼓励本土龙头企业融入全球供应链、产业链、价值链。用好深圳盐田港铁海联运“五定班列”、中欧国际班列、铁路口岸等平台通道资源，打造无水内陆港。坚持创新驱动。抢抓长株潭国家自主创新示范区建设机遇，重点抓好产学研平台、成果转化平台、创新设计平台、检验检测平台“四大创新平台”建设。坚持政府引导、企业主体，大力推进科技创新，新创10家省级以上企业技术研发中心，重点培育5家智能制造示范企业。争取将醴陵釉下五彩瓷器地方标准提升为国家标准、国际标准。

（六）**着力改善民生民利。**顺应群众新期盼，既尽力而为又量力而行，积极做好民生工作。稳就业。认真落实就业优先政策和创业扶持政策，突出抓好高校毕业生、退役军人、农民工等重点群体的就业工作，确保零就业家庭动态清零。强保障。强化就业岗位、学校学位、停车车位、医院床位、小区梯位、公厕蹲位“六位”建设，年内新增学位5000个以上、停车位1万个以上，新建城区、景区公共厕所20间以上。全面完成标准化学校建设。深化紧密型医共体建设，常态化开展“湘雅乡情”活动，积极创建国家中医药发展示范县（市）。加快推进师大附中、附小、新三中、新妇幼等项目，有序推进老旧小区电梯改造。实施农村敬老院提质升级三年行动计划，提升养老服务质量。保底线。扩大社会保险覆盖面，落实城乡低保、特困供养、救济救助等各项惠民政策。加快棚户区改造，年内新建安置房1136套。促文明。提质改造一批“农家书屋”，建设一批街头图书站，每周举办一次读书分享活动，每月举办一次“渌江讲坛”，打造“书香醴陵”。加强公共文体设施建设，办好全民运动会，打造“运动醴陵”。广泛开展公筷行动、排队行动、光盘行动等，培育城市新风尚。

（七）着力加强和创新社会治理。认真贯彻落实中共十九届四中全会精神，不断提高县域治理能力和治理水平。狠抓安全生产。深入开展大排查、大管控、大整治行动，坚决杜绝重特大安全事故，减少一般性事故。突出烟花爆竹等重点领域，强化管控、盯守措施，做到“风险隐患排查又深又细、监管执法精准有效、打非治违高压严管、应急处置及时高效、带队督查形成震慑”。按照“四个最严”（最严谨的标准、最严格的监管、最严厉的处罚、最严肃的问责）要求，切实抓好食品药品安全。建好市应急指挥平台，健全重大公共安全事件预警、应急、救援体系，申创国家综合减灾示范县（市）。维护和谐稳定。严格落实领导包案制和公开接访制，及时解决群众合理诉求，有效化解一批信访积案。加大重点信访群体调解稳控力度，减少进京赴省信访量。深入推进“雪亮工程”建设，建立“全域覆盖、全网共享、全市可用、全程可控”的公共安全视频系统。深化扫黑除恶专项斗争，大力开展“毒黄赌”违法犯罪专项整治。创新治理方式。扎实推进“城乡统筹·幸福醴陵”创新社会治理系列行动，走好网上群众路线，用好“幸福株洲”醴陵监督与服务微信群。深化网格化服务管理，推进“1+4”（组建一个市镇村三级综合指挥中心，建立完善便民服务、市场监管、综合执法、综合治理四个工作平台）建设，加快资源整合，实现各平台无缝对接。将云计算、大数据、区块链和5G等新技术、新手段运用于社会治理，打造“智慧醴陵”。提升治理水平。推动治理重心向基层下移，推行“三社联动”（以政府购买服务为牵引，以社区为平台，以社会组织为载体，以社工为骨干，以满足居民需求为导向，通过社会组织引入外部资源和社会力量，通过社工提供专业化服务，把矛盾化解在社区的新型社会治理模式、社会服务供给方式和全新社会动员机制），构建共建共治共享的社会治理格局。完善村（社区）级服务中心功能，打造联系服务群众的一站式平台。健全矛盾纠纷预防化解等机制，将问题解决在基层，矛盾化解在基层。坚持依法治市，深入开展“七五”普法，打造“法治醴陵”。

四、我们要强化高质量发展的政治保障

牢牢把握新时代党的建设总要求，以高质量党建引领高质量发展。

（一）切实把党的政治建设摆在首要首位。严格执行党的政治路线，严明政治纪律和政治规矩，决不允许自行其是、各自为政，决不允许有令不行、有禁不止，决不允许搞上有政策、下有对策，坚决做到“两个维护”。抓好领导班子和领导干部政治建设考察。认真落实重大事项请示报告制度，各级党委（党组）每半年要向市委报告1次工作。坚持和加强党的全面领导，发挥党委总揽全局、协调各方的核心作用，支持人大、政府、政协依法履职，加强党管武装工作，完善国防动员工作体制，落实党的知识分子、民族、外侨、对台等政策，营造正气充盈、和衷共济的政治生态。

（二）切实把意识形态工作责任压紧压实。紧扣一条主线，坚持用习近平新时代中国特色社会主义思想武装头脑，抓好中共十九届四中全会精神集中宣讲。聚焦一个主题，结合党史、新中国史和醴陵红色历史，加强社会主义核心价值观和爱国主义教育，巩固深化“不忘初心，牢记使命”主题教育成果。突出一个重点，推进新时代文明实践中心全国试点工作，做强融媒体中心，持续推广使用“学习强国”平台，打造全省“两中心一平台”（新时代文明实践中心、融媒体中心，“学习强国”学习平台）综合示范基地。贯彻一项方针，全面贯彻党的宗教工作基本方针，加强宗教事务管理。健全一个体系，完善网络综合治理体系，确保网络天朗气清。

（三）切实把基层组织抓强抓牢。建好基层阵地。年内所有党支部都要达到“五化”（支部建设标准化、组织生活正常化、管理服务精细化、工作制度体系化、阵地建设规范化）标准。农村支部重点选好干部、建好场地，有效解决作用发挥不充分、组织生活不规范等问题。社区支部重点强化管理、精细服务，做到“民有所呼、我有所应”。机关支部重点提升能力、转变作风，激励党员干部担当作为。“两新”组织（新经济组织和新社会组织）重点拓宽领域、消除盲区，实现从有形覆盖向有效覆盖转变。优化基层队伍。实施基层干部整体优化提升行动，健全定期轮训制度，重点提升征地拆迁、信访、招商引资“三种能力”。对党性不强、威信不高、工作不力的，坚决清理调整；对阻工频发、信访较多、矛盾较多的地方，要从建强基层党组织入手，全面整顿转化。规范基层管理。坚持“一人一档、一季一评”，全面推行党员积分制管理。坚持自治、法治、德治相结合，确保年内实现村规民约（居民公约）和红白理事会、道德评议会、村（居）民议事会、禁毒禁赌会全覆盖。强化基层保障。全面保障村（居）干部待遇，解决“后顾之忧”。推动村级合作组织示范点创建，增强造血功能，稳步提升集体经济收入。

落实村级运转经费，确保村级转移支付达到30万元/村、44万元/社区。

（四）切实把干部队伍建设要求落地落细。认真落实《党政领导干部选拔任用工作条例》，打造忠诚、干净、担当的高素质专业化干部队伍。突出政治标准，坚持“以德为先、德才兼备”，大力培养选拔讲政治、讲大局、讲规矩的干部。突出实绩导向，把绩效评估结果作为干部选拔任用、评先评优的重要依据，做到“哪里出成绩，哪里就出干部”。突出人岗相适，既注重学历、又重视能力，既注重年头、又重视劲头，既注重显绩、又重视潜绩，做到任人唯贤、以事择人，提升干部与岗位的匹配度。突出担当作为，对在项目一线、基层一线表现突出的干部优先提拔、大胆使用。突出严管厚爱，严格落实“三个区分开来”（把干部在推进改革中因缺乏经验、先行先试出现的失误和错误，同明知故犯的违纪违法行为区分开来；把上级尚无明确限制的探索性试验中的失误和错误，同上级明令禁止后依然我行我素的违纪违法行为区分开来；把为推动发展的无意过失，同为谋取私利的违纪违法行为区分开来），完善“能上能下、容错纠错、鼓励激励”三项机制。严肃查处诬告陷害等行为，严格执行加班补休、补贴等制度，让干部感受到最普遍的尊重、最暖心的关怀。

（五）切实把全面从严治党推向深入深化。严格落实党风廉政建设“两个责任”，督促各级党组织成员履行“一岗双责”（各级领导班子及领导班子成员既要抓好业务工作，又要抓好廉政建设）。坚持巡察工作常态化，确保到2021年实现全覆盖。坚决反对一切形式主义和官僚主义，重点整治产业项目“四不两烂”（签约不落地、开工不真实、竣工不及时、服务不到位，烂尾项目、烂尾工程）等突出问题，大力倡导马上就办、真抓实干。加大对脱贫攻坚、工程项目、涉黑涉恶等方面腐败问题的查处力度，着力整改一批突出问题、曝光一批典型案件、建立一批长效机制，巩固反腐败斗争压倒性胜利。

遇见未来最好的方式就是出发，赢得未来最好的方式就是奋斗。让我们紧密团结在以习近平为核心的党中央周围，在省委、株洲市委的坚强领导下，只争朝夕、不负韶华，为建设富强美丽幸福文明新醴陵而努力奋斗！

醴陵市人民代表大会常务委员会工作报告

——在醴陵市第十六届人民代表大会第五次会议上

市人大常委会主任　贺小玲

（2020 年 6 月 2 日）

2019 年以来工作回顾

过去一年多来，市人大常委会在中共醴陵市委的坚强领导下，高举习近平新时代中国特色社会主义思想伟大旗帜，全面贯彻中共十九大和十九届二中、三中、四中全会精神，坚决落实市委决策部署，切实履行宪法和法律赋予的各项职责，共召开常委会会议 8 次，主任会议 11 次，听取和审议“一府两院”工作报告 28 项，作出决议、决定和审议意见 15 项，在维护全市改革发展稳定、推进民主法治建设进程、决胜全面建成小康社会等方面发挥了重要作用，作出了积极贡献。

一、坚持党的领导，在落实市委决策上展现新作为

人大及其常委会是党领导下的政治机关，旗帜鲜明讲政治是人大机关的第一要求。市人大常委会自觉把党的领导贯穿于人大工作的各方面和全过程，以担当之责、严实之态、精准之策和有效之举，确保党的路线、方针、政策和市委的决策部署落地落实。

（一）**坚定正确政治方向**。市人大常委会把用习近平新时代中国特色社会主义思想武装头脑作为首要政治任务，扎实开展“不忘初心、牢记使命”主题教育，增强“四个意识”、坚定“四个自信”、做到“两个维护”，始终在政治立场、政治方向、政治原则、政治道路上同以习近平为核心的党中央保持高度一致。坚持党的全面领导，坚持重大事项、重要工作向市委报告制度，2019 年共向市委常委会专题汇报 3 次，向市委书面请示报告 20 余次，围绕市委决策部署，开展人大各项工作，确保党的主张通过法定程序成为全市人民的共同意志。

（二）**主动融入中心工作**。紧扣全市发展大局，发挥人大自身优势，积极响应，主动作为，通过组织人大代表视察、调研、审议、评议等方式，全面融入经济社会发展各项中心工作。市人大常委会领导联系了枫林工业园、城市外环线、船湾服饰产业园、湘赣边区特色产业发展、李立三故居提质改造、城市创建等一批重点项目和工作，重点帮扶企业 17 家，协调解决企业瓶颈问题 8 个。组织代表开展视察“产业项目建设年”活动，提出切实可行性建议，有力推动了市民服务中心等项目建设。市人大常委会两位领导牵头负责醴陵市创建国家全域旅游示范区工作，紧扣陶瓷文化，做大文旅产业，强化品牌打造，探索走出一条“瓷旅融合 + 城乡共建 + 全面共享”的全域旅游发展新路，醴陵成为株洲市唯一通过湖南省首批全域旅游示范区验收的县（市）。

（三）**助力打好三大攻坚战**。聚焦脱贫攻坚。市人大常委会正副主任带头深入 12 个村开展帮扶，机关干部联系建档立卡贫困户 60 户 203 人，做到了责任落实、政策落实、工作落实。指导各镇（街道）人大组织代表开展形式多样的扶贫活动，动员全市 1500 余名各级人大代表参与扶贫工作，联系帮扶贫困户 623 户 2120 人，通过服务引领、结对帮扶、村企共建等方式帮助贫困群众脱贫致富，人大代表成为脱贫攻坚的一支重要力量。聚焦污染防治。认真落实“绿水青山就是金山银山”的重要指示精神，市人大常委会定期听取和审议环境状况和环保目标完成情况报告，要求市人民政府严格依法落实环境保护责任，着力解决环境突出问题，全面提高环境质量，不断提升广大人民群众对生态环境的满意度和获得感。聚焦防范化解重大风险。依法监督政府债务管理，督促政府不断完善举借有度、偿还有方、管理有序、监管有力的政府债务运转机制。持续开展财政同级审督查活动，提高财政资金使用效益，召开审计整改督办专题会，对 5 个单位的整改落实情况进行重点跟踪督办，取得良好效果。

（四）**倾情参与抗洪救灾**。面对近50年历史罕见的重大雨情汛情，市人大常委会积极响应市委部署，发出《关于号召全市各级人大代表积极抗洪救灾的倡议书》，全力投入抗洪救灾工作。正副主任第一时间赶赴船湾镇、沈潭镇、枫林镇、浦口镇、均楚镇、阳三石街道等灾区和联系点，靠前指挥，科学调度。全体机关干部为灾区人民捐款捐物，参与灾后工作，帮助群众尽快恢复正常生产生活秩序。镇（街道）人大一直奋战在抗洪救灾第一线。五级人大代表用实际行动践行“人民选我当代表，我当代表为人民”的庄严承诺，团结带领广大人民群众夺取抗洪救灾的全面胜利，涌现出张清月等一大批可歌可泣的优秀代表，在急难险重中展现了人大代表的担当。

（五）**依法进行人事任免**。坚持党管干部和人大依法任免相统一，扎实开展任前法律知识考试、拟任职发言、投票表决、颁发任命书、宪法宣誓等各环节工作，进一步规范人事任免工作流程，确保市委推荐的人选通过法定程序成为国家机关的领导人员，增强被任命人员的宪法意识、法治意识和责任意识。2019年依法任免或通过新组建、更名、职能调整的市政府工作部门主要负责人76人次，接受株洲市、醴陵市代表辞职22名，补选株洲市、醴陵市人大代表28名。

二、坚持依法履职，在增强监督实效上取得新成效

市人大常委会高度重视民生民利，把推动解决人民群众最直接、最现实的利益问题作为工作重心，依法开展监督，改进监督方式，增强监督实效，确保法律法规有效实施。

（一）**加强对经济运行工作的监督**。依据《中华人民共和国各级人民代表大会常务委员会监督法》规定，听取和审议市人民政府关于财政预算执行和其他财政收支审计情况、国民经济和社会发展计划及财政预算执行情况的报告，听取和审查有关财政收支预算调整方案，及时分析和查找经济运行中的困难和问题，督促有关部门认真整改并更加自觉地贯彻实施《中华人民共和国预算法》。

（二）**推进依法行政司法公正**。听取和审议《中华人民共和国科技成果转化法》审议意见落实情况汇报，要求市人民政府要立足问题导向，创新方式方法，坚持抓常抓长，着力提高服务科技成果转化的能力和水平。市人大常委会任命132名人民陪审员，听取市公安局“扫黑除恶”专项整治工作情况汇报，主任会议视察醴陵市仲裁工作，听取和审议市人民法院基本解决执行难和市人民检察院公益诉讼等工作情况汇报，要求相关单位主动适应人民群众对民主法治的新要求新期待，致力保证社会公平正义。主任会议听取沩山窑遗址公园保护立法调研工作情况汇报，有力助推工业遗址保护的立法活动。做好规范性文件备案审查，认真审议市人民政府提请人大备案事项，切实维护法制统一和宪法法律权威。

（三）**持续开展专项工作评议**。分两批对市市场监督管理局、市教育局、株洲市生态环境局醴陵分局、市人力资源和社会保障局、市自然资源局、市林业局6个部门的专项工作开展评议，邀请部分株洲市、醴陵市人大代表和服务对象参与评议，实现了人大监督、群众监督和舆论监督的有机结合。经过宣传发动、单位自评、各方征求意见、评议、整改5个阶段，发放问卷调查表7200余份，征集意见建议61件。坚持把问题整改落实贯穿于工作评议全过程，推动了食品药品安全、城乡教育资源配置、生态环境保护、企业养老保险、国土资源利用、公益林保护等工作不断改进，进一步提升了被评议责任单位的为民服务意识，得到了人民群众的认可和赞同。《醴陵市人大以评促改，持续提升老百姓幸福感和获得感》《让专项工作评议成为人大监督新常态》等醴陵市开展专项工作评议的典型材料被《中国人大》《人民之友》刊发。

（四）**着力增进民生福祉**。聚焦老百姓牵肠挂肚的急事难事，围绕民生问题开展监督，拉长补齐民生短板。关注下一代健康成长，就全市教育改革、学前教育、大班额问题以及校园食品安全情况开展多次专题调研，推动有关问题有效解决，现已有1536家餐饮店完成量化分级提质工程，学校食堂“明厨亮灶”覆盖率提升10%。关注百姓养老问题，组织对全市养老产业进行调研，促进机构和社区养老服务水平提升。关注创新社会治理方式，对《湖南省物业管理条例》贯彻落实情况进行调研，推动城市物业精细化管理水平进一步提高。关注城乡居民饮水安全，围绕市民反映强烈的第二水厂选址设计、农村安全饮水和城市供水管网改造等问题专题调研，督促相关部门以最快的速度把第二水厂建设这一重点民生实事落到实处。关注农村人居环境，市人大常委会听取和审议《农村人居环境整治三年行动方案》贯彻实施情况汇报，配合株洲市人大开展《株洲市农村村庄规划建设管理条例》执法检查，助推全市农村人居环境综合整治再上台阶。

高度重视信访工作，去年办理群众来信126件，接待群众来访86人次，共转办、交办、督办涉法涉诉信访件71件。市人大常委会正、副主任严格按照信访值班安排坐班接访，做好联系点和特护期信访工作，常态化安排各级代表联系接访群众，推动群众诉求通过合法渠道有效解决。继续深入开展

"环保世纪行""农产品质量安全行""三湘农民健康行""民族团结进步行""司法公正醴陵行"活动。

三、坚持主体地位，在发挥代表作用上推出新举措

人大代表是人民代表大会的主体。尊重代表的权利就是尊重人民的权利，保障代表依法履职就是保证人民当家作主。市人大常委会积极适应新时代人大工作发展要求，牢固树立尊重代表、依靠代表、服务代表的理念，不断加强和改进代表工作。

（一）**加强学习培训，提升代表履职能力。**采取请进来、走出去和自主学习、集中培训相结合的方式，精心组织开展代表履职培训活动，引导广大代表加强学习，不断提高自身素质。为代表订阅《中国人大》《人民之友》等杂志448份，发放相关业务书籍700余份。共开展各种形式的学习培训6批次，累计培训635人次，为确保培训实效，每一次代表培训，都在课程设计、授课专家选择等各方面精心安排，抓实抓细。在武汉大学开展的第四期履职培训班，开设了促进人大发挥职能的系列课程，收到了良好的培训效果。

（二）**构筑履职平台，激发代表履职活力。**坚持邀请人大代表列席常委会会议、参加视察调研和专项工作评议等活动，去年人大代表参与常委会组织的各类专题活动410人次，切实保障代表知情知政、参政议政。继续推动人大代表联系群众工作室建设，在全市推行"驻室接待日"工作制度，代表深入原选区选民之中，开展代表驻室接待活动，了解社情民意，为民排忧解难，让"小小工作室"成为"履职大舞台"。去年，全市共有各级人大代表360人次参加该活动，为群众解决实际问题80余件。深化代表小组和代表专业小组活动实践，充分发挥代表行业专业优势，进一步提高代表活动的针对性、灵活性和实效性。充分激发镇级代表履职活力，"人民当家做主"在基层开花结果，孙家湾镇认真开展民生实事项目人大代表票决制试点工作，让政府决策由"为民做主"变为"由民做主"，实现了政府治理、社会参与、群众自治的良性互动；板杉镇第一届人民代表大会第四次会议通过《关于板杉镇境内涉砂涉矿企业（项目）严格管控的决议》，为合理开发利用土地资源、有效打击违法采砂采矿行为、维护群众根本利益提供了坚实的保障。

（三）**加强建议督办，提高代表履职成效。**常委会始终将代表满意、群众认可作为办好议案、建议、批评、意见的第一标准，主动做好对接协调，加大跟踪督办力度，增强办理实效，努力推动办理工作由"重答复"向"重落实"转变。将《关于尽快启动南门中学搬迁和建设的建议》《关于加大力度扶植烟花鞭炮产业突破困境的建议》等6件建议作为重点督办建议，由市人大常委会主任会议成员牵头督办。对一些办理难度大、群众关注度高的建议，由市人大常委会领导牵头组织召开工作协调会，促使一些重点工作得到有效推进，一批民生实事得到及时落实。十六届人大四次会议以来，代表提出的129件建议、批评和意见，已全部办理完毕并答复代表，办理见面率、办结率、满意率均达到100%。其中《关于支持加快推进湖南工业大学醴陵陶瓷学院建设的建议》，得到社会各界的广泛支持，去年9月"醴陵第一所大学"如期开学迎来首批师生。

（四）**完善工作机制，强化代表履职管理。**健全市人大各专门委员会、各委办联系代表和代表联系群众的"双联"机制，建立人大代表小组微信群，及时通报人大工作情况、收集代表意见，保持与代表的密切联系，及时解决代表反映的意见和问题。认真落实代表小组活动制度，市人大常委会要求各代表小组制定、上报活动计划，并通过多种途径指导各小组的活动开展，促进了代表活动质量的不断提高。严格执行各级人大代表报告履职情况制度，2019年有10名驻醴株洲市代表向市人大常委会会议报告了履职情况，同时各镇（街道）组织代表向选民报告履职情况，切实增强了代表的主体意识和责任意识。

四、坚持从严管理，在自身建设上迈出新步伐

市人大常委会始终坚持把加强自身建设摆在重要位置，改进工作作风，提升工作能力，努力使人大常委会机关成为最讲党性的政治机关、全面担负起宪法法律赋予的各项职责的工作机关、同人民群众保持密切联系的代表机关。

（一）**加强思想政治建设。**带头落实党组理论学习中心组学习制度，抓实机关干部理论学习，引导机关干部不断增强党性观念、群众观念、宗旨观念和法律观念。按要求每月开展主题党日活动，完善机关支部"三会一课"（定期召开支部党员大会、支部委员会、党小组会，按时上好党课），通过重温入党誓词、参观红色革命教育基地等活动，让机关干部思想得到升华，精神受到洗礼。加强党风廉政建设，严明纪律规矩。大力培育和践行社会主义核心价值观，凝聚发展正能量。

（二）**扎实开展主题教育。**市人大常委会认真落实"不忘初心、牢记使命"主题教育的部署和要求，牢牢抓住深入学习贯彻习近平新时代中国特色社会主义思想这条主线，围绕总要求、抓实总任务，把学习教育、调查研究、检视问题、整改落实贯穿全过程。领导班子及个人共对照检视4次，检视出问题44项，建立整改长效机制，明确责任人、责任委办、

整改时间，真正把"问题清单"转化为"整改清单""成效清单"，通过教育洗礼，队伍精神状态和工作状态持续向好，主题教育成效全面显现。

（三）**夯实健全阵地建设。**改善机关办公环境。在市委、市人民政府的大力支持下，用三个月时间对机关院内和进出道路进行提质改造，机关形象大为改观，为附近居民和办事群众提供了极大的方便。打造了职工之家、健康小屋，组织开展了爬山比赛、职工运动会等工会活动。丰富机关学习载体。开展"青年党员领学"活动，每月安排2～3名青年干部领学相关内容，增强广大干部特别是青年干部的政治责任感和历史使命感。建设了机关阅览室，培养干部职工良好的读书习惯，着力打造"学习型机关"。加强机关制度建设。不断完善适合人大机关特点的工作制度和运行机制，先后修订《市人大常委会机关评先评优实施细则（试行）》《市人大常委会机关学习制度》和《市人大常委会信访接待制度》，促进了人大工作规范化、制度化。

（四）**广泛宣传人大工作。**配合全国人大、省人大、株洲人大调研，承接全国各地到醴陵考察共20余次，注重抓住每一个机会推介醴陵发展成果，提升人大工作影响力。《千年产业文明中的人大担当——醴陵人大助推产业转型升级纪实》获评湖南省地方人大设立常委会四十周年实践探索课题二等奖，并被上报全国人大常委会。成功举办庆祝"中华人民共和国成立70周年、地方人大设立常委会40周年"书画作品展，推出《醴陵人大设立常委会40周年：践行为民宗旨，担当为民使命》宣传片，全方位展示了根本政治制度的优越性和地方人大设立常委会以来取得的可喜成就。

（五）**加强指导基层人大。**落实《市人大各专门委员会、市人大常委会各委办与人大代表、各单位、镇（街道）工作联系制度》，加强对镇（街道）人大在政策法规、工作程序、制度建设、履行职责等方面的业务指导。重视镇（街道）人大干部队伍建设，一批优秀的年轻干部充实到镇（街道）人大工作队伍。针对新任人大工作者人数较多的情况，专门安排专家和经验丰富的人大主席授课，发放《乡镇人大工作手册》，帮助新任职人员尽快完成角色转变、适应新的岗位。

新冠肺炎疫情发生后，市人大常委会坚决贯彻市委决策部署，第一时间发出倡议，迅速行动、依法履职，统筹推进疫情防控和经济社会发展，在忠诚履职中诠释"人大品格"、在责任担当中彰显为民情怀、在倾情服务中践行初心使命。全心投入疫情防控。市人大常委会正副主任带头深入一线，督导疫情防控工作，累计督导15个镇（街道）51个村（社区），牵头包案联系点的涉湖北、武汉重点人员。人大机关干部全体取消休假，15名机关干部下到15家企业联络指导防疫工作；17名机关干部到狮子坡社区设卡值守40余天。全体机关干部职工积极捐款，其中89岁的人大常委会原副主任黄佑奇同夫人分别捐款5000元和2000元。各镇（街道）人大主席团坚守岗位阵地，累计承担信息摸排、防控宣传、设卡值守、卫生消毒、物资保障等方面工作306项（件）。全面发挥代表作用。五级人大代表积极响应党的号召，投身抗疫一线。他们多方筹措防疫物资，自愿参与卡点值守，积极复工复产，主动建言献策，在各条战线、各自岗位上发挥积极作用，累计捐款40余万元、捐赠口罩120余万个，志愿服务达2300余人次。我市各级代表抗疫事迹被《人民之友》和省、株洲市人大公众号宣传推介达15篇（次）。全力督导复工复学。人大常委会在疫情稳定后迅速调整履职视角，由正副主任带队下沉一线，先后走访30余家学校、企业、项目，推动恢复正常生产生活秩序，湖南中模绿建科技有限公司、醴陵市浦口电瓷有限公司、醴陵市韶峰服饰有限公司等企业实现产销"逆势上扬"。通过专题调研，深入了解复工复产复学中面临的具体问题，切实为经济社会秩序恢复提供智力支持和决策依据。全程加强法律监督。市人大常委会坚决支持政府根据防控需要，在医疗救治、预防控制、隔离观察、社区管理等方面依法采取相应的临时性应急管理措施，对陆续出台的惠民利企政策贯彻落实情况进行全方位监督。通过开展现场调研、听取专项汇报等，打好监督组合拳，推进依法防控、依法治理和经济社会发展。

市人大常委会所取得的成绩和进步，是市委高度重视、加强领导的结果，是常委会组成人员、各专门委员会和市人大机关工作人员共同努力的结果，是市人民政府、市监察委员会、市人民法院、市人民检察院密切配合的结果，也是全市人民、全市各级人大和人大代表以及社会各方面大力支持的结果。在此，我谨代表市十六届人大常委会，向大家致以崇高的敬意和诚挚的感谢！

市人大常委会工作还存在一定差距，主要表现在：依法监督的实绩实效还需进一步增强；视察调研的广度深度还需进一步拓宽；代表作用发挥和履职能力还需进一步提升；议案、建议、批评和意见的督办力度还需进一步加大等等。我们将虚心听取各方面意见建议，不断加强和改进各项工作。

2020年下一步工作安排

2020年是全面建成小康社会和"十三五"规划的收官之年、脱贫攻坚的决战决胜之年、第一个百年奋斗目标的实现之年。市人大常委会的工作总体要求是：坚持以习近平新时代中国特色社会主义思想为指导，坚持党的领导、人民当家做主、依法治国三者有机统一，着力贯彻落实中央、省委、株洲市委、醴陵市委重大决策部署，着力发挥制度优势，履行法定职责，提升治理效能，加快迈进县域经济千亿时代，加快建设富强美丽幸福文明新醴陵。

一、与党委同心同德，矢志不渝坚持党的领导

深入学习贯彻中共十九届四中全会精神，特别是习近平总书记对地方人大及其常委会工作的重要指示精神，始终坚持和完善人民代表大会制度，不断丰富人民代表大会制度的实践特色、时代特色，把制度优势转化为发展胜势，忠诚履行代表人民、为了人民、服务人民的光荣使命。积极探索坚持党的领导、人民当家做主、依法治国、有机统一的体制机制，保证党的路线方针政策和决策部署得到全面贯彻和有效执行。全面贯彻党委人事意图，实现党的主张和人民意志有机统一，坚定不移做坚持和完善党的领导制度体系的捍卫者。全面贯彻习近平总书记关于疫情防控的重要讲话精神，充分发挥人大代表作用，紧紧依靠人民群众，奋力夺取统筹疫情防控和经济社会发展“双胜利”。

二、与发展同步同行，一如既往履行监督职责

注重各项法定职权的综合行使和多种监督形式的有机组合，促进施治有序，夯实治理基础，增强治理效能，为推进全市治理体系和治理能力现代化提供重要支撑和法治保障。围绕实现全年“六稳”“六保”（保居民就业、保基本民生、保市场主体、保粮食能源安全、保产业链供应链稳定、保基层运转）目标，听取和审议醴陵市部分行政区划调整工作情况汇报，认真审查“十四五”规划和国有资产经营管理情况报告，强化财政预算决算审查监督，突出重大专项资金监督，进一步筑牢安全发展底板，提升经济运行的质量和效益。围绕改善和保障民生，就群众关心的就业、教育、医疗、文化、退役军人服务等惠民事项开展监督，兜牢民生底线。围绕乡村振兴，认真开展《株洲市农村村庄规划建设管理条例》执法检查，推动城乡规划、畜禽养殖污染防治、农村人居环境改善等工作落实落地。围绕保证法律实施，听取和审议《中华人民共和国中医药法》《湖南省中小学校幼儿园规划建设条例》贯彻实施情况汇报，视察调研《中华人民共和国残疾人保障法》《中华人民共和国消防法》贯彻执行情况。根据大会期间征集人大代表的意见建议，加大力度对政府工作开展专项评议。持续深入开展“五行”（“三湘农民健康行”“环保世纪行”“农产品质量安全行”“民族团结进步行”“司法公正醴陵行”）活动。

三、与代表同力同为，坚定不移发挥代表作用

坚持尊重代表主体地位，深化和创新代表工作机制，引导代表依法履职、自觉履职、高质量履职。采取集中培训和分散学习，系统培训和专题培训并重的方式，有的放矢地对代表进行培训。坚持和完善代表小组活动，根据市委中心工作和市人大常委会审议议题，紧扣群众关心的热点、难点问题，开展视察调研、执法检查、专项工作评议等活动，推进领导代表、岗位代表带头履职。不断完善代表议案、建议、批评和意见督办机制，探索建立建议办理满意度测评机制，着重在提升建议质量、提高建议解决率上下功夫，实现代表建议办理“真满意”。有序开展乡镇民生实事项目人大代表票决制工作，丰富各镇人大代表履职形式，加强各镇民生实事项目决策的民主化、科学化、法治化。继续健全和完善“代表联系群众工作室”“代表之家”建设，为人大代表发挥主体作用搭建平台。坚持代表报告履职情况常态化，定期组织人大代表向人大常委会、向选民报告履职情况。

四、与时代同向同频，持之以恒加强自身建设

加强人大代表和人大常委会机关干部队伍建设，是推进人大工作高质量发展的前提。继续强化政治建设，健全“不忘初心，牢记使命”常态化制度，扎实开展党组理论学习中心组集中学习和全体党员主题党日活动，完善落实“三会一课”，提高人大机关党建质量。完善常委会工作制度，切实加强思想、组织、作风、制度和廉政建设，进一步提升人大常委会履职尽责实效。加强人大新闻舆论工作，宣传人民代表大会制度，宣传全市各级人大代表依法履职的先进典型事迹，营造团结向上、激情干事的良好氛围。加强对基层人大工作的指导，通过开展调研、视察和座谈会等多种形式活动，帮助协调解决基层人大实际困难和问题，激发基层人大工作的积极性、创造性。

征程万里风正劲，重任千钧再奋蹄。让我们以习近平新时代中国特色社会主义思想为指引，在中共醴陵市委的坚强领导下，倍加珍惜人民的信任、时代的重托，用担当诠释人大使命，用奉献绽放代表光彩，用实绩彰显制度优势，为加快建设富强美丽幸福文明新醴陵做出新的更大贡献！

政府工作报告

——在醴陵市第十六届人民代表大会第五次会议上

市人民政府市长 董 巍

（2020 年 6 月 1 日）

2019 年和今年以来工作回顾

2019 年，面对错综复杂的形势和前所未有的困难，我们坚持以习近平新时代中国特色社会主义思想为指导，在市委的坚强领导下，在市人大、市政协的监督支持下，紧扣高质量发展主题，坚持“稳中求进、进中争先”工作总基调，着力做好“六稳”工作，深入打好“三大攻坚战”，深入开展“产业项目建设年”活动，深入扩大改革开放，深入推进“四大战役”（产业突围、城镇提质、项目攻坚、安全保卫），加快建设“四个醴陵”，各项工作取得较好成效。

——我们以党建引领发展，综合实力得到明显增强。坚持把政治建设摆在首位，扎实开展“不忘初心、牢记使命”主题教育，做到学思践悟，知行合一。举办庆祝新中国成立 70 周年系列活动，有效激发了全市干群礼赞新中国、奋进新时代的昂扬激情。综合实力首次挺进全国五十强，位列第 46 位，基本竞争力跃升全国百强第 70 位，顺利实现“双进位”。主要经济指标好于预期，高于省市平均水平。地区生产总值增长 8.3%；完成一般公共预算收入 43.97 亿元，增长 5.2%；实现财政总收入 73.32 亿元；规模工业增加值增长 10.5%；固定资产投资增长 14.2%；社会消费品零售总额增长 10.4%；城乡居民人均可支配收入分别增长 8.9%、9%。

——我们靠团结应对灾害，防汛抗灾取得重大胜利。面对超历史水位的特大洪灾，我们把人民生命安全放在最高位置，迅速响应、沉着应对，20 余万干群万众一心、迎难而上，安全转移群众 7.8 万人，解救受困群众 4.3 万人，涌现了张清月等一批先进典型。开展腾讯“99 公益日”等募捐活动，广泛筹集资金，实施灾后重建项目 236 个。人民群众自发送锦旗，全省灾后重建现场会推介“醴陵经验”。

——我们用实干彰显实绩，城市品牌实现较大提升。成功创建国家园林城市、省级文明城市，顺利申报国家卫生城市。连续 3 年获评安全生产、综治工作全省先进，成功创建省级平安市。获评中国文旅产业最具开发价值市、全国森林防火先进单位、全省民政工作先进市、全省食品安全工作先进单位等省部级以上荣誉 50 余项。农村道路交通安全管理等 10 余项省和株洲市工作现场会在醴陵召开。成功举办陶瓷博览会、花炮博览会等重大展会活动，陶瓷博览会获评中国品牌展览会金奖。

这一年，我们主要做好了七个方面的工作：

（一）**产业发展后劲更足。**“产业项目建设年”活动成效显著。实施重点项目 261 个，旗滨电子玻璃等 88 个项目竣工投产，华联华瓷汇总部等 116 个项目开工建设，中模国际总部等项目签约落地。完成征地 548.8 公顷，58 个项目征拆清零，动态储备土地 233.33 公顷。制造业转型升级步伐加快。实施陶瓷智能制造行动计划，2 家企业获评省级智能制造示范企业，5 家企业获评省级上云标杆企业。思伯陶瓷互联网平台入选首批省级工业互联网平台。烟花爆竹自动化应用率达 90% 以上。总投资 100 亿元的中建材碲化镉发电玻璃项目落地开工，以陶瓷、花炮、玻璃为支撑的多元产业格局基本形成。实施“园区攻坚三年行动”，经开区实现技工贸总收入 518 亿元，增长 17%。五彩陶瓷特色产业小镇获批省级示范小镇。成功举办第四届创新创业大赛。会展经济基本成型，取得第 19 届国际烟花论坛举办权，陶瓷博览会、花炮博览会参展企业达 700 余家，房地产博览会交易房产 3389 套。全域旅游升温，成功创建湖南省首批全域旅游示范区，接待游客 801.35 万人次，实现旅游综合收入 83.25 亿元，分别增长 26.32%、27.67%。电子商务兴起，实现网络零售额 22.7 亿元，增长 25.2%。一二三产业结构比为 8.4 ∶ 51.8 ∶ 39.8。

（二）**“三大攻坚战”措施更实。**获评全省脱贫攻坚先进市、全省携手奔小康先进单位。累计脱贫

9720户33756人，综合贫困发生率下降至0.37%。解决“两不愁三保障”问题839个，巩固脱贫“九清零”工作位列株洲市第一名。政府债务风险总体可控，渌江集团、高新集团向城市运营、文化旅游、产业投资方向转型取得实质性进展。中央、省环保督察交办问题全部办结。全面完成污染防治攻坚和“夏季攻势”任务。空气优良天数达340天，优良率93.1%。渌江全流域水环境质量稳定保持Ⅲ类标准及以上，城区饮用水源水质达到Ⅱ类标准。西岸河等黑臭水体治理项目基本完成。

（三）**城市建设品质更优。**设施不断完善。加快推进株醴融城，东城大道、333省道竣工通车。新建阳东一路、茶东路等道路，新汽车西站建成使用。启动醴茶铁路恢复客运运营工作。完成二水厂前期工作。新建县阳路、三刀石路等路段污水管网，处理城市生活污水1321万吨。管理规范有序。提质改造石坝、江源、烈士塔和太一综合市场，完成姜湾、阳三石农贸市场搬迁整治，城区马路市场全面取缔。大力拆违控违，拆除违法建设125处4万平方米。品位持续提升。完成“醴陵门”原址重现，“一江两岸”酒吧街区正式运营。完成寨子岭公园建设，新建泉塘游园、商检游园等一批城市游园。开展“五边绿化”（村边、路边、宅边、渠边、田边绿化）“百万株绿荫”（全市人均栽植1棵树、户均栽植不少于3棵树，新植树110万株）行动，完成绿化植树132万株，森林覆盖率达56%。

（四）**乡村振兴基础更牢。**获评全国农村创新创业典型市、全省实施乡村振兴战略先进市、农村人居环境整治先进市和茶油大市。实现农林牧渔业总产值91.6亿元。完成粮食作物播种面积70千公顷，新增种植结构调整面积6.59千公顷。湖南省吉泰农牧股份有限公司、湖南清泥湾生态农业股份有限公司在省股交所股改挂牌。申报“三品一标”（无公害农产品、绿色食品、有机农产品和农产品地理标志）农产品107个，“雅云湘·小青柑”茶叶获评中部农博会金奖。醴陵玻璃椒入选农业农村部“一村一品”名录和湖南省地标农产品保护工程项目，云岩社区入选全国“一村一品”示范村。全面完成国省干道大中修工程，干线公路优良率达93.5%。完成自然村通水泥（沥青）路建设三年计划，建成农村客运招呼站9个，改造危桥8座，猫形潭渡改桥启动建设。深入开展“厕所革命”，农村卫生厕所普及率达93.65%。李畋镇等8个镇的污水处理设施项目有序推进。水库移民工作再获全省先进。成功申创省级美丽乡村2个，株洲市级美丽乡村25个。白兔潭镇佘溪村入选全国乡村治理示范村，白兔潭镇获评全省美丽乡村建设示范镇，船湾镇清水江村获评全省美丽乡村建设示范村。枫林镇隆兴坳村、白兔潭镇佘溪村获评省级休闲农业集聚示范村。

（五）**改革开放力度更大。**大力推进机构改革，科学设置29个政府工作部门，财政供养人员实现“负增长”。严格落实“减税降费”政策，减降金额达3.66亿元。进一步修订完善“四个十条”政策，累计兑现奖补资金1.7亿元。实施园区综合体制改革，经开区基本实现管理上授权到位、经营上独立运行、发展上园政合一。持续深化农村集体产权制度改革，253个村居全面挂牌。大力推进农村承包地确权登记颁证工作，证书到户率达95%。供销社获评“全国供销系统百强县级社”，供销综合改革经验在全省推介。新签约项目115个，合同引资296亿元，获评株洲市招商引资红旗单位。外贸进出口总额首次突破5亿美元，自营进出口企业达397家，外贸“破零”企业35家、“倍增”企业20家，获评全省外贸先进县市区。

（六）**民生改善成效更好。**社会保障全面加强。发放兜底资金3420万元、低保资金7780万元、特困供养人员资金4910万元。城乡居民大病保险报销比例提高至60%。新增城镇就业7361人，农村劳动力转移就业4070人，实现零就业家庭动态就业援助率100%。社会事业长足发展。醴陵陶瓷学院投入使用。建设标准化学校59所，改造薄弱学校62所，义务教育阶段大班额全部消除。高考成绩再创历史新高，连续9年获评“株洲市高中教育质量建设先进市”。加快建设健康醴陵，紧密型医共体建设列入国家试点。深入开展“湘雅乡情”活动，累计惠及群众6.5万人。成功举办耿飚诞辰110周年、李立三诞辰120周年纪念活动。率先在株洲市组建融媒体中心，“新闻+政务+服务”特色平台已经形成。完成262个村级活动中心建设，覆盖率达97%。群力瓷厂旧址获批全国重点文物保护单位。持续加强国防动员和后备力量建设，人武工作获评全省先进。社会大局和谐稳定。安全事故起数、死亡人数持续下降，安全生产形势总体平稳。道路交通安全工作成效显著，获评全省交通平安县（市）。深入开展扫黑除恶专项斗争，大力推进“城乡统筹·幸福醴陵”系列行动，网格化治理经验入选全国创新社会治理百佳案例，刑事案件发案总量逐年递减。信访秩序持续好转。禁毒工作成效显著，民调排名上升至全省第34位。深入开展“七五”普法，法治氛围更加浓厚。创建省级食品安全示范县市区顺利通过初评。率先在全省挂牌成立退役军人事务局，工作经验在全国推介。

（七）**政务服务效率更高。**认真履行党风廉政建设，严格落实“基层减负年”要求，持之以恒整治四风。推进“放管服”改革，市民中心建成使用，562项事项实现“最多跑一次”。大力开展温暖企业

“三百”行动，帮助解决各类问题208个，办结率94.9%。深入开展“马上就办、真抓实干”活动，推广运用电子政务督查系统，落实政府月度重点工作考评制度，工作效能显著提升。出台政府投资管理办法和增收节支相关规定，依法加强审计监督，规范权力运行。办理人大代表建议129件、政协委员提案101件、政协微建议167件，见面率和办结率均达100%。与此同时，机关事务、海关、消防、气象、水文、住房公积金、档案史志、工会、共青团、妇女儿童、老龄、科协、文联、侨联、残联、民族宗教等工作均取得新成效。

面对突如其来的新冠肺炎疫情，市委、市政府把确保人民群众生命安全和身体健康作为头等大事，第一时间启动一级响应、组建应急体系，按照“一案一专班、一类一对策、一日一督查、一事一调度”要求，做到全覆盖排查、全方位防控、全过程管理。3月1日8例确诊患者全部治愈出院，2月9日至今无新增确诊病例，没有出现死亡病例和医务人员感染，是全省最早的低风险县市之一。全市社会大局保持平稳有序、和谐稳定，疫情防控工作取得重大战略成果。

市委全面领导、全面部署，市人大、市政府、市政协全力以赴抓好落实，为打赢疫情防控的人民战争、总体战、阻击战提供了坚强政治保障。各职能部门履职尽责，形成联防联控工作合力。各镇（街道、示范区）、村（社区）全面摸排、管控源头、动态监测，把牢了第一道防控关口，付出了巨大心血和汗水。广大公安干警、民兵预备役官兵和社会志愿者不畏艰辛，在关键岗位上发挥了重要作用。全市干群服从统一指挥调度，积极参与群防群治，4万余名党员干部奋战在防疫一线，全体市民严格遵守“十不准”，自觉居家过年。社会各界爱心人士、公益组织和广大企业纷纷捐款捐物，部分企业积极转产防疫物资。全市上下同心同向、众志成城，汇聚起疫情防控的强大力量。

卫健系统率先进入战时状态，全员取消春节休假，5600余名医务人员全身心投入防疫战斗，及时开展流行病学调查，落实预检分诊制度，实施定点隔离治疗，积极推广中医药预防，做到“四早”（早发现、早报告、早隔离、早治疗），有效遏制了疫情的蔓延传播。39名医护人员主动请缨支援武汉、黄冈、渌口定点医院，用实际行动诠释着敬佑生命、救死扶伤、甘于奉献的崇高精神。

根据疫情变化，在市委的统一安排下，我们适时推进常态化防控，加快推进复工复产，奋力夺取疫情防控和经济发展“双胜利”。及时出台应对疫情“十条”、外贸“十二条”等政策，为企业减免各类税费5117.2万元，金融机构投放贷款10.8亿元，惠及企业1.5万余家。

去年以来，我们着力打基础、谋长远，面对困难不退缩，面对矛盾不回避，一步一步走来，充满艰辛，一点一滴成绩，来之不易。这是市委坚强领导、总揽全局的结果，是市人大、市政协有力监督、鼎力支持的结果，是全市上下凝心聚力、奋力拼搏的结果。在此，我代表市人民政府，向广大干部群众，向各位人大代表、政协委员，向全体医务人员、人民教师，向武警部队、民兵预备役官兵、消防人员、政法干警，向关心、支持醴陵发展的社会各界人士，致以崇高的敬意和衷心的感谢！

凡是过往，皆为序章。在盘点成绩的同时，我们也清醒地看到，当前还存在一些不容忽视的困难和问题：一是受疫情影响，全球经济大幅萎缩，国际贸易壁垒显著增多，企业订单减少，稳外贸、稳预期还面临较大挑战。二是产业链构建尚不成熟，传统产业转型步伐不够快，新兴产业体量不够大，产业集群效应还没有完全形成。三是项目推进力度还有差距，资金、土地等要素供给不及时的问题还比较突出，营商环境有待进一步改善。四是基础设施还不够完善，公共服务和民生领域还有不少短板。五是财政收支矛盾突出，债务化解、生态环保、安全生产的压力仍然较大。六是行政效率、管理水平、执行能力还不够高，干部作风还需进一步转变，等等。这些问题，我们将下定决心、下大力气，认真研究解决。

2020年下阶段工作要求

2020年，是全面建成小康社会和“十三五”规划的收官之年、脱贫攻坚的决战决胜之年、第一个百年奋斗目标的实现之年，做好今年下阶段工作意义十分重大。一方面，外部环境复杂多变、经济下行压力加大、风险挑战明显增多，要切实增强忧患意识，做到谋定后动；另一方面，面对百年未有之大变局，世界正在形成新的政治、经济、社会、文化生态，我国的综合国力和国际地位显著提高，正处于近代以来最好的发展时期。要着力抢抓中部崛起、长株潭“一体化”、“株醴都市区”等重大战略机遇，持续巩固和发展近年来形成的风清气正、心齐气顺、人心思进的政治生态，切实发挥好交通区位、产业基础、历史人文“三大优势”，实现“十三五”圆满收官、“十四五”良好开局，力争用5年左右时间，迈进以“千亿总值、千亿产业、千亿园区”为硬核的县域经济千亿时代！

今年政府工作的总体要求是：坚持以习近平新时代中国特色社会主义思想为指导，坚持稳中求进、进中争先总基调，坚持新发展理念，坚持创新引领开放崛起，着力抓好“产业项目建设年”活动和温暖企业“三百”行动，着力推动高质量发展，着力打赢三大攻坚战，着力做好“六稳”“六保”工作，着力打造株醴都市区，确保全面建成更高水平小康社会和“十三五”规划圆满收官，加快迈进县域经济千亿时代，加快建设富强美丽幸福文明新醴陵。

面对复杂多变的国际形势，我们要善于危中寻机，转危为机，努力完成各项经济目标任务。我们将按照上级要求，优先稳就业保民生，新增城镇就业、农村转移就业1万人以上；坚决打赢脱贫攻坚战，确保现行标准下农村贫困人口全部脱贫；居民收入增长与经济增长基本同步；重大金融风险有效防控，确保财政收支平衡；单位国内生产总值能耗和主要污染物排放量继续下降。我们将与全市5.4万余个市场主体共渡难关，集中精力抓好“六稳”“六保”工作，以最大努力，争取最好结果。

围绕上述任务，要切实强化“一个理念、四种意识”：高质量发展理念。真正把高质量发展理念作为经济工作的根本要求，贯穿于各项工作始终，从实际出发，按规律办事。决战决胜意识。要打大战、打硬战、打攻坚战，不达目的决不收兵。产业至上意识。持之以恒抓产业项目建设，加快构建现代产业体系。城市高地意识。着力打造产业之城、文化之城、创新之城。过紧日子意识。坚持勤俭办好一切事情，该保的一定保住，该压的必须压下。

2020年下阶段工作安排

要突出抓好“四个十大”项目：

十大产业项目：①华联华瓷汇总部；②烟花爆竹产业自动化生产线及研发平台；③年产300兆瓦碲化镉薄膜发电玻璃项目；④恒茂计算机产业配套基地；⑤中盐美福年产100万吨缓控释复合肥（湖南）生产基地；⑥旗滨节能玻璃生产线；⑦20千公顷油茶产业项目；⑧省陶瓷研究所、陶瓷博物馆升级改造；⑨湘东农副产品批发大市场；⑩飞鹿防水材料生产基地。

十大基础设施项目：①醴娄高速；②陶瓷谷区域路网；③加油加气站；④醴官线、桎马线提质改造；⑤醴陵内陆港建设；⑥公共停车位及停车场建设；⑦平汝高速隆兴坳互通；⑧LNG储备库及高压燃气管道；⑨城乡变电站及农网改造；⑩106国道城区绕城线。

十大民生项目：①瓷城古韵·一江两岸文化休闲项目；②二水厂建设；③城乡生活垃圾处理项目；④渌江河水系综合治理项目；⑤湖师大附中附小；⑥新三中；⑦新妇幼；⑧农村人居环境整治项目；⑨棚户区和老旧小区改造；⑩城乡养老设施建设。

十大片区开发项目：①株醴新城片区；②高铁片区；③渌江新城片区；④五彩陶瓷特色产业小镇片区；⑤东富工业园片区；⑥横店产业园片区；⑦仙岳山片区；⑧国瓷路、玉瓷路片区；⑨孙家湾迷迭香、茶山天睿等现代农业片区；⑩船湾服饰产业园片区。

具体做好以下四个方面的工作：

一、不断优化产业结构，切实打牢高质量发展基础

牢固树立质量第一、效益优先理念，进一步强化产业链思维，加快改造升级传统产业，大力发展战略性新兴产业，着力推动经济发展质量变革、效率变革、动力变革，不断提升经济综合实力和区域竞争力。

（一）加快转型升级，构建多元产业体系

发展先进制造业。加快推进先进陶瓷产业等11个优势产业链发展。实施陶瓷产业发展“五大行动”（创新引领行动、智能制造行动、品牌锻造行动、旅游振兴行动、人才培育行动），重点抓好“一谷一校一所一湖一镇一展会”，加快打造千亿陶瓷产业集群。推动醴陵陶瓷与安化黑茶融合发展，提升城市品牌影响力。出台花炮产业中长期发展规划，启动烟花燃放场建设，引导烟花爆竹企业兼并整合，打造一批龙头企业，探索烟花小屋、烟花进景区等新模式。完善国家级陶瓷工业设计中心和烟花公共服务平台建设，推动传统产业自动化、智能化生产。按照“特色园区、玻璃高地”定位，以旗滨玻璃和中建材碲化镉发电玻璃为龙头，引进上下游企业10家以上，力争用3年时间，玻璃产业园建成面积133.33公顷，产值100亿元以上。依托恒茂高科和恒凯通，积极对接长沙中电软件园等专业机构，大力发展电子信息产业。启动船湾服饰产业园建设。

提质现代服务业。推动文化产业与陶瓷、旅游等元素深度融合，构建文创生态。发展会展经济，办好陶瓷博览会等展会。以左家老屋开放为契机，积极参与湘赣边区红色旅游共同体建设，大力发展体验式红色旅游和研学旅游。推动李立三故居、中国陶瓷谷创建AAAA级旅游景区，申创国家全域旅游示范区。做好省陶瓷研究所、陶瓷博物馆升级改造和醴陵窑保护开发工作，整合群力、国光等陶瓷历史资源，放大全国工业旅游示范单位品牌效应，推进陶瓷工业旅游发展。发展电子商务，构建电商经济新业态。多措并举扩消费，适应群众多元化需求。聘请一批文化特使，促进文旅、文创产业发展。坚持“房住不炒”定位，引导房地产市场平稳健康发展。

深入开展企业帮扶。深化温暖企业“三百”行动，修订完善“四个十条”，巩固拓展减税降费成果。

推动外贸企业转内贸，努力降低疫情影响。加大扶持力度，在智能制造、市场营销、技术研发等方面给予企业更多支持。助力华联、恒茂高科上市发展，推动国光复牌，储备时代金属、华鑫电瓷等一批上市重点培育对象。更好发挥协会、商会作用，加强行业自律，扩大贸易交流。实施质量强市和品牌强企战略。加强知识产权运用和保护，激励企业进行科技创新。

加快提升园区实力。深入推进“园区攻坚三年行动”，打造湖南省创新创业园区“135”（在全省建设100个创新创业园区、建成3000万平方米标准厂房、引进5000家左右创新创业企业）工程升级版，争创国家级经开区。进一步扩大园区产业范围，培育引进5家10亿元企业、5个国家级平台，引进一批总部经济企业，入园企业总数达到550家以上。加快中盐美福等项目建设，新建标准厂房25万平方米。建好五彩陶瓷特色产业小镇。推进电瓷电器检测中心建设，完善研发、设计、检测等公共服务功能，力争实现园区科技研发投入9.2亿元，专利授权量700件。

（二）深化项目攻坚，释放产业发展潜力

全力招商引资。强化产业招商意识，坚持“四个一百”（组建百人招商团队、动态梳理百家目标客户、建立百个合作渠道、签约落地百家企业）机制，团结更多招商特使，力争引进项目120个以上，投资300亿元以上，“500强”项目8个，投资过50亿元项目2个，过10亿元项目10个，过亿元项目40个。紧盯国家投资热点政策，加强项目储备和包装策划，积极争取各类项目资金。持续开展“三乡”（迎老乡、回故乡、建家乡）大行动，推动醴商回归。

推进项目建设。深入开展“产业项目建设年”活动，实施年度重点项目192个，完成年度投资192亿元。加大项目开竣工力度，确保醴娄高速、恒茂计算机产业配套基地等126个项目开工建设，旗滨节能玻璃生产线、醴陵风电等86个项目竣工投产。

加强要素供给。争取用地指标，抓好土地综合整治试点，继续做好增减挂钩工作。开展“净地”行动，完成征地533.33公顷，“清零”交地266.67公顷以上。建好高压燃气管道、两个110千伏变电站等项目，保障水、电、气、路等要素供给，及时解决建设过程中出现的困难和问题。

（三）做强农业农村，持续推进乡村振兴

壮大农业产业。深化农业供给侧结构性改革，编制农业产业发展规划，加快构建现代农业体系。推进农业优势特色千亿产业建设和“六大强农”（品牌强农、特色强农、质量强农、产业融合强农、科技强农、开放强农）行动，确保粮食播种面积66.67千公顷以上、产量10亿斤以上、产值10亿元以上，继续保持全国全省粮食生产先进地位。建好20千公顷油茶产业项目。加快农业产业结构调整，新增种植结构调整面积3.82千公顷。抓好“菜篮子”工程，打造渌江两岸6.67千公顷蔬菜生产基地。

完善农村设施。推进农村安全饮水、基层公共服务、危房改造、通组道路、卫生厕所、公益性公墓“六个全覆盖”。加快农村水利设施建设，完成小型水库除险加固22座。做好歇军线提质改造前期工作，启动醴官线、桎马线、神马线等县道提质改造，争创全国“四好”（建好、管好、护好、运营好）农村路示范市。推进枧头洲渡改桥建设，完成危桥改造20座，农村公路安防工程194公里。

激发乡村活力。完善土地经营权流转市场，推动集体经营性建设用地直接入市。完成农村宅基地“房地一体”确权登记。推动村级合作组织示范点创建，增强造血功能，稳步提升集体经济收入。推进法治乡村建设，深入开展移风易俗，倡导文明节俭守法的社会新风。现代农村是一片大有可为的土地，做好农村工作，关键在于干部和群众。我们一定要理解基层、关心基层、支持基层，努力让基层干事有激情、有干劲、有奔头！

二、不断改善发展环境，努力营造高质量发展氛围

坚持软硬件并重，着力提升城市品质、改善城市形象、增强城市吸引力，打造山清水秀的生态环境、宜居宜业的生活环境、高效便捷的营商环境。

（一）打赢打好“三大攻坚战”

决战决胜脱贫攻坚。巩固全面小康成果，实现贫困人口全部脱贫，高质量迎接上级普查验收。严格落实“四个不摘”（摘帽不摘责任、摘帽不摘政策、摘帽不摘帮扶、摘帽不摘监管）要求，强化档外“五类对象”（建档立卡以外的低保户、分散供养特困人员、重病户、重残户、边缘户）政策保障，提高脱贫质量。支持扶贫产业恢复发展，加强易地扶贫搬迁后续扶持。推动脱贫攻坚与乡村振兴有机结合，探索长效机制，巩固脱贫成果。持续开展扶贫领域腐败和作风问题专项治理。

抓好污染防治攻坚。做好第二轮中央环保督察和省环保督察“回头看”迎检工作。继续开展“夏季攻势”，打好蓝天、碧水、净土保卫战。抓好大气污染防治，防止各类废气超标排放。全面落实“河长制”，确保渌江全流域水环境质量提升到Ⅱ类标准，将渌水打造成省级样板河。全面完成东岸河、西山渠等城乡黑臭水体治理和乡镇污水处理厂建设，实现废水稳定达标排放。切实抓好茶山镇石景冲矿和官庄镇烂泥冲矿治理。建立环保网格化管理体系，加快形成大环保工作格局。

防范化解金融风险。进一步规范政府举债行为，严控债务增量，化解债务存量。扩大产业基金规模，提高盈利能力，推进市属国有企业市场化转型。加快搭建中小企业担保、风险补偿金等金融服务平台。推进金融生态环境和信用体系建设，严厉打击非法集资和各类逃废金融债务行为。建立金融专家智库，服务实体经济发展。

（二）**统筹推进城乡发展**

做优规划设计。做好国土空间总体规划、砂石土矿规划等相关规划编制工作，进一步优化空间布局。加快片区开发进度，有序推进株醴融城。做好重点村村庄规划，为农村发展留出更多空间。精雕细琢城市设计，让“有山有水有牵挂”成为鲜明的城市特质。

坚持建管并重。启动平汝高速隆兴坳互通等项目建设，推进104省道全线路基建设，做好通用机场和渌江航道综合开发前期工作。启动车站路建设，加快玉瓷路二期、茶东路二期、民富路和民寨路建设，打通塔前路、寨子岭南路，逐步完善城市道路体系。新增停车位1万个以上。全力抓好交通问题顽瘴痼疾集中整治。推进污水收集管网建设和雨污分流改造，确保二水厂、城乡生活垃圾处理等项目开工建设。深入推进厕所革命，建设2座“瓷城驿站”。严格执行《株洲市农村村庄规划建设管理条例》，铁腕控违治违，对新增违章建设“零容忍”。

美化人居环境。深入开展“三创四化”，确保国家卫生城市夺牌，力争全国文明城市提名，申创国家历史文化名城。推进瓷城古韵·一江两岸文化休闲项目，建好农家渔火、渌水人家、清代文庙等人文景点。启动梧桐山公园等精品景观建设，因地制宜打造一批街头游园。做好白兔潭、嘉树、东富、船湾、枫林等特色小镇培育工作。推进全域旅游美丽乡村整县建设，全面完成农村人居环境整治三年行动计划。

（三）**全面深化改革创新**

加大改革力度。深化供给侧结构性改革，继续抓好“三去一降一补”。深化财税体制改革，加强财源建设，加大综合治税力度。深化园区改革，进一步理顺园区体制机制。深化农村综合改革，推进集体经营性资产股份化。稳妥有序解决国企改革遗留问题，盘活存量资产。统筹做好教育、文化、卫生等各项社会事业改革。

推进创新开放。坚持创新引领开放崛起，确保高新技术企业达到140家以上，科技型中小企业达到80家以上，新增株洲市级以上工程技术研究中心2家，省级以上星创天地、众创空间2家，完成科技成果转化10项以上，积极申创全省创新型县市。加速新基建布局，力争在工业互联网、人工智能、5G与大数据等领域培育形成一批新的增长点。落实国家区域发展战略，积极参与湘赣边区域合作示范区建设。建好醴陵内陆港，打通“铁海联运”出口通道，稳住外贸基本盘。

加强人才培育。大力弘扬企业家精神，做好中生代、新生代企业家培养与传承，支持组建醴商创业基金。建立重点产业人才资源库，评选“陶瓷世家”，加快培养紧缺型技术人才和新时期“醴陵工匠”。鼓励校企合作，多途径招才引智，加大人才保障力度。

优化营商环境。实行市场准入负面清单和公平竞争审查制度，建立服务对象常态化评价机制。深化“放管服”改革，有序推进“证照分离”全覆盖，确保100项第2批“一次办”事项落地。加快完善“双随机、一公开”（在监管过程中随机抽取检查对象，随机选派执法检查人员，抽查情况及查处结果及时向社会公开）监管机制。推进政务公开，健全政企沟通机制，构建亲清政商关系。严厉打击破坏经济秩序和营商环境的行为，让企业家安心搞经营、放心办企业。

三、不断增进民生福祉，全面共享高质量发展成果

始终坚持以人民为中心的发展思想，全面完成“民生100”工程，重点推进学位、床位、车位、蹲位、梯位、摊位“六位”建设，持续加强和创新社会治理，让发展成果更多更好地惠及全市人民。

（一）**常态化防控疫情。**按照“外防输入、内防反弹”总体防控策略，落实“四早”措施，实现接送转运、隔离观察、排查发现、核酸检测、健康监测无缝隙闭环管理。落实重点机构人员进出登记、全程防护、消毒杀菌等防疫措施。加强防疫物资储备，保障市场供应。大力开展爱国卫生运动，加强居民健康教育和防疫知识普及，提升自我防护意识。

（二）**全方位提升卫生健康水平。**加快建设湘东医院传染病防治区。加强流行病学队伍建设和卫生应急演练，提高突发公共卫生事件应急处置能力。巩固公立医院综合改革成果，深入推进紧密型医共体建设。探索“三自一保”（个人健康自主、家庭健康自助、社区健康自治，保卫生命健康）模式，加强循证研究，建立居民自助健康体系。深化“湘雅乡情”活动，力争将本地就诊率提高到95%以上。建成54家标准化行政村卫生室。强化中医技能传承和研究，争创全国基层中医药工作先进单位。

（三）**多层次健全社会保障。**以万家疾苦为重，把各方面困难的人群保障起来。继续提高养老金、城乡低保、残疾人补贴标准。做好医疗保险扩面征缴工作。实施就业优先战略，全面加强就业服务体系建设。加快棚户区改造和安置房建设。有

序推进老旧小区改造和既有住宅加装电梯工作，完善小区业主委员会和物业管理体制机制。推进农村敬老院提质升级，建好日间照料中心和社区养老设施。

（四）**均衡化发展社会事业。**加快推进湖师大附中附小及新三中项目，建设35所标准化学校。学习“泸溪经验”，提升乡村教育发展水平。办好学前教育，支持和规范民办教育，深化职业教育改革。加强教师队伍建设，补齐师资缺口，提高教师待遇。抓好“国医启蒙”“阅读推广”“近视防控”“农耕体验”等教育活动，提高学生综合素养。加强公共文化设施建设，确保人均公共文体场地面积处于全省领先水平。完成西山全民健身中心建设，新建2个社会足球场。

（五）**系统性加强社会治理。**践行“枫桥经验”，创新社会治理，防范化解重大社会风险。做好第七次全国人口普查。落实安全生产责任制，深入开展大排查大管控大整治行动，坚决杜绝重特大事故。提升应急处置能力，申创国家综合减灾示范市。做好新时代文明实践中心建设全国试点工作，打通引导、教育、关心、服务群众“最后一公里”。走好网上群众路线，推进“1+4”平台建设，实现数据共享。做好新时代县域警务工作，完善社会治安视频监控体系，健全基层社会化防控网络。大力推进“毒黄赌”违法犯罪专项整治，确保全省公众安全感测评和禁毒民调排名持续进位。坚决铲除黑恶势力滋生土壤，夺取扫黑除恶专项斗争压倒性胜利。加强食品安全监管，确保成功创建省级食品安全示范市。做好退役军人优抚安置工作。同时，加强全民国防教育，完善国防动员工作体制。

时代是出卷人，我们是答卷人，人民是阅卷人。我们将坚持一切为了人民、一切依靠人民、一切服务人民，以民之所盼为政之所向，尽心竭力做好各项工作，努力交上一份人民满意、经得起历史检验的时代答卷！

四、不断加强政府治理能力建设，着力强化高质量发展保障

坚持以政治建设为统领，以民生服务为导向，全面加强政府系统党的建设、作风建设和效能建设，加快推进政府治理体系和治理能力现代化。

（一）**加强制度建设。**牢固树立规则意识，围绕政府投资、土地征拆、资源开发等重点领域，系统性加强制度体系建设，真正把权力关进制度的“笼子”。切实加强工作过程管理，确保流程规范、公开透明，严防暗箱操作。

（二）**弘扬实干精神。**坚持“马上就办、真抓实干”，提高政府工作效率。强化对工作任务的预安铺排，聚焦实现目标、解决问题，推动各项工作落地落实。力戒形式主义、官僚主义，切实为基层减负。抓好党风廉政建设。

（三）**强化监督评价。**坚持依法行政，做好“七五”普法收官工作，加快建设新时代法治政府。自觉接受人大依法监督、政协民主监督和社会公众监督，认真办理建议提案，及时将合理意见纳入政府决策。运用互联网手段，主动邀请群众和服务对象参与工作评价，对不作为、慢作为、乱作为现象，严肃追责问责。

今年是“十三五”规划收官之年，科学编制“十四五”规划是今年一项重大任务。要站在全局的高度，主动对接国家和省市战略，群策群力编制一个符合人民意志、反映时代特征、体现醴陵特色的发展规划，统筹指导全市各项工作开展，为加快迈进县域经济千亿时代奠定更加坚实的基础。

实干成就梦想，奋斗铸就辉煌。让我们更加紧密地团结在以习近平为核心的党中央周围，在市委的坚强领导下，不忘初心、牢记使命，为早日建成富强美丽幸福文明新醴陵努力奋斗！

中国人民政治协商会议醴陵市委员会常务委员会工作报告

——在政协醴陵市第十四届委员会第五次会议上

市政协主席　江曙明

（2020 年 5 月 31 日）

2019 年以来工作回顾

2019 年是新中国成立 70 周年，也是人民政协成立 70 周年。市政协常委会以习近平新时代中国特色社会主义思想为指导，在中共醴陵市委的坚强领导下，团结带领广大委员，围绕全市改革发展大局，积极履行政治协商、民主监督、参政议政三大职能，为加快建设富强美丽幸福文明新醴陵注入了政协力量。

一、高举旗帜，凝聚奋进正能量

始终把政治建设摆在首位，坚决贯彻执行党中央大政方针和市委决策部署，团结社会各界，广泛凝聚共识，全力助推醴陵市高质量发展。

坚持正确政治方向。认真学习贯彻习近平新时代中国特色社会主义思想、中共十九届四中全会、习近平总书记关于加强和改进人民政协工作的系列重要讲话精神，坚持用新思想武装头脑、指导实践。全年共开展市政协党组理论学习中心组学习 12 次、机关学习 22 次、界别学习 50 余次，形成了政协领导带头、界别广泛参与的生动格局。严格遵守重大事项请示报告制度，政协年度工作要点、协商和监督工作计划，事前报请市委批准同意。每半年主动向市委报告全面工作。在全体会议、集体调研视察、集中学习培训等重大活动期间设立临时党组织，时刻加强党的领导。

扎实开展主题教育。把学习教育、调查研究、检视问题、整改落实始终贯穿于“不忘初心、牢记使命”主题教育全过程。党组成员参加市委理论学习中心组、市政协党组、党支部三重研讨和剖析检视。举办“读书班”，参观爱国主义教育基地，组织集中学习、专题研讨 17 次。整改问题 12 个，提案督办、民意收集、委员管理等制度不断完善。形成调研报告 6 篇，提出推进陶瓷产业智能制造升级、加强工业企业信息化管理等建议 23 条。通过主题教育，初心和使命成为做好新时代政协工作的动力之源。

紧扣市委中心工作。认真落实市委工作部署，聚焦“五个一”（市级领导联系一个基层党建帮扶点、联系一批城市创建帮扶点、联系帮扶一个贫困村、联系帮扶一批企业、联系帮扶一个或一批重点项目）活动，扎实开展脱贫攻坚、联系重点项目、企业帮扶等工作。全力参加 2019 湖南（醴陵）国际陶瓷产业博览会的举办，醴陵风电、农贸市场提质改造等 14 个重点项目有序推进，17 个帮扶企业反映的 23 个问题得到妥善解决，5 个基层党建帮扶点的凝聚力和战斗力不断增强，6 个城市创建帮扶点持续提质。2019 年 7 月，面对醴陵市 50 年一遇的洪涝灾害，市政协日夜坚守在嘉树镇、石亭镇、王仙镇等抢险救灾第一线，组织转移受困群众 2400 余人。及时发出倡议，政协各参加单位和广大委员踊跃参加抢险救援和灾后重建工作，捐款捐物价值近 400 万元。

增进团结奋斗共识。组织各界别学习习近平总书记在中央政协工作会议暨庆祝人民政协成立 70 周年大会上的重要讲话，推动各民主党派和各界人士实现思想上的共同进步。举办“壮丽七十年 · 五彩新醴陵”摄影作品展，全方位展现我市经济社会发展新成就，10 余万人次观展，成为宣传醴陵、了解家乡的重要窗口。组织庆祝人民政协成立 70 周年知识抢答赛，各党派团体、各界别对政协工作的荣誉感和责任感不断增强。全市庆祝人民政协成立 70 周年座谈会、厦门大学学习培训、外出调研，邀请各民主党派、工商联负责人参加。加强同党外知识分子、非公有制经济人士、新的社会阶层人士的沟通联络。帮助中国生命关怀协会醴陵分会、市义工联合会等社团解决实际困难。

二、积极建言，发出政协好声音

坚持把助推高质量发展和民生改善作为工作重心，深入调查研究、广泛联系群众，力求参政参到点子上，议政议到关键处。

务实协商资政。认真组织委员广泛建言献策。通过大会发言、联组协商、小组讨论等形式，210余人次发表意见、提出建议。就“优化营商环境，激发民营经济活力”“倾情守护母亲河”等作大会发言。围绕国家慢性病综合防控示范区创建，义务献血小屋的建设和献血车的停靠选址等协商建言。大会发言得到市委、市政府高度重视，市委书记全部予以批示，相关市领导和部门认真研究，协商成果得到有效转化。组织开展“助推我市文化软实力提升”“加强城市精细化管理”等专题协商。工商联界赴外地参观学习，就企业管理、品牌运营等问题深入交流、专题研讨。经济界走访企业，邀请相关部门座谈交流，为服饰产业发展出谋划策。社科界到院校和企业参观调研，提出产学研融合发展、加强实习交流等建议。2019年共开展专题协商、网络协商、对口协商、提案办理协商等13次，进一步完善常态化、多层次、各方面有序参与的协商议政格局。

深入调研参政。主席会议成员围绕陶瓷产业发展、乡村振兴等课题，剖析问题，寻找对策，形成调研报告6篇。《让“赢”在环境成为醴陵最靓丽的名片》《关于提升陶瓷产业智能化水平的思考》《提升醴陵城市管理水平的对策研究》等调研成果在省政协、株洲市政协获奖。《工业企业信息化建设浅析》为我市陶瓷工业互联网平台建设提供参考，醴陵经验在全省推介。医卫界紧盯我市传染病防控课题，持续调研，提出建设湘东医院传染病区的建议。教育界开展教师编制改革工作调研，提送调研报告《成在思想解放，胜在国际视野》。文体界、民革界围绕乡村振兴和乡村旅游课题分别赴省外和市内多个镇街，从不同角度开展调研。各界别全年开展调研60余次，形成调研报告15篇和大量的提案、社情民意、微建议。

真诚为民议政。关注紧急医疗救援力量分散问题，倡导整合“120”急救指挥中心，实现全市范围内统一受理、统一调度。关注义务教育均衡发展，积极呼吁加快城区中小学建设、优化学校布局。关注体育场馆免费开放问题，深入机关、企业、学校等地走访调研。关注集镇交通拥堵问题，提出商铺规范经营、加强镇容镇貌整治等建议。关注脱贫攻坚问题，就产业脱贫持续建言，带动2300余户农民发展种养业。同时，应急救援力量储备、小街小巷提质改造、贫困群体生活保障等方面的众多建议，得到有关部门及时回应。

三、深化监督，全力服务促发展

贯彻新发展理念，以落实市委决策部署、推动社会进步、满足人民日益增长的美好生活需要为出发点和落地点。

完善委派监督。向5个市直单位委派民主监督小组。聚焦社会热点，通过集中视察、专题调研、互动对话等形式，先后围绕水污染防治、产业扶贫、国土执法、灾后重建等问题，开展活动40余次，走访群众300余人次，提出建议35条，推动相关问题有效解决。一批委员受邀担任党风政风监督员，参与督查、座谈、评议等活动，发挥积极的监督作用。

组织视察监督。开展“市委书记对政协大会发言批示的落实情况”系列视察，改作风、提效率、促发展。围绕优化营商环境，组织60名委员视察市民中心建设，体验“一站式”服务，提出完善引导标志、健全配套服务等建议。围绕产业发展政策落实，深入陶瓷企业调研视察智能制造、减税降费等情况。围绕优化安居环境，开展小区物业管理视察，就加强老旧小区设施改造、鼓励业主自治等方面提出建议。围绕“食品安全与监管”“残疾人入学与就业培训”等民生实事，组织委员深入企业、市场、小区，以真情实感、真材实料监督建言。

创新“云”上监督。依托政协云平台，提交微建议，参与微协商，实施微监督。共提交微建议301条，审核通过后由政府办转交部门办理167条，办复率100%。及时拆除广场售楼部等违规建筑、不断完善城区公共交通标识标牌、合理调整城区道路洒水时间等一批小建议，得到了及时回应和办理，改善了大民生。

四、加强管理，忠诚履职展作为

坚持学习，完善制度，优化管理，增强委员责任与担当。广大委员恪守为国履职、为民尽责的情怀，把事业放在心上，把责任扛在肩上。

巩固委员履职热情。搭建素质提升平台，组织委员赴厦门大学学习培训，增强参政议政能力。出台《关于加强和改进委员管理的意见》，完善《委员履职考核办法》，从制度上进一步规范委员履职行为。实行委员履职档案化管理，对提交提案、反映社情民意、参与调研等履职工作进行量化考核。运用考核结果评选优秀界别、优秀界别召集人、优秀委员，表彰一批积极履职、爱岗敬业、见义勇为、热心公益的先进典型。同时，对分数偏低的委员进行约谈，依照政协章程撤销1人委员资格，切实加强委员履职责任感和使命感。

主动担当社会责任。洪水肆虐时，广大委员第一时间深入灾情一线，迅速投入抗洪救灾。参与转移受困群众、抢修河堤、赠送物资、清扫街道等工作，用实际行动让群众安心与温暖。200余名委员积极参加大型公益活动，走入社区关爱老人，走上街头文明劝导，走进乡村扶贫济困。医卫界开展温暖企业活动，为520余名企业职工免费提供健康体检与职业卫生健康宣讲。文体界、社科界委员牵头组建醴陵蓝天救援中心。工青妇新界开展义务植树活动，种植一片“委员林”。委员们全年开展环境保护、无毒醴陵、无偿献血、99腾讯公益、心理辅导等活动180余次，弘扬文明新风尚，传播社会正能量，彰显了新时代的委员风采、委员力量。

积极维护社会和谐。走访公检法司和相关部门，视察扫黑除恶专项斗争开展情况。委员代表走进法院审判庭，旁听案件审理，带动身边群众学法、尊法、守法。部分委员主动参与社会网格治理，及时收集情况，帮助解决问题，化解社会矛盾。积极探索建立委员工作室，“医卫界别工作站”安排委员定期轮流值班，收集群众意见，架起了党政与群众之间的“连心桥”。广大委员主动与不正当言论作斗争，及时用经济社会发展成绩和从严治党的成就对社会舆论进行正面引导。

五、改进方式，激发工作新动能

适应新时代人民政协新方位新使命，以新要求、高标准，把精神风貌焕发出来，把价值作用发挥出来，不断增强工作主动性、积极性。

强化提案办理。坚持结果导向，推行持续调研和督办相结合，加强提案办理的追踪落实。对民主监督受派单位的提案办理和为民办实事工作进行民主评议，指出“个别承办单位领导重视不够”“提案办理重答复轻落实”等问题8个，提出建议17条。主席会议成员领衔督办重点提案，内容涉及经济发展、民生保障、生态建设等6个方面。组织委员130余人次、市直相关单位12家，深入承办单位、项目现场、部分镇村开展监督性调研，提高提案办理实效，推动问题妥善解决。全年共收到提案111件，审查立案101件。在34个部门单位的共同努力下，提案办理见面率、答复率实现100%。

扩大省际间交流。参加全国政协丝路规划研究中心“一带一路”建设协商合作联盟活动、省政协“关于发挥专门协商机构作用推动县级政协工作高质量发展”座谈调研。配合省政协“推进民营经济发展政策落实与完善”、株洲市政协“创新驱动，高质量推进制造强市建设”等课题的调研视察。接待甘肃、青海等省级政协，吉林辽源、陕西铜川等市级政协和一大批县级政协到醴陵市调研。介绍产业发展、信息化建设、传统文化保护传承等方面的工作做法，扩大我市对外影响。组织部分委员赴外地学习取经，加强交流，拓宽视野，为醴陵发展积蓄力量。

注重宣传工作。策划制作“我心中的人民政协”“政协小知识”等庆祝人民政协成立70周年系列栏目11期，多渠道介绍政协历史，宣传履职成效，讲好“政协故事”。编辑《委员风采》画册，诠释忠诚履职，传承政协精神。制定政协信息评选和奖励办法，加大醴陵市重要决策、重大活动、委员履职情况的宣传推介力度。《人民政协报》、省政协新闻网等各级媒体多次报道我市经济社会发展成就和政协履职活动。湖南政协云、株洲政协网信息报送量和采用量居株洲各县市区第一，获评2019年省政协《湘声报》《文史博览》宣传工作先进单位、株洲市政协宣传工作先进单位。

2020年，突如其来的新冠肺炎疫情，严重影响了我们正常的生产生活和我市经济和社会事业发展。面对疫情，市委、市政府按照中央和上级党委的总要求，全面动员、全面安排，快速稳妥的打好了疫情防控阻击战，赢得了广大人民群众的一致好评。我们坚决贯彻市委决策部署。第一时间发出倡议，号召各参加单位和广大委员全力投身抗疫一线。主席会议成员坚守各责任镇街督导疫情防控，全体机关干部协助复工复产复学、入社区开展测温值守，开展防疫走访和服务520余次，收集报送相关问题和意见建议83条。向上级政协报送疫情防控信息42条，省政协新闻网持续报道我市抗疫动态。医卫界委员主动请战，逆向而行，驰援新冠肺炎救治定点医院，用专业和担当守护万家健康。文体界、社科界委员组织文艺创作，通过网络传播鼓舞士气。广大委员活跃在疫情防控的各条战线，开展志愿服务，参与卡点值守、配送物资、政策宣讲等工作。捐赠了大量口罩、防护服、消毒液等急需医疗物资。带头并动员亲友做好自我防护，制止人员密集相聚，配合党委政府做好理顺情绪、释疑解惑、维护社会稳定的工作。一批委员利用线上履职平台，组织小范围协商座谈，就稳定社会预期、加强依法治理等积极建言，提出建议65条。疫情期间，全体委员和机关干部共参与一线防控1200余人次，捐款捐物43万余元，凝聚起同舟共济、共克时艰的强大合力，书写了为国履职、为民尽责的时代答卷。

一年多来的工作成绩，得益于中共醴陵市委的高度重视、坚强领导，得益于市人大、市政府和社会各界的热情帮助、鼎力支持，得益于政协各参加单位和广大委员的团结协作、共同奋斗。在此，我谨代表十四届市政协常委会，向全体委员，向所有关心支持政协工作的各位领导和同志们、朋友们，表示衷心的感谢和崇高的敬意！

对照新时代人民政协的新方位新使命，我们的工作还存在一些薄弱环节和不足之处。主要是调查研究仍需进一步加大力度、改进方法，建言献策仍需进一步提高站位、知情明政，协商监督仍需进一步完善机制、强化责任。必须坚持问题导向，在今后的工作中认真研究解决。

2020 年下阶段工作安排

2020 年市政协工作的总体要求是：以习近平新时代中国特色社会主义思想为指导，全面落实中央和省委关于加强和改进人民政协工作的新要求，认真贯彻市委十二届八次全会暨市委经济工作会议精神，坚持新发展理念，坚持团结民主主题，坚持建言资政和凝聚共识双向发力，切实履行政协职能，为加快迈进县域经济千亿时代、加快建设富强美丽幸福文明新醴陵做出新的更大贡献。

一、着力提高政治把握能力

政治属性是人民政协的鲜明特点。要切实增进政治认同，把准政治方向，坚决做到“两个维护”。

加强党的建设。深入贯彻落实中共中央办公厅《关于加强新时代人民政协党的建设工作的若干意见》精神。进一步发挥政协党组在政协工作中把方向、管大局、保落实的领导作用。健全以党组学习为引领的学习制度，不断强化思想理论武装。切实完善党的组织对党员委员、党的工作对政协委员“两个全覆盖”的工作平台和载体，不断增强党建对履职的带动和融合效果。

落实市委部署。要深刻领会全市工作总要求、总目标，紧扣市委部署谋划政协工作。紧紧围绕党政中心工作和实施重点，明确履职方向和内容。自觉与市委同心同向、同力同行。就制定国民经济和社会发展“十四五”规划议政建言，就做好“六稳”工作、落实“六保”任务等调研建言。

强化责任担当。人民政协处于凝心聚力第一线、决策咨询第一线、协商民主第一线、国家治理第一线，是党和国家一线工作的重要组成部分。政协委员是荣誉更是责任，我们务必要防止懈怠和慵懒，绝不能“挂名不资政”。要树立一线意识、强化一线担当，以全部的热情和智慧投身全市发展大局和人民政协事业。

二、着力提高建言资政能力

聚焦党政所需、群众所盼，切实开展调研、视察、协商，不断提升建言质量。让建言更精准，让资政更有效。

更好发挥专门协商机构作用。落实协商工作机制，紧扣市委、市政府中心任务制定年度协商计划。着力培育协商精神和协商文化，促进不同思想观点的充分表达和深入交流。围绕产业项目建设、污染防治等工作，就“坚持渌江流域综合治理，推进生态环境持续改善”“加强醴陵窑保护与利用，推进陶瓷产业传承和创新发展”开展常委会议协商、主席会议协商。围绕提升城市品位、改善民生等热点，就“强化制度保障，助推全国文明城市建设”“聚焦健康养老，推进康养产业发展”“加强人才队伍建设，助力乡村振兴”等开展专题协商、对口协商。围绕民间力量引导的问题，就“发挥社会组织作用，助推社会治理”开展界别协商。不断完善以全体会议为龙头，以专题议政性协商会为重点，以对口协商会、提案办理协商会等为常态的协商议政格局。

不断强化民主监督实效。切实抓好调研论证，坚持不调研不监督，先调研后建言。多方式畅通与政府及部门的良好信息沟通渠道，增进委员知情明政。建立信息反馈制度，强化跟踪问效，推动监督活动有始有终。把握方向、节奏和力度，就营商环境、应急管理、学前教育均衡发展等主题开展视察。加强提案工作提办互动，不断完善办理协商成果跟踪督查机制。继续开展主席会议成员领衔督办重点提案，组织专委会、界别开展多形式的提案办理协商。向自然资源局、农业农村局、商务局、文旅广体局、城管局委派民主监督小组。规范监督内容与形式，做到真诚而不敷衍，热烈而不对立，补短板、促提升。

切实丰富参政议政形式。通过大会发言、协商交流、提交提案、反映社情民意、上传微建议等履职方式，积极献计出力。持续用活政协云平台，建好参政议政信息化阵地。探索委员工作室建设，增强参政的有序互动。聚焦创新驱动的产业发展公共平台建设、乡村振兴的“五治五覆盖”（治垃圾、治污水、治厕所粪污、治面源污染、治乱占乱建，实现县级垃圾处理设施全覆盖、村庄垃圾收集转运全覆盖、乡镇及中心村公共厕所改造和建设全覆盖、乡村厕所粪污与畜禽养殖废弃物综合治理全覆盖、村庄建设规划及村洁管理全覆盖）等工作，深入调查研究。围绕蓝天碧水净土保卫战、民生保障“六位”建设、公共卫生应急管理体系建设、交通建设与秩序管理等工作，认真发声建言。举办形式多样的座谈、学习、纪念、联谊等活动，广开言路，广开才路。鼓励委员广泛参与政治、经济、文化和社会活动，勇于发表意见，为高质量发展献良策、出实招、办实事。

三、着力提高凝聚共识能力

人心是最大的政治，共识是奋进的动力。建言资政是履职成果，凝心聚力也是履职成果；要在凝聚力量上“春风化雨”，在争取人心上“润物无声”，增进最大共识度、画出最大同心圆。

加强思想引领。组织各党派团体和各界人士，深入学习贯彻习近平新时代中国特色社会主义思想。宣传宣讲党和政府大政方针。在一些敏感点、风险点、关切点上，强化经常性思想政治工作，求同存异、聚同化异。既要善于把各方面意见建议及时准确反映上来，更要注重把市委、市政府的决策部署转化为社会各界的自觉行动。努力使政协成为加强党对各项工作领导的重要阵地，成为化解矛盾和凝聚共识的重要渠道。

深化团结联谊。加强与各党派团体的交流联动，扩大同党外知识分子、非公有制经济人士、新的社会阶层人士的联络沟通，拓宽发表意见、表达诉求、提出建议的政协路径。加大与外地醴陵商协会的联络服务，积极支持打造“醴商”品牌。进一步发挥异地委员的优势和作用，聚乡贤、话乡情、兴乡业，在招商引资、揽才引智、扩大开放等方面提供更大助力。积极组织对外学习交往，借鉴外地先进经验。鼓励界别增强对外联络，广泛团结各方代表。以饱满的热情和切实的行动，汇聚醴陵发展正能量。

维护和谐稳定。组织委员采取各种方式主动发声，发挥联系面广、代表性强的优势，面向社会传播共识。要适应互联网发展对人们思想观念的影响，有效开展工作。善于把市委、市政府的政策举措、工作成效阐释到位，协助做好协调关系、理顺情绪、化解矛盾、增进团结的工作。带头弘扬社会主义新风尚，弘扬中华民族传统美德，弘扬社会正义，促进社会文明进步。坚持正确舆论导向，主动正面宣传，传播醴陵好声音，提升醴陵好形象。

四、着力提高服务群众能力

以人民满意作为评价、衡量、检验政协工作的最终标准，努力破解民生难题，增进民生福祉，真正做到人民政协为人民。

多听民生之言。建立委员联系界别群众制度，扩大界别群众工作覆盖面。探索委员工作室建设，增强委员联系群众的实效。走好线上线下群众路线，拓宽社情民意工作渠道。全方位鼓励和支持委员深入基层，勤于和善于收集民意、汇集民智、服务民生。

多谋民生之利。围绕市委“稳就业、强保障、保底线、促文明”部署，多献惠民之策；加大对各类民生提案的督办力度，推动办理提质增效；加强微建议、微协商、微监督“三微”联动，促进民生事业发展。聚焦就业、教育、医疗、养老、城市管理等民生热点难点问题，深入调研、真诚协商、务实监督，助力改革发展成果惠及广大人民群众。

多解民生之忧。坚持发挥委员的专业和资源优势，倡导和组织委员持续开展“三个一”（资助一批贫困家庭在校学生完成学业、扶助一批贫困家庭增加收入、帮助一批贫困家庭成员解决就业）扶贫行动、“三进三助”（组织委员进企业、进园区、进乡村，助推企业发展、园区升级、乡村振兴）聚力行动，参与捐资助学、科技下乡、送医上门、扶贫济困、爱心救助等社会公益活动。进一步加强对社团组织的关心与支持，共同担当更多的社会责任。竭尽所能，用实际行动为群众献爱心送温暖。

五、着力提高自身建设能力

结合我市实际，认真贯彻省委《关于新时代加强和改进人民政协工作的实施意见》精神，教育引导广大委员懂政协、会协商、善议政，守纪律、讲规矩、重品行。

注重学习教育强素质。落实届内委员学习培训全覆盖，分批次对全体委员进行系统培训。坚持理论学习和社会活动并重，集中培训和界别研学同行。在调查研究中扩大参与面，增强思维深度和建言水平。适度增加视察、政情通报会等活动的数量，帮助委员知情明政。鼓励支持委员不断增强在本界别行业的代表性，广泛担当社会责任。创新活动载体，提供更好平台，充分发挥委员的积极性、主动性、创造性。

注重机制建立强管理。落实委员履职规则，建立健全委员履职档案、委员履职情况统计、常委提交履职报告制度。建立健全委员履职考核评价激励机制，增强委员责任感和使命感。完善专门委员会联系界别制度，支持界别多发声出力，提高界别活动的质量和成效。

注重机关建设强服务。建立“不忘初心、牢记使命”主题教育长效机制。坚持“三会一课”制度，积极开展支部主题党日活动、机关工会活动等。树立勤政务实高效廉洁的作风。加强与委员的走访联系，帮助解决实际困难，搭好履职平台，展示委员风采。加强倾听政协各参加单位的意见，做到联动更加紧密、内容更加聚集。发扬政协委室之间团结、和谐、互助的优良传统，以较高的政治素质、较强的业务水平、较优的服务态度，推动政协履职的质量和效率两个大提升。

人民政协走过了七十载光辉历程，蓄积了七十年磅礴之力。站在新的历史起点，奋进新时代筑梦之途，我们豪情满怀、重任在肩。让我们更加紧密地团结在以习近平为核心的中共中央周围，在中共醴陵市委的坚强领导下，只争朝夕、不负韶华，为建设富强美丽幸福文明新醴陵而努力奋斗！

醴陵概览

人口·区划

【概况】醴陵市辖19个镇、4个街道、1个示范区和湖南醴陵经济开发区，总面积2156.6平方公里，总人口105万人。

【人口】2019年年末，全市户籍人口为1052264人，其中农业人口597044人，非农业人口455220人。总人口中，男性538885人、女性513379人，男女性别比为1.0497：1。年末常住人口为96.75万人，其中城镇人口62.41万人，按常住人口比例计算，城镇化率为64.51%。

【区划】截至年末，醴陵市所辖的19个镇和4个街道共有55个社区、215个行政村；其中来龙门管辖的黄沙、长庆寺、珊田、马脑、清潭、双江村委托长庆示范区管理，国瓷街道管辖的八里庵、姜湾、国光、车顿桥、五里牌社区委托来龙门街道管理。

2019年街道、乡镇、村（居）人口区划一览表

表1

街道、乡镇	总面积（平方公里）	户籍人口（人）	政府驻地	所辖建制村、社区
来龙门街道（7个村、8个社区）	40.8	76864	四塘社区	珊田、东岸、马脑、清潭、长庆寺、黄沙、双江、文庙、北门、胜利、四塘、马放塘、狮子坡、丁家坊、上洲
国瓷街道（7个村、5个社区）	48.5	56985	国光社区	玉瓷、姜东、华塘、石塅、横店、土株岭、古城、八里庵、姜湾、国光、车顿桥、五里牌
仙岳山街道（6个村、4个社区）	36.5	41196	碧山村	碧山、河西、江源、五里墩、万宜、金石、南门、碧山、书院、财源塔
阳三石街道（8个村、3个社区）	33.3	51659	泉湖村	泉湖、立三、企石、玉屏山、荆潭湾、石里浦、伏龙、立新、阳三石、阳东、渌江
李畋镇（14个村、2个社区）	122	68321	南桥社区	车上、塘坊、麻石、华埠、利群、花麦、洪源、石溪、裕民、凤形、潼塘、新树、清水、大草坪、富里、南桥
白兔潭镇（10个村、2个社区）	71.3	51882	白市社区	田心、佘溪、黄甲、洙塘、峤岭、山水、泉沅、长庆、柏大、荷田、白市、金牛

续表 1

街道、乡镇	总面积（平方公里）	户籍人口（人）	政府驻地	所辖建制村、社区
浦口镇（12 个村、4 个社区）	78.5	58568	天符村	保丰、三铺、李洲、荣坪、河泉、花椒、浦口、茅坪、仙石、合水、荷花、洋川、天符、贯古、联盟、王坊
王仙镇（10 个村、2 个社区）	85.9	47783	王仙村	李山、观口、书堂、司徒、香水、三狮、申熙、灌冲、温泉、大屏山、王仙、仙瓷
沩山镇（7 个村）	86	20404	新东堡村	新东堡、青泉、大林、沩山、老鸦山、泉水、漏水坪
东富镇（10 个村、1 个社区）	80.4	39887	东兴社区	东富、西林、莲旗、楚同桥、龙源、枧头洲、森冲、横新、芷泉、莲石、东兴
孙家湾镇（6 个村）	52.8	22819	龙虎湾村	观前、李家山、孙家湾、西岸、龙虎湾、文家湾
泗汾镇（7 个村、4 个社区）	70.6	40022	陈家垅村	符田、石虎、石湾、泗汾、陈家垅、花茂、茶田、何田、枧上、双塘、农场
船湾镇（10 个村、2 个社区）	120.6	52454	乐家社区	台前、船湾、玉堂、星桥、狮力、清水江、杨木档、荆村、东山、增加滩、乐家、四方
沈潭镇（7 个村、2 个社区）	53.5	28982	夏星社区	江田、柞市、美田桥、庞龙、三星里、双垅、鳌仙、沈潭、夏星
嘉树镇（7 个村）	63.1	24825	嘉树村	杉仙、嘉树、豆田、玉茶、新井、罗儒、渗泉
明月镇（15 个村、5 个社区）	169.1	75464	大障社区	东江、罗夹口、江边铺、新联、盐山、湾富、申明、汪家垅、天华、汪家桥、陶家垅、水口山、七星、新台、档梓山、白果、马恋、大障、贺家桥、云岩
茶山镇（13 个村、5 个社区）	166.8	66134	茶山社区	铁河口、汤家坪、西塘坪、大西垅、筱溪、转步口、冷水、长马、梅霞、东岗、上湖、茶溪、石均塘、长沙岭、神福港、龙井、栗山坝、茶山
均楚镇（11 个村、2 个社区）	172.4	41719	金山社区	樟桥、青山、周坊、老湾、殷家冲、军山、大垅洲、长午新、马家垅、黄田、黄谷、金山、均楚桥
石亭镇（9 个村、1 个社区）	106.2	39049	石亭社区	永红、石塘岭、苏家垅、长塘、樟树、上保、长岭、姑仙、花溪、石亭
板杉镇（10 个村）	89.9	40101	长坡口村	板杉、夏坪桥、竹花山、七里山、流碧桥、八步桥、寨下、擂鼓桥、东冲铺、长坡口
左权镇（11 个村、1 个社区）	123	46800	篾织街社区	仙霞、清安铺、油田、玉皇阁、陈东、青泥、将军、石羊、永兴、花桥、新阳、篾织街
枫林镇（11 个村、2 个社区）	100.5	42061	黄獭嘴社区	大湾、双井、蕉源、金狮、彰仙、隆兴坳、蒋家桥、金阳、时轮、五石、枫林市、金桥、黄獭嘴
官庄镇（7 个村）	184.9	18285	大坝村	官庄、大坝、横江、潭塘、瓦子坪、桃花、阳坑

（周慧敏）

气候特征与气象灾害

【气候特征】 2019年，全市平均气温、最低气温、最高气温均偏高，整体降水量偏多，降水时空分布不均匀，光照偏多，气候为正常年景。

气温 全年平均气温18.6℃，较常年偏高0.8℃，较上年偏低0.3℃，属偏高年份。年平均最高温度23.5℃，较常年偏高1.0℃，较上年偏低0.4℃；年平均最低温度15.3℃，较常年偏高0.7℃，较上年偏低0.3℃。冬季平均气温7.2℃，较常年偏高0.2℃，较上年偏低0.4℃，为正常年份；春季平均气温17.9℃，较常年偏高0.7℃，较上年偏低2.1℃，为正常年份；夏季平均气温为28.5℃，较常年偏高0.6℃，较上年偏低0.4℃，为正常年份；秋季平均气温为20.6℃，较常年偏高1.7℃，较上年偏高1.0℃，为偏高年份。3月、8月、9月、11月和12月的平均气温距均偏高，其中3月和11月属显著偏高月份，8月和9月距平为2.3℃，属于异常偏高月份。2月距平为零下2.9℃，属于异常偏低月份。年内极端最高气温为38.9℃（8月18日），极端最低气温为零下0.7℃（1月1日）。

降雨 2019年，醴陵市平均年降水量1676.1毫米，较常年偏多150.6毫米，为偏多年份，较上年偏多580.1毫米。1月、3月、6月降水距平百分率处于正常区间，其余月份降水较气候平均值均有较大变化，其中9月偏少，10月、11月显著偏少，8月异常偏少；2月、5月、12月偏多，7月异常偏多。夏、秋季降水偏少带来长时间的干旱天气，而7月异常偏多的降水在全市引发洪涝灾害，又带来冬季偏多的降水。冬季平均降水量为362.6毫米，较常年偏多125.3毫米，降水距平百分率为52.8%，较上年偏多242.8毫米，为偏多年份。春季平均降水量为615.9毫米，较常年偏多51.2毫米，降水距平百分率为3.4%，较上年偏多290.1毫米，为偏多年份。夏季平均降水量为641.7毫米，较常年偏多155.3毫米，降水距平百分率为31.9%，较上年偏多318毫米，为偏多年份。秋季平均降水量为105.8毫米，较常年偏少125.7毫米，降水距平百分率为-54.3%，较上年偏少134.3毫米，为偏少年份。

日照 全年平均年日照时数为1410.1小时，较常年偏少126.5小时，较上年偏少248.5小时，属偏少年份。8月、9月、11月日照时数较气候平均值偏多，1月、2月、5月、6月、7月份偏少，剩余月份为正常。1月日照时数仅24.4小时，较气候平均值偏少60.2%，属于异常偏少；4—7月日照时数连续4月日照时数偏少，给醴陵市洪涝天气带来了气象条件。冬季日照时数为156.1小时，较常年偏少70.2小时，较上年偏少97.3小时。春季日照时数为224.2小时，较常年偏少79.9小时，较上年偏少214.5小时。夏季日照时数为502.3小时，较常年偏少88.2小时，较上年偏少146.7小时。秋季日照时数为540.5小时，较常年偏多124.3小时，较上年偏多124.8小时。

【主要气候事件及影响】低温雨雪冰冻 2018年12月30日至2019年1月2日，受高空槽、低层切变和地面冷空气共同影响，醴陵市出现一次明显的低温雨雪冰冻天气过程，全市受灾人口近3万人，直接经济损失2170万元。李畋镇、左权镇因灾紧急搬离危房户4户10人，倒房8间，严重损房6间。沩山镇20户农户因道路结冰出现临时生活困难，获棉衣棉被、粮油等物资救助。均楚镇1000余人因道路结冰导致出入路受阻。王仙镇、板杉镇、浦口镇、官庄镇、李畋镇、明月镇、东富镇、石亭镇、仙岳山街道等地大棚经济作物受灾面积达206.67公顷。茶山镇、官庄镇、李畋镇因冰雪压断电线，出现供电中断。城区冻坏水表水管130处。

暴雨洪涝 6月6—9日，全市出现3次暴雨过程，4天日均降水量25毫米以上。截至6月11日4时，全市倒塌房屋12户21间，严重损房16间，一般损房5间，倒损房屋经济损失240万元。均楚镇、明月镇、沩山镇出现路面塌方3处600米，损失60万元；因暴雨损坏堤防2处0.2公里、护岸5处、水闸2处、灌溉设施5处、水文监测站1处，损失750万元；全市农作物受灾面积约1千公顷，其中水稻733.33公顷、经济作物266.67公顷，直接经济损失1100万元；水口山、樟仙岭国有林场和苗圃道路、苗木不同程度损毁，共计损毁林区道路15公里，冲毁路面、塌方37处，损毁给水管线3公里，损毁林木500余立方米，经济损失260余万元；因鱼塘垮塌导致水产受损10吨，损失10万元。7月6—15日，受暴雨等强对流天气影响，全市经历了两轮强降雨过程。7月6—9日的第一轮强降雨，72小时全市降水量达227.5毫米，创历史极值。7月11—15日新二轮强降雨累计降水量达60.8毫米，其中7月14日单日降水量为21.2毫米。7月暴雨洪涝灾害使199610人受灾，转移人员74812人，被困人员43201人，造成直接经济损失17.16亿元。

高温热害 2019年，全市日最高温度≥35℃的高温日数为59天，较常年偏多22.9天，属显著偏多年份，高温日数呈上升趋势。7月24日至10月14日，全市持续出现晴热高温少雨天气，累计降雨量仅为58.8毫米，其间最高气温≥35℃高温日数46天，异常偏多。

干旱　7月24日至10月14日，醴陵市出现晴热高温天气，高温干旱气象叠加，持续高温少雨天气令旱情迅速发展，全市农作物受灾面积27.94千公顷，成灾面积9.85千公顷，绝收面积243公顷。（陈刘庆）

国民经济和社会发展

【概况】2019年，全市实现地区生产总值716.4亿元，按可比价计算，增长8.3%。分产业看：第一产业实现增加值60.5亿元，增长3.2%；第二产业实现增加值371亿元，增长10%，其中工业增加值增长9.7%；第三产业实现增加值284.9亿元，增长6.3%。三次产业结构由上年的8.3 ∶ 54.8 ∶ 36.9调整为8.4 ∶ 51.8 ∶ 39.8。三次产业对经济增长的贡献率依次为2.6%、72.3%和25.1%，分别拉动经济增长0.2个、6个和2.1个百分点。按常住人口计算，人均地区生产总值74026元。年内，醴陵市县域经济综合发展和基本竞争力实现“双进位”，分别名列全国百强县（市）第46位和第70位。

【农业】2019年，农林牧渔业总产值增长3.2%。农林牧渔业增加值增长3.4%，其中种植业增加值增长5%，林业增加值增长3.8%，畜牧业增加值下降0.5%，渔业增加值增长3.7%，农林牧渔服务业增加值增长7.9%。全市农作物播种面积为70千公顷，下降1.39%；其中粮食作物种植66千公顷，下降2.38%。粮食总产量48万吨，其中稻谷45万吨；蔬菜产量82.5万吨，增长11.1%；水果产量9.8万吨，下降2.1%。全市种植面积2公顷以上的种粮大户和家庭农场、农民种植专业合作组织等规模经营主体个数增至5936户（个），流转耕地22.58千公顷。全市肉类总产量7.8万吨，下降19.8%；水产品产量2.7万吨，增长3.9%。出栏肉猪77.9万头，下降26.9%；出栏羊43.8万只，增长3.1%；出笼家禽626.5万羽，增长8.3%。全市农机总数量达18.11万台（套），总动力124.93万千瓦，比上年增加6.53万千瓦，农机综合作业水平达82.6%，基本实现机耕机收全覆盖。年内，全市农村饮水安全工程共有建设项目18处，解决农村11万人饮水不安全问题。

【工业】2019年，全市工业总产值增长14.1%，工业增加值增长9.7%，其中规模以上工业企业548家，产值增长15.8%，规模以上工业增加值增长10.5%。按可比价计算，工业经济拉动地区生产总值增长5.3个百分点，对经济增长贡献率达64%。工业增加值占地区生产总值比重为43.8%，同比提高0.5个百分点。万元规模工业增加值能耗增长0.98%，高新技术产业增加值占工业增加值比重为47.2%，工业固定资产投资增长14.9%。陶瓷、鞭炮烟花两大传统支柱产业产值分别增长13.5%和9.5%。日用陶瓷行业产量增长12.2%，工业陶瓷行业产量增长11.4%，鞭炮烟花行业产量增长9.2%。服装行业产值增长19.1%，玻璃行业产值增长12.1%，汽配行业产值增长23.6%。

【建筑业、房地产业和固定资产投资】2019年，全市建筑业实现增加值57.5亿元，增长14%。具有资质等级的总承包和专业承包建筑企业29家，完成产值90.3亿元，增长10.9%；建筑房屋施工面积340.5万平方米，增长2%，房屋竣工面积273.3万平方米，增长10.7%。年末，全市拥有房地产开发企业53家，完成商品房施工面积418.2万平方米，增长35.5%；完成竣工面积38.2万平方米，增长181.4%；实现商品房销售面积83.9万平方米，下降2%；完成销售额48.9亿元，增长2.1%，其中住宅销售额45亿元，增长17.5%。全市固定资产投资增长14.2%。分产业来看，第一、二、三产业分别增长51.1%、13.4%、16.7%。从投资方向来看，工业投资增长14.9%，其中技术改造投资增长23.6%，高新技术产业投资增长50.3%，基础设施投资增长11.4%，民生投资增长65.7%，房地产开发投资增长16.4%。

【交通运输、邮电通信业】2019年，交通运输、仓储和邮政业增加值增长1%。完成自然村通水泥（沥青）路建设379.52公里、窄路加宽44.6公里、村组联通公路建设220.8公里、安保工程建设194.3公里、危桥改造7座、农村招呼站建设9个，行政村通客班车率达100%。完成邮电业务总量6.3亿元。截至年末，全市有移动电话用户78.65万户、互联网用户24.49万户。

【内外贸易、旅游和招商引资】2019年，完成社会消费品零售总额248.3亿元，增长10.4%。分地域看，城镇实现消费品零售额219.6亿元，增长10.3%；农村实现消费品零售额28.7亿元，增长11.4%。分行业看，批发和零售业实现零售额218.6亿元，增长10.9%；住宿和餐饮业实现零售额29.7亿元，增长7%。新批进出口企业61家，截至年末，全市拥有自营进出口权的企业397家。年内，实现进出口业绩“破零”企业35家，“倍增”企业20家。全市完成外贸进出口总额5.1亿美元，增长6.8%。在春秋广交会上，实现订单1.9亿美元，增长14.5%。全年全市接待国内外游客801.35万人次，增长26.32%；实现旅游综合收入83.25亿元，增长27.67%。实际利用外资2.7亿美元，增长11%；内联引资69.3亿元，增长18.9%。

【财政、金融】2019年，全市实现财政总收入73.32亿元。完成一般公共预算收入43.97亿元，增长5.2%；其中上划收入15.5亿元，增长3.7%。完成税收收入32.5亿元，占一般公共预算收入比重为74%。公共财政预算支出76.4亿元，增长12.3%，其中教育、科学技术、社会保障和就业、卫生健康、农林水事务、住房保障、文化体育与传媒支出分别为10.4亿元、3亿元、10.9亿元、7.6亿元、11.8亿元、2.2亿元和0.7亿元，分别增长9.2%、42.7%、7.5%、11%、45.1%、12.6%和下降0.8%。年末，全市金融机构各项存款余额392.7亿元，比年初增加28.9亿元，增长8%；其中住户存款余额303.8亿元，比年初增加38.3亿元，增长14.4%。各项贷款余额265.4亿元，比年初增加41.1亿元，增长18.3%。

【节能降耗、环境保护和安全生产】2019年，万元规模工业增加值能耗增长0.98%。全年空气质量优良天数340天，优良率达93.1%。渌江全流域水环境质量稳定保持Ⅲ类标准及以上，望仙桥水库断面、三刀石断面（醴陵自来水厂）、官庄水库断面水环境质量达到Ⅱ类标准，县级集中式饮用水水源地水质达标率保持100%。新增造林面积2.57千公顷，森林覆盖率稳定在56%以上，城市建成区绿化覆盖率达38.58%。市污水处理厂污泥无害化处置量2957吨，污泥无害化处置率达100%；全年安全处置危险废物863.3吨，其中工业危废213.3吨、医疗废物650吨，危废处置量较上年增加10%。年内，全市共发生各类生产安全事故3起，死亡2人，受伤2人，事故起数、受伤人数分别同比下降25%和50%；其中道路交通事故3起，死亡2人，受伤2人；烟花鞭炮企业未发生伤亡事故，无人员伤亡。

【教育、科学技术】2019年，全市有各类基础教育学校490所（不含教学点）。其中有十二年一贯制学校1所（第八中学），完全中学2所（第七中学、株洲市五雅中学），高级中学4所，初级中学30所，九年一贯制学校12所，小学142所，幼儿园298所，特殊教育学校1所。有在校学生、在园幼儿156110人，其中中学生（含中职学生）47967人、小学生68942人、在园幼儿39019人、特殊教育学校学生182人。学校、幼儿园有教职工11459人。2019年高考全市编排考室人数3819人（其中普高考生3131人、职高考生688人），实际参考人数3711人，缺考108人。本科一批上线1178人，比上年净增278人，本科一批上线率达37.62%。本科二批及以上上线2190人（含艺术提前118人，不含职高对口升学129人）；本科二批及以上上线率为69.94%。全市小学入学率为100%，辍学率为零、升学率为100%；初中辍学率为零，升学率为98.5%；幼儿学前三年入园率为96%，学前一年入园率为100%。全年全市共申请专利1175件，其中发明专利申请180件，专利申请量居株洲地区县（市）前列，专利授权789件。年内建成省级众创空间1家、星创天地1家，株洲市级星创天地1家、工程技术研究中心1家。全市有省级以上研发平台26个。全市有28家企业（单位）获得省级研发奖补资金，共计527.2万元。年内新增24家高新技术企业，年末拥有高新技术企业107家，实现高新技术产业增加值147.9亿元，增长18.5%，高新技术产业增加值占GDP比重为20.7%。

【文化、体育和卫生】2019年，市融媒体中心正式挂牌成立，“醴陵云”平台上线运营。全市广播综合覆盖率达100%，电视综合覆盖率为100%，收视收听率进一步提升。《醴陵新闻》全年播发稿件2600余篇，民生栏目《瓷城零距离》播出民生新闻节目240余期、稿件800余篇，《今日醴陵》报刊出100余期、稿件2300余条，新媒体全年推出稿件4000余条，系列报道27组，完成直播13场，粉丝增长3万余人。在庆祝新中国成立70周年重大主题报道活动中，推出了《追寻红色记忆》《醴陵70年》《致敬云南支边60周年——根在渌水》三大系列报道。全年举办大型文化体育活动63场次，送戏下乡126场，送电影下乡4092场，市文化馆、图书馆和乡镇综合文化站全部实现免费开放。截至年末，全市拥有各级各类医疗卫生机构686个，其中驻醴医疗卫生机构2个、市直医疗卫生机构4个、民营医疗卫生机构12个、建制镇卫生院19个、卫生院分院13个、街道社区卫生服务中心5个、村卫生室494个、诊所130个、医务室7个。有执业（助理）医师2128人，执业护士3103人，每千人口拥有医生2.2人、护士3.2人；有全科医生214人，村卫生室人员525人；有床位6251张，每千人口拥有6.45张。有基层公卫专（兼）职专干257人，其中妇幼专干60人、计免专干37人、传染病专干26人。城乡居民医疗保险参保人数80.49万人，参保率95%，累计补助22.84万人次，补助金额5.45亿元，统筹地区政策范围内补偿率为65.54%。

【人民生活和社会保障】2019年，全市城乡居民人均可支配收入36582元，其中城镇居民人均可支配收入42921元，同比增加3508元，增长8.9%；农村居民人均可支配收入28737元，同比增加2373元，增长9%。民生领域支出61.3亿元，占公共财政支出的80.3%。全市新增城镇就业7361人，新增农村劳动力转移就业4070人，城镇人口登记失业率2.44%。全市“三项六险”〔养老保险（企业职工养老保险、城乡居民养老保险、被征地农民养老保险）、工伤保险、失业保险〕社会保险总参保人数78.8万人，总收入16.89亿元，总支出20.2亿元。社保卡持卡人数达69.16万人，社保基金规范运作率和安全完整率均达100%。年内，新改扩建农村敬老院9所，农村“五保”分散供养标准5616元/年，农村“五保”集中供养标准6360元/年。完成农村危房改造720户，发放住房困难租赁补贴554户。截至年末，全市共有贫困户11195户，贫困人口37203人。对贫困户实现结对帮扶全覆盖，全年派出183支工作队到17个贫困村和166个贫困人口在100人以上的面上村开展驻村帮扶工作。2019年实现261户618名贫困人口“摘帽脱贫”，贫困发生率降至0.37%。

说明：

1. 人口·区划、国民经济和社会发展分目中部分数据为初步统计数，正式统计数据以《醴陵市统计年鉴（2020）》为准；

2. 地区生产总值（GDP）、各产业增加值绝对数按现价计算，增长速度按可比价计算；

3. 增长数均为同比增长数；

4. 人均地区生产总值按近两年常住人口平均数计算；

5. 部分数据因四舍五入的原因，存在着与分项合计不等的情况　　（刘　莎　廖婉玉）

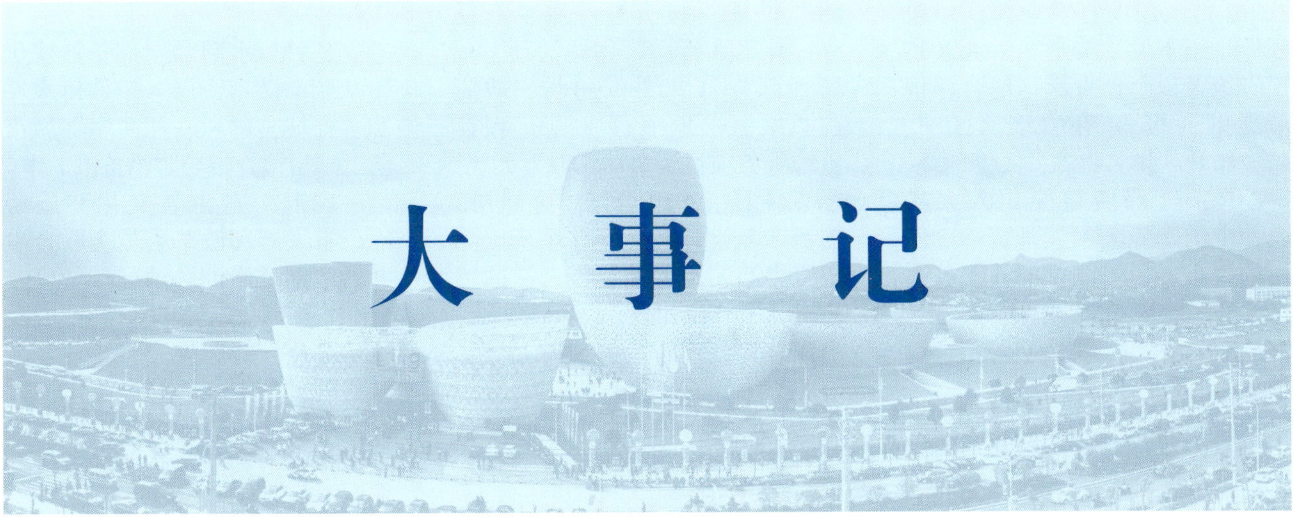

大 事 记

2019年

1月

2日　醴陵市举行第四次全国经济普查入户登记启动仪式。

3日　醴陵市2019年重大招商引资项目签约仪式举行，12个项目签约，合同引资337.4亿元。

4日　醴陵市委十二届六次全体（扩大）会议暨市委经济工作会议召开。

10日　醴陵市“智慧停车收费系统”启用，首批李畋西路和瓷城大道共197个临时停车泊位实行停车收费。

是日　全国总工会副主席、书记处书记、党组成员阎京华率全总慰问团到醴陵市开展送温暖活动，深入醴陵兴业总公司，走访慰问困难职工、劳模和一线职工代表。省人大常委会副主任、省总工会主席周农出席活动。

18日　醴陵市十六届人大四次会议举行第三次全体会议。经大会选举，董巍当选为市人民政府市长。

是日　醴陵市退役军人事务局挂牌成立，为株洲市县（市）区首个挂牌成立的退役军人服务保障机构。

21日　2019“中国陶瓷谷·五彩新醴陵”——醴陵红色官窑全国巡展启动仪式，在中国陶瓷谷国际会展中心举行。

22日　醴陵市召开2018年度镇（街道、示范区）、市直单位党（工）委书记履行基层党建责任述职评议会议，29名基层党（工）委书记依次述职，市委书记胡湘之逐一进行点评。

25日　株洲市文化科技卫生“三下乡”集中示范活动在醴陵市沩山镇举行。

是日　中国气象局党组成员、副局长沈晓农一行到醴陵市气象局开展基层气象台站春节慰问活动。省气象局党组书记、局长刘家清，株洲市副市长顾峰，株洲市气象局党组书记、局长陈媛，醴陵市委书记胡湘之，醴陵市副市长钟国建陪同慰问。

29日　醴陵市玉瓷路一期全线通车。

2月

14日　醴陵市首届人才交流论坛暨新春大型人才招聘会在中国陶瓷谷国际会展中心2号馆举行，150余家企业提供就业岗位2000余个，1600余人达成初步就业意向。

18日　醴陵市召开三级干部会暨“产业项目建设年”动员大会。

22日　醴陵市畜牧兽医水产局、醴陵百奥迈斯生物科技有限公司、中国人寿财产保险股份有限公司株洲市醴陵支公司相关负责人签署合作协议，开启生猪无害化处理监管保险联动新模式，从制度上完善、简化生猪无害化处理流程。

25日　醴陵市第一辆食品安全快速检测车投入使用。

27日　醴陵市召开2019年城市创建工作暨“城乡统筹·幸福醴陵”建设动员大会。市委书记胡湘之出席并讲话，市委副书记、市长董巍作大会报告。

3月

1日　醴陵市全面实行“公共场所卫生许可告知承诺制”。

4日　湖南省第十批省级文物保护单位名单公布，醴陵市有耿传公祠（耿飚旧居）、醴陵群力瓷厂旧址、孙家湾窑址、毛泽东考察湖南农民运动旧址——醴陵文庙和毛泽东考察湖南农民运动旧址——醴陵火车站旧址5处文物保护单位入选。

5日　湖南省产业园区建设领导小组下发《关于湖南省2017年省级及以上产业园区综合评价情况的通报》，在省级园区中，醴陵经开区排名第八。

是日　醴陵籍全国人大代表、中国陶瓷艺术大师黄小玲创作的瓷板屏风《四季同春》被人民大会堂收藏。

6日　醴陵开始进入汛期，较2018年提前26天。

7日　醴陵市召开房地产工作座谈会，会商解决问题与困难，安排部署全年工作任务。

11日　醴陵市召开"城乡统筹·幸福醴陵"创新社会治理之"三社联动"、养老服务工作推进会暨2019年民政工作会议，会议确定2019年醴陵市全力开展"三社联动"行动，形成共建共治共享社会治理新格局。

是日　湖南省委组织部部务委员、省委"两新"工委书记梁平到醴陵市调研党建工作。市委书记胡湘之参加。

12日　醴陵市财政工作会议召开。

16日　醴陵市委书记胡湘之率五套班子领导，到湖南工业大学醴陵陶瓷学院参加义务植树活动。

18日　株洲市执法检查动员培训会在醴陵市召开。

是日　湖南省政府常务会议原则同意沪昆高速醴陵至娄底段扩容工程立项。

19日　湖南省水利厅党组副书记、副厅长钟再群到醴陵市调研市第二自来水厂建设情况。

22日　醴陵窑遗址区内又发现一座保存较为完好的古窑址，初步确认为早清时期古窑址，距今约300年。此次考古开发古窑址为编号39号窑址，距沩山村月形湾窑址200米。

是日　醴陵市2019年春季乡村文化旅游节在船湾镇清水湾畔举行。

是日　醴陵市举行"三社联动"供需对接会暨"追梦新征程·社工在行动"主题活动。现场签订意向协议书90份，政府购买服务落地项目30个，预计签约服务项目资金达160万元。

24日　2019全国"金凤凰"创新产品设计大奖赛在重庆国际博览中心闭幕，醴陵市选送的工艺美术作品获5金4银1铜和3个优秀奖。

27日　醴陵市2019年第一次禁毒举报奖励集中兑现会举行，16名举报人到场领取5.4万元奖励。

28日　株洲市委副书记、市长阳卫国到醴陵市调研金利来烟花自动化生产线项目和旗滨高性能电子玻璃生产线项目建设情况。

29日　醴陵市委常委议军、党管武装工作述职暨"军事日"活动举行。

4月

3日　湖南省委第一巡视组巡视醴陵市工作动员会召开。会上，省委第一巡视组组长孙剑霖就即将开展的巡视工作作了讲话，株洲市委常委、市委组织部部长羊贵平对配合做好巡视工作提出要求，醴陵市委书记胡湘之主持会议并作表态讲话。

5日　醴陵市举行首届节地生态安葬仪式，通过免费赠送生态墓穴形式，倡导移风易俗新风尚。

是日　株洲市委副书记、市长阳卫国在株洲市林业局局长陈诚、应急管理局副局长刘永陪同下，到醴陵市检查指导清明期间森林防火工作，醴陵市委书记胡湘之陪同检查。

7日　"瓷城古韵·一江两岸"新人行景观桥——青云桥开工建设。

10日　中央扫黑除恶第16督导组第4小组一行到醴陵市，深入乡镇（街道）督导扫黑除恶工作。

是日　水利部副部长陆桂华率队到醴陵市，深入望仙桥水库和"瓷城古韵·一江两岸"城市防洪项目检查指导防汛备汛工作。

12日　在由省文化和旅游厅、省发展和改革委员会联合主办的"锦绣潇湘　精准扶贫　乡村振兴"——文旅融合跨区域发展精品旅游线路推介会暨送客入村启动仪式上，包含醴陵市、攸县、茶陵县、炎陵县在内的湘赣边区乡村振兴红色经典旅游线路被面向全省推介。

15日　在2019湖南对接粤港澳大湾区恳谈会和株洲（深圳）重点产业推介会上，醴陵市签约湘东农副产品批发大市场和中模南方总部运营中心2个项目，合同引资23.5亿元。

是日　醴陵市孙家湾镇第一届人民代表大会第三次会议举行。孙家湾镇是醴陵市"民生实事项目人大代表票决制"唯一试点，会上人大代表首次票选通过该镇2019年6个民生实事。

是日　"人书俱老·不忘初心——《李铎全集》首发式暨李铎捐赠军博书画作品选展"在中国人民革命军事博物馆举行。

18日　2019年株洲市福彩工作会议在醴陵市召开。会议通报，醴陵市上半年福彩销售0.91亿元，总销量居株洲地区县（市）第一、全省第七。

是日　在西安市召开的全国退役军人就业创业工作会议上，市委书记胡湘之代表醴陵市作典型发言。

19日　市枫林镇与西藏自治区扎囊县扎其乡签订友好结对协议，双方缔结友好乡镇关系。

20日　湖南省精神文明建设指导委员会授予醴陵市"湖南省2018届文明城市"称号。

22日　醴陵市"创响三湘·减税降费进园区"宣传周活动在湖南醴陵经济开发区启动。此次活动由市税务局、财政局、科工信局、发改局、经开区产业发展局联合主办，共有企业代表416人参加。

是日 全国“三农”问题专家、江苏省政府研究室顾问卢水生到醴陵市，调研农村集体产权制度改革工作。

25日 第五届湘赣边区域开放合作主题联席会在醴陵市召开。会议审议通过汝城、安仁、宜章、袁州、上犹、崇义6个县（市、区）加入湘赣边区域开放合作联席会议有关事项，醴陵市、安仁县、茶陵县等22个成员单位作了交流发言。

是日 株洲市“壮丽70年 奋斗新时代”大型主题采访活动在李立三故居启动，湖南日报株洲分社、红网株洲站、株洲日报、株洲晚报和醴陵市融媒体中心等媒体近百名媒体记者参加。

26日 21名国家、湖南省、株洲市级劳动模范及先进工作者到醴陵市人民检察院，参加该院以“共和国建设者走进检查机关”为主题的检察开放日活动。

是日 中国日用杂品流通协会烟花爆竹专业委员会一届三次会员代表大会在醴陵市召开，中国日用杂品流通协会会长诸葛彩华，醴陵市政协主席江曙明参加。

26—28日 第四届中国烟花爆竹博览会暨2019醴陵烟花爆竹交易会在醴陵市中国陶瓷谷国际会展中心举行。会展为期3天，共设立4个展馆762个展位，展区面积1.72万平方米，来自22个国家及国内14个省份的经销商、220家国内花炮企业、国内外花炮行业专家学者等参加。展会期间举行了开幕式、烟花爆竹交易展示会、烟花爆竹产业发展高峰论坛、集中签约仪式、焰火文艺晚会等12项主体活动。包含招商引资、企业融资、人才培养、银企合作等在内的36个项目签约，总投资达128亿元。

27日 第125届广交会第二期轻工日用消费品类展会结束。醴陵日用陶瓷在展会上实际成交9670万美元，比上年同期（第123届）增长15.6%。

28日 株洲市烟花爆竹安全监管和发展座谈会在醴陵市召开，来自应急管理部、中科院微电子所、湖南工业大学人工智能学院的专家，就如何利用人工智能技术提高监管水平探讨交流。

29日 在湖南省特色产业小镇现场推进会上，醴陵市五彩陶瓷小镇被授予“首批省级特色产业小镇示范小镇”称号。

是日 驻湖南省委组织部纪检监察组组长谢立三、省委“两新”工委专职副书记罗缵吉率驻省委组织部纪检监察组党支部、省“两新”工委办党支部全体党员到醴陵市，开展“走进民营企业 共建亲清关系”主题党日活动。

30日 醴陵市2019年度“十佳产业工匠”评选活动颁奖典礼举行，泰鑫瓷业技术总工程师廖志坚等10人获评醴陵市首届“十佳产业工匠”。颁奖典礼上同步启动了“醴陵市十佳技能比武新秀”评选活动。

5月

6日 株洲市首家镇级退役军人服务站在醴陵市明月镇揭牌成立。

是日 醴陵市召开党员领导干部廉洁从政警示教育大会。湖南省委第一巡视组副组长夏克利，湖南省委第一巡视组副主任科员段钧溢出席，市委书记胡湘之发表讲话，市委副书记、市长董巍主持，市政协主席江曙明参加。

10日 中央电视台大型纪录片《中国影像方志》栏目组到达醴陵，进行“湖南卷醴陵篇”拍摄工作。相关节目于8月14日晚8时50分，在中央电视台科学·教育频道播出。

是日 醴陵市渌江新城玉屏山路（澄潭江路—G320）道路工程开工建设。

15日 在全国第四次中药资源野外普查中，醴陵市中（一）医院药剂科主任陈仕恒带领的中药资源普查队在市沩山镇的密林中发现11株极度濒危物种丹霞兰。

是日 湖南省委巡视办在醴调研座谈会召开。省纪委常委、省监察委委员、省委巡视办主任刘显泽，株洲市委常委、市纪委书记、市监察委主任吴巨培，醴陵市委书记胡湘之参加。

16日 湖南新世纪艺术馆离境退税商店开业，此为湖南省首家陶瓷类离境退税商店。

17日 在全省2019年产油大县竞选会上，醴陵市申报参与2019—2020年茶油大县竞选，获得综合得分第一名。

19日 醴陵市在中国陶瓷谷、耿传公祠等地开展“送客入村”旅游扶贫等系列主题活动，全国100家旅行商现场旅游探线。

20日 株洲市委书记、市人大常委会主任毛腾飞到醴陵市调研经济社会发展工作，督查企业环保问题整改和安全生产。

是日 省政协副主席、省工商联主席张健率队到醴陵市开展“推进民营经济发展政策落实与完善”专题调研。省工商联党组成员、副主席吴曙光，株洲市政协副主席金继承，醴陵市委副书记、市长董巍及政协主席江曙明参加。

是日 为期5天的第十五届中国（深圳）国际文化产业博览交易会在深圳会展中心闭幕。醴陵市组织20家釉下五彩艺术陶瓷企业参展，展出上万件传统釉下五彩产品和特色文旅创意产品，签订意向订单110份，订单金额达24142万元。

22日 湖南省“党建引领，创新发展”非公有制经济组织典型报告会在株洲市举行，醴陵市班龙服饰广场总经理赵石毛作为典型代表，在会上分享以党建引领企业发展的经验。

是日　退役军人事务部就业创业司副司长李云鹏率调研组到醴陵市调研,市委书记胡湘之参加。

25日　北京世界园艺博览会举行釉下五彩瓷非遗推广活动。醴陵市委副书记、市长董巍参加，并从历史、人文等方面简要介绍醴陵市情，对醴陵陶瓷进行重点推介，

27日　2019年省级工业旅游示范点名单发布，醴陵市新世纪艺术馆、湖南醴陵釉下五彩城开发建设有限公司、湖南湘瓷实业有限公司3家单位上榜。

31日　醴陵市创建国家卫生城市省级考核鉴定反馈会召开。专家组同意醴陵市通过省级考核鉴定，并将由省爱卫会向全国爱卫会正式推荐申报。

6月

3日　株洲市亿都房地产开发有限公司向醴陵市教育基金会捐赠300万元，用于资助教育事业发展。

4日　2019“文明醴陵·爱心助考”大型活动在中国陶瓷谷国际会展中心启动，300余台爱心车辆整装集结，将在高考期间免费接送考生。

5日　“第二届创新湖南高峰论坛——2019年区域科技创新与经济高质量发展峰会”在醴陵市召开。

9日　株洲市委副书记、市长阳卫国率队，到醴陵市调研红色教育基地建设情况。

10日　湖南省商务厅、省税务局发布2019年第一批湖南省电子商务企业拟认定名单，醴陵荣祥陶瓷有限公司、湖南仙凤陶瓷有限公司上榜。至此，醴陵市省级电子商务认定企业增至16家。

13日　醴陵市纪委监委大监督中心启用，中心着力于全面整合监督资源，创新纪检监察体制机制，推进纪律监督、监察监督、派驻监督、巡查监督协调衔接，强化监督合力，提升监督质效。

14日　株洲市2019年“安全生产月”宣传咨询日活动暨综合联动应急演练在中国陶瓷谷国际会展中心前坪举行。

15日　“2019中国陶瓷谷·五彩新醴陵红色官窑全国巡展”在北京国中陶瓷艺术馆开幕，近60位国家级、省级陶瓷大师的100余件陶瓷艺术精品亮相现场。

18日　醴陵市120急救指挥中心正式运行，全市统一使用“120”作为唯一的急救呼叫号，利用计算机网络技术实现全市院前急救全程数字化监控。

是日　陕西省铜川市政协副主席穆新安率调研组到醴陵市，调研陶瓷产业文化。

19日　醴陵市在南四区苏维埃革命纪念馆举行农村“共产党员户”挂牌启动仪式，80余名党员代表重温入党誓词，签订《共产党员承诺书》，发出农村党员“六做六不做”行为规范倡议。

20日　住房和城乡建设部、文化和旅游部、国家文物局、财政部、自然资源部、农业农村部联合公布《第五批列入中国传统村落名录的村落名单》，醴陵市沩山镇上榜。

21日　醴陵市召开柔性引才用才省级试点工作动员会，升级“湘雅乡情·专家醴陵行”活动，加快向农村医卫、产业、教育、文化等领域拓展，向乡村延伸，为乡村振兴提供智力支持。

是日　株洲市基层社会治理现代化创新示范现场观摩会在醴陵市网格化中心召开，来自各县市区的政法委及其他相关部门机关工作人员参加。

是日　醴陵市召开2019年第二次规划方案评审会。会议原则通过《陶子湖学校规划》《醴陵市中小学幼儿园布局规划》《醴陵市城镇开发边界划定》《旗滨·玖玺修建性详细规划》4个方案。

是日　2019年醴陵市征兵工作会议召开，总结2018年工作，部署2019年任务。

是日　2019年全国食品安全宣传周（株洲）启动仪式在醴陵市润鲨奥特莱斯购物中心前坪举行。

22日　2019年中国会展产业发展大会暨中国会展品牌盛典在上海市闭幕，“改革开放40周年中国会展品牌盛典”“2019年中国会展品牌榜”同期揭晓，中国陶瓷谷国际会展中心获评“中国十佳优秀会展中心”。

25日　醴陵市举行“产业项目建设年”集中开工活动，醴陵玻璃产业园一期6个项目同时开工。

是日　醴陵市召开贯彻落实减税降费政策新闻发布会，介绍全市减税降费工作情况及措施，现场解读最新政策。1—5月，全市共减税降费12880.4万元，其中减税12335万元、降费545.4万元。

26日　醴陵市人民法院80名新任人民陪审员举行宣誓就职仪式，代表人民群众参与司法、监督司法。

是日　“一带一路醴陵行”非遗文化国际交流体验活动在“1915”醴陵国际陶瓷文化特色街区举行。

27日　2019年醴陵市高温停产工作启动，全市烟花爆竹生产企业分类分步执行到位，至8月31日结束。

27—29日　第一届中国·非洲经贸博览会在长沙市举行，醴陵市华联、陶润、新世纪等5家陶瓷企业参展。由醴陵大球泥瓷艺有限公司创作的《友谊金桥》等4件釉下五彩陶瓷艺术品，作为礼品赠送给参会的非洲元首。

28日　醴陵市福田医养中心正式投入运营。至此，全市社会

养老机构增至6家。

是日　湖南省工业和信息化厅公布2019年工业品牌培育试点企业名单，湖南赖氏烟花有限公司等4家醴陵企业上榜。

29日　全国政协副主席、全国工商联主席高云龙到醴陵市调研民营企业发展。省委常委、省委统战部部长黄兰香，省政协副主席、省工商联主席张健，株洲市委书记、市人大常委会主任毛腾飞，市委副书记、市长阳卫国，市委常委、市委统战部部长覃万成，副市长、市工商联主席杨胜跃及醴陵市委书记胡湘之，市委副书记、市长董巍参加调研。

30日　全国红军小学建设工程理事会向醴陵市左权红军小学和将军外交官红军小学，授予“全国红军小学五星级学校”称号。全国红军小学建设工程理事会理事长、中国华夏文化遗产基金会会长耿莹，株洲市委常委、军分区政委周杰，株洲市人大常委会副主任钟燕，醴陵市委书记胡湘之，市人大常委会主任贺小玲出席授牌仪式。

7月

1日　“创新创业·筑梦醴陵”醴陵市第四届创新创业大赛决赛举行。大赛自5月21日启动以来，共吸引106家企业参加，内容涵盖陶瓷、花炮、农业、新材料设计、品牌推广、餐饮、电子信息、“互联网+”等领域。经过前期遴选、初赛、培训和复赛，12个项目脱颖而出会师决赛，分别角逐创新类、创业类项目一、二、三等奖。最终，湖南醴陵红官窑瓷业有限公司的日用陶瓷智能彩绘技术研究和产业化项目获得创新组一等奖，湖南三创智能科技有限公司获得创业组一等奖。

7日　民盟湖南省委在醴陵袁昌英纪念园挂牌成立民盟（湖南）传统教育基地。湖南省政协副秘书长、民盟湖南省委专职副主委胡颖，株洲市政协副主席、民盟株洲市委主委柳怀德出席揭牌仪式。

9日　醴陵市经7月上旬连续暴雨后，遭遇特大洪水。10时，醴陵市启动防汛Ⅰ级响应。14时，渌江干流醴陵市石亭镇石塘岭段出现10米洪水漫堤滑坡毁损险情，经有序营救，转移群众1.2万人。

是日　株洲市委书记、市人大常委会主任毛腾飞率队到醴陵市防汛救灾一线，指导抗洪抢险救灾工作。

10日　湖南省副省长隋忠诚率队到醴陵市，调研指导防汛抗灾工作。株洲市委书记、市人大常委会主任毛腾飞，株洲市委副书记王洪斌，醴陵市委书记胡湘之，醴陵市委副书记、市长董巍参加。

11日　湖南省副省长陈飞到醴陵市石亭镇调研指导防汛救灾工作。湖南省应急管理厅厅长李大剑，株洲市委书记、市人大常委会主任毛腾飞，市委副书记、市长阳卫国，醴陵市委书记胡湘之，市委副书记、市长董巍参加。

14日　湖南省委常委、省委统战部部长黄兰香到醴陵市看望慰问洪水受灾群众和企业，就开展“不忘初心、牢记使命”主题教育活动走访并听取意见、建议。株洲市委书记、市人大常委会主任毛腾飞，市委常委、市委统战部部长覃万成，醴陵市委书记胡湘之参加。

15日　醴陵市汤飞凡中学被授予中南大学湘雅医学院暑期社会实践基地。中南大学团委副书记王超，中南大学湘雅医学院党委副书记丁红珊，中南大学档案馆研究员黄珊琦出席授牌仪式。

是日　醴陵市召开灾后重建工作调度会。会上，应急管理、农业农村、住建、发改、自然资源、民政等部门单位负责人分别汇报受灾情况。此次50年一遇的重大雨情汛情，全市24个镇（街道、示范区）均受到影响，其中公路桥梁、工贸企业、水利设施、农田、畜禽、房屋和群众生产生活都出现不同程度灾情。市委书记胡湘之强调，要一手抓防汛抢险，一手抓生产自救，确保人民群众尽快恢复正常生产生活。

17日　醴陵市召开抗洪抢险生产自救动员大会。动员全市上下紧急行动起来，继续抓好抗洪抢险，积极开展生产自救。市委书记胡湘之出席会议并讲话，市委副书记、市长董巍主持会议。全体实职市级领导出席会议。

19日　“薄施淡染——醴陵陈扬龙釉下五彩瓷技艺传承展”在北京世界园艺博览会生活体验馆开幕。展览共展出陈扬龙及其传人陈利、申彬创作的40件陶瓷精品，展览持续至8月18日。

是日　湖南醴陵经济开发区举行夏季产业项目集中签约活动，华联总部经济中心、旗滨节能玻璃、飞鹿防水材料等9个项目现场签约，总签约金额达317亿元。

20日　醴陵旗滨电子玻璃有限公司首条65吨级高性能电子玻璃生产线点火，标志着该公司进入高性能电子超薄玻璃制造领域。

是日　醴陵市2019年暑期毕业季招聘会在市体育馆举行，有华联瓷业、时代金属等93家企业参加，提供就业岗位2000余个。有毕业生1500余人进场，初步达成就业意向800余人，其中大中专毕业生320人。

22日　株洲市首届旅游酒店用瓷暨企业日用瓷推介会在醴陵市举行，华天大酒店、国宾酒店等21家酒店代表和华联瓷业、醴泉窑艺等23家陶瓷企业代表参加了推介会。

23日　“醴商大讲堂·向世界一流企业学习”主题讲座在渌江书院五贤堂举行，来自全市各行业的110名企业家参加讲座。

24日　参加第九届中韩青少年国际文化交流活动的10名韩国抱川市学生与结对的株洲市学生，到醴陵市开展文化交流活动。

是日　醴陵市举行“双一流”大学生暑期实习实训岗位分配见面会，来自武汉大学、中南大学、中山大学等高校的50名优秀大学生，经过意向匹配后分配到市委组织部、市政府办、渌江集团、陶润实业发展有限公司等17家行政机关、事业单位和企业实习、实训。

25日　由湖南省话剧院重点打造，株洲市文化旅游广电体育局、醴陵市文化旅游广电体育局联合出品的大型话剧《耿飚将军》，在省话剧院举行开拍仪式。

是日　醴陵市举行“大爱瓷城·众志成城”抗洪救灾捐赠仪式。截至下午5时，共募集救灾款物1639.3万元。

是日　国务院新闻办举行庆祝新中国成立70周年湖南专场新闻发布会，6件来自醴陵陈扬龙窑的釉下五彩瓷器作为非物质文化遗产实物展出。

26日　湖南省委办公厅档案宣传教育处会同株洲市档案馆专家组一行6人，对醴陵市综合档案馆建设项目进行功能验收。

是日　醴陵市委十二届七次全体（扩大）会议公布，上半年醴陵市深入推进“产业项目建设年”活动，实施重点项目261个，开工134个，开工率达80%，引进项目65个，合同引资178.4亿元。

27日　醴陵市市场监督管理局开通“12315”微信投诉举报平台，优化市民投诉与监督渠道。

29日　株洲市2018年民营企业50强名单公布，醴陵市有湖南华联瓷业股份有限公司、醴陵中油燃气有限责任公司等12家企业入选，涵盖玻璃、陶瓷、燃气、建筑等多个领域。

30日　第十八届“汉语桥”世界大学生中文比赛的157名参赛选手，到醴陵市参观醴陵陶瓷博物馆。

31日　在长沙市举行的湖南省第五届中小企业服务大会上，发布全省9家最受欢迎中小企业窗口服务平台名单，醴陵市烟花爆竹产业集群窗口平台入围。

8月

1日　醴陵市召开纪念中国人民解放军建军92周年暨第二届“最美退役军人”表彰大会，表彰“十佳最美退役军人”和“十佳最美退役军人就业创业标兵”。

2日　醴陵市畜牧水产事务中心携手“九八”公益志愿者，在王家码头开展增殖放流活动，共向渌江河投放200万尾鱼苗，用以改善渌江河生态环境。

2—5日　中国陶瓷工业协会主办的“2019中国（北京）国际精品陶瓷展览会暨第七届中国陶瓷文化艺术创意设计精品展览会”在北京市举行。由醴陵尚方窑瓷业有限公司与中国陶瓷艺术大师朱占平联合打造的“盛世芳华”醴陵釉下五彩瓷主题作品，获“向新中国成立七十周年献礼”陶瓷艺术创作与设计大赛一等奖。

8日　“2019中国最具幸福感城市”调查推选活动在北京市启动，醴陵市入围县级候选城市（区）名单。

9日　南昌铁路公安局南昌处醴陵车站派出所何高峰，在第18届世界警察和消防员运动会中，获得半程马拉松男子个人45+年龄组金牌。

12日　应急管理部发布2019年第15号公告，批准19项安全生产行业标准，自2020年2月1日起正式实施，其中《烟花爆竹、化工原材料使用安全规范》安全生产行业标准由醴陵神马花炮有限公司牵头制定。

是日　“割贝莳绘”漆艺交流活动在醴陵市举行。日本漆艺家小椋范彦与来自国内13个省份的20名漆艺术专家，开展为期15天的漆艺交流活动。

13日　醴陵市“普惠金融、智慧县域”项目上线，农村居民足不出户，便可在支付宝APP上申请1000元到20万元额度的无担保抵押、纯信用、全天候的信用贷款服务。

15日　醴陵高新集团与西安高压电器研究院有限责任公司签约，将在醴陵电力电瓷电器产业园携手打造国家级公共技术服务平台——醴陵市滨华电瓷电器检测有限公司试验中心。

19日　中宣部第十五届精神文明建设“五个一工程奖”表彰座谈会在北京京西宾馆举行，醴陵籍歌手李思宇与音乐唱作人周澎联袂演唱的歌曲《小村微信群》获奖。

20日　醴陵市召开抗旱工作会商会议，了解全市旱情，部署相关工作。

是日　2019年醴陵市夏季乡村文化旅游节在均楚镇君子山生态文化景区开幕。

是日　“时代新章——国家博物馆工艺美术作品邀请展”在中国国家博物馆开幕，醴陵5名工艺美术大师的5件作品入选展出。

25日　醴陵市牵手爱心志愿者协会发起的“为爱奔跑，圆梦北京”和“常回家看看”公益项目，通过腾讯公益审核并成功上线，旨在为贫困学生和孤寡老人送去关爱。

26日　醴陵市举办耿飚110周年诞辰系列纪念活动。上午，在图兰朵酒店举行纪念耿飚110周年诞辰座谈会和纪念耿飚110周年诞辰群众文艺汇演，湖南省委宣传部副部长、省文明办主任刘进能，耿飚次子耿志远、长女耿莹、次女耿焱，株洲市委常委、宣传部长聂方红，副市长杨胜跃，醴陵市委书记胡湘之，市委副书记、市长董巍，市人大常委会主任贺小玲，市政协主席江曙明出席。下午，耿飚次子耿志远、长女耿莹、次女耿焱和其他直系亲属到市榛木岭中学、耿传公祠参观，市委书记胡湘之，市委副书记、市长董巍陪同。

是日，耿飚110周年诞辰纪念封首发仪式暨中华人民共和国成立70周年集邮展活动在耿传公祠举行，醴陵邮政分公司推出500套限量版《纪念耿飚同志诞辰110周年邮册》。

28日　大型话剧《耿飚将军》在醴陵中国陶瓷谷国际会展中心首次演出。

是日　醴陵市举行2019年“大爱瓷城·金秋助学”活动，为397名来自市直高中、陶瓷技师学院和陶瓷烟花职业教育学校、德才外语学校的贫困学子发放资助金172.4万元。

是日　醴陵市湖南师范大学附属陶子湖学校启动建设。

31日　醴陵市枫林镇教育发展促进会举行奖教助学表彰会，向该镇10名优秀教师和100余名考上重点高中和本科院校的优秀学生发放奖教助学金33万元。

是日　第十八届中国会展业“金海豚”大奖名单公布，中国陶瓷谷国际会展中心获评“2018—2019年度中国会展标志性场馆”。

9月

3日　醴陵市民中心开放运营，789项行政审批及公共服务事项可在此“一站式”办理。

是日　湖南工业大学醴陵陶瓷学院举行竣工开学仪式。湖南工业大学党委书记、校长谭益民，湖南工业大学副校长罗定提，醴陵市委书记胡湘之，市委副书记、市长董巍，市人大常委会主任贺小玲，市政协主席江曙明参加。

4日　醴陵市委第八轮巡察工作启动，9家单位党组织将接受巡察。

是日　由湖南省妇联、省民政厅、省扶贫办指导，省妇女儿童发展基金会、长沙笑工场青年相声俱乐部有限责任公司主办，株洲市妇联、中共醴陵市委、醴陵市人民政府联合承办的“金秋助学·大兵义演”公益活动在醴陵国际会展中心举办。省妇联副主席卢妹香出席活动，醴陵市委书记胡湘之授捐赠牌，市委副书记、市长董巍致辞。

5日　株洲市委副书记、市长阳卫国在副市长顾峰陪同下，到醴陵市调研湘赣边区乡村振兴示范区创建及农村人居环境整治工作。醴陵市委书记胡湘之，市委副书记、市长董巍参加。

6日　株洲市“两中心一平台”建设工作现场推进会在醴陵市召开。

是日　中共中央党史和文献研究院与中央“不忘初心、牢记使命”主题教育领导小组办公室联合编写《见证初心和使命的“十一书”》，醴陵籍英烈左权事迹入编此书。

8日　“长沙绿茶杯”2019湖南首届茶祖神农杯斗茶大赛闭幕。在斗茶品项目中，醴陵白芽“云霄山·醴陵白芽”茶获得绿茶组金奖。

9日　醴陵市举行“喜迎退伍老兵·欢送入伍新兵”仪式暨文艺演出活动。株洲军分区司令员张台华，醴陵市委副书记、市长董巍，市人大常委会主任贺小玲，市政协主席江曙明出席。

10日　醴陵市为期3天的2019腾讯“99公益日”之“大爱瓷城·灾后重建”慈善募捐项目活动结束，40余万人次参与捐赠，共筹集善款1037.3万元，获得腾讯基金会配捐153.57万元。

12日　主题为“新时代的中国：创新湖南，融入世界”的外交部湖南全球推介活动在外交部蓝厅举行。醴陵市选送的《国色天香》《大叶欢心》等8件釉下五彩瓷作品亮相推介会。

17日　中国驻迪拜总领事李旭航拜会阿治曼王储阿马尔，将象征友谊与和平的釉下五彩瓷瓶玉兰瓶作为外交礼品赠予对方，此玉兰瓶由醴陵市官润窑艺术瓷厂设计制作。

是日　醴陵市召开庆祝人民政协成立70周年座谈会。市委书记胡湘之出席并讲话，市委副书记、市长董巍主持，市人大常委会主任贺小玲，市政协主席江曙明参加。

17—18日，新华社社办重点报刊2019年湖南省形势政策宣传教育座谈会在醴陵市举行，相关报刊负责人围绕“改革推动株洲经济社会发展”主题进行调研。株洲市委书记、市人大常委会主任毛腾飞，株洲市委副书记、市长阳卫国分别参加相关活动。

20日　第十届浙江·中国非物质文化遗产博览会在浙江省杭州市开幕，醴陵釉下五彩瓷烧制技艺作为湖南非遗项目之一参展。

23日　为醴陵和平解放和教育事业做出卓越贡献的离休干部李仁鹏获“庆祝中华人民共和国成立70周年”纪念章。

是日　醴陵市渌江公用停车投资运营管理有限公司发布消息，将启动城市道路临时停车泊位二期路段收费管理。10月8日起，醴陵城区10处路段的1526个停车位，将依法收费。

是日　以“和·信：促进可持续发展的文化”为主题的第二届中欧国际艺术双年展在维也纳联合国城开幕。中南大学当代东方艺术研究中心特聘古筝教师刘星（醴陵籍），受到《欧洲时报》邀请，参与了开幕式表演。

24日　醴陵市召开教育大会，“教书育人楷模”“百优教师”“重教兴学优秀人士”等180人受到表彰。

是日　农业农村部公布第九

批“一村一品”示范村镇名单，醴陵市明月镇云岩社区（醴陵玻璃椒）入选。

26日，庆祝中华人民共和国成立70周年、人民政协成立70周年醴陵发展成就摄影展在中国陶瓷谷国际会展中心序厅开幕。

28日，2019湖南（醴陵）国际陶瓷产业博览会在中国陶瓷谷国际会展中心开幕。此次瓷博会以“中国陶瓷谷·五彩新醴陵”为主题，设有五大展区，展馆室内净展览面积达3万平方米。策划了20项主题活动，包括陶瓷产品推介、招商项目签约、采购对接会、陶瓷产业论坛以及庆祝中华人民共和国成立70周年的摄影展、书画展、陶瓷精品展等。展会时间为9月28日至10月3日。共邀请省内各级领导及行业专家近3000余人参与，吸引了来自国内外的参展企业429家、专业采购商1300余家，促成38个重大项目签约，引资128亿元。

29日　全国重点文物保护单位醴陵窑月形湾古窑厂复原陈列馆开馆，为湖南省首个制瓷古窑址复原陈列馆。

10月

1日　在天安门广场举行的庆祝中华人民共和国成立70周年联欢活动上，焰火表演环节中由烟花拼成的“70”和“人民万岁”字样，是由醴陵市神马花炮制造有限公司负责研发和制造的特效焰火。

是日　陶润会生活艺术中心在湖南醴陵经济开发区釉下五彩城启动，醴陵再添陶瓷文化旅游新景点。

是日　《醴陵市“交房即交证”实施办法（试行）》正式实施。

10日　胡润百富官网发布2019年胡润百富榜榜单，新华联集团董事局主席兼总裁傅军（醴陵籍）位居全国企业家第93位。

11日　醴陵市举行柔性引才示范基地授牌仪式，醴陵市中（一）医院等23家单位被授予首批“醴陵市柔性引才示范基地”。

17日　醴陵市24个镇（街道、示范区）同时开展扶贫展销会，120家后盾单位、社会爱心人士和周边村民参与，现场完成销售117万元，达成订单协议额264万元，1260余户贫困户受益。

是日　湖南中医药大学党委书记秦裕辉、副校长葛金文、彭清华一行到醴陵考察。醴陵市委书记胡湘之，市委副书记、市长董巍参加。

18日　醴陵市纪委监委举行2019年一至三季度“五问工作法”推进会，市纪委监委机关各部（室）、各派驻纪检监察组、镇（街）纪（工）委负责人以口头或书面形式述职述廉。

是日　醴陵市人民检察院检察公益诉讼办案中心揭牌成立。

21日　醴陵市2019年转业士官量化评分排序选岗现场会上，首次采取量化评分方式，对32名符合政府安排工作条件的退役士官进行公开选岗安置。

22日　株洲市委书记、市人大常委会主任毛腾飞到醴陵市，参加醴陵市委理论学习中心组“不忘初心、牢记使命”主题教育集中学习研讨，调研指导全市主题教育工作。

是日　最高人民检察院邀请驻甘肃、河北、湖南的25名全国人大代表到醴陵市人民检察院，调研公益诉讼检察工作。最高人民检察院第五检察厅一级高级检察官周伟，湖南省检察院党组成员、副检察长刘清生，株洲市委常委、市委政法委书记杨玉芳，株洲市人大常委会副主任李智等参加调研。

24日　在株洲市“万企帮万村”精准扶贫行动表扬暨“万企帮万户”行动工作会议上，醴陵市9家企业、1家商协会获评“先进单位”。

25日　醴陵市陶瓷烟花职业技术学校获湖南省人力资源和社会保障厅批准，成为全省首批“联湘创新创业人才工作站”。

25—29日　第21届中国中部（湖南）农业博览会在长沙市举行，醴陵市雅域生态农业发展有限公司的“雅云湘·小青柑”茶叶获农产品金奖。

27日　为期5天的第126届广交会二期闭幕，醴陵日用陶瓷实际成交9637万美元，同比增长17.2%。

28日　中建材碲化镉发电玻璃项目在湖南醴陵经济开发区东富工业园玻璃产业园开工。

29日　位于市茶山镇的湖南逸风航空科技有限公司获得中国航空运动协会颁发的“航空飞行营地”牌匾，成为全国第136个、全省第一家“航空飞行营地”。

30日　醴陵“农民大学生培养计划”2019秋季开学典礼在市陶瓷烟花职业技术学校举行，186名“农民大学生”注册入学。

是日　由中国疾病预防控制中心主办的“2019年农村地区‘两癌’监测试点项目总结会暨项目管理培训班”在北京市举行，醴陵市妇幼保健计划生育服务中心被评为“优秀项目单位”。

30日　“这里不一样——湖南省特色工业小镇网络名人行”活动走进醴陵市，长城网、荆楚网、红网等全国重点新闻网站、省内主要新闻媒体的记者和来自全国的网络名人共20余人组成媒体团，走访五彩陶瓷小镇。

31日　，湖南省“光明扶贫”工程“复明10号”流动手术车在湖南醴陵站历时10天，共为138名家庭贫困的白内障患者完成了免费手术。

11月

2日　由半月谈杂志社举办

的“第二届社会发展高峰会·2019文旅产业资源链接会”在北京市召开。会上发布了全国“2019品牌文旅榜”，醴陵市获“2019中国文旅产业最具开发（投资）价值县（市、区）”称号。

4日　株洲市特级教师工作站株洲市二中站成员及骨干教师团队一行10人到醴陵市官庄中学送教下乡。官庄中学被授予“株洲市二中特级教师驻农村工作站（官庄中学站）”，开启了名优特教师驻点帮扶农村薄弱学校开展教育扶贫工作的序幕。

4—8日　由《人民日报》文化传媒有限公司主办的“新非遗·新跨界”大型“非遗”传播项目——“非遗之旅”走进醴陵，9名团队成员进行了“非遗”体验和“非遗”技艺学习。

5日　株洲市首家“壹乐园·儿童服务站”在醴陵市仙岳山街道碧山社区举行揭牌仪式。

是日　第二届中国国际进出口博览会在上海市开幕，首次设置“非物质文化遗产暨中华老字号”文化展示项目。湖南展馆展出了近60件来自醴陵的釉下五彩瓷器。

是日　2019第八届中国创新创业大赛先进制造行业总决赛在洛阳市举行。醴陵市的湖南三创智能科技有限公司取得了总决赛第二十八名的成绩。

是日　2019美丽乡村广场舞大赛·醴陵站暨湖南省首届广场舞锦标赛·醴陵站在市体育馆举行。湖南省体育局副巡视员傅力强出席并宣布赛事开赛，湖南体育产业集团有限公司党委书记、董事长张敦南，国家体育总局社会体育指导中心业务一部部长余汉桥，湖南省体育发展基金会理事长谭鸥出席了开幕式。

7日　醴陵市2019年校园文化艺体节暨第二十三届中小学生田径运动会在渌江中学开幕，有32支代表队626名运动员参赛。

12日　赛迪顾问发布2019年赛迪县域营商环境百强县研究成果，醴陵市入选全国县域营商环境前30强，名列第26位，在湖南省排名第三。

15—17日，2019湖南醴陵房地产博览会在中国陶瓷谷国际会展中心举行。

18日　株洲市委副书记、市长阳卫国到醴陵市调研产业项目建设工作。

是日　醴陵市举办李立三120周年诞辰系列纪念活动。上午，在图兰朵酒店组织召开了纪念李立三120周年诞辰座谈会，省委宣传部副部长、省文明办主任刘进能，省党史研究院院长胡振荣，株洲市委常委、市委宣传部部长聂方红，李立三部分亲属、省党史专家及醴陵市主要领导参加。下午，在李立三故居举行了“李立三诞辰120周年”纪念封首发式暨《红莓花儿开——相簿里的家国情缘》国内首发式。

21日　东城大道项目举行建成通车仪式。项目东起醴陵市国瓷路，西至株洲市区东环线，对接铁东路，采用一级公路标准建设。其中，醴陵段总里程19.43公里，双向八车道，由渌江城发投资有限公司出资建设，投资估算10.41亿元。

22日　株洲市委网信办、市互联网行业党委到醴陵市，开展“不忘初心、牢记使命”主题教育暨“走进泮川村，点亮微心愿”的扶贫慰问活动，为孤寡老人、贫困户、生活困难家庭完成微心愿。

24日　醴陵市监察对象信息数据集中采集上报工作启动。

25日　由醴陵市委牵头，市退役军人事务局、市党史和市志研究室联合编写的《醴陵市革命烈士名录》出版。

28日　全省受灾困难群众救助和倒房恢复重建工作推进会在醴陵市召开。省应急管理厅党组书记周赛保，株洲市委副书记、市长阳卫国出席。

是日　醴陵市召开2019年中小企业政策宣传月活动暨三季度“四个十条”政策兑现大会，106家次企业、5名个人获得各类奖补616.7万元。

是日　醴陵市“回归计划——社区戒毒康复人员及其家庭成员互助”项目在阳三石街道举行启动仪式，标志着醴陵市首个以戒毒（康复）为主题的“三社联动”项目落地正式运营。

是日　醴陵市禁毒办的官方抖音号“醴陵禁毒”粉丝数突破100万人，成为醴陵第一个粉丝数破百万的新媒体平台。

12月

2日　文化和旅游部办公厅发布《关于公布国家级非物质文化遗产代表性项目保护单位名单的通知》，醴陵市文化馆作为醴陵釉下五彩瓷烧制技艺的保护单位上榜。

是日　第24届秋季广州国际艺术博览会闭幕，醴陵市10名艺术家组团展出了100件作品。

5日　湖南省生态环境厅、湖南广播电视台举办的“美丽中国　我是行动者　绿色卫士下三湘”系列活动走进醴陵。

6日　全省2019年脱贫攻坚工作实地考核醴陵情况交流会召开。省监督指导组组长、省水电施工管理局纪委书记何卫平，省脱贫攻坚考核组第二小组组长罗海明，醴陵市委书记胡湘之，市委副书记曾毅鹏，市政协主席江曙明参加。

9日　湖南省科学技术厅发布《关于2019年度湖南创新型省份建设专项创新平台立项（备案）的公示》，“1915”醴陵国际陶瓷文化众创空间被认定为省级众创空间间。

10日　第四届全国名镇论坛暨第四批中国名镇志丛书出版座

谈会在湘西州吉首市召开,《浦口镇志》入选中国名镇文化工程,将在全国出版发行。

是日　醴陵东站全面实施电子客票,乘客直接刷身份证即可进出站。

11日　湖南省副省长、省公安厅厅长许显辉一行到醴陵市督导交通问题顽瘴痼疾整治工作。株洲市委副书记、市长阳卫国陪同。

12日　醴陵市签订渌江防洪大堤捐建合作框架协议,中国华夏文化遗产基金会副理事长高峰,醴陵市委书记胡湘之,市委副书记、市长董巍参加。

13日　醴陵市校园科技文化艺体节文艺汇演在中国陶瓷谷国际会展中心举行。

15日　中央电视台《新闻联播》节目《为了民族复兴·英雄烈士谱》系列报道中,讲述了醴陵籍烈士、红七军将领李谦的革命事迹。

16日　全国县域经济专业研究机构、社会智库北京中郡县域经济发展研究所发布《2019县域经济与县域发展监测评价报告》,揭晓全国县域经济百强县(市)最新排行榜。其中醴陵县域经济与县域综合发展排名居全国46位,较2018年第55位上升9位,醴陵县域经济基本竞争力排名居全国70位,较2018年73位上升3位。

是日　醴陵市交通运输局发布消息,2019年醴陵市自然村通水泥(沥青)路目标任务为266公里,实际完成300.2公里,完成率达113%。至此,根据"民生100"工程安排,从2017年起醴陵市自然村通水泥(沥青)路建设目标里程405.361公里的任务全部完成,实现所有自然村通水泥路目标。

18日　湖南省精神文明建设暨"五个一工程"表彰会召开,会上醴陵市作为"湖南省2018届文明城市"受到表彰。

20日　2019年醴陵市教育基金会奖助金发放仪式举行,20名"瓷城好老师"、132名"瓷城好学生"、100名"乡村教育奉献奖"教师和80名生活困难的教师获得市教育基金会奖助。

是日　湖南省委经济工作会议在长沙市召开,会议通报了2019年度全省综治、安全生产工作考核评估情况。醴陵市综治工作连续三年获评全省先进,成功创建省级平安县(市、区),安全生产工作连续三年被评为全省优秀单位。

是日　醴陵新汽车西站投入使用。同时,12路公交线开通,全长17.2公里,从新汽车西站经江源路、瓷城大道、醴陵大道至高铁站,设置站点29个。

是日　2020年湖南省职业院校技能竞赛中职职业英语赛项在醴陵市陶瓷烟花职业技术学校开赛。

21日　由湖南省委宣传部、省委网信办、省文化和旅游厅主办的2019湖南十大文旅地标推选活动的大众投票通道开启,通过报名参选、区县审核、市州推荐、资料报送、专家初评,初步遴选出20家候选地标。醴陵市的中国陶瓷谷入围。

是日　中国篮球公开赛南区大区赛在醴陵市体育馆闭幕。

23日　湖南省第十四届宋庆龄奖学金候选人名单公布,醴陵市姜湾小学学生张佳敏入围。

25日　湖南省召开外贸高质量发展推进工作电视电话会议。会议公布2019年度全省外贸先进单位名单,醴陵市被评为外贸先进县(市区)。

是日　醴陵市首届"渌江书院"文化奖项公布,共有5人、6件作品、1个项目、1家单位获奖。

28日　由醴陵渌江集团、湖南兴旺集团打造的"瓷城古韵·一江两岸"子项目——"醴陵门"落成,醴陵故事酒吧街区开街。

30日　株洲市委副书记、市长阳卫国率株洲市应急管理、交通等部门负责人及相关专家到醴陵市,随机抽查企业安全生产工作。

是日　"大国陶瓷·五彩神韵"国家非遗醴陵釉下五彩瓷巡回展在长沙市举行。

是日　湖南省文化和旅游厅下基层"送戏曲进万村、送书画进万家"文艺会演活动走进醴陵市明月镇。　(韩芳子)

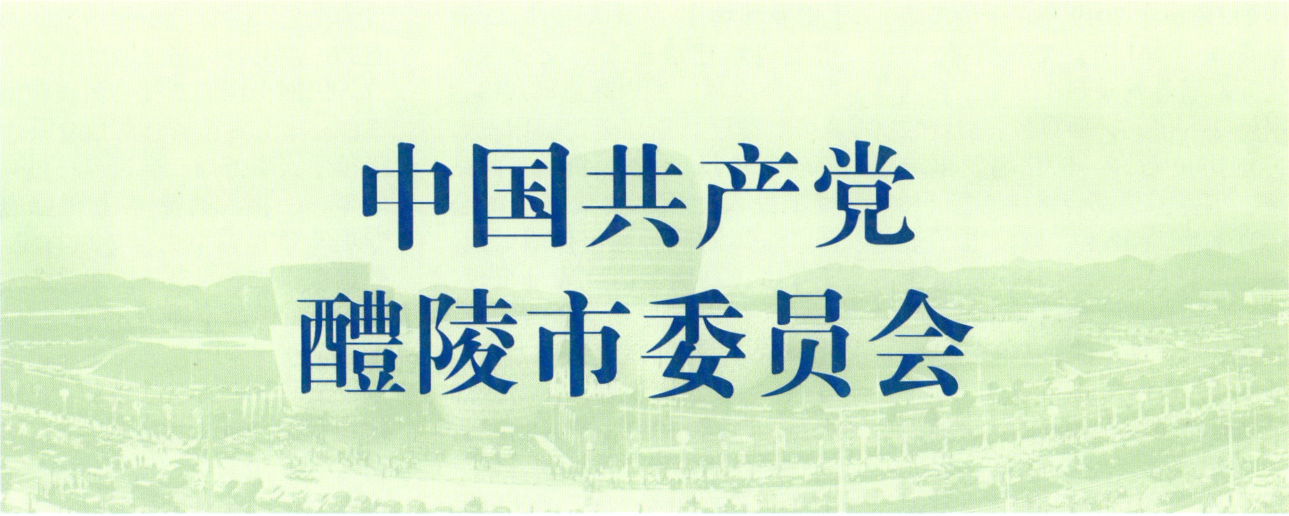

中国共产党醴陵市委员会

综　述

【概况】2019 年，醴陵市上下坚持以习近平新时代中国特色社会主义思想为指导，紧扣“创新引领开放崛起”“一谷三区”（加快建成株洲·中国动力谷，“一带一路”开放发展先行区、老工业城市转型发展示范区、城乡统筹发展幸福区）等省、株洲市战略部署，以产业项目建设年活动为抓手，统筹推进各项工作，经济社会发展和党的建设全面发展。醴陵市县域综合实力首次挺进全国五十强，名列第 46 位；基本竞争力跃升至全国百强第 70 位。位居营商环境全国百强第 26 位、全省第 3 位，跻身全国投资潜力百强第 57 位、科技创新百强第 49 位、新型城镇化质量百强第 55 位、全国县级市全面小康测评第 59 位。安全生产、社会综合治理两项工作连续 3 年获评全省先进，醴陵市连续 3 年获评株洲市文明建设先进县（市）区。成功创建“省级文明城市”“国家园林城市”，收获省级平安市、全省实施乡村振兴战略先进市、全省农村人居环境整治先进市、全省脱贫攻坚先进市和携手奔小康先进单位、全省外贸先进市、全省民政工作先进市、全省交通平安市、全省“七五”普法先进市等 50 余项省部级以上荣誉。全年地区生产总值增长 8.3%。完成一般公共预算收入 43.97 亿元，增长 5.2%，实现财政总收入 73.32 亿元。规模以上工业总产值增长 15.8%，固定资产投资增长 14.2%，社会消费品零售总额增长 10.4%。园区实现技工贸收入 518 亿元，增长 17%。陶瓷、花炮、玻璃产业逆势增长 13.5%、9.5%、12.1%。农业生产在大灾之年保持稳定，粮食总产与往年持平。全域旅游蓬勃发展，全市接待游客 801.35 万人次，旅游综合收入 83.25 亿元。三次产业结构比优化为 8.4 ∶ 51.8 ∶ 39.8。

【政治建设】2019 年，市委常委班子率先垂范、以身作则，开展“不忘初心，牢记使命”主题教育，带动各级党组织和广大党员干部集中研讨 5000 余场、检视问题 4900 余个、解决群众难题 3000 余个。始终把政治建设摆在首位，推动全市把准政治方向，筑牢政治忠诚，坚决做到“两个维护”。从讲政治的高度抓好省委巡视整改，立行立改事项全部办结，反馈的 5 个方面、48 个具体问题全部完成整改，稳妥解决群众买房办证、城乡垃圾处理等历史难题，健全完善项目招投标、国企薪酬管理等 23 项规章制度。

【“三大攻坚战”】2019 年，全市突出防范化解债务风险，隐性债务零新增，金融运行总体平稳、可防可控。深入推进脱贫攻坚，年内 261 户 618 人如期脱贫，解决“两不愁三保障”问题 839 个，巩固脱贫“九清零”工作获株洲市第一名，贫困户分类管理工作被国务院专刊推介。抓好污染防治，渌江主要河段水质达到Ⅱ类标准。完成种植结构调整面积 6.59 千公顷。全年空气优良天数 340 天，优良率上升至 93.1%。

【防汛抗灾】2019 年，面对历史罕见的特大雨情汛情，全市上下有效应对、科学调度，20 余万干群投入抗洪抢险，安全转移受灾群众 7.8 万人，解救受困群众 4.3 万人，实施灾后重建项目 236 个，做到损失降到最低、抢救速度最快、抢险效果最好、灾后重建最实。全省灾后重建现场推进会在醴陵市召开，“醴陵经验”在全省推介。

【项目建设】2019年，全市实施重点项目261个，完成投资315亿元。新签约项目115个，合同引资296亿元，项目数、引资数再创历史新高。碲化镉发电玻璃、华瓷汇总部经济中心等116个项目相继开工，旗滨电子玻璃、电瓷检验检测中心等88个项目竣工运营。玻璃产业园入驻企业8个。完成征地548.8公顷，征拆房屋1326栋（套），58个项目征拆清零，新开工建设标厂20余万平方米。深入推进温暖企业“三百”行动，企业满意度达99.7%。累计兑现“四个十条”奖补资金1.7亿元，惠及企业1500余家次。减税降费3.66亿元，以政府税费的“减法”，换来市场效益的“加法”，年内新增市场主体7564家。

【改革开放】2019年，22项年度重点改革任务全面完成、6项有序推进。党政机构改革、事业单位分类管理、园区体制改革成效明显。全市村民小组由8147个减少至3775个，精简53.7%。农村土地确权登记颁证率达95%。新市民中心投入使用。供销社综合改革经验在全省推介，市供销社被中华全国供销合作总社授予“金扁担改革贡献奖”。株洲市级以上研发平台增至26个，新增省级“小巨人”企业7家。2019湖南（醴陵）国际陶瓷产业博览会、第四届中国烟花爆竹博览会暨醴陵烟花爆竹交易会共吸引海内外近700家企业参展，成交额近200亿元，现场签约175亿元，参观人数达60余万人次。主动对接“一带一路”建设，举办跨境电商峰会，组织企业参加德国纽伦堡礼品展、法兰克福消费品展、汉诺威工业博览会等重大国际展会。自营进出口企业增至397家，外贸进出口总额突破5亿美元关口，达5.1亿美元。

【城乡环境】东城大道、333省道等道路建成通车，交通内成网、外成环。境内高速出入口达8个。搬迁、新建姜湾、阳三石等农贸市场11个，新汽车西站竣工投入使用，建成寨子岭公园、东岸游园等城市休闲绿地。千年古迹“醴陵门”原址重现，“一江两岸”酒吧街区正式运营。改善农村人居环境，植树132万株，完成农户改厕2万户、“四类房”整治101万平方米，完成农村公路建设3年计划，硬化、拓宽道路400余公里。白兔潭镇余溪村入选全国乡村治理示范村，五彩陶瓷小镇获批省级特色产业示范小镇，白兔潭镇获评全省“美丽乡村”示范镇。新增现代农业龙头企业10家，吉泰、清泥湾等企业在省股交所股改挂牌。明月镇云岩社区“醴陵玻璃椒”入选农业农村部认定的第九批全国“一村一品”示范村镇名录。醴陵市获评全省“茶油大县”。

【民生民利】2019年，醴陵市将七成以上财力用于民生，全面完成为民办实事项目。城、乡居民人均可支配收入增长8.9%、9%。新增城镇就业7361人，农村劳动力转移就业4070人。社会保险扩面提质，“三项六险”社会保险参保人数达78.8万人。城乡低保、特困供养全面提标。有效防控非洲猪瘟，确保疫情不过境、不入境。完成棚户区改造7.4万平方米。2019湖南醴陵房地产博览会交易房产3389套。完成59所标准化学校建设、62所基础薄弱学校改造，高考本科二批及以上上线率创历史新高。基层医疗服务能力提升，本地就诊率上升至93.8%，医共体建设被列为国家试点。

【社会治理】推进“城乡统筹·幸福醴陵”创新社会治理系列行动，成为全省社会治理创新示范联系点和试点县。网格化服务管理入选人民网全国创新社会治理典型案例。率先在全省挂牌成立县级退役军人事务局。推进“一村一辅警、一格一助警”，扫黑除恶专项斗争得到中央督导组肯定。禁毒工作成效明显，民调排名大幅上升。醴陵市连续3届（三年一届）获评全国森林防火先进单位，全国县市区仅此一家。化解信访积案46件，赴京上访人次同比下降50%。

【党的建设】加强理论武装，市委理论学习中心组集中学习18次，全市党员干部通过“学习强国”学习平台参学覆盖率超过90%。在株洲市率先建成融媒体中心并投入使用。累计投入2.3亿元，新改建村级综合服务平台185个。整顿32个软弱涣散基层党组织，转化4个“扫黑除恶”重点整治村。被列为全省“柔性引才”县级试点，引进各类人才近1000名。完善容错纠错机制，及时为107名干部澄清正名。坚持从严管党治党，严格落实“两个责任”，深入开展巡察，坚定不移推进党风廉政建设和反腐败斗争，处置问题线索752件，立案168件，党纪政务处分162人。积极践行网上群众路线，收集办理群众诉求1万余件。弘扬社会主义核心价值观，涌现出陈自绪、赵石毛等道德模范。与主流媒体深度合作，成为全省首家与红网达成全面战略合作的县（市）。市文化馆被评为国家非物质文化遗产（釉下五彩瓷烧制技艺）保护单位。全国重点文物保护单位新添“醴陵群力瓷厂旧址”，全市全国文物重点保护单位增至5家。编纂出版《醴陵历代名人录》《醴籍烈士名录》，醴陵点击率和好评度大幅提升。（黄志伟）

党校工作

【概况】2019年3月，根据《醴陵市机构编制委员会办公室〈关于醴陵市机构改革涉改科级事业单位调整的通知〉》文件，中共醴陵市委党校（醴陵市行政学校）（以下简称“市委党校”）改为市委直属正科级公益类事业单位。机构改革完成后，市委党校内设办公室、教研室、干训室、总务室；有教职工16人，其中中级以上职称7人，均为本科及以上学历。年末，市委党校获评“株洲市党校行政学院系统教学工作先进单位”。

【干部教育培训】2019年，市委党校主办承办各类培训班54期，培训干部6425人次。其中，完成科级干部培训班、中青年干部培训班、中层干部培训班等主体班12个14期，培训轮训干部1877人次，学员到训率100%、结业率99.9%。一是强化入学教育。干训班开学即进行专题入学教育，及时处置违反校纪校规的行为，向市委组织部、送训单位反馈。二是深化督查检查。在执行原封闭式管理、半军事化管理办法的基础上，完善班干部竞选制、班主任负责制、班委会责任制、学员学习情况每周通报制等制度，形成市委组织部、市委党校、送训单位、班委会“四级联动”管理体系。三是量化考核办法。实行学员百分制量化考核办法，考核体系包括“三率考核”（到课率、住校率、就餐率）、党性锻炼考核（集体活动、调研、撰写心得体会、课堂学习）、理论学习考核三大板块，全面考评学员参训期间的学习情况和表现，将考评结果计入学员档案并反馈至送训单位。

【教学工作】2019年，市委党校继续做好教学工作，主体班课堂教学优秀率超过95%。一是突出党性教育。在学时1个月以上的主体班均设置了理论教育与党性教育专题单元，教学中理论教育与党性教育课时在总课时中占比73%，党性教育课程在总课时中占比28%。二是创新方式方法。通过开展课堂讲授、“三会一课”、班级论坛、党日活动、实践教学、异地教学、演讲比赛等班级活动，实现干部教育培训的场内与场外结合，当地与异地结合，有趣与有用结合，有用和有效结合。三是配强师资队伍。领导干部到党校授课成为常态，先后有10名市级领导、25名科局级单位负责人到市委党校授课。选聘17名省委党校、株洲党校和高校的教师、专家担任兼职教师。选送了3名教师到中央党校、省委党校和厦门大学进修。加强与其他地市党校的优秀课题交流，先后有炎陵县委党校和茶陵县委党校的2堂精品课呈现于干训课堂。

【科研工作】2019年，市委党校有1项省级课题结项，2项省、株洲市课题立项，申报省社会主义学院课题1项；市委党校教师撰写的论文获省级奖励1篇次，株洲市级一等奖1篇次、二等奖2篇次、三等奖3篇次。注重科研成果转化。科研课题“全面推行‘河长制’背景下渌江水系治理研究”“大力实施乡村振兴战略”转化为教学专题，打造《醴陵党史》《最是磨难砺初心——醴陵红色精神传承》《红色传承薪火不熄——学习李立三革命精神风范》等系列精品课程。注重挖掘本土文化。由市委党校教师整理编辑的《渌江书院史话》于年内出版发行。注重打造交流平台。截至年末，2010年创办的校刊《醴陵党校》已出版39期，刊发文章400余篇，成文150余万字，发行1万余册。

【党课宣讲】2019年，市委党校组织集体备课2次，在各类主体班中开设习近平新时代中国特色社会主义思想、中共十九大精神专题13个，开展中共十九大精神和习近平新时代中国特色社会主义思想进基层宣讲70场次，派出6名教师进入市委宣讲团，在全市机关和企事业单位宣讲中共十九届四中全会精神。（荣　敏）

纪检监察工作

【概况】2019年，中国共产党醴陵市纪律检查委员会（监察委）（以下简称“市纪委监委”）机关内设办公室、组织部、宣传部、党风政风监督室、信访室、案件监督管理室、案件审理室、纪检监察干部监督室、第一至第四监督检查室、第五至第六审查调查室14个机构，有派驻市委办纪检监察组、派驻市政府办纪检监察组、派驻市住建局纪检监察组、派驻市财政局纪检监察组、派驻市教育局纪检监察组、派驻市农业农村局纪检监察组、派驻市林业局纪检监察组、派驻市发改局纪检监察组、派驻市卫健局纪检监察组、派驻市交通运输局纪检监察组、派驻市民政局纪检监察组11个派驻纪检监察机构，设立镇（街道、示范区）纪（工）委25个，有下属预防腐败警示教育中心1个事业单位。市委巡察办、巡察组归口市纪委监委管理。

【强化政治监督】落实责任。完善主体责任谈话工作制度，共开展市级领导廉政谈话1700余人次。推动“不忘初心、牢记使命”主题教育，查摆重点问题152条，整改完成率97.37%。配合做好省委第一巡视组开展巡视及后续整改工作，省委巡视组交办的20件立行立改事项全部办结；交办的585件信访件办结553件，办结率94.5%；巡视反馈指出的5个方面48个具体问题全部完成整改。巡视和巡视整改期间，党纪立案41人，党纪处分31人，组织处理71人，清退违纪资金3480余万元。服务大局。保障“三大攻坚战”，助力防范化解重大风险，严查违规举债问题。开展产业项目建设中的形式主义、官僚主义突出问题专项整治，梳理存在“四不两烂”问题的产业项目17个。对生态环保领域的突出问题问责7人。整改问题。严格执行省委“约法三章”（严禁违规公款吃喝、严禁违规配备使用办公用房、严禁违规收送红包礼金），对2016年以来违反中央八项规定精神有关问题进行自查自纠和整改；对全市2016年以来“违规发放津补贴、加班费、过节费”等问题进行清理和退缴，共计退缴2476万元；查处违反中央八项规定精神问题11起，处理19人，党纪政务处分10人；查处违反政治纪律问题3起。

【落实监督职责】 健全体制机制。深化纪检监察体制改革，实行监督检查与审查调查部门分设，落实信访监督、在线监督、专项监督、大数据监督、公众微信监督、办案监督“六位一体”监督机制。率先在株洲地区建成大监督中心、大数据中心，按照“1+4+36+N”模式整合监督力量，构建县乡监督一体化格局。作为湖南省唯一试点县，高效完成监察对象信息数据集中采集上报工作。细化监督措施。开展纠“四风”专项监督检查、防汛抢险救灾、疫情防控等各类监督检查400余次。坚持抓早抓小、防微杜渐，全市纪检监察机关开展诫勉谈话（诫勉）128人，批评教育126人。运用监督执纪“四种形态”（党内关系要正常化，批评和自我批评要经常开展，让咬耳扯袖、红脸出汗成为常态；党纪轻处分和组织处理要成为大多数；对严重违纪的重处分、作出重大职务调整应当是少数；而严重违纪涉嫌违法立案审查的只能是极少数）处理744人次，其中第一种形态、第二种形态分别占比77.8%、17.3%。提升监督效能。对17个单位党组织开展政治巡察，受理巡察移交问题线索74条，立案6人，党纪政务处分6人，组织处理70人次。聘用10名党风政风监督员，延伸监督触角。发挥“互联网+监督”作用，比对数据2万余条，立案查处27件。回复党风廉政意见124批3795人次。

【严肃党风党纪】 突出问题治理。坚持以上率下，制定出台市纪委监委机关整治形式主义、官僚主义问题具体措施。督促各级党组织对照省委要求进行查摆，对整改不到位等方面的问题及时督导。查处“四风”问题235起，党纪政务处分149人，编发通报26期，实名通报109人。严防隐形变异。开展公职人员涉娱乐服务场所违规行为、领导干部利用名贵特产特殊资源谋取私利等问题自查自纠，贯彻落实禁止领导干部“提篮子”谋取私利相关规定。各单位主动报备节假日公车使用情况279次，55名党员领导干部主动报备操办“婚丧喜庆”事宜。激励担当作为。严格按照“三个区分开来”要求，完善容错纠错机制。为107名干部的不实举报予以查否澄清，通过《湖南日报》等新闻媒体对4起不实举报进行了公开澄清。开展教育帮扶，逐一回访全市尚在处分期或处分影响期内的368名党员干部。2019年，全市纪检监察机关受理信访举报295件，处置问题线索752件，立案168件，给予党纪政务处分162人（其中科级干部34人），涉嫌犯罪移送检察机关2人，承办中央纪委、省纪委监委、株洲市纪委监委指定管辖案件8件。收缴违纪违法资金2315万元，全部上交财政。开展扫黑除恶专项斗争，开展“打网破伞”行动，党纪政务处分9人，组织处理11人。健全市委反腐败协调小组工作制度，畅通工作机制，成员单位移送问题线索4000余条。严把案件质量关，对纪律处分决定执行情况开展专项检查，纠正执行未到位问题244件。完善“一网一号一中心”（醴陵党风廉政网、清风醴陵微信公众号、预防腐败警示教育中心）为主要载体的党规党纪宣传教育平台，召开全市党员领导干部廉洁从政警示教育大会，以案为鉴，以案促改。加强廉洁文化宣传教育，为全市各单位讲授廉政党课40余次。

【关注民本民利】 护航脱贫攻坚。开展扶贫领域“一季一专题”集中治理行动，清查生态扶贫、易地搬迁扶贫、教育扶贫、社会保障兜底项目418个，对扶贫领域腐败和作风问题立案88件，党纪政务处分82人，组织处理112人，追缴资金146万余元，退还群众资金113万余元。开展专项治理。开展民生领域突出问题专项整治，紧盯群众反映强烈的食品安全、道路交通、人居环境、医疗卫生、教育、政务服务6个方面的突出问题，共排查问题157个，查处违纪违法问题32个，追回资金1113万余元，通报典型案例8起。深化服务群众。深入推进“幸福株洲”监督与服务微信群工作，全市24个镇（街道、示范区）建立村级微信群674个，入群人数24.6万余人，对群众反映强烈的问题实时交办、限时答复，办理各类服务群众事项1700余件。

【提高履职水平】 聚焦主责主业。

持续深化“三转”（转职能、转方式、转作风），对纪委监委领导干部任职议事协调机构进行专项清理，共清理机构44个。严格落实基层纪委“三个专职专岗”［镇（街道、示范区）纪委书记、经委副书记、纪检专干3人专职专岗］要求，规范基层纪检干部任职和分工。建立健全片区协作办案工作机制，构建了全市纵向调度有力、横向协作紧密、整体联动高效的工作格局。严格监督管理。设立纪检监察干部监督室，严格日常教育监管，对纪检监察干部苗头性、倾向性问题早发现、早纠正，受理纪检监察干部违纪问题线索7条，党纪立案2人，谈话函询4人次，组织处理7人次。开展“清风醴陵·走进纪委”活动，主动接受社会各界的监督。提升执纪能力。市纪委常委会、监委委员会带头开展“不忘初心、牢记使命”主题教育，坚决将习近平新时代中国特色社会主义思想贯穿于纪检监察工作始终。开展秋冬大练兵、全员培训，结合“清风醴陵”业务知识讲座集中学习25次，组织60余人次到上级纪委跟班轮训。（黄廖俊弘）

市委巡察工作

【概况】2019年，醴陵市委巡察工作领导小组办公室根据《2017—2021年市委巡察工作规划》，组建9个巡察组，对17个单位的党组织开展了2轮常规巡察，将脱贫攻坚、扫黑除恶、“四风”问题等内容纳入了巡察监督，通过加强巡察人才库的建设、举办巡察业务培训班、开展异地交叉巡察，不断改进巡察工作方法，进一步提高了巡察质效。全年向市纪委监委移送问题线索74条，向相关部门提出意见建议91条，向被巡察党组织反馈问题336个。截至年末，各被巡察党组织针对巡察反馈的问题，整改完成316个，修订完善相关制度49项，涉及加强党的建设、强化选人用人、规范财务管理等方面。（朱莹莹）

市委办公室工作

【概况】2019年，醴陵市委办公室围绕全市工作大局，贯彻落实“五个坚持”（坚持绝对忠诚的政治品格、坚持高度自觉的大局意识、坚持极端负责的工作作风、坚持无怨无悔的奉献精神、坚持廉洁自律的道德操守）重要要求，聚焦“四个一流”（一流工作状态、一流工作标准、一流工作作风、一流工作成效），开展“不忘初心、牢记使命”主题教育，提高“三服务”工作水平，锻造一支开口能讲、问策能对、办事能成、压力能扛、律己能严的干部队伍，着力打造市委“坚强前哨”和“巩固后院”。年末，获得全省党委信息工作先进单位、株洲市2019年度全市党政密码工作先进单位等荣誉。

【政研工作】2019年，市委政研工作紧扣市委中心工作、紧贴市委领导思路、紧跟上级工作要求，牵头起草市委十二届六次和七次全会报告、领导讲话材料等文稿220余篇，完成了中央、省、株洲市领导到醴陵市调研汇报材料30余篇。强化理论研究和政策解读，在株洲市级以上报刊杂志发表署名文章10篇。审核把关各类新闻稿件471条，其中《织牢“最底一张网”，畅通“最后一公里”》《担当作为　奋勇前行，加快建设富强美丽幸福文明新醴陵》《沿着高质量发展道路奔跑向前，加快建设富强美丽幸福文明新醴陵》等文稿在人民网和《湖南工作》《株洲日报》《株洲工作》上刊发。围绕产业发展、招商引资、项目建设、社会治理等领域开展调查研究，撰写调研报告20余篇，为市委科学决策提供有效依据。牵头制定出台《关于集中开展形式主义官僚主义专项整治行动的工作方案》，推动“基层减负年”精神落实落地。（欧村法）

【改革工作】2019年，10大类28项改革全面铺开，其中22项全面完成，6项有序推进，党政机构改革、事业单位分类管理、园区体制改革、农村集体产权制度改革成效明显。顺利完成市文联、市残联、市科协等群团组织换届工作；供销社综合改革经验在全省推介，市供销社被中华全国供销合作总社授予“金扁担改革贡献奖”；网格化服务管理入选人民网全国创新社会治理典型案例；紧密型医共体建设被列为全国首批试点县（市）。（黄志伟）

【办文办会】2019年，严格执行“七个不发文制度”（未列入年度发文计划的，原则上不予发文；上级文件政策规定已明确具体，设有要求另行制定实施细则的，不再发文；拟发文件与已发文件内容重复率达60%，设有新政策新举措的，不重复发文；上级已发文至乡镇的，不再发文；贯彻落实政策性文件，可根据规定职责确定责任部门的，不再单独印发责任分工文件；已通过会议、书面、电话等方式作出工作部署的，不再发文；一般性会议不下发正式文件），严把公文政策关、文字关、内容关、格式关和程序关，确保办文“零差错”。共送审送签市委、市委办各类文件89份，发文数量同比下降33%。传阅各类文件513份。按规定及时向株洲市委办公室报备市委规范性文件10份，审查通过率为100%。会同市档案馆对7个镇(街道)示范性档案室建设进行了验收。全年接待来信来访群众132人次。全年组织市委全会等全市性大型会议20次，组织和协调第四届中国烟花爆竹博览会暨2019醴陵烟花爆竹交易会、2019湖南(醴陵)国际陶瓷产业博览会以及李立三120周年诞辰、耿飚110周年诞辰纪念活动等全市性大型活动80余次，组织市委主要领导督查、调研、现场办公活动50余次，无一例差错。参与和承办接待国家、省、株洲市重要来客来宾55批次，接待水平不断提升。（李玉伟　王　露）

【信息工作】2019年，信息工作围绕市委中心工作，围绕参政议政主题，围绕经济社会发展的重点难点，工作质量和水平持续提升。全年编辑各类信息800余条，报送《要情汇报》42期，提供决策信息80余条，"醴陵党办"公众号累计推送新闻信息400余条，关注人数3000余人，点击量近15万次。党委信息工作在全省排名前列、株洲市排名第一。（蔡　啸）

【督查工作】2019年，承办株洲市委领导批示件、督查督办平台交办件24件，完成醴陵市委领导批示件24件，均无逾期。办理省委巡视组交办个人利益诉求类信访交办件383件，办结363件，回复率达100%，办结率达94.8%，满意率达90.6%。开展春节期间森林防火、非洲猪瘟防控工作督查等全市性督查7次；督查东城大道、陶子湖等项目建设进度13次；配合株洲市委开展了落实党中央重大决策调研及政治建设考察。印发督查专报、督查通报、交办函、督办函22件，有力促进了相关工作的开展。（张立山）

【"马上就办"工作】2019年，受理株洲市"马上就办、真抓实干"网络问政平台诉求、建议90件，均在规定时间内回复、办结，回复率达100%，办结率和满意率均位居株洲市前列。向株洲市"马上就办"办公室上报"五问工作法"月报表、"马上就办"信息52篇。（张立山）

【机要密码工作】2019年，机要密码工作为党政领导提供了安全的、优质的、高效的密码通信服务，实行24小时"岗不离人、人不离岗"文电处理，共办理文电310份；承接中办、省、株洲市局领导到醴陵市指导工作；调试加密视频会议、党委视频会议和智真会议20余次；保障全省近1万人参加的加密视频会议醴陵分会场会议；跨省协助干部政审3次。年内，新晋机要干部3人；组织参加全国、全省机要干部培训6批次，开展《密码法》系列学习活动；全体机要干部每月按要求参加主题党日活动和"不忘初心、牢记使命"主题教育活动。围绕密码机构、密码安全管理、密码设备装备等工作广泛开展调研，编写1980—2019年机要大事记。完成醴陵市有关湖南省电子政务内网建设摸底申报工作。完成全市党政机关电子公文传输测试工作。连续4年获评株洲市全市党政密码工作先进单位，1名机要干部被评为"全省党政系统先进机要工作者"。（成　澍）

【保密工作】2019年，保密工作坚持总体国家安全观，全方位开展保密宣传教育，发放宣传资料4000余份，培训干部5000余人次。将保密教育纳入公务员教育的培训计划，全年培训新任公务员、各单位新聘工作人员1900余人次。推进定密管理、网络保密管理、涉密人员管理"三大管理"，对全市13家核心涉密单位、20家重点涉密单位开展保密检查，做好了各单位涉密专机的装机工作；联合公安、市场监管、自然资源等部门开展专项保密检查30余次；监管各类涉密考试10场次。4条信息被《保密工作》《湖南保密工作》采用。（叶　红）

【对台工作】2019年3月，根据《中共醴陵市委办公室　醴陵市人民政府办公室关于印发〈醴陵市机构改革实施方案〉的通知》(醴办发〔2019〕9号)文件，将市委统战部的台湾工作职责划入市委办公室，对外使用市委台湾工作办公室(市政府台湾事务办公室)名称。自划转以来，举办己亥年海峡两岸炎帝神农文化经贸交流系列活动醴陵分会场活动，接待到醴陵市参观的台湾客人4批次100余人。利用台商到醴陵市的交流契机，举办了醴台两地陶瓷企业家座谈会，搭建起海峡两岸产业合作交流平台，进一步深化经贸文化交流。（陈志亮）

【外事工作】2019年，外事工作围绕中心，服务大局，完成了各项工作任务。做好境外来宾接待，全年接待78个国家和地区来宾609批1846人次，其中重点团组3批176人次。促进国际交流，参与承办第六届中俄"长江—伏尔加河"青年论坛研学活动、第九届中韩青少年夏令营株洲交流活动、国际烟花论坛学会考察活动等国际交流活动。加强因公出国(境)管理，科学安排出国计划，严格把好出访审批关，共办理因公出国(境)4批7人次。服务企业发展，为13家企业办理"邀请外国人来湘签证审批"54份，助推企业与16个国家达成商务洽谈82人次。推动友好往来，全年与友好城市日本瑞浪市进行书信传真电话往来30余次，增进了两市友谊。（李仁萍）

档案史志

【概况】2019年3月，根据《醴陵市机构编制委员会办公室关于醴陵市机构改革涉改科级事业单位调整的通知》（醴编字〔2019〕2号）文件，将市档案史志局（馆）承担的行政职能划入市委办公室，更名为市档案馆，加挂市党史和市志研究室牌子，为市委办公室所属正科级公益类事业单位。机构改革后，市档案馆内设办公室、档案管理股、党史股、志鉴股、编研股5个股室，核定人员编制15名，下设市党史陈列馆1个正股级公益一类事业单位，核定人员编制4名。

【新馆建设与搬迁】市档案馆新馆建设于2015年立项，2019年5月竣工。新馆位于市民中心2号栋3楼，总建筑面积7765.04平方米，其中库房4013.66平方米、对外服务用房2351.36平方米、业务和技术用房621.1平方米、办公用房237.73平方米、附属用房541.19平方米。新馆严格按照《档案馆建设标准》设计建造，设施设备按照数字档案馆要求配备到位，布局合理，功能完备，能够满足全市30年以上的档案存储需求。2019年7—9月，市档案馆完成了17万余卷（册）馆藏档案资料及办公场所的搬迁工作。10月8日，市档案馆在新址恢复档案查阅利用服务。

【档案保护与开发利用】2019年，市档案馆档案保护与开发利用水平不断提升。一是数字档案馆建设持续推进。年内，数字化录入了市直单位、镇（街道）等近150个全宗单位的4万余卷档案和60余万条目录著录。截至年末，共完成了100万页档案的全文数字化，约占馆藏档案的15%。二是档案业务工作有序推进。做好机构改革档案处置工作预案，组织人员到涉改单位进行现场督导。整合社保、婚姻登记、户籍等民生档案和城建档案的服务功能，接收相关档案进馆，在市档案馆的档案综合服务厅可直接提供社保等档案查阅利用服务。

【“6·9”国际档案日专题宣传活动】2019年，为庆祝第12个“国际档案日”，市档案馆围绕“新中国的记忆”宣传主题，在全市范围内开展征文活动，共收到征文15篇。6月9日，组织开展集中宣传活动，设立宣传展板20余块，并向市民发放宣传资料400余份，接待群众咨询200余人次。

【党史工作】2019年，党史工作有新成效。一是高质量开展党史征编工作。《中国共产党醴陵历史简本》于年初出版发行，并纳入全市“不忘初心、牢记使命”主题教育教材；《醴陵革命斗争史》通过专家评审；联合市退役军人事务局编纂出版《醴陵市革命烈士名录》；围绕《红色基因文库》征编工作，收集整理左权、蔡升熙、张运、高日芳等烈士手迹照片20余份。二是参与组织系列纪念活动。配合开展了耿飚110周年诞辰、中华人民共和国成立70周年、李立三120周年诞辰纪念活动，完成相关文稿送审、纪念文章撰写等工作，先后有17篇文章在《人民日报》《湖南日报》《株洲日报》《新湘评论》《文史博览》《湘潮》等株洲市级以上报刊、杂志刊登。三是有效组织和参与各级党史宣教工作。配合中央电视台开展民族复兴李隆光相关影像资料的拍摄工作；配合八一电影制片厂《文韬武略宋时轮》电影摄制组工作；组织人员配合湖南卫视、株洲电视台、醴陵电视台做好了醴陵籍党史人物讲解介绍。参与主题教育教材编纂，为上级党史部门提供左权家书和13名人物的初心故事，参与编审、校对各级党史宣教资料，有效推介宣传醴陵党史事件、党史人物和党史故事。

【志鉴工作】2019年，志鉴工作有新进展。一是认真做好志鉴编纂工作。完成中国名镇志文化工程丛书系列《浦口镇志》出版发行工作；树立“质量第一”“文化精品”意识，《醴陵年鉴》2019卷出版；完成了《株洲年鉴》《湖南年鉴》醴陵部分的组稿工作。二是主动做好志鉴服务工作。配合做好了《中国影像方志》醴陵篇文案起草、资料收集及相关拍摄工作，收集的上海《时报》关于醴陵釉下五彩瓷的相关报道具有重要的历史价值。开展编纂成果信息化工作，借助“史志醴陵”公众号平台，编辑上传《醴陵县志》《醴陵市志》《醴陵年鉴》等电子书，为社会提供编纂成果资源。（周　礼）

组织工作

【概况】2019年3月，根据《中共醴陵市委办公室　醴陵市人民政府办公室关于印发〈醴陵市机构改革实施方案〉的通知》（醴办发〔2019〕9号）文件，市委组织部统一管理市委机构编制委员会办公室，调整优化市委机构编制委员会领导体制，市委机构编制委员会办公室作为委员会的办事机构，承担委员会日常工作，作为市委工作机关，对外使用市事业单位登记管理局名称，归口市委组织部管理；市委组织部统一管理公务员工作，将市人力资源和社会保障局的公务员管理职责划入市委组织部，对外加挂市公务员局牌子；将市委老干部局并入市委组织部，市委组织部对外加挂市委老干部局牌子。设立老干部服务中心，为正股级公益一类事业单位，人员编制3名。2019年，醴陵市坚持以习近平新时代中国特色社会主义思想为指导，认真落实全国组织工作会议精神和新时代党的组织路线，严格按照株洲市委组织部、醴陵市委安排部署，把政治建设摆在首位，聚焦主责主业，着力加强高素质专业化干部队伍建设，全面推进组织体系建设，激发人才队伍创新创造活力。

【干部工作】2019年，市委组织部坚持“好干部”标准，落实市委“四个一样”（基层干部和机关干部一样成长，一线岗位和二线岗位一样珍惜，汇报和不汇报的干部一样重视，八小时之内和八小时之外一样严格要求）的要求，突出政治标准，强化立体研判，选拔政治强、懂专业、善治理、敢担当、作风正的干部。全年进行10次干部调整，调整干部309人次，提拔64人，重用40人。通过“三方面人员”和选调生比选，确定拟提名（拟任）人选12名。强化干部培训。市委党校完成各类培训班54期，培训干部6425人次。其中举办主体班12个14期，培训1877人次，承办非主体班40期，轮训4548人次。选送干部121人次参加中央、省、株洲市组织的各类培训。强化监督管理。收集监督信息82条，为从严选任干部提供重要参考依据。处理了2名干部“带病提拔”倒查存在的问题，对涉及的领导干部诫勉处理1人，批评教育3人。加强领导干部因私出国（境）管理，全年办理因私出国（境）及证件办理审批136人次，开展2017年4月以来领导干部因私出国（境）情况自查，并将4条违规出入国（境）的线索移交市纪委。强化公务员管理。新招录公务员120人，并按照镇、街道当前干部配备情况及招录公务员自身情况进行合理分配，确保了镇、街道干部配备在人数、性别、年龄层次等方面达到均衡。推进公务员职务与职级并行工作，完成了全市的职级职数核定和县处级干部、各单位人员职级套转工作，全面启动了职级晋升工作。

【党建工作】一是强化思想教育。以“三会一课”、支部主题党日、党员夜校为载体，组织党员读原著、学原文、悟原理，集中学习习近平新时代中国特色社会主义思想等7000余场。50余家单位组织2000余名党员依托烈士陵园、南四区苏维埃革命纪念馆等红色教育基地缅怀革命先烈，传承红色基因。利用“学习强国”“红星云”“株洲党建”等平台，引导党员自觉、及时学习党的新理论、新政策，不断提高运用创新理论指导实践、推动工作的能力。组建红色故事专题宣讲团，深入基层开展红色宣讲51场，覆盖党员群众1万余人次。举办党员教育培训优秀讲师竞赛和精品党课评选活动，拍摄制作《不忘初心跟党走，铮铮铁骨李立三》《毛泽东诗词与中共党史》等5部党课作品，礼赞新中国成立70周年。二是加强基层党组织建设。严格按照“六个一”（拿一套整顿方案、定一名联点领导、派一支工作队伍、配一名第一书记、选一批帮扶项目、建一个坚强班子）要求，对年初摸排出的31个软弱涣散基层党组织进行整顿提升，有效转化21个。结合“不忘初心、牢记使命”主题教育，对全市270个村（社区）逐村分析研判，对摸排出的12个软弱涣散村（社区）开展集中整顿，年内完成整顿11个。持续优化党员干部队伍，开展村（社区）党组织书记培训2期，对新调整补选的11名村（居）“两委”干部进行“十联审”。三是注重村级后备队伍培养。配齐270名村级党建专干，选拔培养861名村级后备干部。开展发展党员业务培训3期，新发展党员470人，其中35岁以下298人，农村新发展年轻党员比例达66.5%。四是提升基层保障力度。全年投入党建工作经费1.2亿元，运转经费达33万元/村、45万元/社区。投入2.3亿元建成199个镇村两级综合服务平台、20个“五彩社区”、6个邻里中心。成立2个社会组织孵化基地，建成2个工委党校，打造浦口镇保丰村、株洲旗滨集团股份有限公司党委等9个党建示范点。推进19个村民议事堂示范点建设，实现村规民约、居民公约全覆盖。五是服务全市中心工作。持续推进扫黑除恶专项斗争。组织“十联审”部门对1451名村（居）“两委”干部再次进行资格审查。引导全市4万余名党员干部、议事委员会和监督委员会成员、村民小组长签订《积极参与扫黑除恶承诺书》。对打掉黑恶势力的泗汾镇茶田村、石亭镇石塘岭村、嘉树镇双井村、均楚镇青山村实行挂牌督办、综合整治。盯紧抓党建促脱贫攻坚12项督查重点任务，重新调整市派工作队166支，新派队员356人，确保全市17个省级贫困村、39个面上村实现驻村帮扶全覆盖。以湘赣边区乡村振兴示范区创建为契机，实施村级集体经济扶强4年行动，重点扶持白兔潭镇田心村、王仙镇三狮村、官庄镇瓦子坪村等6个行政村发展壮大集体经济，带动全市26个行政村集体经济收入超过10万元。建成44个“两代表一委员”标准化工作室，打造5个“两代表一委员”示范工作室。开展国有企业与非公企业、公立学校与民办学校、公办医院与民营医院党组织结对共建活动，落实2家公立医院党委领导下的院长负责制。学习借鉴北京“街乡吹哨、部门报到”经验，组织

5000余名在职党员开展进社区活动2万余次，实施共建项目7000余个，有效巩固了全国城市基层党建示范县（市）成果。

【主题教育】2019年，全市主题教育工作的重点在解决问题上，努力把主题教育成果转化为推动高质量发展的实效。突出专项整治，围绕抓好8个突出方面问题的专项整治，查摆出152条专项整治重点问题清单，制定整改措施260余条。截至年末，有144个问题在主题教育期间完成整改或需长期坚持，整改完成率达94.74%。紧盯重点问题，围绕重点项目、重点领域、重点单位进行有效整改。重视群众期盼，在群众关心关注的扶贫、就业、发展等方面出实招、求实效。

【人才工作】2019年，醴陵市被省委组织部选为唯一县级柔性引才用才试点单位，围绕试点工作，全市着力激发人才工作活力，营造爱才用才的良好氛围。拽紧乡情纽带，柔性引才。从乡情入手，利用传统佳节组织恳谈会，开展“迎老乡、回故乡、建家乡”活动，与外地醴籍商会建立定期联络机制，吸引醴籍在外优秀人才返乡献智献力。推动“湘雅乡情·专家醴陵行”活动不断升级，由中南大学湘雅医院扩展至15家医院，专家由25人增至184人，内容升级至学科建设，阵地延伸至乡镇卫生院，带动优质医疗资源和人才资源下沉，惠及群众6.5万余人。搭建项目平台，按需用才。以基层需求为导向，引才用才由医卫领域向教育、文化、产业领域拓展，推动经济社会高质量发展。年内共打造23家柔性引才示范基地。创办省内第一所培养陶瓷专业人才的高等院校——湖南工业大学醴陵陶瓷学院；组建“百人”科技专家服务团，助力乡村振兴，服务“三农”项目47个，重点学科建设项目7个，企业技术创新项目9个，组织评选创新创业项目10个。建设重点实验室11个，打造国家级检测中心5个，构建创新创业平台7个，助推工业转型升级。突出贴心服务，真情爱才。落实《醴陵市关于促进大众创业万众创新的十条政策》，在构建创新创业平台、强化高层次人才支撑、扶持产业人才发展等方面加大支持。对优秀人才及团队到醴陵市创新创业给予补贴，共兑现人才奖补1921万元。建立市级领导联系专家制度，走访慰问高端人才及其家属，到北京市、深圳市、长沙市等地举办答谢活动5次。为在醴陵市的人才亲属保健就诊开设“绿色通道”，妥善安排人才配偶就业、子女就学；提供住房保障，打造“高端人才之家”12套、人才公寓266套；将企业家事业与人才发展相结合，建设人才特色小区，提供300套商品房，每套优惠10万元。（谭　斌）

【老干部工作】2019年，全市老干部工作主要围绕以下三个方面开展。一是重点抓好党建工作。在离退休支部开展“不忘初心、牢记使命”主题教育工作，开办离退休党建骨干培训班，依托老干部党校，加强“七一”、国庆等重要时间节点及日常离退休党员培训。加强离退休支部组织建设，对6个离退休支部进行了醴陵市级“五化”建设示范授牌，有3个离退休支部入选2019年株洲市第一批“五化”示范离退休支部。二是组织好主题活动。以庆祝新中国成立70周年为主线，组织庆祝新中国成立70周年离退休干部座谈会、重阳节离退休领导考察和离退休干部书画展、文艺表演、科技下乡等庆祝活动。为全市84名离休干部发放了由中共中央、国务院、中央军委颁发的“庆祝中华人民共和国成立70周年”纪念章。以老年群团组织为阵地，醴陵市承办了株洲市老干部（老年）大学工作会议、株洲市关工委主任会议及株洲市县市区离退休老领导钓鱼比赛等会议和活动。配合省关工委到醴陵市考察青少年普法教育工作。协助株洲市关工委到醴陵市开展贫困学生资助活动，资助贫困学子100名，资助金额20万元。醴陵市关心下一代工作委员会推荐的3名“五老人员”（老干部、老战士、老专家、老教师、老劳模），被评为株洲市关心下一代工作委员会授予的“最美五老”称号。市老年大学在7个社区设立。以志愿服务活动为平台，组织环保志愿者开展“保护渌江河”创卫护河活动，老年大学文化队开展送文艺活动，各离退休支部结合主题党日活动开展志愿服务。三是提高服务保障能力。加强信息化建设，形成完备离退休干部信息库。加强“醴陵老干部”微信公众号和“瓷城老干部”等老干部群管理。推广“离退休干部工作”“三湘老干部局e家”等网络平台。提供精准化服务，进一步提高了离休干部和副县级退休干部慰问标准，对口开展离休干部“一人一策”精准服务，为全市困难离退休干部及其遗孀发放帮扶资金。实行规范化管理，明确干部服务工作职责，规范离退休干部节日慰问等工作。落实老干部各项政策性待遇，提高离休干部护理费标准，落实离休干部配偶遗孀、新中国成立初期参加革命工作的退休干部的生活医疗待遇提标工作。（李春玲）

宣传工作

【耿飚110周年诞辰纪念活动】

8月26日，醴陵市举行纪念耿飚110周年诞辰系列活动。上午，在图兰朵酒店国际会议中心举行纪念耿飚110周年诞辰座谈会和群众文艺演出，湖南省委宣传部副部长、省文明办主任刘进能，耿飚次子耿志远、长女耿莹、次女耿焱，株洲市领导聂方红、杨胜跃，醴陵市主要领导胡湘之、董巍、贺小玲、江曙明出席。座谈会上，耿飚亲属代表以及有关领导和专家分别发言，缅怀耿飚为党和人民建立的不朽功勋。会后，与会人员观看了纪念耿飚110周年诞辰群众文艺演出。下午，中国邮政集团有限公司湖南省醴陵市分公司在耿传公祠举行“耿飚诞辰110周年纪念封”首发式，同步发行《纪念耿飚诞辰110周年邮册》。活动期间，中国华夏文化遗产基金会举办了“耿传公祠·慈善2019”活动，大型话剧《耿飚将军》在醴陵首演，醴陵市推出纪念耿飚110周年诞辰文创瓷。

【李立三120周年诞辰纪念活动】 11月18日，醴陵市举行纪念李立三120周年诞辰系列活动。上午，在图兰朵酒店国际会议中心举行纪念李立三120周年诞辰座谈会和群众文艺演出，湖南省委宣传部副部长、省文明办主任刘进能，李立三女儿李竞、李力、谢志佩、李英男、李雅兰，株洲市领导聂方红，醴陵市主要领导胡湘之、董巍、贺小玲、江曙明出席。座谈会上，李立三亲属代表以及有关领导和专家分别发言，回顾和讲述革命先辈生平事迹。会后，与会人员观看了纪念李立三120周年诞辰群众文艺演出。下午，中国邮政集团有限公司湖南省醴陵市分公司在李立三故居举行“李立三诞辰120周年纪念封”首发式，同步发行《纪念李立三同志诞辰120周年邮册》。活动期间，李立三家属到李立三红军学校——渌江中学资助贫困学生，李英男著作《红莓花儿开——相簿里的家国情缘》在醴陵举行国内首发式，醴陵市推出纪念李立三120周年诞辰文创瓷。

【央视播出《中国影像方志》醴陵篇】 8月14日晚8时50分，中央电视台大型纪录片《中国影像方志》湖南卷醴陵篇在中央电视台科学·教育频道播出。节目时长40分钟，讲述了醴陵的渊远历史、厚重文化、独特产业、红色基因，讴歌了醴陵人民生生不息的创造精神和奋斗精神。

【醴陵陶瓷作品亮相外交部湖南推介活动】 9月12日，主题为“新时代的中国：创新湖南　融入世界”的外交部湖南全球推介活动在外交部蓝厅举行。来自145个国家、国际组织的220名驻华外交官和国际组织代表、世界500强企业负责人参加。醴陵市挑选的黄永平作品《国色天香》、黄小玲作品《绣球》《绿光》《满园春色》、刘劲松作品《雨后》等8件醴陵釉下五彩瓷作品亮相推介会。

【理论学习】 2019年，市委理论学习中心组组织集中学习18次，中心组成员撰写心得体会和调研理论文章50余篇。市委宣传部举办为期1周的“不忘初心、牢记使命”主题教育读书班，组建了学习贯彻中共十九届四中全会精神宣讲团，深入基层开展集中宣讲活动近100场次。推进“学习强国”学习平台推广使用工作，注册认证学员4万余人。组织开展“学习新思想　建功新时代”知识竞赛和选树“学习强国”学习达人活动，竞赛题目涵盖中共十九大精神、党章党纪党规及醴陵市情、历史、人文等内容，以赛带学、以学促用，掀起学习热潮。举办“好声音讲坛——新思想进基层”百姓微宣讲比赛，来自各行业、各群体的选手从工作实际出发，用语言和故事彰显基层党员干部的良好精神风貌。

【新闻宣传】 2019年，醴陵市在中央、省、株洲市主要新闻媒体发稿2021条，其中中央级主流媒体发稿132条、省级主流媒体发稿855条。4月23日，醴陵市融媒体中心挂牌成立，是株洲地区首家正式运营的融媒体中心。投入300余万元建设融媒体指挥中心，“醴陵云”APP上线运营。9月6日，株洲市“两中心一平台”（新时代文明实践中心、融媒体中心、“学习强国”学习平台）建设工作现场推进会在醴陵市召开。12月13日，醴陵市人民政府与湖南红网新媒体集团签订战略合作协议，双方基于“融媒体+”模式，在“两中心一平台”建设、文旅融合、智慧城市、舆情智库等领域展开深度合作，这是红网首次与县（市）级党委政府达成全面战略合作。2019湖南（醴陵）国际陶瓷产业博览会和第四届中国烟花爆竹博览会暨2019醴陵烟花爆竹交易会期间，接受了新华社、中新社等50余家媒体的宣传报道。“瓷博会”倒计时宣传片首次登陆《湖南新闻联播》。组织庆祝新中国成立70周年系列主题宣传教育活动。4月25日，株洲市“壮丽70年·奋斗新时代”大型主题采访活动启动仪式在醴陵市李立三故居举行。9月26日，“追梦动力谷·礼赞新中国”庆祝中华人民共和国成立70周年城乡同声唱醴陵会场活动在中国陶瓷谷举行。

【文明创建】 2019年，醴陵市获评湖南省2018届文明城市，连续2年获评株洲市文明建设先进县（市）。推进新时代文明实践中心建设试点工作，建设新时代文明实践所7个、站24个，开展各类活动300余场次，被列为全国第二批新时代文明实践建设试点县（市）。深入开展“户帮户亲帮亲”活动，累计帮扶11877人次，捐赠物资20681件，捐赠资金41.93万元。组织开展“同做文明人，共创文明城”“我为创文做贡献”系列主题活动。推进移风易俗工作，200余个行政村、社区成立了红白理事会。开展“十大文明行动”“十大专项整治行动”。举办醴陵市第五届道德模范评选宣传活动、“身边好人”推荐活动，赵石毛成为“中国好人榜”诚实守信好人候选人，刘学听入选“湖南好人榜”。姜湾小学学生陈伯滔、黄伟、邹瑾当选为“株洲新时代好少年”。组织“网上祭英烈”活动，全市3万余名中小学生参加。

【文艺文产】2019年，全市打造24家特色农家（社区）书屋。9月，位于醴陵大道市民中心、使用面积7156平方米的市图书馆新馆对外开放。组织开展“送戏下乡”活动125场，放映“十三五”规划实施期间公益电影4092场。组织编排现代花鼓戏《工运领袖李立三》、长沙弹词《耿飚将军出醴陵》等文艺作品。8月28日，由湖南省话剧院重点打造，醴陵市文化旅游广电体育局参与联合出品的大型话剧《耿飚将军》，在醴陵中国陶瓷谷国际会展中心首演，并自此展开全国巡演。引进大型经典民族歌剧《洪湖赤卫队》，弘扬红色文化。“渌江讲坛”全年开展讲学活动62场。编纂出版《醴陵历代名人录》《开卷有益》《渌江书院楹联选》《渌江书院兴盛与变革》等书籍。　（王贺丰）

统一战线工作

【概况】2019年，醴陵市委统战部经机构改革后，下设民族宗教服务中心和党外知识分子服务中心2个事业单位。年内，完善市委统战部与各民主党派、工商联领导班子联合学习制度，开展联合学习活动12次。6月，在西安交通大学举办为期1周的2019年醴陵市统一战线骨干成员思维创新与履职能力提升研修班。年末，市委统战部被评为株洲市统战信息宣传工作先进单位，《创建同心美丽乡村，助力乡村振兴战略》经验材料获评株洲市统战工作实践创新成果奖，撰写的《关于民主党派成员数量与质量关系的研究》获评株洲市统战理论政策研究创新成果一等奖。

【主题活动】国庆节前，为庆祝新中国成立70周年和中国共产党领导的多党合作制度确立70周年，市委统战部组织全市各民主党派、市工商业联合会、市华侨联合会、市新的社会阶层人士联谊会（以下简称“市新联会”）等单位和组织，用“快闪”的形式，共同唱响歌曲《我和我的祖国》，快闪视频在“学习强国”APP上宣传播出；中国民主同盟醴陵市工作委员会、九三学社株洲市委员会醴陵市工作委员会举办新中国成立70周年陶瓷艺术展、陶瓷书画展等系列活动。各民主党派在陈明仁故居、袁昌英纪念馆、醴陵窑、渌江书院等具有醴陵地域代表性和党派代表性的地点拍摄系列微视频，重温多党合作之路；在株洲市“学习多党合作历史　展示党外人士风采”微演说评比，获得了最佳作品奖、一等奖、三等奖、优胜奖和优秀组织奖等奖项。各民主党派和市工商业联合会参加了醴陵市庆祝人民政协成立70周年政协知识抢答竞赛活动，中国民主促进会醴陵市总支委员会获得冠军，市工商业联合会和中国农工民主党株洲市委员会醴陵支部分获亚军和季军。

【多党合作与交流】2019年，市委统战部制定了政党协商年度计划并组织实施，多党合作效能不断提升。开展市人民检察院、市人民法院工作和“产业项目建设年”工作情况通报及“清风醴陵·走进纪委”等活动，广泛听取意见建议。各民主党派针对群众关心的热点、难点问题，提出《人大代表政协委员的建议和提案应进行公告》《建立城市养老示范区》《农村合作医疗也要采取刷卡方式》等建议和提案，为醴陵经济社会发展建言献策。支持各民主党派基层组织创建工作，其中中国民主同盟醴陵工作委员会经济科技支部和陶瓷支部、中国民主促进会醴陵市总支委员会、中国农工民主党株洲市委员会醴陵支部被株洲市委统战部授予株洲市“五有三好”（有经费、有场地、有平台、有培训、有评价，自身建设好、岗位履职好、发挥作用好）示范点。

【党外知识分子和新的社会阶层人士工作】2019年，市委统战部进一步加强对党外知识分子和新的社会阶层人士的团结引导，为株洲市党外知识分子联谊会推荐5名理事，并组织对常务理事候选人进行考察推荐。年内，市新联会继续开展“关爱留守儿童”活动，在隆兴坳村、美田桥村等地设立新联会活动基地；“关爱生命教育”活动走进校园，中国生命关怀协会驻会副理事长、醴陵市新联会副会长肖敬给姜湾小学近300名学生讲授《认识生命的美》课程；走进明月镇柴冲村，开展“关爱山区留守儿童、助力醴陵教育发展”公益活动，为留守儿童赠送棉服、文具和课外活动用品。加强与外地新联会组织的交流与学习，接待了益阳市南县统战部一行到醴陵市考察学习新联会工作。

【海外及中国台湾地区工作】2019年，市委统战部开展侨情资源摸底工作，接待北德侨界和百名台湾大学生湖湘文化研学营到醴陵市考察，帮助台胞潘绍正找回失散多年的醴陵籍亲属。

【促进非公有制经济发展】开展“浓情3月，送医进企业”“关心企业家健康、关爱企业家成长”等活动，营造“重商”氛围；开展温暖企业“三百”行动，出台支持民营经济发展的若干意见，进一步完善“四个十条”，定制开发“醴企帮扶”APP，打造“暖商”服务。市工商联开设的“醴商大讲堂”开展以“青年企业家培训班”“向世界一流企业学习”为主题的讲学活动，为企业提供学习和交流平台。

【党外干部培养与管理】2019年，全市提拔党外干部3人，有13名党外人士增补为市人大代表、市政协委员。截至年末，全市共有副科级以上党外干部52人；其中正科级干部由12人增至15人，在政府工作部门担任行政负责人的党外干部达3人。4月，召开了全市党外干部履职情况报告会，8名党外干部作履职发言，其他党外干部完成书面述职。

【民族宗教工作】2019年，宗教管理知识被纳入了市委理论学习中心组和科干班、党建培训班、村干部培训班的学习内容。全面落实“三级网络两级责任制”[以县(市、区)为主的县(市、区)、乡(镇、街道)、村(社区)三级宗教工作网络和乡、村两级宗教工作责任制，分级负责、属地管理和责任追究制度]，结合“三访三问三查三运用”(走访基层干部、走访宗教活动场所和教职人员、走访信教群众和其他人员；问联系是否经常、问信息是否一致、问情况是否清楚；查公示公告、查工作台账、查问题整改；运用于考核、运用于通报、运用于问责)工作，办理11例少数民族高考考生认定工作，完成1例民族成分变更；完成全市少数民族流动人口走访摸底工作。

【助力全市中心工作】脱贫攻坚工作。做实同心教育基金，全年资助贫困学子133人，发放助学金18.45万元。开展“泛海助学行动”，发放助学金30.5万元，61名贫困学子受益。发动市工商联执常委参加“金秋助学、大兵义演”活动，捐款60余万元。发动42家企业结对帮扶80户贫困户，全市有9家企业和1家商协会获评株洲市“万企帮万村”精准扶贫行动先进单位。乡村振兴工作。健全顶层规划、统筹联动、考核奖惩三项机制，动员统一战线的资源力量参与同心美丽乡村、同心社区等创建工作。年内，枫林镇隆兴坳村获评省级同心美丽乡村，沈潭镇美田桥村获评株洲市同心美丽乡村，仙岳山街道书院社区获评株洲市同心社区。社会服务工作。组织开展义捐义诊、爱心献血、禁毒宣传等活动，全年慰问抗战老兵、贫困学子等300余人，捐赠物资及慰问金10万余元。抗洪救灾期间，发动统一战线成员一线抗洪、捐款捐物，支持灾后重建，共募集善款及物资830万元。（黎　巍）

机构编制

【概况】2019年年末，全市有市直党政群机关、政法系统、镇、街道办事处机构95个。全市行政编制2412名，其中市直党政群机关888名、政法系统636名、镇和街道办事处888名(含财政所)；实有行政人员2203人，其中市直党政群机关884人、政法系统610人、镇和街道办事处709人(含财政所)；全市工勤编制128名，实有工勤人员59人。全市有事业单位627个，其中全额拨款机构569个、差额补贴机构34个、经费自筹机构24个；全市事业编制总计13974名，其中全额拨款编制11168名、差额拨款编制2456名、经费自理编制350名；实有事业单位人员10942人，其中全额拨款9081人、差额拨款1566人、经费自理295人。

【完成党政机构改革】一是健全和优化市委对重大工作的领导体制机制。市监察委员会同市纪律检查委员会合署办公，履行纪检、监察两项职责，实行一套工作机构、两个机关名称。市委全面深化改革领导小组改为市委全面深化改革委员会，市委全面深化改革委员会办公室作为委员会的办事机构，设在市委办公室。组建市委网络安全和信息化委员会，市委网络安全和信息化委员会办公室作为委员会的办事机构，设在市委宣传部。为加强市委对审计工作的领导，更好发挥审计监督作用，组建市委审计委员会，市委审计委员会办公室作为委员会的办事机构，设在市审计局。组建市委外事工作委员会，市委外事工作委员会办公室作为委员会的办事机构，设在市委办公室。将市政府办公室的外事工作职责和市委统战部的港澳事务管理职责一并划入市委办公室。市委办公室对外使用市政府外事办公室、市政府港澳事务办公室、市委保密委员会办公室(市国家保密局)、市委机要局（市国家密码管理局）名称。市委巡察工作领导小组办公室作为市委巡察工作领导小组的办事机构，设在市纪委，作为市委工作机关。不再保留市委巡视工作联络办公室牌子。市委法治醴陵建设领导小组改为市委全面依法治市委员会，市委全面依法治市委员会办公室作为委员会的办事机构，设在市司法局。组建市委财经委员会，市委财经委员会办公室作为委员会的办事机构，设在市委办公室。组建市委教育工作领导小组，市委教育工作领导小组秘书组作为领导小组的办事机构，职责由市教育局承担。二是加强市委职能部门的统一归口协调管理职能。市委组织部统一管理市委机构编制委员会办公室。调整优化市委机构编制委员会领导体制，市委机构编制委员会办公室作为委员会的办事机构，承担委员会日常工作，作为市委工作机关，对外使用市事业单位登记管理局名称，归口市委组织部管理。市委组织部统一管理公务员工作。将市人力资源和社会保障局的公务员管理职责划入市委组织部，对外加挂市公务员局牌子。市委宣传部统一管理新闻出版、版权、电影工作。将市文体广电新闻出版局（市版权局）的新闻出版、版权、电影管理等职责划入市委宣传部，对外加挂市新闻出版局(市版权局)、市精神文明建设指导委员会办公室牌子。市委统战部统一管理民族宗教、侨务工作。将市政府办公室的民族事务、宗教事务、侨务管理职责划入市委统战部，对外加挂市民族宗教事务局牌子，对外使用市政府侨务办公室名称，市政府办公室不再加挂市民族宗教事务局牌子。不再设立市社会治安综合治理委员会及其办公室、维护稳定工作领导小组及其办公室，有关职责交由市委政法委员会承担。市委防范和处理邪教问题领导小组及其办公室（市政府防范和处理邪教问题办公室）职责交由市委政法委员会、市公安局承担。将市委老干部局并入市委组织部，市委组织部对外加挂市委老干部局牌子。将市委办公室的直属机关工作委员会相关职责划入市委组织部，市委组织部对外加挂市直属机关工作委员会牌子，市委办公室不再加挂市直属机关工作委员会牌子。将市委统战部的台湾工作职责划入市委办公室，对外使用市委台湾工作办公室（市政府台湾事务办公室）名称，市委统战部不再加挂市委台湾工作办公室牌子。三是统筹优化市政府机构设置和职能配置。将市国土资源局的职责、市住房和城乡规划建设局的城乡规划管理职责、市发展和改革局的组织编制并实施主体功能区规划职责、市水利局的水资源调查和确权登记管理职责，以及市林业局的森林、湿地等资源调查和确权登记管理等职责整合，组建市自然资源局，作为市政府工作部门，不再保留市国土资源局。将市环境保护局的职责，市发展和改革局的应对气候变化和减排职责，市水利局的编制水功能区划、排污口设置管理、流域水环境保护职责，市国土资源局的监督防止地下水污染职责，市农业局（市委农村工作办公室）的监督指导农业面源污染治理等职责整合，组建株洲市生态环境局醴陵分局，作为株洲市生态环境局的派出机构，由株洲市生态环境局直接管理，不计入机构限额，不再保留市环境保护局。将市农业局（市委农村工作办公室）的职责，以及市发展和改革局的农业投资项目、市财政局的农业综合开发项目、市国土资源局的农田整治项目、市水利局的农田水利建设项目等管理职责整合，组建市农业农村局，作为市政府工作部门，不再保留市农业局（市委农村工作办公室）。市委农村工作领导小组办公室设在市农业农村局。将市文体广电新闻出版局（市版权

图 1

纪律检查委员会监察委员会机关办公室	办公室	组织部	宣传部	统一战线工作部	政法委员会	全面深化改革委员会办公室	全面依法治市委员会办公室	网络安全和信息化委员会办公室	财经委员会办公室	外事工作委员会办公室	机构编制委员会办公室	审计委员会办公室	教育工作领导小组秘书组	农村工作领导小组办公室	巡察工作领导小组办公室

中共醴陵市委机构设置图

说明：中共醴陵市委设置纪检监察机关 1 个，计入机构限额的工作机关 7 个（设在相关部门的议事协调机构的办事机构不计入机构限额）。其中，纪律检查委员会与监察委员会合署办公，实行"一套工作机构、两个机关名称"；办公室加挂档案局牌子；组织部加挂直属机关工作委员会、老干部局、非公有制经济组织和社会组织工作委员会、公务员局牌子；宣传部加挂新闻出版局（版权局）、精神文明建设指导委员会办公室牌子；统战部加挂民族宗教事务局牌子

图 2

办公室	发展和改革局	教育局	科技和工业信息化局	公安局	民政局	司法局	财政局	人力资源和社会保障局	自然资源局	住房和城乡建设局（人民防空办公室）	交通运输局	水利局	农业农村局	商务和粮食局	文化旅游广电体育局	卫生健康局	审计局	退役军人事务局	应急管理局	城市管理和综合执法局	林业局	市场监督管理局	统计局	政府金融工作办公室	信访局	扶贫开发办公室	医疗保障局	行政审批服务局

醴陵市人民政府机构设置图

说明：醴陵市人民政府设置机构 29 个。人民防空办公室与住房和城乡建设局合署办公，实行 " 一套工作机构、两个机关 " 名称；应急管理局加挂防汛抗旱指挥部办公室牌子

局）的文化、体育、广播电视管理职责，以及市商务旅游和粮食局的旅游管理职责整合，组建市文化旅游广电体育局，作为市政府工作部门，对外使用市文物局名称，不再保留市文体广电新闻出版局（市版权局）。将市卫生和计划生育局的职责，市民政局的老龄工作职责，以及市安全生产监督管理局的职业安全健康监督管理职责整合，组建市卫生健康局，作为市政府工作部门，不再保留市卫生和计划生育局。将市民政局的退役军人优抚安置、市人力资源和社会保障局的军官转业安置等职责整合，组建市退役军人事务局，作为市政府工作部门。将市安全生产监督管理局的职责，市政府办公室的应急管理职责，市公安局的消防管理职责，市民政局的救灾职责，市国土资源局的地质灾害防治职责，市林业局的森林防火相关职责，市经济科技信息化局的震灾应急救援职责，市水利局的水旱灾害防治相关职责，以及防汛抗旱、减灾、抗震救灾、森林防火等指挥部（委员会）的职责整合，组建市应急管理局，作为市政府工作部门，对外加挂市防汛抗旱指挥部办公室牌子，不再保留市安全生产监督管理局。市应急管理局承担市安全生产委员会日常工作。将市司法局的职责和市政府办公室的法制工作职责整合，重新组建市司法局，作为市政府工作部门，市政府办公室不再加挂市政府法制办公室牌子。优化市审计局职责，将市发展和改革局的重大项目稽查、市财政局的预算执行情况和其他财政收支情况监督检查职责划入市审计局，不再保留市领导干部任期经济责任审计工作领导小组及其办公室。将市食品药品工商质量监督管理局（市食品安全委员会办公室）的职责，以及市发展和改革局的价格监督检查与反垄断执法职责，市商务旅游和粮食局的经营者集中反垄断执法职责，市经济科技信息化局的知识产权管理职责整合，组建市市场监督管理局，作为市政府工作部门，不再保留市食品药品工商质量监督管理局（市食品安全委员会办公室）。市市场监督管理局承担市食品安全委员会日常工作。将市人力资源和社会保障局的城镇职工和城镇居民基本医疗保险、生育保险、新型农村合作医疗职责，市发展和改革局的药品和医疗服务价格管理职责，市民政局的医疗救助职责整合，组建市医疗保障局，作为市政府工作部门。将市机构编制委员会办公室的行政审批制度改革工作职责，市政府办公室的电子政务管理、大数据管理、优化经济发展相关行政职能整合，组建市行政审批服务局，作为市政府工作部门。将市经济科技信息化局的职责、相关部门的外国专家管理职责整合，组建市科技和工业信息化局，作为市政府工作部门，不再保留市经济科技信息化局。组建市扶贫开发办公室，作为市政府工作部门。将市政府办公室的金融工作相关职责整合，组建市政府金融工作办公室，作为市政府工作部门，市政府办公室不再加挂市政府金融工作办公室牌子。将市商务旅游和粮食局的职责、市民政局的救灾物资储备职责整合，组建市商务和粮食局，作为市政府工作部门，不再保留市商务旅游和粮食局。将市林业局的职责，以及市国土资源局、市住房和城乡规划建设局等部门的风景名胜区、自然遗产、地质公园等管理职责整合，重新组建市林业局，作为市政府工作部门，由市自然资源局统一领导和管理。市住房和城乡规划建设局更名为市住房和城乡建设局。市人民防

空办公室作为市国防动员委员会的常设办事机构，与市住房和城乡建设局合署办公，实行一套工作机构、两个机关名称。市信访局由市委办公室、市政府办公室共同管理的机构调整为市政府工作部门。改革后，醴陵市共设置党政机构37个，其中市委机构8个（纪检监察机关1个，工作机关7个），市政府工作部门29个。

【深化市人大机构改革】整合市人大法制委员会（市人大内务司法委员会）、市人大财政经济委员会、市人大常委会教育科学文化卫生工作委员会的相关职责，组建市人大社会建设委员会，作为市人大专门委员会。将市人大法制委员会加挂的市人大内务司法委员会单设，名为市人大监察和司法委员会，作为市人大专门委员会。将市人大常委会教育科学文化卫生工作委员会职责整合，组建市人大教育科学文化卫生委员会，作为市人大专门委员会，不再保留市人大常委会教育科学文化卫生工作委员会。将市人大常委会农业和农村工作委员会职责整合，组建市人大农业与农村委员会，作为市人大专门委员会，不再保留市人大常委会农业和农村工作委员会。组建市人大民族华侨外事委员会，作为市人大专门委员会，与市人大教育科学文化卫生委员会合署办公。市人大城乡建设环境资源保护委员会更名为市人大环境与资源保护委员会。市人大法制委员会与市人大监察和司法委员会合署办公。市人大常委会预算工作委员会与市人大财政经济委员会合署办公。市人大常委会办公室加挂市人大常委会信访办公室牌子。改革后，市人大常委会设置办事机构、工作机构2个，市人大设置专门委员会6个。

【深化市政协机构改革】组建市政协农业农村和人口资源环境委员会，作为市政协专门委员会。将市政协联谊法制群团委员会等专门委员会联系农业界别委员及相关工作职责调整到市政协农业农村和人口资源环境委员会。将市政协办公室承担的委员联络工作职责，市政协学习文史委员会、市政协提案工作委员会的相关职责整合，组建市政协提案和委员学习联络委员会，作为市政协专门委员会。将市政协经济科技委员会的职责和市政协联谊法制群团委员会的外事工作职责整合，组建市政协经济科技和外事委员会，作为市政协专门委员会，不再保留市政协经济科技委员会、市政协联谊法制群团委员会。将市政协提案工作委员会的社会法制工作职责和市政协联谊法制群团委员会的民族宗教职责整合，组建市政协社会法制和民族宗教委员会，作为市政协专门委员会，不再保留市政协提案工作委员会。市政协学习文史委员会更名为市政协文教卫体和文史委员会。改革后，市政协设置办事机构1个，专门委员会5个。

【基本完成乡镇机构改革】按照上级有关规定，各镇（街道）分别设置党政办公室、党建办公室、经济发展办公室（农业农村工作办公室）、民政办公室（卫生健康办公室）、生态环境办公室、社会治安办公室、应急管理办公室等7个机构。严格直属事业单位及执法队伍设置，各镇（街道）分别设立党群服务中心（综合便民服务中心）、社会事务综合服务站（文化综合服务站）、农业综合服务站、退役军人服务站和综合行政执法大队。改革后，各镇（街道）各核定领导职数11名。

【推进事业单位改革】事业单位名称进一步规范。事业单位不得再使用"委、办、局、处"等称谓。事业单位分类进一步明确。对2014年以后新设立的19家事业单位和原承担行政职能的8家事业单位进行分类。事业编制进一步调整优化。对不再保留的事业单位编制予以收回，职能弱化、

图3

人大机构

常委会办事（工作）机构		专门委员会					
办公室	选举任免联络工作委员会	监察和司法委员会	财政经济委员会	教育科学文化卫生委员会	环境与资源保护委员会	农业与农村委员会	社会建设委员会

政协机构

办事机构	专门委员会				
办公室	提案和委员学习联络委员会	经济科技和外事委员会	农业农村和人口资源环境委员会	文教卫体和文史委员会	社会法制和民族宗教委员会

醴陵市人大、市政协机构设置图

说明：醴陵市人大常委会办公室加挂信访办公室牌子；人大法制委员会与人大监督和司法委员会合署办公；人大常委会预算工作委员会与经济委员会合署办公；人大民族华侨外事委员会与人大教育科学文化卫生委员会合署办公

余编较多的事业单位适当核减编制，新组建的事业单位适当核定编制，对涉及重要领域、工作任务繁重的单位适当调剂编制。

【市委、市政府直属事业单位的设立、挂牌、更名和调整】市委党校（市行政学校）改为市委直属正科级公益类事业单位。将社会综合治理、综合执法服务、便民服务等公益服务职责整合，组建市网格化管理服务中心，为市政府直属正科级公益类事业单位。将机关事务服务职责整合，组建市机关事务服务中心，为市政府直属正科级公益类事业单位。市委市政府接待办公室更名为市接待服务中心，为市委直属正科级公益类事业单位。市征地工作协调管理办公室更名为市征地工作协调服务中心，为市政府直属正科级公益类事业单位。市烟花鞭炮管理局更名为市陶瓷烟花产业服务中心，为市政府直属正科级公益类事业单位。市广播电视台对外加挂市融媒体中心牌子，调整为市委直属正科级公益类事业单位。将市国有资产投资经营中心的职责划入市财政局，不再保留市国有资产投资经营中心。将市基础设施建设开发投资管理中心的职责划入市财政局，不再保留市基础设施建设开发投资管理中心。改革后，市委、市政府共设置直属事业单位8个。

【部门所属承担行政职能的事业单位的设立、挂牌、更名和调整】将市档案史志局（馆）承担的行政职能划入市委办公室。市委办公室对外加挂市档案局牌子，市档案馆对外加挂市党史和市志研究室牌子，调整为市委办公室所属正科级公益类事业单位。市房产管理局更名为市住房保障服务中心，为市住房和城乡建设局所属正科级公益类事业单位。将市公路局承担的行政职能划入市交通运输局，改为市交通事务中心，为市交通运输局所属正科级公益类事业单位。市畜牧兽医水产局更名为市畜牧水产事务中心，为市农业农村局所属正科级公益类事业单位。将人才服务、人才培养、人才引进等公益服务职责整合，组建市人才服务中心，为市委组织部所属副科级公益类事业单位。将市事业单位登记管理局的职责划入市委机构编制委员会办公室，不再保留市事业单位登记管理局。将机构编制统计数据服务和信息化建设、政务和公益机构域名注册服务等公益服务职责整合，组建市机构编制事务中心，为市委机构编制委员会办公室所属副科级公益类事业单位，不再保留市机构编制信息中心。撤销市非税收入征收管理局，整合有关财政事务职责，组建市财政事务中心，为市财政局所属副科级公益类事业单位。将市燃气管理办公室的职责，城市用水、城市排水、城市污水处理等公益服务职责整合，组建市城市公用事业服务中心，为市住房和城乡建设局所属副科级公益类事业单位，不再保留市燃气管理办公室。将水旱灾害防御等公益服务职责整合，组建市水旱灾害防御中心，为市水利局所属副科级公益类事业单位。组建市优化营商环境协调事务中心，为市行政审批服务局所属副科级公益类事业单位。将经济形势调查研究等公益服务职责整合，组建市经济研究中心，为市政府办公室所属副科级公益类事业单位。将市政务服务中心（市政府电子政务中心）承担的行政职能划入市行政审批服务局，调整为市行政审批服务局所属副科级公益类事业单位，不再加挂市政府电子政务中心牌子。将市水库移民开发管理局承担的行政职能划入市水利局，改为市库区移民事务中心，为市水利局所属副科级公益类事业单位。将驻醴株洲市国有企业改革办公室承担的行政职能划入市科技和工业信息化局，改为驻醴株洲市国有企业改革事务中心，为市科技和工业信息化局所属副科级公益类事业单位。将市重点工程建设管理办公室承担的行政职能划入市发展和改革局，改为市重点建设项目事务中心，为市发展和改革局所属副科级公益类事业单位。将市互联网宣传与管理办公室承担的行政职能划入市委宣传部，改为市网络舆情监控中心，为市委宣传部所属副科级公益类事业单位。将市慈善办公室承担的行政职能划入市民政局，改为市慈善事务服务中心，为市民政局所属副科级公益类事业单位。将市社会劳动保险局承担的行政职能划入市人力资源和社会保障局，整合城乡居民社会养老保险服务职责，改为市社会保险服务中心，为市人力资源和社会保障局所属副科级公益类事业单位。将市劳动就业管理局承担的行政职能划入市人力资源和社会保障局，改为市劳动就业服务中心，为市人力资源和社会保障局所属副科级

图4

市委党校	广播电视台	接待服务中心	供销合作社联合社	征地工作协调服务中心	机关事务服务中心	网格化管理服务中心	陶瓷烟花产业服务中心

醴陵市委、市政府直属事业单位设置图

说明：醴陵市设置市委、市政府直属事业单位8个。市委党校加挂市行政学校牌子

公益类事业单位。将市工伤保险局承担的行政职能划入市人力资源和社会保障局，改为市工伤保险服务中心，为市人力资源和社会保障局所属副科级公益类事业单位。将市重点建设项目审计中心承担的行政职能划入市审计局，改为市投资审计中心，为市审计局所属副科级公益类事业单位。将市环境卫生管理处承担的行政职能划入市城市管理和综合执法局，改为市环境卫生服务中心，为市城市管理和综合执法局所属副科级公益类事业单位。将市山林纠纷调处办公室承担的行政职能划入市林业局，改为市山林纠纷调处中心，为市林业局所属副科级公益类事业单位。将市水土保持监督站承担的行政职能划入市水利局，改为市水土保持站，为市水利局所属副科级公益类事业单位。将市市场服务中心承担的行政职能划入市商务和粮食局，调整为市商务和粮食局所属副科级公益类事业单位。市道路运输管理所更名为市交通运输综合服务中心，为市交通运输局所属副科级公益类事业单位。市农业机械管理局更名为市农机事务中心，为市农业农村局所属副科级公益类事业单位。市园林绿化管理局（市城市绿化委员会办公室）更名为市园林绿化中心，为市城市管理和综合执法局所属副科级公益类事业单位，不再保留市城市绿化委员会办公室牌子。将市土地储备中心承担的行政职能划入市自然资源局，为市自然资源局所属副科级公益类事业单位。将市建设工程质量安全监督站承担的行政职能划入市住房和城乡建设局，为市住房和城乡建设局所属副科级公益类事业单位。将市维护稳定工作领导小组办公室的职责划入市委政法委员会，不再保留市维护稳定工作领导小组办公室。将市精神文明建设指导委员会办公室的职责划入市委宣传部，不再保留市精神文明建设指导委员会办公室。将市“两型”社会建设综合配套改革领导小组办公室的职责划入市发展和改革局，不再保留市“两型”社会建设综合配套改革领导小组办公室。将市文物局的职责划入市文化旅游广电体育局，不再保留市文物局。将市农业综合开发办公室的职责划入市农业农村局，不再保留市农业综合开发办公室。将市农村经济管理服务站的职责划入市农业农村局，不再保留市农村经济管理服务站。将市农村能源办公室的职责划入市农业农村局，不再保留市农村能源办公室。将市防汛办公室的职责分别划入市水利局、市应急管理局，不再保留市防汛办公室。将市财政税费统一征收管理局的职责划入市财政局，不再保留市财政税费统一征收管理局。

【其他副科级事业单位的设立、挂牌、更名和调整】撤销中共醴陵市委党建工作领导小组办公室、市党代表大会联络工作办公室。市卫生计生综合监督执法局更名为市卫生健康综合监督执法大队，为市卫生健康局所属副科级公益类事业单位。市潘矿离退休人员管理办公室更名为市潘矿离退休人员服务中心，调整为市科技和工业信息化局所属公益类事业单位。撤销市国有土地上房屋征收办公室。市城乡居民医保管理服务中心更名为市医疗保障事务中心，调整为市医疗保障局所属副科级公益类事业单位。市博物馆加挂市文化遗产保护中心牌子。撤销市人民政府口岸办公室。

【股级机构的设立、挂牌、更名和调整】设立市社会风险评估服务中心，为中共醴陵市委政法委员会所属正股级全额拨款事业单位。设立市华侨服务中心，为市归国华侨联合会所属正股级公益一类全额拨款事业单位。设立24个镇（街道、示范区）退役军人服务站，为各镇（街道、示范区）下属正股级公益一类全额拨款事业单位。撤销市人力资源和社会保障局所属市城乡居民社会养老保险中心。市人力资源和社会保障局所属市绩效评估委员会办公室更名为市绩效评估中心。设立市青少年发展服务中心，为团市委所属正股级公益类全额拨款事业单位。市民政局所属市地名委员会办公室更名为市地名服务中心。市民政局所属市婚姻登记处更名为市婚姻登记中心。市教育局所属市勤工俭学办公室更名为市勤工俭学中心，市招生考试办公室更名为市招生考试中心。市自然资源局所属市乡镇房政管理办公室更名为市乡镇房政服务中心。市房产法规监察队调整为市住房和城乡建设局（市人民防空办公室）所属事业单位，市房产开发管理办公室更名为市房产开发服务中心，市房屋安全管理办公室更名为市房屋安全服务中心，市物业管理办公室更名为市物业服务中心，市工程事务办公室更名为市工程事务服务中心，市散装水泥和墙体材料改革办公室更名为市散装水泥和墙体材料推广中心，市建筑装饰装修管理办公室更名为市建筑装饰装修服务中心，撤销市污水处理管理办公室。撤销市抗旱服务队。市农产品质量监督检验检测中心降格为正股级事业单位。市县域经济工作领导小组办公室更名为市县域经济服务中心，降格为正股级事业单位。市农业技术推广中心降格为正股级事业单位。市绿色食品办公室更名为市绿色食品和农业资源保护站，市生猪定点屠宰管理办公室更名为市生猪定点屠宰服务站，市土壤肥料工作站（市耕地质量管理工作领导小组办公室）更名为市耕地质量与土壤肥料工作站仍为市农业农村局正股级事业单位。市卫生健康局所属市公立医院管理办公室更名为市公立医院协调中心。市应急管理局所属市森林防火办公室（市森林消防中队）更名为市森林防火中心（市森林消防中队）。市城市管理和综合执法局所属市市政工程管理处更名为市市政工程维护中心。市统计局所属市乡镇（街道）经济发展考核评价工作办公室（GDP核算办公室）更名为市乡镇（街道）经济发展评估中心（GDP核算中心），并降格为正股级事业单位。设立市人大代表服务中心，为市人民代表大会常务委员会办公室所属正股级全额拨款事业单位。设立市政协委员服务中心，为政协醴陵市委员会办公室所属正股级全额拨款事业单位。市林业局所属市仙岳山森林公园管理局更名为市仙岳山森林公园保护中心。设立市经开区企业服务中心和市经开区宣教中心，均为市经开区所属正股级公益类全额拨款事业单位。市自然资源局所属市房产综合档案室更名为市自然资源综合档案馆，市房产交易管理所更名为市房地产交易服务中心，市规划信息服务中心更名为市地理信息服务中心，市国土资源测绘院、市规划测绘院综合设置为市自然资源测绘院。撤销市林业局所属市林业中心站。对全市公办中小学校进行调整，调整后，全市共有公办中小学校255个。撤销市水利局所属市移民经济服务发展中心。撤销市社会治理网格化中心。（邓广云）

醴陵市人民代表大会

【市第十六届人大第四次会议】 1月15—18日，市第十六届人民代表大会第四次会议在中国陶瓷谷国际会展中心举行。会议听取和审议了市人民政府市长董巍所作的《政府工作报告》、市人大常委会主任贺小玲所作的《醴陵市人民代表大会常务委员会工作报告》、市发展和改革局局长吴均成所作的《醴陵市2018年国民经济和社会发展计划执行情况与2019年国民经济和社会发展计划草案的报告》、市财政局局长夏春良所作的《醴陵市2018年财政预算执行情况与2019年财政预算草案的报告》、市环境保护局局长许君明所作的《醴陵市2018年环境状况和环境保护目标完成情况的报告及2019年环境保护目标的报告》、市人民法院院长刘望鸣所作的《醴陵市人民法院工作报告》、市人民检察院检察长黄晓军所作的《醴陵市人民检察院工作报告》。会议通过有关决议决定，选举董巍为醴陵市人民政府市长，表决通过付益田为醴陵市第十六届人民代表大会城乡建设环境资源保护委员会主任委员。

【市第十六届人大常委会第十九次至二十六次会议】 1月2日，市第十六届人民代表大会常务委员会第十九次会议在市人大常委会会议室举行。会议听取和审议市十六届人大四次会议相关报告及市人大常委会2019年工作要点，听取市十六届人大四次会议筹备工作情况汇报，听取代表异动情况和补选代表资格的审查报告，并以举手表决方式通过《关于召开醴陵市第十六届人民代表大会第四次会议的决定（草案）》。会议决定于2019年1月15—18日，在中国陶瓷谷国际会展中心召开市十六届人大四次会议，会期4天。

3月27日，市第十六届人民代表大会常务委员会第二十次会议在市人大常委会会议室举行。全国人大代表黄小玲向与会人员传达第十三届全国人大二次会议的会议精神。会议听取和审议《关于提请审议调整2018年财政支出预算的议案》，并通过《关于批准市人民政府〈关于提请审议调整2018年财政支出预算的议案〉的决定》（草案）。会议听取和审议市科技和工业信息化局代表市人民政府关于对醴陵市《中华人民共和国促进科技成果转化法》审议意见整改落实情况的汇报和市人大教科文卫委员会关于对醴陵市《中华人民共和国促进科技成果转化法》审议意见整改落实情况的调查报告。

5月30日，市第十六届人民代表大会常务委员会第二十一次会议在市人大常委会会议室举行。会议以举手表决的方式通过《关于批准〈醴陵市人民法院关于提请确定人民陪审员名额的议案〉的决定》（草案）。会议进行人事任免，以举手表决的方式通过《关于接受黎平华、朱思球辞去职务的决定》（草案）；以投票表决的方式决定任命吴均成、杨冬发等18名市人大常委会、市人民政府工作人员，任命熊益民等4名市人民法院工作人员以及李金明等80名人民陪审员，决定免去黎平华、曾敏等31人的有关职务。会议听取和审议市发展和改革局代表市人民政府关于醴陵市“十三五”规划实施中期评估情况汇报和市人大财经委关于“十三五”规划纲要执行情况中期评估的调研报告。会议听取张如泉、甘毅、朱伟萍、丁佳富、黎毅5名驻醴株洲市第十五届人大代表履职情况报告，书面听取和审议醴陵市贯彻实施《中华人民共和国土地管理法》工作情况汇报。

7月25日，市第十六届人民代表大会常务委员会第二十二次会议在市人大常委会会议室和市委2栋4楼会议室举行。会议听取审议“一府两院”半年度工作情况报告，2018年醴陵市本级财政决算报告和审计报告，2019年上半年国民经济计划和财政预算执行情况报告，2019年上半年环境保护工作情况报告，并审查批准2018年财政决算。会议进行人事任免，书面听取驻醴株洲市第十五届人大代表许均朋、傅德毛、颜慧慧、杨博履职情况报告。会议召开专项工作评议大会，听取市市场监督管理局、市人力资源和社会保障局、市自然资源局所作的3项专项工作情况汇报，市人大常委会对3项专项工作的调查报告，市审计局和法制办对3个单位所作的审计报告、依法行政报告，部分常委会委员、人大代表作评议发言。常委会全体组成人员、部分人大代表在审议的基础上对3项专项工作开展情况进行满意度测评，经过测评，3个被评议责任单位的测评结果均为“满意单位”。

9月23日，市第十六届人民代表大会常务委员会第二十三次会议在市人大常委会会议室举行。会议进行人事任免，听取和审议市政府办代表市人民政府所作的市第十六届人大四次会议代表所提议案、建议、批评和意见办理情况报告，以及市人大常委会联工委所作的关于市第十六届人大四次会议代表建议、批评和意见办理情况的调查报告。会议听取和审议市农业农村局代表市人民政府作的关于贯彻实施《农村人居环境整治三年行动方案》工作情况汇报和市人大农业与农村委员会关于全市开展农村人居环境整治工作情况的调查报告。

10月29日，市第十六届人民代表大会常务委员会第二十四次会议在市人大常委会会议室和市委2栋4楼会议室举行。会议进行人事任免，听取和审议审计意见整改落实情况汇报，听取和审议市公安机关“扫黑除恶”专项斗争工作情况汇报和市人大监察和司法委关于市公安机关“扫黑除恶”工作情况的调查报告。会议召开专项工作评议大会，听取市教育局、株洲市生态环境局醴陵分局、市林业局所作的3项专项工作情况汇报，市人大常委会对3项专项工作的调查报告，市审计局和法制办对3个单位所作的审计报告、依法行政报告，部分常委会委员、人大代表作评议发言。常委会全体组成人员、部分人大代表在审议的基础上对3项专项工作开展情况进行满意度测评，经过测评，3个被评议责任单位测评结果均为“满意单位”。

11月22日，市第十六届人民代表大会常务委员会第二十五次会议在市人大常委会会议室举行。会议传达学习中共十九届四中全会精神。会议进行人事任免，听取和审议《关于提请接受文智勇等辞去株洲市第十五届人民代表大会代表职务的议案》，并经无记名投票表决的方式，接受文智勇、陈治平、吴均成辞去株洲市第十五届人民代表大会代表职务，听取和审议市人民法院《关于提请任命周先建等五十二人为人民陪审员的议案》，并经无记名投票表决的方式，任命周先建等52人为醴陵市人民法院人民陪审员。

12月27日，市第十六届人民代表大会常务委员会第二十六次会议在市人大常委会会议室举行。会议听取和审议专项工作评议意见整改落实情况报告，听取6个被评议责任单位的专项工作评议意见整改落实情况报告，以及6个评议小组的专项工作评议意见整改落实情况发言。会议进行人事任免，听取和审议《关于提请接受凌光武辞去株洲市第十五届人民代表大会代表职务的议案》，并以无记名投票表决的方式，接受凌光武辞去株洲市第十五届人民代表大会代表职务，听取和审议《关于提请补选蒋羽翔为株洲市第十五届人民代表大会代表的议案》，并以无记名投票表决的方式，通过补选蒋羽翔为株洲市第十五届人民代表大会代表。

【推进“三大攻坚战”】聚焦精准脱贫。围绕全市脱贫攻坚工作大局，市人大常委会正副主任深入所联系的12个行政村进行帮扶。机关干部联系建档立卡贫困户60户203人，精准施策、精准帮扶，改善贫困村基础设施，帮助贫困户发展扶贫产业，巩固脱贫成果。指导各镇（街道）人大组织代表开展形式多样的扶贫活动，组织动员全市1500余名各级人大代表参与扶贫工作，联系帮扶贫困户623户2120人，通过服务引领、结对帮扶、村企共建等方式帮助贫困群众脱贫致富。聚焦污染防治。认真落实“绿水青山就是金山银山”的重要指示精神，定期听取和审议年度环境状况和环保目标完成情况报告，要求市人民政府严格依法落实环境保护责任，突出重点，标本兼治，综合施策，着力解决突出环境问题，全面提高环境质量，不断满足广大群众对美好生态环境的期待。聚焦防范化解重大风险。依法监督政府债务管理，督促政府不断完善举借有度、偿还有方、管理有序、监管有力的政府债务运转体制。持续开展财政同级审计督查活动，提高财政资金使用效益，召开审计整改督办专题会，对5个单位的整改落实情况进行重点跟踪督办，取得实效。

【助力全域旅游工作】2019年，市人大常委会2名领导负责醴陵市创建国家全域旅游示范区工作，紧扣陶瓷产业文化，以瓷促旅，以旅彰瓷，推进文旅融合、强化品牌打造、落实行业监管、做好旅游扶贫开发，助推全市走出“瓷旅融合+城乡共建+全面共享”的全域旅游发展新路子，醴陵市成为株洲市唯一通过湖南省首批全域旅游示范区验收的县市。

【重点项目建设】2019年，通过组织人大代表视察、调研、审议、评议等方式，主动融入“百日攻坚”、陶瓷博览会、烟花博览会、城市创建等重点工作。市人大常委会正、副主任联系中模绿建生产基地、城市外环线、船湾服饰产业园、湘赣边区特色产业发展、李立三故居提质改造、城市“三创四化”等重点项目和工作，重点帮扶企业17家，协调解决企业瓶颈问题8个。市人大常委会组织代表开展考察“产业项目建设年”活动，提出切实可行性建议，推动了湖南工业大学醴陵陶瓷学院和市民服务中心项目建设。

【抗洪抢险】7月，全市抗洪救灾工作中，市人大常委会正、副主任赶赴船湾镇、沈潭镇、枫林镇、浦口镇、均楚镇和阳三石街道等受灾点和联系点，靠前指挥，科学调度。全体机关干部集中为灾区人民捐款捐物，参与灾后工作，帮助群众尽快恢复正常生产生活秩序。发出《关于号召全市各级人大代表积极抗洪救灾的倡议书》，全市各级人大代表践行“人民选我当代表，我当代表为人民”的庄严承诺，团结带领广大人民群众夺取抗洪救灾胜利。

【司法监督】2019年，市人大常委会听取和审议《中华人民共和国科技成果转化法》审议意见落实情况汇报，要求市人民政府立足问题导向，创新方式方法，坚持抓常抓长，着力提高服务科技成果转化的能力和水平。任命132名人民陪审员，听取市公安局“扫黑除恶”专项整治工作情况汇报，主任会议检查全市仲裁工作，听取和审议市人民法院基本解决执行难问题和市人民检察院公益诉讼等情况汇报，要求要继续依法做好执行工作，主动适应人民群众对民主法治、安全环境等方面的新要求、新期待，致力保证社会公平正义。主任会议听取沩山窑遗址公园保护立法调研工作情况汇报，助推工业遗址保护的立法活动。坚持规范性文件备案审查，审议市人民政府提请人大备案事项，备案审查规范性文件4件，切实维护法制统一和宪法法律权威。全年办理群众来信126件，接待群众来访86人次，共转办、交办、督办涉法涉诉信访件71件。

【改善民生】2019年，市人大常委会坚持围绕民生问题开展监督，推动民生短板拉长补齐。关注青少年健康成长，就全市教育改革、学前教育、大班额问题以及校园食品安全情况开展专题调研，推动有关问题有效解决，年内有1536家餐饮店完成量化分级提质工程，学校食堂“明厨亮灶”覆盖率达80%。关注百姓居家养老，调研全市养老产业，促进养老机构服务能力和水平提升。关注创新社会治理方式，对《湖南省物业管理条例》贯彻落实情况进行调研，推动城市物业精细化管理水平提高。关注城乡居民饮水安全，围绕市民反映强烈的第二水厂立项选址、规划设计和农村安全饮水、城市供水管网改造等问题开展专题调研，督促第二水厂建设落到实处。关注农村人居环境，听取和审议《农村人居环境整治三年行动方案》贯彻实施工作情况汇报，配合株洲市人大进行《株洲市农村村庄规划建设管理条例》执法检查，提升农村人居环境综合整治效果。

【代表工作】2019年，市人大常委会继续做好代表工作。加强学习培训，提高代表履职能力。市人大常委会以提高代表履职能力为目标，组织代表履职培训。采取请进来、走出去和集中培训、自主学习相结合的方式，组织和引导代表加强学习，提高自身素质。构筑履职平台，激发代表履职活力。邀请人大代表列席常委会会议，参加调研、专项工作评议等活动，全年人大代表参与常委会组织的各类专题活动410人次，保障代表知情知政、参政议政，更好地发挥代表作用。继续推动人大代表联系群众工作室建设，在全市推行“驻室接待日”工作制度，开展代表驻室接待活动，引导代表深入群众，了解社情民意，为民排忧解难。加强建议督办，提高代表履职成效。市人大常委会将代表满意、群众认可作为办好议案、建议、批评、意见的第一标准，主动做好对接协调，加大跟踪督办力度，增强办理实效，推动办理工作由“重答复”向“重落实”转变。选择涉及面广、与群众利益相关的《关于尽快启动南门中学搬迁和建设的建议》《关于加大力度扶植烟花鞭炮产业突破困境的建议》等6件建议为重点督办建议，由市人大常委会主任会议成员牵头督办。全年代表提出的129件建议、批评和意见，全部办理完毕并答复代表，办理见面率、办结率、满意率均达100%。

【监督经济运行】2019年，市人大常委会依据《中华人民共和国各级人民代表大会常务委员会监督法》规定，听取和审议市人民政府关于财政预算执行和其他财政收支审计情况、国民经济和社会发展计划及财政预算执行情况的报告，听取和审查了2018年财政收支预算调整方案，及时分析和查找经济运行中的困难和问题，督促有关部门认真整改并更加自觉地贯彻实施《中华人民共和国预算法》。

【人事任免】2019年，市人大常委会坚持党管干部和人大依法任免相统一，扎实开展任前法律知识考试、拟任职发言、投票表决、颁发任命书、宪法宣誓等各环节工作，规范人事任免工作流程，确保市委推荐的人选通过法定程序成为国家机关的领导人员，增强被任命人员的宪法意识、法治意识和责任意识。全年依法任免或通过新组建、更名、职能调整的市政府工作部门主要负责人76人次，接受株洲市、醴陵市代表辞职22人，补选株洲市、醴陵市人大代表28人。

【专项工作评议】2019年，市人大常委会组织对市市场监督管理局、市教育局、株洲市生态环境局醴陵分局、市人力资源和社会保障局、市自然资源局、市林业局等6个部门专项工作开展2次评议，邀请部分株洲市、醴陵市人大代表和服务对象参与评议，实现人大监督、群众监督和舆论监督的有机结合。通过宣传发动、被评议责任单位自评、大会和基层征求意见、评议、整改等5个阶段工作，发放问卷调查表7200余份，征集意见建议共61件。坚持把问题整改落实贯穿于工作评议全过程，年内完成整改47件，仍在整改14件，推动食品药品安全、城乡教育资源分配、生态环境保护、企业养老保险参保、国土资源利用、公益林保护不力等工作不断改进，被评议责任单位为民服务意识提升，得到代表和人民群众的认可和赞同。《市人大以评促改，持续提升老百姓幸福感和获得感》《让专项工作评议成为人大监督新常态》等全市开展专项工作评议的典型材料被《中国人大》《人民之友》刊发，“醴陵经验”在全国推介。（龙　隆）

醴陵市人民政府

【概况】2019年，醴陵紧扣高质量发展主题，坚持“稳中求进、进中争先”工作总基调，着力做好“六稳”工作，深入打好“三大攻坚战”，深入开展“产业项目建设年”活动，深入扩大改革开放，深入推进“四大战役”，加快建设“四个醴陵”，各项工作取得较好成效。综合实力首次挺进全国五十强，位列第46位，基本竞争力跃升全国百强第70位，顺利实现“双进位”。主要经济指标好于预期，高于省市平均水平。地区生产总值增长8.3%；完成一般公共预算收入43.97亿元，增长5.2%；实现财政总收入73.32亿元；规模工业增加值增长10.5%；固定资产投资增长14.2%；社会消费品零售总额增长10.4%；城乡居民人均可支配收入分别增长8.9%、9%。成功创建国家园林城市、省级文明城市，顺利申报国家卫生城市。连续3年被评为安全生产、综治工作全省先进，成功创建省级平安市。获中国文旅产业最具开发价值市、全国森林防火先进单位、全省民政工作先进市、全省食品安全工作先进单位等省部级以上荣誉50余项。农村道路交通安全管理等10余项省市工作现场会在醴陵召开。成功举办陶瓷博览会、花炮博览会等重大展会活动，陶瓷博览会获中国品牌展览会金奖。

【产业发展】2019年，“产业项目建设年”活动成效显著。实施重点项目261个，旗滨电子玻璃等88个项目竣工投产，华联华瓷汇总部等116个项目开工建设，中模国际总部等项目签约落地。完成征地548.8公顷，58个项目征拆清零，动态储备土地233.33公顷。制造业转型升级步伐加快。实施陶瓷智能制造行动计划，2家企业获评省级智能制造示范企业，5家企业被评为省级上云标杆企业。思伯陶瓷互联网平台入选首批省级工业互联网平台。烟花爆竹自动化应用率达90%以上。总投资100亿元的中建材碲化镉发电玻璃项目落地开工，以陶瓷、花炮、玻璃为支撑的多元产业格局基本形成。实施“园区攻坚三年行动”，经开区实现技工贸总收入518亿元，增长17%。五彩陶瓷特色产业小镇获批省级示范小镇。成功举办第四届创新创业大赛。会展经济基本成型，取得第19届国际烟花论坛举办权，陶瓷博览会、花炮博览会参展企业达700余家，房地产博览会交易房产3389套。全域旅游升温，成功创建湖南省首批全域旅游示范区，接待游客801.35万人次，实现旅游综合收入83.25亿元，分别增长26.32%、27.67%。电子商务兴起，实现网络零售额22.7亿元，增长25.2%。第一、第二、第三产业结构比为8.4 ：51.8 ：39.8。

【“三大攻坚战”】2019年，醴陵市获评全省脱贫攻坚先进市、全省携手奔小康先进单位。截至年末，全市累计脱贫9720户33756人，综合贫困发生率下降至0.37%。解决“两不愁三保障”问题839个，巩固脱贫“九清零”工作位列株洲市第一名。政府债务风险总体可控，渌江集团、高新集团向城市运营、文化旅游、产业投资方向转型取得实质性进展。中央、省环保督察交办问题全部办结。全面完成污染防治攻坚和“夏季攻势”任务。空气优良天数达340天，优良率93.1%。渌江全流域水环境质量稳定保持Ⅲ类标准及以上，城区饮用水源水质达到Ⅱ类标准。西岸河等黑臭水体治理项目基本完成。

【城市建设】2019年，全市城市建设不断提升，设施不断完善。加快推进株醴融城，东城大道、333省道竣工通车。新建阳东一路、茶东路等道路，新汽车西站建成使用。启动醴茶铁路恢复客运运营工作。完成二水厂前期工作。新建县阳路、三刀石路等路段污水管网，处理城市生活污水1321万吨。管理规范有序。提质改造石坝、江源、烈士塔和太一综合市场，完成姜湾、阳三石农贸市场搬迁整治，城区马路市场全面取缔。大力拆违控违，拆除违法建设125处4万平方米。品位持续提升。完成“醴陵门”原址重现，“一江两岸”酒吧街区正式运营。完成寨子岭公园建设，新建泉塘游园、商检游园等城市游园。开展“五边”绿化“百万株绿荫”行动，完成绿化植树132万株，森林覆盖率达56%。

【乡村振兴】2019年，醴陵市获评全国农村创新创业典型市、全省实施乡村振兴战略先进市、农村人居环境整治先进市和茶油大市。实现农林牧渔业总产值91.6亿元。完成粮食作物播种面积70千公顷，新增种植结构调整面积6.59千公顷。吉泰农牧、清泥湾生态农业在省股交所股改挂牌。申报“三品一标”农产品107个，“雅云湘·小青柑”茶叶获评中部农博会金奖。醴陵玻璃椒入选农业农村部“一村一品”名录和省地标农产品保护工程项目，明月镇云岩社区入选全国“一村一品”示范村。全面完成国省干道大中修工程，干线公路优良率达93.5%。完成自然村通水泥（沥青）路建设三年计划，建成农村客运招呼站9个，改造危桥8座，猫形潭渡改桥启动建设。深入开展“厕所革命”，农村卫生厕所普及率达93.65%。李畋镇等8个镇的污水处理设施项目有序推进。水库移民工作再获全省先进。成功申创省级美丽乡村2个，株洲市级美丽乡村25个。白兔潭镇获评全省“美丽乡村”示范镇，佘溪村入选全国乡村治理示范村，船湾镇清水江村获评全省美丽乡村建设示范村。枫林镇隆兴坳村、白兔潭镇佘溪村获评省级休闲农业集聚示范村。

【改革开放】2019年，全市大力推进机构改革，科学设置29个政府工作部门，财政供养人员实现“负增长”。严格落实“减税降费”政策，减降金额达3.66亿元。进一步修订完善“四个十条”政策，累计兑现奖补资金1.7亿元。实施园区综合体制改革，经开区基本实现管理上授权到位、经营上独立运行、发展上园政合一。持续深化农村集体产权制度改革，253个村全面挂牌。大力推进农村承包地确权登记颁证工作，证书到户率达95%。供销社被评为“全国供销系统百强县级社”，供销综合改革经验在全省推介。新签约项目115个，合同引资296亿元，获评株洲市招商引资红旗单位。外贸进出口总额首次突破5亿美元，自营进出口企业达397家，外贸“破零”企业35家、“倍增”企业20家，获评全省外贸先进县市区。

【民生事业】2019年，全市社会保障全面加强。发放兜底资金3420万元、低保资金7780万元、特困供养人员资金4910万元。城乡居民大病保险报销比例提高至60%。新增城镇就业7361人，农村劳动力转移就业4070人，实现零就业家庭动态就业援助率100%。社会事业长足发展。醴陵陶瓷学院投入使用。建设标准化学校59所，改造薄弱学校62所，义务教育阶段大班额全部消除。高考成绩再创历史新高，连续9年获评“株洲市高中教育质量建设先进市”。加快建设健康醴陵，紧密型医共体建设列入国家试点。深入开展“湘雅乡情”活动，累计惠及群众6.5万人。成功举办耿飚诞辰110周年、李立三诞辰120周年纪念活动。率先在株洲市组建融媒体中心，“新闻+政务+服务”特色平台已经形成。完成262个村级活动中心建设，覆盖率达97%。群力瓷厂旧址获批全国重点文物保护单位。持续加强国防动员和后备力量建设，人武工作获评全省先进。社会大局和谐稳定。安全事故起数、死亡人数持续下降，安全生产形势总体平稳。道路交通安全工作成效显著，获评全省交通平安市。深入开展扫黑除恶专项斗争，大力推进“城乡统筹·幸福醴陵”系列行动，网格化治理经验入选全国创新社会治理百佳案例，刑事案件发案总量逐年递减。信访秩序持续好转。禁毒工作成效显著，民调排名上升至全省第34位。深入开展“七五”普法，法治氛围更加浓厚。创建省级食品安全示范市顺利通过初评。率先在全省挂牌成立退役军人事务局，工作经验在全国推介。（胡　飞）

市人民政府办公室工作

【概况】2019年3月，根据《中共醴陵市委办公室　醴陵市人民政府办公室关于印发〈醴陵市机构改革实施方案〉的通知》（醴办发〔2019〕9号）文件，将市人民政府办公室（以下简称“市政府办”）的外事工作职责划入市委办公室；将市政府办的民族事务、宗教事务、侨务管理职责划入市委统战部，不再加挂市民族宗教事务局牌子；将市政府办的应急管理职责划入新组建的市应急管理局；将市政府办的法制工作职责划入市司法局；将市政府办的电子政务管理、大数据管理、优化经济发展相关行政职能划入新组建的市行政审批服务局；将市政府办的金融工作相关职责整合，组建市政府金融工作办公室，市政府办不再加挂市政府金融工作办公室牌子。机构调整后，市政府办为市政府工作部门，为正科级，设文电会议组、综合调研组等14个内设机构；下设市经济研究中心1个副科级公益一类事业单位和市市长热线办公室、市民兵训练基地2个正股级公益一类事业单位，原下属的事业单位市人民政府口岸办公室、市社会治理网格化中心予以撤销。

【综合调研】 2019年，市政府办共撰写年度政府工作报告和大会报告、领导讲话、典型发言、专项汇报等文稿材料340余篇。围绕农业农村、产业发展、外贸经济、群众路线等领域，深入一线广泛开展调研活动,先后撰写《关于株洲市农村村庄规划建设管理条例落实情况的调研报告》《关于打造“千亿产业园区、创建国家级经开区”的调研报告》《中美贸易战对我市外贸经济的影响情况调研报告》《关于醴陵市与浏阳市经济社会发展情况对比的调研报告》《践行群众路线，构建全民共建共治共享社会治理格局》等调研报告。全年在国家、省、株洲市主要新闻媒体刊物、网站上刊发领导署名文章5篇，发表新闻稿件10余篇。

【办文办会】 2019年，市政府办规范办文，在文件制发的程序和责任上严格把关，确保政府机关行文的正确性和严肃性。全年处理上级政府来文346件，其他部门文件406件，以政府或政府办名义下发文件44件，比上年精简32%，未发生失密事件。规范办会，做到会前充分准备，会中积极组织，会后抓好落实。先后组织市政府党组会议6次，市政府常务会17次,市长办公会8次。规范办事，协调市政府领导与部门负责人的衔接工作，协助领导处理好日常事务。（张真源）

【政务监督】 2019年，市政府办认真做好《政府工作报告》目标任务、市政府重要会议议定事项和重大工作部署的分解落实，围绕市政府重要文件、重要会议、重大决策和领导批示，加强跟踪督促与检查，确保督查事项件件有落实、事事有反馈。先后组织和参与重要工作督查30余次，办理市领导批示件50余件。认真承办株洲市政府督查室交办或转办的查办件112件，醴陵市政府交办的重点工作任务332件。及时联系、衔接、安排建议提案办理工作，全年办理人大代表建议129件、政协委员提案101件、政协微建议167件，见面率和办结率均达100%。（瞿思文）

【信息工作】 2019年，市政府办紧紧围绕全市中心工作和群众关心的热点难点问题，多角度、多渠道、全方位搜集素材，综合分析，及时报告工作进展，为领导及时了解情况、作出正确决策部署发挥重要作用。全年按时主动上报株洲政务信息1911篇，被采用397篇，向株洲市政府门户网站上报信息1821条，被采用481条，信息采用量在株洲各县市区中排名前列。（肖 岚）

【市长热线】 2019年，市政府办对株洲市政府“市长信箱”转来的信件进行及时处理和回复，通过“市长信箱”流转办理217件。做好市长热线电话“12345”服务，承办醴陵市市长热线电话19508个，办理株洲市市长热线电话727个，办结率达100%，群众满意度不断提高。（肖 岚）

【法治政府建设】 2019年，全市积极推进法治政府建设，着力提高行政执法质量和成效，获评全省“七五”普法中期先进市。制定《醴陵市全面推行行政执法公示制度执法全过程记录制度重大执法决定法制审核制度的实施方案》，审核政府文件59件，审核部门文件8件，审查政府合同30件，办理政府行政复议案件8件，办理政府行政应诉案件36件，其中一审20件，二审案件16件，办理政府民事应诉案件2件，为招商引资、项目建设、经济社会发展把好法律关、政策关。稳步推进“七五”普法工作，进一步落实“谁执法谁普法”责任制，下发《关于进一步落实“谁执法谁普法”普法责任制的实施意见》及《关于印发醴陵市国家机关“谁执法谁普法”普法责任清单的通知》，推进领导干部和国家工作人员学法用法工作。全市358个单位9051人在如法网参加学法考试，学时完成率达100%。（陈 华）

行政审批服务

【概况】 2019年3月，根据《中共醴陵市委办公室　醴陵市人民政府办公室关于印发〈醴陵市机构改革实施方案〉的通知》（醴办发〔2019〕9号）文件，将市机构编制委员会办公室的行政审批制度改革工作职责和市政府办公室的电子政务管理、大数据管理、优化经济发展相关行政职能整合，组建市行政审批服务局，作为市政府工作部门。3月29日，市行政审批服务局正式挂牌成立。新组建的市行政审批服务局集信息与咨询、审批与收费、管理与协调、投诉与监督等职能为一体，主要负责指导、协调、推进全市行政审批制度改革工作、“放管服”改革工作、电子政务信息化建设工作，履行对进驻单位开展事项集中审批的组织协调、管理监督和指导服务职能。有工作人员 63 人，其中在编人员 13 人、合同制工作人员 50 人。划出行政职能后的市政务服务中心和新组建的市优化营商环境协调事务中心为其下属的 2 个副科级公益类事业单位。

【市民中心正式运营】9 月 3 日，醴陵市民中心正式开放运营，占地面积 6.98 万平方米，建筑面积 4.99 万平方米。按照“中心之外无审批”的要求，市民中心整合了原市政务中心办事大厅和在各部门分设的办事窗口，共设置综合（公用）服务、社会保障服务、公安服务、税务服务、不动产登记、建投审批、商事登记七大功能区，开设服务窗口 209 个，进驻单位 34 家，进驻人员 409 人，基本实现“应进必进”，891 项行政审批及公共服务事项可在此“一站式”办理，真正实现“多门”变“一门”，行政审批服务提质增效。

【审批提速】一是梳理完善事项清单。在省“互联网 + 政务服务”一体化平台集中录入醴陵市级 39 家单位的政务服务事项总计 3588 项，其中依申请类事项 980 项、依职权类事项 2252 项、公共服务事项 356 项。省级下放镇（街道）、村（社区）便民服务事项 159 项，已组织相关单位梳理并完成填报。二是深入推进“一件事一次办”改革。印发《醴陵市“一件事一次办”改革实施方案》，承接株洲市“一件事一次办”系统，对外公布 152 项“一件事一次办”事项，相关办事指南线上线下同时公布。截至年末，全市“一件事一次办”事项办件量达 92513 件。三是压缩企业开办时间。将企业开办流程精简为企业登记、公章刻制、发票申领 3 个环节，实现企业开办 1 个工作日办结。

【基层政务服务体系建设】2019 年，全市按照“市级开发、多级使用”的原则，加快完善政务服务平台，24 个镇（街道、示范区），270 个村（社区）实体办事大厅完成标准化建设。积极与株洲市级平台对接，推动便民服务事项平台应用向乡镇（街道）、村（社区）延伸，实现网上政务服务全市三级全覆盖。针对村居群众办事不便的特点，充分利用网格化等优质资源，为行动不便的群众提供代办服务，构建功能完备的三级联动政务服务体系。（吴贝立）

信访工作

【概况】2019 年 3 月，根据《中共醴陵市委办公室　醴陵市人民政府办公室关于印发〈醴陵市机构改革实施方案〉的通知》（醴办发〔2019〕9 号）文件，市信访局由市委办公室、市政府办公室共同管理的机构调整为市政府工作部门。年内，市信访局围绕“及时化解矛盾、控制越级上访、杜绝极端事件”的工作目标，一手抓体制建设，一手抓源头治理，压实领导、镇街、部门责任，化解信访突出问题 20 个，信访积案 46 件；依法打击处理违法信访行为，共训诫 77 人、行政拘留 6 人，刑事拘留 2 人、批捕 1 人、判决 1 人；全市信访总量持续下降，信访秩序明显好转。在新中国成立 70 周年大庆期，确保全市“五个不发生”（不发生政治安全事件、暴力恐怖事件和个人极端事件、大规模群体性事件、重大到省进京上访事件、重大公共安全事件），取得“零登记”“零非访”“零事故”成果，被评为“株洲市信访维稳‘三无’创建先进单位”。

【机制建设】2019 年，全市信访工作健全三项机制，确保常态长效。一是建立长效机制。按照《醴陵市关于建立健全信访维稳工作长效机制的实施意见》，严格落实领导坐班接访、包案化解、领导下访、应急处置、督办通报、挂职锻炼、联席会议、考核奖惩等 8 项工作制度。二是建立督查考核机制。对全市各单位开展一次信访工作专项督查，对存在的问题现场进行交办，并将督查结果在全市通报。将全市 134 个镇街、市直和驻醴单位全部纳入信访工作考核范畴，表彰奖励 2019 年“三无”（无进京非接待场所登记和到国家信访局重复越级访、无到省以上集体访、无极端恶性事件和舆论负面炒作）创建先进单位和达标村（社区）。三是建立追责机制。对信访工作责任落实不到位的相关单位启动问责机制。

【化解积案】2019 年，市信访局突出以点带面，化解几类积案。化解房产积案。解决了五环国际都会小区 191 户业主的交房问题，为该小区 1200 余户业主办理不动产权证，为化解其他房产积案提供样板。化解企业改制积案。组织相关责任单位从源头入手，逐条梳理反映的问题，统筹整合多方资源，对合理诉求逐一推进解决。

【信访基础平台建设】2019 年，市信访局突出抓好基础建设。一是构建信息研判平台。构建市信访信息综合管理平台；建立信访信息分析制度，对重大项目和近期信访形势实行风险评估，做到事前预警；每月定期编写《醴陵信访要情》，通报批评工作不到位的情况，表扬推广亮点多、思路新、成效好的典型。二是推行网格服务平台。全面推行“网格化 + 信访”，将全市划分为 820 个服务网格，通过信息采集、政策宣传、对接诉求、三调联动、教育疏导等方式，及时把矛盾化解在基层、问题解决在当地、隐患消除在萌芽。三是打造干部成长平台。共组织3次信访业务培训，提高信访干部队伍处理复杂疑难信访问题的能力和水平；每半年从镇、街道抽调2名新进公务员到信访局跟班学习，坚持把信访部门打造成为锻炼、考察、使用干部的阵地和摇篮。（刘玉旭）

金融工作

【概况】2019年3月，根据《中共醴陵市委办公室　醴陵市人民政府办公室关于印发〈醴陵市机构改革实施方案〉的通知》（醴办发〔2019〕9号）文件，将市政府办公室的金融工作相关职责整合，组建市政府金融工作办公室（以下简称“市金融办”），作为政府工作部门。市金融办设行政编制4名，书记、主任、副主任和科员各1名。年内，市金融办围绕“服务实体经济、防控金融风险、深化金融改革”三大任务，主动对标“高质量发展”“三大攻坚战”“稳金融”等工作要求，在联系和协调金融机构、监管非银行类金融机构、指导和协助企业上市、牵头开展打击和处置非法集资违法犯罪活动等方面取得较好成效，各项金融指标排名株洲市前列。2019年末，全市金融机构各项存款余额为392.7亿元，较年初增加28.9亿元，增长8%，余额及同比增速均位列株洲五县（市）第一；各项贷款余额265.4亿元，较年初增加41.1亿元，增长18.3%，余额及同比增速分别位列株洲五县（市）第一、第二；存贷比位列株洲五县（市）第二，融资环境不断优化，不良风险平稳可控。

【政银企合作交流】2019年，市金融办先后组织承办市政府与建设银行、中国银行、中信银行、长沙银行、村镇银行、株洲股交所等金融机构，以及与陶瓷、花炮、服装行业17场政银企对接活动。与人民银行共同印发《小微企业金融服务手册》500余份。实地走访28家帮扶企业，与银行机构一起召开融资座谈会，了解企业融资需求，鼓励银行机构加大信贷支持。农业银行“湘瓷贷”产品为48家陶瓷企业发放贷款2.05亿余元。农商行“服饰贷”授信总额达6000万元，已发放到位4000余万元。协调和督促银行保险机构全力支持醴陵“7·9”特大洪灾的灾后重建工作，发动金融系统积极参与腾讯“99公益”捐赠活动，筹建市金融业协会和市金融智库，不断促进金融行业与企业间的沟通、互信和合作，助力企业健康成长。

【完善金融服务体系】2019年，设立政府产业引导基金、风险补偿金、创新创业引导基金，风险补偿金规模扩大到6400万元，为企业融资3.36亿元。引导非银行类金融机构稳健发展，对2家小贷公司、1家商业保理公司、1家基金公司进行现场监管。湖南省农业信贷担保有限公司醴陵办事处为115家企业及农业项目提供担保贷款1.69亿元。2家小贷公司注册资本金1亿元，贷款余额为8300万元。阿里巴巴·蚂蚁金服成功入驻醴陵，8月正式上线，授信13.2亿元，授信人数11.7万人，年末贷款余额18948万元、贷款人数9691人。

【对接资本市场】2019年，市金融办实施企业上市培育工程，积极对接株洲“股交所”，专门组织召开交流座谈会。对纳入第一批上市的5家企业进行走访调研，重点培育。有2家农业企业在省股交所成功上市，帮助企业融资1亿元。有1家农业企业启动股改挂牌程序，2家农业企业仍在商议洽谈。

【改善金融生态环境】2019年，市金融办持续加大对重点领域、重点行业、重点区域的非法集资风险管控力度。一是抓机制建设。调整充实市打击和处置非法集资工作领导小组与各镇（街道）、各相关部门签订工作责任状，细化分解工作任务，层层压实工作责任。二是抓宣传教育。依托新闻媒体、网络载体、金融机构网点、镇街社区村“四大阵地”，构建多渠道广覆盖的打击和处置非法集资宣传体系。在醴陵电视台、醴陵交通广播电台每天分别播出6条打击和处置非法集资公益广告，全市100余家金融机构网点每天滚动播出1000余条次打击和处置非法集资标语，签订10万余份《不参与非法集资承诺书》，发放宣传手册4.4万份，张贴六部委联合公告2000份。联合相关部门开展“远离非法集资、共建美好生活”集中宣传教育活动，在全社会营造浓厚的宣传氛围。三是抓监测预警。先后开展打击“三贷”（“校园贷”、非法高利贷、“套路贷”）、打击涉众型犯罪专项行动，稳妥处置37家宜春籍电子商务类公司、“E”租宝案件受害人信息登记、天瑞会真山旅游开发公司以及颐和寿康养老项目信访案件等非法集资方面的问题，未发生系统性、区域性金融风险。（邹玮琴）

优化经济发展环境

【概况】醴陵市优化经济发展环

境领导小组办公室（以下简称“市优化办”）是经中共醴陵市委、醴陵市人民政府同意成立的议事协调机构。2019 年，市优化办以“产业项目建设年”“温暖企业‘三百’行动”为抓手，扶持民营经济发展，切实优化营商环境。11 月 12 日，赛迪顾问股份有限公司发布 2019 年县域营商环境百强县研究成果，醴陵市排名全国第 26 位、湖南省第三位。

【营商环境监管】2019 年，市优化办着力构建有利于优化营商环境的的长效监管机制，公开优化营商环境投诉电话（0731-23286111）。选定 2018—2020 年省、株洲市和醴陵级优化经济发展环境监督测评点（员），其中省级 2 个、株洲市 7 个、醴陵市级测评点 51 个、监督员 100 名。定期召开座谈会，对行风政风、环境监测进行有效评价，充分发挥其监督作用，推动测评工作步入规范化、制度化、常态化。

【优化营商环境】年内，醴陵市为促进经济发展，相继刊发《“产业项目建设年活动”环境优化行动工作方案》《醴陵市温暖企业“三百”行动政策落地组工作方案》《关于支持民营经济发展的若干意见》和《醴陵市 2019 年优化经济发展环境工作要点》等文件。通过四大工程提升县域营商环境，一是信用环境优化工程。加快建立以信用监管为核心的新型监管方式，鼓励市场主体自由公平竞争，规范企业经营行为，打造社会诚信体系。全市存贷比连续 3 年排名株洲地区第二。二是政务环境优化工程。持续深化简政放权、放管结合，优化服务改革，建立营商大数据平台，推行代理制，精简审批流程，不断提升政务服务水平。年内开始运行的市民中心开设服务窗口 209 个，可办理 891 项行政审批及公共服务事项。截至年末，全市“一件事一次办”事项办件量达 92513 件。持续优化新办企业流程，压缩审批时限，实现企业开办 1 个工作日办结。根据情况变化和发展需要，修订“四个十条”，出台“玻璃产业十五条”。“四个十条”实施 2 年来，全市累计兑现奖励资金 1.7 亿元，惠及企业 1500 余家次，引进研究生、“双一流”大学本科生以及专业技术人才 215 名。其中，在智能自动化产业方面，共兑现奖励资金 4000 万元，占比 30% 以上，有力地推动产业转型升级。三是城市环境优化工程。坚持“绿水青山就是金山银山”的理念，提高城市绿化覆盖率。完善医疗、教育等优质公共服务，为人才落户提供良好的条件。开展污染防治，渌江水质稳定保持Ⅲ类以上，基本完成城区黑臭水体整治。调整种植结构 6.59 千公顷，清理整治“大棚房”，中央、省委环保督察组反馈的 144 个问题全面整改到位。全年空气质量优良天数 340 天，优良率达 93.1%。四是营商成本降低工程。大力推进供给侧结构性改革，引进大数据、人工智能等现代信息技术，推动要素市场化改革，落实小微普惠性减税、深化增值税改革、个人所得税改革等各项减税降费政策。全年全市累计减税降费 3.66 亿元，其中市市场监管局降低质监部门检验检定收费，为企业减少收费 400.16 万元。

【督促惠企政策落实】2019 年 9 月 30 日前，全市仅梳理公布惠企政策 49 条（其中中央 4 条、省 7 条、株洲市 3 条、醴陵市 35 条）。根据“产业项目建设年”“温暖企业‘三百’行动”和 2 个“百日攻坚会战”要求，经市政府领导批示，10 月 10—18 日，由市优化办、市政府督查室、市企业帮扶办牵头，组织市发改局、市科工信局、市行政审批局等相关负责人，分别对市政府有关职能部门围绕深化“放管服”改革、推进政府职能转变、优化营商环境、降本减负等惠企事项开展调研指导，共梳理惠企政策 307 条，增加 258 条，并在市政府网站公布，要求各有关单位兑现落实到位，收集惠企典型案例 53 条，助推全市民营经济发展。

【清欠民营中小企业账款】2019 年，根据中央、省、株洲市相关清欠工作文件精神，对民营中小企业摸底得知，截至 6 月，全市共有 8 个政府部门拖欠民营中小企业账款 1.48 亿元。市人民政府对此高度重视，市长、分管副市长亲自督办，要求相关单位筹集资金，清欠账款。截至 12 月 31 日，全市偿还拖欠民营中小企业欠款 1.469 亿元，清欠任务完成率 99.3%。

【重点项目建设环境整治】2019 年，由市公安局重点办牵头，组织协调全局 15 个派出所、各实战大队，全面开展重点产业项目周边治安环境调查摸底，重点整治强揽工程、强行参工参运、垄断地材、恶意索要、阻工闹事、黑恶势力等各类影响经济发展环境的违法犯罪行为，共出动车辆 279 台次，出动警力 655 人次，走访全市重点工程项目、企业 842 家次。受理涉重点工程项目、涉企业行政案件 6 起，行政处罚 9 人；侦破刑事案件 8 起，刑事拘留 14 人，取保候审 3 人；调处涉重点工程项目和涉企纠纷 92 起，调处率 100%。在优化经济发展环境行动中，共组织参加“环境整治”“重点工程施工秩序整治”等集中整治行动 25 起，出动警力 200 人次，车辆 105 台次，维护施工环境，确保项目推进有序。（巫栽清　李燕梅）

机关事务管理

【概况】2019年4月，根据《中共醴陵市委机构编制委员会关于印发〈醴陵市机关事务服务中心职能配置、内设机构和人员编制规定〉的通知》（醴编委〔2020〕41号）文件，设立市机关事务服务中心（以下简称“中心”），作为市政府直属正科级公益一类事业单位。中心内设办公室、办公用房服务股、公务用车综合服务平台和资产管理服务股，核定事业编制27名，设主任（正科级）1名，副主任（副科级）2名。

【党政机关办公用房管理】2019年，中心做好了办公用房信息统计工作。年内，组织全市党政机关参加全省党政机关办公用房信息统计报告工作电视电话培训会，结合会议精神，中心办公用房股对全市党政机关办公用房信息统计报告工作进行统一部署和专项培训。下发《关于进一步加强我市党政机关办公用房管理工作的通知》，明确全市办公用房信息统计报告工作的上报范围、内容、步骤、时限和要求。督查全市党政机关办公用房使用情况。为切实抓好省委第一巡视组反馈醴陵市违规使用办公用房问题的整改落实，中心召开党组会专题讨论，组织全员学习，由办公用房股牵头开展全市办公用房清理整顿工作。联合市委组织部、市纪委监委等部门组成联合督察组，先后对全市1个示范区、19个乡镇、4个街道办事处和80余个市直单位开展办公用房督查。督促违规使用办公用房的单位进行立行立改，确保按照中央八项规定要求落实整改到位。建立长效机制，坚决防止办公用房违规使用问题反弹，巩固清理整治成果。年内，中心根据机构改革工作需要，调查市医疗保障局、市环境卫生服务中心、市人民防空办公室、共青团醴陵市委、市住房和城乡建设局、市扶贫开发办公室等单位办公用房情况，出具调查情况及调剂建议后，对相关办公场所进行清理腾退、调剂搬迁、摘牌悬牌工作，为新设立单位提供办公场所、办公设备和办公用品，保障各涉改单位办公条件。

【公共机构能源资源消费统计】2019年，全市共有133个公共机构上报能源资源消费统计数据，其中国家机关68个、教育事业单位15个、文化事业单位9个、卫生事业单位7个、体育事业单位1个、团体组织2个和其他事业单位31个。133个公共机构共有办公楼总建筑面积101.91万平方米，用能人数64984人，其中编制人数7848人，拥有公车382辆。全年电消费量2780.99万千瓦时，支出费用2305.92万元；煤炭消费量291.57吨，支出费用32.96万元；水消费量215.60万立方米，支出费用579.47万元；天然气消费量161.39万立方米，支出费用440.64万元；汽油车332台，消耗汽油100.1万升，支出费用683.17万元；柴油车46台，消耗柴油22.39万升，支出费用145.97万元。

【企业改制人员管理】2019年，中心服务企业改制工作，改制安置资产实行专人、专户、专帐管理。根据醴政函〔2012〕8号文件批复，与市医疗保障局核对改制企业人员2019年度参加医疗保险续保缴费人数，审核确定186个改制企业共计27478人（其中退休12968人、在职职工14510人）的续保名单，并上报市财政，缴费资金1881.42万元全部由上级和醴陵市级财政补助，确保已改制企业人员医疗保险全覆盖。为物资、外贸系统改制企业的6名改制人员办理退休申报手续。清理核实有“4050”（企业改制时，年满40周岁的女性职工和年满50周岁的男性职工）以下安置费托管人员158人，安置费托管余额23.9万元。支付改制企业留守人员工资及社会养老保险费用75.34万元。

【“三供一业”分离移交工作】2019年，中心进一步推进在醴国有企业职工家属区供水、供电、供暖（非供暖地区供应天然气）和物业管理工作。完成中国铁路南昌局集团有限公司南昌房建生活段醴陵职工家属区的自来水改造设计与预算、物业改造的初步设计方案和可研报告的编制。完成湖南电力电瓷电器有限公司、中国电信集团有限公司株洲分公司醴陵职工家属区的设计、造价、立项、图纸评审工作，依法依规开展招投标工作。完成国网湖南醴陵市供电分公司巫家湾91号职工家属区、中心街伍家巷职工家属区和潘家冲铅锌矿桂清园小区的施工改造工作。项目施工过程中，安排专业管理人员现场管理，抓好工程质量、进度和安全。项目竣工后继续跟进后续验收、结算评审、审计工作，按照协议约定及资金管理制度按期拨付相关款项。年内，中心和国网湖南醴陵市供电分公司、中国铁路南昌局集团有限公司南昌房建生活段签订物业管理职能移交协议，参与国网湖南醴陵市供电分公司业主委员会组建及物业管理设施、设备的移交工作。

【公务用车出行】一是保障重大活动和重要公务的公车使用需求。完成第四届中国烟花爆竹博览会暨2019醴陵烟花爆竹交易会、2019湖南（醴陵）国际陶瓷产业博览会、纪念耿飚110周年诞辰、纪念李立三120周年诞辰等活动的车辆调度及安排工作，保障省委巡视组在醴陵市巡视工作期间的日常公务出行用车。二是做好涉改公车处置工作。依照先评估后处置原则，明确评估、拍卖工作要求与流程，中心委托拍卖公司有底价增价拍卖 8 台涉改公车，成交金额共计 53.56 万元。三是完成在编公务用车的 ETC（电子不停车收费系统）安装工作。年内，中心在编的 85 台公务用车 ETC 全部安装到位。（陈敏捷）

退役军人事务

【概况】2019 年 1 月 18 日，醴陵市退役军人事务局挂牌成立，成为株洲地区首个挂牌成立的退役军人服务保障机构，原市民政局退役军人管理服务工作职能划拨至市退役军人事务局。市退役军人事务局设有办公室、计划财务股、思想政治与权益维护股、移交安置股、拥军优抚股 5 个股室，下辖退役军人服务中心、军休所、烈士陵园管理所 3 个二级机构。年内，市退役军人事务局打造服务大厅、心理咨询室、法律援助室、军人之家、军人书吧等特色服务机构，采取多部门派驻人员联合办公服务模式，为退役军人提供“一站式”服务；设立 24 个镇（街）和 270 个村（社区）退役军人服务站，做到有场地、有人员、有制度，进门有人迎，办事有人引，疑问有人答，困难有人帮，实现退役军人服务保障城乡全覆盖。

【优抚工作】2019 年，全市发放优抚对象定期抚恤补助、重点优抚对象的提标资金 5812.6 万元，自然增长金 106.8 万元，“八一”补助 100 万元，门诊补助 47.8 万元，1 ~ 4 级伤残军人护理费 28 万元，合计 6095.2 万元。截至年末，全市有享受各类优待抚恤补助对象 13920 人。配合市人武部做好 2019 年秋季征兵工作。发放 2017—2018 年义务兵家庭优待金 1033.5 万元，惠及 689 人。

【安置就业】2019 年，醴陵市首次依据“量化评分、按分选岗、公平公正、阳光操作”的安置原则，将 32 名符合安置条件的服现役满 12 年的转业士官全部安置在全额拨款事业单位。安置的 3 名军转干部于 12 月底全部上岗。接收自主就业退役士兵 244 人。推进部分退役士兵社保接续工作，截至年末，录入 2305 人次，受理 649 人次，初审通过 165 人次。

【帮扶解困】2019 年，为家庭困难和就医困难的退役军人申请援助 305 人次，总计金额 16 万余元。9 月，根据省退役军人事务厅、省财政厅关于印发《湖南省退役军人和其他优抚对象特殊困难援助资金暂行管理办法》的通知，组织人员排查重大病情人员，聘请医院权威专家认证，筛选符合条件的 100 名退役军人，发放援助资金 29 万余元。

【典型引领】2019 年，市退役军人事务局开展“寻找最美的你”系列先进典型评选活动，共评选出最美退役军人、最美退役军人就业创业标兵各 10 人，有 2 人分获湖南省、株洲市最美退役军人。11 月，由市委牵头，市退役军人事务局、市党史和市志研究室联合编写的《醴陵市革命烈士名录》出版，记录 2298 名醴籍烈士英名，再现烈士的光荣事迹。年内，市退役军人事务局先后协助中央电视台、新华社、湖南卫视等媒体，宣传报道左权、陈觉、赵云霄、李谦等革命烈士事迹，弘扬革命传统。（张水良）

中国人民政治协商会议醴陵市委员会

【政协醴陵市第十四届委员会第四次会议】 2019年1月14—17日，政协醴陵市第十四届委员会第四次会议在中国陶瓷谷国际会展中心召开。会议同意江曙明代表政协醴陵市第十四届委员会常务委员会所作的工作报告，同意易召群代表政协醴陵市第十四届委员会常务委员会所作的十四届三次会议以来的提案工作情况报告。会议听取并协商市人民政府工作报告、市人民法院工作报告、市人民检察院工作报告及计划、财政、环保工作报告。

【政协醴陵市第十四届委员会第六次常委（扩大）会议】 2019年1月2日，政协醴陵市第十四届委员会第六次常委（扩大）会议在东风大酒店6楼多功能厅召开。市委常委、常务副市长曾毅鹏向会议通报《2018年全市经济社会发展情况》，副市长曾敏介绍政协醴陵市第十四届委员会第三次会议以来的提案办理情况。会议协商通过政协醴陵市第十四届委员会第四次会议有关决定、议程和日程的草案。市政协主席江曙明就如何开好政协醴陵市第十四届委员会第四次会议作安排部署。驻醴株洲市政协委员、非常委的各委员活动小组组长、市政协各委办主任、副主任参加会议。

【开展庆祝人民政协成立70周年系列活动】 举办庆祝中华人民共和国成立70周年、人民政协成立70周年醴陵发展成就摄影展，以“壮丽七十年　五彩新醴陵”为主题，面向全市各单位、摄影家协会会员和摄影爱好者，征集优秀摄影作品5000余幅（组），经筛选最终展出优秀作品161幅（组），分“美丽醴陵”“富强醴陵”“幸福醴陵”“文明醴陵”4个板块，以生动直观的影像语言，讲述醴陵故事、传递醴陵精神、展示醴陵成就。举办庆祝人民政协成立70周年政协知识抢答赛，旨在普及政协历史知识、激发委员履职热情、凝聚社会力量。共有来自委员界别组、民主党派的18支队伍参赛，经过初赛和决赛的角逐，中国民主促进会醴陵市总支委员会代表队获得冠军。举办全市庆祝人民政协成立70周年座谈会，市委书记胡湘之、市长董巍、市人大常委会主任贺小玲、市政协主席江曙明等领导出席会议并讲话，邀请部分市政协历届常委会委员、部分株洲市政协委员、各民主党派和工商联负责人参加。组织200余名委员积极参加大型公益活动，走入社区关爱老人，走上街头文明劝导，走进乡村扶贫济困，弘扬文明新风尚，传播社会正能量。

【助力市委中心工作】 参与2019湖南（醴陵）国际陶瓷产业博览会的组织工作。有序推进醴陵风电、农贸市场提质改造等14个重点项目，妥善解决17个帮扶企业反映的23个问题，指导5个基层党建帮扶点和6个城市创建帮扶点的相关工作。“7·9”洪灾中，坚守在嘉树镇、石亭镇、王仙镇等受灾乡镇，组织转移受困群众2400余人；参与抗洪救灾和灾后重建工作，倡议政协委员和有关单位捐款捐物价值近400万元。

【建言资政】 2019年，市政协主席会议上，成员围绕陶瓷产业发展、乡村振兴等课题，剖析问题，寻找对策，形成调研报告6篇。各界别开展调研60余次，形成调研报告15篇。在政协醴陵市第十四届委员会第四次会议上，通过大会发言、联组协商、小组讨论等形式，210余人次发表意见、提出建议，就“优化营商环境，激发民营经济活力”“倾情守护母亲河”等作大会发言，围绕国家慢性病综合防控示范区创建、义务献血小屋的建设和献血车的停靠选址等协商建言。完善常态化、多层次、各方面有序参与的协商议政模式，全年共开展“助推我市文化软实力提升”“加强城市精细化管理”等专题协商、网络协商、对口协商、提案办理协商等13次。

【民主监督】2019年，市政协向5个市直单位委派民主监督小组，通过集中视察、专题调研、互动对话等形式，围绕水污染防治、产业扶贫、国土执法、灾后重建等问题，开展活动40余次，走访群众300余人次，提出建议35条。开展“市委书记对政协大会发言批示的落实情况”系列检察，改作风、提效率、促发展。围绕优化营商环境、产业发展政策落实、优化安居环境、食品安全与监管、残疾人入学与就业培训等课题，组织委员深入企业、市场、小区，以真情实感、真材实料监督建言。依托政协云平台，提交微建议，参与微协商，实施微监督，全年共提交微建议301条，审核通过后由市政府办转交部门办理167条，办复率100%。就及时拆除广场售楼部等违规建筑、不断完善城区公共交通标识标牌、合理调整城区道路洒水时间等建议，得到及时回应和办理。（吴　军）

民主党派

中国国民党革命委员会醴陵市委员会

【概况】2019年，中国国民党革命委员会醴陵市委员会（以下简称“民革醴陵市委”）下设8个支部，有党员185人。全年提交提案19件、社情民意50余条，撰写《关于醴陵市农村基层医疗卫生状况的调研》等调研报告，有37篇信息被中国国民党革命委员会中央委员会网站、中国国民党革命委员会湖南省委员会网站、株洲政协网站和团结网、红网采纳。年内，民革醴陵市委借助从事律师职业的民革党员工作优势，针对中小学不同时期的学生特点，打造适合各学习阶段学生的法律课程，开展系列普法进课堂活动。到高桥中学、沈潭中学开展扶贫助学活动。走访慰问全市健在的11名抗战老兵。开展“让生命延续，让爱奔腾”无偿献血活动。参与来龙门街道马放塘社区“同心社区”共建工作，深入社区走访，参与社区建设。民革醴陵市委联合农工党醴陵支部在马放塘社区开展义诊活动，组织湖南师范大学附属湘东医院和市中（一）医院15名医学专家为社区居民免费诊治。（丁　冰）

中国民主同盟醴陵市工作委员会

【概况】2019年，中国民主同盟醴陵市工作委员会（以下简称“民盟醴陵工委”）新发展盟员5人，共有盟员54人，其中女性17人，平均年龄43.1岁；有本科以上学历41人、中高级以上职称38人，有享受国务院科技人才津贴专家2人、株洲市首届核心专家1人。年内，盟员中的人大代表、政协委员充分履行参政议政职责，向省、株洲市、醴陵市提交提案和议案20余篇。开展专题调研活动，完成“倾情守护一江碧水”“打造高铁株洲西站到醴陵东站间经济走廊”专题调研课题。选派谭艳参加省社会主义学院骨干班的学习，派出孙双泉、李米兰、周洁等人到西安市参加统战知识学习，选送宋喧、付轶、文方林等人参加株洲市委党校培训班及民盟株洲市委组织的学习交流活动。组队参加“醴陵市政协成立七十周年”知识抢答赛和民盟株洲市委举办的“中华人民共国成立七十周年”知识抢答赛，与民盟株洲青联开展气排球比赛。

【服务社会】2019年，民盟醴陵工委围绕地方经济建设，关注社会发展热点，发挥自身优势，开展各类社会服务活动。7月，在抗洪救灾工作中，组织捐赠款项和物资3.5万元。10月，民盟醴陵工委残疾人就业创新基地开办第二期民盟残疾人“云客服”培训班，培训30人，其中26人通过阿里巴巴公司的考核并上岗就业。继续探索残疾人电子商务培训就业新路径，利用“云客服”项目拓宽残疾人就业门路。

【湖南民盟书画院陶瓷分院】9月30日，湖南民盟书画院陶瓷分院揭牌仪式暨庆祝中华人民共和国成立70周年陶瓷艺术展，在醴陵市“1915”陶瓷文化历史街区举行。湖南民盟书画院陶瓷分院是湖南民盟书画院设立的第一个分院，由民盟醴陵工委主委谭艳任名誉院长，盟员、国家级陶瓷艺术大师刘劲松任院长。此次陶瓷艺术展有陈扬龙、熊声贵、李人中等16名国家级陶瓷艺术大师的作品参展，另有62名陶瓷艺术专家的120余件陶瓷精品展出。12月，湖南民盟书画院陶瓷分院协助当代油画家吕中元在市渌江书院五贤堂举办《大山大水》油画展；与民盟株洲市委在湖南工业大学图书馆共同举办庆祝中华人民共和国成立70周年、中国人民政治协商会议成立70周年、湖南民盟省级组织成立70周年书画摄影陶瓷艺术展。民盟醴陵工委为助力醴陵陶瓷产业文化发展，依托湖南民盟书画院陶瓷分院申报创建“民盟中央美术院醴陵分院”，年内完成硬件设施建设，进行前期准备工作。（瞿孝林）

中国民主促进会醴陵市总支委员会

【概况】 2019年，中国民主促进会醴陵市总支委员会（以下简称“民进醴陵总支”）下设4个支部，新增会员8人，共有会员72人。会员中有全国人大代表1人，株洲市政协委员1人，醴陵市人大代表2人，醴陵市政协委员10人（其中政协常委2人）；担任正科级行政职务1人，担任副科级行政职务2人。年内，民进醴陵总支获评全省“组织建设先进集体”，成功创建中共株洲市委统战部“五有三好”示范支部，民进醴陵总支主委刘育艳被评为全省“组织建设先进个人”。

【思想和组织建设】 2019年，民进醴陵总支邀请会员中的全国人大代表、中国陶瓷艺术大师黄小玲为醴陵总支委员和各支部负责人传达第十届全国人大二次会议的会议精神，推荐总支委员陈蒙、周查到北京民进中央机关学习，并参加湖南民进创始人何炳麟先生的话剧首演式。推荐会员陈蒙、李全球、王卉、付志成到西安交通大学参加统战知识培训。推荐会员刘育艳、陈蒙、蓝秀、王卉参加民进株洲市委在上海市、苏州市举办的“忆初心，明使命”学习活动。民进醴陵总支制作的《集智聚力谋发展，同舟共济谱华章》微视频，获评株洲市委统战部组织的“学习多党合作历史，展示党外人士风采”微演说一等奖。以“基层组织建设主题年”为契机，与民进长沙市委和民进广州市委开展学习交流活动。

【提升履职能力】 2019年，民进醴陵总支在民进株洲市委指导下，发挥组织和人才优势，对渌水治理工作开展民主监督，提出建设性建议，守护渌水水域环境。派出会内人大代表、政协委员到市财政局、公安局、自然资源局3家单位，对作风建设、扶贫攻坚工作等开展民主监督。会员黄小玲在北京市、杭州市等地举行10场“红色官窑全国巡展”，会员申彬到广州市、深圳市、北京市等地举行陶瓷会展，宣传醴陵陶瓷文化。

【履行社会责任】 2019年，民进醴陵总支开展“我为无毒醴陵代言”活动，发动各个支部对来龙门街道北门社区5个戒毒康复人员家庭进行手拉手帮扶活动，到狮子坡小学开展禁毒知识手抄报比赛和宣传活动。“六一”儿童节前夕，组织11名会员到沩山镇中心小学开展“关爱留守儿童”主题活动，为学生讲授道德法治课和课外阅读导读课，向留守儿童赠送书包、文具等物品。会员周查投资的龙头生态农业发展有限公司安排均楚镇和石亭镇50余名贫困对象就业。7月，在抗洪救灾工作中，有30名会员捐款4万余元，用于支援左权镇灾民生活和渌江职业技术学校购置课桌椅。

【做好宣传工作】 2019年，民进醴陵总支发挥微信公众号、微信群、QQ群作用，及时报送活动信息，宣传工作成果和先进人物，讲好醴陵故事，宣传醴陵文化。全年有5篇信息在国家级网站发布，20余篇信息被省、株洲市、醴陵市级媒体采用。在民进湖南省委“纪念中华人民共和国成立70周年”征文活动中，会员李欣、廖爱华、吴浩的3篇文章被民进湖南省委杂志《楚帆》录用刊登。会员陈蒙撰写的民进人故事《瓷心精美，妙笔生花》《田春燕：为“无毒醴陵”，他走遍了这里的山山水水》在《株洲日报》发表。（陈　蒙）

九三学社株洲市委员会醴陵市工作委员会

【概况】 2019年，九三学社株洲市委员会醴陵市工作委员会（以下简称“醴陵工委”）发展新社员2人。年内，醴陵工委积极履职，就“创新基层社会治理”课题，主委黄向阳带领社内部分市政协委员到广东省潮州市开展专题调研，主委黄向阳、副主委李能和陈细平到市社会组织孵化基地开展专题调研；7月，醴陵工委组织社员到茶陵县腰潞镇横屋村调研“同心美丽乡村”建设工作。

【思想建设】 5月，醴陵工委组织社员参加由九三学社湖南省委员会举办的“九三经典·纪念五四运动100周年”全国艺术作品展，选送参赛作品20余件。8月，醴陵工委制作的《我爱祖国——九三学社醴陵市工委向祖国深情表白》短视频，获评株洲市委统战部组织的“学习多党合作历史，展示党外人士风采”微演说优胜奖。9月，醴陵工委一支社开展“不忘合作初心，继续携手前行”主题教育活动。9月29日，九三学社“庆祝中华人民共和国成立70周年”陶瓷书画展在“1915”陶瓷文化街区开幕，展出18名艺术家和书画爱好者作品100余件，出版作品集1册。10月，醴陵工委主委黄向阳带领社内部分市政协委员和社员代表，到江西省上饶集中营开展“不忘合作初心，继续携手前进”主题教育学习活动。

【社会服务】3月，醴陵工委开展“浓情三月，送医进企业”义诊活动，派出在医院神经内科、呼吸内科、心理医学等领域就职的社员，到湖南泰鑫瓷业有限公司义诊。7月，参与全市抗洪救灾工作，醴陵工委组织捐款2万余元，筹措雨衣雨裤雨鞋100套、抽水机5台和价值1.2万余元的大米、牛奶等生活物资，送往灾区石亭镇。7月9—12日，社员李莉为受灾群众、灾后清洗街道人员免费提供餐食。社员付笑成个人捐款3万元，并带领团队到石亭镇车角塘水库支援水库抢险。9月9日，到来龙门街道北门社区开展“真心关怀·浓情中秋”慰问活动，走访北门社区2户贫困精神障碍患者家庭，分别发放慰问金1000元。（李　能）

中国农工民主党株洲市委员会醴陵支部

【概况】中国农工民主党株洲市委员会醴陵支部（以下简称“农工党醴陵支部”）成立于2000年。2019年年末，有党员16人，集中在医药卫生领域，主要以就职于湖南师范大学附属湘东医院的高中级知识分子为主；党员中有市人大代表1人，市政协委员4人。年末，农工党醴陵支部连续2年被中国农工民主党湖南省委员会授予“先进基层组织”称号。

【理论学习】2019年，农工党醴陵支部有1人参加深圳人大履职能力提高培训班，2人参加厦门市、西安市政协履职能力提高培训班，实地考察健康醴陵、美丽醴陵建设项目。组织全体党员到重庆渣滓洞、白公馆接受爱国主义教育。组织党员参加市政协组织的知识抢答赛，并获三等奖。

【参政议政】2019年，农工党醴陵支部为全市社会经济发展建言献策，参加市委统战部组织的各类协商会、征求意见会、座谈会，提出意见和建议2条，班子成员参加街道人大、政协组织的重大民生及经济建设项目实地考察。“两会”期间，针对群众关心的热点和难点问题，提出《人大代表政协委员的建议和提案应进行公告》《建立城市养老示范区》《农村合作医疗也要采取刷卡方式》等建议和提案。针对醴陵儿童、青少年近视防控及农村大龄未婚男青年不断增多状况展开调研，撰写《关于醴陵市成立儿童青少年近视防控领导及技术小组的建议》《农村大龄未婚男青年增加的现状及原因》的调研报告。

【服务民生】3月，在学习雷锋活动中，组织全体党员到板杉镇敬老院，为60余名老人义诊，送医送药。6月，到来龙门街道马放塘社区为100余名社区群众健康体检和义诊。7月，在全市抗洪救灾工作中，农工党醴陵支部向受灾严重的泗汾镇捐赠价值5万元的药品。10月，党员田联玉参加市“复明10号”白内障复明活动，到8个乡镇、卫生院开展义诊及白内障筛查，为130余名白内障患者免费手术治疗。（田联玉）

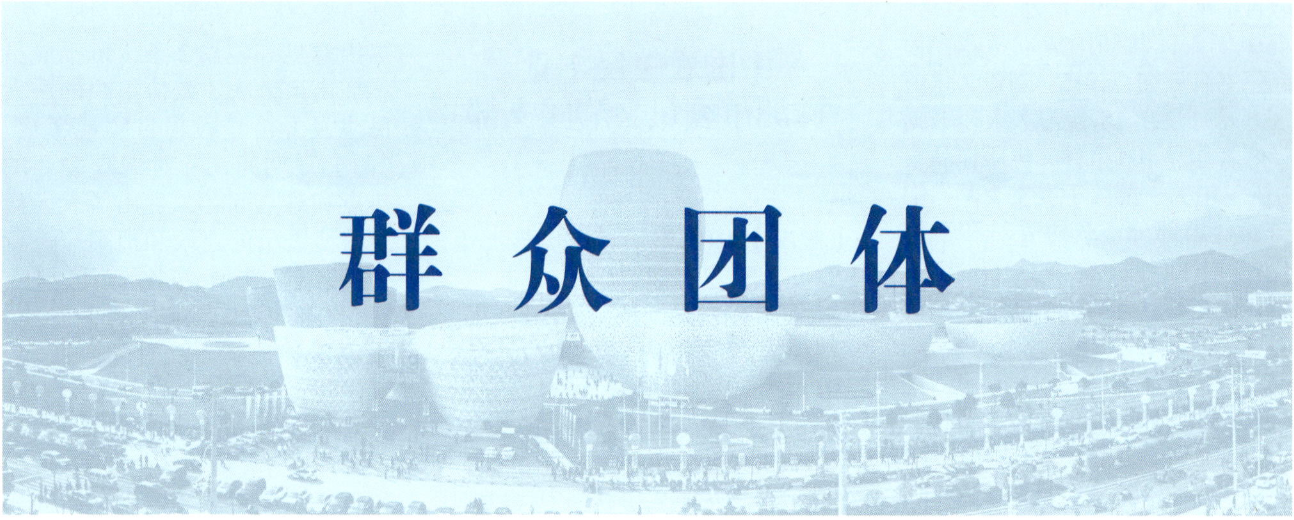

群众团体

市总工会

【概况】2019年，醴陵市总工会内设办公室（加挂网宣办牌子）、基层工作部、维权和经济服务部（加挂女工部牌子）、财务资产部、经费审查办5个职能部室，有职工服务中心、职工学校、工人文化宫3个下属单位。截至年末，市总工会有干部职工39人，其中在编在岗18人、社会化工会工作者10人、退休11人，设置班子成员6名（其中兼职副主席1名）。全年收缴工会经费931.4万元，为年度任务数的108.8%。年末，市总工会获评“株洲市工会工作先进单位”。

【技能竞赛与培训】2019年3—9月，醴陵市开展2019年“醴陵市十佳产业工匠”“醴陵市十佳技能比武新秀”评选活动。此活动由市总工会、中共醴陵市委人才工作领导小组办公室、市人力资源和社会保障局主办，市陶瓷烟花职业技术学校承办，省陶瓷行业协会等7个行业协会协办，以“敬业、精进、专注、创新”为活动主题，旨在通过评选表彰，发现全市各行各业一线优秀职工和技能选手，弘扬爱岗敬业、守正创新、持续专注、精益求精的工匠精神，推动醴陵产业转型升级发展。评选重点聚焦陶瓷生产技艺、机械制造、玻璃生产等产业一线岗位的职工和行业技术人员，重点关注从事一线岗位生产、技术研发等工作的职工，以及在质量管理、标准制定、品牌引领方面有突破的领军人才等。活动期间，全市有近200人报名参评，网络评选选票总数近70万，点击关注浏览400余万人次，通过网络投票和三级评审，评选出廖志坚等10人为2019年“醴陵市十佳产业工匠”，刘劲松等20人获2019年“醴陵市十佳产业工匠”入围奖，谭金辉等10人获2019年“醴陵市十佳技能比武新秀”，肖俊等20人获2019年“醴陵市十佳技能比武新秀”入围奖。年内，市总工会组织女职工参加2019年株洲市女职工学前教育职业技能竞赛，市机关幼儿园教师朱园、徐明清分获幼儿教育教师组二等奖和幼儿教育保育员组三等奖。全市各个行政板块、行业工会组织基层企事业单位开展技能竞赛300余场次，参与职工5万余人次。为提升职工职业技能，市总工会组织社会工作者和工会干部培训、“一户一产业工人”培训、25个行政板块和社会化工会工作者培训、新任工会干部岗位培训、基层工会经费收支管理及财务集中核算平台软件培训等8期培训班，参训的职工和工会干部人数达1200余人。选送10余名工会干部参加株洲市总工会和省总工会举办的各类工会工作培训。

【劳动模范管理】一是做好株洲市2019年劳动模范和先进工作者的评选推荐工作。从23名候选人中确定职工劳动模范人选8名、农业劳动模范人选4名和先进工作者人选4名，将考察人选名单上报株洲市总工会评模领导小组研究决定。二是弘扬劳模精神、劳动精神和工匠精神。开展“工人阶级宣传月”活动，其中省级劳模黄小玲的优秀事迹通过湖南省总工会“工匠精神三湘行”及株洲市总工会“株洲劳模工匠故事”宣传活动，在湖南卫视、《湖南工人日报》等省和株洲市级媒体报道播出。三是发挥劳模示范引领作用，鼓励培育技术革新。支持黄小玲省级“劳模创新工作室”和陈友平、顾家虎株洲市级“劳模创新工作室”的创建工作，并推荐株洲市级劳动模范陈友平的大塘生态养殖基地申报为“湖南省劳模助力乡村振兴示范基地”。四是开展劳动模范关爱活动。走访慰问80名年老、患病及困难的劳动模范，发放生活困难补助及慰问金52.3万元。组织29名劳动模范、“五一劳动奖章”获得者及先进工作者到省总工会灰汤温泉职工疗养院疗休养。

【职工帮扶与维权】2019年，市总工会继续开展金秋助学、大病救助、法律援助等活动，为全市555名困难职工发放救助慰问金67.45万元。开展第六期职工医疗互助活动，实现与城乡居民基本医疗保险统一报销，参与互助活动职工数达22116人。全年发放职工医疗互助及女职工特殊疾病保障补助金12批135.43万元，受惠职工达1450人次。开展洪涝救灾慰问活动，对受灾严重的17个镇、街道、企事业单位及全市657户困难职工家庭发放救灾物资价值73.71万元。按照省、株洲市关于做好城镇困难职工解困脱困工作要求，成立解困脱困工作领导小组，制定《城市困难职工解困脱困工作方案》，对全市43户（全国级）困难职工精准识别建档立卡，分类开展结对帮扶。全年发放解困脱困帮扶资金29万元，实现在档职工解困脱困28户，完成2019年解困脱困任务。进一步完善法律援助、法律监督、集体协商和民主管理“四位一体”的内部维权体系，签订区域性、行业性及50人以上企业工资集体协商协议80份，覆盖职工近10万人；建立和实施劳动关系三方联席会议制度，全年参与处理各类劳动人事争议案件342起，涉案金额450余万元。开展“情系职工送清凉”和安全生产大检查活动，全市各级工会投入60余万元，其中市总工会出资近10万元，采购绿豆、白砂糖及防暑物品，为高温作业岗位上的2000余名一线职工送去清凉、送上关爱。

【职工文体活动】2019年，市总工会开展形式丰富的职工文体活动。7月初至9月中旬，举办“我和我的祖国”——“台北城”杯醴陵市第二届职工歌手大赛，全市80余家基层工会、160余名职工参与，为中华人民共和国成立70周年献礼。与市委宣传部、市文明办、团市委和市妇联共同举办“醴陵市第五届道德模范”评选表彰活动，挖掘基层先进、典型人物，树立爱岗敬业典型。开展赈灾义演。7月，市总工会联合市慈善总会在洪灾中受灾严重的石亭镇和船湾镇，举办2场赈灾文艺晚会，宣传党和人民群众的血肉联系，讴歌抗洪救灾的先进典型和事迹。市总工会与市委办、市政府办联合举办“全民健身促健康，同心共筑五彩梦；全民健身创精彩，健康瓷城赢未来”为主题的醴陵市第三届机关运动会，比赛从10月28日持续到11月18日，设有篮球、乒乓球和羽毛球3个项目，共有42家单位600余名职工参加比赛。

【基层工会发展】2019年，市总工会开展“强基层、补短板、增活力”行动，推动基层工会改革创新发展。一是加强镇、街道工会组织工作。强化基层工会联合会职能，完善镇（街）—村（社区）—企业“小三级”工会组织体系，以组建区域行业工会联合会为抓手，加快覆盖小微企业，破解组织建设难点。截至年末，全市新建工会57家，新增工会会员4000余人，党政机关、企事业单位及100人以上非公企业建会率均达90%。二是开展工会组织和会员实名制信息采集工作。年内录入工会组织及实名制会员信息近8万条，采集信息作为困难职工帮扶、职工医疗互助、法律援助等各项服务的依据，推进全市工会组织和工会会员规范化、信息化管理，保障职工群众切身利益。三是组织开展“八大群体”集中入会行动。引导货车司机、快递员、护工护理员、家政服务员、商场信息员、网约送餐员、房地产经纪人员、保安员“八大群体”加入工会组织，扩大工会组织和工会工作有效覆盖，维护职工队伍的和谐稳定。四是加强阵地建设。开展创建“模范职工之家”活动，支持市卫健局工会、市城管局工会创建醴陵“职工之家”示范基地。摸索和创新阵地建设新模式，依托街道工会联合会，打造社区职工服务站，完善工会工作制度、劳动争议调解制度、困难救助服务流程等服务制度，推出职业介绍、维权帮扶、职工书屋等服务，打造职工信赖、暖心的社区“职工之家”。推进工人文化宫改革，加快启动市工人文化宫的置换重建工作，转变工人文化宫经营收益渠道，从依靠出租、承包为主转变为为工会、职工和社会提供公共文化服务。（郭　媛）

共青团醴陵市委

【概况】2019年，共青团醴陵市委（以下简称“团市委”）机关有行政编制4人，实有工作人员4人（其中行政编3人、临聘人员1人）；下辖一级团组织137个，全市有非公企业和新社会组织团组织219家，直接管理团组织81家，联系青年社会组织8家；全市有35岁以下青年28.16万人，其中共青团员3.9万人。年内，团市委完善团员、团干和组织信息系统录入，全市信息录入完整度、支部整顿率均达到100%，进一步优化团青比例，开展团员调控，规划统计发展团员数量，规范团员编号发放，根据编号有计划发展团员。

【理想信念教育】2019年，团市委结合纪念“五四运动”100周年、庆祝新中国成立70周年，在全市各级团组织中开展“青年大学习”“青春心向党 建功新时代”“我与祖国共奋进”系列主题团日活动，召开醴陵市纪念“五四运动”100周年青年座谈会，激励共青团员继承和发扬革命光荣传统。国庆期间，推出青春爱国短片《醴陵青年献给祖国的三行情诗》，抒发醴陵青年对祖国的赤子之情，被“学习强国”学习平台推介。结合“不忘初心、牢记使命”主题教育，推出“微团课进校园”系列活动，传播中国共产党的主张和革命传统，感化当代青少年。

【培育青年典型】2019年，团市委为激发共青团品牌力量，评选推介2家省市级“青年文明号”；推介优秀青年集体和个人典型，总结表彰9家共青团和少先队组织、40名优秀共青团员和团干部；选树农村青年典型，评选推介5名农村青年致富带头人，鼓励农村青年投身创业实践，主动履行社会责任。

【新媒体工作】2019年，团市委构建以“醴陵青年”微信公众号、“青春醴陵”微博等为主体的新媒体矩阵，做好党团重点工作宣传报道。5月，“醴陵青年”微信公众号获评株洲共青团“青媒奖”。开展青年网络文明志愿者行动，组建由200名专职团干、基层团组织负责人和网络志愿者组成的网络宣传员队伍，引导团员青年在网络空间上传播正能量，弘扬主旋律。

【青年志愿服务】2019年，团市委与市委人才办、市人力资源和社会保障局等单位共同举办醴陵市第四届创新创业大赛。指导成立醴陵市首家创业协会——“醴陵市青年创业协会”，为全市青年创业者搭建沟通、分享、交流的平台。打造展会志愿服务品牌，组织1200余名青年志愿者完成2019湖南（醴陵）陶瓷产业博览会、第四届中国烟花爆竹博览会暨2019醴陵烟花爆竹交易会等大型展会志愿服务工作，服务游客40余万人次，展会志愿服务工作经验在第五届中国青年志愿服务项目大赛暨2019志愿服务交流会得到推介。组织青年志愿者参与抗洪救灾工作，转移受困群众1.2万人。推动乡村振兴战略，协办“青力亲为·美丽株洲”株洲共青团助力农村人居环境整治行动启动仪式，号召团员青年在建设生态宜居的美丽乡村进程中展现青春风采、贡献青春力量。以“青春助力，精准扶贫”活动为主体，开展系列精准扶贫活动。开展希望工程“一元捐”活动，共筹集善款5.9万元；通过走访调研、实地考察、电商知识宣讲与技术指导、产品宣传推广等方式，开展“青年电商能手”培训，助力产业扶贫，推进特色产业提质增效。举办“青春扶贫情暖童心”“月圆中秋情溢渌江——特别的爱给特别的你”等活动，为孤寡老人、留守儿童等弱势群体送去社会关爱。组建由300余名青年志愿者组成的志愿小分队，长期开展法律援助、心理辅导、自护教育等活动，为“平安醴陵”建设添力。组织动员全市各基层团组织开展“青少年普法微课堂”“无毒青春 护航成长”“校园爱健康”等普法禁毒防艾宣传活动，举办平安自护课、法制知识讲座32场次。开展“青少年维权岗”创建活动，创建“青少年维权岗”29家。继续做好未成年人的思想教育工作，维护未成年人的合法权益，参与未成年人的帮教，推进“合适成年人”工作，参与办理未成年人案件16件。逐步完善“团干部+青年社工+青年志愿者”服务体系，调动青年团员主动参与社会治理和青少年事务社会工作的积极性，开展“多方联动，阳光助学”捐赠仪式、“党建引领 四社联动 网格服务 情暖元宵”等“三社联动”活动，增强社会组织影响力。举办2019年共青团醴陵市委学雷锋志愿服务月活动启动仪式暨团属青年志愿者培训会，提高全市青年社工队伍专业水平。

【青少年服务平台】2019年，团市委继续关注青少年实际需求，搭建青少年服务桥梁。做好“书香醴陵”“瓷博会”等文创产品的开发、创作和推广，推出“瓷韵青风”陶瓷特种书签、“LiLiOO”瓷博会文化衫。在官方微信公众号推出“悦读青春”栏目，倡导青年靠近书桌、热爱阅读。举办“缘定七夕，青春你好”“何时遇到你，大约在冬季”等系列单身青年联谊会6场，为单身青年提供交流平台。重点打造33个“青年之家”综合服务平台，直接面向全市青少年开展读书交流、SYB创业培训、“青春不孤单”青年人才交流等活动48场，直接参与4320人次。

【阵地和队伍建设】2019年，团市委高标准打造基层团建工作示范点，建立来龙门街道团工委、嘉树镇团委、金龙百货团总支等5个基层团建示范点，指导醴陵陶润实业发展有限公司、株洲时代金属制造有限公司等开展“两新”组织团建工作，提升全市基层团建工作水平。9月，共青团十八届中央委员会企业工作专门委员会主任委员、共青团广东省委书记池志雄一行到醴陵市调研非公企业团建工作时，实地参观金龙百货团总支“青年之家”团建工作室，听取团总支负责人的工作情况汇报，肯定了醴陵市非公团建工作。建立姜湾小学五里牌校区、孙家湾龙虎中心小学等少先队工作示范点。6月，湖南省少先队总辅导员徐芳一行到孙家湾龙虎中心小学开展农村小学生少先队工作专题调研时，肯定了醴陵市少先队工作成绩，给予工作指导和建议。结合党风廉政建设和全面从严治团要求，组织共青团醴陵市第十八届委员会常委、团市委全体机关干部到长沙市橘子洲头开展“举团旗 戴团徽 唱团歌 跟党走”主题党日活动，瞻仰伟人英姿，领略革命情怀。（胡小庆）

市妇女联合会

【概况】2019年，醴陵市妇女联合会（以下简称“市妇联”）探索“党建+妇建+社会组织”融合发展模式，全市非公经济组织和社会组织共建设妇女组织226个；持续推进“四新”（新领域、新业态、新阶层、新群体）组织妇建工作，新建金龙百货、益爱协会、阳光协会、天姿读书会4个妇联组织，有1家社会公益组织筹备创建妇联组织。年内，市妇联开设第1期村级妇联执委骨干培训班，为期3天，共有200余人参加，提升了基层妇联干部的政治引领能力。村（居）“妇女之家”实现覆盖率达100%，形成了“上面千条线，下面一张网，身边一个家”的基层组织建设新格局。进一步推进妇女代表履职常态化，发挥“她代表”微信工作室传递党的声音、落实党的部署、汲取智慧力量、回应群众期盼“四个作用”，由妇女代表和妇女工作者带领工作团队、工作资源、工作力量，让妇女群体在互联网上找到组织、参与活动、享受服务。

【关爱妇女儿童】一是关注贫困妇女“两癌”（乳腺癌、宫颈癌）筛查情况。市妇联通过“她代表”微信工作室、微信公众号、新闻媒体、横幅板报等形式，宣传发动农村妇女参加“两癌”免费检查。截至9月，全市完成“两癌”免费检查项目22528人次，完成率达100.12%。争取全国及省级“两癌”贫困母亲救助金50.6万元，惠及妇女50人。11月，株洲市花木兰防癌抗癌公益联合会醴陵工作站成立，市妇联与市卫健委、株洲市花木兰防癌抗癌公益联合会共同承办株洲市第五届“感恩慈母 向生活微笑”感恩联欢会暨株洲市花木兰防癌抗癌公益联合会醴陵工作站成立大会。二是关爱特殊困难儿童。年内，市妇联联合市教育局、市卫生健康局共同承办株洲市“青少年近视防控”启动仪式暨醴陵市儿童青少年近视防控千人大讲座，1000余名家长和学生参加活动；承办“金秋助学·大兵义演”公益活动，现场共收到爱心捐款390万元。每季度开展“有爱不孤单·陪伴心成长”关爱孤儿活动，全年开展“关爱女童健康送学进校园”活动2期，定期在东富镇关爱农村留守儿童服务示范点开展“知心屋”心理团辅活动4次。

【助力社会经济发展】2019年，市妇联启动“展巾帼风采·创最美庭院”工作。投入5万元，订制宣传马甲和清洁包，赠送给各乡镇用于开展巾帼志愿活动，发放2万个宣传纸巾盒。以“居室美、厨厕美、庭院美、身心美”为标准，以“家里家外干干净净、屋前屋后清清爽爽”为目标，全市共创建村级“最美庭院”5万余户，覆盖率达26%，创建镇级“最美庭院”73户。年末，在全市“展巾帼风采·创最美庭院”工作推进会上，评选表彰了50户市级“最美庭院”示范户，8个创“最美庭院”示范村，1个创“最美庭院”示范镇。年内，市妇联响应全市“城乡统筹·幸福醴陵”建设号召，参与“三社联动”项目，联合3个社会公益组织投身社会治理、社会关爱、家庭婚姻纠纷调解3个项目。参加全市“周五大清扫”活动，示范带动原市委宿舍无物业小区规范化自治。通过“书香家庭”推选、“稻花香”读书会和读书小组亲子阅读活动、国医启蒙培训等方式，参与建设“书香醴陵”工作。开展“幸福醴陵·爱心赠书·巾帼在行动”活动8期，为全市中小学生捐赠价值20万元的爱心书籍。开展“温暖微行动·彩虹行”活动，向400名留守儿童赠送书包、绘本和《新华字典》。联合市委宣传部、市教育局、市融媒体中心、市文明办等单位在醴陵官方微信公众号上推出“微家书·传家庭”专栏，收到并展示家书1176封。

【维权服务】2019年，市妇联发挥职能作用，推动2起强奸幼女案件立案并审判；参与市人民检察院“阳光花季”未成年人护航成长计划；推进《中华人民共和国反家庭暴力法》的贯彻实施，开展反家暴普法宣传8次；继续与益爱志愿者协会、渌江法律服务所合作，为妇女提供免费法律咨询；开展“姐妹婚调”培训与督导2次，接待上访42起、法律咨询8起，调解成功率100%。（喻 磊）

市科学技术协会

【概况】2019年，醴陵市科学技

术协会（以下简称“市科协”）内设科普部、学会部、办公室，有工作人员8人。11月21—22日，市科协召开第七次代表大会，选举匡兴武为市科协七届委员会主席，选举卢启宇、王辉、邓立平、黄小玲、谭海彦5人为市科协七届委员会副主席，另选举产生常委13人、委员25人。全市24个镇（街道、长庆示范区）开展科协换届工作，将“三长”（即学校校长、医院院长、农技站站长）纳入新的领导班子选举范围，充实基层科协组织力量。进一步扩大科普志愿者队伍，在原有科普志愿者协会的基础上，吸纳来自教育、卫生、农业系统的志愿者131人。做好企业科协组建工作，注重在全市高新技术企业中建立企业科协组织，或推荐其加入株洲市企业科协联合会，共推荐48家高新技术企业加入株洲市企业科协联合会，为企业科技工作者提供法律维权、学术交流、培训等服务。年内，市实验小学余进勇、市农业农村局周金龙获评“株洲市最美科技工作者”。

【科技服务】2019年，市科协加强科普示范点建设，新建科普示范社区1个、农村专业技术协会3个和科普示范基地3个，对全市开展科普工作起到示范带动作用。争取了1个科普示范社区获株洲市奖补项目支持。市洞庭庙种养农民专业合作社获得2019年株洲市基层科普行动计划奖补资金10万元。助力产业扶贫，指导市茶山科技扶贫专业技术协会等农技协开展技术和信息交流、科技培训、科普示范和科技咨询活动，鼓励科普示范基地开展技术经济服务，帮助会员统一购种苗、生产资料和联系农产品销售渠道。

【提升全民科学素质】5月7日，由市科协主办的醴陵市2019年度科技文化卫生“三下乡”活动在沈潭镇开幕。市教育局、市文广新局、市卫健局等8个单位参加，通过发放传单、赠送图书、义诊等形式，丰富了农民的科学文化知识和精神文化生活。此次活动共发放科普图书2万余册，受益8000余人。为拓宽学生的科学视野，培养学生勤动手、善动脑、爱科学、乐创造的科学素养和实践能力，市科协邀请湖南省科学技术馆科普小分队到沩山镇中心小学，开展以“礼赞共和国、智慧新生活”为主题的科普进校园活动，通过有趣的科学小实验、机器人表演、航模表演等，让学生近距离感受科技的魅力。市科协联合北门社区开展科普进社区活动，通过知识讲座、发放宣传资料、提供健康体检服务等方式，为社区居民送去消防、医疗保健、疾病防治等方面知识。开展科普网络竞赛。2月，从青少年、农村居民、城镇劳动者、领导干部和公务员、社区居民5个类别参赛者中筛选出5人组成醴陵代表队，参加第二届全省科学素质大赛株洲市决赛。开展青少年科技教育。3月19日，联合市教育局举办航天知识竞赛初赛，选拔4名优秀学生参加株洲市级比赛。4月，组织2019年湖南省中学生生物竞赛初赛株洲赛区醴陵考点巡考督导工作，选拔12名学生参加2019年全国中学生生物学联赛。5月，组织选拔10名高中学生参加省科协在中南大学举办的“高校科学营”活动。5月10日，“陶瓷技术发展科学调查实践活动”启动仪式暨专家讲座在青云学校举行，活动从醴陵陶瓷发展阶段和陶瓷类别划分等方面归纳出醴陵陶瓷技术发展的成长规律。（翁　帆）

市归国华侨联合会

【概况】2017年12月，根据《醴陵市机构编制委员会办公室关于设立归国华侨联合会的通知》（醴编字〔2017〕87号）文件，设立市归国华侨联合会（以下简称“市侨联”），列入群团组织序列，核定科级领导职数1名，核定行政编制1名。市归国华侨联合会设立以后，市委统战部加挂的醴陵市侨联牌子予以撤销。2019年6月，市侨联增设直属二级机构华侨服务中心，新增编制3名。年末有工作人员3人，实现了有组织、有队伍、有经费、有阵地、有活动。年内，全市新增建库华侨华人120人、眷属319人、海归和留学生37人。

【维护华侨权益】一是贯彻实施“一法两办法”。与市司法局协调，将《中华人民共和国归侨侨眷权益保护法》《中华人民共和国归侨侨眷权益保护法实施办法》《湖南省实施〈中华人民共和国归侨侨眷权益保护法〉办法》纳入“七五”普法内容，开展宣传活动，发放《归侨侨眷权益保护手册》3000余份。二是加大维权力度。市侨联与市司法局、弘扬律师事务所联合建立华侨权益保护站，为归侨侨眷免费提供法律咨询和法律援助服务。三是做好来信来访工作。全年接待来访群众20余次，协调解决矛盾纠纷11件次。四是帮扶困难归侨侨眷。按要求完成了株洲市“民生100”工程项目中慰问困难归侨侨眷指标，利用春节、中秋等节日走访和慰问侨界群众30余户。

【侨界活动】一是开展“迎老乡、回故乡、建家乡”的活动。与醴籍海外华侨华人联系，向他们介绍家乡的发展和变化，邀请他们常回家看看，并热情的做好接待服务。二是增进海外侨团情谊。2019年4月13日，陪同北德侨界访湘团考察醴陵华联瓷业股份有限公司、湘瓷实业有限公司等企业，并协助相关企业与北德侨界代表达成初步合作协议。2019湖南（醴陵）国际陶瓷产业博览会期间，邀请省、株洲市侨联和侨商会部分领导到醴陵市参观，推广陶瓷产业。三是争取上级侨界组织关心支持。12月25日，中国侨联副主席齐全胜率队到醴陵市调研陶瓷产业，听取市侨联工作开展情况，参观醴陵市的陶瓷企业。（袁　卫）

市工商业联合会

【概况】2019年，醴陵市工商业联合会（总商会）（以下简称“市工商联”）有在职干部5人、非领导职务2人，临聘人员2人，常执委班子69人。截至年末，市工商联有基层会员队伍947个，其中团体会员44个、省级商（协）会2个、异地商会3个，有会员781人。年内发展团体会员1家、企业会员72家和个人会员10人。许君奇、彭澎、石军生3名醴籍非公有制企业家分别担任省工商联（总商会）副会长、常委、执委。全市非公有制经济人士担任市级人大代表49人、政协委员54人。

【非公有制经济组织党建】2019年，市工商联邀请全国工商联执委董霄龙到醴陵市宣讲习近平总书记关于发展壮大民营经济系列讲话精神。组织非公有制经济人士拍摄了为新中国成立70周年献礼短视频《我和我的祖国》。组织非公有制企业家中的20名党员代表到贵州省荔波县邓恩铭烈士纪念馆开展革命传统教育。推荐个体工商户赵石毛参加了由国家市场监督管理总局主办的“党建引领创新发展”“小个专”（小微企业、个体工商户和专业市场）党建典型巡回宣讲。

【救灾帮困】7月，在全市抗洪救灾工作中，市工商联发动异地和在醴陵的商协会捐赠了400万元现金和物资；发动1073人次参加“99腾讯公益日”“大爱瓷城，灾后重建”网上捐款活动，筹集资金3万余元。9月，“金秋助学、大兵义演”公益活动走进醴陵，市工商联发动执委捐款60余万元。全年共资助133名贫困学子，发放助学金18.45万元。其中为帮扶联系点枫林镇金阳村33名建档立卡户的贫困学子捐赠助学金3.95万元。全市有9家企业和1家商协会获评株洲市工商联授予的“万企帮万村，精准扶贫”先进单位。

【提升队伍素质】2019年，市工商联邀请湖南省政协经科委主任、经济学博士吴金明以《软价值驱动与高质量发展》为题，解读全国“两会”精神，分析经济形势。邀请职业演说家、深圳市经理进修学院特聘教授晏世乐讲授《高效沟通》，通过案例分析、讨论练习、角色扮演、互动体验等方式，为市工商联执常委、商会代表、民主党派、新联会等相关单位代表阐释沟通的重要意义和方法。邀请健峰企管集团周亮臣以《向世界一流企业学习》为题，为全市制造业企业的负责人讲授实战型TQM－3T战略。邀请广东红海人力集团创始人、广东省异地商会联合会会长熊坚，以《中国企业家应有的政治洞察力和社会责任担当》为题授课，指导非公有制企业解决人才引进和管理等问题，提升非公有制企业家政治洞察力，积极履行社会责任。（肖利菲）

市残疾人联合会

【概况】2019年，醴陵市残疾人联合会（以下简称“市残联”）设有党政综合办公室、财务办公室、教育就业办公室、康复办公室、组织宣传文体办公室、残疾人综合服务中心、残疾人辅具服务中心、残疾人劳动就业服务中心、残疾人权益维护中心；有在职人员16人，聘请残疾人专职委员294人。11月21日，召开醴陵市残疾人联合会第五次代表大会，选举产生市残联第五届主席团和执行理事会、专门协会领导班子，钟国建当选为市残联第五届主席团主席，颜少龙被推举为市残联第五届执行理事会理事长。年内，市残联开展基层残联组织改革试点工作，制定《醴陵市基层残联组织专项改革实施方案》（醴残工委字〔2019〕3号）文件，形成以市残联为指导，镇（街道）残联为骨干，社区残协为基础的三级基层残疾人组织网络体系，在残疾人安置比较集中的小型企业和新经济组织试点设置残疾人协会或残疾人小组，保障残疾人职工权益。

【“民生100”工程残疾人项目】2019年，市残联完成承担的4项株洲市“民生100”工程任务。其中残疾人职业技能培训和实用技术培训任务数280人，实际完成330人；残疾人辅助器具服务任务数220件，实际完成243件；农村残疾人阳光增收脱贫任务数200人，实际完成240人；贫困残疾人家庭无障碍改造项目任务数15户，实际完成78户。

【残疾人社会保障】2019年，市残联继续联合民政、财政部门落实残疾人“两项补贴”（困难残疾人生活补贴、重度残疾人护理补贴）工作。截至11月，全市共有享受困难残疾人生活补贴对象6059人，享受重度残疾人护理补贴对象8782人，同时享受“两项补贴”对象3525人；其中建档立卡贫困户残疾人享受生活补贴3100人，享受重度残疾人护理补贴3092人，同时享受“两项补贴”对象1784人。市残联联合医疗保障部门代缴城乡居民医保基本医疗保险13492人，其中建档立卡贫困户残疾人5475人，非建档立卡重度残疾人8017人；联合社会保障部门代缴城乡居民基本养老保险7105人，其中建档立卡贫困残疾人3924人。年内，市残联与市扶贫开发办公室、市卫生健康局联合制定《关于组织开展为建档立卡贫困户疑似残疾人上门评残工作的实施方案》，为证件到期的862名贫困残疾人换发残疾人证，为符合上门办证条件的253名贫困残疾人办理残疾人证。开展残疾人机动轮椅车燃油补贴发放工作，为310名肢体残疾人发放燃油补贴8.09万元。全年接待残疾人来信来访120件次，其中困难救济问题占比70%，为5名残疾人提供法律咨询和援助，未出现集体上访和越级上访事件。

【精准康复服务】2019年，为确保到年底全市有需求的残疾儿童和持证残疾人接受基本康复服务率和辅具适配服务率达到75%，市残联组织实施精准康复服务行动。确定10家医疗卫生机构作为康复服务和残疾人家庭医生签约服务定点机构，加强全市辅助器具机构二级网络建设，分别在茶山镇、枫林镇和泗汾镇设立精准康复辅助器具站，方便有需求的残疾人就近领取辅助器具。共投入资金70余万元，为3328名残疾人提供家庭医生签约服务。为4224名残疾人提供基本康复服务，为998名残疾人提供辅助器具服务，其中建档立卡贫困户残疾人320人，康复服务率达93.43%。全面实施0~6岁残疾儿童康复救助项目，共救助脑瘫、智障、自闭症和听力障碍等方面的残疾儿童121例。

【扶贫帮困】2019年，全市有建档立卡贫困户残疾人5206人，其中重度残疾人3089人。投入党建帮扶、驻村帮扶、结对帮扶和救灾救济资金49万元，发放大米、食用油等慰问物资价值2万元。通过开展春节慰问和全国助残日活动，发动全市市直单位走访慰问贫困残疾人597人，投入慰问物资和资金30余万元。免费举办9期残疾人实用技术和职业技能培训班，对192名残疾人进行家畜养殖、电器维修、稻渔综合种养技术、网店客服、厨师白案和IYB创业提升等方面的技术技能培训。建设残疾人集中就业基地和阳光示范基地16家，其中县级10家、株洲市级4家、省级2家；通过“以奖带扶”的形式，对81名贫困残疾人进行创业扶持；投入资金65.8万元，依托残疾人扶贫基地，发展种养业、农副产品加工业、乡村旅游等产业，帮助240户建档立卡贫困户和最低生活保障户的贫困残疾人实现“阳光增收”。开展“连千村帮万户”扶贫项目,年内投入资金20万元，帮扶4个行政村的80户建档立卡贫困户残疾人，为贫困残疾人增收脱贫助力。发放2018年度教育助学金13.6万元，惠及贫困残疾人大学生和残疾人家庭子女大学生21人，其中残疾人大学生7人、残疾人家庭子女大学生14人；发放高中阶段残疾人学生和残疾人家庭子女助学金46人，其中残疾人学生10人、残疾人家庭子女36人。年内，落实申报教育助学对象316人，其中残疾大学生和贫困残疾人家庭子女大学生155人，高中阶段就读残疾人学生和贫困残疾人家庭子女学生161人。投入资金70余万元，为贫困的智力、精神和重度肢体残疾人，提供寄宿和日间照料托养服务105人，提供上门居家托养服务220人，有效地改善贫困残疾人家庭住房条件和生产生活设施。全年年审企事业单位、社会团体74家，核定残疾人按比例就业273人。截至12月23日，征收残疾人就业保障金772万元，入国库656.2万元，比上年增长44.85%。

【残疾人基本服务专项调查】2019年，共完成21137名残疾人入户调查工作，其中入户登记19208人、电话登记548人，入户率为97.23%；移动终端APP信息采集19753人，采集率为99.98%，完成全市残疾人基本服务状况和需求信息数据动态更新工作，为加强部门联动和实施残疾人精准扶贫、精准康复提供数据支持。（易爱民）

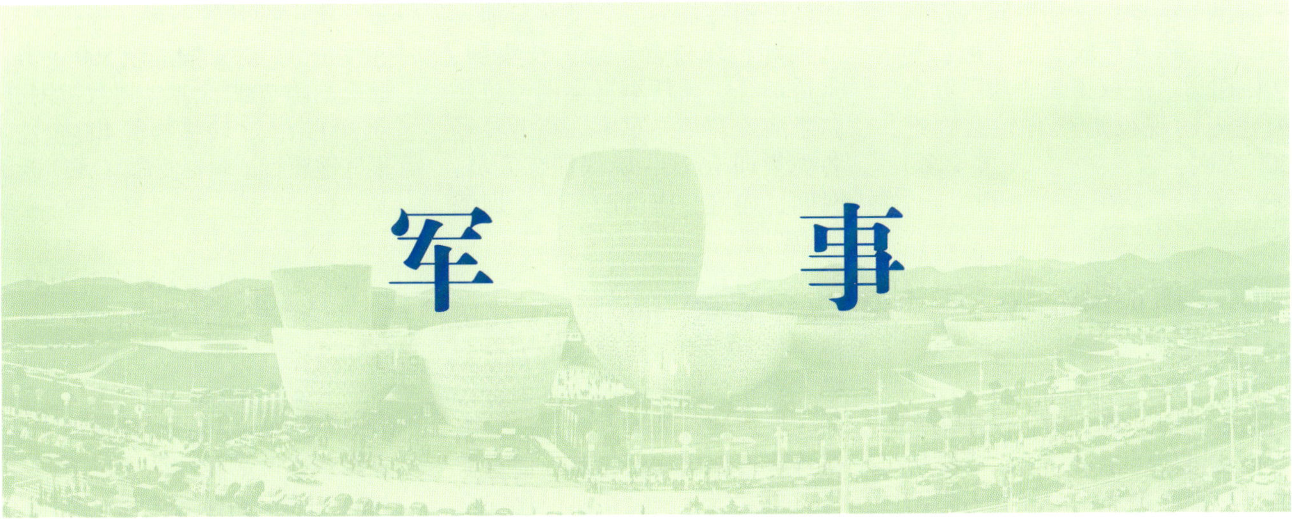

军　事

人民武装

【概况】2019年，中国人民解放军湖南省醴陵市人民武装部（以下简称“市人武部”）持续加强党的创新理论武装，把学习习近平新时代中国特色社会主义思想和习近平强军思想作为首要政治任务，抓好“传承红色基因、担当强军重任”“不忘初心、牢记使命”主题教育。围绕庆祝新中国成立70周年，组织升旗仪式、党课教育、歌唱“我和我的祖国”视频拍摄，组织人武部党员干部、专武干部、民兵干部近100人参观茶陵县工农兵政府旧址和炎陵县水口连队建党旧址、红军标语博物馆、中村插牌分田旧址等红色教育基地，接受革命传统教育，重温入党誓词。发挥醴陵红色资源优势，推进军营政治和文化建设，凝聚强军兴军正能量。

【战备训练】2019年，市人武部贯彻习近平总书记开训动员令和中央军委军事工作会议精神，按照“四个立起来”（把理想信念、党性原则、战斗力标准、政治工作威信牢固立起来）的要求深化练兵备战。修订战备方案，承担了株洲军分区下达的“四个秩序”（战备、训练、工作、生活秩序）正规化建设试点任务暨应急连紧急出动的组织与实施。坚持练兵先练官，领导干部带头参训组训，定期召开专题议战议训会议。按照军事职业教育试点成果，推进军事职业教育，建设军综网在线学习室、互联网在线学习室和图书室，为干部、文职人员和职工学习军事理论创造良好环境。采取分层分训和集中轮训的方式，按要求完成应急连、应急排、专业民兵分队5期民兵训练。组织基干民兵、专武干部参加省军区群众性岗位练兵比武活动，基干民兵参加的冲锋舟水上救援比武科目成绩入围前三甲。8月，组织体检政考双合格应征青年进行为期1周的役前训练。开展军地联训联演联动，组织参加全市综合联动应急救援演练和值班分队应急拉动等演练。7月，在全市抗洪救灾工作中，市人武部出动基干民兵1600余人次、冲锋舟18艘、橡皮艇5艘，救援灾区群众5000余人次，运送物资1000余件，修复堤坝200米。

【国防动员】2019年，市人武部保质保量完成国防动员潜力统计调查工作，做好民兵调整改革检查考评复盘分析和问题整改，进一步优化结构，提高编组质量。加大征兵工作宣传力度，到普通高校宣传大学生入伍相关政策，到城区中小学校开展国防教育宣讲；组织召开全市征兵工作会议，邀请醴陵籍现役一等功臣林翔、二等功臣邓日明作征兵宣讲，激发适龄青年参军热情。8月16日，举行“湖南省公民兵役证”醴陵首发仪式，市委常委、人武部部长李云星等为青年代表颁发《公民兵役证》。全市年满18周岁的男性公民兵役登记率达100%。完成了征兵工作任务，新兵征集大学生比例为61.34%，连续7年实现“零”退兵。

【军地融合发展】2019年，市人武部加强军地协调，落实党管武装制度。组织全市科级以上干部70余人到国防科技大学参观学习，并在省军区教导队组织召开2019年醴陵市委常委议军、党管武装工作述职暨“军事日”活动。推进“双拥”共建工作。清明节期间，与青云学校60余名师生在烈士陵园开展“清明祭英烈、老区传军魂”活动。协调地方出台拥军优属优待工作暂行办法，对立功的现役军人，地方实行奖励、子女优待上学等措施。举办“喜迎老兵、欢送新兵暨文艺演出”活动。走访慰问以石亭镇二等功臣黄广陵、船湾镇二等功臣谢勇、左权镇二等功臣苏佡为代表的现役退役官兵家庭近200人次。（田　袁）

预备役部队

【概况】2019年，预备役部队官兵锐意进取、主动作为，紧贴使命谋打赢，聚焦中心强能力，团结同心求发展，狠抓政治教育、军事训练、安全稳定和作风建设等各项工作的落实，完成上级赋予的各项工作任务。

【战备训练】2019年，预备役部队坚持把战备训练摆在中心位置，保持大抓练兵备战的强劲态势。一是紧贴使命任务，树立实战导向。牢固树立“编组是第一战斗力”思想，年初结合整组，进一步优化编组布局，确保人员在平时能参加训练、急时能迅速收拢，基本达到连队从集结地域出发，20分钟可上高速的实战需要。深入调查研究，实时掌握编组地域辖内非战争军事行动需求底数，与地方有关职能部门精准对接，实现资源共享、信息互通。按照应急人员内部调整抗洪、灭火、维稳装备器材，确保在2小时内做到人员、装备器材到位。二是严格按纲施训，夯实训练基础。坚持按纲抓训、严格治训，年度各项演训活动组织严密，完成年度训练任务。分批次参加入队训练、现役营（连）长集训、舟桥训练、预任军官集训、防暴防恐演练和年终军事训练考核等各类集训16次，确保训练人员、时间、内容、质量四落实，训练成效明显。

【安全保障】2019年，始终坚持“防治结合”原则，筑牢安全稳定底线，探索新形势下预备役部队管理教育的特点和规律，狠抓营队正规化建设，有效促进营队安全发展。一是切实强化安全意识。针对预备役部队将改未改阶段部队安全管理实际，认真分析营队安全工作形势，组织开展安全责任大讨论等活动，在营部和泗汾基地开展4次安全隐患排查。二是突出防范安全重点。始终把人、车、密、网作为安全重点抓紧抓实，严格落实人员请销假、查铺查哨等制度；加强对重要场所的警戒，定期检查维护营区水电和煤气等设施，突击检查营院物业看管人员的履职情况。开展“健康营院”“爱国卫生月”等活动，聘请专家对现役官兵进行健康教育；组织官兵开展溺水急救、自救、互救训练，确保人员、车辆、营院安全。

【抢险救灾】2019年7月，株洲市渌口区、醴陵市发生紧急汛情。接到上级命令后，预备役部队立即启动战备方案、收拢人员、请领装备，分2组支援地方抗洪抢险。出动应急分队80人，动用操作机4艘，参与执行封堵决口、巡堤清障、水上搜救等行动。通过7天连续奋战，共加固堤坝500余米，巡堤清障2000余米，搜救被困群众300余人，转移物资400余件，很好地履行了职责使命。（龙　云）

武警部队

【概况】2019年，武警株洲支队执勤二大队醴陵中队（以下简称“醴陵中队”）树立“强化基础建设、丰富内涵底蕴、坚持稳中求进、争创先进中队”目标，坚持求真务实、创新发展，完成以执勤处突为中心的各项任务。醴陵中队坚持从实战出发，大抓练兵备战，严格按纲施训、科学施训，整体训练水平稳步提升。张璐璐在勤训轮换中获得第一名，叶王伟、兰杰等人在应急班集训中获得侦查、狙击专业第一名，陈瑞军在总队预提指挥士官集训中个人总成绩进入前三名。醴陵中队全年完成押解勤务40余起，完成国庆节、春节期间的城市武装巡逻任务。开展反恐安全演练，积累特勤处置经验。履行职责，扎实开展抢险救援教育和训练，提高救援能力。7月，在抗洪抢险工作中，醴陵中队紧急进行兵力抽组，共出动兵力70余人次，配合人员疏散和救援受困群众，完成抗洪抢险任务，被醴陵市委、市政府评为抗洪救灾工作先进集体，中队长蔡佳霖获评抗洪救灾工作先进个人。（蔡佳霖）

法　治

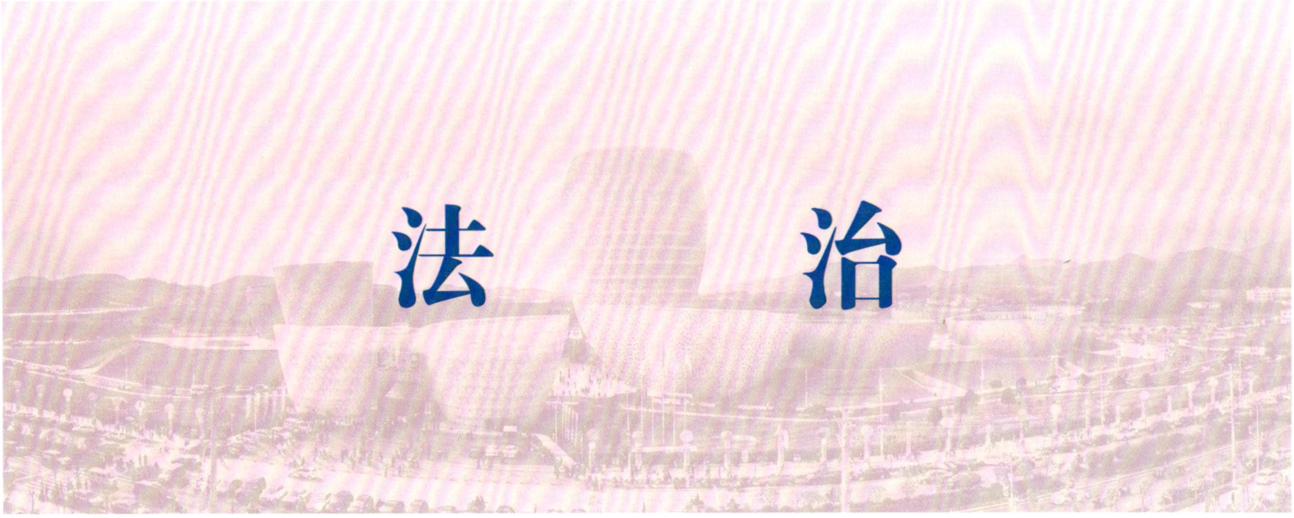

政法及综治

【概况】2019年，全市政法战线按照中央、省委、株洲市委政法工作的决策部署，忠诚履职，积极作为，社会治理、安全稳定、法治建设等各项工作成绩显著，有力地服务全市经济社会发展大局。醴陵市综治工作连续3年蝉联全省先进，首次获评“省级平安县市区”称号；在省禁毒工作群众满意度调查中位列全省县市区第34名，较上年提升68个名次。完成全国“两会”、“一带一路”高峰论坛、亚洲文明对话、新中国成立70周年大庆、中共十九届四中全会等重要特护期（共计174天）信访安保工作任务，其中新中国成立70周年特护期信访工作实现“五个不发生”（不发生重大政治影响事件、不发生暴力恐怖事件、不发生重大刑事案件、不发生重大群体性事件、不发生公共安全事件）和“三个零”（零登记、零非访、零事故）目标，工作成绩位列株洲县市区第1名。全市政法战线的单位获全国、省、株洲市各项荣誉共计100余项。

【综合治理】2019年，全市积极创新社会治理模式，进一步整合资源，打造共建共治共享社会治理新格局。进一步完善综治中心标准化建设。依托综治实战化平台建设，强化机制保障、建设力度、投入力度，不断加强和创新社会治理，成为全省县域社会治理创新示范联系点和试点县。进一步强化智能防控建设。启动110路社会治安视频监控项目建设，新增人脸识别探头功能。城区以来龙门街道为试点，农村以孙家湾镇为试点，整合教育、安监等行业监控，初步实现综治视联网与政府行业监控的融合，对辖区内重点区域、重要路口进行实时监测。进一步加强网格化社会服务管理。搭建市、镇（街道、示范区）、村（社区）、基层网格四级网格化服务管理工作平台，规范治理体系、拓展服务方式、强化队伍管理。网格化社会治理创新实践案例代表株洲市入选了由人民网和中共中央党校联合主办的2019全国创新社会治理典型案例。进一步加大平安创建力度。加强社会治安管理，安排部署民调工作，积极开展平安创建宣传。“创新治理看三湘”活动南线采访团40余名记者到醴陵市网格化管理服务中心，实地采访报道了醴陵市网格化管理服务法制建设取得的成效。

【扫黑除恶】2019年，全市扫黑除恶专项斗争共打掉恶势力团伙4个、恶势力犯罪集团2个、黑社会性质组织1个，抓获违法犯罪嫌疑人126人。接受了中央扫黑除恶专项斗争第16督导组、省委第1巡视组、株洲市扫黑除恶专项斗争第1督导组督导巡视。办结了中央督导组交办线索4件，省委巡视组交办信访件35件，株洲市督导组交办信访件5件。营造宣传氛围。发放宣传资料36万余份，制作固定宣传牌1万余块，悬挂宣传横幅4500余条，各类电子屏播放5万条次，出动宣传车6000台次等。开展打击整治“三贷三霸”（套路贷、校园贷、非法高利贷，村霸、市霸、行霸）、秋季开学校园安全大排查大整治、娱乐服务场所黄赌毒问题专项活动，结合日常执法检查和群众来信来访，全面梳理排查涉黑涉恶问题线索，集中力量侦办重大涉黑涉恶案件。全年共受理涉黑涉恶腐败及“保护伞”问题线索74件，对涉黑涉恶腐败及“保护伞”问题党纪政务处分9人，组织处理11人。开展专项整治。在“不忘初心，牢记使命”主题教育过程中开展专项整治，制定印发《关于整治充当黄赌毒和黑恶势力“保护伞”方面突出问题的实施方案》，整治对黄赌毒和黑恶势力听之任之、失职失责，甚至包庇纵容、充当“保护伞”的问题。科学整章建制。出台落实《关于在扫黑除恶专项斗争中进一步加强政法机关与纪检机关协作配合的办法（试行）》《关于进一步加强涉黑涉恶案件办理协作配合的相关规定》等制度文件，为深化扫黑除恶专项斗争提供坚强的制度保障。

【安全保障】2019年，全市政法综治机关强化地方属地责任、部门主管责任、企业主体责任“三项责任”，全面提高维护稳定的能力和水平。加强领导，维稳责任层层落实。以“三无”创建活动为抓手，每天有1名市级领导到信访局坐班接访，共接待约访群众172批1523人次，各镇街和市直单位坚持领导坐班接访制度，全面落实信访“五个一”（一次特访、一名领导、一套班子、一个方案、一抓到底）和“五包”包案化解制度，通过责任分解，推动问题有效解决。高标准完成省委巡视组交办件办理工作，接收并办结省委巡视组交办的涉法涉诉信访件63件。深入排查，全力化解社会矛盾。排查各类矛盾纠纷478件，突出群体性问题24件，重点人员900余人。通过联席会议对32件信访积案、33个重点问题、311名重点人员进行责任交办，将546名重点对象纳入广铁票务预警信息系统，有效防范和化解风险，将群体性事件苗头控制在源头。开展信访事项大包案行动和信访积案大化解行动，把化解稳控责任分解到相关责任单位，有效解决相关问题。开展信访“百日攻坚”行动，明确8个房产项目遗留问题和5个突出问题由市级领导包案，进行调度协调、安排部署、解决问题。强化预警，风险评估推进有力。全年预警各类情报信息600余条，对462条进京上访预警信息进行核查处理，对30余件突发事件制定紧急预案，对烟花博览会、瓷博会等重大活动进行稳定风险评估。

【依法治市】2019年，市委政法委牵头全市政法部门，共同维护社会公平正义。严格执法公正司法。市委政法委执法监督室接待涉法涉诉信访案件19件25人；审判机关坚持宽严相济刑事政策，受理各类案件8006件，审结6840件，结案率达85.44%；检察机关严厉打击严重刑事犯罪，批准逮捕犯罪嫌疑人178件258人，提起公诉313件506人；公安机关抓住打击主线不放松，破获各类刑事案件567起，抓获各类犯罪嫌疑人671人，移送起诉663人；司法行政机关开展各类法治宣传130场次，发放宣传资料32万余份，展出板报300余块次。深化司法体制改革。市人民法院建立院、庭长权力清单，规范审判监督权限，建立健全以工作业绩为导向的绩效考核评价体制。市人民检察院按照“两个独立”（独立办案、独立承担责任）原则，入额院领导和其他员额检察官实行独立办案、独立承担责任。市公安局进一步推进“4+X”警务体制改革，为全市249个行政村配备驻村辅警，推动社区警务与网格化工作的深度融合。市司法局完善律师参与化解和代理涉法涉诉信访案件制度，实现刑事案件审判阶段律师辩护全覆盖。优化经济发展环境。审判机关立足全市发展大局，积极服务全市中心工作，为土地矿产市场、“一江两岸”等重点项目建设执结非诉执行案件63件，受理破产清算类案件6件，依法审理金融借贷、互联网金融、中小微企业融资纠纷等案件119件。检察机关聚焦服务保障民营企业健康发展，“点对点”联系民营企业51家，帮助协调解决涉企问题18件，依法打击破坏生态环境资源犯罪案件23件31人，督促行政机关查处4家企业非法排污行为。公安机关对全市在建重点工程项目和重点企业实行挂牌服务制度，开展治安环境专项整治行动，为重点工程项目服务出动警力474人次、车辆181台次；侦破刑事案件6起、刑事拘留12人、取保候审3人；受理涉重点工程项目行政案件4起、行政处罚7人；调解处理涉重点工程项目引发的纠纷72起。司法行政机关组建法律服务团队，深度对接全市招商引资、项目建设、企业帮扶、“最多跑一次”改革、“放管服”改革等重点工作，为政府决策提供优质法律服务，94名律师、法律服务工作者为全市267个村（社区）提供免费的法律顾问，不断完善律师参与化解和代理涉法涉诉信访案件制度，全市律师共办理案件809件，公证处共办理各类公证1878件。

【队伍建设】2019年，全市政法战线结合“不忘初心、牢记使命”主题教育工作，打造高素质政法队伍。着眼绝对忠诚推进革命化。分层次、分批次开展政治轮训，统一组织全市政法综治干部200余人进行培训学习，引导政法战线增强“四个意识”，坚定“四个自信”，坚决做到“两个维护”，始终在思想上、政治上、行动上同党中央保持高度一致，确保绝对忠诚、绝对纯洁、绝对可靠。着眼正风肃纪推进正规化。严格落实党风廉政建设“两个责任”，充分发挥党内监督、法律监督、社会监督、舆论监督、群众监督作用，坚持正面引导与反面警示相结合，开展纪律作风集中教育整顿活动，建立违纪违法典型案件定期通报制度，引导干警知敬畏、存戒惧、守底线。着眼激励保障推进职业化。完成政法职业分类管理，不断完善从优待警各项措施。严格落实政法干警履职保护，加大对暴力抗法、袭警行为打击的曝光力度和处置力度，出台系列保障干警身心健康的举措，严肃查处侵害民警辅警合法权益案件1起，使广大政法干警安身、安心、安业。

【见义勇为】刘雪平，男，均楚镇镇长。2019年7月，醴陵市遭遇洪水灾害，各地均超历史水位，其中船湾镇的降水量最大。时任船湾镇党委副书记的刘雪平负责组织对涉水危险住房人员进行转移。7月9日12时，刘雪平接到狮力村一对老年夫妇的紧急求援电话，称已被大水围困近一昼夜，房屋随时有倒塌的危险。刘雪平立即组织了以村干部、民兵、志愿者为成员的救援小分队赶赴现场实施救援。救援小分队乘坐的冲锋舟逆流而上，为沿途受困群众分发了随船携带的食品和饮用水，安慰被困群众，并把灾情紧急的4名群众接上了船。返程途经狮子潭大桥时，水位已基本和桥拱持平，汹涌的洪水令冲锋舟操作手无法改变航行方向，冲锋舟头撞到了桥墩，船上12人落入洪水。刘雪平落水后努力浮出水面，边安抚边引导落水群众朝河边游去。期间，刘雪萍3次放弃抱着树等待救援的机会，顺着水流而下，搜寻落水群众，帮助落水群众抓住临河大树，等待救援。刘雪平精疲力竭后，被洪水冲到河道下游，最终抱住了临河的一棵黄果树，用裤子上的皮带，把自己绑在了树上。晚上9时，刘雪平被救援队救上岸。至此，冲锋舟上落水的12人全部获救。刘雪平被市人民政府授予“2019年醴陵市见义勇为先进个人”称号。

朱光喜、尹建辉，男，仙岳山街道南门社区居民。2019年7月，醴陵市遭遇洪水灾害，渌江河畔的仙岳山街道南门社区地势较低，群众生产、生活乃至生命安全均受到不同程度的影响和威胁。南门社区居民朱光喜、尹建辉自备简易小船，自发参与抗洪抢险工作。7月9日下午，得知金鱼洲有一位身患高血压、糖尿病的老人在家中被洪水围困，无法得到及时救治。朱光喜、尹建辉顶着湍急的洪水，直奔目的地，准备将患病老人转送至医院。途中为了防止小船侧翻，在水流冲击较大的地段，朱光喜、尹建辉几次跳入洪水中，推着船只前行，最终安全转移了被困老人，老人得到了及时救治。7月10日凌晨5时，朱光喜和尹建辉简单休息之后，又划着小船在各个被淹街巷中巡查，到达南门中学附近时，听到急迫的呼救声，循声划船靠近时，发现一名群众被洪水淹没，只剩一双手在水面拼命挥动，情况万分危急，朱光喜和尹建辉跳入水中，合力将几乎被水浸没的群众拉起，背回小船。此名被困群众为南门社区居民叶秋兰，因房子被洪水浸没外出避险，不慎踩入被洪水冲走了井盖的下水道口，幸得朱光喜、尹建辉二人及时援救。此次洪灾中，朱光喜、尹建辉二人不分白昼在南门社区街巷中开展救援，共转移和帮助受困群众60余人。朱光喜、尹建辉被市人民政府授予“2019年醴陵市见义勇为先进个人”称号。

唐芳，女，市卫健局医政股股长。2019年7月11日，7月9日以来醴陵市遭遇的洪水灾害逐渐退去。当天下午3时30分，东风大酒店的一名男性员工在清理洪灾现场时，突然倒在污水之中，丧失意识，同事发现后立即将其抬出，随即大声呼救并拨打“120”急救电话。危急时刻，当时是市中（一）医院心血管专科的医生唐芳正好路过此处。她听到呼救声后上前查看，发现该男子呼吸、心跳骤停，便毫不犹豫双膝跪地为其进行胸外心脏按压。在7分钟不间断的胸外心脏按压后，该男子恢复自主呼吸，被紧急送往市中（一）医院进一步救治。直到该男子被送上救护车，唐芳才默默转身离开。唐芳用精湛的医术和仁爱的情怀书写了醴陵医务人员的动人故事，被市人民政府授予“2019年醴陵市见义勇为先进个人”称号。

文万莫，男，市第四中学食堂厨师。11月8日6时，市第四中学食堂员工文万莫随学校食堂采购车，和其他几名同事到太一农贸市场，准备采购菜品。不经意时，文万莫看到附近的滨河路书院桥地段围着一群人，好奇心驱使他靠近探究，发现原来是有人落水了。年已半百的文万莫毫不犹豫地脱掉身上的外衣，跑向河堤的阶梯，跳进了冰冷的河水里，奋力游向几十米开外的落水者，一把控制住落水人。由于是清晨空腹，文万莫渐渐感到体力不支，但他凭着不屈的信念和顽强的意志，使出全身力气挟住落水者游向河岸。当文万莫把落水者救上岸时，警察、“120”急救医护人员和消防人员赶到，文万莫与救援人员一道将落水者抬上了救护车。此时，文万莫才感到全身发冷，想起刚脱下的衣服兜里，还装着准备给女儿做学杂费的工资。幸得一名素不相识的好心人帮他保管了衣物，完整地交还于他，文万莫道谢后，拖着十分疲惫的身体消失在人群中。文万莫被市人民政府授予“2019年醴陵市见义勇为先进个人”称号。（陈少东）

公 安

【概况】2019年，市公安局围绕

"树品牌、铸名牌，创省优、争国优"奋斗目标，紧盯"质量效率年，面貌形象年"工作主线，提升公安机关服务社会和经济发展的能力。年内，市公安局获全省公安机关侦破命案工作成绩突出单位、株洲市公安局绩效评估优秀单位、株洲市公安局扫黑除恶专项斗争成绩突出单位等22项省和株洲市荣誉称号，116名民警立功受奖，全局干警用决心践行了醴陵公安的使命，为建设"四个醴陵"创造和谐稳定的社会环境保驾护航。

【安保工作】2019年，市公安局始终把维护政治安全和社会大局稳定摆在首位，切实增强安保工作的主动性和针对性，把工作基点放在防范风险、补齐短板，持续推进矛盾纠纷排查化解，开展涉恐风险隐患排查整治，不断提升新常态下公安机关维护国家安全和社会稳定的能力水平。完成"庆祝中华人民共和国成立70周年""2019湖南（醴陵）国际陶瓷产业博览会"等重大节会安保任务，确保全市社会大局安定有序。

【侦破打击】2019年，市公安局深入开展"扫黑除恶""三年禁毒大行动""三打击一整治""净网2019"等专项行动，以整治突出违法犯罪活动为抓手，不断加大对刑事犯罪的打击力度，始终保持对犯罪活动的高压打击态势。全年破获各类刑事案件2475起，其中破获现行案件618起；抓获各类犯罪嫌疑人683人，移送起诉704人；查处行政案件2198起，行政拘留748人；侦破各类现行侵财案件186起。年内，快速破获陈某旭故意伤害致死案、刘某豪被害案，连续13年实现"命案必破"的工作目标；侦破株洲市公安局交办"11·23"涉黑涉恶犯罪专案；摧毁卢某发、李某江等人涉恶团伙案等系列重大案件。

【警务改革】2019年，市公安局深入推进"放管服"改革工作，立足专业、快捷、便民理念，打通警民联系"主航道"。市局公安办证大厅进驻市民中心，全面推行"一次办、马上办、网上办、就近办、自助办"窗口服务新模式，真正打通服务群众"最后一公里"。积极探索全面提升队伍质量工作举措，局领导带班督察工作机制成效显著，"一村一辅警，一格一助警"全面铺开，"楼栋守护"计划获普遍点赞，城市快警"1、3、5"快速响应，"归零"机制创新领跑，全局上下积极落实全省公安机关警务创新工作任务，"湖南公安"服务平台推广工作按时按量完成任务，平台服务项目受到广泛好评，全年警务改革呈现亮点突出、重点突破的良好局面。

【服务发展】2019年，市公安局对帮扶企业推行局领导"一对一"挂点帮扶制度，坚持走出机关、进企入厂，真心实意为企业服好务、办实事、解难题。对全市重点工程项目和重点企业实行局领导对口管理监督模式，形成"一把手"亲自抓，班子成员分工负责，各相关单位通力协作的工作局面。全年走访重点工程项目712家次，侦破案件6起，查处打击违法犯罪人员15人，调处纠纷72起，出动警力474人次，出动警车181台，连续4年实现交办问题办结率、24小时见面率、企业满意度均达100%。

【安全管理】2019年，市公安局按照全市建设"四个醴陵"整体部署，积极探索服务群众和安全生产相结合的管理模式，纵深推动烟花爆竹管理服务平台完善和推广应用，对全市民用爆炸物品生产单位建立安全生产责任体系，确保各项生产管理安全有序、平稳可控。全年查处涉危涉爆行政案件37起，行政拘留41人；破获刑事案件7起，移送起诉14人；对全市民用爆炸物品使用单位拉网式安全检查288次，下发整改书8份，提出整改意见461条，清除安全隐患461起，实现民用爆炸物品安全管控；销毁废弃烟花爆竹产品600余箱、礼花弹1000余发，引火线6件，连续43个月未发生重大安全责任事故。（付早庄）

【典型案例】2019年7月24日，市公安局摧毁以卢某发为首的涉恶势力犯罪团伙，抓获犯罪嫌疑人6人。经查明，犯罪嫌疑人卢某发2014年至2017年任浦口镇贯古社区书记期间，带领刘某、朱某军等人寻衅滋事，打伤鼎和宾馆老板夫妇。2017年因存在违法犯罪记录（私藏枪支）被免去贯古社区书记职务。2017年卢某发开设齐发物业公司后接管浦口镇浦东商贸城的物业，后伙同吴某志、刘某余以合股的形式接管农贸市场，在农贸市场内强迫商铺户主加装卷闸门，涉嫌多起强迫交易、寻衅滋事案件；同年开设祥钟沙场，无证经营，沙场改造时涉及寻衅滋事案件。2019年7月25日，犯罪嫌疑人卢某发、刘某、朱某军、吴某志、刘某余5人以涉嫌寻衅滋事、强迫交易等罪名先后被刑事拘留，犯罪嫌疑人康某浪被行政拘留。

2019年9月26日，市公安局破获系列盗窃高速服务区货车柴油案，抓获犯罪嫌疑人5人，破获案件35起。经查明，2018年8月以来，犯罪嫌疑人黄某玲邀集易某安、李某聪、郑某宁多次在高速公路服务区内以撬开油箱的方式盗窃货车柴油，然后销赃给董某平。2019年7月6日，市公安局接到报警，称有人正在盗窃停在服务区休息的货车油箱的柴油。接警后，民警立即驾车赶往案发地，在犯罪分子准备驾驶商务车逃跑时，民警果断开枪警告，当场抓获2名犯罪嫌疑人。通过深挖案件，根据犯罪嫌疑人的供述，于7月17日、18日先后赴攸县、广东清远将2名盗窃的犯罪嫌疑人和1名销赃的犯罪嫌疑人抓获归案。2019年9月25日，犯罪嫌疑人黄某玲等5人被依法移送起诉。　（付早庄）

交通警察

【概况】2019年，市公安局交通警察大队（以下简称“市交警大队”）设有17个内设机构、二级机构和派出机构，其中车辆管理所为副科级机构。有民警编制84名，实际在岗民警81人，其中男性68人、女性13人，平均年龄48岁；有事业编制3名，实有3人，平均年龄27岁。有辅警193人，其中公益性岗位9人，政府购买服务外聘保安34人，男性135人、女性58人。截至年末，全市道路通行里程3183.36公里。其中高速公路3条110.04公里（沪昆高速醴陵段36公里，岳汝高速醴陵段61.07公里，莲株高速12.97公里），国道2条81.24公里（320国道莲易公路一级公路段18.08公里，106国道63.16公里），省道1条为329线51.57公里，县道16条296.36公里，乡道39条381.72公里，村组道路2262.43公里。全市有注册登记机动车176144辆，其中汽车类接近10万辆，有驾驶人218144人。

【安全监管】2019年，全市公安交警部门开展高风险及事故多发路段隐患排查，排查安全隐患69处、“马路市场”42处，并将安全隐患排查情况汇总建档，流转相关职能部门或向市人民政府提交报告，推动隐患整治工作。采取定期检查和不定期抽查相结合的办法，深入客货运企业及学校对安全生产主体责任的落实情况进行详细检查130次，对存在突出问题的单位、企业开具“一单四制”（重大事故隐患清单，交办制、台账制、销号制、通报制）17份，向交通运输、教育行政等行业主管部门进行抄告7次，办理校车标牌审核备案393份，危爆品道路运输监管2200余台次。

【协同共治】2019年，充分发挥道路交通安全委员会平台作用，以问题为导向，推进属地监管责任和各行业主管部门的部门监管责任的落实。市道路安全委员会与各成员单位、各镇办区、运输企业签订道路交通安全管理暨春运交通安全责任状。为提升农村交通安全综合治理水平，推进“一村一辅警”“两站两员”队伍建设，组织开展全员培训。起草《关于进一步加强道路交通安全隐患排查整治工作的通知》等道路安全委员会及道路安全委员会办公室文件7份，进一步强化各道路安全委员会成员单位和各镇（街道、示范区）的道路交通安全监管职责。

【交通安全宣传】2019年，全市公安交警部门推进道路交通安全宣传教育进机关、进企业、进学校、进社区、进农村、进家庭、进公共场所“七进”活动。加强交通安全宣传阵地建设，传统媒体和新媒体平台同步发力，积极开展“春运”“全国中小学生安全教育日”“防灾减灾日”“安全生产月”等大型主题宣传活动。开展“两个教育”（审验教育、违法记分满分教育）工作。全年开展主题宣传教育活动7次，组织开展“七进”宣传活动181场次，外网媒体发布宣传信息52篇，微信平台发布信息216篇，微博发布或转发信息297篇，发送交通安全提示短信1.2万余条，制作宣传展板20余块，发送宣传资料5万余份，现场培训审验教育驾驶员4183人，违法记分满分教育学习驾驶员1429人。

【交通秩序管理】2019年，全市公安交警部门开展“新中国成立70周年大庆交通安保攻坚战”“治理酒驾醉驾违法犯罪行为专项行动”“排放不合格机动车交通违法行为整治行动”“治理车辆超限超载工作”等交通秩序整治63次，查获交通违法行为286274起，同比增长93.8%，其中现场执法13809起。查获酒驾醉驾毒驾304起，客运车辆超员205起，涉牌涉证违法行为2021起，无证驾驶1997起。

【创建工作】2019年，按照市委、市政府确定的“交通畅通城市”目标，根据“三创四化”工作需要和专家指导意见，组织开展“创文创卫创园”交通环境整治专项行动，常态开展机动车乱停乱放、摩托车非法加装遮阳伞、不戴安全头盔、货车闯禁区等可见交通违法行为整治。全年查处机动车乱停乱放16314起，不礼让斑马线违法行为8849起，闯红灯21571起，扣留机动车1705辆，交通违法记满分1002人，治安拘留4人。

【设施建设】2019年，完善城区监控系统建设，启用阳三路、李畋中路、莲株公路等路段的电子警察监控系统及道路监控系统12处。加强农村道路科技防控设施建设，建成“民生100——道安监管云”区间测速和道路监控系统、106国道与白兔潭镇玄武大道南枫路口、白兔潭镇文化路宝丰路口电子警察系统。年内新增信号灯电子警察路口10处，新增路段监控6处，新划、补划交通标线3400平方米，新增标志牌42套。

【服务发展】2019年，全面对接产业突围战、项目攻坚战、招商引资“三乡大行动”、温暖企业“三百”行动等工作，开展“精准服务·助力发展”主题活动，组建专门队伍为在醴知名企业、招商引资重点项目醴籍管理人员、“两代表一委员”（党代表、人大代表，政协委员）、各界知名人士等提供点对点交管服务。为第四届中国烟花爆竹博览会暨2019醴陵烟花爆竹交易会、2019湖南（醴陵）国际陶瓷产业博览会、春季乡村文化旅游节等大型活动、各级领导考察、项目建设开竣工等提供交通秩序维护服务110余次。完成新中国成立70周年大庆交通安保工作。开展企业帮扶活动，走访醴陵金煌瓷艺有限公司、醴陵金玉缘陶瓷厂，协助开展安全隐患排查。受理了2起市企业帮扶办交办的工作，解决企业需求，工作成绩被中新网刊载。成立企业帮扶中心，为471家帮扶企业开通交警业务办理绿色通道，随到随办，进企业上交通安全课49场，集中办理摩托车驾驶证389本，摩托车上户1900台。

【警务改革】2019年，推动公安交管30项“放管服”措施落地见效。顺达车管分所稳健运行，建成四中队车管分所，打通“服务群众最后一公里”。立足创建“国优所”，主推互联网业务和自助业务、增加储物柜、便民伞等系列优化服务举措。全年新增机动车15574辆，其中小型汽车以上9454辆。新增摩托车驾驶人1951人，执考汽车科目一考试11369人，核发检验合格标志16803张。派出所协管交通改革稳步发展，试点所茶山、白兔潭派出所接处警近500起，查获交通违法行为671起。

【维护稳定】2019年，市交警大队加大交通肇事逃逸案件侦破力度，共破获交通肇事逃逸案件15件，侦破率83.3%。其中成功侦破了“2·17”“4·10”等造成一定社会影响的逃逸案件，有力打击了肇事逃逸犯罪的气焰。发挥事故损害赔偿人民调解委员会作用，全年成功调解道路交通事故损害赔偿案件1000余起，其中一般以上交通事故147起，涉案金额近1500万元。交通事故救助基金发挥积极作用，全年垫付抢救费、丧葬费14起24.33万元。全年立刑事案件107起，刑事拘留23人，抓获嫌疑人99人，移交诉讼104人。

【法制工作】2019年，市交警大队完善执法监督长效机制，出台《2019年规范执法考核细则》《执法过错追究制度》《执法记录仪使用管理规定》《酒精测试仪使用管理规定》。加强执法培训，开展《公安机关办理行政案件程序规定》等法律法规和执法能力专门培训5次。推进“警务通”执法，“警务通”开具执法凭证占比超过85%。加强执法考核，下发规范执法考核通报10期，复核案件4起全部维持原认定结果，执法水平显著提升。推进“买分卖分”专项治理，配合网安部门查获案件1起。

【队伍建设】2019年，市交警大队致力“学习强能”、政治建警，大力推广“学习强国”APP使用。邀请市委党校教师为交警系统讲授习近平新时代中国特色社会主义思想。开展庆祝建党98周年暨“不忘初心，牢记使命”系列主题活动，引导全警增强“四个意识”、坚定“四个自信”、坚决做到“两个维护”，始终在思想上、政治上、行动上同党中央保持高度一致。开展“不忘初心，牢记使命”主题教育，开展民生领域突出问题专项治理。组织警务实战技能培训，掀起全警在执勤执法安全防范上的“头脑风暴”。实施“聚才引智”计划，解决交警队伍年龄和知识结构断层问题。创新推进交警宣传工作，编发《工作快讯》200余期，首支自创队伍宣传片制作精良、寓意深远，引起良好社会反响。党建工作严谨规范，“关爱留守儿童，播撒爱心阳光”等支部主题党日活动反响良好。发展预备党员1人，确定入党积极分子培养对象6人，组织观看《处罚窗口背后的黑金链》等警示教育片，推进党风廉政建设，筑牢全警拒腐防变思想防线。（张　勇）

检　察

【概况】2019年，市人民检察院内设机构13个，有中央政法专项编制63个，在职干警58人。按照省检察院三类人员管理办法，经考试考评后有员额检察官27人、检察辅助人员19人。年内，市人民检察院贯彻中共十九大和十九届二中、三中、四中全会精神，瞄准建设新时代更高水平全国文明单位、争创全国一流检察业绩工作目标，坚持“监督、服务、创新、争优”的工作理念，讲政治、顾大局、谋发展、重自强，努力为大局服务、为人民司法。各项检察工作取得新成效，连续4年在株洲市基层检察院分类综合考核中排名第一，公诉局获评全国巾帼建功先进集体。

【刑事检察】2019年，批准逮捕各类犯罪嫌疑人344人，提起公诉664人；依法决定不批准逮捕犯罪嫌疑人57人,不起诉136人。全年共监督侦查机关立案13件，监督撤案19件，纠正漏捕21人，纠正漏诉15人，纠正违法取证、违法适用强制措施等侦查活动违法情形34件次。对认为确有错误的刑事判决提出（请）抗诉，已获法院改判案件3件6人。监督立案撤案、纠正漏捕以及纠正漏犯工作均位居株洲市基层检察院首位。

【民事行政检察】2019年，市人民检察院坚持监督纠错与维护司法权威并重,办理支持起诉56件，协助株洲市检察院办理审判结果监督案件10件。联合市人民法院，出台《关于建立执行案件信息共享机制的意见》，办理民事执行监督案件18件。强化行政检察监督，开展行政诉讼专项监督活动，办理行政审判程序违法行为监督案件2件。

【控告申诉检察】2019年，市人民检察院贯彻落实“群众来信件件有回复”的指示精神，实现来信来访7日内程序性回复，3个月内实体性回复。全年接待群众来信来访120人次，无一起越级访、赴省进京访。

【监所检察】2019年，市人民检察院切实维护刑事执行公平正义，做实社区矫正监督工作，办理收监执行提请建议案件6件，监督纠正监外执行违法违规案件28件，督促收监执行3人。开展财产刑执行专项检察，提出书面纠正意见4件。履行羁押必要性审查职能，提出检察建议后变更强制措施29人。开展判处实刑罪犯未交付执行刑罚专项监督活动，建议执行刑罚5人。

【公益诉讼】2019年，市人民检察院依法履行公益诉讼检察职能，立案办理行政公益诉讼诉前程序案件76件、生态环境领域刑事附带民事公益诉讼案件1件。按照市委、市政府关于开展公益诉讼工作的要求和市人大常委会加强检察公益诉讼工作的意见，推动机制建设，建立公益诉讼线索举报奖励机制和公益诉讼诉前检察建议公开宣告制度，与相关行政机关建立信息共享、线索移送、诉前检察建议反馈等协作机制，形成良性互动工作格局。成功办理株洲市首例生态环境领域行政公益诉讼公开宣告案件。10月，在全省率先打造“检察公益诉讼办案中心”。该中心设立公开宣告听证室、办案指挥中心、智慧装备室、志愿者工作驿站，配备无人机、夜视仪、空气检测仪、水质检测仪等智能设备。对接城乡社区网格化管理服务平台,开通检察专用通道。安装“巡河宝”APP，随时搜索查看志愿者或社会公益组织举报上传的环境污染问题，获取案件线索。最高人民检察院组织26名全国人大代表考察并肯定醴陵公益诉讼检察工作。

【职务犯罪检察工作】2019年，充分发挥检察机关反腐工作职能作用，主动加强与监察委员会的沟通协作，健全完善监检衔接配合机制，全年办理监察委员会移送审查起诉职务犯罪案件5件，其中依法起诉株洲市湘江建设发展集团有限公司原总经理助理魏某某涉嫌受贿、国有企业人员滥用职权案，株洲市教育局原主任督学夏某某涉嫌职务侵占、国有企业人员滥用职权案等大要案。

【未成年人刑事检察】2019年，市人民检察院办理未成年人刑事犯罪案件16件17人，依法履行对未成年人的“国家监护人”职责。落实最高人民检察院向教育部发出的“一号检察建议书”，依法严惩成年人性侵未成年人犯罪，共起诉犯罪嫌疑人5人，建议并督促职能部门加强安全监管、校园管理、法治宣传，为未成年人健康成长撑起法治蓝天。依托“醴检微直播”平台，法治副校长开展法治讲座20余场次。

【“阳光花季”护航成长项目】2019年8月30日，市人民检察院依托政府购买服务，与市幸福社会工作服务中心联手，共同启动《“阳光花季”未成年人成长护航项目》，对涉案未成年人开展社会调查、回访帮教、心理疏导、不诉宣告等活动。年内，该项目被选定为市“城乡统筹　幸福醴陵”创新社会治理之“三社联动”特色项目。

【扫黑除恶工作】2019年，全市批准逮捕涉黑涉恶犯罪嫌疑人55人，同比上升41%；起诉111人，同比上升296.4%。高度重视并办结省、株洲市交办的游某涉黑犯罪集团案、刘某涉黑犯罪集团案等一批大要案件。践行“是黑恶犯罪一个不放过，不是黑恶犯罪一个不凑数”的要求，全年纠正漏捕、漏诉18人，不批捕犯罪嫌疑人8人，不起诉10人。中央扫黑除恶第16督导组对市人民检察院扫黑除恶工作给予充分肯定。

【生态环境司法保护】2019年，市人民检察院组织开展“还我一湖清水、醴陵检察公益诉讼专项监督活动”、非法采砂“利剑治污”专项监督行动和三大饮用水源保护区公益诉讼案件“回头看”行动，全年立案办理生态环境和资源保护领域公益诉讼案件55件，督促行政机关依法查处非法采砂洗砂厂7家、排查清理河流非法排污口7个。向最高人民检察院报告并全力支持起诉渌江河因上游企业排污被污染损害赔偿案，萍乡市中级人民法院一审判决2家责任企业赔偿醴陵应急处置费、生态环境损害赔偿费、鉴定评估费共计1300余万元。

【食品安全司法保护】2019年，市人民检察院监督职能部门加强对校园周边、城乡农贸市场经营场所食品安全以及乡镇桶装水质量的监管。办理食品药品领域行政公益诉讼案件17件，督促行政执法机关对66家不合规的网络餐饮食品经营者整改到位，督促相关部门停产停业整顿多家桶装水无证生产经营个体户。

【认罪认罚从宽制度】2019年，按照新修订的《中华人民共和国刑事诉讼法》规定和上级检察机关的部署，从1月开始适用刑事诉讼法认罪认罚从宽制度。市人民检察院认真落实相关规定，切实发挥检察机关在认罪认罚从宽制度适用中的主导作用，加强与公安、人民法院、司法局的协作配合。全年适用认罪认罚从宽制度办理相关案件242人，占比同期审查起诉案件审结人数30.3%，办案期限平均缩短9.33天，有效提高诉讼效率，促进犯罪人员改造转化。

【检察监督提质年】为促进案件质量提升，履职能力提升，监督效果提升，明确2019年为“检察监督提质年”。组织开设检察官讲堂、检委会微课堂和检察官教检察官课堂，分类组织专业授课30余次，参加网络在线教育300人次，师徒“传帮带”结对26对。加强案件质量规范化建设，全年通过流程核查、核阅自查、质量评查、个案督查“一案四查”，共评查案件528件。组织开展优秀法律监督案件、办案能手和先进集体系列评选活动，规范检察建议、纠正违法通知书等文书，督促相关单位按时答复，答复率达98.8%。

【“捕诉一体”办案机制】为适用司法体制改革要求，市人民检察院于2019年5月1日起实行“捕诉一体”办案机制，明确一类事项由一个部门负责，一件案件由一个检察官负责，确保真正做到员额检察官“谁办案、谁负责”“谁决定、谁负责”。除涉黑涉恶案件和职务犯罪案件由专门办案组办理，其他所有案件实行大轮案。

【队伍建设】坚定不移加强党的政治建设。出台《醴陵市人民检察院关于贯彻落实〈中共中央关于加强党的政治建设的意见〉的实施方案》，不断丰富党建文化活动，推进支部“五化”建设，提升机关党建工作水平。把“不忘初心、牢记使命”作为加强党的建设的永恒课题，共组织各类学习教育13次，形成调研论文8篇，检视、整改问题17个，以问题整改为抓手，推动问题专项整治、工作提质增效，确保干警思想政治受洗礼、清正廉洁作表率。坚定不移推进全面从严治检。不定期开展作风纪律检查50余次、“五必谈”（检察长跟院领导必谈、院领导与分管的部门负责人必谈、院领导跟分管科室干警必谈、部门负责人跟部门干警必谈、党支部书记跟支部委员必谈）谈心谈话150余人次，全年未发生违法违纪事件。聚焦上级检察机关巡视巡察反馈的整改意见、专题民主生活会的部署要求，开展自查自纠，深刻查找问题。全年收集整理7个方面的40个问题，已销号整改到位25个，15个仍在整改。专项整治形式主义和官僚主义取得实效。（戴炜　唐芳）

法　院

【概况】2019年，市人民法院围绕“努力让人民群众在每一个司法案件中感受到公平正义”目标，忠实履行宪法法律赋予的职责，努力提升审判质量和司法公信力，各项工作取得新进步，为建设富强美丽幸福文明新醴陵提供强有力的司法保障和服务。全年受理各类案件8827件，收案数比上年有所下降，审执结8520件，结案率达96.52%，达到历史最高水平。员额法官人均结案208件，结案数超过220件的有11人。

【刑事审判】2019年，市人民法院受理刑事案件491件，审结451件，给予477人刑事处罚，判处三年以上有期徒刑135人、五年以上有期徒刑53人。依法惩治严重侵害人民群众生命财产安全的犯罪，审结故意伤害、抢劫、盗窃、诈骗等案件129件158人。加大毒品犯罪打击力度，审结毒品犯罪案件86件100人。在市委反腐败协调小组的指导下，依法惩处贪污、贿赂等职务犯罪案件7件7人。妥善审结长沙市人防办原党组书记（曾任长沙市人民检察院党组成员、反贪局局长）谭某某受贿、巨额财产来源不明案，依法判处谭某某有期徒刑13年；审结省畜牧局质量安全处原干部郭某某行贿案，有力惩治职务犯罪，维护风清气正的政治生态。

【民商事审判】2019年，市人民法院践行新发展理念，发挥民商事审判调节社会关系的作用，保障民营经济发展。全年受理民商事案件4754件，审结4562件，结案率95.96%，其中以调解、撤诉结案2485件，调撤率54.5%。建立涉民营企业案件绿色通道，做到快立、快审、快执，帮助企业化解因劳动关系、经济合同、环境保护等引发的案件358件。打击扰乱企业发展的经济犯罪，审理金融诈骗、非法集资、传销等扰乱企业发展的经济犯罪案件17件。

【执行工作】2019年，市人民法院切实巩固执行成果。开展“切实解决执行难”专项行动，共受理执行案件3165件，执结3104件，结案率98.07%，实际执结率45.2%，实际执结到位标的1.47亿元。加大对失信行为的惩戒力度，依法拘传127人，拘留152人，向最高人民法院网站录入失信被执行人名单914人，910名失信被执行人发布限制高消费和限乘飞机、高铁。严格执行“五查一搜”（查银行、查房管土地登记、查工商登记、查车管部门登记、查账本，实地搜查），通过司法查控系统，查询信息9492次，冻结资金8000余万元。加大司法拍卖力度，提高财产变现和处置效率，全年网拍成交17件，成交金额960余万元，溢价率12.43%。

【扫黑除恶专项斗争】2019年，市人民法院始终保持重拳出击态势，从严惩处黑恶犯罪。全年受理涉黑涉恶案件15件123人（其中上级法院指定市人民法院异地审理5件67人），审结14件108人，依法判处五年以上有期徒刑19人，十年以上有期徒刑4人。为扩大打击效果，先后开展集中宣判活动5场次。8月16日，对游某、刘某等19人组织、领导、参与黑社会性质组织一案进行公开宣判，中央电视台社会与法频道全程直播。该案2名主犯均被判处有期徒刑十九年，有力打击黑恶势力犯罪。

【服务经济发展】2019年，市人民法院服务“产业项目建设年”活动，推进土地矿产市场、“一江两岸”等重点项目建设。全年协助各项目部完成征拆工作21户，其中困扰土地矿产市场项目10余年的6户“钉子户”进入强拆程序并被全部拆除。全力保障生态文明建设，开展“湖南环保·审判三湘行”活动，审结涉环境资源案件9件。努力防范化解金融风险，审执结中小企业融资、金融借款纠纷案件990件，执结中国邮政储蓄银行醴陵支行和醴陵农村商业银行不良贷款案件103件，收回欠款700余万元。助力美丽乡村建设，审结所有权确认、土地纠纷案件133件。

【行政审判】2019年，市人民法院完成行政案件集中管辖改革工作，审理涉攸县、茶陵县、炎陵县和芦淞区行政机关案件180件，巡回审判17次。11月22日，首次远程视频开庭审理行政案件，取得积极社会反响。坚持监督与支持并重，促进行政争议实质性化解，共审结行政诉讼案件297件，执结非诉行政案件116件。依法监督行政机关依法行政，判决行政机关行为违法、不规范以及不作为等案件191件，发出司法建议3份。推进行政机关负责人出庭应诉工作，行政机关负责人出庭应诉率达95%。

【“两个一站式”建设】2019年，市人民法院根据最高人民法院的部署要求，推进“一站式”多元解纷机制和“一站式”诉讼服务中心建设。全面开通网上立案、自助立案、网上缴退费、跨域立案等便民诉讼服务，切实增强人民群众司法满意度和获得感。联合市司法局在立案大厅设立律师值班室，由司法局定期指派律师为当事人提供法律咨询和法律援助。11月，最高人民法院立案庭庭长到市人民法院调研“两个一站式”建设情况，对该项工作给予肯定。

【队伍建设】2019年，市人民法院从多方面着手加强队伍建设。一是加强党的建设。院党组认真贯彻《中国共产党政法工作条例》，严格执行请示报告制度，全年向市委报告重大事项、重要工作8次。开展“不忘初心、牢记使命”主题教育和3个专题学习研讨，组织党员干部到耿氏公祠、李立三故居接受党性教育。坚持中心组学习、支部学习、个人自学制度，组织专题党课10次。推广使用“学习强国”平台，严格落实“三会一课”制度，开展民主评议、党建学习等活动24次。坚决做到政治上、思想上、行动上与党中央保持高度一致。二是自觉接受各界监督。自觉接受人大及其常委会的监督，认真落实年度工作报告、法官任免等制度，配合人大开展专题调研。接受政协民主监督，邀请政协委员、各民主党派、市工商联人士座谈，通报工作情况，听取意见建议。加强与人大代表、政协委员沟通联络，共邀请52名人大代表和政协委员参与旁听庭审、见证执行等活动11场次。依法接受检察机关法律监督，自觉接受舆论监督和群众监督，及时办理反馈监督意见6条。三是努力提升司法能力。加强教育培训工作，组织干警到南京大学参加集训，选送53名干警参加上级法院组织的审执业务培训，提高法官正确适用法律、解决矛盾纠纷的能力。推进业务研讨工作，鼓励干警总结司法经验，探讨业务问题，共召开专业法官会议32次。在市级以上刊物发表论文、案例6篇。坚持从优待警，组织各种文体活动8次，进一步增强干警的凝聚力和归属感。四是强化纪律作风建设。严格落实党组主体责任和监督责任，层层签订责任状，落实“一岗双责”。开展“纪律作风建设年”活动，开展审务督察、办公用房清理整改等工作12次，组织干警实地参观警示教育基地、观看廉政教育片7次，切实改进司法作风。坚持把纪律和规矩挺在前面，用好用足监督执纪“四种形态”，切实加强对法官的业内外监督，确保法官清正、法院清廉、司法清明。（黄怡康）

司法行政

【概况】2019年3月，根据《中共醴陵市委办公室 醴陵市人民政府办公室关于印发〈醴陵市机构改革实施方案〉的通知》（醴办发〔2019〕9号）文件，将市司法局的职责和市政府办公室的法制工作职责整合，重新组建市司法局，作为市政府工作部门。市政府办公室不再加挂市政府法制办公室牌子。将市委法治醴陵建设领导小组改为市委全面依法治市委员会，市委全面依法治市委员会办公室作为委员会的办事机构，设在市司法局。机构改革后，市司法局承担统筹协调全面依法治市，全面履行协调行政立法、行政执法、刑事执行、公共法律服务等职能，为维护社会稳定、促进经济发展、构建和谐社会做出积极贡献。年内，醴陵市获评全省“七五”普法中期先进市，市司法局获评全国公共法律服务工作先进集体。

【统筹推进全面依法治市】2019年，市委下发《关于市委全面依法治市委员会组成人员任职的通知》，由市委书记胡湘之任市委全面依法治市委员会主任，市委副书记、市长董巍任副主任，明确市委政法委书记廖胜云为办公室主任、司法局党组书记彭庆纪为办公室副主任。6月12日，在株洲地区率先召开市委全面依法治市委员会第一次会议，会议审议通过《市委全面依法治市委员会工作规则》《市委全面依法治市委员会协调小组工作规则》《市委全面依法治市委员会办公室工作细则》以及委员会2019年工作要点等文件。为严格依法行政，由市司法局草拟的《醴陵市全面推行行政执法公示制度执法全过程记录制度重大执法决定法制审核制度的实施方案》，于7月正式由市人民政府向全市印发。结合“不忘初心、牢记使命”主题教育活动，10月8—12日，由市司法局党组书记彭庆纪、局长刘育艳带队，专题调研相关执法单位三项制度的落实情况，并撰写专题调研报告。全年审核政府文件59件、部门文件8件，其中政府规范性文件4件；审查政府合同30件，办理政府行政复议案件8件，办理政府行政应诉案件36件，办理政府民事应诉案件2件，参加政府安排的各类会议128次，从法律角度提出解决问题的意见和建议215条。

【深化法治宣传教育】2019年，稳步推进“七五”普法工作，进一步落实“谁执法谁普法”责任制，下发《关于进一步落实“谁执法谁普法”普法责任制的实施意见》《关于印发醴陵市国家机关“谁执法谁普法”普法责任清单的通知》。年内，市人民检察院、市教育局、市孙家湾镇被评为株洲市“七五”普法中期先进集体。不断拓宽法治文化阵地，在车顿桥广场新建1条普法宣传长廊。深入开展法治市、法治镇（街道）、民主法治示范村（社区）创建活动，市孙家湾镇孙家湾村获评全国民主法治建设示范村。坚持中心组学法制度，推进领导干部和国家工作人员学法用法工作，全市358个单位和部门在“如法网”导入学法人员9946人，有9051人参加学法考试，学时完成率达100%，报考率达99.87%，考试通过率达99.05%。全年开展各类法治宣传教育活动145场次，发放宣传资料34万余份，展出板报300余块次。

【扎实推进人民调解】2019年，市司法局开展“大排查、早调解、护稳定、迎国庆”和“四查四防化纠纷、千乡万村创四无”专项调解活动，加强人民调解与“三调联动”工作机制（以人民调解为基础和纽带，依法整合调解职能，实行人民调解、司法调解、行政调解衔接联动，及时有效化解社会矛盾纠纷的一种工作机制），人民调解组织成功调处市人民法院、公安、信访等部门委托移送的纠纷31件，成功调解湘赣边界纠纷6件。充分运用调解新手段，市妇联联合益爱志愿者协会、渌江法律服务所成立婚姻调解志愿者服务站，为全市广大家庭和妇女的幸福安宁“保驾护航”。市司法局联合市陶瓷职业技术学校采取“人民调解+心灵抚平”调解模式介入信访调解工作。市法律援助中心主任牵头，组成律师攻关团，重点调处旺亿商铺与租户资金纠纷。全年全市排查调处矛盾纠纷1680件，调解成功1673件，成功率为99.6%。其中成功处理非正常死亡事件13件（不含道路交通致死事件），成功调解信访案件11件。9月19日在全省司法所工作推进会上，醴陵市以“司法所队伍建设”为主题作经验交流发言。市孙家湾司法所获评全省司法所工作表现突出单位，茶山司法所所长陈浩学获评全省司法所工作表现突出个人。

【强化特殊人群监管帮扶】2019年，市司法局分别于2月14—

24 日、4 月 9—18 日和 9 月 16—26 日开展社区服刑人员集中点训及专项督查，警告处分无故缺席的 10 名社区服刑人员。对社区矫正和安置帮教人员进行技能培训，使其能掌握一技之长，更好适应社会。落实社区矫正人员日报告制度，加强动态管理；强化刑满释放人员安置帮教工作，严防刑满释放人员参与群体性事件、制造重大恶性案件，最大限度地消除不稳定因素，杜绝脱管漏管、重新违法犯罪事件发生。为 30 名社区服刑人员佩戴手环，对其实时定位监管。年内全市有 14 名对象获得特赦，完成特赦工作任务。安装远程视频会见系统，经省司法厅调试成功，筹备投入使用，监狱在押服刑人员、强制隔离戒毒所戒毒人员的亲属或监护人可通过网络视频实施远程探视。截至年末，全市累计接收社区服刑人员 3845 人，解除矫正 3338 人，在册 507 人，无一人脱管、漏管。

【优化公共法律服务供给】2019 年，市司法局不断优化公共法律服务。一是坚持惠民利民不减力。法律援助中心全年办理各类援助案件 609 件（其中民事案件 283 件、刑事案件 197 件、仲裁 124 件，行政案件 2 件，国家赔偿案件 3 件），为受援助人挽回经济损失 313 万元，完成率达 152.25%，实现法律援助社会效果和法律效果的有效统一。二是坚持优化公共法律服务体系不松懈。实现 23 个公共法律服务站、267 个公共法律服务点，2670 个“法润三湘”公共法律服务志愿点全覆盖。推动落实“律师乡村（社区）行”，推进“一村一法律顾问”工作,在全市 267 个村（社区）建立法律顾问微信群，94 名律师、法律服务工作者为 267 个村（社区）提供免费的法律顾问。10 月 9 日，在全省公共法律服务工作推进会上，醴陵市作典型经验交流发言。完善律师参与化解和代理涉法涉诉信访案件制度，实现刑事案件审判阶段律师辩护全覆盖，1—11 月，全市律师办理各类法律事务 848 件，其中办理刑事案件 178 件，担任法律顾问 177 家，挽回经济损失约 1520 万元。市弘扬、醴源 2 家律师事务所获省优秀律师事务所称号，为株洲市仅有的获该荣誉的单位。市公证处办理各类公证 1865 件，其中涉外和涉港澳台 526 件，未出现一例错、假、瑕疵证。司法鉴定所办理各类司法鉴定案件 452 件；株洲仲裁委员会醴陵分会办理仲裁案件 7 件；推动“法润三湘”公共法律服务志愿者活动，邀请省“法润三湘”公共法律服务志愿者团队湖南天地人律师事务所到醴陵开展为期 1 周的志愿服务，取得良好的法治宣传、法律服务效果。联合市益爱志愿者协会结合“3·15”“6·26”“12·4”等时间节点开展法治宣传教育活动 26 场次，发放宣传资料 2 万余份，解答法律咨询 32 次。

【全力推进扫黑除恶专项斗争】2019 年，市司法局发挥法治宣传的震慑、教育作用，加大涉黑涉恶线索排查力度，加强对社矫安帮人员的管理，全市社区服刑人员均签订《扫黑除恶专项斗争告知书》，引导提高法律意识。全年开展扫黑除恶法治宣传活动 93 场次，出动法治宣传车 56 台次，摸排涉黑涉恶线索 1 条，律师办理涉黑涉恶案件 67 起，其中 54 件由法律援助中心指派。（卜中华）

网格化管理服务

【概况】2019 年 3 月，根据《醴陵市机构编制委员会办公室关于醴陵市机构改革涉改科级事业单位调整的通知》（醴编字〔2019〕2 号）文件，将市社会综合治理、综合执法服务、便民服务等公益服务职责整合，组建市网格化管理服务中心，为市政府直属正科级公益类事业单位。市网格化管理服务中心内设办公室、综合指导组、平台调度组、督评事务组 4 个机构，核定编制 27 名，年末有在编人员 18 人。年内，市网格化管理服务中心按照“多心合一、多网融合，统筹有序、城乡协同”的工作思路，认真贯彻落实以人民为中心的理念，努力构建“精细化管理、人性化服务、多元化参与、信息化支撑”的社会治理生态，上报事件 7.3 万余件，代办居民事项 4.9 万余件，收集社情民意 11.8 万余条，持续夯实共建共治共享的社会治理新格局。成功承办“创新治理看三湘”南线采访活动，获得 30 余家全国和省级法制（治）报刊宣传报道。典型案例《扎牢“最底一张网”，畅通“最后一公里”》入选人民网 2019 全国创新社会治理典型案例，在网络投票环节获得 232.4 万票，位列第三名。

【网格基础】2019 年 8 月，网格化指挥大厅、综治中心、市长热线办整体搬迁至醴陵市市民中心，实现人员、职能、系统的深度融合。市网格化管理服务中心牵头负责的“1+4”综合平台体系建设，已完成市、镇、村三级综合指挥中心建设，便民服务、市场监管、综合执法和综合治理 4 个平台建设稳步推进。学习沿海发达地区做法和省委对“专属网格”的文件要求，将全市机关及企事业单位、成熟小区等划分为专属网格，与市住房保障服务中心合作开展专属网格试点。

【网格服务】2019 年，一是创新“网格 + 政务服务”模式。推行市民中心网格志愿导办服务，由网格员在服务大厅轮班轮岗，为办事群众提供咨询、导办、查询等服务，收集群众意见和建议，提升网格员实践业务水准。全年派出导办165人次，服务1.2万余人次。二是创新开展“三大五进”（大走访、大宣传、大服务，进村组、进社区、进企业、进门店、进家庭）活动。发动网格员加大走访、宣传、服务群众力度。期间，网格走访人次、社情民意收集、网格代办服务、宣传资料发放等数据大幅提升。三是推进“幸福株洲”醴陵监督与服务微信群工作。在网格化服务管理平台开通微信群事件来源渠道，做好群内信息咨询和诉求的收集、分流与反馈，发布便民惠民政策信息，解决问题2494个，办结率达97.3%。四是推动“一村一辅警，一格一助警”工作。249名网格员主动兼任助理警务员，协助公安部门开展矛盾纠纷调处、治安巡逻、风险排查、法制宣传等工作。

【网格管理】2019年，市网格化管理服务中心以“精业务、提素质、强本领”为目标，定期开展网格员业务培训。研究出台《“城乡统筹、结对共进”工作实施方案》《专职网格员（辅警）目标管理考核办法》等制度，进一步明确工作职责，细化工作措施，提高工作效率。开展“喜迎七十华诞·追寻网格初心”首届职工运动会，凝聚奋勇争先、团结向上的网格能量。在全市举行“最美”和“优秀”网格员评选，择优选拔10名“最美网格员”和23名“优秀网格员”，引导广大网格员向身边榜样看齐。全力助推“城乡统筹·幸福醴陵”创新社会治理其他6项行动，在4次季度考核评估中均名列前三，年度考核中名列第一。

【党建工作】7月，中共醴陵市网格化管理服务中心机关支部委员会成立，按照“七有”（有场所、有设施、有标志、有党旗、有誓词、有书报、有制度）标准设置党建室，建立健全“三会一课”、民主评议等制度。下半年共开展主题党日活动5次、支部党员大会2次，讲授党课4次。坚持学做结合、学做一体推进主题教育，组织开展网格队伍主题教育应知应会知识竞赛和红色故事微宣讲、主题教育专题授课等系列活动，集中学习7次，推进4个课题调研，自查梳理主题教育问题5个，收集班子成员意见建议22条。（杨梦婷）

综合经济与管理

发展和改革

【概况】 2019年，根据机构改革要求，原市“两型”办和重点办有关职责并入市发展和改革局，原属市发展和改革局的部分职责职能划出。机构改革后，市发展和改革局内设办公室、综合规划股、经济发展股、社会发展股、投资管理股、价格收费管理股、计划财务股、区域发展股、基础产业股9个股室，下设市价格成本调查队、市重点项目前期工作中心、市重点建设项目事务中心、市价格认证中心4个事业单位。年内，市发展和改革局主动落实市委、市政府的决策部署，加强经济运行分析，把握宏观经济走势，按照高质量发展的要求，着力稳增长、调结构、促改革、稳投资、惠民生，经济运行保持“总体平稳、稳中向好”的发展态势。全年实现地区生产总值增长8.3%。完成一般公共预算收入43.97亿元，增长5.2%。实现规模工业总产值765亿元，增长15.8%。固定资产投资总额达317.88亿元，增长14.2%。社会消费品零售总额增长10.4%。城乡居民人均可支配收入分别增长8.9%、9%。县域经济综合实力首次挺进全国五十强,名列第46位。基本竞争力跃升至全国第70位。县域营商环境位列全国第26位。

【项目建设】 2019年，全市实施重点项目261个，总投资998亿元，年度计划投资197亿元，计划开工项目134个。列入株洲新开工重点项目计划33个，竣工项目9个。旗滨电子玻璃列入省重大科技创新项目，完成投资4亿元，为年度任务的105.3%。株洲市重点产业项目中盐红四方、玻璃产业园、旗滨节能玻璃、三三橡胶等21个重点项目开工建设，旗滨电子玻璃、华鑫高能、阳东电瓷等5个重点项目竣工投产。株洲市重点科技创新项目中，4个项目完成投资1.3亿元，3个引进落地任务已全部完成。株洲市重点产品创新项目中，5个实施项目完成投资0.9亿元，5个引进落地任务全部完成。引进44个招商引资签约项目，为年度任务的125.7%，签约金额101.8亿元。引进科技创新人才22人，为年度任务的110%。

【投资管理】 市发展和改革局负责政府投资项目储备库组织和管理、年度政府投资计划编制下达、会同财政部门及行业主管部门下达政府补助和贴息项目资金计划，项目立项审批、项目规模调整审批、项目概算备案及调整审查、代建管理、招投标核准、项目后评价、重点项目调度考核等综合管理工作。2019年，受理企业备案582项，项目审批316项、核准5项，项目招标核准53项。

【“放管服”改革】 2019年，市发展和改革局深入推进行政审批事项改革。在市民中心设置专门服务窗口，实现项目备案等审批事项一站式办理。开通“网上办理”服务，企业可利用电话、微信、QQ等多种咨询方式，实现办事不出门,在线“数据跑”。推行“一次办结”制度，对材料齐全、符合审批条件和产业政策的项目，做到随到随批。开辟项目审批绿色通道，依托投资项目承诺制，对重点紧急建设项目优先受理、优先审批、即收即办，对急需开工建设的项目积极协调、容缺受理、先办后补。

【价费管理】 2019年，市发展和改革局继续规范管理全市重要商品、服务价格和行政事业性收费，依法调整公用事业和公共服务价格。应对物价指数过快上涨，启动社会救助和保障标准与物价上涨挂钩联动机制，发放困难群众价格补贴620余万元。完善价格监测体系，新增建材类价格监测点4个，形成由23个价格监测点组成的、负责监测100余种商品价格的价格监测网络体系。价格认证权威可信，受理完成价格认定工作136件，出具价格认定结论书136份，认定金额近1670万元，无一投诉。

【易地扶贫搬迁】2019年，市发展和改革局全面排查全市610户易地扶贫搬迁户以及8个集中安置点，及时发现问题并整改，做好问题“九清零”工作，顺利通过易地扶贫搬迁省检。出台印发《醴陵市易地扶贫搬迁工作后续帮扶实施方案》，指导搬迁对象开展后续产业发展。

【湘赣边区域合作】2019年，市发展和改革局充分利用湘赣边区域合作示范区平台，与湘赣边各地区在交通、文旅、产业、生态等领域开展合作，并取得良好成效。醴陵瓷谷、耿飚故居等景点被纳入湘赣边乡村振兴红色旅游经典线，另有一批景点被纳入湘赣边区农业休闲精品旅游线路。4月，醴陵市成功承办第五届湘赣边区域开放合作主题联席会议。（易　安）

自然资源管理

【概况】2019年3月，根据《中共醴陵市委办公室　醴陵市人民政府办公室关于印发〈醴陵市机构改革实施方案〉的通知》（醴办发〔2019〕9号）文件，将市国土资源局的职责、市住房和城乡规划建设局的城乡规划管理职责、市发展和改革局的组织编制并实施主体功能区规划职责、市水利局的水资源调查和确权登记管理职责，以及市林业局的森林、湿地等资源调查和确权登记管理等职责整合，组建市自然资源局，作为市政府工作部门。不再保留市国土资源局。市自然资源局内设16个职能股室，下设23个事业单位；实有人员344人，其中行政编制36人，参公事业编制15人，事业编制160人，编外人员133人，局机关有班子成员10人；有党员200人。

【土地管理】2019年，市自然资源局抓好土地资源管理，全力推进“产业项目建设年”活动和温暖企业“三百”行动。全年报批土地358.4公顷，征地268.47公顷，拆迁房屋203栋，重点项目、民生工程、基础设施应保尽保。最大化显现土地价值，维持动态储备土地233.33公顷，出让土地152.07公顷，实现土地纯收入6.2亿元，为城市建设和发展提供财力支持。有序开展第三次土地调查，启动国土空间规划编制，高质量编制重点规划，服务全市发展大局。开展18个村民集中居民点建设试点，基本完成全市村庄分类布局规划及50个村的规划成果，进一步盘活土地资源，拓展规划空间，助力农村人居环境整治。

【自然资源保护】2019年，市自然资源局保护资源有新作为。严守耕地红线，建设用地占用耕地补充面积52.87公顷，连续20年实现耕地占补平衡。实施旱改水项目33.33公顷、土地整治项目609.8公顷、增减挂钩项目589公顷，新增耕地301公顷，历年的“旱改水”承诺全部兑现，增减挂钩指标全部确认。牢固树立“绿水青山就是金山银山”的发展理念，全年出让采矿权4宗，收取价款4030万元，完成山体修复10公顷，立案查处非法开采案件8宗，连续4年获评市安全生产先进单位。做好土地违法违规行为专项整治，上年度133个卫片图斑已立案查处93宗、非立案处理40宗。完成增存挂钩工作任务，36宗闲置土地处置到位率达66%，642.73公顷空闲土地盘活利用率达51%，达到国家自然资源督察武汉局和湖南省自然资源厅要求的整改目标，湖南醴陵经济开发区获评全省开发区节约集约用地一等奖。开展“大棚房”专项整治及违建别墅问题清理专项整治行动，有效维护自然资源管理秩序。

【“放管服”改革】2019年，市自然资源局深入推进“放管服”改革。将不动产登记、房产交易等职能整体进驻市民中心，所有审批事项在市民中心集中受理、限时办结，最大程度优化审批流程，缩短审批时限，减少审批材料。新建楼盘“交房即交证”，所有登记业务3个工作日内办结，综合验收13个工作日内办结，用地、矿产、规划业务最迟20个工作日内办结，审批环节明显简化，审批效率明显提升。压缩不动产登记办理时限工作位列长株潭地区第一、全省第七。全年受理规划审批135件，核发“一书三证”（《建设项目选址意见书》《建设用地规划许可证》《建设工程规划许可证》《乡村建设规划许可证》）97本，发放不动产证书27697本，出具不动产登记证明18505份，接待档案查询2万余人次，生产测绘面积1600余公顷；办理人大代表建议24件、政协提案13件、市委市政府重点交办任务90余件，践行“马上就办、真抓实干”工作作风，有效解决企业和群众办事难、办事慢，多头跑、来回跑的问题。

【信访工作】2019年，市自然资源局接待群众来信来访161件，办结158件；行政诉讼应诉32件，结案24件；处理市长热线受理事项137条、局长信箱受理事项1条。加强历史遗留问题排查化解，其中五环都会业主办理不动产权证等“老大难”信访问题得到逐步解决，作为“不忘初心、牢记使命”主题教育的典型成果在全市推广。年内，市自然资源局被评为市2019年度信访工作“三无”创建工作C类先进单位。（李剑 袁方）

审计管理

【概况】2019年3月，根据《中共醴陵市委办公室 醴陵市人民政府办公室关于印发〈醴陵市机构改革实施方案〉的通知》（醴办发〔2019〕9号）文件，优化市审计局职责。将市发展和改革局的重大项目稽查、市财政局的预算执行情况和其他财政收支情况监督检查职责划入市审计局。不再保留市领导干部任期经济责任审计工作领导小组及其办公室。经机构改革后，市审计局内设办公室、法规股、财政金融审计股、行政事业审计股、基建外资审计股、经济责任审计股、自然资源和生态环境审计股、财政及重大项目监督股8个股室，下辖市投资审计中心1个副科级事业机构。年末，有在职在编人员26人、人事代理人员4人，外聘专职审计人员5人。全年完成审计项目15个，其中领导干部经济责任审计项目5个，审计查出问题66个，提交审计报告及专项调查报告22篇，审计查出主要问题金额57081万元，其中违规金额896万元，管理不规范金额55880万元，审计发现侵害人民群众利益资金53万元，审计期间整改金额6075万元，审计处理处罚金额33412万元，向市纪委监委及行业主管部门移送案件线索2起，提出审计建议并被采纳29条。全年审核政府投资项目262个，审核资金12.01亿元，核减资金1090.31万元。

【财政审计】2019年，在同级财政审计中，市审计局坚持以推进公共财政体系健全和维护财政安全为目标，深化财政绩效审计，重点加强财政预决算管理和财经政策法规执行、地方政府性债务管理、有关作风建设规定落实以及财政支出绩效情况的审计。注重审计对象的选择，审计重点的把握，审计内容的全覆盖。年内审计涉及市财政局、市发展和改革局、市环境保护局、市卫生和计划生育局等部门单位。为做“深”预算执行审计，将部门预算审计、专项资金审计调查、重点工程建设审计进行横向纵向结合，揭示国家政策措施执行和财政预算管理中存在的突出问题和重大违法案件线索，发现经济社会中的突出矛盾和风险隐患，从体制、机制、制度层面分析原因，提出有针对性的审计建议，推动政策措施的贯彻落实。促进健全统一完整的政府预算体系，有效提高预算管理水平和绩效，推进经济社会持续稳定健康发展。在预算管理方面，主要突出对财政预算收支平衡和资金平衡真实性的审计；在财政财务管理方面，主要突出关注国家稳增长、促改革、调结构、惠民生、防风险等政策措施的分解落实情况审计，提高财政资金管理水平，有力推动深化财政管理改革；在政府债务方面，围绕“摸清家底、揭露问题、促进发展”的总体目标，开展政府与平台公司厘清债务审计，摸清家底，为平台公司转型升级奠定基础；在审查预算支出情况方面，重点审计财政资金分配使用的合理性、有效性、规范性，以及转移支付资金拨付的及时性，高度关注财政预算支出中无预算、超预算或向非预算单位的拨款、随意改变支出用途等问题，对财政专项资金进行审计调查，以财政专项资金的分配使用绩效为主线，延伸抽查项目资金的使用效果，揭示专项资金管理、分配和绩效方面的问题，并提出加强规范专项资金管理的建议。

【经济责任审计】2019年，市审计局围绕权力运行和责任落实两个重点，以资源、资产、资金的管理和使用为主线，以事业发展、职能履行、经济决策、政策执行、经济管理和廉洁从政情况为重点，实施5个领导干部经济责任审计项目。审计查出违纪违规金额3779.16万元。根据被审计对象应承担责任，界定领导干部应负领导责任金额3779.16万元。处理上缴财政资金16.92万元，调整账务金额53.35万元，责令归还原渠道资金42.9万元，责令扣回个人应负担的慈善捐款3.9万元，提出审计建议16条，向中共醴陵市纪委（监委）及行业主管部门移送案件线索2件，较好地发挥经济责任审计“正党风、管干部、促发展”的积极作用。

【投资项目审计】2019年，市审计局全面加强对政府投资项目的审计，实现对投资项目结算审计全覆盖。在审计中重点关注工程造价方面高估冒算的问题。全年完成工程结算项目审计293个，审核建设资金12.86亿元，核减工程支出1439.68万元，提出审计建议并被采纳42条。审计过程中发现相关部门存在把关不严、超付工程款现象，市审计局对问题单位发出审计整改函。

【内部审计】 2019年，全市有内审机构9个，完成审计项目51项，查出损失浪费资金972万元，促进增收节支1320万元，纠正违规违纪资金521万元，提出合理化建议和意见38条。（凌志良）

统计管理

【概况】 2019年，市统计局内设办公室、法规股、综合核算股、工业能源股、贸易服务业股、投资股、人事教育股，下设普查中心、市社会经济调查中心和数据管理中心；有干部职工30人，其中在编人员24人，临聘人员6人。年末，市统计局获评市文明建设标兵单位、企业帮扶先进单位、社会管理综合治理工作先进单位。

【完成全国第四次经济普查】 醴陵市于2018年7月24日启动全国第四次经济普查工作，成立市第四次全国经济普查领导小组，并在全市镇、街道、村、社区全面广泛发动。按照“确保质量、改革创新、突出重点、依法普查、共享成果”的原则，对全市498个普查小区采取“地毯式”清查的方法，逐时、逐街、逐栋、逐层、逐户对全市法人单位、产业活动单位和从事第二、第三产业的个体经营户进行全面清查登记。为提高工作效率，创新普查方式，积极利用部门行政记录和业务资料；全面使用手持移动终端（PDA）采集数据，提高普查数据采集信息化水平，广泛应用行业代码自动识别赋码技术，普查数据生产全过程实行电子化、网络化，于2019年4月完成入户登记工作。普查结果显示，2018年年末，全市共有从事第二产业和第三产业活动的法人单位7217个，与2013年醴陵市第三次全国经济普查相比，增长32.4%；从业人员32.7万人，下降12.1%；产业活动单位7990个，增长26.7%；清查个体经营户66326户，增长28.3%。市第四次全国经济普查充分运用现代信息技术手段，过程公开透明，全面摸清全市第二、第三产业家底，达到预期目标。

【统计业务】 一是着力经济普查攻坚。全国第四次经济普查启动以来，醴陵市经济普查领导小组办公室采取多种措施，做好普查公报发表和数据解读准备工作；明确醴陵市经济普查资料开发应用目标任务和主要内容；确定经济普查分析研究课题和统计改革研究参考方向；落实2个经济普查分析研究课题，有针对性地做好第四次经济普查资料开发应用工作，扩大经济普查成果的影响。二是推进精准统计。市统计局联合科工信、工商等部门进一步筛选企业，收集整理资料，筹备新增企业的申报工作，年内全市新增“四上”企业99家，其中新投产企业49家，“四下转四上”企业50家。

【统计服务】 2019年，市统计局围绕全市经济社会发展，提高主动服务意识。一是强化统计信息职能。在1月完成2018年全面建成小康社会的年报上报工作，撰写分析说明，提出对策建议，为市小康办和各级领导掌握全市小康工作进展情况提供决策参考。全年完成小康监测报告1篇，上报季度报表4次，完成小康实现程度测算10余次。截至11月，发布《醴陵统计月报》9期。做好《2018年市情市力》编辑工作，内容涵盖2018年统计公报、主要经济指标情况、中小城市情况、全国县域百强情况、小康监测、“四上”新增等情况。完成统计分析40篇，发挥职能作用，当好参谋助手，为全市经济发展提供科学的决策依据。二是强化统计咨询职能。全年提供数据查询、政府及有关部门涉及经济数据材料修正近200次，接待社会公众查询统计资料20余次，出具数据证明10余次。三是加强监测预警。定期开展投资、消费对区域经济发展贡献分析，强化对旅游业、农业、工业、房地产、建筑业、服务业等主要产业指标数据的监测分析，做好与上级统计部门的沟通汇报以及相关职能部门的数据衔接工作，不断强化分析预警，提前做好预测预判，变事后统计数据为事前预测预警。四是圆满完成民调工作。市社会经济调查中心对全市24个镇（街道、示范区）及112家市直单位进行2次社会管理综合治理民意调查，为市政法委提供准确的调查结果。受市扶贫办委托，对贫困户及扶贫干部进行5次电话抽样调查，并形成总结及分析报告，为全市精准扶贫工作考核提供参考依据。

【统计法治工作】 2019年，全市推进依法统计工作。一是加强学习和宣传教育，营造统计法治工作氛围。1月，市政府常务（扩大）会议组织学习《防范和惩治统计造假、弄虚作假督察工作规定》。8月，在市委党校组织全市镇街统计员及部分重点企业统计员专题学习《防范和惩治统计造假、弄虚作假督察工作规定实施办法（试行）》。12月，市统计局在嘉茂银座广场组织开展统计法律法规知识宣讲活动。二是积极开展统计执法检查工作，巩固“数据造假、以数谋私”专项整治活动成效。（贺中云）

社会经济调查

【概况】2019年，国家统计局醴陵调查队（以下简称“醴陵调查队”）内设办公室、综合执法股、调查业务股和专项监测股4个职能股室。年内，醴陵调查队发挥自身职能，完成居民收入调查、县级粮食产量对地调查、月度劳动力调查、农民工市民化进程动态监测调查等多项调查，为全市甚至全省的经济社会发展提供参考依据。因调查方法等因素的影响，调查产生的数据与《2019年醴陵市国民经济和社会发展统计公报》略有差异，为反映调查的真实性，保留调查原始数据。

【县级粮食产量对地调查】2019年，县级粮食产量对地调查通过卫星遥感和无人机测量等高新信息技术手段，运用新型天、地、人多源信息采集方式，对明月、船湾等8个镇15个样本村的45个样方、196.14公顷耕地农作物进行监测调查，推算醴陵农作物播种面积和产量。通过调查测算，2019年全市粮食播种面积为62.74千公顷，粮食总产量45.53万吨。

【主要畜禽监测调查】2019年，全市主要畜禽监测调查包括大型养殖场（户）猪、牛、羊、禽，分别为20户、1户、1户、14户，中小型调查户涉及17个调查村507户调查对象，以及时准确反映全市畜牧业生产发展情况。经调查，2019年全市生猪出栏77.41万头，年末存栏45.3万头。

【农民工监测调查】2019年，通过定期收集农民工相关信息，准确反映农民工数量、流向、结构、就业、收支、生活、社会保障及

2019年醴陵市住户收支与生活状况调查主要指标一览表

表2

主要指标	单位	总计	城镇	农村
一、基本情况				
1. 调查户数	户	130	60	70
2. 常住人口	人	500	235	265
3. 劳动力人数	人	328	159	169
4. 百户耐用消费品拥有情况				
洗衣机	台	106	110	103
电冰箱（柜）	台	102	103	101
空　调	台	209	266	160
热水器	台	87	106	70
摩托车	辆	110	96	121
家用汽车	辆	31	33	28
固定电话	部	5	5	4
移动电话	部	328	320	336
彩　电	台	155	155	154
家用计算机	台	67	81	54
二、人均居民收入情况				
可支配收入	元	36582	42921	28737
①工资性收入	元	15280	18140	11741
②经营净收入	元	10460	10881	9939
其中：第一产业经营净收入	元	548	179	1004
第二产业经营净收入	元	4169	3632	4534
第三产业经营净收入	元	5743	7070	4101
③财产净收入	元	2803	4155	1130
④转移净收入	元	8039	9746	5928
三、人均居民支出情况				
消费支出	元	23780	28020	18533
①食品烟酒	元	6277	7381	4912
②衣着	元	1546	1936	1065
③居住	元	4711	5474	3767
④生活用品及服务	元	1266	1751	1463
⑤交通通信	元	2590	3391	1598
⑥教育文化娱乐	元	4437	5221	3467
⑦医疗保健	元	1984	2054	1898
⑧其他用品和服务	元	612	811	365

创业等情况，从宏观上把握农民工发展变化情况，为制定科学的农民工政策、加强和改善农民工工作提供科学依据。全市农民工监测调查共有阳三石街道玉屏山村、国瓷街道华塘村、王仙镇温泉村等8个调查小区。经调查，截至年末，醴陵市当地非农务工月均收入3187元，增幅为1.1%；外出农民工月均收入4695元，增幅为7%。

【文明城市模拟测评】2019年，醴陵调查队按照全市工作部署，受市创建工作领导小组委托，根据国家统计局湖南调查总队批复，作为独立第三方全权负责、组织实施2019年醴陵市文明城市模拟测评工作2次。文明城市模拟测评主要采取问卷调查、实地考察两种方法进行。问卷调查采取入户访问和随机拦截街访形式，调查数量为2000份/次；实地考察在兼顾可操作性和公平性的前提下，以暗访的形式对涉及文明城市测评体系考察范围的测评地点进行全覆盖实地考察，为全面掌握醴陵市文明城市创建工作进程，及时了解创建中存在的问题和短板，为有效推进文明城市创建工作提供依据。（宋玲玲）

市场监督管理

【概况】2019年3月，根据《中共醴陵市委办公室　醴陵市人民政府办公室关于印发〈醴陵市机构改革实施方案〉的通知》（醴办发〔2019〕9号）文件，将市食品药品工商质量监督管理局（市食品安全委员会办公室）的职责，以及市发展和改革局的价格监督检查与反垄断执法职责，市商务旅游和粮食局的经营者集中反垄断执法职责，市经济科技信息化局的知识产权管理职责整合，组建市市场监督管理局，作为市政府工作部门。市市场监督管理局承担市食品安全委员会日常工作。机构改革后，市市场监督管理局内设16个股室，按12个片区设置基层监督管理所，有市价格监督检查局1个下属正股级全额拨款行政机构，有市食品药品和质量技术检验检测所（副科级）、市食品药品工商质量监督执法大队、市个体私营经济发展指导中心和市消费者委员会办事机构4个下属事业单位。有在职人员225人（不含纪检组组长），其中局机关68人、下属单位30人、12个基层监管所127人。年内，市市场监督管理局以“示范创建年、作风提升年、产品质量安全年、产业项目建设年”为抓手，狠抓基层基础工作，严惩违法违规行为，全市市场监管工作水平不断提升，仙岳山市场监督管理所获评全国市场监管系统优秀市场监管所。个体户赵石毛再次获评全国先进个体工商户。

【市场监管与执法】2019年，市市场监督管理局贯彻“双随机、一公开”（在行政执法检查过程中，随机抽取检查对象、随机选派执法人员，抽查情况及查处结果及时向社会公开）规定，加大日常监管和执法力度，维护市场秩序稳定。一是开展市场监管领域“大排查、大管控、大整治”“强执法、防事故”“网剑”三大专项行动，集中开展学校食品安全、农贸市场、食品“三小”（小餐饮店、小食品店、食品小作坊）行业、白板肉、药品疫苗、烟花鞭炮质量、液化石油气瓶、转供电、医疗服务价格等九大专项整治，共检查各类市场主体12356户次。完成第四届中国烟花爆竹博览会暨2019醴陵烟花爆竹交易会、2019年醴陵市夏季乡村文化旅游节、2019湖南（醴陵）国际陶瓷产业博览会、“三考”（中考、高考、学考）等重大节会期间的市场安全保障工作任务。二是加大执法查处，净化市场环境。加大传销打击力度，重点查处苏州善泽国际文化传播有限公司在醴陵违法直销案和“拥德控股”“寻山优品”涉嫌组织策划传销案，涉案金额10余亿元。全年共立案查处各类案件311件，核审262件，结案253件。结案的案件中，有食品类案件106件，药械类案件9件，质监类案件52件，工商类案件80件，价格类案件6件。三是加强信息公开，接受社会监管。加强年报公示力度，上年度企业、农专、个体年报率分别为87.38%、92.27%、91.24%。4258户未报送2018年度报告的市场主体直接列入异常名录，587户连续3年列入异常名录的市场主体统一列入严重违法失信企业名单。

【企业服务】一是充分发挥在企业融资中的桥梁纽带作用。办理股权质押12件，担保融资7亿元；办理动产抵押登记20件，企业实现融资1.7亿元。二是扎实开展“产业项目建设年”和温暖企业“三百”行动。梳理并公示惠企政策11条，为企业减免各类费用约118万元。帮助指导10家企业制定产品标准，无偿办理条码32家。三是引导知识产权工作健康发展。瓷博会期间，协助省知识产权维权援助中心在醴陵国际会展中心组织知识产权公益讲座，为瓷博会展前、展中和展后各个环节提供知识产权服务，营造良好的展会交易环境。加强与省市场监督管理局、株洲市市场监督管理局协调对接，引导和帮助企业开展发明专利工作，全面完成全年专利指标数量，新增马德里国际商标注册3件，1家烟花出口企业获得美国、欧盟、俄罗斯的PCT国外专利申请的授权，1家科技企业参与国家知识产权优势企业的申报。对接和落实各级惠企奖补政策，知识产权重点项目资金和上年度授权的发明专利补助资金年内已分批兑现到位。

【"质量强市"工作】2019年，市市场监督管理局推动醴陵瓷器地理标志保护产品纳入"中欧100+100"地理标志互认互保项目，醴陵瓷器被列入省"拟纳入中欧地理标志合作协定第二批清单"推荐名单。支持电瓷产业发展，由市市场监督管理局牵头，湖南轻工高级技工学校配合申报的地方标准《电磁燃气工业窑炉能耗分等》获省市场监督管理局批准立项。指导湖南阳东电瓷电气股份有限公司申报《阳东电瓷绝缘子产业标准化提升试点》工作获省市场监督管理局批准；指导湖南醴陵经济开发区参与知识产权公共服务平台建设申报项目已获批，省市场监督管理局拨付的专项资金已到位。

【优质窗口服务】2019年，市市场监督管理局深化商事制度改革，进一步释放改革活力。一是推进审批简约化。推进"证照分离""多证合一""证照联办"改革，确定涉及2个证照的11件事项形成"一件事一次办"事项目录。通过再造流程，"一件事一次办"业务精简材料40%，精简环节62.5%。"一件事一次办"改革以来，全市有190余名经营者体验到改革带来的快捷与便利。二是推进准入快速化。企业开办时间由原来的1周压缩至1个工作日内办结，创造企业开办"醴陵速度"。三是推进登记便利化。全年有782户企业通过全程电子化办理营业执照，278家企业办理简易注销登记。年末，全市有各类市场主体51052户，其中个体工商户40715户、各类企业10337家。年内新设企业1529家、个体工商户4797家，同比增长6.2%、3.9%。

【省级食品安全示范市创建】2019年，全市立足"五坚持两提升"（坚持高位推进、问题导向、群众满意、高标准创建、社会共治，全面提升群众的创建满意度和全市食品安全保障水平），开展省级食品安全示范市创建工作。年内，成功创建1所省级食品安全示范学校，打造24条食品安全示范街，160家食品安全示范店。创建工作完成自评，并顺利通过株洲市级初评，年末接受省级综合评价。

【风险监测】2019年，市市场监督管理局完成食品、食用农产品、重点工业产品监督抽检2878批次，完成燃气表、气体流量计、燃气报警器、压力数显仪、电子台秤等计量检定26207台次。开展9期食品安全"你点我查"，抽检168批次；完成定性快检6200批次，为执法办案提供技术支撑。全面推进药品不良反应监测体系建设，全年上报并评价药品一般不良反应561例，医疗器械不良事件202例，化妆品不良反应36例。

【民生服务】2019年，市市场监督管理局发挥职能作用，将服务延伸到市民生活的方方面面。开展食品安全快检车进社区、进学校、进乡镇、进大型活动现场，为市民提供现场"验菜"服务，得到市民高度赞扬。全面实施餐饮质量安全提质工程，量化分级率达90%以上。持续推进"明厨亮灶"改造工程，学校"明厨亮灶"率达80%。开展加油机、物流行业、配镜企业计量专项监督检查20余次。消费者权益保护委员会、全国"12315"网络平台、省"12315"申诉举报中心共受理投诉举报1243件，办结1227件，为消费者挽回经济损失56.92万元。在规定时限内高标准办理市长热线受理事件160余件。全年主办政协提案2件、协办1件，办理政协微建议5件，办结率和满意率均达100%。

【党建工作】2019年，市市场监督管理局抓严抓实党建工作，以党建促进其他工作开展。一是落实"三会一课"制度，开展形式多样、内容丰富的党日活动。将"学习强国"平台的学习情况列入基层支部党建工作考核，并在每月党建工作任务清单中安排布置，年内有257名中共党员和群众加入"学习强国"平台学习，全局人员的学习参与率达100%。二是加大党建经费投入。按照"五化"要求完成党建文化长廊、党员活动室、会议室等支部阵地建设。全局有党支部18个，在上年度1个党支部通过市委组织部合格党支部"五化"建设示范点验收的基础上，年内有13个党支部开展创建活动，等待验收。三是抓非公有制党建。年内新成立了2个非公有制企业党支部，非公有制企业党组织覆盖面不断扩大。完成5个非公有制企业党支部阵地建设，解决党员活动长期无场所的问题，促进非公有制企业党建工作规范化、制度化、长效化。四是抓党风廉政建设。及时贯彻落实上级有关党风廉政建设和反腐败工作的部署与要求。开展集中整治形式主义官僚主义，持续开展"治陋习、树新风"专项整治等工作。组织全局各基层监督管理所和执法大队签订《2019年党风廉政建设责任书》，进一步强化党性党风党纪教育及队伍作风建设，推进党风廉政建设和反腐败斗争工作。（杨礼沙）

应急管理

【概况】2019年3月，根据《中共醴陵市委办公室 醴陵市人民政府办公室关于印发〈醴陵市机构改革实施方案〉的通知》（醴办发〔2019〕9号）文件，将市安全生产监督管理局的职责，市政府办公室的应急管理职责，市公安局的消防管理职责，市民政局的救灾职责，市国土资源局的地质灾害防治职责，市林业局的森林防火相关职责，市经济科技信息化局的震灾应急救援职责，市水利局的水旱灾害防治相关职责，以及防汛抗旱、减灾、抗震救灾、森林防火等指挥部（委员会）的职责整合，组建市应急管理局，作为市政府工作部门，加挂市防汛抗旱指挥部办公室牌子。承担市安全生产委员会日常工作。3月29日，市应急管理局正式挂牌成立。机构改革后，市应急管理局内设办公室、人事教育股、规划财务股、法规培训股（行政审批股）、危险化学品监察股、烟花爆竹监察股、地质矿山监察股、火灾防治管理股、防汛抗旱股、综合监察股（风险监测和减灾股）、工贸行业监察股、应急指挥中心12个股室，核定机关行政编制19名、工勤编制1名；下辖市安全生产执法大队、市森林防火中心（市森林消防中队）2个公益一类事业单位。另设立安全生产工作站，为各镇、街道综合行政执法大队的内设机构，以市应急管理局管理为主。截至年末，全系统共有工作人员239人。年内，全市认真贯彻落实国家、省、株洲市关于安全生产工作的总体部署，推进改革发展，落实安全责任，不断夯实基础，提升保障能力，全市安全生产形势持续稳定向好。全年全市共发生安全事故3起，死亡2人，受伤2人，各项控制指标均处历史低位，连续3年未发生较大以上事故。醴陵市连续3年获评湖南省安全生产工作考核优秀单位。

【落实安全责任】2019年，全市安全生产工作注重抓责任落实。一是强化党政责任。实行安全生产委员会“双主任”制。健全领导干部带队检查常态化机制。将安全生产列入政府“十大重点工作”“一月一重点”工作。二是厘清部门责任。以机构改革为契机，理顺部门监管职责体系。完善部门联动，开展烟花爆竹、危化品、道路交通等系列联合执法行动，形成“全市联动、部门执法、镇街齐抓”整体格局。三是压实企业责任。以“十个一次”为内容，督促落实“一必须五到位”。推行班前晨会、安全承诺制度。公布200家企业主体责任人名单。强化“互联网+监管”平台。四是细化奖惩办法。完善考核办法，健全巡查制度。建立月调度、季通报、年考评机制，重奖重罚，倒逼责任落实。开展警示约谈4次，组织巡查考评5次，兑现目标奖励122.5万元。

【完善应急机制建设】2019年，市应急管理局坚持边组建、边应急、边防范，不断健全完善应急管理机制。一是推进改革发展。按时完成安全生产责任、监管、防控、保障体系等重点改革任务和职责职能、人员转隶、内设机构、人员编制调整等工作，应急保障能力显著增强。二是健全监管机制。调整安全生产、森林防火、防汛抗旱等协调机构成员组成。组建森林灭火救援大队，配备专职消防人员60人，并分片区设立5个基层中队。设立湖南醴陵经济开发区应急管理站，配备专职人员5人。完善网格管理，划分网格820个，扎牢“最底一张网”。三是完善联动机制。建立部门信息共享、防汛“一办十一组”（市防汛抗旱指挥部办公室，信息综合组、技术指导组、现场抢险组、灾情统计组、综合保障组、卫生防疫组、灾害救助组、宣传报道组、督查督办组、维稳组、城市工作组）等机制，发布水旱灾害、森林火灾预测预警17次、短信122.8万条。强化安全生产委员会办公室综合协调、督查督办力度，下达隐患督办函20份。四是构建应急体系。以“数字醴陵”为支撑，以网格中心为纽带，推进“多网融合”，构建多位一体应急体系。五是强化应急基础。6月14日，举办应急综合演练、应急救援成果展和应急体验，加强应急准备。完成高危企业预案备案366家，完成全市应急救援物资普查。组建应急指挥中心，实现24小时值守，接受省、株洲市查岗督察30余次，无脱岗、漏岗现象。

【严格执法监管】2019年，市应急管理局用法治思维和法治手段解决安全生产问题，着力提升安全生产法治化水平。一是坚持依法监管。科学开展计划执法，推行“双随机一公开”执法机制，对烟花爆竹领域开展2轮随机交叉、4次“双随机一公开”执法。开展应急法治培训，落实“谁执法谁普法”和“两法衔接”（行政执法与刑事司法衔接），严格规范执法。二是铁腕打非治违。落实责任片区网格实名制，始终保持高压态势，查处非法违法行为1080处，责令停产整顿23家，关闭取缔非法违法生产场所（点）11处，查处非法案件25起，刑事拘留22人、行政拘留5人。三是开展“强执法防事故”行动，坚持“零容忍”，严管严控严罚。组织执法活动6443次，出动执法人员42690人次，检查生产经营单位9128家，立案调查484

起，经济处罚1579.64万元，责令停产停业92家，取缔关闭48处，行政拘留28人，抓捕涉嫌犯罪人员5人；四是加强执法考评。全面使用执法系统执法，系统使用安全生产执法文书10916份。完善监管执法纠错和执法信息公开制度，公开曝光重大非法违法行为案件25起。开展2次执法质量评议，均排名株洲市前列。五是严格调查督办。做好事故统计直报工作，无瞒报、迟报、漏报现象。严格督查交办制度，完成省、株洲市隐患交办28处，对全市10处重大火灾安全隐患进行挂牌督办并通过媒体曝光。

【强化风险防控】2019年，市应急管理局坚持标本兼治、综合治理原则，紧盯风险源、隐患点，坚决守住重大风险防控底线。一是突出隐患治理。推进隐患自查自改全覆盖，共排查隐患5650处，整改5623处，整改率99.52%。建立重大隐患治理“一单四制”［县级以上负有安全生产监督管理职责的部门对日常监督检查中发现、上级交办、下级有关部门和生产经营单位报告的重大事故隐患和重大安全生产问题（以下统称“重大事故隐患”），经研究认定，形成重大事故隐患清单，并对每项重大事故隐患治理实行交办制、台账制、销号制、通报制管理，治理任务不落实不放过、隐患不消除不销号］制度并向企业延伸，建立重大隐患清单256处，销号250处，销号率97.65%。完成株洲市10处挂牌督办的2018年逾期未销号隐患整改。二是淘汰落后产能。市财政安排资金4000万元，累计关闭落后工区55个，兼并整合116家。成功举办第四届中国烟花爆竹博览会暨醴陵烟花爆竹交易会，成交金额达128亿元。完成2家地下非煤矿山兼并整合，完成北冲煤矿关闭退出任务，剩余2家煤矿以应急储备保供方式保留至2021年。三是强化风险管控。结合“企业主体责任年”，定期开展风险点排查、风险评估和危害辨识。实施“两客一危”（长途客运、旅游客运，危险品货运）、公路安全生命防护工程等，推进公交车行驶安全和桥梁防护工作。实行烟花爆竹ABC动态分级管理，评选A级企业65家。四是突出火灾防控。完成19个镇、街道消防规划编制。开展区域性火灾隐患、“防风险保平安迎大庆”等专项行动，排查火灾隐患1475处。开展森林防火督查4次，选聘护林员495人。五是打赢安全保卫战。打赢防范化解春节、清明节、“烟博会”、“五一”、汛期、高温期、“瓷博会”、新中国成立70周年大庆、生产旺季等特护期重大风险攻坚战，确保社会大局安全稳定。

【深化专项治理】2019年，市应急管理局坚持问题导向，深化重点行业领域专项治理，有效防范和遏制安全生产事故。一是开展“三大行动”。推进“大排查、大管控、大整治”行动，组织执法7441次，检查生产经营单位9491家次，排查隐患6819处，曝光典型隐患131个，挂牌督办重大风险隐患2个，经济处罚196.5万元，责令停产停业53家，暂扣或吊销证照2个，关闭取缔67处，行政拘留15人。二是开展工矿商贸治理。对1家煤矿进行高风险“体检”，完成1个“头顶库”治理，对非煤矿山进行普查，排查隐患376处，约谈企业3次。开展工贸企业摸底，举办工贸专题培训3期，培训334人。深化有限空间、液氨制冷、粉尘防爆、冶金煤气等专项整治，立案9家，责令停产整改6家。开展黑火药引火线、转包分包等整治，立案84起，处罚129.9万元。开展危险化学品安全“体检”，排查隐患149处。三是道路交通治理。查处各类违法行为23万余起，培训客货运驾驶员978人次、校车驾驶员400人次。开展道路运输“隐患清零”工作，清零隐患26处。加强水上交通整治，消除官庄水库重大隐患，拆解僵尸船、“三无”（无证、无牌、无籍）船30艘。实施104省道、066县道等178个农村公路安全生产防护工程。四是重点领域治理。以“安全保卫战”为统领，深化建筑施工、民爆物品、特种设备、城镇燃气、农业机械、文化旅游、校园校车等其他重点领域综合治理，做到“每季有部署，每月有重点”。五是防灾减灾救灾。“7·9”洪灾期间，集中安置9819人、紧急转移16470人，因灾重建或修缮户848户，其中重建203户，综合减灾取得显著成效，全省灾后重建现场会在醴陵市召开并做经验介绍。创建省级综合减灾示范社区2个。

【应急管理基层基础建设】2019年，市应急管理局注重加强基层基础工作建设，促进各项工作上台阶。一是加大安全投入。安排安全生产专项经费669.3万元。安排森林防灭火经费488.1万元。督促企业依法新购买安全生产责任保险304.93万元。二是提高科技水平。完成市镇企三级联网视频监控系统升级，接入企业252家。完善烟花爆竹服务平台升级，打造“一张网”平台。在高危企业推广使用“智慧用电”系统。推广烟花爆竹自动化生产，完善“花炮十条”（加速推进整合提升、扶持公共服务平台建设、支持企业拓展市场、优化企业审批手续、拓宽融资渠道、提升科技创新能力、推进企业规范化建设、健全人才服务体系、加强花炮品牌宣传、完善花炮产业链）政策。三是营造安全氛围。开展“防事故保安全”集中宣传活动，设立“安全在线”专栏，播放专题8期、公益广告2000分钟。参与全国应急管理普法竞赛，在株洲市排名第一。开展安全知识“七进”，以“安全生产月”、“5·12防灾减灾宣传周”等为阵地，开展全方位宣传。四是强化教育培训。组织机关干部、企业人员参加微信在线考试，参考11392人。落实每月30日为企业安全教育日，培训党政干部、“三项岗位”（主要负责人、安全管理人员、特种作业人员）等各类人员4.9万人。选派26人参加省、株洲市业务培训16期。组织2次全市应急系统专题业务培训。五是构建综治体系。创建省级示范乡镇13个。推进安全生产诚信体系建设，公布违法信息32起。加强黑火药等行业协会建设，强化社会监督，办结“12345”“12350”等举报事项27起，兑现举报奖励8.6万元。（黄　姣）

消　防

【概况】2019年，醴陵市消防救援大队（以下简称“大队”）举行挂牌仪式。大队共有人员63人，其中指挥员13人、战斗员22人、政府专职消防队员及文员28人。下辖江源消防救援站、阳三石消防救援站2个消防站，有执勤战斗车辆10台，共载水46吨、泡沫5.2吨，其中压缩空气泡沫车1台、水罐消防车2台、水罐泡沫消防车2台、抢险救援车3台、云梯消防车1台、重型水罐消防车1台，主要担负各类火灾扑救和灾害事故抢险救援工作。

【执勤训练】2019年，大队坚持“以练为战”的指导思想，全力打造现代化消防队伍。大队党委认真研究制定训练计划和业务考核办法，按照科学施训、以练为战、以战促练的目标，从实战出发，不断夯实战训基础工作。一方面有计划地对开展辖区消防安全重点单位熟悉演练，及时修订重点单位灭火作战预案，完善辖区消防栓坐标卡；另一方面分阶段、分岗位、分项目进行日常实战组训和演练，狠抓消防员体能素质提高和执勤业务能力训练，有效地增强队伍综合素质和战斗力。年内，大队共接警出动355次（含增援），出动车辆1167台次，出动人员7952人次，营救被困人员903人，疏散被困人员3350人，抢救财产价值1800余万元。

【防火监督】年内，大队加强重点单位管理，采取“双随机、一公开”模式开展消防监督检查，规范消防执法行为，提高监管效率。结合“冬春”“春夏”“排雷”以及“防风险保平安迎大庆”火灾防控工作，狠抓消防监督执法，坚决打压消防安全违法行为。全年检查各类场所、单位1739家次，发现火灾隐患或违法行为1554处，督促整改1527处，下发责令改正通知书1228份，下发行政处罚决定书51份，下发临时查封决定书10份，责令“三停”（停止施工、停止使用、停产停业）单位12家，罚款46.27万元。通过加大执法力度打压消防安全违法行为，消除一批火灾隐患，有力净化消防安全环境。

【消防宣传】2019年，大队采用传统媒体与新型媒体相结合的方式，开展消防安全宣传工作，营造全社会关注消防、学习消防、参与消防的良好氛围，提高全市人民的消防安全意识。结合重点工作，与电视台联合制作“为‘安全生产月’添色、我为消防安全再加‘锁’”等专题节目，醴陵交通生活频道（广播）每日8次滚动播放消防安全常识。依托消防宣传外包服务机构在全市范围内各行业、各部门开展上门培训服务，全年开展消防安全宣传培训服务86场，培训2.2万人次。在“11·9”全国消防日当天，开展以“防范火灾风险　建设美好家园”为主题的消防宣传月启动仪式，在全市范围内广泛开展消防安全宣传培训活动，从视觉、听觉、触觉等方面全方位、多角度普及消防安全知识。（唐　莎）

烟花爆竹质量监督检测

【概况】2019年，农业部烟花爆竹质量监督检验测试中心（醴陵）（以下简称“中心”）检测检验工作扎实开展，平台产业服务全面铺开，技术指导与服务工作深入推进。全年，出厂烟花爆竹产品检验覆盖全市内销企业160家，出具委托样品报告241份、监督抽查报告244份，为100余家烟花爆竹企业生产作业场所的近万个点位提供静电检测服务。10月，结合烟花爆竹高温停产后复工生产安全需求，为全市160家烟花爆竹相关企业提供全面的防静电技术指导和严格的检测检验服务，为烟花爆竹行业整体生产安全系数的提高和产业转型升级提供安全保障。开展原材料鉴定、检验检测以及事故鉴定200次，为安监、公安、法院等执法部门以及事故调查组等提供技术支持和鉴定、检测服务。针对“12·4”浏阳碧溪花炮厂较大安全事故，组织技术人员开展事故鉴定调查和隐患排查。结合产品出厂检验和重点工业产品抽查，开展大型产品质量提升服务活动3次，为株洲地区285家烟花爆竹企业的370个批次产品提供产品质量提升专项指导，有效帮助企业提升产品质量。推进烟花爆竹安全生产标准化建设。主持修订的国家标准GB/T21242-2019《烟花爆竹禁限用物质检测方法》于8月30日正式发布，主持修订的行业标准 AQ4115《烟花爆竹防止静电通用导则》通过全国信息安全标准技术委员会审查。

【烟花博览会顺利召开】2019 年 4 月，由中国烟花爆竹协会主办、中国日用杂品流通协会烟花爆竹专业委员会协办，醴陵市人民政府、市烟花鞭炮总商会承办的第四届中国烟花爆竹博览会暨 2019 醴陵烟花爆竹交易会在醴陵市中国陶瓷谷国际会展中心召开。博览会召开期间，醴陵烟花爆竹交易会、省外烟花爆竹产销对接会、全国烟花爆竹标准化技术委员会标准修订研讨会、中国花炮高峰论坛等 12 项活动议程吸引全国 300 余名烟花爆竹行业专家学者和 2000 余家企业参加，有 30 万人次观展，交易额达 120 余亿元。中心负责的全国烟花爆竹标准化技术委员会标准修订研讨会、中国花炮高峰论坛以及焰火燃放取得圆满成功。

【产业窗口平台】2019 年，中心结合温暖企业“三百”行动，开展各类产业服务活动 20 次，线上线下服务企业达 2000 家次，连续 3 次被评为省中小微企业核心服务机构。截至年末，平台累计注册服务机构 71 家，注册企业 669 家，发布服务项目 106 项，发布产业服务信息咨询 3800 余条，组织服务活动 77 次，年服务企业数超过 1 万家次，服务范围辐射全国，服务满意度达 98.8%。（邹　澜）

醴陵陶瓷国际会展服务中心

【概况】醴陵陶瓷国际会展服务中心（以下简称“会展中心”）于 2018 年 1 月设立，为醴陵市人民政府直属副处级全额拨款事业单位。负责组织制订并实施醴陵市委、市政府有关大型经贸会展活动的规划、计划、工作方案和管理措施，协调、指导、监督有关部门、会展服务机构和参加会展各方做好相关工作；发布关于经贸会展活动信息，收集、整理、报告有关会展活动情况；参与会展业发展研究，提出会展业促进政策建议；承担醴陵国际陶瓷产业博览会筹备委员会办公室等醴陵市委、市政府大型经贸会展活动议事协调机构的办事机构的日常工作。会展中心内设综合部、协调联络部，核定事业编制 8 名。

【场馆运营】2019 年，会展中心举办展会 12 场，同比增长 20%，接待游客 20 余万人次（不包含展会和宴会餐饮人数），确保安全生产零事故。年内，会展中心引导第三方场馆运营方承接展览 10 场，同比增长 10%；承接会议活动 229 场，同比增长 98%；实现展览面积 11 万平方米，实现展会收入 449.3 万元、会议收入 114.5 万元、其他收入 110 万元，经营总收入共计 673.9 万元。（李丽丽）

农　业

综　述

【概况】2019年3月，根据《中共醴陵市委办公室　醴陵市人民政府办公室关于印发〈醴陵市机构改革实施方案〉的通知》(醴办发〔2019〕9号)文件，将市农业局(市委农村工作办公室)的职责，以及市发展和改革局的农业投资项目、市财政局的农业综合开发项目、市国土资源局的农田整治项目、市水利局的农田水利建设项目等管理职责整合，组建市农业农村局，作为市政府工作部门。市委农村工作领导小组办公室设在市农业农村局。不再保留市农业局(市委农村工作办公室)。市农业农村局内设办公室、人事教育股、计划财务股、法规股(行政审批股)、科技推广教育股、农产品质量安全监管股(市场信息股)、种植业管理股(农药管理股)、乡村产业发展股(农村社会事业促进股)、农村合作经济管理股、农业资源保护与利用股、畜牧兽医水产管理股、农业机械化管理股、农田建设与农垦股13个股室，核定机关行政编制21名；下辖市畜牧水产事务中心(正科级)、市农机事务中心(副科级)、市农业技术推广中心、市农产品质量监督检验检测中心、市县域经济服务中心、市农业行政执法大队(市农药监督管理站)、市农业资源与环境保护管理站、市种子管理站(市种子技术推广站)、市绿色食品发展站、市植保植检站、市耕地质量与土壤肥料工作站、市粮油作物站、市蔬菜作物站、市经济作物站、市生猪定点屠宰服务站15个二级事业单位。年内，全市以实现高质量发展为主线，以创建湘赣边区乡村振兴示范区为总抓手，三位一体推进乡村振兴、巩固脱贫和农村人居环境整治，全面深化农村改革，推进农村社会治理创新，推动农业提质增效、农村文明进步、农民增收致富。全市农林牧渔业总产值增长3.2%。农林牧渔业增加值增长3.4%，其中种植业增加值增长5%，林业增加值增长3.8%，畜牧业增加值下降0.5%，渔业增加值增长3.7%，农林牧渔服务业增加值增长7.9%。农村居民人均可支配收入28737元，增长9%。全市有“三品一标”认证产品107个，其中地理标志产品认证1个(醴陵玻璃椒)，绿色食品认证10个，无公害农产品认证96个。醴陵市入选“全国农村创业创新典型县”，获评“2019年度湖南省实施乡村振兴战略先进县市区”“2019年度湖南省农村人居环境整治先进县市区”称号。白兔潭镇佘溪村入选“全国乡村治理示范村”，船湾镇清水江村获评“2019年度全省美丽乡村建设示范村”，枫林镇隆兴坳村、白兔潭镇佘溪村获评“2019年度湖南省休闲农业集聚发展示范村”。

【农业产业扶贫】2019年，对全市2994户4228名有产业发展能力和意愿的贫困人口实现产业帮扶联结。截至年末，全市有29家龙头企业、351个专业合作社、67户种养大户、81个家庭农场共联结7756户27102名贫困人口参与农业产业扶贫，人均年增收1457元；1756户4529名贫困人口实现自主创业脱贫；15936名贫困人口实现就近就业，人均年增收7000元。全年全市实施省重点产业扶贫项目3个，发放项目专项扶贫资金340万元，联结贫困对象448户1343人，实施地方产业扶贫项目270个，拨付专项扶贫资金1797万元，项目惠及贫困对象3743户11980人。

【新型经营主体培育】截至年末，全市发展规模以上农业龙头企业36家，其中湖南省吉泰农牧有限公司、清泥湾生态农业投资发展有限公司在省股交所挂牌，醴陵湘醴人家农业发展有限公司、醴陵市稻田加农业发展有限公司Q版挂牌签约。全市共有休闲农业经营主体103家，全年实现休闲农业企业经营总收入2.5亿元，接待游客200万人次，带动6.5万户农户增收。全市共有经市场监督管理局注册登记的农民专业合作社1957家（年内新增308家）。市古林油茶种植农民专业合作社获评省级示范社，市皓缘种植农民专业合作社获评全省首批百强合作社，市象马山种养农民专业合作社等12家合作社获评株洲市级示范合作社；经农业主管部门认定的家庭农场374家，经市场监管部门注册登记的家庭农场182家，其中市伟清家庭农场、市观政家庭农场、市中湾家庭农场、市绿迈原生态家庭农场获评省级示范家庭农场，市山里头家庭农场等8家家庭农场获评株洲市级示范家庭农场。

【农产品质量监管】2019年，全市农产品质量安全监管体系建设不断完善，农产品质量追溯体系建设加快，实现主要农产品生产基地监管全覆盖，白兔潭镇和板杉镇农产品质量安全监管站建成省级示范站。全年完成例行监测速测任务31500批次，合格率为99.9%，出具农产品例行监测报告15期850份。进行农药残留定量分析监督抽查5次，抽检蔬菜、水果、茶叶等样品760批次，其中抽检蔬菜534批次，合格率为99.43%，抽检水果209批次，合格率为99.52%，抽检茶叶2批次，合格率为100%，抽检稻米15批次，合格率为100%。出动执法车辆176台次，执法人员515人次，检查门店502家次，检测水稻种子139批次，抽检肥料20批次、农药124批次、农产品10批次，检查各类标签1150张；立案查处5起，其中劣质农药案件2起，未审先推种子案件2起，农产品质量安全案件1起。

【高标准农田建设】2019年，共建设高标准农田3.47千公顷，涉及李畋、白兔潭、浦口、王仙4个镇28个村，总投资8394万元(其中中央财政资金4237万元，省级财政资金4157万元)。具体建设内容为土壤改良3.33千公顷，整修山坪塘45口、河坝2座、小型提灌泵站3座，新修和改造灌溉渠101.14公里、排水渠21.7公里，新建高效节水186.93公顷(管灌165.33公顷，喷灌21.6公顷)，新建和改造田间道路14.33公里，配套建设农田防护林5101米。

【耕地质量】2019年，按照“调的下、稳定住、有效益、可持续”的工作目标，完成种植结构调整面积6.59千公顷，重点发展酒用高粱、瓜蒌、湘莲、设施蔬菜、莲鱼共生等作物品种及模式。在全市推广测土配方施肥技术90.1千公顷。实施3.29千公顷治理式休耕，在左权镇花桥村采用33种不同休耕技术模式新建40公顷的示范区；完成复耕面积733.33公顷，修复治理面积666.67公顷。进一步落实耕地占补平衡，近5年累计新开耕地1010公顷，其中620公顷得到有效培肥，占新开耕地总数的61.3%。经过后续培肥，新开耕地土壤熟化明显加快，有机质含量平均提高0.7个百分点。

【农村人居环境整治】2019年，全市农村人居环境整治工作从四个方面不断推进。垃圾治理方面，全市农村共配置生活垃圾运输车辆43台、垃圾箱2万余个、垃圾桶5万余个，配备农村保洁员1923名，农村垃圾实现完全无害化处理，集中处理率达90%。污水治理方面，加快镇区污水处理建设，东富镇、白兔潭镇等农村污水处理厂建成并投入使用。厕所改造方面，全年完成农户厕所改造20021户，为任务数的106.6%。通过分户处理和集中处理模式，采取三级或四级无害化降污处理和粪污资源化利用路径，实现环境治理效果和循环农业经济效果。村容村貌整治方面，全力推进“四类房”整治，完成整治面积101万平方米，为摸底数据104.9万平方米的96.3%。全市“五边”绿化新植树木达110万余株，打造44个绿化示范带，总长度250公里。

【“美丽乡村”建设】2019年，重点创建船湾镇清水江村、石亭镇樟树村2个省级“美丽乡村”建设示范村，其中船湾镇清水江村于年内授牌。新增沩山镇沩山村、茶山镇铁河口村、阳三石街道立三村3个株洲市级“美丽乡村”建设示范村。加快25个株洲市“美丽乡村”建设示范村创建和枫林镇“美丽乡村”示范片区建设，形成一批“村民富、村庄美、村风好”宜居宜游美丽乡村。

【土地确权与土地流转】2019年，加快土地确权颁证扫尾工作，全市颁证率达98%。加速推进档案入馆工作，全市有161个行政村移交农户资料，完成率为65%。全年全市流转耕地面积约22.58千公顷，占全市流转耕地面积70.26%，其中流转耕地面积处于13.33～33.33公顷的167宗，处于33.33～66.67公顷区间的109宗，处于66.67公顷以上区间的63宗。

【农民负担监管】2019年，监督整改完成了省农民维权监管办在醴陵市调研中发现的问题。一是市供电公司超标收取电费问题。市供电公司于2月前将超标收取的电费48758元全部清退到位。二是均楚镇退耕还林生活补贴数据异常问题。市财政局已新增0220（新一轮退耕还林补贴）代码用于发放2014年度、2015年度新一轮退耕还林政策补助资金。使用原0203（完善退耕还林政策补助资金）代码发放完善退耕还林政策补助资金。三是均楚镇青山村财务管理混乱和现金管理漏洞大问题。青山村2017—2018年13笔附件不全的工程款已按照时间顺序补齐工程议事记录、工程合同、结算明细及验收资料。

【产权制度改革】持续深化农村集体产权制度改革，253个村全面挂牌；全市共清理资产26.87亿元，其中经营性资产5.18亿元。确认集体土地总面积166.51千公顷，其中农用地157.95千公顷、建设用地8.39千公顷、其他用地166.67公顷；确认集体经济成员93.27万人；成立集体经济组织253个；62个集体经济发达村进行了经营性资产股份制改革。

【抗灾自救】2019年7月，全市遭受了近50年来受灾范围最广、受灾程度最严重的洪涝灾害。全市24个镇（街道）全部受灾，农作物受灾面积14.07千公顷，直接经济损失3.19亿元；2945户养殖场受灾，直接经济损失7451.2万元。为迅速开展灾后重建工作，市农业农村局印发《醴陵市农业灾后重建实施方案》，发放《灾后农业生产自救技术》手册1.25万本，通过手机短信、微信等方式群发技术信息3.8万条，为农民群众解决生产技术难题4100余个。组建160个技术小分队，到村、到组入户调查灾情，为农民提供技术指导服务。农业保险受理理赔案件410起，赔付750余万元。

【农业科技服务】2019年，市农业农村局创新农业科技服务方式，提高农技服务水平，推广农民田间学校，举办再生稻高产栽培、水稻病虫害防治田间学校培训班15期，培训农民400余人，泗汾农业农机技术推广站获评湖南省农民田间学校示范校。实施特聘计划，从新型农业经营主体中聘请4名特聘农技员，分别为2户种植大户提供农业科技服务工作，为产业发展提供科技支撑。开展特岗农技人员定向培养3年计划，每年从应届高中毕业生中遴选15名学生充实基层农技人员队伍。

【农村电商发展】2019年，全市农村电商快速发展，农村淘宝（天猫优品）平台销售再创新高，完成订单81.78万单，比上年增长24.3%，销售总额达6849.34万元，比上年增长34.8%。其中工业品下乡5776.74万元，比上年增长37.2%，线上销售农产品1072.6万元，比上年增长23.5%。农村淘宝项目培育了大批农村电商人才，促进农村电子商务发展，开拓了特色农产品线上销售渠道，为乡村振兴发挥良好作用。（钟娅奇）

种植业

【概况】2019年，全市完成粮食播种面积70千公顷。其中早稻播种面积23.13千公顷，中稻及一季晚稻播种面积12.93千公顷，双季晚稻播种面积24.8千公顷，以玉米、高粱、红薯为主的旱粮播种面积达9.13千公顷。粮食单产为478.1千克/亩，粮食总产达50.2万吨，保持稳定；其中早稻单产为432千克/亩，总产16.17万吨；一季稻单产501千克/亩，总产490吨；晚稻单产507.6千克/亩，总产28.68万吨；旱粮平均单产386千克/亩，总产5.3万吨。蔬菜播种面积17千公顷，实现产量63万吨，产值8.5亿元。其中商品蔬菜播种面积8.4千公顷，产值5.3亿元。全市春夏蔬菜播种面积9.47千公顷，春夏蔬菜总产量37.5万吨，其中早春蔬菜播种面积5.97千公顷，总产量30.2万吨。丝瓜、黄瓜、茄子等主要商品蔬菜基地亩产值均超过1万元。秋冬蔬菜播种面积7.53千公顷，比上年增加133.33公顷。经济作物种植面积9.87千公顷，实现总产值5.4亿余元；其中种茶面积达470公顷，6.67公顷以上规模种茶基地超过12个，实现产值3500万元；葡萄种植面积386.67公顷，西瓜种植面积3.67千公顷。花卉苗木种植面积546.67公顷，瓜蒌、广东紫珠、菊花、金银花、百合等中药材种植面积666.67公顷。

【行政执法】2019年，共开展“湘剑”护农春、秋季农资打假行动、农药专项检查、肥料专项检查、种子专项检查、农产品质量安全执法检查6次专项整治行动，开展“放心农资经营示范店”创建和放心农资下乡进村活动，出动执法车辆176辆次和行政执法人员515人次，检查农资门店502家次和农产品生产基地48家次，向农产品生产基地下达责令整改通知书5份。抽样自检水稻品种139批次，合格率100%；送样检测种子2批次，合格率100%；农药检测126批次，合格率98.4%；肥料检测20批次，合格率100%。检查种子、肥料、农药标签1150余张，立案查处案件5起，其中种子案件2起，农药案件2起，农产品质量案件1起。全年调解农资纠纷5起。在湖南省2019年度行政执法案卷评查中，1个案卷获评“2019年度全省行政处罚优秀案卷”。

【科技服务】2019年，全市从植物检疫和农业技术推广等方面入手，加大科技助农力度。开展植物检疫宣传周活动，发放植物检疫相关资料1万余份，加强产地检疫和调运检疫以及疫情普查工作，组织大面积疫情普查1次，面积达50万亩次。继续履行“一次呼叫，两小时到位，全过程义务服务”承诺，全年接受技术咨询2000余次，深入田间技术指导500余人次。在水稻上主推昆虫性诱剂和灯光诱杀技术，同时示范昆虫性迷向技术。蔬菜及经济作物上主推性诱、黄板、防虫网、土壤消毒、生物农药防治等技术。全年开展新型农业经营主体带头人培训356人和创业创新青年培训50人；新认定新型职业农民300人，其中中级22人、初级278人，累计认定新型职业农民1728人，有4人通过自主招生考试进入高校学习。醴陵市连续7年成为湖南省新型职业农民培育工程线上培育示范县。实施农业科技人员专项服务，以基层农技推广体系改革与建设补助项目为依托，优选稻田综合种养技术、病虫害绿色防控等技术，以促进水稻、蔬菜产业发展为目标，安排59名农业科技人员对接150户新型农业经营主体开展技术服务,有效解决农技推广“最后一公里”。以柔性引才为契机，成立以湖南生物机电职业学院教授刘唐兴为团长的农业科技服务专家团，通过对口、定点服务推动农业特色产业发展。

【科技示范】2019年，全市种植业科技示范工作有序推进。再生稻示范基地方面，共创建再生稻示范基地2个，面积13.33公顷，辐射带动全市1.67千公顷再生稻的发展，增产超过5000吨。在茶山镇长沙岭居委会创建以“泰优390”“吉优390”“两优389”“Y两优551”为主的百亩再生稻示范基地，头季亩产均超过600千克，再生季平均亩产超过250千克，每亩可增收500元。新品种示范基地方面，在泗汾镇农场居委会创建新品种示范基地，有展示品种18个，示范面积6.67公顷，平均亩产达630千克。稻田综合种养示范基地方面，将稻田综合种养作为全市农业主推技术之一，挖掘稻田综合种养效益，发展“稻田+鱼、虾、蛙”等综合种养模式，打造了省市联合共建重点示范基地——左权镇油田村的“稻蛙共生”高效种养基地。基地种养面积达7.87公顷，全年产值超过260万元，实现盈利105万元，接待前来参观学习的人员1000余人次。截至年末，全市共有稻田综合种养面积148.67公顷，产出优质无公害大米及优质水产品，每亩平均纯收入超过2000元。

【耕地修复】2019年，醴陵市继续在原治理区对重金属污染耕地进行修复治理。修复治理安全利用区重金属污染耕地666.67公顷，其中在茶山镇的转步口、长马、汤家坪、西塘坪4个村实施轻度污染耕地修复333.33公顷，在石亭镇的长塘、石塘岭、花溪3个村实施中度污染耕地修复333.33公顷。全年推广播种低镉水稻品20.53吨，施撒生石灰1266.42吨、土壤调理剂771.58吨、有机肥972.35吨。　（朱　敏）

养殖业

【概况】2019年3月，根据《醴陵市机构编制委员会办公室关于醴陵市机构改革涉改科级事业单位调整的通知》（醴编字〔2019〕2号）文件，市畜牧兽医水产局更名为市畜牧水产事务中心（以下简称“中心”），为市农业农村局所属正科级公益类事业单位。中心于8月13日正式挂牌，核定事业编制15名，内设办公室、人事股、财务股、渔业股、畜牧股（科技股）、质量安全服务股；下辖市动物卫生监督所（市畜牧水产养殖业综合执法大队）、市动物疫病预防控制中心、渔政管理站、市兽药监督检验所、市农产品质量安全监督检验所、市农产品质量安全监督检测站，均为正股级公益一类事业单位。年内，中心完成养殖业各项目标任务，获评“2019年度株洲市重大动物疫病防控工作优秀单位”。全年全市出栏生猪77.9万头，出栏牛0.47万头，出栏山羊43.8万只，出笼家禽626.5万羽，肉类总产量7.8万吨，禽蛋产量9841.2吨，水产品产量2.7万吨，实现养殖业产值30.19亿元。

【“非洲猪瘟”防控】2019年，中心通过疫情排查、调运监管、设卡堵疫等举措，开展“非洲猪瘟”防控“夏季攻势”行动，防控工作取得较好成效。全市排查生猪养殖场（户）11393户，排查生猪70.93万头；排查生猪屠宰场4个，排查生猪12013头，无异常；开展“非洲猪瘟”实验室检测46批次，共抽检生猪1051头，检测结果均为阴性。拦截、扑杀违规调运生猪11车，无害化处理生猪843头；依法立案18起，结案14起，其中移送司法机关5起，执行罚款金额8.8万元，催告2起，严厉打击了违法行为。

【养殖污染防治】2019年，中心履行畜禽养殖污染防治技术指导，于8月底顺利通过第二次全国污染源普查质量核查，10月与株洲市生态环境局醴陵分局联合完成《第二次全国污染源普查工作报告》和《第二次全国污染源普查数据分析报告》。完成《醴陵市畜禽养殖禁养区划定情况排查统计表》和《醴陵市人民政府关于畜禽养殖禁养区的划定方案（送审稿）》，完成中央环保督查的16家养殖场的退养工作，并上报销号。全面完成畜禽粪污资源化利用收尾工作，包括552家畜禽养殖场（户）、7个行政村的整村推进项目的验收和资金支付，并撰写《醴陵市畜禽粪污资源化利用重点县建设项目实施情况总结》，将项目实施及资金使用情况上报省农村农业厅。编印了畜禽类粪污资源化利用项目实施情况简报。在省农业农村厅举办的畜禽粪污资源化利用工作培训班上，中心就粪污资源化利用项目成功案例作典型发言。

【畜禽水产品质量监管】 2019年，中心从多方面着手，切实做好畜禽水产品质量安全监管工作。一是全面落实企业安全生产工作主体责任制，尤其注重从源头上加强规模养殖场的监管，完善产地检疫规程，强化定点屠宰检疫制度。二是加强打击整治，严格落实领导干部带队检查和应急值班值守制度，共检查生产经营单位86家次，出动执法人员160人次，及时排查和整治不安全因素和隐患。三是部门联合，从市场环节上开展生猪屠宰“扫雷行动”专项整治行动，从末端环节上强化病死动物无害化处理机制，确保餐桌食品安全。10月25日，由中心牵头组织市场监督管理等部门联合开展打击私屠滥宰、市场“白板肉”专项整治行动，收缴“白板肉”8.4千克，查处的“白板肉”由市场监督管理所扣押处理。四是开展“防事故保安全”宣传活动，发放宣传资料1000余份，提高相关人员及消费者的安全意识。

【渔政执法】 2019年，中心进一步加大渔政执法力度。一方面，在河堤、水坝、桥梁、水库等地喷刷“严禁电鱼、炸鱼、毒鱼”宣传标语150余条，竖立宣传牌6块，印发《致渔业捕捞人员的一封信》《告渔业捕捞人员书》《醴陵市人民政府关于严厉打击非法捕捞行为的通告》各1000余份，营造宣传氛围。另一方面，在渌江河开展打击电鱼行动，累计出动执法人员212人次，出动冲锋舟10次，现场执法管理、批评教育200余人，检查涉渔船舶132艘次，拆除21艘渔船上的电鱼设施，收缴扣押电鱼设施30台（套），责令3个电鱼机经营商店整改。（贺珠婷）

农　机

【概况】 2019年3月，根据《醴陵市机构编制委员会办公室关于醴陵市机构改革涉改科级事业单位调整的通知》（醴编字〔2019〕2号）文件，市农业机械管理局更名为市农机事务中心（以下简称“中心”），为市农业农村局所属副科级公益类事业单位。中心内设办公室、人事股、财务股、农机服务股和产业发展股，下辖市农机安全监理所、市农业机械化技术推广培训中心（市农业机械化学校）和市农业机械技术管理总站。截至年末，全市农机总动力达124.93万千瓦，水稻生产机械化综合水平达82.6%。全年受理各类农机补贴767份，办理各类补贴机具930台（套），受益农户450户，使用补贴资金超过1529.8万元（含在湘潭九华办理的补贴，其中报废补贴130.9万元），购置补贴金额较上年大幅增长。

【“民生100”农机项目】 2019年，中心扶持建设现代农机合作社11家，扶持省级示范社3家、株洲特色社6家，超额完成株洲市的考核目标，其中首次扶持2家以经作林果为主业的农机合作社。截至年末，全市有现代农机合作社76家，在全省位居前列。中心通过项目建设，拉动社会投资5000余万元，推动全市农业的组织化、规模化、产业化、现代化水平。推进机耕道建设项目，完成省级2个、株洲市级5个、醴陵市级54个示范点机耕道项目建设工作，全年新建、维修和改造机耕道915.33公里。

【农机化推广】 2019年，中心不断推进农业机械化进程，提高农业机械化水平。狠抓水稻生产全程机械化“补短板”工作，推广自动化育秧设备22台（套）、插秧机19台套，新装烘干机22台（套）。在茶山镇、船湾镇、孙家湾镇建立340公顷油菜机械化生产示范片，并举办油菜全程机械化生产演示会。通过示范引领，全市油菜机播面积增加1.4千公顷、机收面积增加3.53千公顷，全市油菜耕种收综合机械化率达76.4%。为助推绿色农业发展，实现飞防减药、精施减肥、转化减污的要求，中心全力推进“三减量”行动。年内，全市推广精量施肥机208台（套）、植保无人机59架、秸秆还田装备65台（套）、推广使用干湿分离机493台，直接减施农药15吨以上，减少化肥使用量86吨以上，日处理畜禽粪便能力可达500吨以上。加强农机化技术培训力度，为农机化事业发展提供人才支撑，全年举办各类农机化技术培训推广28次，培训各类农机化技术人才1200人次，培训农机管理人员40人，培训农机驾驶员、拖拉机、收割机驾驶操作员182人，针对春耕备耕、育秧春插、油菜谷物烘干等关键农事环节，提供上门技术服务160余人次。

【农机安全监管】2019年，中心加大农机安全监管力度，报废更新收割机197台，年检拖拉机426台、收割机140台。开展拖拉机安全顽瘴痼疾集中整治专项行动，加大与交警部门联合执法检查力度。市农机安全监理所开展执法检查81次，出动检查执法人员1164人次，检查农业机械3318台次，纠正违章117次，查处安全隐患245台次，责令整改245台次，下达强制报废停止使用书510台次，实行强制报废上道行驶拖拉机9台。年内，成功创建左权平安农机示范镇及4个示范村2个示范合作社。（陈如生）

林 业

【概况】2019年3月，根据《中共醴陵市委办公室 醴陵市人民政府办公室关于印发〈醴陵市机构改革实施方案〉的通知》（醴办发〔2019〕9号）文件，将原市林业局的职责以及市国土资源局、市住房和城乡规划建设局等部门的风景名胜区、自然遗产、地质公园等管理职责整合，重新组建市林业局，作为市政府工作部门，由市自然资源局统一领导和管理。原市林业局承担的森林防火相关职责划入组建的市应急管理局。重新组建的市林业局主要职责为：监督管理森林、湿地、荒漠和陆生野生动植物资源开发利用和保护，组织生态保护和修复，开展造林绿化工作，管理国家公园等各类自然保护地。局机关内设办公室、造林绿化股、森林资源管理股、野生动植物保护股、人事教育股；辖下属单位16个，其中森林公安局、山林纠纷调处中心、林业综合执法大队为副科级单位；共有在职人员153人，其中在编141人、编外12人。原市林业局所辖原市山林纠纷调处办公室更名为市山林纠纷调处中心，其承担的行政职能划入市林业局。

【造林绿化】年内，全市以增绿扩量、道路绿化为重点，大力实施“增绿添彩”工作。全市林业用地面积124千公顷，其中有林地面积102.67千公顷，森林覆盖率达56%，森林蓄积量312万立方米。完成面上造林约2600公顷，任务完成率达100%。组织全体市级领导和市绿化委员会成员单位参加“3·12”义务植树活动。全年累计义务植树210万株，打造了醴陵西收费站、湖南醴陵陶瓷学院、仙岳山公园、东富镇、枫林镇、沩山村等示范点。组织开展以农村道路绿化为重点的“五边”（城边、路边、水边、村边、宅边）造林“百万株绿荫”行动，栽种树木133万株、绿化道路692公里，在株洲县市区考核中排名第一。先后完成沩山镇沩山村、仙岳山“一像一案”治理（一个菩萨像一个治理及申报方案，根据市委关于仙岳山护国寺四方菩萨“一像一案”治理要求，市林业局负责榨树湾至护国寺道路两厢的绿化和周边裸露山地的植树造林工作）道路绿化工作。启动73.33公顷森林精准提质工程，包含水口山国有林场、樟仙岭国有林场共53.33公顷的森林精准提质和隆兴坳村20公顷樱花、杜鹃花示范基地工程，逐步解决森林资源有绿“量”无绿“质”问题。

【病虫害防治】2019年，市林业局继续加强林业病虫害防治，完成马尾松毛虫、黄脊竹蝗、松类蛀梢害虫、湿地松粉蚧、油茶炭疽病等林业有害生物的监测工作。开展松材线虫病及枯死松树的春秋季普查，普查监测面积达30.07千公顷，伐除、烧毁疫木3841株。

【油茶产业】2019年，全市累计完成油茶造林1.47千公顷、幼林培育7千公顷、低产林改造6.67千公顷，完成湖南省级油茶发展专项266.67公顷油茶低改项目，打造船湾镇、板杉镇、明月镇万亩油茶基地。市林业局组织编制《湖南省醴陵市油茶产业发展规划2020—2030》，为近年油茶产业发展制定明确目标。年末，醴陵市在2019—2020年全省茶油大县竞选中排名第一，获奖励资金1800万元，继2017—2018年（奖励资金1600万元）连续2届4年获评“茶油大县”。

【林政管理】2019年，市林业局加强林政管理，确保林业安全和可持续发展。一方面始终保持对涉林违法犯罪的高压打击态势，有效遏制涉林违法犯罪的势头。相继开展“打击破坏野生动物资源犯罪专项行动”“绿卫2019”“打击盗伐林木等涉林违法犯罪”等专项行动。全年破获各类涉林案件62起，其中立刑事案件12起、刑事打击12人；查处公安行政案件3起、林业行政案件47起；排查木材加工经营场所及集贸市场153处，收缴鸟类35只、蛇类73千克、木材78.65立方米。另一方面抓好林地审批工作。根据项目需求，全力争取林地指标，林地定额由以往的每年40公顷增至90公顷。年内，全市在定额外另争取追加70余公顷林地，办结玻璃产业园、隆兴坳互通、湖南师范大学附属陶子湖学校、旗滨玻璃浦口矿区等项目林地审批，助推项目建设。

【生态扶贫】2019年，全市贫困户造林面积约43.31公顷，发放项目补助13.59万元，增发补助资金33.98万元，惠及贫困户125户。全市发放生态公益林贫困户补偿46.6万元，发放提标部分补偿18.6万元，惠及贫困户2615户；发放97名贫困户护林员半年工资29.1万元。（周　鑫）

水　利

【概况】2019年3月，根据《中共醴陵市委办公室　醴陵市人民政府办公室关于醴陵市水利局职责调整的通知》（醴办〔2019〕32号）文件，调整市水利局部分职责；划出农田水利建设项目管理职责到市农业农村局，划出水旱灾害防治有关职责到市应急管理局，划出水资源调查和确权登记管理职责到市自然资源局，划出编制水功能区划、排污口设置管理、流域水环境保护职责到株洲市生态环境局醴陵分局；划入原市水库移民开发管理局、原市水土保持监督站承担的行政职能和市防汛办公室有关“防”的职责。根据《醴陵市机构编制委员会办公室关于醴陵市机构改革涉改科级事业单位调整的通知》（醴编字〔2019〕2号）文件，市水库移民开发管理局承担的行政职能划入市水利局后，改为市库区移民事务中心，为市水利局所属副科级公益类事业单位；将水旱灾害防御等公益服务职责整合后，组建市水旱灾害防御中心，为市水利局所属副科级公益类事业单位；市水土保持监督站承担的行政职能划入市水利局后，改为市水土保持站，为市水利局所属副科级公益类事业单位。经机构改革后，市水利局共管理库区移民事务中心、市水旱灾害防御中心、市水土保持站、官庄灌区醴陵管理所、酒埠江灌区醴陵管理所、市河道管理站、市水政监察大队、市望仙桥水库管理所、市雪峰山水库管理所、市藕塘水库管理所、市荷田水库管理所、市周坊水库管理所和市水利水电工程建设服务中心13个事业单位。年内，市水利局围绕“水利工程补短板、水利行业强监管”工作总基调，突出水旱灾害防御、农村饮水安全、农业灌溉、“河长制”等重点工作，共完成水利固定资产投入1.65亿元，解决安全饮水2.5万人，治理中小河流9.15公里、水土流失面积1.4平方公里，新增和改善灌区面积713.33公顷。全年承办省市大型会议4次，完成省委第一巡查组交办的来访来信来电事件办理和领导批示件、督办函，开展灾后重建和水旱灾害防御体制改革调研，配合株洲市水利局开展水费情况调研和水利部到株洲市开展的改革发展总基调调研，为全市经济建设提供坚强保障。

【防汛抗旱工作】2019年，市水利局重防范、抓安全，认真落实防御措施，取得防汛抗旱工作全面胜利。完善中型水库度汛计划和中型水库抢险应急预案，指导乡镇制定辖区内小型水库应急预案和水库调度规程。完善防御基础，抓实隐患整治。严格落实防汛抗旱责任制，将水旱灾害防御落实到基层，明确水库和重要堤防的行政、技术和巡查责任人，定期开展水利工程巡查、维护和管理。在“5·19”“5·27”“7·6”等强降雨应急响应期间，与市防汛抗旱指挥部有关成员单位实行“五个统一”制度（统一集中办公、统一值班值守、统一集中会商、统一对外发布信息、统一集中指挥），强化线上及线下会商，健全部门联动机制。全年无水利工程重大险情，有效保护了人民群众生命财产安全。

【水利工程项目建设】2019年，市水利局加大投入，争取上级资金1.3亿元，完成多项水利项目建设。一是河流治理项目。萍水河一期治理工程项目综合治理河流6.1公里，完成投资1400万元；清水江河泗汾河段治理工程综合治理河流2.4公里，完成投资980万元，完成进度达98%。“四水”（湘江、沅江、资江、澧水）治理项目中，总投资约2000万元、综合治理河流6.8公里的渌江干流枫树山保护圈治理项目和总投资约450万元、综合治理河流2.3公里的西塘坪保护圈治理项目均已开工建设。二是灌区续建配套项目。投资1200万元的荷田灌区第一、二期续建配套项目和投资470万元的藕塘灌区续建配套项目，均开工建设。三是小型水库除险加固项目。总投资2292万元的2018—2019冬春20座小Ⅱ型病险水库除险加固项目完成建设；总投资4225万元的2019—2020冬春43座小Ⅱ型病险水库除险加固项目启动建设。四是高效节水低压管道灌溉项目。总投资1690万元，建设高效节水灌溉面积333.33公顷的灌溉项目完工并通过县级验收。五是农村安全饮水巩固提升项目。年内，全市完成农村安全饮水巩固提升工程18处，更换集中供水工程消毒设施32处，合计工程总投资2233万元，其中中央预算内投资1339万元，村民自筹资金894万元。六是灾后重建工程。恢复和加固洪灾期间水毁工程，年内完成投资约3000万元。

【水利工程监管】2019年，市水利局强化对水利工程监督管理。进一步落实水库大坝安全管理责任，深入推进水库大坝安全运行管理。积极推进“建管并重”，严格按工作落实情况对全市的小型水库管护工作兑现奖补，全面完成水库的维修养护和相关暗访问题的整改。根据《株洲市农村饮水安全工程运行管理办法〈试行〉》通知，进一步规范全市农村饮水安全工程运行管理，确保工程安全、持久运行。联合市卫生防疫中心加大水质监测工作力度，对全市千吨万人水厂的原水、出厂水和末梢水进行抽查和检测，确保农村饮水安全。

【河湖治理】2019年，全市河湖治理成效显著。一是全面开展典型县样板河创建活动。9月10日召开打造渌江县级样板河工作会议，切实落实相关指示精神，开展打造渌江省级样板河工作方案征集，完善打造样板河行动方案。二是河湖“清四乱”（乱占、乱采、乱堆、乱建）工作对账实施。共排查河湖“清四乱”问题48个，全部整改销号；清理非法占用河道3公里，拆除违法建筑735平方米；清理乱堆垃圾180立方米，整治砂场15处，拆解采运沙船6艘。三是河湖划界工作对单实施。全市河湖划界任务1102公里，年内开展了河湖划界工作方案审核批复工作。四是全方位开展河道保洁。各级河长积极履责，开展河道巡查，协管员、巡查员、保洁员各负其责，河道保洁日常化、规范化。

【水利扶贫】一是解决“两不愁、三保障”贫困户饮水问题。协助市扶贫办针对全市37754名建档立卡贫困人口进行饮水现状调查摸底，建立台账，解决建档立卡贫困户饮水问题3户。二是巩固脱贫“九清零”水利工作。对全市44处农饮工程进行调查摸底，对水质无保障，运行维护机制不完善，供水工程没有实施专业化管理，存在管护人员缺、运行成本高、水费收缴难、工程不能正常运转等问题进行整改。三是开展农村饮水“回头看”工作。对各镇、街道上报疑似存在饮水不安全的建档立卡贫困户和档外农户进行逐户核查。四是编制应急预案，配合乡镇采取应急措施，解决老百姓用水困难问题。

【水政执法】2019年，市水利局重整治、抓建管，水政执法全面加强，依法治水能力全面提升。一是水行政执法。开展水行政执法责任制建设、全面清理规范水行政审批，提高水行政审批许可工作效率和群众便利度。开展水利行业扫黑除恶线索排查行动，对重点人员、重点场所、重点领域和群众举报线索进行排查。在全市范围内开展水行政执法检查集中行动，共梳理排查未批水土保持方案先建项目162个，下达整改通知90份，立案查处水土保持未批先建项目2起，下达规范办理取水许可手续及限期改正通知书41份。全年开展河道巡查160次，对河道非法采砂立案调查2起，收缴非法工具2台次，下达行政处罚决定书1次。二是安全生产监管管理。全年开展5次安全生产大检查，召开了安全生产专题会议。组织资金750余万元，整改重大隐患项目7处，并下达交办函。全市实现全年水利行业零事故。（易理良）

移民开发

【概况】2019年3月，根据《醴陵市机构编制委员会办公室关于醴陵市机构改革涉改科级事业单位调整的通知》（醴编字〔2019〕2号）文件，将市水库移民开发管理局承担的行政职能划入市水利局，改为市库区移民事务中心（以下简称“中心”），为市水利局所属副科级公益一类事业单位。主要职责是：贯彻执行上级有关移民安置、扶持与开发的方针政策；组织开展调查研究，全面掌握全市移民安置、后期扶持和开发情况，为全市库区移民工作提供服务保障；做好移民安置补偿、后期扶持、扶贫开发等相关事务性工作；协同有关部门制定全市年度移民安置、扶持与开发计划并组织实施；承担移民资金、移民后期扶持资金管理的相关事务性工作；承担移民开发有关工程项目报批的事务性工作；参与工程项目和开发安置实施进度的督查与质量管理、在建和新上项目的审查及竣工项目（权限内）的验收工作；做好移民安置、扶持、开发信息的统计和上报工作；负责市直有关部门和各镇（街道）移民安置、扶持、开发工作的协调；负责移民地区群众来信来访工作，协调做好库区、移民安置区的社会稳定工作；负责移民安置扶持、开发的业务经办、技术指导和人才培训工作。中心设办公室、后扶服务股、财务股3个股室，核定事业编制11名，实有在职在编人员10人（其中含改任非领导职务后借调至其他单位工作2人）。全市有在册移民15833人，其中三峡移民375人，库区和移民安置区涉及24个乡镇（街道）209个村（社区）1888个村民小组。

【库区移民增收与发展】年内，中心积极争取资金、扎实推进项目、创新技能培训，在移民增收与发展方面取得好成效，一是扎实推进项目，大力扶持移民产业发展。全年投入资金1600余万元，完成浦口镇仙石村、官庄镇桃花村等重点移民村基础设施提质改造工作，解决多个移民村近4000余人基础设施建设差、安全饮水难等实际困难。二是争取资金，确保三峡移民和谐稳定。向省、株洲市争取资金300余万元，解决三峡移民房屋修缮和受灾补偿问题，有效缓解三峡移民的上访情绪，确保了移民群体稳定。三是创新技能培训，全面加强移民发展后劲。坚持以移民需求为重心，突出抓好移民职业技能培训，拓宽移民就业渠道。全年投入移民培训资金67.5万元，总培训人数364人。四是严格内部管理，着力提高资金使用效益。在落实省、株洲市管理制度及管理办法的基础上，建立健全资金规范管理体系。根据自身实际，相应制订移民资金分配、拨付、使用管理、监督等规范性制度，实行专户管理。（卢方芳）

气 象

【概况】2019年，市气象局充分发挥部门职责，为各部门提供各类气象服务材料200期，发布预警信号13期，编辑气象短信658条，发送8万余人次。全市气象测报和农气错情率为零，晴雨预报率均达到上级要求，无责任性事故发生，业务质量稳中有升。面对气象灾害天气，市气象局及时应对，提供准确的气象服务。7月全市出现3次强降水过程，造成部分地区重度洪涝，房屋农田受损严重。7月22日雨季结束后，全市持续长时间晴热高温少雨天气，并达到特大旱标准。针对汛期强降水天气过程，市气象局共制作《专题气象服务》6期、雨情信息39期、2019年汛期降水回顾及降水情况分析专题12期、《专项服务材料》18期、2019年前期降水情况及汛期旱涝趋势预测专题21期，发布各类预警信息3次，向各级领导和有关部门多次送达纸质专题和电话汇报；针对旱情，市气象局做好了抗旱气象服务工作。

【防灾减灾】2019年，市气象局发挥职能优势，加强气象防灾减灾工作。一方面加强气象防灾减灾的宣传工作力度，为镇（街道）发放《气象灾害防御手册》《醴陵市气象灾害避险指南》等气象资料，普及镇（街道）、村（社区）气象信息员、基层干部的防灾避险知识。年内与市农业、国土、交通、林业、安监、公安等相关部门分别签订合作协议，建立长效合作机制，加强与市各部门的联系协作和信息共享。另一方面提供防灾减灾气象服务。雨季结束后，全市持续长时间晴热高温少雨天气，并达到特大旱标准。6—9月，在市防汛指挥所统一组织、指挥、协调下，市气象局组织作业人员，实施人工增雨作业3次，增雨20毫米，一定程度上缓解了全市旱情。

【防雷安全监管】2019年，市气象局履行防雷安全监管职能，制定《2019年安全生产大检查工作方案》《2019年安全生产大排查、大管控、大整治百日行动方案》，与市商务和粮食局、市教育局制定联合检查方案。加强市烟花鞭炮企业、加油站、加气站、学校等人员密集场所的防雷安全监管，开展联合安全检查行动，在市重点企业、易燃易爆场所、人员密集区域，开展安全生产执法检查30余次。全年检查企业181家，下达隐患整改通知单129家，下达“一单四制”通知书3家，行政执法立案1家。为落实株洲市“民生100”工程和醴陵市“为民办实事”工作，通过实施26所农村中、小学校防雷工程项目，提高农村、偏远山区学校雷电灾害防御能力。全年全市未发生因防雷措施不到位而引发的安全责任事故。（陈刘庆）

水 文

【概况】2019年，市水文局辖大西滩、潼塘、董背冲、泗汾、枧头洲和石亭6个水文站，其中大西滩水文站为国家重点水文站，其余5个水文站为省级重点水文站；有水质监测点28个、省界河流监测站2个，雨量站62个，高山中继站3个，水情自动测报站20个。

【内业工作】2019年，全市属平水偏丰，受降水时空分布不均影响，地区差异明显。年内，市水文局完成各站点水文数据的整理工作，保证各种水文资料的连贯性，准确测报每次洪水过程。大西滩水站是渌水控制站，年降雨量1576.4毫米，降雨天数167天；最高水位54.93米，最大流量3260立方米/秒；最低水位45.76米、最小流量2.18立方米/秒。铁水泗汾水文站年降雨量1682.1毫米，最高水位58.51米，最大流量1720立方米/秒；最低水位达50.43米，最小流量6.3立方米/秒。澄潭江潼塘水文站年降水量1625.4毫米，最高水位96.45米，最大流量558立方米/秒；最低水位93.14米，最小流量0.223立方米/秒。

【水情服务】2019年，市水文局在汛期坚持每日向市防汛抗旱指挥部及时、准确通报适时雨、水情。采用短信群发的方式，每日向全市有关单位发送雨、水情信息，坚持24小时值班。协助市防汛抗旱指挥部对可能出现的水情作出准确预报，在汛期中向国家防总、省、市各防汛单位拍发各类雨、水情信息7200条。每月坚持将渌水、萍水水质简报及时报送市政府有关部门和领导。（贺明春）

扶贫开发

【概况】醴陵市共有贫困村17

个，有贫困人口11195户37203人。截至2019年年末，17个贫困村全部退出，累计脱贫9720户33756人，其中年内脱贫261户618人，贫困发生率由2014年的3.99%下降至0.37%。年内，全市扶贫工作群众满意度达98%以上；易地扶贫搬迁后续帮扶带动297户886名贫困人口增收210余万元，人均增收2300元；贫困村通过电商销售农产品交易额359万元；“10·17”国家扶贫日，农产品成交381万元，1260户贫困户受益。全市建档立卡贫困户在中国社会扶贫网上累计注册27414人，发动爱心人士注册146031人，贫困户发布物资需求对接成功率达90.06%，收到线上捐赠款345万元。“户帮户、亲帮亲，互助脱贫奔小康”活动累计帮扶11877人次，捐赠爱心物品20681件，捐赠爱心资金419265元，服务类帮扶8323次。市明月镇云岩居委会产业扶贫项目“醴陵玻璃椒”入选国家第九批“一村一品”示范村镇名单。开展“携手奔小康”工作，对口帮扶炎陵县，帮扶销售炎陵农产品1000余万元，选派210余名技术人员进行技术指导，帮助炎陵县700余名贫困人口实现就业。在全省东西部扶贫协作工作推进会上，醴陵市获评“2018年度携手奔小康先进单位”称号。均楚镇大垅洲村驻村帮扶工作队队长周明亮撰写的《浅论驻村扶贫第一书记的角色定位》文章获“中国扶贫改革40周年”主题征文一等奖。

【典型经验推广】2019年，醴陵市探索贫困户分类管理模式，将贫困户分为稳定脱贫户、巩固提升户、重点扶持户，因户施策，贫困户争星竞类，争当“稳定脱贫户”“五星户”。11月，国务院扶贫办内刊《扶贫开发》和省扶贫办简报《湖南脱贫攻坚》均刊文推介此项工作经验。年内，醴陵市在《中国扶贫》、中国社会扶贫网、湖南省扶贫办“一网一号一刊”、中新网、凤凰网、红网、《湖南日报》等省级以上媒体刊发扶贫典型经验稿件683篇次，其中在中央媒体发稿132篇次。易地扶贫搬迁典型案例《把好三关 建好新房—醴陵市官庄镇横江村集中安置点》编入《湖南省易地扶贫搬迁典型案例汇编》，印发到全省各县市区。11月13日，株洲市贫困户“分类帮扶”工作现场会暨“国奶扶贫工程”推进会在醴陵市召开，醴陵市作典型发言。（刘勤翰 文楚妮）

工　业

【概况】2019年，全市工业总产值增长14.1%，工业增加值增长9.7%。其中规模以上工业企业548家，实现产值增长15.8%。按可比价计算，工业经济拉动地区生产总值增长5.3个百分点，对经济增长贡献率达64%。工业增加值占地区生产总值比重为43.8%，提高0.5个百分点；园区规模工业增加值占全部规模工业增加值比重为60.6%；万元规模工业增加值能耗增长0.98%；高新技术产品增加值占工业增加值比重47.2%；工业固定资产投资增长14.9%。2019年，陶瓷、花炮两大传统支柱产业产值分别增长13.5%和9.5%，日用陶瓷行业产量增长12.2%，工业陶瓷行业产量增长11.4%，鞭炮烟花行业产量增长9.2%。服装行业产值增长19.1%，玻璃行业产值增长12.1%，汽配行业产值增长23.6%。（刘　莎）

园区经济

【概况】2019年，湖南醴陵经济开发区（以下简称“经开区”）经济指标保持稳健增长，实现技工贸总收入518亿元，增长17%；实现规模工业增加值157亿元，增长12%；固定资产投资112亿元，增长17%；税收收入增长17.4%。工业企业实现主营业务收入430亿元，增长14.5%；高新技术产业实现主营业务收入153亿元，增长16%。实际完成总投资112.5亿元，增长17%；其中产业项目投资65.9亿元，基础设施类项目投资46.7亿元。全年实施投资额5000万元以上项目80个，投资94.57亿元；其中产业项目59个，投资52.39亿元，基础设施类项目21个，投资42.18亿元。

【园区改革】2019年9月，中共醴陵市委、市人民政府出台《湖南醴陵经济开发区体制机制改革实施意见》（醴发〔2019〕12号），进一步理顺经济区管理体制和运行机制。年内，经开区行政体制改革基本完成，“三定”方案通过审批，市自然资源局、株洲市生态环境局醴陵分局、市应急管理局、市统计局、市建设工程质监站在经开区设立的派驻机构全部到位；新成立了企业服务中心、项目推进办、征拆安置办等内设工作机构并开展工作。财政体制改革有序推进，搭建了管理构架，设立乡级金库；建立财政结算机制和与事权相匹配的财政支出体系，制定并实施园区财力增长计划，提高了服务产业项目的能力。行政审批改革初显成效，104项醴陵市本级行政审批权全部下放到位，建立了园区审批体系，实现了“园区事园区办”。

【产业发展】2019年，经开区产业发展呈现“稳中有进、稳中向好”总态势。主导产业快速发展。截至年末，园区有规模以上工业企业240家，主导产业实现主营业务收入355.1亿元，占园区工业经济总量81.5%。非金属矿物制品制造业呈现快速发展趋势，实现主营业务收入272.7亿元，占园区主营业务收入72.7%。规模以上陶瓷企业主营业务收入达236.7亿元，同比增长14.8%，占园区工业主营业务收入63%。特种陶瓷主营业务收入达135.9亿元，同比增长20.2%。陶瓷产业升级提速。湖南华联瓷业股份有限公司、醴陵市精陶瓷业有限公司、醴陵市陶润实业有限公司等企业实现自动化和智能化生产。玻璃产业纵深拓展，以株洲旗滨集团股份有限公司为龙头，将玻璃深加工、玻璃配套、节能环保等领域作为产业链开拓重点，打造醴陵新的“百亿产业、特色园区”。特色产业稳中向好。醴陵恒茂电子科技有限公司实现主营业务收入3.55亿元。湖南恒凯通信息科技有限公司实现销售收入5000万元，同比增长20%。株洲时代金属制造有限公司订单同比增长20%，完成产值3.25亿元、同比增长22.6%，上交税金3134万元、同比增长21.3%。湖南元创机械有限公司实现主营业务收入1.7亿元，同比增长13%。特色小镇迸发活力。年内，“五彩陶瓷特色产业小镇”入选湖南省首批特色产业小镇。会展、旅游、物流等产业与陶瓷产业有机融合成为园区产业发展的新活力。三产集聚呈现亮点。2019湖南（醴陵）国际陶瓷产业博览会共有429家企业参展，客商、游客突破30万人次，合同采购金额突破40亿元，签约重大项目39个，合同引资额超过128亿元。瑞和尚城、悦澜湾、金东陶子湖、鼎盛铭城等房产项目建设快速推进。

【招商引资】2019年，经开区按照“建链、强链、补链、延链”要求，成立了6个产业链招商小组，实施产业链精准招商。全年引进产业项目31个，其中1亿元以上项目12个，10亿元以上项目3个，上市公司项目4个，500强企业项目2个，合同引资额达124.02亿元。玻璃产业园建成面积100公顷，有中建材碲化镉发电玻璃等8个项目入园，总投资超过150亿元。利用空闲土地、低效用地进行招商，推动湖南全盛精冲科技有限公司整体置换，引进圣翰锡业、湘成陶瓷2家企业，盘活湖南元创机械有限公司空闲用地4.76公顷，湖南升华科技有限公司整体出售，引进陶瓷企业2家。全面提升服务，围绕“优化营商环境、提升服务效能”目标，简流程、转作风、提效率，在株洲市园区营商环境综合评价中，经开区排名第三位。

【公司运营】2019年，市高新集团完善了董事会、监事会等组织架构，建立灵活的用人机制和市场化薪酬体系。在确保还本付息的情况下，投入征地拆迁、项目建设、产业投资资金6.07亿元。完成对碲化镉发电玻璃等8家企业股权投资2亿元。地产开发、建筑施工等7家实体经营企业完成经营收入2.9亿元。完成融资签约26.95亿元，实际到位资金24.28亿元。通过发行政府债券、财政预算安排、资产处置、债转股等方式，化解政府隐性债务14亿元，资产负债率控制在48.6%。截至年末，市高新集团总资产130.95亿元，净资产67.33亿元。（张 毅）

科技和工业信息化

【概况】2019年，全市完成工业总产值897.4亿元，同比增长14.1%；完成规模工业总产值765亿元，同比增长15.8%；完成规模工业增加值266.07亿元，同比增长10.5%；新增规模工业企业56家。陶瓷产业实现产值441.65亿元，同比增长13.5%；花炮产业实现产值198.74亿元，同比增长9.5%；服装行业实现产值58.74亿元，同比增长19.1%；玻璃行业实现产值17.73亿元，同比增长12.1%；汽配行业实现产值5.26亿元，同比增长23.6%。完成工业固定资产投资121.88亿元，同比增长14.9%。实现工业税收12.4亿元，同比增长5.1%；实现工业增值税9亿元，同比增长14.9%。完成外贸进出口总额5.1亿美元，同比增长6.8%。工业用电量达8.2亿千瓦时，同比增长8.1%；工业用气量达2.5亿立方米，同比增长5.7%。年内新增高新技术企业24家，总数达107家。全年实现高新技术产业增加值142.2亿元，同比增长18.5%，占全市GDP的比重为19.85%。2019年3月，根据《中共醴陵市委　醴陵市人民政府关于醴陵市党政机关机构设置的通知》（醴发〔2019〕7号）《中共醴陵市委办公室　醴陵市人民政府办公室关于印发〈醴陵市机构改革实施方案〉的通知》（醴办发〔2019〕9号）文件，组建市科技和工业信息化局，将市经济科技信息化局的职责、相关部门的外国专家管理职责整合，组建市科技和工业信息化局，作为市政府工作部门，不再保留市经济科技信息化局。

【产业规划与政策支持】做好产业规划。根据株洲市委、市政府规划引领行动的要求，邀请行业专家、龙头企业家、行业商协会及相关市直部门建言献策，整合多方意见，修订完善了株洲市陶瓷产业发展规划。加大政策支持力度。继续修订完善产业突围“四个十条”，使政策更具操作性、实惠性。2019年共兑现奖补资金4737万元，惠及全市571家次企业及69名个人。出台《支持民营经济发展若干意见》，帮助传统产业降成本、补短板、甩包袱，引导和鼓励新兴产业做大做强。加强品牌建设。鼓励企业争创名牌，通过龙头企业带动品牌建设。截至年末，全市有5家企业获得省级工业品牌示范企业认定。打响区域品牌，5月，醴陵市派出代表团到北京市参加了全国产业集群的区域品牌建设经验交流分享会。鼓励企业“走出去”、客商“走进来”，承办“全国艺术高校北京毕业季”走进醴陵活动，搭建了陶瓷文创设计版权保护平台，第一陶瓷文创成果就地转化。

【企业帮扶】2019年，对全市471家企业开展温暖企业“三百”行动，推进50项重点工作，取得明显成效。通过4轮走访，收集交办企业问题219个，办结率100%，醴陵市获评株洲市2019年温暖企业“三百”行动先进县市区。首创“醴企帮扶”APP小程序，由网格帮扶进化到网上帮扶，办事效率提升，政企沟通顺畅。构建营销帮扶平台，打通政府、企业和市场的政企营商通道；搭建政银企对接平台，有效帮扶企业解决融资难题；完善中小企业公共服务平台，为全市中小企业提供服务。

【发展创新】2019年，市科技和工业信息化局助推全市创新产业和高新企业发展。截至年末，全市建成省级众创空间2家、星创天地3家、株洲市级众创空间2家、星创天地3家。支持引导企业建设重点实验室、工程技术研究中心、企业技术中心、检验检测中心等研发平台，建成国家级研发平台5个、省级研发平台13个、株洲市级研发平台8个。培育高新技术企业，全市有高新技术企业107家。年内，醴陵市启动柔性引才省级试点工作，在全市镇、街道以及相关部门设立31个柔性人才服务站，建立23家柔性引才示范基地。成立由100名专业人才组成的科技专家服务团，其中具备副高以上职称的专家教授达58人，下到基层开展“组团式”服务。

【企业转型升级】一是加快“两化融合”（信息化和工业化融合）。推进实施陶瓷企业信息化管理项目，提升陶瓷企业的信息化管理水平。加快企业“上云”（企业以互联网为基础进行信息化基础设施、管理、业务等方面应用，并通过互联网与云计算手段连接社会化资源、共享服务及能力的进程）步伐，举办2019年全省工业互联网平台建设与推广应用现场会，打造的首个陶瓷行业“云平台”——“思伯云”，被认定为第一批省级工业互联网平台。截至年末，全市有5家企业获得湖南省中小企业“上云”标杆企业。二是推进“智能制造”。组织企业到上海市、苏州市等地学习先进经验，成功举办株洲市陶瓷产业智能制造对接推进大会，通过示范带动、政策引导等措施，引导企业走“机器换人”之路。全市有近60家企业进行了自动化、智能化升级改造，累积投入资金近2.5亿元。三是倡导“绿色生产”。淘汰落后产能，开展“散乱污”企业清理整治专项行动。倡导绿色生产计划，鼓励企业走“两型”发展之路，醴陵陶润实业发展有限公司获批“省级绿色工厂”称号，湖南银和瓷业有限公司被列入2019年湖南省“两型”工业企业创建名单。

【第二届创新湖南高峰论坛】6月5—6日，第二届创新湖南高峰论坛在醴陵市举行。此次论坛由省科技厅、省工业和信息化厅、湖南日报报业集团主办，醴陵市委、市政府承办，湖南日报社新闻影像中心协办，是湖南省科技活动周重大活动之一，包括举办论坛、峰会及走进重点智能制造企业参观调研等系列活动。活动围绕“区域科技创新与高质量发展”主题展开，旨在集中展示省科技创新辉煌成就，深入探讨区域科技创新对推动湖南产业升级与经济转型的重大意义，助力全省经济高质量发展。活动中，来自省内外的10余名“科技达人”现场分享先进科技理念和全新观点，吸引全国智能制造领军企业及专家学者300余人到会。（周念农）

驻醴株洲市国企改革事务中心

【概况】2019年3月，根据《醴陵市机构编制委员会办公室关于醴陵市机构改革涉改科级事业单位调整的通知》（醴编字〔2019〕2号）文件，将驻醴株洲市国有企业改革办公室承担的行政职能划入市科技和工业信息化局，改为驻醴株洲市国有企业改革事务中心（以下简称“中心”），为市科技和工业信息化局所属副科级公益一类全额拨款事业单位。中心负责驻醴株洲市国有企业的资产造册登记、债权债务清理、职工安置等事务性工作，信访、综治、维稳方面的信息收集和上报工作，改制后的相关服务工作。截至年末，中心有在编人员4人；全市有10家驻醴株洲市国有企业，分别为湖南省醴陵兴业总公司、湖南省醴陵星火陶瓷实业有限公司、湖南省醴陵永胜陶瓷有限公司、湖南省醴陵力生瓷厂、湖南省醴陵新民瓷厂、湖南省醴陵瓷泥矿、湖南醴陵瓷业出口包装纸箱有限公司、湖南醴陵瓷业总公司机械修造厂、湖南省醴陵雄风玻璃水有限公司、湖南省防腐技术开发部。

【改制企业管理】2019年，中心着力解决驻醴株洲市国有企业改革遗留问题，成立了驻醴株洲市国有企业遗留问题处置工作联席会议，每季度召开1次联席会议，各有关部门分工协作，确保工作落实；制定了驻醴国企改革解决遗留问题3年工作实施方案，采取分年分步、以时间换空间的新思路，明确资产处置方案，职工养老、医疗保险费用续保方案，职工欠款偿还方案及其他改革遗留问题处理方案。落实留守人员、企业维修、企业财务等各项留守企业管理规章制度，定期和不定期走访企业，了解企业运行过程中的问题，对未改制企业的国有资产、人员等情况进行调查，并上报株洲市国资委；针对部分企业的实际情况，制定留守人员编制及待遇，规范留守人员管理。

【重点工作】2019年，中心完成了湖南国光瓷业集团股份有限公司（湖南省醴陵兴业总公司前身）复牌上市前的重大资产重组和股权分置改革审核工作。启动了湖南省醴陵兴业总公司炉灰岭棚改项目，推进项目用地上的公有住房搬迁工作。完成了湖南省醴陵兴业总公司群力瓷厂和湖南省醴陵国光建筑陶瓷有限公司二期公有住房搬迁工作。推进了玉瓷路公有住房搬迁工作。（陶小松）

陶瓷和花炮工业

【概况】2019年3月，根据《醴陵市机构编制委员会办公室〈关于醴陵市机构改革涉改科级事业单位调整的通知〉》（醴编字〔2019〕2号）文件，市烟花鞭炮管理局更名为市陶瓷烟花产业服务中心（以下简称“中心”），为市政府直属正科级公益类事业单位。中心以推进产业科技创新和产业文化提升作为重点，加速《醴陵市关于促进花炮产业发展的十条政策》（简称“花炮十条”）的贯彻落实，积极推进陶瓷文创工作，服务陶瓷烟花产业升级发展。前三季度，共申报花炮企业控股、买断公司经营权和支持企业拓展市场等“花炮十条”政策扶持奖励资金47万余元。截至年末，全市有陶瓷企业682家，其中陶瓷生产企业503家。全年陶瓷产业产值增长13.5%；实现税收4.96亿元，占全市税收比重的15.2%。陶瓷产业安排从业人员11.6万人，其中规模以上陶瓷企业安排从业人员10.5万人。全市195家规模以上陶瓷企业完成工业总产值307.8亿元，比上年增长15.6%。电瓷产量占世界市场的30%左右，日用瓷产量占世界市场的11%左右，陶瓷出口量占全国出口量的40%。

【推进陶瓷产业发展】一是梳理职能。初步拟定中心陶瓷产业服务职能。二是深入企业开展陶瓷产业调研。三是聚焦营销市场。承办了“聚焦‘新市场、新渠道、新空间、新生代’醴陵陶瓷产业升级跨界交流研讨会”，邀请醴陵城市代言人主讲，围绕陶瓷产业的文创、营销、顶级IP打造等内容开展互动交流。服务内销，推动醴陵陶瓷产品登上中信银行北京总部网上兑换平台。四是推动醴陵市陶瓷文化发展。中心牵头负责“贺岁醴瓷”创意作品征集、陶瓷乐园、“1915”创意集市等5项工作。

【中长期花炮产业发展规划】2019年，中心邀请北京智石经济研究院专家制定醴陵市中长期花炮产业发展规划。9月25—27日，中心实地走访了花检中心、应急管理局、烟花鞭炮总商会等行业主管部门，李畋镇、白兔潭镇、浦口镇政府等花炮主产区，以及金利来、科富、彩丰、赖氏、环球等部分烟花鞭炮企业，与主要负责人座谈，了解花炮产业发展现状；初步形成《聚焦双引擎驱动　打造主产区核心优势》的全市花炮产业规划研究报告草案，分析和研判了醴陵花炮产业现状和行业发展趋势，提出了实施路线和解决方案。

【花炮产业公共平台建设】2019年，推进焰火燃放场建设项目，筹备策划节会展示平台、物流仓储平台、文化展示平台、科技创新平台等项目建设。现场勘察焰火燃放场及观礼台项目，在流星潭两岸的企石村、马脑潭和湖南醴陵经济开发区陶子湖畔3处地点优中选优，结合烟花小镇、餐饮一条街、婚礼派对、公司庆典、年会等特色，做好对外招商，使燃放场建设工作纳入市政府议事日程。

【开拓市场】2019年，中心组织部分烟花鞭炮企业参加山东省、四川省等20余个省市的定点订货工作；邀请河南省、辽宁省烟花爆竹协会到醴陵市举行2019年协会办年会暨年度定点订货会，邀请江苏省烟花爆竹专业委员会到醴陵市举办2019年醴陵宣贯交流会，宣传和推广醴陵烟花鞭炮区域品牌，促进烟花鞭炮产业在产销融合、品牌连锁、电子商务等领域的发展。在10月1日新中国成立70周年联欢晚会上，醴陵优力达神马焰火燃放有限公司呈现双线“70”和“人民万岁”焰火图形。

【支持花炮商会和协会发展】2019年，中心指导醴陵市花炮总商会建立健全分支机构，新组建成立了江苏分会、广东分会、四川分会、云南分会和新时代花炮人联合会。加大与省陶瓷协会的联系，指导企业参加各级陶瓷技能比赛，打造陶瓷品牌。组织花炮行业商会、协会到浏阳市考察学习黑火药、引火线协会的经营管理模式和融资模式，到上栗县学习燃放场建设模式。

【第四届“花博会”】2019年4月26—28日，第四届中国烟花爆竹博览会暨2019醴陵烟花爆竹交易会在中国陶瓷谷国际会展中心举行。博览会以“五彩醴陵　花炮之都”为主题，由中国烟花爆竹协会主办，中国日用杂品流通协会烟花爆竹专业委员会协办，醴陵市人民政府、市烟花鞭炮总商会承办。博览会展区面积达1.72万平方米，有220家企业参展，展品包含各类烟花爆竹产品、生产机械设备和花炮原辅材料。吸引美国、法国、德国等22个国家和国内河南、辽宁、山东等14个省的经销商现场采购，展览展销成交金额达100亿元，共签约项目36个，总金额128亿元。

【申办第19届国际烟花论坛】2019年5月8—13日，在墨西哥举办的第17届国际烟花论坛活动上，醴陵申办工作代表团正式向国际烟花论坛学会提交申办建议书，申请2021年在醴陵市举行第19届国际烟花论坛，并获得基本同意。8月，醴陵市成立第19届国际烟花论坛组织机构。9月，国际烟花论坛学会到醴陵市实地考察，听取承办方案汇报，原则上同意2022年5月在醴陵市举行第19届国际烟花论坛。（贺 英 刘 莎）

电力工业

【概况】2019年，国网湖南省电力有限公司醴陵市供电分公司（以下简称“市供电公司”）下设综合管理部、党委党建部、财务资产部、配电部、安全监察部、客户服务中心、供电服务指挥中心、物资供应分中心8个部门和农服醴陵分公司、高新醴陵分公司，共有11个班组和10个供电所；有员工559人，其中长期员工176人、供电服务员工383人。截至年末，醴陵电网有35千伏及以上变电站23座，其中220千伏变电站2座、110千伏变电站8座、35千伏变电站13座，总容量1230.1兆伏安；共维护110千伏架空线路18条197.58公里，35千伏架空线路23条234.32公里，10千伏线路148条3123.32公里；共有配电变压器4224台，总容量888.89兆伏安。全年完成售电量16.27亿千瓦时，售电均价691.59元/千千瓦时，应收电费11.25亿元，电费回收率达100%，综合线损率为6.54%。年内，市供电公司集中力量，科学调度，确保迎峰度夏期间电网平稳，维护“7·9”洪灾期间的电网安全和电力供应，完成湖南乡村旅游节、花博会、瓷博会等重要节会的保电工作。

【电网建设】2019年，市供电公司坚持“政企合作，共建电网”模式，优化电网建设环境。110千伏老龙井变电站于11月15日投入运营。110千伏龙源冲变电站开工建设并列入2020年长沙电网建设“630”工程。推进110千伏黄沙变电站开工建设，做好了开工建设前的准备工作。配合完成了220千伏醴陵东输变电工程、35千伏古家岭、桥湾变电站升压工程，110千伏浦口、福港主变扩建工程，110千伏船湾输变电工程，35千伏清水江输变电工程等项目前期工作。提高电网的农村供电能力和供电质量，提前1年完成了“十三五”期间新一轮农村电网改造升级任务。

【营销服务】2019年，市供电公司按照国网湖南省电力有限公司供电服务体系机构改革要求，优化调整机构设置，构建以客户为中心的现代服务体系。成立湘东供电服务站，提供网格化服务。低压运维移交营销专业管理，实现营配业务终端融合，提升服务响应速度。参与醴陵市温暖企业“三百”行动，向社会宣传惠企惠民政策，持续优化营商环境，获评2019年度醴陵市温暖企业“三百”行动先进单位。开展“三零”（零上门、零审批、零收费）服务，为客户节省办电成本636.07万元。推进“五小”（拥有小公寓、小食堂、小浴室、小书屋、小菜园，后勤服务设施完备）供电所建设和3座供电所新办公场地建设，改善生产办公条件，提升服务能力。（徐 强）

服装工业

【概况】2019年，全市有服装企业421家，其中规模以上企业36家；完成工业总产值68.9亿元，其中规模以上企业产值58.7亿元；安排从业人员1.5万余人。全市服装工业主要产品为公、检、法、司、工商、税务等系列标志服。全市80%的服装企业集中在船湾镇。有多家执法行业标志生产企业获准省、部级定点生产单位。（刘 莎）

建材工业

【概况】2019年，全市建材产品主要包括玻璃、防水材料、耐火材料、砖瓦砂石等制品，全年建材工业实现总产值近30亿元。全市以东富工业园区为中心，把玻璃深加工作为产业开拓重点，适度引进玻璃产业配套项目，探索“陶玻一体化”特色之路，打造中南部具有影响力的玻璃制造、研发、出口基地。年内，株洲醴陵旗滨玻璃有限公司产值达17.7亿元。水泥预制构件、轻质建材、耐火建材、装饰材料等生产单位迅速发展，有“帅旗”“神舟”等规模建材生产企业。（刘 莎）

机械工业

【概况】2019年，全市机械工业

主要是陶瓷、花炮、通用设备制造和专业设备制造等机械产品。全市有机械制造企业144家，其中陶瓷机械企业23家、花炮机械企业27家、其他机械企业94家。其中湖南元创机械有限公司、湖南坜丰精密金属有限公司、湖南全盛精冲科技有限公司等汽车零部件企业共实现产值5.26亿元。（刘　莎）

采掘工业

【概况】醴陵境内矿种丰富，主要有金、银、铜、铁、锡、锑、铀、铅、锌、莹石、煤、高岭土、硅火泥、白泡石、矿泉水等30余种。其中煤炭、高岭土储量丰富，高岭土储量在1亿吨以上；高岭土、煤炭、黄金、铅、锌、莹石、石灰岩、耐火石、硅火泥等矿产开采量较大。2019年，全市有采矿企业48家，其中规模企业11家。全年采掘工业实现工业总产值27.9亿元，安排从业人员5800余人。（刘　莎）

食品工业

【概况】2019年，全市有食品工业企业52家，其中有湖南湘洲食品有限公司、醴陵市仙都酱鸭加工厂等5家规模以上企业。全年食品工业企业实现工业总产值10.7亿元，安排从业人员3000余人。主要产品有肉食、粮油、糖果糕点、酒、调味品、方便面等17个门类、2000余个品种，拥有"旺依""青泥湾"等品牌。（刘　莎）

化学工业

【概况】2019年，全市化学工业以橡胶制品、塑料制品、碳酸氢铵、碳素、金水、颜料、涂料、蚊香等为主要产品，产品主要分布在城区、茶山镇、东富镇、李畋镇、孙家湾镇等地域。全市有化工企业89家。（刘　莎）

其他工业

【概况】2019年，随着全市陶瓷、花炮两大支柱产业的快速发展，相关产业也迅速成长，冶金、窑炉热工、造纸、印刷、包装和其他加工行业大量兴起，在花炮业集中的乡镇发展尤为明显。其中造纸业集中在王仙、均楚镇，主要产品有机制纸、箱板纸、宣纸、土纸、再生纸等品种；印刷业向彩印、瓷用纸发展，包装业有纸箱、复合包装、塑料袋等。（刘　莎）

工业企业选介

株洲醴陵旗滨玻璃有限公司

【概况】株洲醴陵旗滨玻璃有限公司（以下简称"醴陵旗滨"）是株洲旗滨集团股份有限公司下属全资子公司，为旗滨集团八大玻璃生产基地之一，是旗滨集团株洲玻璃生产基地——原株洲玻璃厂经国企改制后的整体绿色搬迁项目。醴陵旗滨于2012年7月注册成立，注册资金7亿元，总投资50亿元，占地面积84.8公顷，有员工1000人，建有5条高端自动化玻璃生产线，是华中地区品种齐全、品质优良、技术先进的平板玻璃、节能玻璃、太阳能光伏玻璃生产基地。2019年，醴陵旗滨实现营业收入17.59亿元，位列株洲市2019年制造业营业收入100强第7位；上缴税金1.3亿元，位列株洲市2019年制造业纳税100强第13位。

【新建节能玻璃生产线】2019年，醴陵旗滨新建了节能玻璃生产线项目，占地面积3.8公顷，总投资5亿元。一期工程于2019年8月启动桩基础建设，于12月完成主体工程建设和生产设备安装。项目中有2条长度大于200米的真空磁控溅射镀膜生产线，为亚洲超长节能玻璃镀膜生产线，可生产世界先进的三银低辐射Low-E镀膜玻璃，双银、单银低辐射镀膜玻璃以及热反射镀膜玻璃。项目投产后可增加产值3亿元，年新增纳税3000万元以上。

【0.33毫米高铝超薄玻璃实现量产】2019年7月20日，株洲旗滨集团股份有限公司在醴陵旗滨投资5亿元建设的高性能电子玻璃生产线项目点火。自8月30日成功引头子后，项目进入厚度在0.33～2毫米之间各类产品的试生产阶段。12月，醴陵旗滨电子攻克熔化、成型、切割等技术瓶颈，生产出第1块0.33毫米的高铝超薄玻璃，并开始全面商业化运营，这项技术实现了旗滨集团从浮法玻璃向高端电子玻璃行业的转型升级。12月，醴陵旗滨电子玻璃项目完成增资扩股，注册资本由1.5亿元增至1.8亿元。（陈　勇）

株洲时代金属制造有限公司

【概况】2019年，株洲时代金属

制造有限公司（以下简称“公司”）实现产值4.5亿元；上缴税金3839.5万元，比上年同期增加781万元，增长26%。截至年末，公司建有1个国家级检测中心、1个研究院、2个省级技术中心和2个生产基地，总面积40公顷，总资产达6亿元，员工近1000人。全年公司研发新产品531项，获得多项国家发明专利和实用新型专利。公司研发的新产品中包含了用于5G通信基站的专用热交换器，获得了中兴、华为等通信行业客户的批量订单。开发了上海洋山港AGV无人转运车动力总成，取得重大技术突破，得到客户好评。研发了播音737、空客320系列飞机发动机系统冷却器，于2019年9月通过中国民航局评审，实现了冷却器产品及技术在航空领域的运用与突破。（李　啸）

醴陵中油燃气有限责任公司

【概况】2019年，醴陵市中油燃气有限责任公司（以下简称“公司”）下设市场销售部、经营管理部、工程管理部、客户服务中心、宣传策划部、运营管理部（母站、门站、调度中心、维抢修队、湘醴支线、巡检队）、安全监察部、财务资产部、综合办公室，有员工172人；有固定资产近7亿元，实现产值5亿元，累计上缴税收达3亿元。公司连续6年分别被株洲市政府、醴陵市政府授予“价格计量信得过单位”，连续8年被醴陵市政府授予“上缴税收先进企业”“纳税十强”。

【工程投资建设】2019年，公司铺设高压燃气管道17.3公里、次高压燃气管道1.5公里，中压燃气管道14.5公里、低压燃气管道（含架空管道）92.4公里。截至年末，公司累计投资管线1513.8公里，其中铺设完成高压管线36.3公里、次高压管线125公里、中压管线378.5公里、低压管线974公里；公司有投运场站32座，其中门站1座、LNG气化站1座、CNG母站1座、西二线连接线首末站各1座、区域调压站27座。

【市场开发】2019年，公司开发天然气居民用户8176户、工业用户19户、公福用户62户。截至年末，公司累计开发天然气居民用户102078户、工业用户347户、公福用户754户。公司天然气日供气量达98万立方米，天然气年供气量达2.8亿立方米，累计输送天然气24.6亿立方米，城区居民气化率达95%以上。全年实现安全零事故。（钟梦瑶）

贸易·粮食

商务和粮食

【概况】2019年3月，根据《中共醴陵市委办公室　醴陵市人民政府办公室关于印发〈醴陵市机构改革实施方案〉的通知》（醴办发〔2019〕9号）文件，将市商务旅游和粮食局的旅游管理职责划至新组建的市文化旅游广电体育局，将市商务旅游和粮食局的经营者集中反垄断执法职责划入新组建的市市场监督管理局，将市商务旅游和粮食局的其他职责、市民政局的救灾物资储备职责整合，组建市商务和粮食局，作为政府工作部门。不再保留市商务旅游和粮食局。根据《醴陵市机构编制委员会办公室关于醴陵市机构改革涉改科级事业单位调整的通知》（醴编字〔2019〕2号）文件，将市市场服务中心承担的行政职能划入市商务和粮食局，调整为市商务和粮食局所属副科级公益类事业单位。2019年，全市商务和粮食工作围绕高质量发展取得较好成效。全市实现社会消费品零售总额248.3亿元，增长10.4%。新批自营进出口企业62家，自营进出口企业达397家。全年对外投资中方合同投资总额1.56亿美元，增长32%；外贸进出口总额首次突破5亿美元关口，达5.1亿美元，增长6.8%。全年实际到位外资2.48亿美元，增长15.73%，完成率株洲地区排名第二；内联引资69.3亿元，增长18.9%。年内，醴陵市被株洲市评为项目攻坚行动第二名，获得奖金1000万元。市商务和粮食局被省政府评为外贸工作先进单位，被省商务厅评为外经工作先进单位，被株洲市商务局评为外经外贸工作先进单位。

【招商引资】2019年，全市接待考察客商300余批次，小分队外出招商20余次。参加省、株洲市和组织醴陵市重大项目签约活动6次。全市新签约项目115个，合同资金296亿元；其中引进“500强”项目8个，投资过10亿元项目5个，投资过1亿元项目44个。新开工项目44个，开工率为39.29%。列入年内考核的40个2018年签约项目有39个开工，履约率为97.5%。2019湖南（醴陵）国际陶瓷产业博览会期间现场签约项目39个，合同金额128亿元。

【外经外贸】2019年，全市有35家外贸企业进出口业绩“破零”、20家实现业绩“倍增”。参加春、秋两届广交会实现订单1.9亿美元，保持在15%以上的增长。5家陶瓷企业参加首届中非经贸博览会，11家陶瓷企业参加中国国际食品餐饮博览会，21家企业参加第二届中国国际进口博览会。争取到国家、省级中小企业开拓资金、外经发展资金、应对贸易摩擦资金等20余个惠企项目资金2000余万元。首次承办全国应对欧盟对华日用瓷反倾销日落复审总结大会，联合阿里巴巴集团主办了2019年醴陵跨境电商峰会。引导企业参加2019年中国品牌商品与服务（波兰）展召开宣讲会。

【商贸流通】2019年，全市“限上”企业培育有成绩。新增规模企业12家、“小升规”企业16家；其中2家为餐饮企业。新建城乡农贸市场11个，完成姜湾、阳三农贸市场搬迁。冷链物流、物流标准化体系项目获省级认定。首次组织湖南醴陵红官窑瓷业有限公司、新世纪艺术馆等20家釉下五彩企业参加第十五届中国（深圳）国际文化产业博览交易会，现场成交金额达714.4万元，签订意向订单金额达2.4亿元。2家陶瓷企业入选第一批省电子商务企业，陶瓷企业全年实现网上销售额22.7亿元，增长25.2%，全市电商平台网销农产品1.1亿元。摸清54个一类、二类马路市场情况，按分类施策办法整治，全部予以取缔。

【粮油监管】2019年，开展政策性粮食库存大清查，核查中央储备粮、地方储备粮、地方调控粮6.5万吨。开拓粮食销售途径，对外销售稻谷2万余吨。开展粮油安全大检查，按要求处置地方调控粮1003吨。首次争取到600万元粮食产后体系建设项目资金，受惠企业7家。

【商务综合执法】2019年，开展行政执法检查26次，检查对象86家，当场责令改正违规行为18件，下达限期改正通知12份并跟踪整改到位。成品油“打非治违”取得明显成效。查处取缔非法加油点2处，查扣加油机2台、柴油27吨；查扣流动加油车4台；查封2家柴油非法储存点；查封3家自用柴油的矿山和企业；行政处罚2家非法加油站点，罚款1.5万元。（钟　琦）

海关·检验检疫

【概况】2019年1月1日，株洲海关驻醴陵办事处（以下简称“醴陵办事处”）升级为副处级机构。有工作人员15人，其中主任和副主任各1人。年内，醴陵办事处贯彻落实长沙海关关区工作会议及党风廉政建设工作会议精神，按照《株洲海关2019年工作要点》安排，贯彻新发展理念，全力支持醴陵市开放型经济发展。

【进出口业务】2019年，醴陵地区进出口货物总额为35.3亿元，增长12%，其中货物出口额33.9亿元、货物进口额1.4亿元。出口产品主要有陶瓷、电瓷、烟花、电子产品等，其中日用瓷产品出口额19.6亿元、增长6.4%，电瓷产品出口额3.6亿元、下降9.9%，烟花产品出口额3.1亿元、增长0.3%，电子产品出口额2.1亿元、下降11.5%。

【检验检疫业务】2019年，醴陵办事处共受理出境检验检疫申报5851批，金额合计1.4亿美元，分别同比下降7.6%及33.3%。签发各类原产地证书13种9945份，签证金额1.12亿美元（约7.4亿元人民币），可为醴陵市出口产品减免进口国关税约550万美元（约3640万元人民币）。

【服务地方经济】2019年，醴陵办事处不断深入贯彻落实中央、海关总署稳增长部署，多措并举助推醴陵产业转型升级和外贸稳定增长。一是强化监管，保障国门安全。不断加强海关正面监管，筑牢一线监管防线，维护国门安全，确保一方平安。推进“蓝天2019”行动，保持打击走私“洋垃圾”、毒品、象牙等濒危物种及制品的高压态势。在“非洲猪瘟”防控、危险品及其包装检验、国门生物安全等工作中发挥牵头作用，守好安全底线。二是深化改革，方便群众办事。持续推进通关一体化改革，深化税收征管方式改革，扩大“自主申报自主缴税”业务模式覆盖面，企业进口从申报、缴税到最后放行均实现自助完成。成功实现原产地证自助打印，企业足不出户即可办证，真正实现企业“零跑腿”，签证“零见面”。三是优化服务，促进外贸发展。为确保出口产品质量，醴陵办事处对醴陵烟花爆竹及其它危险品的产品质量实施全面监控，承担检测费用近40万元，有效节约企业成本。全年调研走访企业50余家次，深入企业现场办公，解答企业在进出口环节遇到的相关问题。（童　宁）

供销合作

【概况】2019年，市供销合作社联合社（以下简称“市供销社”）肩负着供销改革、系统维稳和资产安全管理等重要职责，有在职人员46人，其中在编人员23人。市供销社深入学习，贯彻落实习近平总书记关于供销合作社的重要论述精神，结合“不忘初心、牢记使命”主题教育学习，砥砺奋进、开拓进取，主动作为，高质量地完成了各项工作。年内，醴陵市供销社被中华全国供销合作总社评为“全国供销系统百强县级社”，被中华合作时报社等部门联合授予“金扁担改革贡献奖”称号，湖南省深化供销合作社综合改革领导小组2次将醴陵市发展村供销社的经验做法以简报形式在全省推介。

【供销合作社综合改革】2019年，市供销社围绕深化供销合作社综合改革的有关文件精神，以改革示范县（市）为契机，围绕“为农、务农、姓农”服务宗旨，在基层组织体系建设、经营服务领域扩展等方面大胆探索、勇于创新，强有力地推动供销合作社综合改革深化。全年新增镇级供销惠农服务中心4个，新增村级供销惠农服务社65个，发展3家镇供销社生活超市、2个联华超市农产品销售专区、1家供销社菜市，领办农民专业合作社及联合社41家。

【信访工作】2019年，市供销社牢固树立群众观念，加强与相关部门的协调联动，着力化解矛盾纠纷。全年接待来访人员326人次，网上信访回复办结8件，为356名改制职工办理了退休手续。成立专门班子并拨出经费处理原市肉联厂12名改制职工住房不动产权证办理纠纷，并与之签订息访协议。问题解决后，信访户为市供销社赠送“不忘初心，为民解忧”的锦旗致谢。

【资产管理】2019年，市供销社落实安全制度，履行安全生产责任制和各项安全规章制度。全年出台10余份安全生产文件，与各租赁户法人签订《安全责任状》和《安全承诺书》200余份，聘请消防安全技术人员对40余家重点租赁企业安全负责人及单位员工进行消防安全培训。定期开展全方位大检查，不定时进行专项安全生产检查整治工作，确保排查严密、覆盖全面，发现问题及时整改。实行公开、阳光招租，严格执行合同规定，采取强制措施收取门面拖欠租金，做到颗粒归仓，确保资产保值增值。（余　亮）

盐务管理

【概况】2019年，湖南盐业股份有限公司醴陵市分公司（湖南省轻工盐业集团有限公司醴陵支公司）在盐改市场进一步深化和电商平台不断扩大终端直销的情况下，以确保市场占有和结构调整为导向，切实打好市场保卫战，全面落实目标责任管理。年内有在职干部职工11人，退休人员16人。全年购进各类盐3301吨，销售各类盐4037吨，各类盐库存578吨。全年建设终端网点近1900家，推动在每个乡镇建立若干个标准形象陈列示范网点，共建设乡镇标准示范店23家。利用“3·15”消费者权益日和“5·15”全国碘缺乏病日重要宣传节点，与疾控中心等部门联合，通过在繁华地段设立咨询台、摆放宣传展板、悬挂横幅、印发宣传材料等形式进行宣传。（谭　波）

烟草专卖

【概况】2019年，醴陵市烟草专卖局（湖南省烟草公司株洲市公司醴陵市分公司）践行“国家利益至上、消费者利益至上”行业共同价值观，以提高发展质量和效益为中心，做好稳销量、提结构、降成本、增税利等各项工作。内设办公室、综合室、安保室、专卖监督管理股、市场服务分部和株洲烟草物流醴陵中转站6个职能股室，年末有在册在岗职工67人，离退休职工28人。全年完成卷烟销售4.57万箱，上缴税收8709.27万元。

【市场监管】2019年，市烟草专卖局以高压态势打击违法违规行为，注重完善“政府领导、部门联合、多方参与、密切协作”的烟草市场综合治理体系，贯彻“端窝点、断源头、打网络、抓主犯”的打假破网工作思路，建立湘赣边界烟草专卖查缉站，构筑“一站三线九点”省际“防护网”。注重提升情报网络建设，建设“线上、线下、数据分析”三位一体立体打击网络。全年破获假烟案件180起，查获假烟私烟185.6万支，查获数量同比增长46.45%；“2018·11·16”假烟网络案成功申报国标网络案，刑拘7人，逮捕6人，有力打击了售假、制假器张气焰。

【行政许可】2019年，市烟草专卖局持续推进“放管服”改革，与公安、工商等部门联合执法严打无证经营行为，规范许可证使用。运用数据研判成果，精准发力，既监管到位又不过分扰民。贯彻落实“最多只跑一趟”“七个工作日办结”“马上办、网上办”等便民承诺，确保行政许可服务到位。全年新办烟草专卖许证581本，延续烟草专卖许证180本，清理不规范烟草专卖许证380本。

【营销服务】一是小组运行日趋成熟，卷烟市场价稳劲足。2019年，醴陵共建成卷烟零售客户自律互助小组266个，覆盖客户4915户，总覆盖率99.17%，“诚信e家”线上平台实现小组100%覆盖，辖区市场卷烟零售价格长期保持稳定，客户盈利水平达12%以上。二是营销网建探索创新，现代终端展现特色。大力推进新终端“智慧零售”。引导客户向全商品扫码、全店铺管理、多方式结算的“智慧零售”经营模式转变，逐步实现卷烟订购、销售、库存管理信息化。全年发放零售终端管理系统261套，建成现代零售新终端43户。打造现代终端示范街1条，建设绿色文明吸烟点60处。三是全力打造“百强县”品牌优势。依托湖南中烟品牌培育“百强县”建设经验，拓展贵州中烟、广东中烟等合作伙伴，品牌培育机制逐步成熟，各项重点品牌及卷烟新品在醴陵市场投放。

【党建工作】2019年，市烟草专卖局坚定不移保持全面从严治党向纵深推进、向基层延伸，以良好政治生态引领推进各项工作。一是层层压实主体责任。出台年度党建工作计划、要点，做到党建工作和业务工作同部署、同指导、同考核。层层签订从严治党责任书，压实和明确责任清单。全年党组会议专题研究部署党建工作6次，召开支委会12次，党员大会6次，党小组会36次，开展组织生活会2次，班子成员讲授党课6次，组织微党课竞赛1次，微党课《让共产党员的初心永远熠熠生辉》获株洲市烟草系统一等奖，并被推送参加行业评比。二是推进“不忘初心，牢记使命”主题教育。以党中央关于主题教育重要部署为指导，自觉把学习教育、调查研究、检视问题、整改落实贯穿始终。构建常态化学习机制，开展党组理论中心组学习3次，为期6天，专题研讨交流4次，组织主题党日、党性锻炼、红色宣讲等革命传统教育活动5次。围绕企业高质量发展等重点内容，形成一批实用管用的调研成果，撰写调研报告4篇。三是把握党风廉政关键节点。聚焦党风廉政建设，保障“一岗双责”责任制落到实处。开展形式主义、官僚主义专项整改活动1次，“八项规定”专项检查3次，其他各类监督检查15次。建立健全党风廉政建设教育机制，开展党风廉政教育培训3期，制作党风廉政宣传栏4期。（叶世盛）

中央储备粮株洲直属库有限公司醴陵分公司

【概况】中央储备粮株洲直属库有限公司醴陵分公司（以下简称“公司”）成立于2008年12月9日，是隶属于中国储备粮管理集团公司的国有企业。2015年区域一体化后，为中央储备粮株洲直属库有限公司的分支机构。公司常年储备中央储备粮、省级储备粮、（县）市级储备粮，是醴陵市最低价格收购稻谷的主力军。2019年，公司设综合科、仓储科、业务科3个科室，有在岗员工46人。公司努力践行“以安全工作为主线，以规范管理为基础，以仓储管理为主业，以监督执纪为手段，以奖罚兑现为措施，以双创工作为抓手，以打造醴陵仓储品牌为目标”的工作思路，不忘初心，努力展现管好管住大国粮仓责任担当。开展“三亮三比三创四心”（亮身份、亮职责、亮承诺，比学习、比技能、比作风，创工作标杆、创铁军队伍、创优秀业绩，强信心、聚民心、暖人心、筑同心）活动，凝聚人心、激发活力。发挥党建引领作用，发挥服务社会的责任担当，促进仓储整体水平提升。完成了新建的4个浅圆仓、2个高大平房仓验收及资产核对、贴牌、往来款项的清理与核销工作。充分利用智能粮库系统开展在线监测，2个库区共安装摄像头101个。通过采用空调控温、稻壳压盖和储粮保护剂的使用等免熏蒸储粮技术的试验，有效探索绿色储粮技术，取得良好效果。顺利通过全国粮食数量质量“大清查”和春秋两季普查工作。（黄自平）

城建·环保

城市管理

【概况】2019年，市城市管理和综合执法局（以下简称“市城管局”）内设8个股室，下设市环境卫生服务中心、市园林绿化中心、市城市管理行政执法大队、市查处违法建设监察大队、市灯饰管理所、市政工程维护中心、数字城管监督指挥中心7个二级机构，监管8家专业保洁公司和1处生活垃圾无害化填埋处理场；全系统有在职干部职工683人，其中编内人员340人，编外人员343人。市城管局机关党委下辖2个党总支、16个党支部，有党员372名。年内，全市城市管理工作围绕“打好四大战役，建设四个醴陵”目标，努力建设“法治、自信、数字、全民”城管、打造“干净、有序、绿色、精致、文明”城市。市城管局坚持党建引领，践行城管“721”（住建部倡导城市管理“721工作法”，即70%的问题用服务手段解决、20%的问题用管理手段解决、10%的问题用执法手段解决）工作法和“一线工作法”，推行“把支部建在路上”路长制工作，做到“党务、业务、服务”三务一体、无缝融合。高质量处理好市长热线投诉200余次、人大政协提案建议7件和政协微建议30余件。更新城市管理理念，完善城市“四面、四边、四区”（墙面、店面、街面、路面，学校、市场、景点、车站周边，小区、厂区、景区、办公区）管理标准，明确并践行市容市貌、环境卫生、夜市管理、疏导点管理、广告店招、查违控违、城市绿化、城市亮化等方面的工作思路。

【城市环境治理】2019年，市城管局坚持推行“冲、扫、洗、收”流程运作、组合作业，推广机械化保洁和快速保洁，环卫作业更加精准。9月1日起，推行第三轮环卫作业市场化，实现了城市“四街一区”20个社区、35个村、1024.55万平方米范围内市场化保洁作业全覆盖。在城区18处主要项目工地出入口安装移动高清摄像头，查处扬尘污染违法行为300余起、非法收运泔水行为7起，处置露天焚烧垃圾行为10余起，清理店外经营夜市门店80余家，累计收运、无害化处置餐厨废弃物2500吨。新建公益广告宣传大屏幕13处，曝光车窗抛物、行人门店垃圾乱扔等不文明行为。持续推进“厕所革命”，结合“路长制”，强化公厕“所长制”管理，城区85座公厕年内提质改造54座。推行垃圾分类治理，引进建筑垃圾资源化利用企业，总投资约2000万元、设计年处理消纳建筑垃圾规模达20万吨。全力备战国家卫生城市创建，城市环境基本实现“四见”（街面见原色、路面见底色、标线见本色、设施见基色）和“三个一样”（晚上和白天一个样、假日和平时一个样、检查和不检查一个样）。

【城市秩序管理】2019年，市城管局瞄准城市管理热点、难点、重点问题，逐个击破，化解多个城市管理“顽疾”。一是大抓集中整治。全年开展各类集中专项整治行动98次，取缔了姜湾马路市场、阳三石马路市场、江源桥下“千人露天麻将场”、渌江广场占道游乐设施和来龙门巷流动摊点占道经营等市容乱象。按照新增违建“见违即拆”，存量违建“四个必拆”（影响项目建设必拆、影响消防通道必拆、影响创建工作必拆、群众反映强烈必拆），全年查处新增违法建设106处、面积1.77万平方米；拆除违法建设140处、面积4.06万平方米，其中拆除新增违建98

处、存量违建42处。二是大力化解城市“顽疾”。人行道违停处罚系统正式上线，违停信息同步录入公安交管行政处罚系统，综合整治城区23条主次干道人行道违停乱象；街巷“清零”行动再出击，取缔出店占道经营1430余家（处）；广告店招减量提质升级，拆除劣质广告（招牌）433块、约6648平方米，其中大型户外广告和高立柱广告50块。三是持续扩容建设疏导区，设置9处临时便民疏导点用于安置水果、夜宵经营的摊贩。

【城市绿化】2019年，在全市范围内开展城市绿荫行动，增绿补绿护绿。新增公园绿地面积49.62公顷，完成城市绿道、自行车林荫道建设31.16公里，管养绿地300余万平方米、树木16万余株。年末，城市建成区绿化覆盖率达39.05%、绿地总面积1044.3公顷、人均公园绿地面积10.97平方米，全市共有各类公园、绿地广场等70个。

【城市亮化】2019年，坚持适用、经济、绿色、美观原则，以满足市民照明需求为主，以适度点缀亮化美化为辅，打造“路灯亮灯率”和城市“夜色景观”2个重点，让城市有路的地方就有灯、有灯的地方就亮灯、街道河流有线条、高层建筑显轮廓、地标景点有画面、城市夜色有主题。抓好城市路灯建设与维护，全城2万余盏路灯亮灯率达100%。

【城市基础设施建设】2019年，市城管局不断提升科学化、精细化、智能化管理水平，加强全面巡查、防控风险、精细管养与维护，城市运行变安全了。全年完成油路维护1.17万余平方米，改造人行道1.83万余平方米，疏通排水管道2.3万余米，清淤泄水井5800余座次，更新破损窨井盖720余座次，完成刘家巷、来龙门巷等提质改造“微改造”项目5个。成功抗击元旦冰雪、6月暴雨、7月特大洪灾，全年未发生市政设施安全事故，未发生长时间、大面积积水、内涝事件，城市运行管理更安全高效。

【依法行政】2019年，市城管局推进行政审批制度改革，13项行政许可事项全部入驻市民中心；强化与公检法等部门合作，探索使用“非接触式”执法和非诉执行新方式办大案要案新案，“非接触式”执法比例达50%。全年办理执法案件8546起，处罚金额120.26万元。其中，一般程序执法案件191起，处罚金额37.12万元，含违法建设类案件18起、店外堆物经营作业类65起、流摊类25起、渣土类25起、大型户外广告和小广告类44起、损坏市政公用设施类5起、其他案件9起；办理简易程序案件8355起，处罚金额83.14万元，其中人行道违停案件8235起、车窗抛物案件78起、牛皮癣案件42起。

【城管队伍建设】2019年，全市城管队伍形象得到提升。一是工作环境变美了。锤炼独特的城管文化，持续打造城管VI（视觉识别系统），规范美化局机关办公场所，协调安排局属各单位办公场所。二是队伍面貌变美了。更新执法作业车辆、作业装备，更换全国统一制服，队伍形象更为规范，精神面貌得到改观。三是队伍管理理念变新了。坚持“为民管城”理念，提出城管“一线”工作法、“温暖城管”十条（表彰激励、待遇从优、保障装备、健康行动、困难帮扶、兴趣拓展、教育培训、铁腕维权、减负释压、成长助力），城市管理精细化程度不断提高。年内，市城管局在醴陵市成功创建“国家园林城市”过程中发挥主力军作用，获评2019年株洲市抗洪救灾“先进集体”、株洲市城市管理“先进单位”等多项荣誉，在株洲各县市城市管理绩效评估中连续5年保持第一，醴陵市获评株洲城市管理工作“优秀县城”。（陈医红）

城市环境卫生

【概况】2019年3月，根据《醴陵市机构编制委员会办公室关于醴陵市机构改革涉改科级事业单位调整的通知》（醴编字〔2019〕2号）文件，将市环境卫生管理处承担的行政职能划入市城市管理和综合执法局，改为市环境卫生服务中心（以下简称“中心”），为市城市管理和综合执法局所属副科级公益类事业单位。中心内设办公室、考评股等9个部门；负责城区主次街道400余万平方米的清扫保洁和主要街道清洗，42座垃圾收集点、13座压缩式垃圾收集站和27座公厕的管养，数千个果皮箱、垃圾桶的保洁维护和管理，约30平方公里范围内生活垃圾清运和无害化处理等工作，日平均收集清运城镇生活垃圾550余吨。城区有环卫工人1200余人。2019年，中心围绕创建工作目标，强化环卫长效管理，成功高效完成“7·9”特大洪灾灾后清扫工作，以干净整洁的城市卫生环境，全力迎接第四届中国烟花爆竹博览会暨2019醴陵烟花爆竹交易会、2019湖南（醴陵）陶瓷产业博览会和国家卫生城市省级考核鉴定、省级文明城市复审、国家园林城市明检、国家卫生城市暗访工作。年内，市创建先锋设备维护转运队队长何昌富、清洗工人文红亮舍身救商铺的先进事迹被媒体报导，文红亮被株洲市城管委授予“最美环卫工人”称号。

【城区环卫作业市场化运作】9月

1日起，全市城区环卫作业实行第三轮市场化运作，承包期3年。城区大街小巷作业面积717.41万平方米的清扫保洁、垃圾清运分成7个标段（主次街道一、二、三标段及四个街道各标段）分别由象新、仁仁洁、宏达、奇亚、美中、宇润、中再生7家保洁公司中标承包；郊外村307.14万平方米范围由各村聘请人员实行自行清扫保洁；原城区主次街道机械化清洗和2019年城区新增14条主次干道清洗面积336.36万平方米，继续由升阳升公司中标承包。

【环卫基础设施设备建设和管理】2019年，中心加强对环卫设施设备的建设和管理。一方面，加强环卫基础设施建设。年内完成对城区54座公厕的提质改造，开展经开区新建多机位垃圾中转站选址工作。太一市场二类公厕改造完工并投入使用，火车站地上停车场二类公厕和太一市场一座环卫工人休息室新建完工并投入使用。另一方面，加强对环卫设施设备的管理维护。对城区18座公厕、43座垃圾收集站维护保洁进行了新一轮招标承包；对中心管养的13座垃圾中转站加强管理，按照质量考核标准巡查，统一调度清运车辆有序进站倾倒，确保垃圾站正常转运和垃圾站周边环境干净整洁。继续在城区推行公厕“所长制”，年内新接管了高铁风光带和火车站的5座公厕，改善公厕环境、提高保洁水平，确保公厕管养保洁到位。及时更换陈旧破损的垃圾桶和果皮箱等，做好垃圾桶分类工作，翻新板车、挂桶车，确保环卫设施设备正常运转使用。

【环卫质量管理】2019年，中心狠抓城市环境卫生质量。一是加强对环卫作业公司卫生质量、安全生产及公司管理的巡查考核，对公司作业质量每周不定期开展明查暗访，每月进行考核排名，确保城区清扫保洁质量常态化。二是加强垃圾污染源头管理。加大对业主乱堆装修垃圾、乱倒乱扫乱丢生活垃圾等违章行为的巡查整治力度，及时清理无主装修垃圾；提高渌江河河道垃圾转运时效；推进城区餐厨垃圾收运、处理工作。三是创新工作机制。年内，环卫全体干部职工贯彻践行“一线工作法”，实行“路长制”，指导并协助保洁公司增加作业人员和清运班次，做好迎检、创建的环卫保障工作。

【抗洪抢险】2019年，中心带领全市环卫从业人员发扬“特别能吃苦，特别能战斗，特别能奉献”的环卫精神，开展“7·9”特大洪灾灾前抢险、灾后清淤工作。在灾后清扫清淤行动中，每天出动环卫从业人员1000余人，出动作业车辆260余台次，清理城区受污面积超过5平方公里，抢修水损公厕10座、垃圾中转站6座，清运城区垃圾1000余车、4000余吨，以最快的速度恢复城区主次街道的路面洁净，并积极支援石亭镇、茶山镇等重灾乡镇抗灾。中心被株洲市城管局评为“2019年抗洪防涝救灾先进集体”，被醴陵市委、市政府评为“抗洪救灾工作先进集体”。（魏小平）

园林绿化

【概况】2019年3月，根据《醴陵市机构编制委员会办公室关于醴陵市机构改革涉改科级事业单位调整的通知》（醴编字〔2019〕2号）文件，市园林绿化管理局（市城市绿化委员会办公室）更名为市园林绿化中心（以下简称“中心”），为市城市管理和综合执法局所属副科级公益类事业单位，不再保留市城市绿化委员会办公室牌子。机构改革后，中心设综合股、园林科研所、园林绿化股、公园维护股、财务股，核定编制25名，设主任1名；中心有干部职工85人，其中有高级工程师1人、工程师12人、助理工程师25人、技师2人。截至年末，全市建成区绿地总面积1044.3公顷，公园绿地面积271.58公顷，人均公园绿地面积10.97平方米，绿地率34.35%，绿化覆盖率39.05%，年内新增公园绿地、防护绿地、附属绿地等各类绿地23.44公顷。醴陵市成功创建国家园林城市，中心获株洲城管系统“先进单位”称号。

【园林建设】2019年，全市园林绿化工作取得显著成绩。一是公园绿地建设：完成寨子岭公园、商检游园、阳三游园、柳家湾游园、泉塘游园、东岸游园、陶瓷技师学院游园等绿地建设。二是城市“双修”（生态修复、城市修补）工作：完成仙岳山文化公园、320国道、玉瓷路沿线山体修复和城中村菜地整治及植绿补绿工作，完成1090米长的阳三路绿化带提质改造，并增加空闲地带绿化。完成以“瓷谷风采”“炫彩汇心”“历史人文”3个主题为核心，以玉瓷路、瓷谷大道、国瓷路、醴泉路、左权路、渌江大道为主线的31.16公里城市绿道建设，增加标识标牌、标线、休闲驿站等服务设施，补植500余株林荫树种。完成申熙路沿线裸露护坡立体绿化，完善珊田广场、火车站广场等地应急避险设施，新增都市雅苑、三力小区、金杏美域以及市商务局、市人防办、市供电公司等14家园林式居住区（单位）的申报创建。三是迎检线路绿化提质：年内，中心重点对“创国园”迎检线路的绿化、便民设施等系列国家园林城市验收元素进行全面完善提质，对影响市容市貌的损绿、缺绿现象以绣花的方式进行精细修复，对左权路、渌江大道等重要路段及财源塔广场、珊田广场、火车站广场、电力局游园、柳家湾游园、仙山公园、渌江书院和车顿桥广场等迎检点进行全面补植补栽或提质改造，以良好的景观面貌接受“创国园”现场检查。四是绿化设施修葺：对道路侧石、广场板、石桌、石凳、文化墙、廊架等园林小品设施进行全面维修翻新。

【园林管理】2019 年，中心以“精细化养护”为宗旨，从职工职业素养、工作机制、考核机制和园林管理等方面着力，全面提升养护水平，保持绿化成果，养护水平得到住建部国园验收专家组认可。一是加强学习培训。将绿地养护任务按区域划分为 4 大块 21 个班组，分别管理仙山公园、仙岳山街道、阳三石街道、来龙门街道、长庆示范区、经开区、国瓷街道等片区公共绿地的日常修枝、除草清杂、绿化垃圾清运、草坪修剪、仙山公园管理维护、绿地施肥、病虫害防治、应急抢险等工作。各班组每月组织一线绿化工集中学习培训，提高绿化养护技能，为绿化养护精细化管理实施打下良好基础。二是绿地养护管理。年内，中心新接管左权路、醴泉路、车顿桥广场、李畋中路、长庆大道、梧桐路、云盘山路、瓷谷大道、瓷谷等新建改建绿地，新增加绿地养护面积 30 余万平方米。制定详细的年度、月度养护工作计划，对除草、施肥、修枝抹芽、病虫害防治、草坪修剪、树木修剪养护细节进行科学合理的安排。三是加强检查考核和指导。通过对养护工作进行综合考核，有效促进绿化养护精细化管理的实施和养护质量不断提高。对未移交的公共绿地加强养护业务指导，提出整改意见。通过精心养护，基本实现绝大部分树木长势良好，适时修剪，疏密得当，有较好的观赏效果；花灌木及时修剪，有序整形；植物病虫害得到及时防治；草坪修剪及时；观赏绿篱及色块植物保持整齐美观；绿地无杂草的养护目标。四是加强园林管理。中心按照《株洲市城市综合管理条例》，进一步强化园林监察执法力度，对全市园林绿化项目从规划设计、施工建设、竣工验收到养护管理实行全过程的指导服务和监督管理，守住绿地红线。（翁　勇）

市政工程维护

【概况】2019 年 6 月，经机构改革，醴陵市市政工程管理处更名为醴陵市市政工程维护中心，仍为醴陵市城市管理和综合执法局所属正股级事业单位。市政工程维护中心内设办公室、总工室、财务室、监察队、桥梁及油路管养组、应急及排水管养组和日常维护组，有在职人员 33 人和退休人员 32 人，主要职能是负责城市建成区主次干道市政设施的管理和养护。截至年末，城市建成区有主次干道 34 条，道路总长 243.5 公里，道路总面积 456.61 万平方米，排水总长 169 公里，有桥涵 39 座，有广场 24 处。

【市政设施管养】2019 年，市政工程维护中心完成油路维护 1.17 万余平方米，油路灌缝 1.8 万余米，人行道维修改造 1.83 万余平方米，侧平石维护 3100 余米，盲道维修 7300 余米。完成泄水井清淤 5800 座次，维修更换破损窨井盖 720 余座次，疏通排水管道 2.3 万余米。完成江源大桥游园改造刷漆维护 400 平方米，人行桥桥面板维护 30 余次。完成刘家巷和来龙门巷提质改造、珊田广场 320 国道出口以及车顿桥至姜湾菜市场道路改造、陶瓷学院人行道改造等“微改造”项目的油路改造 1.8 万余平方米，立面改造 5000 平方米，人行道改造 1760 余平方米，侧平石改造 1800 余米，排水改造 2400 余米。（吴冬生）

灯饰管理

【概况】2019 年，市灯饰管理所为市城市管理和综合执法局下属副科级全额拨款事业单位，有干部职工 19 人，其中在编干部职工 8 人，下设办公室、财务室、维护室、工程室和监控中心 5 个职能股室。主要负责城市照明的日常维护和管养。截至年末，全市有路灯 20028 盏，其中 LED 灯 18700 盏、高压钠灯和节能灯 1328 盏；有景观亮化建筑 210 余栋，有桥梁、景点亮化 12 处，共有亮化灯具 133223 盏（套）。年内，市灯饰管理所紧扣“璀璨醴陵、靓丽瓷城”城市亮化主题，围绕“有路必须有灯、有灯必须亮灯、街道河流有线条、高层建筑显轮廓、地标景点有画面”目标，全面提升灯饰管理水平。一是利用智慧化、信息化手段推进智慧照明建设。利用智能控制系统，扩大城区公共照明设施的远程智能控制范围，实现对全市路灯和景观灯实时监控，提高指挥调度精准度和工作效率。二是按照“节约、适用、科学”的原则，加强灯饰照明能耗管理。在保障城市基本照明情况下，节能改造城市路灯和亮化设施，重点加强对已建亮化项目的管控，严控公用设施和大型建筑物装饰性景观照明能耗；根据日常、节假日和重大活动等不同时期，确定灯饰不同的开闭时间和方式，加强能效管理。三是及时排查整改各种隐患，开展城市照明设施的维护工作。对“微检修”、数字城管、网格交办、市长热线等渠道收集的群众反应的没灯和黑灯等情况，做到 24 小时内及时修复反馈。全年安装寄墙寄杆和立杆灯 120

盏。维修路灯1200余盏，线路检修252次，控制箱检修115次，检查路灯检修井2万余次，维修故障灯具983盏，更换LED灯珠7000余粒、各种开关电源2200余个、洗墙灯2400盏、电线电缆2800米，在各项创建迎检期间，城市照明亮灯率达98%，设施完好率100%。（李　丽）

住房和城乡规划建设（人民防空）

【概况】2019年3月，根据《中共醴陵市委办公室　醴陵市人民政府办公室关于印发〈醴陵市机构改革实施方案〉的通知》（醴办发〔2019〕9号）文件，市住房和城乡规划建设局更名为市住房和城乡建设局。市人民防空办公室作为市国防动员委员会的常设办事机构，与市住房和城乡建设局合署办公，实行一套工作机构两个机关名称。机构改革后，市住房和城乡建设局（人民防空办公室）〔以下简称“市住建局（人防办）”〕内设办公室、人事教育股、计划财务股、法规股（行政审批股）、建筑业管理股（建筑节能与科技股）、市政工程管理股（公用事业管理股）、质量安全管理股、勘察设计管理股、村镇建设管理股、招投标管理股、建设工程消防验收股、城市更新股、住房管理股、人防指挥通信股、人防工程管理股15个股室，下辖市自来水公司、市建设工程质量安全监督站、市住房保障服务中心、市城市公用事业服务中心4个二级机构。局机关有在职在编人员87人，其中机关行政编制21人、事业编制66人。

【市政工程】2019年，先后推动320互通、阳东一路、创新路、创业路、岭前路和明月峰路等城市主次干道建成使用。推进渌江水系综合治理，新建污水管网7.7公里、改造1公里，新建红旗渠排渍站，全市年生活污水处理量达575万吨，处理率达94.34%；完成17个集镇污水处理设施建设前期工作，启动李畋、浦口等8个建制镇污水处理设施建设；基本完成城区西岸河、白兔潭镇老河道等黑臭水体整治，加紧推进东岸河、西山渠及王仙店香河等黑臭水体整治项目施工；完成城区渌江河道清淤62万立方米，固化46万立方米；落实工地扬尘治理“六个100%”（施工区域100%标准围档、裸露黄土100%覆盖、施工道路100%硬化、渣土运输车辆100%密闭拉运、施工机构出入车辆100%冲洗清洁、建筑物拆除100%湿法作业）。建成寨子岭公园等一批城市游园，启动五彩广场项目，完成陶瓷市场二期提质改造；千年古迹“醴陵门”、醴陵故事（酒吧街）、“1915”特色街区相继投入使用。

【水、气供应】2019年，市自来水公司完成自来水管网改造6.9公里，年供水量达2998.85万立方米，水质合格率100%，用户总数突破10万户。全市有天然气企业用户15家，天然气公建用户51家；年内新增天然气居民用户2090户，新建改造天燃气管道7.45公里。天然气年供气量3亿立方米，液化气年供气量8000余吨。

【住房保障】2019年，聚焦群众安居乐业，完成棚户区改造446户、面积7.4万平方米，全面完成年度任务；发放住房困难租赁补贴554户；上市销售保障性住房440套；群力二期项目330套保障性住房建设顺利推进；推进玉瓷路棚户区改造等15个项目的征拆工作，签订征收补偿安置协议390户、建筑面积5.35万平方米。启动67个老旧小区提质改造，惠及6937户市民。小区物业服务覆盖率达94.9%，其中新建小区覆盖面达100%。

【房地产市场】2019年，全市完成房地产开发投资39.83亿元，同比增长12.5%；依法依规依程序发放商品房预售许可证156本，批准预售面积95.67万平方米。全年新开发项目10个，新开工面积104.2万平方米，上市新建商品房7958套、91.8万平方米。在市民中心设立商品房买卖合同备案窗口，全年办理商品房买卖合同备案7759套（栋）、97.45万平方米；办理商品房买卖合同变更手续318宗。成功举办2019湖南醴陵房地产博览会，销售商品房83.9万平方米，实现销售总额48.9亿元，房地产调控和监管工作经验在全省推广。

【镇村建设】2019年，全市加快推进镇村建设步伐，全国新型城镇化质量百强县市排名第55位。实施危房改造720户，完成官庄镇“五保之家”和枫林镇2个农村危房改造集中建设项目和5531户分散自建对象的实地核查。开展“7·9”特大洪灾灾后受损房屋安全评定，核查因灾受损房屋1047栋，评定并修复“四类”重点对象（建档立卡贫困户、农村分散供养特困人员、农村低保户、农村贫困残疾人家庭）C、D级危房125户。推进“两不愁三保障”排查整改工作，完成3万余户“四类”重点对象住房安全等级自查和19个镇的复查工作。完成“三类房”（偏杂房、危旧房、空心房）整治5608栋（处）、101万平方米，加快推进白兔潭、东富、枫林、船湾等特色小城镇建设。

【安全生产】2019年，开展建筑工地安全生产综合大检查3次，检查项目152项次，下发限期整改通知书128份、停工整改通知书24份，督促落实整改安全隐患1635处次，对检查中存在严重质量问题和较大以上安全隐患的工程一律进行停工整改。委托第三方检测机构对建筑施工起重机械设备进行现场检查，共检查起重设备374台次，封停16台次。在建筑、燃气、交通等领域开展大排查、大管控、大整治等6项专项行动，组织巡察39次，下发整改通知书677份，提出整改意见3640余条，下达停工通知书68份，消除质量安全隐患3622处，确保全年无重大质量安全事故发生。

【行政执法】2019年，对狮子坡小学新建教学楼、上和云邸、醴浏棚改二期、湖电棚改二期、景园1号住宅楼、世纪广场等40余个项目开展执法巡查。针对未办理报建报监、扬尘治理不到位、关键岗位人员不到岗等问题下发督办通知书12份、停工通知书41份、责令改正通知书59份。开展“七五”普法和建筑法律法规“六进”(进机关、进社区、进乡村、进小学、进企业、进工地）活动，参与“12·4”国家宪法日宣传周等系列法治宣传教育活动，印发各类法律宣传资料3000余份，接受群众咨询500余人次。全年受理招标项目30项，办理人防易地建设报建审批项目21件，结建人防工程审批项目2件，办理施工许可项目31项，行政审批准确率100%。

【建筑行业管理】2019年，开展温暖企业“三百”行动，帮助2家公司完成资质增项，对8家企业资质申报进行指导和初审；举办农村建筑工匠职业技能培训；推动建筑防水、路桥等行业发展，建筑市场呈现出齐头并进良好局面。全年核发施工许可证37个，涉及总建筑面积达145.7万平方米，实现建筑业总产值90.3亿元，同比增长10.9%。组织开展专项整治行动，对全市32家企业的239名涉嫌挂证人员进行清理，清理出参保异常人员208人，其中补交养老保险95人，注销挂证人员注册证书113人，有效遏制工程建设领域专业技术人员职业资格“挂证”现象，维护建筑市场秩序，促进建筑业持续健康发展。

【人防工程管理】2019年，市人防办办理民用建筑人防报建项目23个，办理人防易地建设报建审批项目21件和结建人防工程审批项目2件，报建面积105.09万平方米，按收费标准征收人防易地建设费969.53万元，综合结建率达100%，人防审批规范有序，人防结建成效明显。

【党建工作】2019年，市住建局（人防办）始终将政治规矩和政治纪律放在前面，突出抓好党建工作。开展“不忘初心、牢记使命”主题教育，强化党风、政风、行风建设，推进“五化”支部达标验收。全面落实省委巡视反馈意见和环保督察交办任务，对14个方面的问题制定整改方案，明晰整改“路线图”“时间表”，推进整改落实。开展“廉政风险点”排查工作2轮，排查廉政风险14项，针对风险点制定相应的防范措施。抓好监督执纪，开展工作纪律及出勤督查103次，开展廉政谈话31人次，批评教育6人，诫勉谈话3人，约谈分管领导1人，干部职工拒腐防变思想防线进一步巩固。（易雪辉　王　文）

城市公用事业服务

【概况】2019年3月，根据《醴陵市机构编制委员会办公室关于醴陵市机构改革涉改科级事业单位调整的通知》（醴编字〔2019〕2号）文件，将市燃气管理办公室的职责和城市用水、城市排水、城市污水处理等公益服务职责整合，组建市城市公用事业服务中心（以下简称“中心”），为市住房和城乡建设局所属副科级公益类事业单位。不再保留市燃气管理办公室。全年销售液化气8000余吨，销售天然气3亿立方米，新增天然气用户2090户。燃气安全工作得到市委、市政府高度重视，市安全生产委员会对各镇（街道、示范区）和市直有关单位下发《关于加强我市燃气安全生产管理的通知》，明确各镇（街道、示范区）及各有关部门的职责，在“属地管理”原则的基础上，将燃气安全管理纳入市安全生产委员会的安全管理考核。

【燃气行业监管】2019年，中心多次组织全市瓶装液化气公司座谈，继续推进瓶装液化气网点合法化建设。2018年启动建设的船湾液化石油气气瓶监测站于2019年4月正式投产。督促企业加强对正在运行的设施、设备和钢制管道进行检查，对出现生锈痕迹的管道重新进行防腐处理，对运行时间较长、老化的燃气管道有计划地更新，全年计划新建燃气管道5公里，实际完成7.13公里。推进落实全市燃气保险制度，燃气企业险、天然气用户和瓶装燃气用户险落实到位。年内，市燃气企业自发成立市燃气行业协会，有利于依法维护会员单位合法权益，加强行业自律，提高行业管理和服务水平。

【燃气工程建设监管】2019年，中心创新工作方法，全面强化燃气工程管理。引入监理制度，对在建燃气工程质量严格把关，严控工程质量。参与新建工程前期审查和后期验收工作，验收合格后方可通气。对已经运行的工程，要求燃气公司加强维护检查，确保燃气工程运行良好。

【行业安全应急管理】2019年，中心发挥职能责任，时时绷紧安全这根弦，确保燃气行业安全有序推进。一是加强燃气安全宣传。通过电视、电台、微信等平台定期进行燃气安全宣传。6月17日参加市安全生产委员会办公室组织的安全生产月活动，设置燃气安全宣传展板，发放宣传资料2000余份，并接受群众咨询。二是加强对燃气操作工人的安全培训。每月督促燃气企业对操作、管理人员进行安全培训，每年对用气企业操作人员和安全管理人员进行1次免费培训，增强从业人员和用户的安全用气意识。三是强化信息化建设。所有燃气公司均安装高清摄像头，中心实施远程监控，及时掌握燃气企业的安全运行情况。四是狠抓燃气隐患排查整治。年初与各燃气企业签订《安全生产责任状》，并严格按照“四不两直”（安监部门的安全生产检查方式：不发通知，不打招呼，不听汇报、不用陪同接待，直奔基层，直插现场）要求，每月和重大节假日对燃气企业进行督查共计20余次，发现燃气企业隐患10余处，下达限期整改通知书10份，均整改完毕。五是组织开展燃气行业应急演练。为有效应对燃气突发安全生产事故，督促各燃气公司根据全市统一安排分别开展应急演练，确保按照“快速反应、迅速抢险、相互配合、统一指挥、有效控制”的原则完成应急抢险。

【液化气安全生产专项整治】2019年，中心结合住建行业安全生产“大排查、大管控、大整治”百日行动，会同市市场监督管理局、市公安局和各镇（街道），开展为期2个月的专项整治行动，重点检查液化石油气钢瓶充装单位、检验单位、液化气经营和使用单位，打击和取缔非法充装以及将报废钢瓶翻新后流回到充装环节的行为，打击经营和使用过期钢瓶的行为，切实保证液化石油气钢瓶的充装和使用安全。整治行动共检查10余次，出动人员300余人次，发现隐患10余处，下达整改通知4份，立案处理企业2家，处罚金额4万元，暂扣15千克钢瓶120余个、50千克钢瓶30余个、压缩机3台、充气枪10余支、移动充气车辆2台。（刘伍寅）

城市供水

【概况】2019年，醴陵市自来水公司（以下简称“公司”）设13个部门，有职工252人。狮子坡水厂占地面积2.33公顷，主要水源地为渌江河、望仙桥水库，日生产能力达10万立方米，全年供水量2747万立方米，日最高供水量9.3万立方米。年末，公司供水管网总长达822公里，供水用户99967户。

【狮子坡水厂提质扩容改造】为满足人民群众日益增长的高品质用水需求，狮子坡水厂于2017年启动提质扩容改造工程。2019年6月，提质扩容改造工程全面竣工投产，新增产能4万立方米/日，产能达10万立方米/日。新的制水系统采用折板反应、平流沉淀、V型气水反冲洗过滤等先进工艺，配套建设的回收池将水厂生产用水回收循环利用，更加节能环保，同步新建的中央控制室，实现取水、制水、送水全过程自动化控制。

【供水管网新建与改造】2019年，公司紧跟城市建设步伐，延伸管网铺设范围。完成源门铺路、影青路、国瓷南路延伸线、茶东路、滨湖东路等处球管给水工程；完成群力瓷厂棚改2号栋、工商银行、国瓷新城、玉瓷俪景、欧洲城、华宇南郡、百富华通、金东陶子湖一期、红橡园等小区给水工程。为解决管网老化和水压低的问题，公司完成滨河路、三刀石、白鹤泉等给水管道的改造或改线；在原有的城东加压泵站和旗滨给水管道加压泵站的基础上，新增的渌江新城加压泵站和工业园区汽配城加压泵站顺利竣工并投入使用，解决了渌江新城、工业园片区水压不足的问题；打通醴陵大道与106国道、陶瓷烟花市场与国瓷南路水果市场等多处供水瓶颈。

【水质监管】2019年，公司严格执行国家饮用水水质检测标准，做好地表水源水、水厂出厂水、管网末梢水的日常水质监测工作。每天检测地表水源水、出厂水感观性状、微生物等9大指标，每月2次抽取10个点管网末梢水，检测7个指标，每月对水源水、出厂水、管网末梢水进行1次常规分析检测，其中水源水检测24个指标，出厂水、管网末梢水各检测35个指标。全年水质综合合格率达100%。（邹婧滢）

建设工程质量安全监督

【概况】2019年3月，根据《醴陵市机构编制委员会办公室关于醴陵市机构改革涉改科级事业单位调整的通知》（醴编字〔2019〕2号）文件，市建设工程质量安全监督站（以下简称“市质监站”）承担的行政职能划入市住房和城乡建设局，为市住房和城乡建设局所属副科级公益类事业单位。年内，全市有在建工程项目69个（包括3个市政项目），总建筑面积为320.3万平方米，其中新报监项目为46个（包括2个市政项目），新开工项目在新报监项目中占比66.67%。面对超历史的工作量，市质监站以质量管理标准化考评为抓手，深化质量提升行动，确保全市建设工程质量安全总体形式平稳。全市有6个项目获评株洲市优质工程，2个项目获评省优质工程，其中陶瓷会展馆项目获得国家优质奖。一是扎实开展季度质量安全大检查、两会期间质量安全大检查、扬尘治理专项检查、起重机械安全专项检查、岁末年初安全隐患排查等系列检查，对检查中发现的隐患及问题要求期限内整改到位。二是加强质量标准化自评、考评管理。共考评出问题346项，整改342项，整改率达98.8%。其中质量安全行为标准化方面的问题126项，整改125项，整改率达99.2%；实体质量控制标准化存在的问题220项，整改217项，整改率达98.6%。三是加强检测服务。检测中心共进行室内检测试验23326组、室外检测1084组，室内检测工作强度及外勤工作率均创历史新高，收取检测费用328.21万元。7月，市质监站通过湖南省建设工程质量安全协会信用等级评定，被评为A级单位。年内，市质监站党建、扶贫、信访和创建等工作扎实推进。开展“不忘初心，牢记使命”主题教育，组织全体党员、支委会集中学习各9次，讲党课3次、参加市住房和城乡建设局党组理论中心组学习3次，自查自纠过程中发现问题3类，均于11月前整改完毕。结对帮扶的29户贫困户全部脱贫且无1例返贫。办结上级转办及醴陵市级上门信访件34件，办结率达100%，无1例越级重复信访。配合消防等部门处理名都天下城、五环都会等11个房地产开发项目遗留问题，群众满意度大幅提升。

【在建工地施工监管】2019年，市质监站重点检查在建工地施工现场的围挡宣传、食堂、宿舍卫生、工地病媒生物防制、施工现场卫生环境等情况，下发涉及创建工作的整改通知452份，对44个问题较多的项目拍照留底，有效督促整改落实到位。通过深入检查督查，文明施工“六个100%”取得新成效，围挡设置基本达到100%，道路硬化比例达90%以上；基本杜绝工地食堂无证经营情况，卫生状况得到明显提升；基本解决工地生活区域卫生情况无人清扫的情况。（杨　锐）

住房保障服务

【概况】2019年3月，根据《醴陵市机构编制委员会办公室关于醴陵市机构改革涉改科级事业单位调整的通知》（醴编字〔2019〕2号）文件，市房产管理局更名为市住房保障服务中心（以下简称“中心”），为市住房和城乡建设局所属正科级公益类事业单位。中心设办公室（信息中心）、人事教育股、财务股、房屋中介服务股、工程技术股5个内设机构，核定事业编制20名，下设8个事业单位。中心及所属事业单位共有在职人员85人，其中在编人员41人、临聘人员44人。中心党总支下辖2个党支部，有党员77人。年内，中心转作风，优环境，全面履行住房保障服务职能，圆满完成各项工作任务，全市房地产行业持续、健康、稳定发展。

【房产市场】2019年，面对经济下行压力，中心引导房地产行业主动适应经济发展新形态。贯彻落实全市温暖企业“三百”行动，收集并协调解决碧桂园等35家企业有关征拆、施工环境等方面的问题79条，有效促进项目开工。全年新引进6家房产企业；完成房地产开发投资39.83亿元，同比增长12.5%；新开发项目10个，新开工面积104.2万平方米，新建商品房上市7958套、91.8万平方米。举办2019湖南醴陵房地产博览会。全年实现商品房销售83.9万平方米，实现销售总额48.9亿元。

【住房保障】2019年，完成市氮肥厂、群力瓷厂（二期）、南门机械厂等地3.6万平方米棚户区改造；为全市554户低收入住房困难家庭发放住房租赁补贴，任务完成率110%。做好了城区近15万平方米直管公房、廉租房的清租换约、租金收缴、公房养护等工作，修缮公房140余处、7000余平方米，通过实物配租和租赁补贴方式惠及近2万住房困难人群。

【物业管理】2019年，中心持续推动“城乡统筹·幸福醴陵”活动，通过党员引领、“量体裁衣”精细化设计等方式，建好教师园一期等7个无物业小区业主自治示范点，以硬环境改造促动软服务完善，居民幸福感不断提升。全年指导和监督凤凰雅园等12个新老小区筹备、成立或换届业委会。重点协调、指导五环都会、旺亿一期成立业委会和临时业主自治委员会，推进历史遗留问题处置。开设维修资金使用专户，年内归集维修资金8163.92万元，专项使用维修资金408.74万元。指导“四街一区”设立物业管理所，并建立物业管理联席会议制度，形成社区、街道物业管理所和物业办三级联动机制。

【窗口服务】2019年，中心在市民中心设置业务办理窗口，进一步规范白蚁防治、房屋测绘等业务工作，推行上门服务、延时服务和预约服务。进一步完善网上签约系统和维修资金自缴系统建设，窗口服务功能进一步强化。全年办理商品房买卖合同备案7759套（栋）、97.45万平方米，办理商品房买卖合同变更手续318宗。实施白蚁预防施药23宗，75.6万平方米；灭治75宗，面积约3.7万平方米；回访复查805人次，回访所涉面积达167.4万平方米，服务满意率达100%。完成房屋预测业务173宗，预测面积115.42万平方米；完成房屋实测业务78宗，实测面积55.46万平方米。（黄　珂）

城市建设投资开发

【概况】2019年，醴陵市渌江投资控股集团有限公司（以下简称"集团"）内设综合管理部、投资发展部、计划财务部、融资管理部、资产经营部、市场运营部等10个职能部室，有全资、控股、参股公司44家；主要负责全市城乡基础设施、道路、桥梁建设投资和经营，保障性住房建设开发和商品房建设开发、销售，城市自来水、公共交通、污水处理、垃圾处理、加油（气）站、砂泥采挖、户外广告、地下管网等公用事业建设和经营，土地前期整理、开发，国有资产、资源及股权投资、产业投资及经营，机动车辆检测服务，城市金融服务等工作。年末，集团账面资产约65.6亿元（不含竣工项目建安费用）；其中房地产资产178宗，房产面积46.7万平方米，账面价值19.6亿元；土地资产70宗，面积330公顷，账面价值46亿元。办理不动产权证77宗，价值28.89亿元，较上年增长228%。全年融资到账51.5亿元，融资还本付息77亿元，按时足额保障了集团还本付息以及项目投入等所需资金，守住了金融风险底线。筹备多个文旅运营项目，注册成立渌江酒店、渌江文化传播、上橙餐饮3家公司，运营维也纳酒店、五贤堂研学、"1915"餐饮项目，推进陶瓷特色小镇、左权镇生态旅游区等项目。完成行政中心、"1915"二期等5宗土地报批，面积约33公顷；组卷上报城北大道、柳湾路等7条道路项目，面积4.53公顷；组卷上报李立山故居、老龙井小区二期等9宗收储土地项目资料，面积73.33公顷。全年支付报批资金5770万元。完成隆兴坳互通、丁家坊住宅小区等4个项目清表、腾地工作；完成征地18.67公顷，拆迁44栋（套），拨付征拆资金14774万元。（刘海军）

重点工程

【醴陵大道—G320交叉口项目】醴陵大道—G320交叉口项目位于市来龙门街道办事处东岸村，总投资约8000万元，项目范围内醴陵大道段全长约935.17米，320国道段全长约921.46米，路幅宽67.5米、69.5米。系贯穿醴陵市渌江新城片区及高铁片区的城市主干道。该项目原设计采用平交方式，2016年12月12日由株洲市政建设有限公司中标，中标价为3636.2万元。后根据2017年6月13日醴陵市城乡规划委员会《关于〈醴陵大道–G320交叉口方案比选〉等项目方案评审会议纪要》（醴规委〔2017〕6号）精神，对平交设计方案进行优化，变更为醴陵大道主道下穿原G320跨线桥并通过两侧辅道与G320平交。于2017年12月12日完成醴陵大道–G320平交口优化项目增量工程公开招标，中标单位为湖南红旗市政园林建设股份有限公司，中标金额为4605.2万元。项目于2016年12月15日开工建设，主要建设内容包括道路工程、交通工程、绿化工程、排水工程、管线综合、照明工程及附属设施等。2019年10月11日，项目完工并通过竣工验收。

【湖南工业大学醴陵陶瓷学院项目】根据醴陵市与湖南工业大学合作筹办陶瓷学院的框架协议，在陶瓷学院控规面积305亩范围内调规50亩由醴陵市人民政府负责投资建设，渌江集团下设的渌江新城投资开发建设有限公司为业主单位。项目总投资约2.75亿元，建设内容包括实训楼、科教楼、学生宿舍、图书馆房屋、校园基础设施和绿化等。项目于2017年11月开工建设。截至2019年年末，主要完成了实训楼、科教楼、学生宿舍楼建设和室内装修及教学办公设备安装调试，并完成了图书馆主体工程及室外道路和绿化施工，图书馆进入装修施工阶段。2019年7月，项目完成了除图书馆外的施工项目验收，9月投入使用。（刘海军）

环境保护

【概况】2019年3月，根据《中共醴陵市委办公室　醴陵市人民政府办公室关于印发〈醴陵市机构改革实施方案〉的通知》（醴办发〔2019〕9号）文件，将市环境保护局的职责，市发展和改革局的应对气候变化和减排职责，市水利局的编制水功能区划、排污口设置管理、流域水环境保护职责，市国土资源局的监督防止地下水污染职责，市农业局（市委农村工作办公室）的监督指导农业面源污染治理等职责整合，组建株洲市生态环境局醴陵分局（以下简称"分局"），作为株洲市生态环境局的派出机构，由其直接管理，不计入醴陵市机构限额，不再保留市环境保护局。机构改革后，分局设办公室、计划财务股、行政审批股、污染控制股、政策法规股、总量股、生态股、督查办8个内设机构，辖环境监察大队、环境监测站2个二级机构。有干部职工98人，其中离退休人员24人。在职人员中有研究生2人、本科生44人、专科生18人,有高级工程师4人、环评工程师5人、工程师10人。年内，全市空气优良天数340天，优良率93.1%；环境空气质量综合指数3.66，居全省第61位，较上年上升5位；PM_{10}平均浓度为53微克/立方米、$PM_{2.5}$平均浓度为36微克/立方米；渌江全流域水环境质量稳定保持Ⅲ类标准及以上；望仙桥水库断面、三刀石断面（醴陵自来水厂）、官庄水库断面水环境质量达到Ⅱ类标准，县级集中式饮用水水源地水质达标率保持100%。

【建设项目审批】2019年，依法审批新、改、扩建项目223个，否决不符合城市发展定位、环境保护要求的项目6个，建设项目环境影响评价和环保“三同时”（建设项目中防治污染的设施，应与主体工程同时设计、同时施工、同时投产）执行率100%。配合株洲市开展“三线一单”（生态保护红线、环境质量底线、资源利用上线和生态环境准入清单）编制工作和新版排污许可证核发工作，完成全市106家250万件规模日用陶瓷企业申领国家版“排污许可证”。严格依据项目规划开展建设项目环评工作，对项目进行现场核查和专家论证，并在审批前进行受理和拟审批两次公示，杜绝暗箱操作和违规审批的现象。在市民中心设置环保审批窗口，落实“最多跑一次”工作部署，为筹备单位和项目业主提供优质服务。

【大气污染防治】2019年，醴陵市生态环境保护委员会办公室制定并印发《关于下达2019年“蓝天保卫战”重点减排项目通知》，确定大气污染减排项目，在工业废气、扬尘、秸秆焚烧、机动车尾气等方面开展专项整治行动。一是开展窑炉清洁能源改造及烟囱拆除工作，拆除烟囱10根，改造及拆除燃煤窑炉2座。二是开展挥发性有机物治理，完成32家企业治理工作。三是加强建筑施工和道路扬尘污染防治，设置冲洗台，裸土彩条布覆盖，严格保洁制度，推进道路清扫与冲洗一体化运营。四是完成6家工业企业窑炉脱硫或改烧天然气工作。五是完成11家企业沥青和预拌混凝土行业无组织排放治理任务。六是继续推进秸秆禁烧工作，将禁烧工作层层分解落实，充分发挥基层组织的作用，各村庄道路禁烧任务分配责任到人。

【水污染防治】2019年，醴陵市生态环境保护委员会印发《醴陵市2019年“碧水保卫战”工作方案》，分解工作任务，压实工作责任，科学指导全年水污染防治工作。一是完成县级集中式饮用水水源保护区年度评估报告编制并上报。二是加快推进全市16处农村千吨万人饮用水水源地划定和治理，已获得批复8处，另8处开展相关整治工作。三是全面开展“河长制”工作，完成藕塘水库的水质污染溯源调查等工作任务。四是申报渌江流域水污染防治总体实施方案，启动17个镇污水处理厂工程建设前期工作。五是加快推进工业园区污水处理厂管网建设，A区污水处理厂基本完成污水管网建设，并进行雨污分流，B区污水处理厂完成应急池建设，东富污水处理厂完成污水收集管网铺设工作，电瓷电器产业园1300米管网接入东富大道污水管网，废水排入东富污水处理厂进行处理。六是完成74家加油站地下油罐防渗改造，超额完成目标任务；七是实现畜禽粪污资源化利用项目，在提高全市科技养殖和规模化养殖水平的同时，畜禽养殖污染问题得到有效改善。

【土壤污染防治】2019年，全市通过严控新增污染，减少污染存量等手段，全面提升土壤环境承载能力。一是充分运用生态红线划定成果，严把环境“准入”关，严守生态环境底线。二是启动醴陵市利川村烂泥冲金矿历史遗留废渣治理工程前期工作，完成工程招标并开始动工。三是开展危险废物规范化管理工作，制定年度管理工作方案，集中业务培训全市产生危险废物的20家重点单位，规范企业涉危险废物的管理。

【环保督察】2019年，分局推进环境督察工作不松劲。一方面，推进中央、省环保督察问题整改，44件中央环保督察交办信访件完成整改并销号，41件中央环保督察“回头看”交办信访件全部办结并上报销号资料，40件省环保督察交办信访件完成整改并上报办结销号，饮用水源专项督察交办15个环境问题全部办结并上报销号，突出环境问题得到有效整改；落实省委巡视组交办问题整改，27个（其中重复2件）交办问题基本完成整改。另一方面，开展醴陵市级环保督查。先后开展饮用水水源保护现场督查、利剑治污督查、中央环保督察组交办环境问题后督查等环保督查6次，发现问题随即交办相关部门进行整改落实。

【农村人居环境整治】2019年，分局坚持城乡污染统防统治，开展农村人居环境整治摸底调查，全市共摸排出222条黑臭水体，完成30处黑臭水体治理和2处氧化塘建设，一季度醴陵农村人居环境环保方面的考核获株洲五县第一名，第二、第三季度均获第二名。完成农村环境综合整治整市推进项目任务并通过省级专家组验收。

【环境执法】2019年，分局结合生态环境垂直管理制度改革工作整合执法队伍。抽调精干力量充实环保执法一线队伍，搭建7个中队，构建无缝对接监察执法体系，执法监管力量延伸到乡镇、社区，不留死角。利用网格化环境监管，突出检察、公安联动，做到三个“到位”，依法严厉打击环境违法行为。一是整治行动推进到位。配合上级生态环境部门开展蓝天利剑行动，排查并及时整治机砖行业、汽车喷涂行业存在的环境问题。督促横店机砖厂、福星机砖厂等企业进行整改；对搏创汽车服务有限公司、三智汽车服务有限公司等汽修喷涂企业下达限期整改通知；对海联汽车贸易服务有限公司涉嫌违反固体废物污染防治法行为进行立案查处。二是监管创新到位。配合推进运用“电力大数据+环境监管”模式，实行实时环境监管，倒逼企业履行环境主体责任；对新改扩建设项目做到事前审批、事中监管、事后督查，督促企业担起环保主体责任，履行环保义务。三是“清废行动2019”落实到位。联合各镇（街道、长庆示范区）全面摸底和排查辖内区的固废垃圾，排查结果涉及4个镇（街道），共有9处固体废物堆场，全部清理完毕。立案88件，下达行政处罚决定书77件。

【污染纠纷处理】2019年，分局高度重视信访工作，按照环境信访受理、处理程序，做好环境信访件的接待、登记、受理、督办、统计和反馈工作，及时办理上级转办和群众来电、来访等环境信访件。全年及时受理处置环保信访投诉1393件，切实维护群众合法权益。

【环境监测】2019年，分局持续开展环境监测不放松。对8个断面的地表水和3个断面的饮用水源水质进行常规监测；对2个点位环境空气质量进行自动监测；每月2次对机动车尾气进行路检，所有超标车辆及时下达整改通知；对明月镇固体废物案、生活垃圾填埋场废水案等问题开展58次应急监测，为污染事件和污染投诉处理提供科学依据。

【污染源普查】2019年，醴陵市完成第二次污染源普查基础工作。该工作于2017年启动，普查标准时点为2017年12月31日。根据普查要求，完成全市7000余个污染源的清查工作，确定1908个有效“五类源”（工业污染源，农业污染源，生活污染源，集中式污染治理设施，移动源及其他产生、排放污染物的设施）作为最终调查对象，并完成数据采集、入户调查、数据核算等工作。根据调查结果，编制并上报《醴陵市第二次全国污染源普查质量评估方案》《醴陵市第二次全国污染源普查清查质量评估报告》《醴陵市第二次全国污染源普查入户调查与数据采集质量评估报告》《醴陵市第二次全国污染源普查数据汇总质量评估报告》和《普查工作报告》，普查数据通过国家、省、株洲市污普办的多次数据核查、现场核查和最终验收。此次污染源普查工作完善了全国污染源数据库，更新了全市污染源主要分布状况，为环境执法和环境监测等工作提供有力支撑。

【人大建议及政协提案办理】2019年，分局高度重视人大代表建议和政协委员提案办理工作，受理回复人大建议、政协提案5件，其中主办4件，协办1件。分局坚持依法办理、实事求是、注重实效的原则，明确法规股牵头，将人大建议及政协提案所涉内容分解到相关职能部门，明确责任人和工作要求，开展调查研究和整改落实等工作，形成书面材料，加强与代表委员的联系沟通，确保人大建议和政协提案妥善办理。（杨莹芝）

城市创建

【概况】2019年，对照创建省级文明城市、国家卫生城市、国家园林城市标准，全市城市创建工作取得可喜成绩。一是成功创建省级文明城市。3月，醴陵市顺利通过省级文明城市综合考评，并于4月成功获评“湖南省2018-2020届文明城市”，10月完成2019年度复查测评。二是顺利通过国家园林城市验收。根据国家园林城市评审管理办法的有关规定和要求，结合专家指导意见，对照遥感图斑生态修复任务清单，重点对320国道城区段沿线、玉瓷路沿线、醴陵大道与320国道交接处辅道二侧、源门铺路沿线、渌江大道国有储备土地、银山御园等待建小区进行植绿补绿和生态修复。6月，向住建部报送申报材料和创园工作技术报告，顺利通过专家审查。10月通过国家住建部组织的创建国家园林城市工作实地考查。三是稳步推进国家卫生城市创建工作。年内，姜湾、阳三菜市场顺利搬迁，姜岭、阳三生鲜市场正式营业，城区部分菜地空坪隙地得到规范整治，整治提质11个农贸市场、7个专业市场，取缔大坡里、先农坛等马路市场，改造城区旱厕32处、达标整治“八小”行业（小餐饮店、小食品加工店、小食品经营点、小美容美发店、小旅店、小歌厅、小浴室、小网吧）2973家，既提升迎检形象，又解决境卫生难题。5月完成省级卫生城市考核鉴定，并由省爱卫办推荐申报国家卫生城市。资料申报一次性通过全国爱卫专家审核，并于12月接受创建国家卫生城市暗访检查。（张加勇）

征地协调服务

【概况】2019年3月，根据《醴陵市机构编制委员会办公室关于醴陵市机构改革涉改科级事业单位调整的通知》（醴编字〔2019〕2号）文件，市征地工作协调管理办公室更名为市征地工作协调服务中心（以下简称“中心”），为市政府直属正科级公益类事业单位。机构改革后，中心有在编人员11人，内设综合股、财务股、征拆协调股、计划统计股4个股室。主要职责为：负责贯彻执行上级有关征地拆迁和房屋征收的方针政策和法律法规，为征地拆迁和房屋征收提供服务保障；全市征地拆迁工作中的全局性、长期性问题的跟踪研究，为市委、市政府提供政策性建议和咨询意见；醴陵市征地拆迁和房屋征收工作领导小组的事务性工作；全市征地拆迁及安置的组织协调、调度督导的相关服务工作；全市征拆工作绩效评估的相关事务性工作；为全市征地拆迁和房屋征收政策平衡、编制资金概算等提供政策咨询，参与征拆工作中个案处理、验收交地等相关工作；负责全市征地拆迁相关资金的经办服务工作；负责征地拆迁的宣传推介工作，开展相关培训教育活动。

【项目征地保障】2019年，中心印发《醴陵市2019年征地拆迁和房屋征收工作实施方案》，将全年征拆项目实行挂图作战，计划分解到月，责任到人。全年完成征地548.8公顷，完成率101.63%；拆迁房屋1326栋（套），完成率102%；项目清零58个，完成率116%。重点推进湘东玻璃产业园（二期）项目、恒茂高科电子信息产业项目的清零交地。加快储备土地项目推进，重点推进旗滨公园里储备地块、东富大道（玉屏山）储备地块、丁家坊花炮厂补征储备土地、2019年碧山储备用地项目的清零交地。保障安置区项目建设。重点推进东岸安置区、五里牌安置用地——星海明筑、茶塘安置区二期等棚户改造及安置区项目的清零交地。持续推进基础设施项目建设，重点推进博卡拉儿童世界（博卡拉—通达用地）、东富变电站、醴陵市岭前路建设项目的清零交地。

【征拆安置】2019年，中心结合实际工作，推进新农村示范点建设，将新农村建设示范点打造成集征拆安置、乡村振兴、农民收入保障、社区管理于一体的综合体，最大程度地缓解失地农民安置和生产后顾之忧。截至年末，长庆示范区马脑村、来龙门街道五里牌社区新农村示范点建设已完成土地摘牌，筹备安置500户失地农民。

【“最美征拆人”评选】2019年，为激发征拆干部工作热情，树立先进典型，在全市范围内开展“最美征拆人”评选活动，印发《关于开展2019年醴陵市“最美征拆人”评选活动的通知》，经市征地拆迁工作和房屋征收工作领导小组评审并报市委、市人民政府同意，评选出瞿海翔、汤其良等10名全市“最美征拆人”，同时以“最美征拆人”为主题展开系列专题报道，达到典型带动效应。（龙丽娟）

交通·邮政·通信

交通运输

【概况】2019年3月，根据《中共醴陵市委办公室醴陵市人民政府办公室〈关于醴陵市交通运输局职责和机构编制调整的通知〉》（醴办〔2019〕31号）文件，将原市公路局承担的行政职能划入市交通运输局，增设公路管理股，计划财务股更名为财务审计股，计划基建股更名为基本建设股，加挂计划统计股牌子，运输综合股加挂港航管理股、交通战备办牌子，不再加挂安全股牌子；调整后，市交通运输局内设办公室（行政审批股、法制股）、人事教育股、财务审计股、运输综合股（港航管理股、交通战备办）、基本建设股（计划统计股）、公路管理股6个股室，下辖市交通事务中心、市交通运输综合服务中心、交通行政综合执法大队和航道管理站4个二级机构。核减副科级领导职数1名，调整后，市交通运输局核定局长1名，副局长2名，总工程师1名。

【重点交通项目】2019年，市交通运输局开展“产业项目建设年”活动，将29个储备项目上报湖南省交通运输厅，纳入国土空间资源储备项目库。年内，续建项目东城大道已通车。104省道株洲云龙楠山铺至醴陵塘坊公路项目完成花麦村试点段路基建设，“以奖代补”建设模式初显成效。329省道（原333省道老关至铁河口段公路项目）、106国道、桎马线、醴官线大中修工程完工，干线公路优良率达94.05%。启动长庆公交站建设，汽车西站年末启动搬迁工作，建设农村客运招呼站9个。

【农村公路建设】2019年，编制《醴陵市农村公路路网规划（2019–2035年）》，强化了湘赣边区域合作示范区建设。完成自然村通水泥（沥青）路建设384公里，提前1年完成湖南省交通运输厅下达的2018–2020年计划405公里任务。完成湖南省交通运输厅下达农村公路窄路加宽工程44公里，被株洲市推荐争创全国“四好农村路”示范县。完成新开挖水沟376公里，疏通水沟1166公里，路面病害修补1.7万平方米，“清水沟、提路况”百日攻坚专项工作在株洲地区排名前列。完成小修保养工程任务，养护工作成效在株洲地区持续排名前列。

【防汛抗灾】7月上旬，醴陵市遭遇重大洪水灾情。其间，市交通运输局召开道路交通防汛救灾紧急部署会议，部署救灾抢险工作，连夜开展路面安全巡查；启动应急抢险预案，组织道路养护队，落实责任，细化任务，指挥疏导交通，设置路标警示标志，安排专人值守水毁路段；调配机械、物资、人力奋战抢修水毁公路，灾后72小时恢复全市主要干道交通。通过“99公益日”募捐活动，筹集善款22万余元投入灾后重建工作，修复水毁道路40处。

【运输服务保障】完成春节、“五一”、国庆等节日、重点时段运输保障任务，全年运载旅客650万人次，同比增长44.8%，未发生旅客滞留现象。全面推进“放管服”改革，实行“最多跑一次”服务，办证窗口整体进驻市民中心，34项行政审批和公共服务事项进驻市民中心办理。新增物流企业1家，货运企业3家。启动异地年审工作，新增货运经营户33户，货运车辆“三检合一”全面实施。驾培机构“计时计程、先培后付”系统安装率、使用率达到100%。

【行业监管】开展出租车、班线客车、旅游客车整治行动，纠正轻微违规行为50余起，处罚违规经营行为46起，下达整改通知书3份，安全转运乘客140余人。打击道路运输非法营运行为，成立联合执法组，查处非法营运“黑车”22台。完成106国道醴陵北段不停车检测系统安装并投入使用。路警联合治超执法，出台货运源头企业违法超限运输综合治理12分制，查处超限车辆569台和非法改拼装车辆42台，卸载货物1.1万吨，交警部门记分1141分，共计罚款190.85万元。开展“非洲猪瘟”疫情防控值守工作，排查运输生猪车辆1万余台次。推进“强执法、防事故”、安全“隐患清零”工作，排查并整改安全隐患150起，停运整改车辆17台，移送安全隐患17起，约谈企业法人8人，全年未发生重大交通安全事故。

【交通扶贫】推进北部旅游扶贫专线建设，基本完成了株岭至王仙106国道段44.5公里路基建设。通过自然村通水泥（沥青）路建设，为539个自然村修建产业路、致富路、脱贫路。组织30名贫困群众参加陶瓷工业培训班和家禽饲养培训班，通过劳务输出和发展产业等措施，结对帮扶的2户预脱贫贫困户通过上级验收。下发了价值15万余元的扶贫物资。（周行娟）

交通建设质量安全监督

【概况】2019年，醴陵市交通建设质量安全监督局开展交通质量安全监督，全面提升工程质量达标率，进一步规范安全程序，在项目施工过程中，将安全设施是否规范、摆放的位置是否合理作为防范安全隐患排查的重要环节，要求施工单位制订安全计划书，建立健全安全监管网络，落实安全生产责任制，明确安全教育培训计划，制定安全生产预案。全年辖区内通自然村水泥路建设统建项目213公里，非统建项目102公里，收到报监书21份，下达监督计划书21份，检查下达整改通知书16份，未发生交通建设安全事故。（黄其林）

交通事务管理

【概况】2019年3月，根据《醴陵市机构编制委员会办公室〈关于醴陵市机构改革涉改事业单位调整的通知〉》（醴编字〔2019〕2号）文件，将市公路局承担的行政职能划入市交通运输局，改为市交通事务中心，为市交通运输局所属正科级公益事业单位。根据《株洲市机构编制委员会办公室〈关于醴陵市机构改革涉改科级事业单位调整的批复〉》（株编办〔2019〕10号）文件，6月19日，醴陵市交通事务中心（以下简称“中心”）正式挂牌。中心机关内设办公室、工务股、财务股、政工股、安全股、纪检室6个股室（部门），下设路政管理大队（渌江超限检测站）、养护应急中心2个副科级二级机构；负责管养全市境内公路246.87公里，其中管养106国道53.11公里，管养329省道（原313省道）44.41公里，管养醴株线、唐塘线、醴官线、歇军线、鹅美线、符新线、大神线、鸡清线8条县道共计149.36公里。

【公路养建】2019年，中心坚持以“通畅保洁”为核心，提路况，清水沟，提升农村人居环境。挖补破损路面和摊铺沥青砼46112平方米，应急处置隐患路段300米。开展“五边”绿化“百万林荫”行动，106国道线、329省道线完成绿化植树62612株。抢修醴株线、醴官线（五石、黄獭嘴集镇）、204省道线、七里山涵洞拆除重建、醴陵西收费站连接线及其它公路水毁路段，完成106国道线北段25.68公里和南段1.53公里中修工程，完成106国道线醴陵北段不停车检测系统建设。干线年平均优良路率达94.05%，支线年平均优良路率达88.7%。

【路政管理】2019年，中心全面开展路政日常管理和超限运输治理工作，有效维护了公路路产路权。平均每个月上路巡查22天次以上，排查安全隐患92次，开展路域环境整治4次，受理公路赔（补）偿案件立案3起，结案3起，受理路政许可案1起，办结1起，共收取公路赔（补）偿费用20150元。加强路警联合治超执法，在固定站点治理超限车辆，同时加强路面流动治超，实行轮班制对全市普通公路进行巡查治超，处罚超限车辆494台，卸载货物10030吨，计分1141分。（黄科虎）

湖南株洲湘运集团有限责任公司醴陵客运分公司

【概况】2019年，湖南株洲湘运集团有限责任公司拥有客运承包车辆55台，有从业人员450人，经营省、市、县际客运班线27条，承接省、市、县包车和客运配载、小件快递、汽车修理等业务，是专业运输二级法人代表单位。湘运醴陵汽车中心站地处立三大道与106国道交汇处，占地3.3公顷，日发送旅客5000人次，是全市唯一的二级甲等站。（黎君辉）

铁路运输

中国铁路广州局集团有限公司株洲车站醴陵车站

【概况】2019年11月30日，原南昌铁路局管辖的醴陵、攸县、茶陵、安仁、炎陵火车站整体划入广州铁路局管理，中国铁路广州局集团有限公司株洲车站醴陵车站（以下简称“醴陵车站”）成为中国铁路广州局集团有限公司株洲车站管辖的三等车站。醴陵车站管辖沪昆线五里墩、东冲铺和醴陵站3个站，主要办理客运业务和客、货列车的接发作业，中心里程为沪昆线K1060+748.9，沪昆线东端与灯芯桥车站相连、与醴陵南车站相连，西端与东冲铺站为邻。醴陵车站设客运、运转、东冲铺、五里墩4个班组，有正线2条，到发线4条，信号楼1个；其中信号楼设有调度集中系统（CTC）车务终端，信号联锁设备采用EI32-JD计算机联锁。客运站房设侯车室、售票厅、行包房、出站口及广播室，候车室面积783平方米；有旅客乘降站台3个，面积1.45万平方米，雨棚3座，长957.2米，行人地道及行包地道各1座。售票厅面积177平方米，设售票窗口4个，自动售、取票机3个。2019年，醴陵车站有在岗职工106人，日均接发旅客106对、货物列车130对，其中营业旅客列车32列；发送旅客68.4万人次，实现客运收入4013.37万元。（朱武媚）

中国铁路广州局集团有限公司长沙南车站醴陵东站

【概况】中国铁路广州局集团有限公司长沙南车站醴陵东站（以下简称“醴陵东站”）位于长庆示范区清潭村，是沪昆高铁进入湖南省境内的首个高铁站，也是沪昆高铁在株洲地区的唯一停靠点，最高集聚人数可达800人，占地总面积1.71余万平方米。内设2个站台、4条轨道，站房上下两层分为售票厅、候车厅、出站通道和4个站台雨棚建设区段，有垂直上下电梯2台、扶梯4台、进出站检票闸机10台。2019年12月10日起，醴陵东站全面使用电子客票系统。全年办理营业动车组列车39趟次，发送旅客76.19万人次，比上年增长7%，到达旅客75.8万人次。（陈石峰）

邮　政

中国邮政集团公司湖南省醴陵市分公司

【概况】2019年，中国邮政集团公司湖南省醴陵市分公司（以下简称“醴陵邮政分公司”）内设综合办公室、市场营销部、金融业务部、寄递事业部、文化传媒部、渠道平台部，下辖王仙支局、白兔潭支局、南桥支局、浦口支局、泗汾支局、清水江支局、大障支局、船湾支局、嘉树支局、神福港支局、均楚支局、黄獭嘴支局、阳三石支局、仙霞所、板杉所、解放路所、火车站所、车顿桥所、渌江所19个支局（所）。有从业人员225人，其中合同工150人，劳务工57人，劳务承揽人员18人。全市有汽车邮路20条，全程489公里，投递段道52段，农村投递线路总长3476公里；有邮储网点16处，邮政营业4处，邮政报刊图书销售点19处，邮政信报箱群27处，邮政信筒信箱490个，信报箱格口1120个，邮政妥投点3618个，以及空白乡镇便民邮局11个。全年累计完成业务收入9846.22万元，其中邮务类收入1007.9万元，代理金融类收入6419.66万元，速递物流类收入2348.71万元。

【拓宽服务渠道】2019年，醴陵邮政分公司以信息化为手段，利用实物流、资金流、信息流“三流合一”的独特优势，通过建设城市社区服务站、报刊亭、农村便民服务站、空白乡镇便民邮局等实体渠道，构建功能日趋完备的综合性便民服务平台，为城乡居民提供“普遍服务、政务服务、三农服务、金融服务、电商服务、便民服务”六大类服务，在农村地区构建“购物不出村、销售不出村、金融不出村、生活不出村、创业不出村”服务体系。截至年末，全市邮政建成各类公共服务站点153个、空白乡镇便民邮局11个。对接省妇联等公益组织开展爱心捐赠、彩虹邮包、公益助学等系列扶贫公益专项行动。

【邮件快递业务】2019年，醴陵邮政分公司加大邮政通信网络和基础设施建设力度，加快邮件传递速度，开展优质服务工作，确保邮政服务水平提升。升级改造邮运干线能力和邮运组织模式，优化邮路组织，加密县乡邮路；开通省内快递邮件“次日递”服务，确保省内县城以上的快递邮件次日送到用户手中。全市城市投递实行周七班，每天投递2个频次；农村投递镇政府所在地每周不低于周五班，一般行政村为周三班，偏远和交通落后的地方实行周二班投递。做到村村通邮，确保农村的信报邮件妥投到户，通邮率达100%。做好机要通信服务工作，全年安全传递机要邮件2万余件（袋），机要通信服务满意率达100%。

【邮政金融服务】2019年，醴陵邮政分公司进一步探索商业银行“普惠金融”的商业可持续发展道路，做到“信送到哪里，邮政金融就服务到哪里”，构建满足客户需求的“金融便民服务圈”。截至年末，醴陵邮政分公司金融总资产达42.21亿元，其中新增资产5.29亿元，增幅14.33%；邮储余额达38.23亿元，年内新增余额2.89亿元，净增规模排名全省邮政系统第16名；代理保险业务快速增长，累计实现保费收入1.26亿元。

【服务地方文化产业】2019年，醴陵邮政分公司继续挖掘传统文化和集邮文化素材，开发结合地方特色的邮品，提升醴陵的知名度和美誉度，展示地方文化特色。8月26日，耿飚同志诞辰110周年纪念封首发仪式暨中华人民共和国成立70周年集邮展活动在醴陵耿传公祠举行，醴陵邮政分公司推出了500套限量版《纪念耿飚同志诞辰110周年邮册》。11月18日，李立三诞辰120周年纪念封首发式暨《红莓花儿开——相簿里的家国情缘》国内首发式在李立三故居举行。李立三诞辰120周年纪念邮票是醴陵市委、市政府联合株洲邮政分公司，报请中国邮政集团公司出版，由中国邮政集团公司湖南省醴陵市邮政分公司负责发行的纪念邮票。李立三诞辰120周年纪念封共两张，封面印有李立三画像，以及一张风景戳，背面印有李立三生平简介。（杨伊琳）

通　信

中国电信股份有限公司醴陵分公司

【概况】2019年，中国电信股份有限公司醴陵分公司（以下简称“醴陵分公司”）内设综合部、市场部、网络部3个管控部门，下设4个城市支局和13个农村支局，有在职合同制员工101人、劳务派遣工89人和退休员工88人。全年完成通信收入12197万元，新增移动用户60537户，新增宽带16775户。FTTH光纤到户网络覆盖能力不断增强，年内新增光网端口3600个，光网端口总数达12.3万余个。

【提升服务能力】醴陵分公司继续对光纤宽带/ITV用户实行全天候在线服务。优化网点建设，引入社会资金，填补服务盲区。落实国务院提速降价政策，优化产品体系，继续推出99元/月的融合套餐体系，129元/月、169元/月套餐的宽带速率分别达到200兆和300兆。为政府和企事业单位提供各种信息化业务，其中“平安乡村”项目的视频监控触角延伸到村、组、农户，为建设平安醴陵，深入开展扫黑除恶专项斗争提供信息数据平台。支持政府重点工程改造，在市府路实施架空光缆线路改迁下地60余处30余公里，总投资200余万元。为配合“三创四化”工作，醴陵分公司对江源电信营业厅和公司大院内食堂、道路、篮球场、景观草地进行整体改造，提升分公司服务窗口和办公区域的环境。

【扶贫帮困】2019年，醴陵分公司履行企业社会责任，加快推进贫困村的通信网络基础设施建设，组织专人对贫困村无线网络覆盖情况进行自查，对覆盖不到位的区域报备方案到株洲上级公司立项解决。醴陵分公司作为扶贫后盾单位，积极参与官庄镇瓦子坪村扶贫工作，12户贫困户全部脱贫。（杨细浩）

中国移动通信集团湖南有限公司株洲市醴陵市分公司

【概况】2019年，中国移动通信集团湖南有限公司株洲市醴陵市分公司在全市城乡商业区、集镇、村级等地区新建代办网点60余家，代办网点总数达360家，创造就业岗位超过1500余个。贯彻落实“提速降费、取消流量‘漫游’费”、调优套餐资费、推出“宽带速率倍增行动”等各项惠民政策。发展宽带业务，为客户提供优质的4G网络服务。年末开通了株洲市县域内第一个5G基站。拓展业务办理渠道，利用信息化手段推出“湖南移动网上营业厅”网站、“手机营业厅”APP、“和包支付”APP等服务平台和窗口。开展“通信扶贫、脱贫攻坚”主题活动，为贫困户提供话费优惠活动。

【网络基础能力建设】全年累计投资超过5000余万元，建设204个4G基站（含FDD基站）；累计投资超过3000万元，建设开通宽带行政村107个，扩容宽带小区103个。累计投资2000余万元开展精准通信扶贫，有效地解决6个贫困村的通信问题。实现了移动通信网络全市215个行政村全覆盖和主要交通干线连续覆盖，基本实现城市内重点地区室内覆盖，客户总数达40余万户。（龙丽莎）

中国联合网络通信有限公司醴陵市分公司

【概况】2019年，中国联合网络通信有限公司醴陵市分公司（以下简称“醴陵联通”）坚持以客户为中心，深化推进公众互联网市场、家庭互联网市场、产业互联网市场的改革创新，借助“互联网+”产品给客户提供优质、丰富的服务。采用“聚焦、创新、合作”的战略，营造5G产业合作新生态，开展多领域、多业态创新合作，与上百家企业达成5G、大数据、云计算、电子政务、IDC等信息技术前沿领域合作协议。截至年末，醴陵联通有员工130余人，营业网点200余家，其中自营厅2家，设有基站1300个，营业网点和基站覆盖城乡，4G网络覆盖率达98%，固定电话网络覆盖全市所有行政村，是全市范围提供银行安全电路最多的运营商。（顾　艳）

财政·税务

财 政

【概况】2019年，全市完成一般公共预算收入43.97亿元，增长5.2%，占地区生产总值6.1%；其中地方收入28.47亿元，增长6.09%，实现地方税收收入17.04亿元，同比增长6.06%。完成一般公共预算支出76.4亿元，增长12.3%。年内，全市财政收入稳中有进，地方一般公共预算收入、地方税收收入均实现6%以上的增长，符合预期增长目标且高于株洲地区平均增幅。一是实施有效的征管举措。各部门齐抓共管，开展2次“收入百日攻坚”行动。建立完善协税护税数据信息交流网络机制和规范化、常态化考核机制，推动涉税信息实时共享，综合治税效率明显提升。二是推出培源增收举措。支持引进李畋镇车船税总部经济，年内新增税收1360万元。引进共享经济结算平台，应用于基础设施建设及改造，成为新的税收增长点。发挥产业基金的引导作用，使金融和社会资本投入全市产业发展。通过贷款风险补偿金政策为39家企业争取贷款资金3.9亿元，通过众微创新创业投资基金在全市完成股权投资9600万元。面对较为突出的财政收支矛盾，通过提高支付保障水平，加快预算执行进度，财政支出保障有力。一是出台《醴陵市财政资金管理若干规定（试行）》《关于牢固树立系统性过“紧日子”思想做好财政增收节支工作的实施意见》等文件，优化支出次序，调整支出结构，确保“三保”支出不掉链。二是保障重点支出。全年教育、医疗、社会保障等民生领域支出61.3亿元，占一般公共预算支出的70%以上，其中教育支出10.4亿元，重点支持义务教育薄弱学校改造，巩固完善义务教育经费保障机制改革成果；社会保障和就业支出10.9亿元，城乡低保人均月救助水平分别达340元、197元，残疾人“两项”补贴提高至每月60元；统筹整合财政扶贫资金1.6亿元，助力脱贫攻坚。盘活存量资金，收回存量资金1.17亿元，清理财政暂付款5034万元，“三公”经费同比下降10%以上，市级部门决算一般性支出压减10%以上。

【财政改革】2019年，市财政局从细微处入手，推进财政各项改革纵深发展。一是落实减税降费政策。推动各项减税降费政策措施落实到位，全年减降金额达3.66亿元，支持企业“轻装上阵”。二是加强资金绩效管理。实施预算绩效管理，委托第三方机构对14个涉及民生、社会发展建设等重点项目开展绩效评价，涉及金额达5.54亿元。强化政府投资评审管理，财政投资评审审减4.52亿元。三是推进电子化改革。国库集中电子化支付系统年内上线运行，实现无纸化集中支付。非税票据电子化改革有序推进，试运行状况良好，“往来收据”电子化覆盖率达90%。四是PPP项目逐步建成运营。东城大道PPP建设运营项目、外环线333省道段建设运营项目建成通车，渌江新城核心区市民中心项目投入运营，“一江两岸”示范段、渌江广场、状元芳洲等11个子项目建成投入使用，城乡垃圾资源化项目改扩建和乡镇垃圾收运加速推进，渌江水系乡镇污水处理PPP项目完成招标并开展前期建设工作。

【防范债务风险】2019年，为有效管控政府债务风险，市财政坚守“隐性债务不新增、债务风险不‘爆雷’”的底线，创新工作措施，落实化债计划，推进平台公司转型，政府债务风险得到有效的管控。一是压实责任。召开12次债务联席会议，专题学习、研究、部署防范和化解政府性债务风险工作。制定省委巡视组防范化解重大风险专项巡视问题整改任务清单、降低综合债务率任务清单和平台公司转型任务清单，实行周调度、月通报、年考核。全年超额完成隐性债务化解任务。二是完善机制。印发《醴陵市政府隐性债务风险应急处置预案》《政府隐性债务化解工作考核办法》《关于建立平台公司资金链预警机制的方案》等文件，建立规范的政府举债融资及限额管理、控制和化解政府债务风险、严格债务管理考核问责等长效机制。三是守住底线。年内没有新增隐性债务，守住了“隐性债务不新增”底线。落实“开前门”政策，争取到财政部建制县债券置换试点资金42.34亿元，争取新增债券5.22亿元，缓解还本付息压力，有效保障重点项目资金需求。四是平滑风险。“六个一批”（自接自盘，展期一批；替接它盘，置换一批；延期回赎，续接一批；发新还旧，平滑一批；债务重组，盘活一批；债转股，转化一批）政策取得实质性突破，下半年争取到光大银行1.1亿元、中国银行5.98亿元、中信银行3.1亿元资金，缓释替换一批隐性债务。（胡　鹏）

税　务

【概况】2019年，国家税务总局醴陵市税务局（以下简称“市税务局”）内设办公室、法制股、税政股、社会保险费和非税收入股、收入核算股、纳税服务股、征收管理股、税源管理股、税收风险管理股、财务管理股、人事教育股，另设机关党委（党建工作股）、纪检组，下设5个税务分局、3个税务所和信息中心1个事业单位，主要担负全市8931户企事业单位、11782户个体工商户的税费征收管理工作；有在职干部职工304人，离退休干部133人。年内，市税务局完成各项税费收入40.36亿元，增收7.24亿元，同比增长21.87%；其中纯税收入库32.53亿元，较上年同期增收1.53亿元，同比增长4.92%；其中县级税收累计入库17.04亿元，较上年同期增收9741万元，增长6.06%，为株洲市税务局调整县级税收后预期数16.87亿元的101%。

【减税降费】2019年，市税务局进一步落实减税降费政策。成立减税降费领导小组和工作机构，设立11个工作组，分组制定165条重点任务清单。发挥新媒体渠道作用，宣传减税降费政策，通过QQ群、微信群、短信等向纳税人推送减税降费政策、办税服务信息197056条，培训16048人次。以乡镇、社区为点，不断扩大税收宣传辐射面，开展“创响三湘、减税降费进园区”和走进人才交流论坛、走进醴陵市国际消费者权益日活动、走进社区、走进校园等税收宣传活动。年内，全市共减税降费5.13亿元，有力支持民营企业发展。

【税收征管】2019年，市税务局进一步统一征管流程和方式，规范委托代征，构建协税护税机制，征管质效提升。举办湘赣毗邻地区第七届五次鞭炮烟花税收管理协作会议，助力地方支柱产业发展。对金税三期原国税、地税两个征管系统进行数据清理和功能整合，梳理和配置征管流程和岗责体系，实现岗位设置、工作流程、职能树和参数配置的统一，完成“金三并库”工作。推广电子税务局工作成效全市领先，获上级局肯定。清理欠税，欠税总额减少568.88万元。加强与财政、国土、房产等部门的沟通协作，采集外部涉税数据6.8万条，推动建筑业和房地产业税收管理平台上线。强化风险管理，清理减税降费疑点数据3万余条，评估入库税款4400余万元。落实增值税改革。推进社会保险费征管职责划转。落实个人所得税新政，全年累计减免个人所得税1265万元。开展年度企业所得税汇算清缴工作，重点落实小微企业减免和研发费用加计扣除。加强减免税审核，全年审核房产税减免企业15户、城镇土地使用税减免企业19户，减免税金112万元。规范退抵税审批，全年审批4800户次。

【纳税服务】2019年，市税务局点、线、面结合开展纳税人培训辅导，组织集中培训40场次，累计辅导7578人次；通过微信、门户网站、电话等平台，推送政策信息近20万条，上门辅导企业4814户次，组织座谈688人次。落实《全国税务机关纳税服务规范》（3.0版），开展便民办税春风行动，推行“套餐式服务”“最多跑一次”等便民办税清单，精简办税流程和资料，涉税资料报送精简40%。年内，市税务局办税大厅全职能入驻市民中心，开设28个综合服务窗口、2个不动产办税窗口，开启税务事项“一站式”办理模式。强化纳税信用等级评价结果运用，扩大正面激励范围。（苏珊珊）

湖南同永会计师事务所（普通合伙）

【概况】2019年，湖南同永会计计师事务所（普通合伙）有从业人员14人，其中执业注册会计师6

人、执业资产评估师4人、注册税务师1人、注册土地估价师2人、其他各类从业人员8人。全年完成各项业务500余项，其中审计业务291项、专项审计业务121项、验资业务72项、咨询业务42项、资产评估业务15项。办理醴陵渌江投资控股集团有限公司和醴陵高新集团年度报表审计、项目资本金审计、资本金增资、注入资产评估项目30余项，办理40余户小型企业升规模企业代理；配合政府提高公共资金使用效果，办理市民政局整体支出、市留守老人关爱服务项目等绩效评价；配合全市公车改革，办理市行政事业单位处置公车评估10余项。（谭　娟）

银行·保险

银 行

中国人民银行醴陵支行

【概况】2019年，中国人民银行醴陵支行（以下简称“支行”）设人秘、国库会计、货币信贷与统计、货币金银、保卫和外汇管理6个股室，有在职干部职工21人。年内，支行认真贯彻执行稳健的货币信贷政策，深化金融服务创新，维护金融稳定，强化内控安全管理，多措并举支持地方经济发展，助推醴陵金融经济高质量发展。

【货币信贷】2019年年末，全市金融机构各项存款余额392.7亿元，较年初增加28.9亿元，增长8%；各项贷款余额265.4亿元，较年初增加41.1亿元，增长18.3%，其中民营和小微企业贷款余额126.9亿元，较年初增加20.6亿元，增长19.4%，高于全市贷款平均增速1.1个百分点，新增民营和小微企业贷款户数630余户，新增贷款平均利率同比下降10% ~ 20%。强化逆周期调节，下发《金融支持实体经济信贷工作指导意见》《关于金融支持民营经济发展的实施意见》。通过支农、支小再贷款政策导向，引导金融机构加大对实体经济的信贷投放。积极推广贷款市场报价利率（LPR）运用，降低企业融资成本。组织融资洽谈会，开展“两进两促”（进园区、进企业，促融资、促发展）等活动，帮助多家企业解决融资问题。推动金融机构创新“湘瓷贷”“服饰贷”等信贷产品，发放株洲市首笔应收账款质押贷款，不断扩大无还本续贷业务。推动与政府风险补偿金合作的银行由3家增至7家，基金规模由3000万元增至5000万元，为民营小微企业发放贷款3.06亿元。其经验做法《优化金融支持民营小微环境》获《金融时报》刊载推介。

【维护金融稳定】2019年，联合市金融办、纪委、法院等部门开展打击“一非三贷”（非法集资，校园贷、套路贷、高利贷）和逃废金融债务行动。支行出台《醴陵市地方政府债务风险监测预警方案》，通过参与评级、核查等工作，加强法人金融机构金融风险防控。年末，金融机构不良贷款率为0.9%，较年初下降0.14个百分点，金融发展环境持续优化，风险整体可控。加大反洗钱监管力度，对辖内银行、证券、保险业15家反洗钱义务机构进行全面考核评级。加强重点可疑交易管理，处理可疑交易报告2份，切实维护地方金融安全与稳定。

【金融扶贫服务】2019年末，全市金融精准扶贫贷款余额13.7亿元，同比增加1.5亿元，增长12.6%。扶贫小额贷款余额5228.6万元，其中新发485户、2417.3万元，超额完成省考任务。收回扶贫小额贷款10970.9万元，不良率为零。推进金融扶贫服务站建设，抓好金融扶贫服务站“四站”融合共建工作，拓展服务站功能，依托金融扶贫服务站累计发放扶贫小额贷款718笔、2853万元；助农取款交易46702笔、1119.4万元。

【金融服务】2019年，支行深入开展现金服务示范区建设，开展打击非法使用人民币图案专项行动。推进小微企业普惠性减免退库，集中办理小微企业电子退税9257笔，金额达125.24万元。推进移动便民支付工程，经验做法在银联上海总部交流。创新实行保卫联合值守，确保发行库款绝对安全。深化外汇服务，与涉外

经济主管部门联合举办大型外汇政策业务培训班，培训企业200余家。促成台胞彭培良捐资办学落到实处。（廖亚会）

中国工商银行股份有限公司醴陵支行

【概况】2019年，中国工商银行股份有限公司醴陵支行（以下简称“支行”）内设综合管理部、业务营销管理部，下辖解放路支行、阳三石支行、新街支行、醴陵支行营业部和醴泉路支行（原胜利路支行搬迁至醴泉路后更名为醴泉路支行）5个对外营业网点，设有青云路和湘东医院2个自助银行，有在册员工80人。

【金融业务】2019年，支行实现营业利润6749万元，净利润5466万元。截至年末，支行各项存款余额29.12亿元，比年初增加2.4亿元，增长8.98%；其中储蓄存款余额24.18亿元，公司存款余额4.94亿元。各项贷款余额25.36亿元，比年初增加2.65亿元，增长11.67%；其中公司贷款余额8.87亿元，个人贷款余额16.49亿元。不良贷款余额3151万元，同比下降1711万元，不良率为1.2%。年内，支行新增手机银行客户13008户，新增“融e联动”户6354户，新增企业网银103户，营销信用卡2653张，信用卡动卡率67%。办理“幸福分期”业务1526万元，办理ETC业务4160户，完成国际业务结算和结售汇业务均为2455万美元，均增长5%。（黄　烨）

中国农业银行股份有限公司醴陵市支行

【概况】2019年，中国农业银行股份有限公司醴陵市支行（以下简称“支行”）内设综合管理部、个人金融部、公司业务部、风险管理部和运营财会部5个部门，下辖支行营业部和白兔潭、王仙、泗汾、国泰、城东、瓷城、火车站、城南分理处等9个营业网点，有在职员工125人。全年实现营业收入1.7亿元，各项支出6890万元，实现利润1.01亿元。截至年末，支行人民币核心存款余额42.84亿元，比年初增加3亿元；各项贷款余额17.1亿元，比年初增加1.85亿元。

【金融服务】2019年，支行创新产品和服务，助推地方经济发展。一是广推“湘瓷贷”顺利落地。5月31日，在醴陵瓷谷召开“湘瓷贷”发布会。全年发放“湘瓷贷”客户48户，贷款余额2.05亿元，较年初增加34户，贷款余额净增1.22亿元。二是加速小微企业信贷投入。年末全行普惠小微企业贷款余额1.16亿元，比年初增加7754万元，发放线上产品“纳税E贷”4559万元，有力支持小微企业发展。三是聚焦精准扶贫。发放精准扶贫贷款月均净增3029万元；发放农民养老贷1221户，贷款余额5890万元。为贫困户捐献物资1.65万元，抗洪救灾捐款41630元。（谢晓红）

中国建设银行股份有限公司醴陵支行

【概况】2019年，中国建设银行股份有限公司醴陵支行（以下简称“支行”）有4个网点、3个离行自助区，年内新增的阳三石支行于3月21日正式对外营业。年末有工作人员51人，比年初增加3人。

【金融业务】2019年，支行一般性存款余额34.6亿元，比年初增加4.5亿元，市场占比同比增长0.35%。其中对公存款余额10.55亿元，比年初增加1.1亿元；个人存款余额24.06亿元，比年初增加3.45亿元。一般性存款日均余额32.2亿元，比年初增加4.19亿元。其中对公存款日均余额8.9亿元，比年初增加1.13亿元；个人存款日均余额23.29亿元，比年初增加3.06亿元。贷款余额29.43亿元，比年初增加11.97亿元。其中对公贷款余额为20.69亿元，比年初增加8.97亿元；个人贷款余额8.74亿元，比年初增加3亿元。公司类不良贷款327万元，个贷不良贷款155万元；逾期贷款315万元，较年初减少111万元。全年中间业务收入2243万元，实现利润8151万元。（朱湘文）

中国农业发展银行醴陵市支行

【概况】2019年，中国农业发展银行醴陵市支行（以下简称“支行”）有在岗人员16人，其中党员9人。截至年末，支行各项贷款余额19.44亿元，比年初减少3.05亿元，下降13.56%；各项存款余额11.63亿元，比年初减少2.89亿元，下降19.9%；完成国际业务结算量703万美元，同比增加192.4万美元，增长37.68%；实现账面利润6314万元，同比增加1076万元，增长20.54%，不良贷款保持为零。

【服务经济发展成果】2019年，支行做好发展文章，加大支农力度。一是积极营销新项目。年初，支行与财政、发改委等部门沟通，寻求农发行信贷重点与地方经济发展重心的有效支点。全年营销中长期贷款项目2个，贷款10亿元，实现投放7.8亿元，有效支持地方重点工程和民生项目。二是加强原有项目管理，巩固发展成果。继续支持棚改项目建设，支付棚改资金1.97亿元，完成拆迁181户，为老城改造提质和新城建设注入活力。三是搞好粮食收购，确保粮农利益。由于受株洲地区“镉米事件”影响，粮农利益受到严重损害。为保证粮农利益，支行利用农发行株洲市分行营业部粮食信贷企业在醴陵境内设有收购点的机会，委托神农米业收购市内“超标粮”和“托市粮”2500 吨，发放收购贷款 600 万元。四是创新信贷支农手段，支持民营企业。积极探索农发行支持民营小微企业的新路子，全方位提升农发行的支农作用，先后到农业农村局、财政局、农信担了解醴陵市民营小微企业的发展情况，按照“优中选优、注重带动”和“先试点、后推广”的操作要求，选定 3 家民营小微企业作为年内的支持重点，并对 1 家小微企业投放贷款 15 万元。

【服务能力建设】2019 年，支行通过完善服务手段，提高存款营销，壮大支农实力。一是提升柜面服务能力。通过工作人员 3 个月的精心准备，综合业务系统于 10 月顺利上线，提升了服务效率和质量。二是大力推广网银结算。通过广泛宣传，新增网银客户 5 家，有效解决企业双休日资金结算的难题。三是提高存款营销能力。利用信贷支农优势，加强对信贷项目上下游的企业存款营销，全年新增非贷客户 5 家，累计营销存款近 6500 万元，财政性存款保持在 5000 万元以上。

【风险防控】2019 年，支行在提高服务地方经济发展能力的同时，加强资金风险防范。加强多方沟通，促使约期还款按时到位，5330 万元中长期贷款全部收回。为规范政府举债，提前收回 2 个棚改项目贷款 2 亿元。下半年，借助醴陵市纳入省级政府隐性债务提前消化试点县（市）机会，提前收回渌江集团整体城镇化贷款 8.02 亿元，提前释放抵押物近 30 亿元（现行价格）。针对信贷基金长期滞留的问题，经与企业磋商，提前收回株洲时代金属制造有限公司基金 2750 万元。针对棚改资金使用缓慢的问题，将“一江两岸”和玉瓷路 2 个棚改项目发起信贷事项变更流程，解决因房价上涨而导致的拆迁成本过高政府筹资难的问题。防控信贷风险，加强贷前、贷中、贷后管理，并把重点放在抵押资产上，每半年进行一次全面清理，确保抵押资产的真实有效，支行连续 10 年无不良贷款。加强派生存款管理，支取信贷资金 225 笔，金额 5.85 万元，无挤占挪用行为，资金自给率保持 60% 以上。

【自身建设】2019 年，支行从自身寻活力，促进各项工作顺利开展。一是加强政治学习，筑牢思想防线。支行支部始终将党建、主题教育和廉政教育当作重要工作来抓，组织党员、员工开展专题教育活动 12 次，其中集中学习 9 次，组织到廉政文化教育基地参观学习 1 次，收看廉政教育片 2 次。二是强化文化建设，提振员工履职动力。全年组织员工外出参观学习 3 次，开展体育竞赛活动 1 次，开展工作座谈 2 次，开展演讲活动 1 次。在中国农业发展银行株洲市分行举办的主题教育“七一”演讲活动中，支行 2 名选手分获第一名和第三名。（罗明艳）

中国银行股份有限公司醴陵支行

【概况】2019 年，中国银行股份有限公司醴陵支行（以下简称“支行”）内设综合保卫部、营业部，下辖上正街支行、瓷城大道支行、青云南路支行；有员工 64 人。截至年末，支行有本外币各项存款余额 31.45 亿元，市场份额同比提高 0.6 个百分点，较年初增加 3.85 亿元。其中公司存款余额 10.52 亿元，较年初增加 1.56 亿元；个人存款余额 20.93 亿元，较年初增加 2.29 亿元。人民币各项贷款余额 26.03 亿元，市场份额同比提高 3.91 个百分点，较年初增加 10.52 亿元。其中公司贷款余额 8.87 亿元，较年初增加 5.12 亿元，实际新投放 8.42 亿元；个人贷款余额 16.5 亿元，较年初增加 5.04 亿元，实际新投放 7.14 亿元；票据贴现余额 6621 万元，较年初增加 3651 万元。实现净收入 9367 万元，较年初增加 667 万元；实现中间业务收入 1280 万元。年内，支行推进个人贷款业务，把服务前移，员工轮流到楼盘现场与客户面签，得到房产商、购房客户的认可。全年共叙作个人贷款 2200 余笔，合计新投放 7.1 亿元，业务市场份额提高 3.53 个百分点。（刘宏玉）

中国邮政储蓄银行股份有限公司醴陵市支行

【概况】2019 年，中国邮政储蓄银行股份有限公司醴陵市支行（以下简称“支行”）内设综合管理部、三农金融部和公司业务部，下辖 4 个二级支行；有在职员工 61 人，其中正式员工 53 人，劳务派遣员工 8 人。年末，支行各项存款余额 53.59 亿元，比年初净增 2.43 亿元；各项贷款余额 21.55 亿元。年内，支行为烟草、石化、电信、电力等企业及全市商贸流通企业提供营业资金归集、销售货款电子结算、集团现金管理等服务，为财政、社保、教育、住房公积金等单位提供代理非税、集中支付、代发工资补贴等服务。开展“金融知识进千村入万户”活动，通过召开金融产品推介会、银企对接会、理财沙龙、投资者座谈会等形式，提高服务“三农”能力。开发“集体土地抵押贷款”“医院贷”“税贷通”“烟草贷”“助保贷”“产

业基金贷款”等贷款新产品，支持地方经济发展。（林 英）

湖南醴陵农村商业银行股份有限公司

【概况】2019年，湖南醴陵农村商业银行股份有限公司（以下简称“醴陵农商银行”）内设15个职能部室，下辖1个营业部、29个支行、16个分理处，46个营业网点遍布醴陵城乡，布局157台自助设备、42个助农金融服务点、3392台POS机，实现基础金融服务全覆盖。醴陵农商银行党委下设18个党支部，其中嘉树支部为全省农村信用社支部标准化建设示范点，总行获评“2018年度湖南省文明单位”。2016—2019年连续4年税收贡献超过1亿元，是全市金融机构的纳税大户。

【金融业务】2019年，醴陵农商银行各项存款余额143.01亿元，较年初净增12.75亿元，增长9.79%。各项贷款余额78.31亿元，较年初净增9.29亿元，增长13.46%。存、贷款市场份额分别为36.42%、29.5%，均位居全市金融机构首位。创新推出“陶瓷贷”“服饰贷”“税贷通”等特色信贷产品，有效缓解民营企业融资抵押担保难问题。全市出口创汇排名前10位的企业中，有7家企业与醴陵农商银行有业务往来。

【惠民举措】2019年，醴陵农商银行为5693户建档立卡贫困户发放扶贫小额信用贷款2.09亿元，占全市金融机构扶贫小额贷款的90%以上。发行社保卡66万张，占全市社保卡发行量的90%以上。承办新农保、低保、粮食直补等惠农惠民资金代理业务，年均代理各项资金近300万笔、金额逾17亿元，惠及百姓16万户。投入资金110余万元，为市第一、第二、第四中学贫困学子捐资助学。组织机关干部走进清水江添福敬老院、市特殊教育学校等开展爱心慰问，单位及个人捐款捐物60万元。组织60余人次支援抗洪救灾工作，用行动回馈社会。（尚子豪）

长沙银行醴陵支行

【概况】2019年年末，长沙银行醴陵支行（以下简称“支行”）有在岗员工29人，支行下设营业部、市场营销部、综合保卫部3个部室和醴陵白兔潭二级支行、醴陵荟萃社区支行和醴陵财富社区支行。支行各项存款余额18.5亿元，比年初增加0.57亿元，增长3.18%；其中储蓄存款11.7亿元，比年初增加2.09亿元，增长21.75%。各项贷款余额8.14亿元，比年初增加1.65亿元。实现利润1139万元。（田国富）

中信银行株洲醴陵支行

【概况】2019年，中信银行株洲醴陵支行（以下简称“支行”）下设公司部、零售部、运营管理部，有在职员工13人。年末，支行各项存款余额22.46亿元，其中公司存款20.66亿元，储蓄存款1.8亿元；贷款余额17.81亿元。（胡艳红）

醴陵沪农商村镇银行股份有限公司

【概况】2019年，醴陵沪农商村镇银行股份有限公司（以下简称“醴陵沪农商村镇银行”）内设营业部、市场部、风险管理部、审计部、综合管理部和微小专营团队，下辖阳三支行；有在职员工42人。截至年末，醴陵沪农商村镇银行各项存款余额7.43亿元，各项贷款余额5.98亿元。年内，醴陵沪农商村镇银行吸收存款的方向向社区转移。组织开展社区营销，8月开始共开展社区营销超过100场，覆盖服务社区居民约3万余户。贷款业务向小微贷款转移。加强微小专营团队建设，严格执行市场化考核、网格化管理；积极创新信贷产品，大力推广无抵押贷款“家庭贷”，加强对民营、小微企业和“三农”产业调研，加大对个体工商户、农民专业合作社、本土特色产业的信贷投放力度。全年新增贷款493笔、金额3.21亿元，新增首贷业务325笔、金额1.11亿元。农户和小微贷款合计占全部贷款比重达98.65%，户均贷款39.62万元，304户小微企业贷款余额2.92亿元。（丁 婷）

华融湘江银行股份有限公司醴陵市支行

【概况】2019年，华融湘江银行醴陵市支行（以下简称“支行”）共设1个全功能营业网点、1个离行式自助银行，有在岗员工18人。支行始终坚持以党建为引领，以推动地方经济社会发展、服务人民群众为已任，全力支持醴陵市基础设施建设和民生领域、重点项目、中小微企业的发展，不断提升综合金融服务水平。截至年末，支行在全市投放信用总量余额12.2亿元，其中贷款余额9.2亿元，全年交纳各项税收572.43万元。

【服务地方经济发展】2019年，支行以助推地方经济转型升级和健康发展为内在动力，为“一江两岸”、玉瓷路棚改、亿都茉莉公馆等重点项目建设提供资金支持。为市渌江集团、高新集团、亿都房产、现代电器城等重点企业提供专业的金融解决方案和信贷支持。加大信贷投放力度，利用华融湘江银行“给力贷”小微品牌体系下的“信用贷”“信义贷”“组合贷”“税联贷”“多抵贷”“银担贷”等特色产品，为小微企业提供个性化融资服务。年内，捐赠抗洪救灾资金8万元，向枫林镇樟仙村和浦口镇捐赠扶贫资金8万元，开展“绿色助学行动”公益助学活动，资助家庭经济困难的大学新生16名。（阳 敏）

保 险

中国人民财产保险股份有限公司醴陵支公司

【概况】2019年，中国人民财产保险股份有限公司醴陵支公司（以下简称“支公司”）设车险部、非车险部、续保部、营销部、农险部、理赔分部、出单分部、社保部及综合部；年末有在编员工30人，营销员40人。支公司在市交通警察大队设有1个机动车辆交强险服务窗口，与23家车行、车队和4家金融机构建立代理合作关系，成立4家“三农”营销服务部。全年完成保费收入8178万元，其中机动车险保费收入5200万元，非车险保费收入1013万元，农业险保费收入562万元，社保保费收入1403万元；全年支付赔款3539元，提取未决赔款准备金37万元。支公司保费规模排名跃居全市第二名。年内，支公司一方面积极开拓市场，另一方面加强承保理赔管理。紧抓常规业务发展，稳固渠道建设，与多家银行建立车贷险合作关系。因汽车市场受电销业务的冲击，支公司加大电销业务宣传力度，电销业务大幅增长，实现保费收入387万元，同比增加45.1万元。加强与机关单位联系,新增医保保费收入1403万元。承保理赔服务注重以客户为先，提升服务质量。组织对未决案件进行清理和催促，加快案件处理，规范理赔时效。年内，支公司理赔分部获株洲市公司理赔中心理赔结案率团体二等奖。（李 丹）

中国人寿保险股份有限公司醴陵支公司

【概况】2019年，中国人寿保险股份有限公司醴陵支公司（以下简称“支公司”)有在编员工36人，专职代理人员2423人；内设综合部、客户服务部、个险部、培训部、收展部、银保部、团险部7个部门，有12个农村营销服务部。支公司开办养老、医疗、意外、理财等五大类保险，在全市率先开展老年人保险、村干部保险、学生险及计划生育家庭险等惠民保险业务，与各大商业银行、农商行建立有合作代理关系。全年实现保费收入4.32亿元，保险业务量占比全市整体市场份额的74.91%。

【诚信便捷服务】2019年，支公司继续保持高效率理赔，对资料齐全且无争议的满期及理赔在3～10天内给付。全年处理理赔案件2680起，日均理赔件数超过7起，赔付支出9100余万元。推出“E报账”“微回执”“微回访”“微理赔”等全自助电子化服务的应用系统，客户可通过互联网、手机APP、微信等方式实现公共服务、查询服务、缴费服务、保全服务、理赔服务、柜面E服务六大类49项服务，让客户足不出户就能办理相应的保险业务。

【惠民举措】2019年，支公司向省级贫困村均楚镇周坊村和面上村左权镇花桥村捐赠7万元扶贫资金和1.5万余元物资。从秋季开始，为全市在校义务教育阶段建档立卡贫困学生捐赠学生保险近10万元，为贫困家庭学生提供重疾、医疗、意外、交通出行等保障。在元旦、春节、助残日、建军节、中秋节、端午节等重大节日参与慰问活动，年均支出慰问金3万余元。（陈佳利）

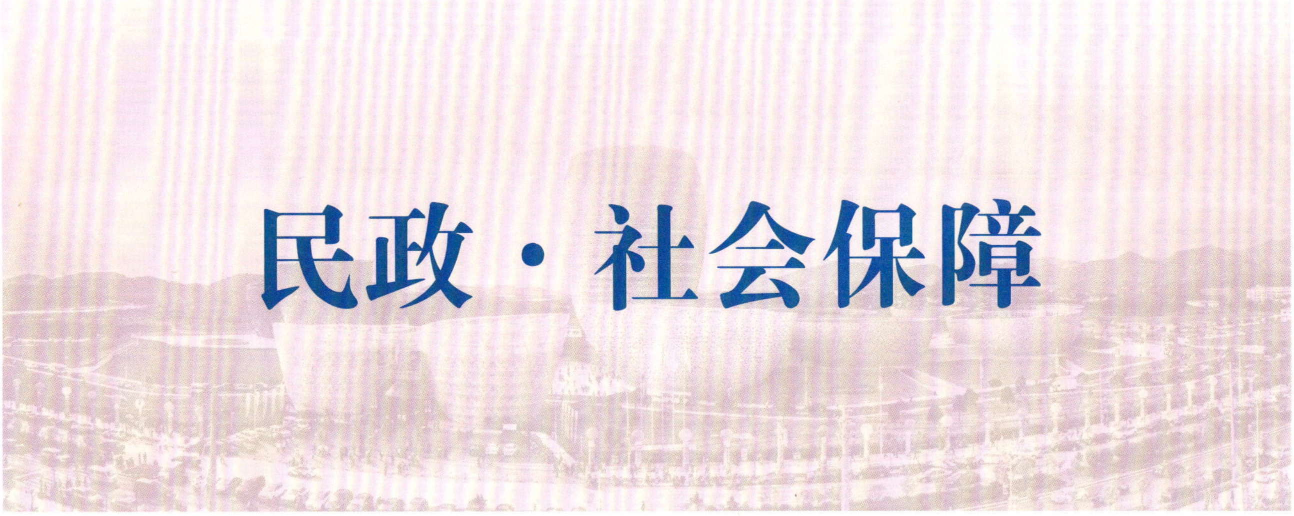

民政·社会保障

民 政

【概况】2019年3月，根据《中共醴陵市委办公室　醴陵市人民政府办公室关于印发〈醴陵市机构改革实施方案〉的通知》（醴办发〔2019〕9号）文件，市民政局的老龄工作职责划入组建的市卫生健康局，市民政局的退役军人优抚安置职责划入组建的市退役军人事务局，市民政局的救灾职责划入组建的市应急管理局，市民政局的医疗救助职责划入组建的市医疗保障局，市民政局的救灾物资储备职责划入组建的市商务和粮食局。经机构改革后，市民政局重新划分内设和股室职能，内设办公室、信访法规股（行政审批股、儿童福利股、社会事务股）、计划财务股（老区办）、养老服务股（安全生产办公室）、基层政权与社区治理股（区划地名股）、社会救助股、社会组织管理股（慈善事业促进和社会工作股）7个机构，下设市慈善事务服务中心（副科级公益一类全额拨款事业单位）、市地名服务中心、市社会救助服务中心、市婚姻登记服务中心、市福利彩票销售管理中心、市社会福利中心、市殡仪馆、市救助管理站8个事业单位。共有在职人员106人，其中行政编18人，事业编43人。年内，全市民政系统筑牢“民政为民、民政爱民”服务理念，围绕“五化”（人本化、法制化、标准化、信息化、社会化）民政建设要求，狠抓湘赣边区乡村振兴示范县（市）创建和“城乡统筹·幸福醴陵”之“三社联动”和养老服务行动建设，在保障民生、社会兜底保障、改革创新、服务社会、创新社会治理、党建工作等方面取得新成绩，醴陵市获评“湖南省民政工作先进县（市、区）”。

【社会救助】2019年，全市落实城乡低保、特困供养、临时救助等各项惠民救助政策，累计发放各类社会救助资金1.65亿元，受益人数10万余人。全市城乡低保和特困供养救助水平逐步提升，均高于省重点民生实事项目要求。城乡最低生活保障救助申领标准为人均收入分别低于500元/月、360元/月，城乡最低生活保障月人均救助水平分别提高至342元、200元。两次开展城乡低保专项治理行动，共清理出不符合政策对象849户1409人，共有16名村、镇干部因社会救助工作失责受到纪检部门处分。完成全市70%城乡低保对象的录入信息复核工作和1184名新增社会救助对象的信息录入工作。全年累计为7030户11103名城市低保对象发放资金5023.85万元；为11933户24385名农村低保对象发放资金6176.97万元。全市特困供养标准不断提高，城乡集中供养月标准分别提高至650元/月、530元/月，农村分散供养月标准提高至468元/月。引入“互联网+监督”模式，清理不符合政策的特困供养对象26人。年内共有特困供养人员7428户7639人，累计发放特困供养资金4910.24万元，发放城乡特困供养丧事一次性补偿费58.5万元。推进农村分散特困供养人员住房保障工作，按照“三个一批”（集中供养一批、投亲靠友一批、配合住建局危房改造一批）措施，为全市农村分散供养人员进行住房改造310户，确保分散供养特困人员住有所安。全市临时救助和“救急难”工作作用发挥明显，共临时救助3605人次，累计发放临时救助资金424.6万元。困难残疾人生活补贴和重度残疾人护理补贴月发放标准均提高至60元/人，全年发放残疾人“两项补贴”中重度残疾护理补贴8759人，困难残疾生活补贴6059人，共发放“两项补贴”资金1053.05万元。开展残疾人“两项补贴”清理认定工作，共清理不符合政策对象376人。

【兜底脱贫】2019年，充分发挥民政扶贫“兜底一批”特色作用，按照“应兜尽兜”原则，累计为5928户13352名社会保障兜底对象发放兜底保障资金3420.3万元。

【乡村振兴】2019年，醴陵市被列为全省唯一的湘赣边区乡村振兴示范区创建县（市），沩山镇沩山村为全省重点创建示范村。市民政局重点从打造乡村治理示范区、打造稳定脱贫示范区、打造互助养老示范区、打造乡风文明示范区发力，推进乡风文明建设。将殡葬改革工作纳入绩效评估范畴，根据属地管理原则，压实镇街工作责任，稳步推进农村公益性公墓建设；充分发挥红白理事会作用，落实党员干部带头推动殡葬改革承诺，推进移风易俗。及时把握工作进度，严格督促指导，全力推进创建工作，争做全省乡村振兴战略样板区。

【养老服务】2019年，全市养老事业快速发展，养老服务机构增至356家，养老床位达6746张。开展“城乡统筹·幸福醴陵”养老服务行动，制定农村敬老院提质升级三年行动（2020—2022年）计划，改善敬老院居住环境，推进以市福田医养中心为重点的市级养老机构、24个镇（街道、长庆示范区）居家养老服务中心、270个村（社区）日间照料中心（其中有30个示范性日间照料中心）和小区养老服务驿站的四级养老设施网络建设，重点推进特色日间照料中心建设项目，探索“1+N”互助养老模式，解决好养老服务“最后一公里”问题。以上级试点为契机，重点打造“互联网+智慧养老”模式，基本建成居家养老服务信息平台，开通“12349”养老服务热线，拓宽线上互联互通功能，做实线下居家和社区养老实时化、多样化、个性化的集中照料和上门服务工作，养老服务体系持续完善。

【“三社联动”】2019年，全市“三社联动”工作持续推进，效果逐显。率先在全省成立乡镇社会工作服务站，完成24个镇（街道、长庆示范区）社会工作服务站挂牌。开展社会工作者的能力培训，壮大社工队伍，推动治理重心向基层下沉，构建共建共治共享的社会治理格局。举办“三社联动”供需对接会，30个政府购买服务项目落地，签约资金达169万元。关爱城区分散供养特困失能老人服务、残疾人居家托养服务、“阳光花季”未成年人成长护航等7个“三社联动”示范项目落地运转，在阳三石街道阳三石社区挂牌成立株洲市首家禁毒专业社工站，为城区“四街一区”（来龙门街道、阳三石街道、仙岳山街道、国瓷街道和长庆示范区）戒毒康复人员提供心理辅导、行为矫正、就业帮扶，助其回归家庭和社会。7月，醴陵遭受特大汛情，“三社联动”作用发挥明显，共有50余个社会组织5000余人次参与抗洪救灾，紧急转移被困群众近千人，累计为灾后重建捐款捐物200余万元。在“城乡统筹·幸福株洲”创新社会治理之“三社联动”行动考核中，连续4个季度排名株洲A类第一。

【社会组织管理】2019年，全市狠抓社会组织规范化管理，新登记社会组织31家，注销登记社会组织14家，变更登记社会组织21家，因多年未年检拟撤销社会组织72家，年末共有社会组织468家。开展打击整治非法社会组织专项行动和校外培训机构专项整顿活动。广泛开展“3·5”学雷锋日、社会工作宣传周活动，引导更多志愿者注册成为中国志愿服务网志愿者。

【基层政权与社区治理】2019年，基层政权建设全面加强，全市合并村民小组工作顺利完成。涉及合并村民小组工作的215个村和35个社区的村民小组数量由8147个减至3775个，减少53.66%。推进“一站一单一约五会”[便民服务站，村（社区）“两委”权责清单，村规民约（居民公约），村民议事会、老年协会、人民调解委员会、公共设施管理委员会、村规民约监督执行委员会]建设工作，村务公开、民主管理全面提升，指导各村（居）修订和完善村规民约（居民公约），实现红白理事会全覆盖，孙家湾镇孙家湾村村规民约获评“全省优秀村规民约”。完成全国第二次地名普查档案验收工作，探索开展地名普查成果长效转换试验区创建工作。部分行政区划调整（主要是长庆街道设立工作）稳步推进，清理整治不规范地名工作稳妥进行。社区建设不断加强，持续推进农村幸福社区、城市和谐社区和“五彩社区”建设工作，重点开展创新全省社区治理试验区创建工作，打造居民参与自治新通道，来龙门街道狮子坡社区、北门社区和阳三石街道阳东社区入选“2019年度湖南省城市和谐社区创建单位”，枫林镇隆兴坳村、李畋镇麻石村入选湖南省民政厅“2019年度湖南省农村幸福社区创建单位”。

【儿童福利】2019年，全市落实未成年人关爱保护工作，明确儿童福利工作由民政部门牵头，保障对象由孤残儿童、农村留守儿童、困境儿童向全体儿童扩展。全市有在册留守儿童4250人，困境儿童3571人，在册孤儿111人，发放生活费125.87万元。年内，成功实现24个镇（街道）儿童督导员和270个村（居）儿童主任全覆盖，建成22家“留守儿童之家”，在仙岳山街道碧山社区成立株洲首家“壹乐园·儿童服务站”。健全孤儿救助体系，建立社会散居孤儿探访巡察制度，重点做好孤儿“养、治、教、康”等工作，解决孤儿生活、医疗、就学保障方面的困难，巡查覆盖率100%；将全市孤儿基本生活费月标准提高至950元/人，全年为15名18岁以上在全日制学校就读的孤儿发放2019年下半年“福彩圆梦”孤儿助学金7.5万元。

【慈善事业】2019年，全市慈善事业稳步发展，共计接收捐款捐物3055.2万元，其中物资价值57.1万元。探索“互联网+慈善”网络募捐新模式，首次参与腾讯“99公益日”活动，发动超过40万人次捐款，获得腾讯公益基金会配捐资金153.5万元，全年募集抗洪救灾资金2728万元，为灾后重建作出突出贡献。持续开展“春节慈善送温暖”、扶贫济困、助学助医、赈灾等慈善活动，全市20家社区慈善超市正常运转，日常救助和走访慰问有序开展，基层社会救助平台作用有效发挥，全年慈善救助支出2106万元，5万余人次受益。

【殡葬改革】2019年，全市殡葬改革稳步推进，开展各类殡葬执法检查20次，劝导丧事简办8例，查处违规搭棚治丧10次，查处乱埋乱葬6起，拆除“活人墓”5座；为133人次困难群众免除基本殡葬服务费27.93万元。按照湖南省《关于持续深化文明节俭操办婚丧喜庆事宜工作　推进移风易俗的通知》文件规定，重点解决全市农村公益性墓地缺少，农村乱埋乱葬现象和影响农村人居环境综合整治工作等方面问题，浦口镇、白兔潭镇启动农村公益性墓地建设，计划到2022年年底全市农村公益性墓地覆盖率达100%。首次出台《醴陵市城乡居民基本殡葬服务费用奖补制度》，明确城市户籍居民死亡后遗体火化的，奖补遗体接运费用280元；农村户籍居民死亡后遗体火化的，一次性奖补800元；选择节地生态安葬的，一次性奖补400元。

【婚姻登记】2019年，根据全市统一安排，市婚姻登记服务中心于8月上旬搬迁至市民中心。全年累计办理婚姻登记9125对，其中办理结婚登记5020对，办理离婚登记2355对，办理补领结婚证件1750对，接待各类咨询服务6000余人次，婚姻登记合格率达100%。

【福彩销售】2019年，全市共有福彩投注站83个，新建福彩标准店9个，福彩销售总量为7597.1万元，为全市募集福彩公益金516万元，在全省县（市、区）排名第七，株洲地区县（市、区）排名第一。

【流浪救助】2019年，市救助管理站坚持主动发力，对流浪乞讨人员分类实施救助措施。对愿意返乡的人员提供返乡费用；对不愿返乡又不接受救助的健康流浪乞讨人员耐心疏导，使其接受救助或自食其力；对行动不便的流浪乞讨人员安排车辆护送回家；对未成年流浪人员在自愿求助的原则下实施保护性救助；对危重病人、精神病人送医院救治；对没有民事行为能力的疑似精神病人的智障流浪人员，在《今日头条》发布寻人启事，全年发布寻人启事7篇，有6次寻人成功。全年累计救助流浪乞讨人员890人次，其中未成年人13人次，肢体残疾43人次，疑似精神障碍或智力残疾36人次；护送返乡73人次，街面劝返救助职业乞丐21人次。

【信访工作】2019年，全面做好信访工作，接待来访人员9000余人次，处理完成各类信访件38件。开展民政法制宣传进机关、进农村、进社区活动，59名干部职工参加国家机关工作人员学法考试，参学率、通过率达100%，24人参加全省行政执法证资格考试，3人取得行政执法证。开展民政领域扫黑除恶专项行动，坚持“一把手”牵头、全方位发动、无死角宣传、“拉网式”排查、无遗漏出击，坚决铲除黑恶势力滋生土壤。在村民自治领域开展扫黑除恶工作，健全村（居）“两委”候选人联审机制，把好选举“入口关”，配合市委组织部开展村（居）“两委”成员违纪违法涉黑涉恶问题专项排查整顿工作“回头看”，对补选的村支“两委”进行资格审查。

【信息宣传】2019年，加大民政民生信息工作宣传力度，民政信息、工作经验得到各级信息简报、网络和新闻媒体广泛推介。全年向上级报送各类民政信息300余条次，采用263条次，采用率达87%，其中《中国社会报》《中国民政》采用13条次，湖南红网、新湖南、省民政厅门户网和《潇湘晨报》采用52条次，株洲市级以下媒体采用198条次；创新编印《民政要情汇报》25期，在“醴陵民政”平台发布政策信息270条次；撰写报送经验稿《从专项整治到“互联网+”醴陵市提升殡葬服务管理质量迈出新步伐》获评湖南民政新闻三等奖，民政干部丁时伟被省民政厅表彰为“湖南民政宣传优秀通讯员”。（丁时伟　丁鸿远）

人力资源和社会保障

【概况】2019年3月，根据《中共醴陵市委办公室　醴陵市人民政府办公室关于印发〈醴陵市机构改革实施方案〉的通知》(醴办发〔2019〕9号)文件，将市人力资源和社会保障局(以下简称“市人社局”)的公务员管理职责划入市委组织部，整合市人社局的军官转业安置职责，划入组建的市退役军人事务局，整合市人社局的城镇职工和城镇居民基本医疗保险、生育保险、新型农村合作医疗职责，划入组建的市医疗保障局。经机构调整后，市人社局内设办公室、人事教育股、计划财务股、政策法规股(劳动关系股)、信息中心、基金监督股(基金稽核股)、劳动人事争议仲裁院、工伤认定股、事业单位人事管理股、专业技术人员管理股、工资福利股11个行政股室，有在编在岗职工94人，聘用制人员46人(其中镇街道劳动保障专干16人)。根据《醴陵市机构编制委员会办公室关于醴陵市机构改革涉改科级事业单位调整的通知》(醴编字〔2019〕2号)文件，市人社局原下设二级机构的行政职能全部划入市人社局。经科级事业单位调整后，市人社局下设人力资源服务中心、社会保险服务中心、劳动就业服务中心、工伤保险服务中心、劳动监察队、绩效评估中心6个事业单位。

【人事人才工作】2019年，市人社局注重培养和引进符合产业发展需求的创新创业人才和高技能人才，着力推进职称申报、评审、改革、考试等各项工作，不断壮大专业技术人员队伍，提升专业技术人员素质，为全市经济社会发展提供人才支撑。一是引进和培养人才。全年举办各类公开招录考试4场，共计4000余人参加，招聘548人；引进各类科技创新人才22名；开展2019年中层干部执行力提升培训班；组织全市机关事业单位工勤人员参加一级至五级工勤技能岗位考试。二是开辟职称评审绿色通道。对接省人社厅“双十条”(《湖南省畅通职称评审绿色通道10条实施意见》《湖南省创新民营企业专业技术人才职称评审10条措施》)政策，为企业人才量身定制个性化优化倾斜政策。畅通职称评审申报渠道，放宽申报限制，为符合条件的优秀人才提供上门服务，全年深入教育系统和株洲醴陵旗滨玻璃有限公司、湖南阳东电瓷电器有限公司等单位开展评审10余次，为447名专业技术人员评定职称，让企业和人才少跑路、不折腾，助力企业发展。根据产业人才评级需求，不定期组织开展所涉专业职称的专场评审，为企业服务，助推产业升级。

【就业创业】2019年，全市新增城镇就业7361人，新增农村劳动力转移就业4070人，贫困劳动力转移就业409人，实现零就业家庭动态就业援助率100%，均超额完成株洲市下达的指标任务。一是推动重点群体就业。坚持把高校毕业生就业摆在首位，全面实施高校毕业生就业创业促进计划、青年见习计划。实施就业援助专项活动，做好公益性岗位开发管理，确保零就业家庭动态清零。落实重点企业就业服务联系制度。落实常住地失业登记制度，加强动态跟踪服务，促进失业人员再就业。二是强化职业技能培训。采取“定向式”和“订单式”培训方法，提高劳动者素质和岗位匹配能力，解决就业结构性矛盾。全年举办各类培训班72期，培训3445人次。三是突出创业带动就业。落实创业培训补贴、创业担保贷款及贴息、一次性创业补贴等政策，积极扶持高校毕业生创业，服务创业载体，举办2019年醴陵市第四届创新创业大赛，形成良好的带动效应。全年发放创业担保贷款1400万元，新增创业主体6450户，带动城乡就业17320人。四是优化公共就业服务。加大公共就业服务力度，持续开展“春风行动”系列招聘会、就业援助月、高校毕业生就业服务月等专项活动。全年举办各类招聘会14场，582家企业提供9600余个就业岗位，达成就业意向3100余人。

【社会保险】2019年，通过推进全民参保计划，扩大社会保险覆盖面，全市养老保险、失业保险、工伤保险总参保人数达78.8万人，社保基金总收入达16.89亿元，总支出20.2亿元。为加强社保基金监管，坚持关口前移和问题导向，加强对高风险股室、岗位人员重点管控，利用大数据手段实现精准监管，及时发现并化解风险。根据全国社会保险费率调整相关要求，全市自5月起将养老保险单位缴费费率由19%降至16%，共为企业减负8600万元。提升社保经办服务能力，做好机关事业单位养老保险制度改革和建筑工程施工单位按项目参加工伤保险工作，协助做好国有企业退休人员社会化管理工作，配合税务部门做好机关养老保险、工伤保险、失业保险和城乡居民基本养老保险征缴工作，确保征缴主体平稳过渡。全面推广手机APP缴费和生存资格认证工作，确保做好城乡居民基本养老保险业务“五个不出村”(参保登记、保费缴纳、待遇领取、权益查询、生存认证)服务。

【劳动关系】2019年，市人社局坚持仲裁与监察工作联动，加强与人民法院等部门的沟通协调，强化基层调解组织建设，坚持实行首席仲裁员制度，切实做好劳动人事争议仲裁调解工作。全年处理各类劳动争议仲裁案件358起，涉及人数420人，涉及金额656万元；依法查处农民工投诉案件96起，为1124名农民工追讨工资998.5万元。加大劳动保障监察执法力度，联合住建部门对全市在建项目开展了4次专项检查行动，开展根治欠薪夏季、冬季攻坚行动，在建设领域推行实名制管理，严格执行建设领域农民工工资保证金制度，全年收取农民工工资保证金1600余万元，建筑领域的欠薪投诉案件呈明显下降趋势。

【民生实事】2019年，强化“民生100”工程工作措施，创新工作方式，全盘谋划、分类区别、轻重分明、快慢结合。考核办严格对照项目验收标准，实地走访项目现场，逐项完成验收。完成了全市“民生100”工程，民生工程继续保持株洲市前列。

【脱贫攻坚】2019年，市人社局发挥职能优势，坚持就业扶贫和社保扶贫同向发力，切实发挥就业增收、社会保障在脱贫攻坚中的作用。一是政策驱动。大力推进扶贫基地、扶贫车间等载体建设，鼓励支持企业吸纳贫困劳动力，开发公益性岗位托底安置。落实贫困劳动力培训补贴，提高贫困人员参加技能培训的积极性。全面实施社会保险扶贫政策，实现城乡居民养老保险应保尽保、应发尽发、应补尽补。全年建设扶贫车间6个，吸纳贫困劳动力101名，15家就业扶贫爱心企业为贫困劳动力提供就业岗位1424个。开发公益性岗位714个，发放公益性岗位补贴329.86万元。为2.53万名符合条件的建档立卡贫困户、重度残疾一二级、重点优抚对象、“三无”（无生活来源，无劳动能力，无法定抚养义务人或法定抚养义务人丧失劳动能力而无力抚养的公民）及“五保”人员等缴费困难群体代缴养老保险费253万元，为131名到龄欠费贫困人员核定发放城乡居民养老保险养老金待遇。二是协调联动。健全常态化劳务协作机制，不断深化“点对点”“一对多”有组织劳务输出。及时与扶贫、民政等部门对接数据，加强贫困人员身份认定和动态管理，做好应保尽保扶贫数据核验。全年为280名贫困劳动力和72名贫困家庭“两后生”（五年之内未继续升学的初、高中毕业生）提供职业技能培训，紧抓与其他地区的对口和劳务协作，为贫困人员转移输出就业搭建平台，促进贫困劳动力有序跨区域转移就业。年内全市共有贫困劳动力13394人，其中10566人实现转移就业。三是服务促动。依照《中华人民共和国就业促进法》要求，不断完善全市公共就业服务体系，充实公共就业服务队伍力量，提高就业水平，为各类劳动者提供规范、便捷、高效的公共就业服务。全市24个镇（街道）劳动保障服务站、20个社区劳动保障服务中心均按照“六个到位”（机构、人员、经费、场所、制度、工作到位）“六个加强”（加强人员队伍建设、基层平台建设、就业创业服务、基层保障工作、信息平台建设、基层劳动保障服务平台工作典型培养与宣传）的标准建立了“一站式”服务窗口，让广大有就业意向的贫困劳动力在家门口就能够得到“一对一”的职业指导。（乔馨玉）

医疗保障

【概况】2019年3月，根据《中共醴陵市委办公室　醴陵市人民政府办公室关于印发〈醴陵市机构改革实施方案〉的通知》（醴办发〔2019〕9号）文件，将市人力资源和社会保障局的城镇职工和城镇居民基本医疗保险、生育保险、新型农村合作医疗职责，市发展和改革局的药品和医疗服务价格管理职责，市民政局的医疗救助职责整合，组建市医疗保障局（以下简称“市医保局”）作为市政府工作部门，为正科级。市医保局内设办公室（法规股、行政审批股）、规划财务股（医药服务管理股）、监审股，下辖医疗保障事务中心1个副科级公益一类事业单位，有在职在编干部29人。

【城镇职工医保】2019年，全市有83734人参保城镇职工医疗保险，实现基金征缴18348万元，共为21878人次报销医疗费用16070万元，个人账户支出4871万元。享受城镇职工生育保险待遇1218人次，报销金额782万元。

【城乡居民医保】2019年，全市有70.5万人参保城乡居民基本医疗保险，实现基金收入59455万元（其中财政补助41779万元，个人缴纳基金17676万元），共为20.68万人次报销医疗费用57692万元，门诊统筹基金支出5666万元，大病保险支出3909万元，意外伤害保险支出2013万元。

【门诊管理】2019年，结合醴陵市实际情况，出台《醴陵市城乡居民基本医疗保险特殊病种门诊管理实施方案》，在全市7家定点医疗机构开展城乡居民特殊门诊工作。市医疗保障局组织45名医药专家对全市特殊门诊定点医疗机构提交的城乡居民特殊门诊申请资料进行审核。通过审核的6283人从2020年1月1日起开始享受城乡居民医保特殊门诊待遇。

【定点医药机构管理】2019年，出台了《定点医疗机构医保基金分配方案》《定点医疗机构管理办法》《定点医疗机构考核细则》《醴陵市医保管理十项规定》等管理制度，强化预算执行，全面推行总额控制、次均费用、按病种付费相结合的多元复合式医保支付方式改革，促进医疗机构之间良性竞争，激励医疗机构加强自我管理，发挥医保支付对医疗机构和医务人员的激励与约束作用。积极推动基本医保、大病保险、医疗救助等制度之间互补联动、有机衔接，为各项改革任务落地提供坚强保障。

【基金监管】2019年，市医疗保障局开展打击欺诈骗保专项整治行动，将全市56家协议医疗机构、192家协议药店纳入检查范围，查处骗保案件1例。全市医保协议定点医疗机构通过监督检查、自查自纠方式退回违规及不合理费用1112.57万元。贯彻执行内控制度，堵塞基金管理漏洞，医保基金的规范运作率和安全完整率均为100%。

【健康扶贫】2019年，为37203名建档立卡贫困人员全额代缴城乡居民基本医疗保险，确保全员参保、应保尽保。对所有建档立卡贫困人员住院报销比例提高10%、大病保险起付线降低50%，县域内住院医疗费用综合报销比例和29种救治大病住院报销比例均高于85%。为建档立卡贫困户提供"一站式"结算服务29442人次，基本医疗保险报销5875.2万元，支付大病保险待遇175.2万元，支付扶贫特惠保64.8万元，支付医疗救助1017.6万元。（彭　鑫）

住房公积金

【概况】2019年，株洲市住房公积金管理中心醴陵市管理部开展"管理规范年"活动，以"一切为了缴存人、一切服务缴存人"的服务理念，分层推进住房公积金归集、扩面工作。落实"最多跑一次"改革，做到"一件事一次办"，普及推广个人网厅业务。为全市5800余户"呆滞账户"提供服务，办理"呆滞账户"提取2000余户。到企业、厂区宣传公积金政策，与改制办、街道办事处、社区沟通、协调，帮助部分市民解决身份证明难问题。年内共归集公积金3.82亿元，同比增长12.7%；新增公积金缴存人数3329人，同比增长8.7%；发放贷款2.3亿元，同比增长187.5%。（陈丽莎）

教　育

综　述

【概况】2019年，全市有各类基础教育学校数490所（不含教学点），其中十二年一贯制学校1所（第八中学）；完全高中2所（第七中学、株洲市五雅中学）；高级中学4所；初级中学30所；九年一贯制学校12所；小学142所；幼儿园298所；特殊教育学校1所。在校学生、在园幼儿共156110人，其中：中学生（含中职学生）47967人、小学生68942人、在园幼儿39019人、特校学生182人。学校、幼儿园教职工共11459人。市教育局获评“国家义务教育质量监测县级优秀组织单位”“全国‘新时代好少年’主题教育读书活动‘我为祖国点赞’先进集体”“株洲市高中教育质量建设先进县市”“株洲市高中学业水平考试先进县市”等荣誉。

【学前教育】2019年，全市有37所利用国有资产举办的非公办园转化成为公办幼儿园，公办幼儿园在园幼儿人数占比达30.4%。建立健全普惠性民办幼儿园的等级动态管理升降制，普惠性民办幼儿园覆盖率达79.6%。学前一年教育入园率100%，学前三年教育入园率96%。

【特殊教育】2019年，针对特殊学生做好随班就读与送教上门培训，培训资源教师238人，建立“一人一案”台账。市教育基金会投入10万余元，加强三个特殊教育“点校”的基础建设，最大限度保障残疾适龄儿童入学，残疾儿童入学率99%。

【义务教育】2019年，全市通过新（改、扩）建学校、“全面改薄”、规范招生等措施，消除大班额167个，消除超出规定班额人数764人，提前1年实现大班额清零目标。统筹推进城乡义务教育一体化改革发展，进一步推进教育集团化办学，做实城区优质学校与农村薄弱学校的结对帮扶工作，促进以强带弱，同步发展。小学教育入学率100%、辍学率为零、升学率为100%，初中教育辍学率为零、升学率为98.5%。

【高中教育】2019年，为适应新高考改革要求，全市高中深化课程改革，构建全方位以人为本的课程管理体系，引导学生探索质疑，提升学生综合素养，全面提高育人质量。高考和学考成绩均创历史新高，高中教育整体水平较大幅度提升。高考本科二批及以上上线2072人，上线率66.17%；高考本科一批上线1178人，上线率37.62%；600分以上考生103人。全市学考合格率为97.66%，其中省示范性高中均达99%以上。

【职业教育】2019年，通过深化产教融合、校企合作，全市职业教育创新发展。湖南陶瓷技师学院校区建设工作基本完成，湖南省轻工高级技工学校整体搬迁至长庆示范区新校区办学。醴陵陶瓷烟花职校通过国家中职改革发展示范校验收，获评省人社厅、财政厅认定的全省首批“联湘创新创业人才服务工作站”；该校课题《中职学校地方特色专业建设探究与实践——以陶瓷工艺专业为例》获国家级教学成果二等奖。依托醴陵陶瓷烟花职业技术学校，积极开展“五年制大专”试点工作，对接高校，实现中高职紧密衔接，加快发展现代职业教育。278名学生通过对口升学、392名学子通过高校单招考试进入高校继续学习。

【高等教育】2019年，全省第一所陶瓷大学、醴陵第一所大学——湖南工业大学醴陵陶瓷学院正式竣工开学，迎接第一批新生。醴陵陶瓷学院由湖南工业大学、湖南陶瓷技师学院与市人民政府合作共同组建，是陶瓷产学研一体化的实用型人才培养基地。学院系湖南工业大学二级学院，位于市长庆示范区，规划用地73.33公顷，分2期建设。第1期占地20.33公顷，投资近12亿元，已基本形成陶瓷文化广场、教学中心区、工学一体化实训区、职业培训区、体育运动区、生活服务区等六大功能区域，办学层次涵盖专科、本科、硕士研究生、成人学历教育和非学历培训等。醴陵陶瓷学院立足醴陵陶瓷产业优势，开设陶瓷艺术与设计、无机非金属材料工程（陶瓷方向）2个本科专业，陶瓷设计与工艺、材料工程技术（陶瓷方向）2个专科专业，计划5年之内形成3个本科专业、3个专科专业、2个硕士点的学科专业规模。

【民办教育】2019年，组织开展防范化解民办学校办学风险专项行动和打击整治民办教育机构“非法融资”“校园贷”“校园网络小贷”清理整治行动。推进校外培训机构专项治理“回头看”和规范校外培训机构线上培训排查整改工作，防范校外培训机构违法违规问题反弹，促进民办教育健康和谐发展。年内全市有已办证的中小学校外培训机构148所，完成分类登记管理的营利性校外培训机构118所，完成录入校外培训机构管理服务平台的机构118所。

【办学条件】2019年，全市投入3995万元，实施东岸小学教学楼新建等6个项目，新建校舍1.84万平方米。投入7007万元，对59所中小学及幼儿园进行改造，新建校舍11处，新建面积1.18万平方米；维修改造校舍27处，面积17720平方米；新建、维修改造附属设施28处，面积34450平方米。“7·9”洪灾之后，投入1280万元，修复被洪水损毁校舍，维修改造校舍面积2.51万平方米。在耿飚将军诞辰110周年之际，投入150万元，全面提质改造棣木岭中学。投入1300余万元，新建或改造教师周转房160套。根据中央、省、株洲市有关要求，结合全市中小学实际情况，研究制定《醴陵市2019—2020年义务教育薄弱环节改善与能力提升规划》，计划两年投资2.05亿元，改造薄弱学校62所，年内已完成改造38所。

【推进教育信息化建设】2019年，全市新安装“班班通”终端设备178套，8所学校升级改造校园广播系统。全市所有学校互联网速率提升至100M，部分规模较大学校达500M。成功申报株洲市教育信息化创新应用示范校1所、株洲市教育信息化试点校1所、省级信息化创新应用示范校1所、省级中小学网络联校1所。

【教师队伍建设】2019年，全市从多方面着手，加强教师队伍建设。一是加大教师招聘力度。共招聘教师489人，其中引进教育研究生人才14人，开辟绿色通道到高校招聘教育优秀人才36人，接收公费师范生72人，向社会公开招聘教师367人。二是加强师德师风建设。将2019年定为师德师风建设年，下发《醴陵市教育系统2019年师德师风建设年活动实施方案》，开展师德专题教育。同时加大师德师风整治力度，重点整治在职教师违规补课行为，全年受理信访案件13件，立案10件，党纪处理6人，政纪处理4人，组织处理8人。三是提高教师福利待遇。镇及以下学校在职在岗教师一律纳入镇工作补贴实施范围。为中小学教师缴纳养老保险、医疗保险、生育保险和住房公积金。统筹经费37.33万元，为乡村教师购买工伤保险。建立乡村教师重大疾病救助制度，救助金额达290万元，乡村教师未发生因重大疾病致贫情况。实施“两年一轮”的中小学教师定期健康体检工作。四是开展各类教师培训。改革完善全市教师培训管理体制机制，整合教师培训机构、教研等部门资源，新成立教师发展中心。构建以国培、省培为引领，市培、县培为补充，校本研修为主体的“五级”教师全员培训体系，科学分配培训指标，各级各类培训项目的教师参培率、合格率均为100%。成功申创第五批国培计划项目县。

【教育扶贫与学生资助】2019年，全市全面落实学前教育至高中阶段国家资助、扶贫助学政策，为43292人次发放扶贫助学金、资助金3185.47万元，超额完成资助13000名贫困学生的计划。继续开展“大爱瓷城　金秋助学”活动，资助大一贫困新生397人，发放助学金172.4万元。为700名大学生办理生源地信用助学贷款，金额571万元。对全市9196名建档立卡贫困户子女等“四类”学生（建档立卡家庭经济困难的学生、非建档立卡家庭经济困难的残疾学生、农村低保家庭学生、农村特困救助供养学生）实行“一对一”结对帮扶，实现贫困学生100%就学、100%受资助、100%健康成长。

【国医启蒙进校园】2019年，为进一步宣传和弘扬中国优秀国医文化，增强学生健康生活理念，养成健康良好的生活习惯，提升学生核心素养，促进健康醴陵建设，启动“国医启蒙进校园”活动。确定国瓷街道姜湾小学、来龙门街道实验小学等12所园校为试点学校，邀请北京清新国医启蒙促进中心主任杨志勋到醴陵培训、指导。

【全市教育大会】9月24日，醴陵市召开全市教育大会，分析教育改革发展形势，研究部署全市当前和今后一个时期的教育工作。会议表彰了市第一中学等3个“立德树人先进集体”、市教育基金会等5个公益组织、湖南醴陵釉下五彩城开发建设有限公司等5个爱心企业、陈自绪等11名“重教兴学优秀人士”、刘卓卓等26名“教书育人楷模”和唐军等100名优秀教师，下发并解读《醴陵市加快推进教育现代化工作方案》。

【奖助金发放】12月20日，市教育基金会举行2019年奖助金发放仪式。仪式现场，市教育基金会为湖南港鹏国盛房产、醴陵碧桂园房产、湖南醴陵釉下五彩城开发有限公司、醴陵亿都房产、湖南荟萃置业瑞谦建筑有限公司5家爱心企业授牌，并为20名“瓷城好老师”、132名“瓷城好学生”、100名乡村奉献奖获得人士、13名文化类获奖人士、6名株洲市“乡村教师之星”发放奖助金115.75万元。（汤向荣）

醴陵市陶瓷烟花职业技术学校

【概况】2019年，市陶瓷烟花职业技术学校（以下简称“学校”）坚持内涵发展、质量提升，深化产教融合、校企合作，改善办学条件，着力推进教育教学改革，各方面工作取得显著成绩。现代学徒制试点项目“对接陶瓷产业，培养现代学徒”成功通过教育部验收。学校获评省首批联湘创新创业人才服务工作站、省“两型”建设创建单位，株洲市教育扶贫工作先进单位，醴陵市安全生产工作先进单位，内涵建设名列株洲市第二。年内，学校有全日制在校学生3088人、教师281人，其中“双师型”教师105人、全国优秀教师1人、全国黄炎培教师1人、省工艺大师7人、株洲市核心专家1人、市级以上学科带头人12人。建立7个名师工作室，12位教师获全国“创新杯”说课赛一等奖。学校设有陶瓷工艺、花炮生产与管理、汽车运用与维修、电子商务等14个专业，其中陶瓷工艺专业被评为全国民族文化传承与创新示范性特色专业，花炮生产与管理专业是省特色专业，陶瓷工艺专业群是省示范性特色专业群。

【产教融合】2019年，学校推进校企合作共建共管的生产性实习实训基地建设，新增湖南三创智能科技有限公司、尚方窑、盛阳科技、湖南塔木电子商务有限公司等合作企业，校企合作进入“教、学、产、研”深层次融合。着力推进教学改革，成立以行业精英、专家为主要成员的专业建设指导委员会，参与专业建设、课程改革、教学模式改革。学校“聚焦陶瓷花炮产业，‘四共’深化产教融合”被评为株洲市“十大优秀教育改革创新项目”。新增蔡布谷工作室、黄龙工作室、刘劲松工作室、彭武工作室4个实训基地。中国陶瓷艺术大师刘劲松、熊晖到学校招收学徒，9名学生拜师学艺。承办全省中职校企合作现场会暨醴陵陶瓷职业教育年会，全省5所高职院校、100余所中职学校，4家行业协会，46家企业单位负责人参加，为学校内涵建设提供一个新的发展契机。承办首届市“十佳产业工匠”“十佳技能比武新秀”活动，服务行业人才，弘扬工匠精神。承办市第四届创新创业大赛，吸引108家企业、项目参赛。学校获评2019年“醴陵市柔性引才示范基地”，成为市人民政府柔性引才窗口。学校产教融合、校企合作的新探索发展方式和经验被《湖南教育》刊登推介。

【学生成长】2019年，学校有312名学生通过高校单招考试进入高校学习，对口升学高考本科二批过线63人。6人通过普职融通进入市第四中学学习。379班被评为省“先进班集体”，瞿申豪等5人分别被评为省级“三好学生”“优秀学生干部”“优秀实习生”。在株洲市职业院校技能竞赛中有43人次获奖；在省技能竞赛中获二等奖和三等奖各3个；在全国机械行业“三维博特杯”3D打印装调修与应用大赛中，学校选派的参赛队伍分别获二等奖、三等奖；在全国电子商务技能大赛电子商务师项目中获三等奖；在湖南黄炎培职业教育奖创业规划大赛中获二等奖。黄权、瞿申豪、魏杰、杨洋4名学生获首届中等职业教育国家奖学金6000元/人。参加株洲市中等职业学校“文明风采”大赛，获得一等奖15个、二等奖24个、三等奖15个，学校获优秀组织奖，综合成绩排名株洲地区同类学校第二名。

【教师成果】2019年，学校教师获各级各类奖项288项，其中教师科研成果、教学竞赛奖109项；教学教研论文有60人次获奖，其中有34人次获省级奖。教师杨湘钧被教育部授予“全国优秀教师”称号，事迹被湖南教育电视台、湖南红网、醴陵电视台等媒体报道。9名教师在全市教育大会上获表彰。教师丁佳富被中国陶瓷工业协会授予中国陶瓷艺术与设计教育杰出贡献奖。8个教学团队在株洲市教师教学能力大赛中获奖；4个团队在省级比赛中获奖；在全国“创新杯”说课大赛中，教师侯岳峰、邓龙分别获汽车类和机械类说课二等奖，教师龙闪闪、杨雪亭分别获德育课说课和旅游服务类三等奖。在中等职业学校“文明风采”竞赛活动中，9名教师被评为“优秀指导教师”；杜彩霞被株洲市总工会授予“株洲工匠”称号，被株洲市人力资源与社会保障局授予“优秀陶瓷装饰工”和“株洲市技术能手”称号；袁园被授予“优秀陶瓷装饰工”称号；喻池被株洲市教育学会评为“职业教育先进工作者”。

【项目建设】 2019年，国家发改委产教融合项目——陶瓷综合实训楼投入使用。不断完善匠心园文化建设，引入产业文化进校园，学校成为省“两型”建设创建单位。多渠道深化产教融合，与广东百校千企教育科技有限公司进行校企合作，争取资金1300万元，推进智慧校园建设，大大提高学校办学条件。争取以色列政府贷款项目，教育部和国家发改委已对省教育厅作出批示，高达1000万美元的项目资金将按计划陆续拨付学校。卓越校建设紧锣密鼓进行，完成教育部现代学徒制试点项目、汽车运用与维修中高职衔接项目年检（验收）等6个部、省、株洲市级项目验收工作；完成“中职学校陶瓷工艺大师梯度培养模式探究与实践”等3个省级教学改革项目验收。3个省教育厅教育改革研究项目成功立项，1个省教育科学研究协会课题立项。建立14个专业教学资源库，开发10本校本教材。

【教育扶贫】 2019年，精准扶贫扎实推进，充分发挥职业教育在教育脱贫中的优势。全年享受国家免学费人数6249人次，金额749.84万元；国家助学金受助人数451人，金额45.1万元。将2018级、2019级在校建档立卡贫困学生编成4个“自强班”，安排242位教师结对帮扶，并明确具体任务和内容。2017级“自强班”（第一届）101名学子顺利毕业，事例被《中国教育报》报道。“自强班”学生作文登上教育部“中国学生资助”微信公众号，学生制作的视频《圆梦》获省文明风采一等奖。

【全民教育】 2019年，根据省商务厅要求，学校组建校内外相结合的专家团队，参与“一带一路”援非建设，有3名教师赴塞拉利昂开展为期45天制陶技术培训。电大教育工作超额完成300人的招生任务，获株洲市2019年电大招生工作先进单位，省年度先进站点。社区教育有特色，成功申报省老年教育学习体验基地。干部在线教育有影响，全市干部学习完成率达100%。全年培训6000余人次，完成培训工作任务。组织1000余人次志愿者参与花炮博览会、陶瓷博览会、学雷锋活动等各类志愿服务工作，服务对象达10万人次，2名学生被评为市优秀志愿者，志愿服务工作被市电视台、“醴陵发布”等各类媒体报道，展示了学校的良好形象。

醴陵市陶瓷烟花职业技术学校2019年教师获奖以及论文发表情况一览表

表3

姓　名	竞赛（作品）及论文（课件）名称	获奖及发表情况	授奖或发表单位
侯岳峰	全国“创新杯”说课大赛汽车类说课	二等奖	中国职业技术教育学会
邓　龙	全国“创新杯”说课大赛机械类说课		
龙闪闪	全国“创新杯”说课大赛机德育课说课	三等奖	
杨雪亭	全国“创新杯”说课大赛旅游服务类说课		
林彩霞	“紫砂系列”	铜奖	中国陶瓷行业协会
卢　芳	湖南省班主任基本功大赛	三等奖	湖南省教育厅
丁佳富 黄国兵 钟　宇	典型案例《文明风采融入五彩，让中职学生人人出彩》		
黄　刚	花炮生产与管理专业现代学徒制教学模式研究	一等奖	湖南省职业教育与成人教育学会

续表 3-1

姓 名	竞赛（作品）及论文（课件）名称	获奖及发表情况	授奖或发表单位
颜小梅	教出语文的“职教味”	二等奖	湖南省职业教育与成人教育学会
陈海根	BOPPPS 教学模式在中职英语教学的应用初探	二等奖	湖南省职业教育与成人教育学会
汤馨怡	点睛之笔——中职音乐教师的课堂语言艺术	三等奖	湖南省职业教育与成人教育学会
黄国兵 邱 波	社团活动与文明风采双驱育人实践探究	三等奖	湖南省职业教育与成人教育学会
胡牡丹	数学教学培养和发展学生主动探究能力的探索	三等奖	湖南省职业教育与成人教育学会
李景阳	现代教育技术对中职语文教学的利与弊	三等奖	湖南省职业教育与成人教育学会
朱树桃	“股份制＋工作室制＋理事会制”的校企合作模式	一等奖	湖南省职业教育与成人教育学会中职校企合作委员会
喻 池 邓 龙	学生学徒“双重身份”演绎成才之路	一等奖	湖南省职业教育与成人教育学会中职校企合作委员会
黄 刚 丁佳富	实施大师领衔打造“双导师”团队	一等奖	湖南省职业教育与成人教育学会中职校企合作委员会
曾 艳	音乐人才需求市场调研报告	三等奖	湖南省职业教育与成人教育学会中职校企合作委员会
邵思思	做中职生的领头羊	二等奖	株洲市教师培训中心
张雅婷	语言的魅力	三等奖	株洲市教师培训中心
颜小梅	教出语文的“职教味”	一等奖	株洲市职业教育与成人教育学会
黄 刚	花炮生产与管理专业现代学徒制教学模式研究	一等奖	株洲市职业教育与成人教育学会
胡牡丹	数学教学培养和发展学生主动探究能力的探索	一等奖	株洲市职业教育与成人教育学会
陈海根	BOPPPS 教学模式在中职英语教学的应用初探	二等奖	株洲市职业教育与成人教育学会
杨湘钧	浅谈中职学生的改变和成长	二等奖	株洲市职业教育与成人教育学会
李景阳	现代教育技术对中职语文教学的利与弊	二等奖	株洲市职业教育与成人教育学会
刘小利	中职设计专业校企合作人才培养模式探讨与实践	二等奖	株洲市职业教育与成人教育学会
曾 艳	谈学科融合理念对中职音乐专业视唱练耳教学的启示	二等奖	株洲市职业教育与成人教育学会
喻 池	语文与职业·两味兼得	二等奖	株洲市职业教育与成人教育学会
汤馨怡	点睛之笔——中职音乐教师的课堂语言艺术	二等奖	株洲市职业教育与成人教育学会
黄国兵 邱 波	社团活动与文明风采双驱育人实践探究	二等奖	株洲市职业教育与成人教育学会
张 卉	浅析对口升学英语教学		
杨雪亭	论信息化手段在旅游教育中的应用		
王江丹	艺术设计专业“产学合一，内外交融”的人才培养模式研究		
胡牡丹	教育改革“普职融通”		
张 艺	浅析中职教育合唱艺术的现状与发展		
文 婕	浅析技能竞赛与专业教学之间的关系		

续表 3–2

姓　名	竞赛（作品）及论文（课件）名称	获奖及发表情况	授奖或发表单位
杨湘钧	浅谈如何加强学生的思想教育	三等奖	株洲市职业教育与成人教育学会
谢菲菲	浅谈导游业务课程产教融合		
胡文玲	中职英语课堂模式教学模式探究		
刘忠辉	对中职学生考试成绩的思考		
廖　维	基于地方特色产业需求对中职平面设计专业改革研究		
胡　楠	形态仿生设计在陶瓷茶具“花·韵”中的形和意		
黎　亮	职高音乐生钢琴分层教学研究		
徐　峰	论文《曾国藩的教育启示》	发表	《湖南教育》
	论文《我的职教“内功心法”》		
	论文《我对职教改革的四点期待》		《株洲教育发展》
唐　婷	论文《对中职英语教学中的跨文化交际教学的探究》		《中小学教育》
谭云龙	论文《中职语文教学大语文观初探》		《中华少年》
张　艺	论文《浅析当今音乐教育与思想政治教育的关系》		《新教育时代》
陈锡珍	论文《基于提升学生数学核心素养的初中数学课堂教学》		
欧阳泉	论文《浅谈中职英语教学方法的革新》		
贺三华	论文《关于中职机械制图教学中的微课应用分析》		《高考》
付雪峰	论文《让语文课堂润物有声——浅论朗读教学的重要性》		《软件教育现代化》
朱新军	论文《中职校计算机应用专业教学方面的研究》		《现代营销》
邓兰芳	论文《探讨中职计算机专业教师队伍自身发展的瓶颈和对策》		
瞿江林	论文《极域电子教室在机房教学上的应用》		《教育》
龙艳红	论文《中职计算机教学中培养学生创新能力的方法》		《电脑乐园》
朱新军	论文《中职校计算机应用专业教学方面的研究》		《现代营销》
贺三华	论文《中职机械制造专业教学中行动导向教学探究》		《科研》
刘　琦	论文《浅谈职高对口高考数学复习的策略》		《明日》
刘忠辉	论文《面向计算机应用与科学思维能力培养》		
唐　婷	论文《互动合作在中职英语教学中的运用研究》		
肖海祥	论文《浅谈中职语文教学中信息化手段的运用》		
杨　虹	论文《中职生攻击性行为的原因分析与对策研究》		《心理医生》
何　竟	论文《探究如何艺术性的开展初中美术水彩教学》		《学校体音美》
肖海祥	《湖南省对口招生考试单元测试卷》	出版	哈尔滨工业大学出版社

（钟　宇）

湖南工业大学醴陵陶瓷学院

【概况】根据2016年12月13日湖南工业大学与醴陵市人民政府签订的《战略合作框架协议》，本着“优势互利、互惠双赢、真诚合作、务实重效”的原则，湖南工业大学与醴陵市人民政府按照联合办学的模式，在湖南轻工高级技工学校办学基础上，于2017年8月组建湖南工业大学醴陵陶瓷学院（以下简称“学院”），为湖南工业大学的二级学院。学院位于市长庆示范区渌江新城核心区，分2期建设。项目1期占地20.33公顷，建筑面积约15万平方米，总投资12亿元，含国瓷综合大楼、教学楼群、实训（培训）大楼、学生公寓群、教职工公寓、二食堂等建设项目，于2019年4月份开始试运行，校区的场地、设施设备及部门教师资源与湖南轻工高级技工学校共享。学院开设“陶瓷艺术与设计”“无机非金属材料工程（陶瓷方向）”2个本科专业及“陶瓷设计与工艺”“材料工程技术（陶瓷方向）”2个专科专业。学院专职教师及相关管理人员均由湖南工业大学在编教师担任。同时，在陶瓷行业内聘用一批国家级、省级陶瓷艺术大师及企业高级技术人员作为学校客座教授及特聘教授，担任部分实践教学任务，并遴选11名客座教授作为硕士生兼职导师。

【产教融合工作】2019年，学院共开设150余门课程，其中实践教学课程18门。通过对20余家合作企业进行调研筛选，安排2个专业的学生分8批次前往醴陵振美艺术陶瓷有限公司、湖南阳东磁电股份有限公司、醴陵市新世纪陶瓷有限公司、湖南华联瓷业股份有限公司、湖南醴陵红玉红瓷陶瓷有限责任公司等企业参观实践。共建成4个艺术教室，配齐拉坯室、陶艺基础教室所需工具及耗材，完成材料专业基础实验室的建设，基本满足教学需求。参与教研教改，年内获批1个省级教改课题和1个校级教改课题。邀请专业教师、客座教授、企业负责人等到学院开设讲座，全年组织举办7场学术讲座。走访醴陵陶润实业发展有限公司、湖南华联瓷业股份有限公司、醴陵市醴泉窑艺陶瓷有限公司等10余家企业，在建设产学研基地的同时，进行深度合作接洽。组织专家团队赴岳阳县开展陶瓷类技术咨询与服务，整理和撰写岳阳县建筑陶瓷产业发展规划。在华联瓷业和陶润实业2家企业的配合下，完成省级重点实验室和省级创新创业教育基地的申报工作。

【学生管理工作】学院于2017年开始招生，至2019年，学院有专科专业在籍学生251人、在校学生237人，有本科专业在籍学生310人。9月，顺利完成74名新生报到工作，陶瓷设计与工艺专业2018级127名学生和材料工程技术专业2018级31名学生分别于9月和11月顺利由校本部搬迁至学院。学院制定和完善了《醴陵陶瓷学院日常管理制度》《醴陵陶瓷学院课堂检查制度》等规章管理制度，开展学生工作会议15场。9月，学院团总支经过严格选拔、层层筛选，确立第一届团总支学生会成员，其中团学会委员28人、部门11个。通过评审，为98人发放各类奖助学金28万元，其中8人获国家励志奖学金4万元，69人获国家助学金22.6万元，21人获校级奖学金1.39万元。按照学校的政策，开展贫困生异动工作，异动后有贫困生74人，其中重点资助对象16人。学院高度重视心理健康工作，年内成功干预和化解4例学生心理异常危机事件。对一级库的学生实行每月跟踪回访，重点关注。对于2019级SCL-90测试异常因子高的45人进行逐一谈话，并筛选部分人进一步甄别。选拔34名运动员参加湖南工业大学校运会，取得全校总分第九名、4个项目第一名的成绩。学院组织开展校园卡设计比赛、辩论赛、朗诵赛、篮球赛、拔河赛等文体活动。（陈炜杰）

市第一中学

【概况】2019年，市第一中学（以下简称“学校”）以教育教学为中心，以深化课程改革为动力，不断强化工匠、责任和危机意识，着力加强教师队伍建设，加大常规管理力度，抓紧抓实教育教学质量，扎实有效地开展各项工作，教育事业呈现出科学、持续、协调、均衡发展的良好态势。年内，学校947人参加高考，本科一批上线717人、上线率75.71%，本科二批及以上上线887人、上线率93.66%。其中理科最高分670分，文科最高分641分，600分以上有92人，有2名学生通过飞行员招考。学校先后获“地理科普教育先进单位”“第十七届全国创新英语大赛优秀生源基地”“海军工程大学优质生源基地”“兰州大学优秀生源基地”“湖南省教育督导与评价协会第二届理事会理事单位”“株洲市教育学会第十届理事会副会长单位”“2019年株洲市高中教育质量建设先进单位”“2019年株洲市高中学业水平考试先进单位”等20余项荣誉。

【党建工作】2019年，学校党委以“围绕教育抓党建，抓好党建促教育”为宗旨，不断完善党的各项建设。开展“不忘初心，牢记使命”主题教育，团结带领党员干部教职工守初心、担使命、找差距、抓落实，对思想政治、理想信念、工作作风、干事担当、廉政勤政等方面进行全方位的政治洗礼。高规格完成“不忘初心，牢记使命”宣传栏和党员活动室的建设，进一步优化党建阵地建设，营造浓厚的党建氛围。推动“佩党徽、亮身份、当先锋、树形象”活动，继续开展“党员品牌创建”活动。株洲电视台“先锋颂”栏目以《青云山上党旗红》为题对学校党建工作进行宣传报道。

【教育扶贫】2019年，学校全体班主任、党员干部利用休息日对全校63名建档立卡贫困学生家庭进行走访，资助建档立卡、残疾、低保、特困供养“四类”学生180人次。全年各项资助金额总计200余万元，受助学生累计达1560人次。其中国家助学金79万元，国家蕙滋计划9万元，“四类”学生免学费26.6万元，金秋助学60余万元，校内奖学助学18万元，社会助学15万元。中国基层网、株洲红网等媒介以“开学大走访、学子沐春风”为题专刊报道学校教育扶贫工作。

【师资建设】2019年，学校加强对新高考政策研究，整体提升一线任课教师高考研考能力，提高课堂教学效益，稳健推进学校“高效课堂”建设。派出多批老师赴上海市、北京市、衡水市、长沙市等地学习创新型人才培养经验。继续实施“八大工程”即“师德建设工程”“人心工程”“青蓝工程”“名师培育工程”“校本研修工程”“书香校园工程”“师表形象工程”“身心健康工程”，进一步加强教师的职业理想、职业信念和职业道德教育。截至年末，学校教师中有正高级教师1人，高级教师100人。

【学科竞赛】2019年，学校学生在各级各类比赛中取得较好成绩。在五大学科奥赛中，高中组获全国一等奖3人、二等奖15人、三等奖19人，初中组获全国一等奖3人、二等奖18人。语文组在作文类竞赛中获全国一等奖1人、二等奖2人、三等奖5人，在国家级刊物发表文章2篇。英语组在参加全国创新英语大赛中获全国一等奖1人、三等奖1人。综合组在参加湖南省青少年科技创新大赛中获省二等奖10人、三等奖1人。地理组在参加全国地理科普知识大赛中获全国一等奖40人、二等奖59人、三等奖71人，学校获评“地理科普教育先进单位”，易军获评“全国科教先进校长”。

【校园环境】2019年，学校投资1062万元建设的新教学楼正式投入使用；投资900万元新建教师周转房，完成招标工作。启动南校门建设项目，并纳入政府“一江两岸”工程总体建设，预计投资4500万元。为创建更为文明、安全、和谐的校园环境，学校积极履行社会责任，协助完成全市“创国卫”工作，高质量通过省级“创国卫”工作的检查。

市第一中学2019年教师获奖及论文发表情况一览表

表4

姓　名	竞赛（作品）及论文（课件）名称	获奖及发表情况	授奖或发表单位
吴　浩	《情景教学在高中英语教学中的实施》	发表	《神州》
	《高中英语口语教学》		《中外交流》
	《课堂互动教学模式在高中英语教学中的运用探析》		
	《浅谈读写整合在高中英语课堂中的运用》		《新东方英语》
刘春芳	《浅谈辞赋风格理论》		《中华辞赋》
	《诗歌鉴赏专题复习的教学反思》		《中学课程辅导》2019年第20期（总第224期）
彭　利	《带电粒子在复合场中的一般曲线运动——高考应试策略浅析》		《科研》
唐新华	《核心素养视角下开展高中美术教学的策略分析》		《教育科学》
刘建辉	《优选情境素材，建构化学教学共同体》		《湖南教育》2019年第1期

续表 4-1

姓 名	竞赛（作品）及论文（课件）名称	获奖及发表情况	授奖或发表单位
胡 湘	《尊重与创新:“古代希腊民主政治”》教学设计	发表	《中学历史教学参考》2019 年第 6 期
	《一轮复习“古代商业”》教学设计		《中学历史教学参考》2019 年第 2 期
	《“解放战争”教学设计与实施》		《中学历史教学参考》2019 年第 11 期
邓海兵	《“通往高效课堂的一叶扁舟”导学案》		《科学导报》2019 年第 11 期
钟卫清	《浅谈高中体育教学如何开展心理健康教育》		《人文之友》2019 年第 2 期
曹保华	《高中生物教学中启发式教学方法的巧用》		《中学课程辅导》
陈林安	《高中数学三角函数的教学策略研究》		《中学课程辅导》2019 年第 18 期（总第 222 期）
贺明星 李克月	《打造文章的“凤头”与“豹尾”》		《作文周刊》第 37 期
瞿丽华 李克月	《情真意切，动人心弦——记叙文写作之情感真挚》		《作文周刊》第 34 期
游 依	《A Dual-Response DNA Probe for Simultaneously Monitoring Enzymatic Activity and Environmental pH Using a Nanopore》		《Angewandte Chemie International Edition》
瞿春华	《Visible-light-driven Z-scheme rGO/Bi2S3 - BiOBr heterojunctions with tunable exposed BiOBr (102) facets for efficient synchronous photocatalytic degradation of 2-nitrophenol and Cr(VI) reduction》		《The royal society of chemistry 2019》
龙 芳	《浅谈高中数学教学中微课应用的意义和策略》		《大众科学》2019 年 18 期
周 香 李克月	《庖丁，庄子的传道者——〈庖丁解牛〉中“庖丁形象的意义”微探究》		《语文报》第 44 期
李克月	《即事感怀诗词赏析》		《作文周刊》第 14 期
龙 芳	《解读如何在高考改革背景下进行有效的高中数学教学》		《读写算》2019 年第 30 期
江 哲	参与编写《高考语文选择题满分突破》	出版	吉林大学出版社
	参与编写《高考语文主观题满分突破》		
唐新华	《追寻美术家的视线》	一等奖	教育部基础教育课程改革研究中心
吴金球	《羽毛球发高远球》		教育部课程教材研究所
唐新华	《核心素养视角下开展高中美术教学的策略分析》		《教育科学》
胡 湘	《古代希腊民主政治》课件	三等奖	中学历史教学园地
	《基于历史学科核心素养下的史料教学——“解放战争”》教学设计	一等奖	湖南省基础教育学会
	《二战后苏联的经济改革》课件		湖南省教师继续教育协会
丁 友	《“高中思想政治课堂案例教学浅谈——价格变动的影响”教学心得》		湖南省基础教育学会
	《浅谈微课》		

续表 4-2

姓　名	竞赛（作品）及论文（课件）名称	获奖及发表情况	授奖或发表单位
刘国清	《“直线与圆的位置关系”》教学设计	一等奖	湖南省基础教育学会
林　煜	《第 5 章　第 3 节　人类遗传病》教学设计		
夏　聪	《体育教学对学生能力的培养》		
汤其军	《“什么是控制”》课件		
骆盈盈	《“Module9 Unit2 Reading The Acropol is now (Teaching pian of period One)”》教学设计		
彭会敏	《4.2 认识运动　把握规律》课件		
周雄艳	《研究有机化合物的一般步骤和方法及应用（第二课时）》课件		湖南省教师继续教育协会
王水英	《牛津高中英语必修 5 Unit 1Reading 阅读课时》教案		
王　霜 卢　菲 范友国 江　婉 翁开云	2019 年湖南省中小学教师信息技术与学科教学深度融合在线集体备课大赛		湖南省教育厅中小学教师信息技术应用能力提升工程领导小组办公室
吴摄洪 申彬彬 李　振 谭志富 涂飞虎	2020 年湖南省中小学教师信息技术与学科教学深度融合在线集体备课大赛	二等奖	
陈　康 叶利平 朱　丹 田美常 徐学军	2021 年湖南省中小学教师信息技术与学科教学深度融合在线集体备课大赛		
王水英	《牛津高中英语必修 5Unit 1Reading 阅读课时》课件		湖南省教师继续教育协会
胡　湘	《空前严重的资本主义世界经济危机》课件		
刘春芳	《让阅读教学与作文教学相辅相成》		湖南省教育学会
段栋苗	《我对课堂教学艺术的一点浅见》		
丁　友	《“意识的作用”》教学设计		湖南省基础教育学会
刘国清	《“3.1.1. 数系的扩充和复数的概念”（人教版）》		
夏　聪	《“单手投掷练习”》教学设计		
王水英	《高考英语语法填空应对策略》		
彭会敏	《2.2 价格变动的影响》课件		
	《2.3 民主管理》课件		
	《9.1 市场配置资定》课件		
	《9.2 坚持社会主义核心价值体系》课件		
	《6.2 投资理财》课件		

续表 4–3

姓　名	竞赛（作品）及论文（课件）名称	获奖及发表情况	授奖或发表单位
汤其军	《“什么是控制”》教学设计	二等奖	湖南省基础教育学会
	《如何让创新教育真正开花结果》		
周雄艳	《离子交换膜在电化学装置中的应用》教学设计		
袁志中 许震旦 汤其军 昌　维 瞿莉娟	《沐浴春风　遇见幸福》		湖南省教育学会中小学心理健康教育教学研究专业委员会
伍　偲 莫　磊 刘泽勇 周吉风 罗维娟	2022 年湖南省中小学教师信息技术与学科教学深度融合在线集体备课大赛	三等奖	湖南省教育厅中小学教师信息技术应用能力提升工程领导小组办公室
杨　帆 彭菊芬 唐　晓 刘　丹	2023 年湖南省中小学教师信息技术与学科教学深度融合在线集体备课大赛		
宋　喧 王丽芬 刘　洁 谢逢根	2024 年湖南省中小学教师信息技术与学科教学深度融合在线集体备课大赛		
张晶晶 周雄艳 游　依 陈头平	2025 年湖南省中小学教师信息技术与学科教学深度融合在线集体备课大赛		
林　煜	《能量之源——光与光合作用》教学设计		湖南省教育学会
丁　友	《高中政治学科核心素养落地政治课堂的思考——以〈意识的能动作用〉为例》		
刘建辉	《中学化学实验创新的实践和思考》		湖南省教育生产装备处、实验教学与仪器杂志社
陈　康	2019 年湖南省中学历史教学展示活动	优秀	湖南省教育科学研究院
王宁香	《观察质壁分离和复原（创新实验）》2019 年全市中学生物教师实验能手比赛	一等奖	株洲市教育局
谭　岭	2019 年株洲市高中物理青年教师课堂教学竞赛		株洲市教育科学研究院
周剑萍	株洲市生物学科片断教学竞赛		
王丽芬	株洲市高中思想政治课教师教书育人风采大赛		
易李平 瞿孝云	《认识程序和程序设计语言之一》教学课例		株洲市教师培训中心
叶利平	株洲市高中优秀骨干教师培训对象课堂教学大赛		
邓海兵	2019 年株洲市优质课堂教学资源建设暨中小幼教师在线优课大赛		
易宁丹		二等奖	

续表 8-4

姓　名	竞赛（作品）及论文（课件）名称	获奖及发表情况	授奖或发表单位
游　依	2019 年株洲市优质课堂教学资源建设暨中小幼教师在线优课大赛	二等奖	株洲市教师培训中心
江　琴	株洲市高中优秀骨干教师培训对象课堂教学大赛		
昌　维	株洲市中小学心理健康教育教师专业能力竞赛		株洲市教育局
吴丹荔	《乙炔的性质（微型实验装置）》2019 年株洲市中小学教师优秀自制教具展评		
易李平	教学课例《PPT 动画的设计与制作》	三等奖	株洲市教师培训中心
朱晔婷	2019 年株洲市高中美术录像课比赛		株洲市教育科学研究院
陈明敏	株洲市“建功新时代”第一届中小学青年教师教学竞赛	教学能手	株洲市教育局
伍　偲			
翁开云	株洲市 2019 年优秀网络学习空间评选	优秀班级空间	
涂飞虎			
胡志敏			
刘建辉	2019 年度”一师一优课、一课一名师”优课评选	优课	
杨颖敏	株洲市高中优秀骨干教师培训对象课堂教学大赛	特等奖	株洲市教师培训中心
吴丹荔	2019 年株洲市优质课堂教学资源建设暨中小幼教师在线优课大赛	优秀	
昌　维	株洲市“中小学情绪管理课程优质课观摩与研讨”活动		株洲市教科院

（王　丽　曹保华）

市第二中学

【教研教改】2019 年，市第二中学持续教研教改工作，促进教学质量上台阶。一是教学改革深入推进。开展校级领导、中层干部示范课、党员示范课、新教师汇报课、高三复习课型展示课、高二学考备考研讨课、高一高效教研课等活动，教研气氛日趋浓厚。组织一系列教学竞赛，以赛促教。高三课堂教学比武 14 人获评优课，“一师一优课”晒课活动中 1 人获部级优课，全校魅力课堂竞赛，有 15 人获奖。强化集体备课，组织高一各备课组参加湖南省在线集体备课大赛，获省二等奖一项、省三等奖两项。二是课题研究氛围浓厚。在原有 5 个湖南省“十三五”课题的基础上，又申报湖南省教育科研“十三五”规划课题“农村普通高中基于学生核心素养培育的校本课程建设实践研究”和省教育科学研究工作者协会课题“深度学习视域下农村普通高中语文课堂教学研究”，7 个省级课题参与人数达 229 人，参与率 100%。三是校本研训上新台阶。《高中英语个性化词汇复习方案》校本教材获 2019 年株洲市教育科研成果奖二等奖；“青蓝工程”做好了“传、帮、带”工作，6 对师徒获市第二中学“青蓝工程”师徒结对考核一等奖；104 名 45 岁以下教师参加青年教师业务竞赛，17 人考试成绩优秀。邀请专家到校讲学并外派教师参加培训 300 余人次。年内高考本科一批上线 247 人，本科二批及以上一次性上线 574 人，最终录取 623 人，再次获得株洲市高中质量突出贡献单位奖。高二学考一次性合格率 99.9%，再次获株洲市先进单位奖励。

【艺体教育】2019 年，市第二中学教育不断提质，为学校多元化发展蓄势助力。成功举办秋季田径运动会和第十六届校园科技艺体节等大型活动，艺体教育氛围浓厚。艺体竞技比赛成绩有新突破。在株洲市“三好杯”比赛中获得 2 枚金牌、3 枚银牌、4 枚铜牌和团体总分男子组第二名、女子组第三名的成绩，其中 1 人破纪录。在醴陵市第 23 届中小学生田径运动会中获 4 枚金牌、

8枚银牌、枚8牌铜和团体总分第三名的成绩。在株洲市“十八中杯”书画作品比赛和醴陵市校园艺体节美术作品竞赛中，获得7个奖项，其中2个一等奖。

【德育工作】2019年，市第二中学坚持道德与法治教育同步，树立德育工作新风尚。一是加强德育队伍建设。全年有50余名班主任参加省和株洲市培训，邀请专家学者定期对学生进行心理健康和励志教育，营造和谐的教育大环境。班主任“青蓝工程”结对成效显著，快速提高班主任队伍管理水平。二是多渠道开展安全常规教育。坚持每月1次安全隐患大排查和消防器材大检查，制定节假日和重大活动安全工作预案，对重点部位、重点环节和重点人员重点布防。发挥禁毒示范基地的引领、示范和辐射作用，完成学生的第二课堂禁毒教育，消防疏散演练效果良好。三是德育教育主题化、常态化。每月一个德育工作主题，在每周二班会课系列化推进，培养学生良好的学习、生活、行为习惯。四是加强学校、家庭、社会“三位一体”的网络体系建设，全方位优化育人环境。成立家长委员会和家长学校，建立家校互动信息平台；签订警校合作协议，与派出所、交警、城管和社区联合治理校园周边环境；与镇政府和村组联动，治理校外流动摊贩。

【教育帮扶】2019年，市第二中学对“四类”学生分班建立“四类学生佐证材料”，自编《醴陵二中扶贫手册》，一对一结对帮扶走访到位，家校沟通桥梁畅通。湖南仁和环保公司负责人胡世梯等人联合长沙慈善会开办“仁和环保春晖班”，60名学生3年受助90万元。全年收到市益爱志愿者协会、长沙校友会、益爱公益等各类社会资助近500万元。

【党建工作】2019年，市第二中学抓实党建工作，成果显著。一是抓思想建设，组织开展“不忘初心，牢记使命”主题教育，将思想工作与师德师风建设相结合，推广“学习强国”学习平台的使用，注册110人，覆盖率达126%。二是抓组织建设，促进组织生活制度化、规范化。优化学校党组织的设置，选优配强党支部班子，切实加强培训、管理、考核，严格落实“三会一课”、主题党日、民主评议党员、谈心谈话、支部组织生活会和领导班子民主生活会等制度；主题党日活动形式多样，教育脱贫攻坚活动扎实有效；优化党建阵地布局及设施建设，校园内“不忘初心，牢记使命”和社会主义核心价值观宣传氛围浓厚。

市第二中学2019年教师获奖及论文发表情况一览表

表5

姓　名	竞赛（作品）及论文（课件）名称	获奖及发表情况	授奖或发表单位
苏梁峰	《诵读教学法在高中语文课堂的应用策略》	发表	《语文教学与研究》
何鸣镝	《写作驳论文　培养思辨力》		
谭福华	《如何在农村高中有效开展英语口语教学》		《内蒙古科技》
谭福华	《中英文思维差异对农村高中生英语阅读能力的影响以及教学启示》		《教育科学》
唐新秋	《高考英语写作如何增加细节》		《高中生》
叶　玉	《对高中语文教学的一点思考》		《中学生作文指导》
张　华	《新课改如何渗透素质教育》		《新作文·中小学教学研究》
王申油	《基于核心素养的高中化学教学对策》		《中学课程辅导》
瞿明斓 徐建武	《要渠清如许，为活水自来——农村示范性高中语文深度教学路径探微》		
瞿明斓	《浅谈新课标下作业设计策略——农村示范性高中语文深度教学中作业改革探析》《中学课程辅导》		
陈　健	《基于小组合作参与式教学模式的高三英语写作教学探究》		
张　华	《翻转课堂模式在高中数学教学中的应用研究》		

续表 5-1

姓 名	竞赛（作品）及论文（课件）名称	获奖及发表情况	授奖或发表单位
谢伏贞	《数学学习兴趣培养初探》	一等奖	《学习周报》
谢伏贞	《班级管理工作要重视换位思考》	一等奖	《学习周报》
叶 玉	《家庭幸福感对学生学业成绩影响实例探析》	一等奖	湖南省教育学会
贺新星 曾 鹏	《关于铁粉与水蒸气反应实验的研究》	一等奖	实验教学与仪器杂志社
谭福华	《重复修辞格在高中英语教学中的应用》	一等奖	湖南省教育学会
谢祥武	《新时期高中政治的教学目标和教学方法》	一等奖	湖南省中小学教育学会
张 华	《“先思后教，变式拓宽”高中数学课堂教学模式的研究》	一等奖	中国管理科学研究院教育科学研究所
刘仕新	《新高考背景下怎样提高农村高中学生的数学核心素养》	一等奖	中国管理科学研究院教育科学研究所
何鸣镝	《写作驳论文 培养思辨力——驳论文写作例谈》	一等奖	湖南省教育科学研究工作者学会
何非凡	《创设情境 培养核心素养》	二等奖	湖南省教育学会
黎水明 易聪明	《消除心理障碍，积极面对未来》	二等奖	湖南省教育学会
曾 鹏 贺新星	《在高中生物教学辅导中引发对后进生转化问题的思考》	二等奖	湖南省教育学会
钟凯君 杨 祎	《“不良情绪”的良药——音乐》	二等奖	湖南省教育学会
黎水明 易聪明	《语文教学四法 提高学生成绩》	二等奖	湖南省教育学会
易曦兰	《〈牛津高中英语〉单元教学内容重组初探》	二等奖	湖南省教育学会
曾 鹏 贺新星	《基于农村高中留守学生存在的问题和班主任工作的思考》	二等奖	湖南省教育学会
杨 祎	《高中生主观幸福感与应对方式的关系研究》	三等奖	湖南省教育学会
何非凡	《平凡中的不平凡——班主任工作拾贝》	三等奖	湖南省教育学会
苏梁峰	《明清小说中“V 着”存在句的语义角色分析》	三等奖	湖南省教育学会
谢许生	《走进学生、帮助学生》	三等奖	湖南省教育学会
黎水明 易聪明	《提高教师教学素养，激发学生有效参与》	三等奖	湖南省教育学会
贺新星 曾 鹏	《化学听课体会与收获》	三等奖	湖南省教育学会
彭志清	《例谈基于历史核心素养下历史课堂的重新构建》	二等奖	株洲市教育科学研究院

（张志伟）

市第四中学

【概况】2019年，市第四中学有高一、高二、高三3个年级，每个年级18个班，共计54个成建制教学班，有学生2923人。有在编教职工271人，其中正高级教师2人、高级教师94人、中级教师103人。内设党政办、教务处、教科室、德育处、督导室、综治办、艺体教育中心和总务处8个处室，由校长（兼党委书记）1人、副校长4人、校长助理2人组成校长办公会，党政办公室主任列席校长办公会。以年级为划分依据，学校党委下设5个支部，分别是第一支部、第二支部、第三支部和第四支部（教辅后勤）以及离退休教职工支部。

【党建工作】2019年，学校党委开展“不忘初心、牢记使命”主题教育，把主题教育与学校教学、育德树人、师德师风建设结合起来，确保教育成果生根、发芽、结果。推广“学习强国”平台，督促党员人人注册、激活、学习，鼓励普通教师特别是青年教师积极参与，校党委定期评比学习活动。做实党组织的常规工作，对所属支部按照组织程序和实际工作需要适时进行换届选举或补选，推动支部组织建设和常规工作。上半年接受市委第四巡察组为期2个月的实地巡察，对巡察过程中指出的问题立行立改，学校党组织战斗力和凝聚力不断增强。

【校风建设】2019年，学校校风建设有新举措。一方面加强对学生的引导。4月举行励志、绿色、温暖为主题的30公里远足活动，磨炼学生吃苦耐劳的意志品质，培养学生团队合作的集体意识。挖掘本土历史和校史资料，以社团活动为着力点，利用大型活动和重要纪念日开展宣传教育活动，德育月主题活动、德育备课组集体研讨、前途理想教育得到加强。搭建家庭与学校的沟通渠道，及时与家长交流学生的学习和思想动态。在庆祝新中国成立70周年之际，举行“我与祖国共奋进——国旗下的演讲”特别主题团日活动，通过礼赞新中国、唱响新时代的青春主旋律活动，激励学生树立远大理想，做勇挑重担的有为青年。学校再次被省教育学会学校心理教育专业委员会评为“湖南省学校心理健康教育先进单位”。开展突发事故疏散演练、法制教育讲座等活动，确保学校平安稳定和谐。全年校园安全零事故，违法犯罪零记录，学生思想品德合格率100%。另一方面，学校加强对教职工的培养。年初出台《2019年师德师风建设年活动方案》，对师德专题教育、承诺践诺活动、师德师风知识考试、聘请师德师风社会监督员以及发掘宣传师德先进典型等做出具体布置。钟水泉、谭桦2名教师被被评为“株洲好老师”，1人被评为“瓷城好老师”，3人被评为“醴陵市百优教师”，肖准、王利军、宋双辉、林爱平、陈平文、壮怀阳等人被评为市“教书育人楷模”，4人被评为学校第八届师德标兵。教师李智的书法作品——节录张怀瑾《书断》入选全国第十二届书法镌刻展。创新读书分享会，帮助教师养成阅读习惯，彰显教师的人文素养。开展“五四传薪·青春献国”青年教师演讲比赛活动，全校教师精心选材，用情创作，并配以音乐、PPT、沙画视频等方式演绎。邀请山西省特级教师、正高级教师、忻州一中校长吕羡平到学校举办《课改和教研重在落实》专题讲座，全校教师和株洲市20余所高中学校的300余名校领导以及骨干教师参加，为提高教学质量提供新的思路和方法。学校教职员工在道德修养方面以身垂范，食堂工作人员文万莫勇救落水者受到表彰。

【教学教研】3月，市教育局教研室的专家、全市高三相关科目老师到学校现场观课、指导，省内教育专家夏远景、黄若星示范相应科目的二轮复习课，就复习课中的知识储备、提质与提能、有效课堂操作、高考新题型预测等问题与大家深入交流。11月，株洲市教育科学研究院组织全市高中教学专题视导，各县市区教研专家和各高中学校的教学骨干300余人齐聚学校，开展九大文化科目的教学视导和研讨。学校提供30余堂研讨展示课，获得一致认可。学校成立综合科目组，每周召开综合科目教师联席会，研究布署教学工作。年内，学校高三年级895人参加高考，本科二批及以上上线543人，上线人数较上年净增121人；其中本科一批上线208人，首次超200人，文科最高分623分，理科最高分635分。学校被株洲市教育局授予“高中教育质量突出贡献单位”。省教育科学规划课题《积极青少年发展观下的高中幸福课堂实践研究》取得突破性进展，省级课题《大数据支持下高中个性化辅导实践研究》开题。省教育科学“十二五”规划一般资助课题《基于生命教育开展高中心理健康教育的实践研究》在第四届省教育科学研究优秀成果奖评选活动中被授予二等奖，这是株洲地区县域学校唯一的获奖项目。在第15届中国青少年创造力发明展暨第2届世界青少年人工智能发明展中，学校有7名同学的参赛作品获得5枚金牌、4枚银牌的成绩。

【艺体特色教育】2019年，在全国中学生田径锦标赛上，学生王洪亮在高中男子组400米比赛中以47.76秒的成绩获得金牌，有3人达国家二级运动员等级。在省青少年田径锦标赛上，学生龚卓轩、陈薪伍、肖红艳、袁鹏辉、文祺婷、吴仟等人取得7枚金牌、6枚银牌、4枚铜牌的成绩，1人达国家一级运动员标准，为株洲市代表队获得团体冠军做出突出贡献，11人获得高考保送或特招资格。年内学校在国家级、省级赛事上共获得金牌12枚，银牌9枚。在湖南工业大学醴陵陶瓷学院“起航”文艺晚会上，学校自行编导的大型歌伴舞《大美中华》惊艳亮相，演绎了新时代青年积极向上的蓬勃精神。9月，学校特聘客座教师、中央电视台大型歌唱比赛《寻找刘三姐》全国总冠军、广西歌舞剧院青年独唱演员李思宇应邀到学校举行个人成长分享会，在学生中产生了强烈反响。

【办学条件保障】2019年，学校教学设施、校园环境、生活设施等办学条件得到较大改善。投资3010万元、建筑面积达12271平方米的新学生公寓在秋季开学时投入使用，可以容纳1400余名学生入住，为学校实施封闭式管理和提升办学效益提供基础保障。投资1500万元的艺体综合楼即将竣工，对学校强化艺体特色教育具有积极意义。10月，成立“醴陵市教育基金会醴陵四中茂兰教育专项基金办公室”，按照基金会章程有效开展奖教奖学活动，累计奖励金额23.4万元，有159名师生受到奖励。

市第四中学2019年教师获奖及论文发表情况一览表

表6

作　者	竞赛（作品）及论文（课件）名称	获奖及发表情况	授奖及发表单位
陈　兵	《幸福课堂——刍议高中数学幸福课堂建构策略研究》	发表	《读写算》
吴麦根	《浅议圆的切点弦所在直线方程的应用》		
	《高中数学三角函数题型分析与总结》		《学习与科普》
	《浅议将数形结合思想渗透到解析几何题中》		《试题与研究》
龙芳信	《高中物理教学中提升学生幸福感的实践研究》		
宋双飞	《浅谈新课改背景下高中语文作文教学的方法》		《读与写》
	《逍遥与超越——试探〈逍遥游〉中的“逍遥”思想》		《中学语文教学参考》
程知文	《高考论述类文本阅读题的五类设题陷阱》		《高中生》
	《议论文分论点设置“四问”》		
	《〈荆轲刺秦王〉“乃请荆卿”的“请”字义辨》		《中学语文》
邓水连	《情境教学法在高中英语教学中的应用》		《教育现代化》
李正勇	《刍议高中地理教育教学创新的良策》		
刘春英	《基于核心素养培养的高中英语阅读教学实践》		
朱国辉	《浅论高考数学不分文理科对高中数学教学的影响》		《考试周刊》
何　芳	《高中英语幸福课堂中的课程设计探索与实践》		《文渊》
	《浅析情感教育在高中英语课堂教学中的有效性》		《新东方英语》
李素珍	《积极心理学视角下的高中幸福地理课堂》		《下一代》
林海宏	《微课在高中化学教学中的实践应用和思考》		《新教育论坛》
武伟云	《论高中英语教学中文化品格的培养》		《学习与科普》
陈春玲	《高中语文幸福课堂实施策略初探》		《语文课内外》
宋小霞	《积极青少年发展观视角下的高中语文幸福课堂教学实践》		

续表 6–1

作　者	竞赛（作品）及论文（课件）名称	获奖及发表情况	授奖及发表单位
龙远方	《激发学习兴趣　营建幸福磁场》	发表	《中国教工》
黄青女	《新课改下高中语文实践教学研究》		《中华少年》
周　水	《经典永流传，时评更简单》		
肖　诚	《高中体育课堂师生互动教学模式》		《教育科学》
	《课程标准下的高中体育及健康课程的构建对策》		中学课程辅导
陈　鑫	《例谈双指示剂法在酸碱中和滴定中的应用》		《中小学教育》
曾祥平	《坚持价值引领，营建幸福乐园》		《中学课程辅导》
汤　峤	《高中英语阅读教学中提升学生幸福感的对策研究》		
张景秀	《翻转课堂模式在高中物理教学中的实践分析》		
易世文	《营造美术乐教乐学空间，提高师生幸福指数》		《最漫画（学校体音美）》
	《试论美术欣赏开放课堂》		
袁跃雄	《高中物理学科核心素养培养的有效策略》课题	一等奖	中国管理科学研究院教育科学研究所“教师教育能力建设研究”总课题
	《楞次定律》		中国教育学会
荣海艳	《M5U3S cience and nature》		
周松兵	《金属的化学性质》		中央电化教育馆
	《化学能转化为电能》		
孔淑梅	《风雨兼程人生路　举棋无悔育人心》		湖南省教育学会
欧阳永	《时间管理——提升生命质量》		
宋双飞	《做有温度、有情怀、有格局的班主任》		
朱国辉 尹　斌	《尊重理解学生　收获教育幸福》		
何辉龙	《开辟新航路》教学设计		湖南省基础教育学会
晏凌云	《2019 年湖南高考题型分析与变化》		
	《谈谈高考最后阶段如何筑牢梦想的基础》		
张景秀	《物理学科核心素养在课堂中的落实》		
瞿　意	《过去完成时》微课		湖南省继续教育学会
周勇辉	《定语从句中 that 和 which 的用法区别微课》		
熊　昆	《高考生物选择题“小题大做”启示》		湖南省基础教育学会
	《细胞膜－系统的边界》教学设计	二等奖	
张景秀	《高考物理计算题如何有效得分》		

续表 6–2

作　者	竞赛（作品）及论文（课件）名称	获奖及发表情况	授奖及发表单位
瞿　意	《过去完成时》课件	二等奖	湖南省继续教育学会
	《M2U2 Wish You Were Here》教案		
周勇辉	《定语从句》课件		
	《M6U2 What is happiness to you》教案		
宋双飞	《以学生为中心　提高班主任管理艺术》		湖南省教育学会
武伟云	《信任，送给孩子最好的爱》		
尹　斌 朱国辉	《读〈做最好的老师〉有感》		
尹玲娟	《用三心理好一人班级》		
周松兵	《高一年级班级管理与德育工作的几点感悟》		
陈　鑫	《金属的化学性质》教学设计		湖南省教育生产装备处
	《氨硝酸硫酸教学设计与简要实录》	三等奖	
	《过氧化钠与水反应机理的探究》		
丁　珊 简程琳 李　彬 李家全 彭　威	2019 年湖南省在线集体备课大赛	二等奖	湖南省教育厅中小学教师信息技术应用能力提升工程领导小组办公室
刘　慧 卢红骥 宋小霞 熊　丹 尹玲娟		三等奖	
刘云英 谢拥军 胡　晨 袁跃雄 张景秀	2019 年湖南省在线集体备课大赛		
宋双飞	基于生命教育的青春期性健康教育初探		湖南省教育学会
朱国辉 尹　斌	弯腰倾听学生，收获教育喜悦		
贺子凡 荣海艳 孙胜男 张芳兰 杨柳青 王莉芳	株洲市 2019 年“一师一优课、一课一名师”	优课	株洲市教育局
胡　晨	教具《起电观测仪》	一等奖	

续表 6-3

作　者	竞赛（作品）及论文（课件）名称	获奖及发表情况	授奖及发表单位
尹玲娟	株洲市 2019 年网络学习空间评选活动	一等奖	株洲市教育局
汤　琼			
林爱平			
潘耀武	《苯的结构》		
吴海清 孔淑梅 杜怀阳 黄高爽 骆　婵 易艳良 钟水泉	株洲市 2019 年秋季教学视导“教学设计”评比		株洲市教育科学研究院
汤　峤	株洲市 2019 年网络学习空间评选	二等奖	株洲市教育局
何新梅			
江雪军			
廖　菲			
易木军			
汤　琼 汪智慧 兰　杰 李家全 廖　菲 黄梅芳 陈　鑫 刘　慧 尹玲娟 杨　晓	株洲市 2019 年秋季教学视导“教学设计”评比		株洲市教育科学研究院
林爱平	《爱与智慧——读〈爱心与教育〉有感》		株洲市教师培训中心

（何开思）

湖南轻工高级技工学校

【概况】2019 年，在湖南轻工高级技工学校（以下简称“学校”）基础上筹建的湖南陶瓷技师学院校区建设工作基本完成，完成整体搬迁工作，9 月 1 日在长庆示范区新址如期开学，原狮子坡老校区整体交付湖南师范大学株洲五雅中学租赁办学。学校占地面积 24.8 公顷，建筑面积 20.6 万平方米。有教职工 286 人，其中专职教师 221 人，中高级职称人数 110 人，生师比为 14 ∶ 1。有国家级陶瓷艺术大师 2 人、省级陶瓷艺术大师 8 人，享受国务院特殊津贴 1 人、省政府特殊津贴 1 人，省级、株洲市级品牌教师 7 人。学校开设有陶瓷产业系、机电产业系、现代服务产业系三大专业群系和产业商学院、对口升学部两大院部共 16 个专业，分别承担了预备技师、高级技工、中级技工三个层次学历教育及社会培训工作，有在籍学生人数 3846 人（其中全日制 3640 人、非全日制 206 人）。年内获评“舞动中国”省级活力校园和株洲市文明校园。

【教学教研】2019 年，学校获得各类教研成果 36 项，其中论文 28 篇；教师作品获奖 25 个，其中国家级 8 个；获评市级名师工作室 1 个，顺利通过市教育局中等职业学校管理专项视导评估。对口升学部高考本科一次性上线 62 人，学考九科一次性合格率 95.57%。

【技能竞赛】2019年，学校以技能竞赛为引领，全方位展示学校的办学业绩和师生风采。成功举办“湖南省电子技术世赛师资培训班”，共有来自全省的27个技工和职业院校的40余名专家、教授参加。全年组织师生参加省、株洲市级38个项目（工种）的竞赛，有200余人次获奖，其中33人次获得株洲市级奖项、15人次获得省级奖项，学校获2019年株洲市“技能天下”陶瓷装饰工职业能力网络电视大赛团体三等奖、株洲市职业院校教师和学生技能大赛优秀组织奖、省优秀论文评选活动优秀组织奖和网络搭建省赛二等奖。

【校企合作】2019年，学校举办各类培训班75期，覆盖全市8个行业、315家企业，共计培训3365人。负责前外交部长李肇星参加醴陵高峰论坛的现场服务工作。主动服务企业转型升级，与湖南工业大学联合开展岳阳县工业园工业陶瓷原料研究技术服务工作，进一步推动行业技术进步和自主创新。

湖南轻工高级技工学校2019年教师获奖及论文发表情况一览表

表7

姓　名	竞赛（作品）及论文（课件）名称	获奖及发表情况	授奖或发表单位
李　卓	《陶瓷艺术设计专业课程设置教学改革研究》	发表	《艺海》
肖圣俐	《安东尼·高迪建筑艺术中陶瓷的运用分析》		《艺术品鉴》
兰　欢	《浅谈教师的必修课“听”课》		《教育前沿》
王玉平	《新时期汽车制动系统故障诊断与性能优化的方式的相关研究》		《西部论丛》
严　均	《电工电子类课程教学创新路径探讨》		《科技资讯》
姜　娟	《体育游戏在中职体育教学中的运用研究》		《明日》
汤鸿卫	《中职英语口语教学策略的应用》		
叶　谦	《探究“一体化教学模式”在技工教育中的正确运用》		《数码世界》
严　均	《PCB 电路设计课程教学初探》		《科技咨讯》
刘　侃	《在思科模拟器 Packet Tracer 中实现 HSRP 热备份路由实验》		《电脑知识与技术》
	《DHCP 中继实验基于 Packet Tracer 的设计与实现》		《电脑与信息技术》
甘　露	《电子商务专业实践教学模式创新研究》		《好家长》
胡志华	《浅谈如何提高中职美术教学课堂教学有效性》		《写真地理》
匡蓉芳	《语文课堂的留白艺术初探》		《中小学教育》
何利军	《浅谈对口高考语文的命题立意及应对策略》		《语文课内外》
	《浅谈对口高考中语文综合应用能力考查》		《现代职业教育》
	《用爱为孩子们撑起片蓝天》		《神州》
胡江鸿	《英语与陶瓷专业结合教学的有效方法》		《中国教工》
叶　谦	《探索如何将德国“双元制”教育嫁接到技工教育》		《职业》
陆　唐	主编《汽车材料》	出版	华中科技大学出版社
刘　侃	主编《计算机网络基础与应用》		华中师范大学出版社
兰　莉	《朝阳春晖》	银奖	中国硅酸盐学会
蒋丽娥	《一路平安》	铜奖	中国硅酸盐学会

续表 7-1

姓 名	竞赛（作品）及论文（课件）名称	获奖及发表情况	授奖或发表单位
胡常娥	《物流专业教学存在的问题与解决方案》	一等奖	湖南省人力资源和社会保障厅
蒋丽娥	《路路平安》	金奖	湖南陶瓷行业协会
兰 欢	《万山红遍》		
颜志康 杨 群	《琼楼碧阁》	银奖	
肖 华	在探索智能云教学新型教学模式湖南省 2019 年度十大魅力教师评选	第一名	北京蓝墨云智能平台
方 栋		第七名	
吕才亮	株洲市职业院校教师组技能竞赛	第三名	株洲市教育局与株洲市人力资源和社会保障局
汤鸿卫		第三名	
颜志康	2019 年株洲市“技能天下”职业技能网络直播大赛	第二名	株洲市“技能天下”职业技能网络直播大赛组织委员会
蒋丽娥		第三名	
陈丽娜		第四名	

（肖　逸）

市德才职业学校

【概况】2019 年，市德才职业学校（以下简称“学校”）有在籍学生 836 人，其中高一 296 人、高二 269 人、高三 271 人，有教职工 65 人，其中专任教师 51 人。2019 届毕业生中，有 36 人在对口工作岗位就业；参加普通高校单独招生录取 185 人；124 人参加对口高考，本科上线 9 人，占全省高职对口升学英语专业招生计划的 13%，学生张睿以 668 分位列全省第 8 名。

【德育工作】2019 年，学校坚持把德育工作放在首位，提高师生的思想政治素质。一是开展责任教育。开展校园“责任之星”评选活动，逐步形成“讲责任、知责任、担责任”的氛围，培养有责任意识、敢于负责、乐于尽责、能负责任的学生。开展爱国主义、集体主义、职业道德、革命传统、生态文明、国防、法制、感恩等主题教育活动，以丰富多彩的活动形式进行社会主义核心价值观教育，强化学生的社会责任感。二是规范纪律行为。强化《中学生守则》及相关规章制度的学习，开展预防欺凌、拒绝早恋、防“手机控”、防诈骗、“垃圾不落地”等专项教育活动。完善校纪校风考核内容和方式，每天公布检查结果，每周评比综合考核先进班级并进行表彰，通过考核促进行为规范养成。三是加强德育课程管理。按教育部规定设置德育课程，开设职业生涯规划、职业道德与法律、经济政治与社会、哲学与人生 4 门必修课程，每门课 40 学时以上。不断开展德育课教学改革，创新教学方式，改革教学方法、教学手段和考核评价方式。注重基础课和专业课教学的德育渗透，设计好德育教学的目标和内容。四是安全教育常态化。有计划地开展防范火灾、交通事故、网络诈骗、校园欺凌等专题安全教育，定期开展安全训练和紧急避险演练，提高师生安全防范意识和防范安全事故的能力。

【教学教研工作】2019 年，学校通过多种方式，促进整体教研质量提升。以示范课、“一人一课”、汇报课等课堂教研活动，实施听课、评课制度，有力提高教师课堂教学水平。组织教师开展课题研究，撰写教学经验论文。加强学习交流，学校与湖南师范大学外事机构保持长期合作关系，邀请师大外事办派出外籍教师到学校开展文化交流活动。每个学年至少举办 1 次中外文化交流，学生通过对话、对歌、游戏等方式与外籍教师交流，寓教于乐，激发学生对英语学习的兴趣。强化日常训练，开展英语对话与交流、演讲、演唱英语歌、英语播音、英文手抄报等英语特色教学活动和学习竞赛、专业比武活动，促进学生提高专业知识和技能。年内，学校教研成果丰硕。教师论文经省职成教育学会评比，3篇获一等奖，5篇获二等奖；1名教师的论文获株洲市教育学会论文评选三等奖，8名教师参加株洲市“中职学校班主任技能竞赛”、教师职业能力竞赛、中职学校思想政治教育能力竞赛等，获二等奖1个、三等奖6个、优秀奖1个。学生参加株洲市中职学生英语专业技能竞赛获二等奖；参加株洲市中职学生文明风采竞赛，获女子排球二等奖，朗读分赛个人和集体分获三等奖，学校同时获“精神文明奖”和“优秀组织奖”。123班被评为株洲市先进班级。

【师资队伍建设】2019年，学校坚持注重师资队伍建设，以“师徒结对”、教学竞赛和学习培训等方式，促进教师成长。一方面争取机会将教师“送出去”培训，另一方面创造条件将名师“引进来”指导。派出教师到岳阳市和株洲市参加全国中小学教师技术能力培训，争取到省教育厅组织的高等院校“送培到校”机会，与湖南外贸职业学院建立对口培训关系。全年有30名教师参加全国中小学教师技术能力培训，6名教师参加中小学教师省级培训。通过参加各级培训，教师的教学思路不断拓宽，教学能力不断提高。年内，教师吴小红获评株洲市“教书育人楷模”，教师羊倩获评“株洲好老师”。（顾美玲）

文化和旅游·体育·传媒

文化和旅游

【概况】2019年3月，根据《中共醴陵市委办公室、醴陵市人民政府办公室关于印发〈醴陵市机构改革实施方案〉的通知》（醴办发〔2019〕9号）和《中共醴陵市委办公室醴陵市人民政府办公室关于印发〈醴陵市文化旅游广电体育局职能配置、内设机构和人员编制规定〉的通知》（醴办〔2019〕35号）文件，整合市文体广电新闻出版局（市版权局）的文化、体育、广播电视管理职责，以及市商务旅游和粮食局的旅游管理职责，组建醴陵市文化旅游广电体育局（以下简称“市文旅广体局”），作为市政府工作部门，为正科级，对外使用“醴陵市文物局”名称，不再保留市文体广电新闻出版局（市版权局）。市文旅广体局内设办公室、计划财务股、公共服务股、旅游发展股、文物保护股、社会文物股、广播电视事业管理股、体育管理股和市场管理股（法规股、行政审批股），机关设行政编制16名，其中局长1名、副局长2名。

【文旅融合】2019年，市文旅广体局建立了全市旅游资源名录，挖掘红色文旅资源，编制《醴陵市红色发展规划纲要》，配合文化和旅游部《罗霄山红色旅游总体发展规划》的调研编制工作；结合资源特色，开发李立三故居、耿传公祠红色旅游体验性项目，完成状元洲红色雕像景观前期设计工作。年内，醴陵市通过省文旅厅的省级全域旅游示范区资料审核，并接受了现场检查。实施了整体营销，在长株潭及湘赣边区等主要客源地开展户外宣传、客源输送、专场推介等旅游营销，到北京市、上海市、昆明市等地参加旅游推介会，邀请全国近百家旅行商到醴陵实地考察，扩大醴陵旅游品牌影响力。做好了旅游招商，与北京云祈旅游文化发展有限公司、深圳笔克集团有限公司等10余家公司对接洽谈，签订框架协议7个，预计总投资7.5亿元。组织旅游节会，在船湾镇、均楚镇举办了2019年度的春季、夏季乡村文化旅游节，在2019湖南（醴陵）国际陶瓷产业博览会期间举办湘赣边红色文化陶瓷体验之旅。开展旅游扶贫，在“5·19”中国旅游日开展“送客入村”旅游扶贫活动，农特产品销售等旅游综合收入达5万元。打造了旅游品牌，在《半月谈》杂志社举办的“第二届社会发展高峰会·2019文旅产业资源链接会”上，醴陵市获评“2019中国文旅产业最具开发（投资）价值县（市、区）”。发展了旅游产业，年内新增1家住宿企业申报入统，两家“小升规”申报入统；全年接待国内外游客801.35万人次，增长26.32%，实现旅游综合收入83.25亿元，增长27.67%。开发了旅游产品，李立三故居管理所积极转化红色资源，打造“芋园”系列文创产品，自主设计“立三诗词杯”“芋园红瓷茶叶罐”；与炎陵红军标语博物馆达成合作，开发“红军标语文创瓷杯”；参加“湖南省旅游商品大赛”“中国特色旅游商品大赛”。

【“书香醴陵”】2019年，醴陵市继续开展文化惠民活动,参与“城乡统筹·幸福醴陵”创新社会治理系列行动的“书香醴陵”项目创建，为百姓提供丰富优质的精神食粮。年内，成立醴陵市中小学校长悦读成长共同体、瓷城绿光芒读书会、彩虹花项目交流群、骨干教师论坛、渌水读书会等阅读共同体，定期开展线上线下读书分享等读书活动。春节、端午节、国庆节等节日和“世界读书日”期间，共组织举办各类读书和阅读推广活动100余次，参与读者30余万人。24个镇（街道、示范区）分别打造“五进”（进社区、进校园、进乡村、进机关、进企业）读书及阅读活动阵地，建设完成“五进”阅读活动场所106处。全市215个行政村建有农家书屋，书屋总面积9120平方米，藏书量48万册；城区设有26个社区书屋，7个城市书吧。9月，醴陵市图书馆新馆面向社会开放。市图书馆新址位于市民中心4号楼，占地面积7156平方米，4层格局藏书90余万册，坐席500余个，1楼设有24小时借还图书室，提供全天候自助借还、续借和阅读服务。市图书馆在市区另设有阳三石分馆、星海名筑分馆、北门社区24小时自助借还图书室，提供一证通用、通借通还服务，实现馆际互借，图书资源共享。

【文化纪念活动】9月29日，举办“‘追梦动力谷，礼赞新中国’庆祝中华人民共和国成立70周年城乡同声唱”醴陵瓷谷会场活动，醴陵市作为株洲地区分会场之一，演出《中华儿女》《红旗飘飘》《映山红》等舞蹈作品，共有5000余人参加此次活动。为纪念李立三诞辰120周年，花鼓戏剧团组织编排花鼓戏《工运领袖李立三》，讲述了李立三组织领导安源大罢工的故事。为纪念耿飚诞辰110周年，由湖南省演艺集团、北京大德惠明文化传媒有限公司联合出品，株洲市文化旅游广电体育局、醴陵市文化旅游广电体育局出品的大型话剧《耿飚将军》，于2019月8月在长沙市、株洲市、醴陵市举行了首轮演出。年内，红色民族经典歌剧《洪湖赤卫队》启动首演60周年全国纪念巡演，8月17—18日在醴陵国际会展中心连演2场，全市党员群众积极观看。

【公共文化服务】2019年，24个镇（街道、长庆示范区）综合文化站均建成达标，全市97%的行政村村级文化服务中心建设达标，组级“门前三小”文化建设试点实施。推动全民健身计划，完善西山全民健身中心项目，该中心总建筑面积约5114.78平方米，位于醴陵大道与红拂路交界处西北角，年内完成“三通一平”及桩基工程。完成省民生工程数字广播电视无线覆盖基站建设，2000套直播卫星设备免费安装到位，解决贫困户、偏远山区收看电视难问题。通过向市政府汇报、申请，争取村村响、户户通设备的专项维修经费。发展全民健身场地设施，新增全民健身路径和农民健身工程25处，完成“民生100”工程年目标的466%。开展城市广场公益电影放映活动，每周及节庆日定时在渌江广场、车顿桥广场、星海明筑小区等固定放映点放映电影，全年放映公益电影4092场，观影50余万人次。剧团完成送戏下乡惠民演出126场，承接了由市总工会、慈善会主办的抗洪赈灾文艺晚会。

【文化遗产保护】2019年，修缮和维护渌江桥桥面、引桥、旁桥，做好了安防工程。提质改造东富寺屋面，提升整体环境。做好陈明仁故居及渌江书院民国小学楼消防验收工作。抢救性维修先农坛东西厢房，升级改造陈列布展并对外开放。完成醴陵窑月形湾古窑厂加固保护工程，醴陵窑月形湾古窑厂复原陈列馆于9月29日开馆，为全省首个制瓷古窑址复原陈列馆。加大对醴陵窑所在地沩山村传统村落和历史文化名村的保护力度，助力乡村振兴。群力瓷厂旧址入选第八批全国重点文物保护单位，市文化馆被文旅部认定为国家非物质文化遗产—釉下五彩瓷烧制技艺保护单位。统筹管理市博物馆的业务工作，配合指导革命文物保护利用工作，筹办苏州私人收藏家姚嘉康先生捐赠的陈明仁将军《瑶山剿匪》连环画相关事宜。市博物馆接收田运通捐赠的其外祖父—醴籍爱国将领刘斐的遗物。

【文化市场监管】2019年，市场管理股依法开展行政审批，派驻专人入驻市民中心，制定“一件事一次办”事项服务指南。市文化执法大队全年检查营业场所200余家，出动执法人员500余人次，日常执法巡查2000余家次。联合公安、市场监管等部门开展执法检查，现场督促整改安全隐患36处，办案27件，无行政复议及行政诉讼案件。年内，市文旅广体局被推荐为株洲地区2019年第八届全国服务农民、服务基层文化建设先进集体候选单位。（杨小春　邓安琪）

醴陵市入选国家级、湖南省级、株洲市级非物质文化遗产一览表

表8

序号	项目类别	项目名称	级别
1	民间手工技艺	醴陵釉下五彩瓷烧制技艺	国家级
2	民间手工技艺	花炮制作手工技艺	湖南省级

续表 8-1

序号	项目类别	项目名称	级别
3	民间舞蹈	星子灯	湖南省级
4	民间音乐	思情鬼歌	株洲市级
5	民间音乐	醴陵婚嫁歌谣	株洲市级
6	传统曲艺	春锣	株洲市级
7	传统曲艺	赞土地	株洲市级
8	传统戏剧	醴陵皮影戏	株洲市级
9	民间文学	状元洲的传说	株洲市级
10	民间信仰	花炮祖师李畋祭典	株洲市级
11	人生礼俗	六团三镜龙王爷祭典	株洲市级
12	民间手工技艺	醴陵焙肉制作方法	株洲市级
13	民间手工技艺	醴陵红薯脆片制作	株洲市级
14	民间手工技艺	沩山豆腐制作技艺	株洲市级
15	民间手工技艺	醴陵手工毛笔制作技艺	株洲市级
16	民间手工技艺	醴陵伏鱼	株洲市级
17	传统手工技艺	醴陵圆蛋糕制作技艺	株洲市级
18	传统手工技艺	醴陵糖画制作技艺	株洲市级
19	传统医药	唐氏皮肤病疗法	株洲市级
20	杂技与竞技	醴陵巫家拳	株洲市级
21	民间体育	石头、铁鞋功	株洲市级

醴陵市级非物质文化遗产一览表

表 9

序号	项目类别	项目名称	序号	项目类别	项目名称
1	民族语言	醴陵方言	9	民间文学	文笔峰的故事
2	民间文学	王乔成仙	10	民间文学	田螺头伸冤
3	民间文学	建安山人	11	民间文学	金斧头和铁斧头
4	民间文学	千年书院	12	民间文学	王室象尊
5	民间文学	红拂女的传说	13	民间文学	急仙姑的传说
6	民间文学	鲁班下凡助徒弟	14	民间文学	耿在孝计除伪保长
7	民间文学	三刀石的由来	15	民间文学	大象惩狐狸
8	民间文学	佛教胜地云岩寺	16	民间文学	李香阁智斗文湘岩

续表 9-1

序号	项目类别	项目名称
17	民间文学	宋士杰打痞之巧治讼棍
18	民间文学	宋士杰打痞之巧服蛮子
19	民间文学	宋士杰打痞之巧解纠纷
20	民间文学	胡大嫂戏秀才
21	民间文学	血洗湖南
22	民间文学	满媳妇
23	民间文学	许逊降蛟
24	民间文学	顺妻逆母
25	民间文学	猪婆龙
26	民间文学	打掌掌
27	民间文学	罗粑粑
28	民间文学	冒娘女歌
29	民间文学	中间剪芙蓉
30	民间文学	月走光
31	民间文学	月光光
32	民间美术	陶瓷绘画
33	民间美术	土漆绘画
34	民间美术	农民画
35	民间美术	剪纸
36	民间美术	皮影戏人物绘画
37	民间美术	小木雕刻
38	民间美术	陶泥雕塑
39	民间美术	寺庙雕塑
40	民间音乐	四季相思
41	民间音乐	捡菌子
42	民间音乐	摘葡萄
43	民间音乐	摘香葱
44	民间音乐	摘翠桃
45	民间音乐	十月探妹
46	民间音乐	劝嫁歌
47	民间音乐	谢酒

序号	项目类别	项目名称
48	民间音乐	乡里妹子进城来
49	民间音乐	孝歌
50	民间音乐	十月愁
51	民间音乐	打只草鞋穿只脚
52	民间音乐	西宫词
53	民间音乐	赞花烛
54	民间音乐	芦茅歌
55	民间音乐	十月飘
56	民间音乐	瓜子红
57	民间音乐	十朵花
58	民间音乐	三更天
59	民间音乐	五把扇子
60	民间音乐	问五更
61	民间音乐	放风筝
62	民间音乐	敲五更
63	民间音乐	下盘棋
64	民间音乐	美女拦江
65	民间音乐	到春来
66	民间音乐	白牡丹
67	民间音乐	烟花调
68	民间音乐	大河水
69	民间音乐	竹马灯（进门）
70	民间音乐	竹马灯（出门）
71	民间音乐	照花台
72	民间音乐	巧人儿
73	民间音乐	夜落金钱
74	民间舞蹈	龙灯
75	民间舞蹈	土地灯
76	民间舞蹈	蚌壳灯
77	民间舞蹈	狮灯
78	民间舞蹈	竹马灯

续表 9-2

序号	项目类别	项目名称
79	民间舞蹈	牛灯
80	民间戏曲	傩舞傩戏
81	传统戏剧	醴陵地花鼓
82	民间曲艺	吴燕花
83	民间曲艺	送恭喜
84	民间曲艺	香山记
85	民间手工技艺	皮影戏道具制作手工技艺
86	民间手工技艺	竹器制作手工技艺
87	民间手工技艺	花灯制作手工技艺
88	民间手工技艺	醴陵剁辣椒制作手工技艺
89	民间手工技艺	醴陵瓷雕制作手工技艺
90	民间手工技艺	小木雕花手工技艺
91	民间手工技艺	土漆制作手工技艺
92	民间手工技艺	毛瓷碗成型工艺
93	生产习俗	犁田
94	生产习俗	插秧
95	消费习俗	让座
96	消费习俗	吃“神福肉”
97	消费习俗	择基地
98	消费习俗	移星斗转
99	消费习俗	让路
100	人生礼俗	报喜
101	人生礼俗	收徒
102	人生礼俗	纳彩
103	人生礼俗	接公公婆婆
104	人生礼俗	回门
105	人生礼俗	纳彩
106	人生礼俗	洞房花烛
107	人生礼俗	闹新房
108	人生礼俗	入土为安
109	人生礼俗	祭奠
110	人生礼俗	安葬
111	人生礼俗	封殡
112	岁时节令	三月三清明节
113	岁时节令	过小年
114	岁时节令	中秋祭月
115	岁时节令	端午节
116	岁时节令	喜开财门
117	岁时节令	六月六日鄱阳节
118	民间信仰	奉祀
119	民间信仰	教化
120	民间信仰	祭祀
121	传统医药	烧伤治疗术
122	传统医药	陶氏家族正骨疗法
123	传统医药	张恒泉喉科治疗术
124	杂技与竞技	刘九生拳术
125	民间武术	王英扳枣
126	杂技与竞技	铁鞋功

醴陵市非物质文化遗产传承人一览表

表 10

序号	项目名称	传承人姓名	级别	备注
1	醴陵釉下五彩瓷烧制技艺	邓文科	国家级	
2	醴陵釉下五彩瓷烧制技艺	陈扬龙	国家级	
3	醴陵釉下五彩瓷烧制技艺	黄永平	湖南省级	

续表 10-1

序号	项目名称	传承人姓名	级别	备注
4	醴陵釉下五彩瓷烧制技艺	陈 利	湖南省级	
5	星子灯	张 辉	湖南省级	
6	星子灯	李家仁	株洲市级	
7	花炮制作技艺	肖湘杰	株洲市级	
8	花炮制作技艺	钟铁军	株洲市级	
9	思情鬼歌	肖维奇	株洲市级	
10	思情鬼歌	张昌荣	株洲市级	
11	状元洲的传说	屈良球	株洲市级	
12	花炮祖师李畋祭典	黎龙波	株洲市级	
13	花炮祖师李畋祭典	谢传明	株洲市级	
14	醴陵皮影戏	程金祥	株洲市级	
15	醴陵皮影戏	温学付	株洲市级	
16	醴陵巫家拳	曾庆华	株洲市级	
17	醴陵釉下五彩瓷烧制技艺	黄 龙	株洲市级	第三批
18	醴陵釉下五彩瓷烧制技艺	申 彬	株洲市级	第四批
19	醴陵釉下五彩瓷烧制技艺	邹明林	株洲市级	第四批
20	醴陵釉下五彩瓷烧制技艺	易龙华	株洲市级	第四批
21	醴陵毛笔制作技艺	赵全忠	株洲市级	第四批

（王　平）

文化市场执法

【概况】2019 年，醴陵市文化市场综合执法大队（以下简称“大队”）进一步加强文化市场综合执法工作，以中小学校园周边为重点区域，以寒暑假、周末和中午、晚间等学生放学时间为重点时段，对文化市场经营场所违规接纳未成年人和超时营业现象实行错时检查、反复巡查，打击违规经营行为。进一步夯实文化市场安全生产工作，通过设立安全生产宣传点、发放安全知识宣传资料、组织经营业主进行安全生产知识培训、组织消防安全集中演练等方式，强化安全生产理念。重点针对网吧、歌舞娱乐场所、影院等人员密集场所，开展部门协同执法，排查消防通道堵塞、应急预案不完备、电器线路老化等安全隐患，并督促限期整改落实到位。进一步抓严文化市场禁毒和“扫黄打非”工作，通过悬挂横幅，推广公众号，播放禁毒影片，参观禁毒教育基地等方式，对消费者常态化开展预防毒品宣传，防止娱乐场所成为吸、贩毒分子活动场所，开展扫黄打非“清源”“净网”“固边”“秋风”“护苗”专项行动，从源头上遏制有害信息散布。全年大队开展联合执法行动 12 次，出动执法人员 4458 人次，检查文化市场各类经营单位 2058 家次，立案查处 27 起，结案 27 起，无行政复议及行政诉讼案件。年内，大队获评 2018 年度湖南省“扫黄打非”工作优秀集体和 2019 年度湖南省文化市场综合执法考评先进单位，被推荐为株洲地区 2019 年第八届全国服务农民、服务基层文化建设先进集体候选单位。（邓绍鑫　刘　荣）

博物馆工作

【概况】2019 年 12 月，根据《中共醴陵市委编制委员会办公室〈关于市博物馆加挂市文化遗产保护中心牌子的通知〉》（醴编字〔2019〕68 号）文件精神，市博物馆加挂市文化遗产保护中心牌子；其主要职责是承担辖区内各文物景点对外开放工作，承担辖区内各文物保护单位资金申报、维修及保护等相关事务性工作，为文化遗产安全有序发展提供服务保障。

【文物景点】2019年，市博物馆扩大外延，探索总分馆制，陶瓷博物馆、耿传公祠、渌江书院、陈明仁故居、毛泽东考察湖南农民运动旧址——先农坛、东富寺和袁昌英纪念园等文物景点常年对外开放，形成了“一馆一主题、一馆一特色”的展览格局，开展“旅游日”“国际博物馆日”宣传。全年各文物景点共接待游客70余万人次。

【文物保护】2019年，群力瓷厂旧址申报成为全国重点文物保护单位，毛泽东考察湖南农民运动旧址——醴陵文庙、毛泽东考察湖南农民运动旧址——醴陵火车站旧址和耿传公祠（耿飚旧居）、群力瓷厂旧址、孙家湾窑申报成为第十批省级文物保护单位，市博物馆全力做好保护范围及建设控制地带的相关工作。参与筹备耿飚诞辰110周年纪念活动，完善耿飚陈列展览方案，升级耿传公祠展板。

【文物修缮】2019年，完成渌江桥修缮和安防、渌江书院防雷和白蚁防治、东富寺游客中心建设等工程项目。完成陈明仁故居和渌江书院民国小学楼消防验收工作。完成先农坛陈列布展升级改造并对外开放，抢救性维修先农坛东西厢房。（侯文琴）

醴陵市文学艺术界联合会

【概况】2019年，醴陵市文学艺术界联合会（以下简称“市文联”）推动全市文学艺术事业发展，组织举办“1915”文化特色街区“醴陵瓷赋”楹联征集活动，支持举办“湘东联韵”诗联创作季度竞赛，开展春夏秋冬四季诗联擂台赛，协助参与市委宣传部编撰的《醴陵历代名人录》丛书征编工作，协助教育基金会“渌江书院”文化奖项评选工作，协助武汉大学主编的《袁昌英文集》编纂工作，参与并协助李立三故居改扩建工程、“1915”国际陶瓷特色街区大师楼招商策划、2019湖南（醴陵）国际陶瓷产业博览会等项目或活动。10月20日，醴陵市文学艺术界联合会第六次代表大会举行，选举产生第六届委员会，组建新的领导班子，曾玄风、徐峰、姚武飞等当选为委员会成员。年内，美术家协会、书画院、影视戏曲家协会、历史文化促进会、摄影家协会5个基层协会完成换届选举，汉服文化促进会挂牌成立。

【文化助力经济发展】2019年，市文联着力提升陶瓷艺术人才素质。举办2期美术教学培训班，培训美术爱好者、美协会员、陶艺骨干200余人次；邀请中国美术学院名师名家韩璐、吕中元、胡进曦、余博、莫晓卫，湖南省美术家协会副主席、湖南科技大学艺术学院院长杨国平和湖南省美术家协会理事李双阳、王义军、卿三彬、周少剑等书法名家到醴陵办班授课讲学。组织100余名培训班学员和美术、陶艺骨干分别到外地开展2次集中写生创作活动。为旅游强市贡献艺术力量。参与《株洲市风景故事》《株洲市特产故事》系列丛书的组稿工作。协助“瓷城古韵·一江两岸”工程的文化建设项目，参与并完成文化墙设立、全国诗联征集、名家书法撰刻等工作。

【摄影家协会】2019年4月，市摄影家协会完成换届。年内，开展香水农庄采风、均楚镇旅游节摄影等活动，承办新中国成立70周年摄影成就展，参与2019湖南（醴陵）国际陶瓷产业博览会和市委组织部青年创业精英故事的摄影工作，举办第三届“创新创业”摄影大赛。在湖南省委宣传部组织的“欢乐潇湘”摄影赛中，肖陵等会员获奖。12月，李忆香、王界明等成为湖南省摄影家协会会员。

【舞蹈艺术惠民活动】2019年，市舞蹈家协会组织文艺惠民活动志愿服务小组经常性开展下基层进社区文艺惠民活动，到云岩、狮力、国光、渌江、马放塘、佘溪等10余个村（社区）开展民族歌舞、花鼓戏、小品等综艺节目巡回演出10余场次，参与演员近1000人次，观看群众5000余人次。年内，市舞蹈家协会推荐中国舞考级3000余人，组织专业老师到学校开展舞蹈、跆拳道教学培训25期，进村（社区）开展排舞（广场舞）、健康舞等培训300余场次，培训2000余人。全市各艺校和社会团队参加国家和省级赛事共获各类奖项400余项。承办“礼献祖国七十华诞万人同跳一支舞”大型活动，联合承办2场抗洪救灾慰问演出晚会和2019湖南省广场舞邀请赛（醴陵赛区）比赛。

【书法、美术创作】2019年，市书法家协会联合市诗词楹联协会在元旦和春节期间，开展义务为市民写春联、送春联活动，写送春联3000幅；联合市美术家协会、市书画院、市老年人书画家协会等分别举办了纪念改革开放40周年书画作品展、醴陵市第四届职工书法美术作品大赛，共展出书画作品300余幅；举办了中华人民共和国70周年、人民政协成立70周年、地方人大设立常委会40周年书画联展，组织15名当地书法家为醴陵市状元阁书写楹联，筹办了市老年书法家史民强个人书法作品展。全年市书法家协会会员开办了各类书法培训班30余个，培训青少年学生2000余人次、成人学员200余人次。市公安文联书法小组成员周云生在全省政法系统第28届书画诗词摄影作品展上，展出特邀作品《草书庆祝建国七十周年诗一首》。市公安文联书法小组成员陈金花作品《建国七十周年诗三首》、张堃作品《习近平金句》获书法组二等奖，杨宗军作品《茅屋为秋风所破歌》、王邦武作品《龙门对》获优秀奖。市公安文联在市公安局组织开展“忠诚保大庆，书香满警营”主题文化活动，共设置“微家书”“主题征文”“书法作品”3个模块，有16名民警、辅警获得优胜奖。市美术家协会和市书画院开展写生和笔会创作活动10余次，经常性与省内其他美术家协会开展联谊和交流活动，组织会员参加瓷博会，组织画院工艺美术大师参加第二十届“百花杯”中国工艺美术大师作品暨手工艺术精品比赛，展示当代醴陵陶瓷艺术。12月，举办国家级大师“吕中元大山大水——油画展”、醴陵籍书法家“‘抱古开今，艺道芳园’史民强书法艺术展”，全市文艺代表及醴陵市艺校师生共300余人参加。市书画院选送13件作品参加第六届全国画院美术作品展初评，市书画院院长黄龙的中国画作品《浯台胜境》、市书画院副院长荣韬的中国画作品《潇湘问道》被选入展。在第二十届中国工艺美术大师作品博览会暨2019“百花杯”中国工艺美术精品奖评比中，市书画院院长黄龙的釉下五彩陶瓷作品《芳馥乘风》获得2019“百花杯”中国工艺美术精品奖金奖。

【文学艺术】2019年，醴陵市作家协会有会员520人，其中优秀作家56人；新增罗景、罗艺、谢艳君、张洁等会员7人，主办的《文笔峰》杂志年发行量超过5000份，与《湖南之窗》等媒体联手，开辟网上作家平台，在省商务厅开辟了新的文笔峰交流中心，推介本土文化。全年开展各类文学活动和作家采风25次，文学讲座65次。年内，市诗词楹联协会及渌江诗社会员分别编写了《醴泉雅韵》《渌江诗词》诗词集。市诗词楹联协会组织《醴陵市君子山生态旅游文化景区楹联》征集活动，邀请中国诗词学会副会长、狼社社长、《千家诗词》主编郑万才等2位名家授课。在中小学校内开展诗词楹联讲座和辅导，累计创建5处诗词楹联教学基地。市诗词楹联协会会员许征鹃“纪念毛主席诞辰125周年”楹联作品被评为“2018对联中国”年度最佳作品，刘世霖、许征鹃、许征武、张良修、曾丹峰等人的楹联作品入编《中国对联作品集》2018年卷，张毅、李纪干诗词作品入选诗词作品集《千家诗词》。全年市诗词楹联协会向《株洲诗词》《湖南诗词》《中华国粹论坛》等媒体投稿500余副。

【影视戏曲】2019年，《醴陵新闻》推出“三创四化”、幸福醴陵、脱贫攻坚、项目建设等专栏20余个和系列报道2000余篇，《瓷城零距离》栏目播出民生新闻节目240余期，《生活“1+1”》栏目推出生活服务类专题46期，《特别关注》栏目推出社教综合类专题52期，《今日醴陵》报刊发90余期，新媒体推出稿件4000余条，广播电台持续发声5800余小时。制作并高频次推送《这里是醴陵》《醴陵答卷》《盛世飞花耀苍穹》《抗洪时刻　我们在一起》等宣传片和汇报片23个，摄制《我们都是追梦人》、“三创四化”、书香醴陵、禁毒等公益广告20余条。在庆祝新中国成立70周年重大主题报道活动中，市影视戏曲家协会会员策划推出了《追寻红色记忆》《醴陵70年》《致敬云南支边60周年—根在渌水》三大系列报道。截至年末，影视戏曲协会在中央级媒体发稿6条，省级媒体发稿389条，株洲市级媒体发稿292条。

【音乐及民艺】2019年，市音乐家协会成立了醴陵市青少年西洋管弦乐团、醴陵市音协萨克斯学会，于1月、6月举办2场扬琴专场音乐会。参与“庆祖国七十周年、奏时代青春乐章”专场音乐会；参加第二届中国扬琴圈艺术节暨全国精英邀请赛，获得1枚银牌、6枚铜牌。12月，市音乐家协会秘书长丁宏获评湖南省音乐家协会2019年度全省先进音协工作者。（邓　丹　屈继元）

2019年醴陵市主要文学作品一览表

表11

作品名称	作者	获奖（刊载期刊）	获奖（发表）情况
散文《邮缘》	桂新华	《共和国骄子》2019年第12期	刊发
散文《像树木扎根大地一样》	田标兵	《共和国骄子》2019年第12期	刊发

续表 11-1

作品名称	作者	获奖（刊载期刊）	获奖（发表）情况
散文《瓷城醴陵，步入历史深巷》	屈继元	《湖南报告文学》2019 年第 3 期	刊发
散文《梦里，地老天荒》	谢艳君	《作家文萃》网络期刊	登载
小说《肚皮肉》	江剑阁	《文艺窗》2019 年第 4 期	刊发
《羲之千古法，妙笔生鹅群》	刘 涛	《长沙晚报》	刊发
散文《还好是现在》	杨清云	株洲市“改革开放 40 周年，讲好株洲故事，守护文化根脉”征文活动	优秀奖
诗歌《那春雨》	王 健	第六届中外散文诗歌邀请赛	一等奖
组诗《大地》	巫晓虹	中国（齐齐哈尔）第八届扎龙诗会征文大赛	一等奖
纪实文学《血染的红军利剑》	屈继元	湖南人民出版社	出版
纪实文学《伉俪遗书感天地》	黄金云	湖南人民出版社	出版

（屈继元）

图书发行

【概况】湖南省新华书店有限责任公司醴陵市分公司（以下简称“醴陵市分公司”）经营项目主要有中外文图书、教材、音像制品、电子出版物、文化用品、数码产品等。2019 年，醴陵市分公司以“厚义薄利，播文启智”为宗旨，全心全意为读者服务，积极履行社会责任，再次被省税务部门评为“纳税信用 A 级单位”。

【教材及政治理论读物发行】2019 年，醴陵市分公司继续贯彻落实国务院关于义务教育阶段学生全部享受免费教科书的政策，承担义务教育阶段免费教材近 100 万元，兑现“课前到书，人手一册”的承诺，免费送书上门，做好教材的余缺调剂工作，及时解决因学生增减而产生的课本余缺，保证学校正常的教学秩序，确保课前到书。在新华园仓库设立课本零售点,实施课本零售“一站式”服务，方便学生对零售课本的需求。为宣传好党的理论和路线方针政策，充分发挥出版发行主渠道、主阵地作用，醴陵市分公司继续做好政治读物的发行工作，全年发行《第五批全国干部培训教材》《读有所得》《习近平新时代中国特色社会主义思想学习纲要》《理论热点面对面》等政治理论书籍。

【“书香醴陵·爱心无限”公益活动】2019 年，醴陵市分公司与市委宣传部联合开展“书香醴陵·爱心无限”公益活动，发动全市机关企事业单位认购读书爱心卡 1860 张，共计 18.93 万元，从中提取 10 万余元，折合等价值图书 1.05 万册捐赠给公益阅览室。

【组织参赛 2019“寻找少年写作之星”创意作文大会】2019 年，由中南出版传媒集团主办，湖南新华书店集团、潇湘晨报社、《十几岁》杂志社联合承办的 2019“寻找少年写作之星”创意作文大会举行。市新华书店组织全市中小学生积极参赛，此次比赛实行网上报名和线下报名相结合的方式，市新华书店安排图书业务部的 2 名工作人员，专门负责线下试卷收集和网上报名电子文档导出工作。全市的初赛报名人数达 708 人，通过筛选有 576 人获得省赛参赛资格，最终缴费成功参赛 187 人，共有 128 人获得奖项。（卢姗姗）

体 育

【2019 中国篮球公开赛南区大区赛】12 月 16 日，中国篮球公开赛南区大区赛在醴陵市体育馆开幕。此次大赛由中国篮球协会主办，醴陵市人民政府承办，市文化旅游广电体育局执行，市篮球协会及相关单位协办。16—21 日，来自南区的 12 支参赛队经过 5 个竞赛日 34 场赛事的角逐，产生了晋级全国总决赛的 8 支队伍。

【2019 美丽乡村广场舞大赛·醴陵站暨湖南省首届广场舞锦标赛·醴陵站】11 月 5 日，2019 美丽乡村广场舞大赛·醴陵站暨湖南省首届广场舞锦标赛·醴陵站在醴陵市体育馆举行。此次醴陵站赛事是由国家体育总局社会体育指导中心、全国广场舞健身

活动推广委员会、湖南省体育局联合主办，醴陵市人民政府、体坛传媒集团股份有限公司承办，湖南省体育舞蹈协会、醴陵市文化旅游广电体育局、湖南大众体育文化发展有限公司运营执行。比赛共有规定套路和自选套路两大竞赛项目，经过比拼，五彩艺术团、泉湖沁心艺术团、醴陵市老年大学艺术团、浦口浦育艺术团获得一等奖。

【2019年醴陵市第三届机关运动会】10—11月，由市委、市政府办、市总工会主办，市文化旅游广电体育局承办的“2019年醴陵市第三届机关运动会”在市体育馆举行。运动会设有篮球、羽毛球、乒乓球3个项目，有来自全市42个单位86支队伍的500余名职工选手参赛。

【竞技体育】2019年，在湖南省“浩沙杯”青少年水球锦标赛中，醴陵市派出的选手获得“体育道德风尚奖”及女子组第四名；在湖南省“浩沙杯”青少年游泳锦标赛中，醴陵市派出的选手获得4枚金牌、2枚银牌、2枚铜牌；在“景炎杯”株洲市第三届市民游泳比赛中，醴陵市有2名选手获得第一名。（韩芳子）

传　媒

广播电视

【概况】2019年3月，根据《醴陵市机构编制委员会办公室〈关于醴陵市机构改革涉改科级事业单位调整的通知〉》（醴编字〔2019〕2号）文件，市广播电视台对外加挂市融媒体中心牌子，调整为市委直属正科级公益类事业单位。4月23日，市融媒体中心正式挂牌成立，与市广播电视台合署办公。市广播电视台（市融媒体中心）下设13个部门、2个产业公司，运营电视频道、醴陵交通生活频道、《今日醴陵》报、“醴陵发布”微信公众号、“醴陵云”APP、醴陵新闻网和醴陵手机报等11个媒体平台。年内，推出产业项目建设年、“三创四化”、幸福醴陵、脱贫攻坚等专栏20余个，系列报道2000余篇；策划推出了《致敬云南支边60周年——根在渌水》《追寻红色记忆》《醴陵70年》三大系列报道；摄制《这里是醴陵》《醴陵答卷》等宣传片、汇报片23个，制作推送《我们都是追梦人》、“三创四化”等公益广告20余条；举办和参与执行了2019湖南（醴陵）国际陶瓷产业博览会、第四届中国烟花爆竹博览会暨2019醴陵烟花爆竹交易会、2019湖南醴陵房地产博览会、醴陵市2019年春季乡村文化旅游节、醴陵市第二届职工歌手大赛、醴陵市第四届创新创业大赛等活动，开展现场直播10余场。在国家级媒体发稿7条，其中《为了民族复兴·英雄烈士谱　李谦：屡建功勋的红七军将领》以单条正稿的形式在中央电视台综合频道《新闻联播》播出；在省级媒体发稿389条，其中有64条稿件在湖南卫视播出；在株洲市级媒体发稿共292条。年内，《践行“四力”，讲好抗洪故事》在中宣部《三项学习教育通讯》刊登，新闻稿件获得2018年度湖南新闻奖三等奖1个、株洲广播电视奖一等奖1个和株洲广播电视奖三等奖多个。

【电视频道】2019年，醴陵广播电视台频道自办《醴陵新闻》《瓷城零距离》2档日播新闻节目和《特别关注》《生活“1+1”》2档周播专题节目共播出节目800余期，播发稿件5000余条，推出重大主题报道60余组，播出电影和电视剧200余部。

【新媒体】2019年，市广播电视台设有“醴陵发布”微信公众号、“醴陵云”APP、醴陵新闻网、醴陵手机报等新媒体平台。“醴陵云”APP是年内由市融媒体中心出品的综合性融媒体平台客户端，分为“新闻”“视听”“直播”“服务”“我的”五大板块，有效聚合媒体、政务和公共服务资源，为市民提供“新闻＋政务＋服务”融媒体平台服务；客户端紧扣“主流舆论阵地、综合服务平台、社区信息枢纽”的定位，集新闻宣传、政务服务、便民服务、电子商务、直播互动等功能于一体，是市委、市政府的对外发布权威平台。“醴陵发布”微信公众号是市委、市政府对外发布的官方平台，由市广播电视台（市融媒体中心）具体承办，致力于权威发布政务，关注新鲜有趣民生时事，收获最大最广的朋友圈。截至年末，“醴陵云”APP、“醴陵发布”微信公众号登记注册粉丝10万余人，手机直播各类活动30余场次，活动直播当日最高访问量超过80万次。

【醴陵交通生活频道】2019年，醴陵交通生活频道（频率FM102.7）以生活资讯为主线，以音乐为铺垫，融交通话题、即时路况、整点新闻、信息娱乐于一体，每天播出17小时，共有栏目18档，其中《新闻早班车》《整点瓷城新闻》《奔跑吧醴陵》《1027路路通》《港港醴陵事》《下班GOGOGO》《路况信息》为7档自办栏目，引进栏目7档，转播节目4档，另承担村村响广播网络早中晚3档《乡约》节目。年内，在株洲市级或省级平台发布正面宣传报道200余条；广播专题《千里缉毒》获评省广播电视作品奖二等奖，广播音乐节目《年少不听李宗盛 听懂已是不惑年》

获评株洲市广播电视作品奖三等奖，播音作品《最深情的牵挂》《历史的回望》获评株洲市广播电视播音作品奖三等奖。

【有线网络管理】 湖南有线醴陵网络有限公司是全市唯一合法的广播电视节目传输单位，经营范围为全市有线电视网络的规划、建设、管理、运营、维护，包括电视节目的收转和传送等基本业务和其他有线电视增值业务。2019年，全市有城乡数字电视在线用户5.1万户，公司信号小片网在线用户2.3万户，宽带用户1.6万户，实现经营收入2889万元。（史　晴）

《今日醴陵》报

【概况】《今日醴陵》报是由市委宣传部主办，免费赠阅的市委机关刊物。该报设计为对开四版，一版为时政要闻，二版为新闻综合，三版为文化生活，四版为热点关注；每周周二、周五出刊，年发行量1万份，覆盖全市城乡。2019年，《今日醴陵》报围绕市委、市政府中心工作，聚焦百姓民生，开设《产业项目建设年》《三创四化·齐努力》《脱贫攻坚》《全域旅游》《乡村振兴》《城乡统筹·幸福醴陵》《健康与生活》等常设性专栏；推出两会、烟花爆竹博览会、陶瓷产业博览会等重点工作特别专刊，为庆祝新中国成立70周年，推出《致敬云南支边60载——根在渌水》《追寻红色记忆》等系列报道。全年共编辑出版报纸101期，图文并茂专版报道全市热点和重点工作70余个。（史　晴）

医疗卫生

市卫生健康局

【概况】2019年3月，根据《中共醴陵市委办公室　醴陵市人民政府办公室关于印发〈醴陵市机构改革实施方案〉的通知》（醴办发〔2019〕9号）文件，将市卫生和计划生育局的职责、市民政局的老龄工作职责以及市安全生产监督管理局的职业安全健康监督管理职责整合，组建市卫生健康局，作为市政府工作部门，不再保留市卫生和计划生育局。机构改革后，市卫生健康局内设办公室、党务人事股、纪检监察审计室、宣传股、规划信息办、计划财务股、综合监管股、医政股、医改办、药政股、疾病预防控制与职业健康股、中医股、老龄健康股、公共卫生股、妇幼健康股、人口监测与家庭发展股、爱卫股17个股室（办）。截至年末，全市有各级各类医疗卫生机构686家，其中驻醴医疗卫生机构2个、市直医疗卫生机构4个、民营医疗卫生机构12个、建制镇卫生院19个、卫生院分院13个、街道社区卫生服务中心5个、村卫生室494个、诊所130个、医务室7个，有三级医院2家、二级医院10家。有执业（助理）医师2128人，执业护士3103人，有床位6251张，每千人常住人口拥有医师、护士、床位数分别为2.2人、3.2人、6.45张。

【医共体建设】2019年，醴陵市列入国家紧密型县域医共体建设试点县（市）。年内新建医共体7家，累计建成18家。县域内基层就诊率由2015年的31.2%提高至2019年的71.5%，县域就诊率由2015年的88%提高至2019年的93.8%，基层医院基本实现“治得好小病、管得住慢病、看得出大病、转得了急病”目标。先后在省、株洲市相关会议上就紧密型医共体建设工作作典型发言，医共体建设经验获《半月谈》、《湖南日报》、省委改革办《改革简报》等报刊推介。

【医改工作】2019年，全市全面落实县属公立医院党委领导下的院长负责制，二级及以上公立医院实行党政分设，现代医院管理制度不断完善。全年公立医院医疗费用增长9.8%、药占比29.8%、百元耗材21.9元、医疗服务收入占比36.8%。

【综合监管】2019年，启动综合监管年活动，推进“双随机、一公开”监管机制。整顿、规范医疗机构110家，监督检查公共场所卫生单位（理发店、游泳池）901家，检查全市餐饮具集中消毒服务单位150余次、生活饮用水卫生单位120余次、学校幼儿园300余家，下达监督意见书2255份、整改意见书516份，行政处罚86起，结案69起。医政巡查通报医疗机构193家，约谈19人，有效保障医疗安全。

【家庭医生签约服务】2019年，全市组建112支巡诊工作团队，设置372个巡诊点，定时、定点、定人为群众开展基本医疗、基本公共卫生服务和家庭医生签约等服务。全面摸底排查建档立卡贫困人口健康状况，对患有原发性高血压、Ⅱ型糖尿病、肺结核、严重精神障碍4类疾病和患有脑血管病、冠心病、慢阻肺、重型老年慢性支气管炎、类风湿性关节炎、骨关节炎6类慢性病的建档立卡贫困人口，确保无漏筛漏管，定期面对面随访，提供健康指导、发放相应的健康教育处方。截至年末，全市常住人口签约率40.51%，重点人群签约率75.66%，贫困人口签约率100%。

【健康体系建设】2019年，建立个人和家庭、政府、社会三元健康管理模式，对接“国医启蒙”团队，开展“三自一保”（个人自主、家庭自助、社区自治，保卫健康）行动，推动以治病为中心向以健康为中心转变，群众健康管理意识明显加强，成功创建国家慢性病综合防控示范区。“7·9”特大洪灾后，派出消毒防疫、医疗救助、健康宣教等204支队伍1188人，对石亭镇、泗汾镇、茶山镇、左权镇的32个村10832户进行两轮全面彻底灾后消毒，打赢灾后防疫歼灭战，获评株洲市抗洪救灾先进集体。

【健康扶贫】2019年，市卫生健康局开通“绿色通道”和“一站式”结算服务窗口，落实“大病集中救治一批，慢病签约服务管理一批，重病兜底保障一批”行动计划。抓好29种大病定点医疗机构减免救治工作，对29种大病贫困人口专项救治2058人次，减免医疗费用1167.87万元，兜底救治172人次，兜底金额11.54万元。全市贫困户就诊24535人次，县域内报销综合比例达到89.6%，顺利通过省级考核验收。

【中医药发展】2019年，加快推进国家基层中医药示范市创建，推进“设中医专区、开中医处方、写中医病历、添中医设备、用中医技术、拜中医名师、推中医经方、强中医服务、加中医绩效、创中医示范”10项举措，开办中医经典培训班3期，打造中医药专家技能传承工作室7家，74名医生通过中医类别（含助理）全科医师转岗化培训，基层中医门诊占比18.69%，收入占比15.24%，全市“信中医、爱中医、用中医”氛围不断浓厚。

【学科建设】2019年，开展“学科建设年”活动，重点推进湘东医院多学科联合肿瘤诊疗中心、中医院康复治疗中心、妇幼保健院新生儿救治中心、泰安医院肝胆胰诊疗中心、兆和医院泌尿外科疾病诊疗中心5家二级以上医院学科建设，全市治大病能力明显提升。常态化推进“湘雅乡情”活动，每周至少有18名专家在醴陵开展查房、坐诊、讲座等传帮带活动，近4年惠及6.5万人，减轻群众负担2500余万元。

【应急保障】2019年，全市打造空中救援基地，完善急救网络架构，建立全市统一的“120”急救指挥中心，群众满意度达99.8%。全市无偿献血4950人次，临床用血216.92万毫升，有效保障了临床用血。

【基层发展】2019年，全市推动“优质服务基层行”活动，配齐建制镇卫生院三大设备，建成标准化村卫生室82个，消除卫生室“空白村”2家。完成2家三级医院高血压专科门诊建设、2家镇卫生院高血压示范化门诊建设、8家基层医疗机构高血压专病门诊建设、125家村卫生室高血压监测点建设，顺利通过省高血压专病门诊和监测点县级标杆机构建设工作验收。有3家基层医疗机构上榜国家卫生健康委2019年度“优质服务基层行”表扬名单，占株洲地区的3/4，有7家基层医疗机构达到株洲市级基本标准。

【生育服务】2019年，市卫生健康管理局提前完成“两癌”免费筛查22500例、孕产妇免费产前筛查7000例、免费孕前优生健康检查7000对等民生实事。加强人口监测和预警，查处“两非”（非医学需要的胎儿性别鉴定、非医学需要选择性别人工终止妊娠）案例4例，符合政策生育率96.92%。全力保障母婴安全，全市孕产妇死亡率为零，5岁以下儿童死亡率为6.08‰，婴儿死亡率为3.04‰。

【党风廉政建设】2019年，市卫生健康局开展“不忘初心，牢记使命”主题教育活动，组织集中学习研讨3次，公开授课9次，交流研讨2次，转化调研成果7项，检视问题23个，完成省委巡查、2018年度市委书记点评党建问题和市委巡察各类问题整改7个。围绕“人均住院费用下降12%”目标，加大专项整治力度，平均降幅达6.65%，降幅最高的泰安医院达13.25%。以党建带妇建、团建、工建，持续开展“好医生、好护士”“最美乡村医生”评选，办好医师节、护士节，率先在全市开展“我是朗读者”系列活动，有效激发系统干部工作热情。严格监督执纪问责，推进全面从严治党落到实处。全年立案4起，处分4人，诫勉谈话5人，批评教育14人，提醒谈话10人，教育帮扶4人，形成震慑作用，系统党风、政风、行风进一步好转。（陈　准）

市卫生健康综合监督执法大队

【概况】2019年10月，根据《中共醴陵市委机构编制委员会办公室关于我市相关副科级事业单位调整的通知》（醴编字〔2019〕66号）文件，市卫生计生综合监督执法局更名为市卫生健康综合监督执法大队（以下简称“大队”），为市卫生健康局所属副科级公益类事业单位。内设办公室、财务室、稽查股和监督执法一、二、三、四、五股8个职能股室。年内，大队被株洲市卫计综合监督执法局授予2019年卫生监督重点工作红旗单位，大队拍摄的微课作品《突出医疗监管、净化医疗市场》获全省卫生监督微课优秀作品。

【依法行政】2019年，大队全面落实省级卫健“依法行政示范市”创建任务，强化事中事后监管，严格执行执法公示、执法全过程记录、重大执法决定法制审核“三项制度”。全年行政处罚案件85个，结案64个，同比增长57%，罚款金额17.3万元，同比增长116%，省级验收组对抽查的20份监督执法文书给予高度评价。

【监督执法】2019年，大队以保护人民健康为宗旨，全面完成国家7大类211项“双随机，一公开”工作，同时加强卫生健康监督执法力度。一是加强对医疗机构的监督管理。对医疗机构实行不良执业行为积分管理，严格执行医疗机构管理条例、校验管理办法、不良执业行为记分管理等法律法规。全力开展医疗机构不良行为整治、“保健”市场乱象百日整治、儿童近视康复治疗乱象整治、非法医疗美容整治等专项行动，监督检查208家医疗机构及相关经营单位，立案17起，罚款14.7万元。二是加强对生活饮用水的卫生监督。与水利、教育部门开展联合专项督查，立案11起。加强对1家A级、13家B级、1家C级单位的量化分级跟踪管理，抽检合格率由上年的46%提高至77%，全力保障群众饮用水安全。三是加强学校卫生监督。联合市疾控中心强化对学校卫生监督，桶装水索证率100%，索证合格率100%。累计监督抽检211家自备水源供水设施学校和托幼机构水质，覆盖率达100%；出具监督意见书300余份，对4家学校当场予以警告行政处罚，及时通报教育部门，共同督促整改落实，全力撑起中小学生健康成长的“阳光伞”。四是加强对餐饮具消毒机构卫生监督。以创建省级“食品安全示范市”为契机，上半年责令餐饮具集中消毒服务机构停产停业12家、警告4家。11月中旬启动对餐饮具集中消毒服务机构专项行动，对全市54家工商注册机构进行第一次全覆盖监督，重点督查“无证生产”“有证未改”“停产再产”情况，除5家委托加工、4家整合生产、3家注册不实未投产外，当场给予13家警告、责令整改的行政处罚。五是加强计生监督。建立社会监督机制，设立举报箱，公布举报电话，对医院、药店、保健品店、计生服务机构、个体诊所等进行拉网式排查，查处“两非”案件4例，查处未经批准擅自开展计划生育手术案件3例。

【监管保障】2019年，大队加强监管保障建设，监管能力进一步提高。一是提高公共场所卫生监督能力。以健康城市为目标，全力创建全国卫生城市，切实履行涉及“三小”（小美容美发店、小旅店、小浴室）行业整治主体责任。成立5个整治小组，日反馈，周调度，月推进，投入30余万元采购消毒柜等设施设备，走街串巷督查，持续跟进整改，全市“三小”行业卫生大变样，公共卫生事故零发生。二是提升监督协管与保障水平。全市有卫生监督协管单位26家，卫生监督协管员52名，通过加强对协管员在公共场所、医疗卫生、生活饮用水、学校卫生、餐饮具消毒等方面的安全知识培训，协管员的履职能力进一步提升，业务水平不断增强，协管工作质量进一步提高。（蔡楠莎）

市中（一）医院

【概况】2019年，市中（一）医院（以下简称“医院”）有编制床位838张，开放床位1050张。有1个全国基层名老中医药专家传承工作室，有心血管病科、肛肠科、康复科、中医骨伤科、脑病科、老年病科6个湖南省中医重点专科，有经典科、烧伤科、疼痛科、治未病科、国医馆5个中医特色专科，有31个临床病区，10个医技科室，20个职能科室及6家分院。年末有在职在岗职工1093人，其中卫生专业技术人员942人，硕士研究生65人、本科学历451人，高级职称109人、中级职称316人，有省名中医1名、株洲市名中医5名、株洲市首届中青年知名医师2名、醴陵名医10余名。全年业务收入突破4亿元，出院3.6万人次，完成手术8810台次，中药饮片使用率86.9%，中医特色治疗率81.2%，门急诊人数3.37万人次，同比增长17.9%，门诊次均费用265.46元，同比下降3.6%。

【“湘雅乡情”】2019年，“湘雅乡情”活动持续升温，来自11家医院的74名省级专家到医院坐诊、查房、手术、讲课、会诊，30余个临床科室业务能力得到提升，上万名群众从中受益。“湘雅乡情”活动有效助推优质医疗生源下沉，促进医疗卫生服务水平不断提升。年内，医院新招学科带头人1名，硕士研究生9名，专业技术人员69名，充实了医院人才队伍。医院获评醴陵市“柔性引才示范基地”及“人才工作突出贡献奖”。

【医共体建设】2019年，医院加快建设“基层首诊、双向转诊、急慢分治、上下联动”的分级诊疗模式步伐，让老百姓在家门口的医院看得起病、看得好病。分院由3家拓展至6家，神福港分院、枫林分院、恒泰分院门诊病人、住院病人数均实现两位数增长，沩山分院启动9S精益管理，提升服务品质。医院全年向基层派驻专家590人次，专家下基层查房622次、授课214次，和分院实现上下转诊2118次。

【科研教学】2019年，医院有2个科研课题在湖南省中医药管理局立项。刘双早获批全国中医临床特色技术传承骨干人才培训项目培养对象，邹玉玺入选第四批全国中医（西学中）优秀人才研修项目培养对象，陈仕恒获评省优秀中药师，李仁桂成为省第三批基层老中医药专家学术经验继承工作指导老师，巫建龙、彭亮、林清启3名中医专家在泗汾镇、板杉镇、均楚镇设立市中医药专家技能传承工作室。

【中医文化传播】2019年，经典经方湘东学术研究中心落户医院。与24家乡镇卫生院建立中医专科联盟，有利于中医药人才、技术管理资源流动。在第四次全国中药资源普查过程中，医院普查队在沩山镇发现全球极度濒危物种“丹霞兰”。夷芷鼻炎丸、四妙热痛丸、冠心舒丸、白芍胃痛丸等9个中药制剂品种取得省药品监督管理局药品备案编号。“健康大讲堂”“第一目击者”“国医启蒙”等公益培训，让健康知识“五进”行动落地有声。健步走、健康角、健康操，引领健康醴陵新风尚；三伏贴节、膏方节成为健康养生新潮流；许家栋经典经方培训班、中医经典沙龙开启中医培训新课堂。年内医院获评省“文化建设先进单位”称号。（熊　雄）

醴陵市妇幼保健计划生育服务中心（醴陵市妇幼保健院、醴陵市儿童医院）

【概况】2019年，市妇幼保健计划生育服务中心（以下简称“中心”）总占地面积0.79公顷，开设床位151张，有在岗人员392人，其中高级职称21人、中级职称127人，设有孕产保健部、妇女保健部和儿童保健部。中心医疗业务稳中向好，保健业务再创佳绩，实现总收入9816.73亿元，其中医疗收入8326.47万元。新妇幼大楼已完成箱涵建设和地勘工作，土方外运完成90%，桩基工程完成75%，年内已开始地下室底板施工。中心获2019年农村地区“宫颈癌、乳腺癌检查监测试点项目”优秀项目单位，并于11月27日顺利通过二级甲等妇幼保健院的复评工作。

【医疗质量】2019年，中心始终坚持“母亲安全、儿童优先”的服务理念，抓好医疗质量与安全管理，医疗服务能力明显增强。产科分娩2420人次，分娩人数占全市33.24%，分娩量排名全市第一。抢救危重病人24例，孕产妇死亡0例，抢救成功率100%。开展宫颈环扎手术7台，子宫切除手术1台。实施无痛分娩913人次，无痛分娩率64.6%；利用水囊术使晚孕期成功率达80%以上。新生儿科自上年被确定为“醴陵市危重新生儿救治中心”以来，危重症新生儿救治能力明显提升，年门诊量提升20%。成功救治危重症患儿1200余例，其中救治患儿最小胎龄28+2周，最低出生体重820克；成功开展全市首例脐静脉置管，填补全市空白，首次完成2例PICC置管。妇科在中南大学湘雅医院教授指导下开展骶棘韧带悬吊术3台、宫腔镜下电切术5台。儿内科收治15种危急重症病种患者，创新开展鼻负压置管技术，全年无严重医疗和护理不良事件，误诊率为零。小儿外科、乳腺外科收治住院患儿及患者560人次，开展手术375台，其中乳腺癌手术8台、乳腺微创手术约100台，乳腺癌术后化疗8人次。儿童保健科拓展儿童斜视测定检查5875人次、儿心量表2500人次、中医耳穴压豆治疗509人次。

【妇幼健康】2019年，全市孕产妇系统管理率达95.34%，0～6岁儿童系统管理率96.46%。孕产妇死亡率为零，5岁以下儿童死亡率4.42‰，达到省内优秀水平。两项民生实事高效完成。免费“两癌”筛查任务数22500人次，实际完成22528人次，完成比例100.12%。孕产妇免费产前筛查任务数7000人次，实际筛查人数7131人，筛查率101.89%。出生缺陷综合防控成效明显。各项指标控制达标，叶酸服用率达98.23%，婚检率达85.58%，孕前优生健康检查覆盖率达100.1%，早孕随访率和妊娠结局随访率均为100%，新生儿遗传代谢疾病筛查率100.15%。全市出生缺陷活产发生率逐年降低，2019年为50.49/万，达到省内较低水平。信息化建设纵深推进。一是引入检验报告自助打印设备，开通预约诊疗服务，实施手机智能导诊、预约挂号、缴费、查询等功能。二是完成全院抗菌药物分级管理模块的使用，完善权限设置，规范医生的用药行为。三是完成中医证型疾病录入和打印的相关工作。四是完成HIS-V3500存储服务器故障维修和SAS硬盘更换的相关工作。

【医联体建设】2019年，中心与省妇幼、省儿童医院建立医联体关系，依托“湘雅乡情”服务平台，拉动优势医疗资源下沉，让基层群众享受到省级优质医疗服务。邀请上级专家学科助教，全年专家坐诊53次，开展手术31台次，查房39次，开展讲座12次，接受群众咨询900余人次，医疗救治500余人。年内，中心为牵头单位，紧密联合的仙岳山街道社区卫生服务中心完成主楼升级改造并投入使用。

【院务管理】2019年，中心加强院务工作管理，为职工和患者创造干净、整洁、安全、舒适的工作和就医环境。一是更新文化建设标识，根据中心新院徽及院训等文化建设内容，更新可视化标准。二是拍摄《爱·传承·新生》纪实宣传片，回顾建院63年的发展历程。三是实行院务公开制度，召开第四届职工代表大会，让职工为医院的发展和建设献计献策。四是成立病友服务中心，提供导诊、咨询、便民志愿服务，为患者做到院前、院中、院后全程关怀，提高就诊效率，促进医患关系。五是持续开展在职党员进社区和公益医疗等工作，组织在职党员进社区20次、义诊5次。年内，中心参与全国二级医院满意度调查工作，病友服务满意度为97.1%。（朱　瑶）

市疾病预防控制中心

【概况】2019年，市疾病预防控制中心(以下简称“中心”)以“强基本、保底线、惠民生、稳发展”为总基调，各项工作均取得新突破，为全面实施健康醴陵战略、推动全市经济社会发展做出了应有贡献。中心成功承办2019年全省疾病预防控制和职业健康工作会议，顺利通过国家慢性病综合防控示范区创建评估验收，获2019年省城乡饮用水卫生监测先进单位和省“关爱女性青春期健康”——HPV疫苗早接种早保护花蕾行动先进单位。

【疫情管理】2019年，全市共报告法定传染病18种3854例，死亡4例，报告发病率、死亡率、病死率分别为370.58/10万、0.38/10万、14.81%。无甲类传染病报告；乙类传染病报告12种2386例，死亡4例，无麻疹、钩体病、传染性非典型肺炎、丁肝、脊髓灰质炎、狂犬病、乙脑、炭疽、流脑、白喉、新生儿破伤风、血吸虫病、疟疾、禽流感病例报告；丙类传染病报告6种1468例。发病数居前三位的传染病为乙肝831例、肺结核750例、梅毒502例，占传染病发病总数的54.05%。开展法定传染病报告质量和管理现状调查，漏报率为零。

【传染病监测】2019年，开展霍乱内外环境监测，5—10月期间每2月采样监测1次，完成江河水系、生活污水、医院排污水、养殖水等水样检索和水产品采样监测，共检测样品90份，均未检出霍乱弧菌。各医疗机构登记上报腹泻病人1180例，检索样品166个，均未检出O1和O139群霍乱弧菌，全年无霍乱或疑似霍乱病例发生。采集手足口病病例标本60例，经株洲市疾控中心检测反馈阳性为53例，7例为肠道病毒阴性，完成监测工作任务并及时进行阳性病例的订正。全市各预防接种门诊对7310名狂犬病暴露人员接种狂犬病疫苗，接种狂犬病免疫球蛋白1504人，全年未发生狂犬病疫情。做好不明原因肺炎与人感染H7N9禽流感疫情调查、采样和监测工作，采集送检不明原因肺炎病例样本5个，未检测出H7N9阳性结果。钩端螺旋体病宿主监测捕获鼠类50只，未检出阳性结果，发生疑似钩端螺旋体病疫情2起，经采样送检，血清抗体检测均为阴性。

【卫生应急】2019年，开展卫生应急演练，完善应急物资储备，坚持24小时应急值班，全市无甲、乙传染病暴发疫情。成功处置明月镇布鲁氏菌病聚集性疫情、青云学校食源性聚集性疫情、黄沙中学风疹聚集性疫情以及明月镇大障小学流行性腮腺炎暴发事件，未造成不良社会影响。在“7·9”特大洪涝灾害中，积极开展救灾防病工作，确保大灾之后无大疫。

【免疫规划】2019年，中心加大疫苗针对性疾病监测力度，主动网上巡视疫情，全市麻疹监测系统累计报告疑似麻疹26例，排除21例，确诊风疹5例；全年报告AFP病例3例、15岁以下儿童乙肝1例、百日咳44例，均按要求完成个案调查，无新生儿破伤风、白喉、乙脑、流脑等病例报告。全市报告AEFI病例76例，均为一般反应病例。完善儿童预防接种信息化管理，上传出生儿童信息个案122443份，其中年内出生儿童个案信息资料8213份。全年扫码接种率99.14%，儿童个案信息完整率95.87%，接种信息完整率97.37%。开展预防接种门诊和狂犬病暴露处置门诊“两个门诊”建设的分类审核验收。截至年末，全市有9家数字化预防接种门诊建成并投入使用，5家示范化预防接种门诊、22家规范化预防接种门诊、1家规范化狂犬病暴露处置门诊、24家合格狂犬病暴露处置门诊通过市级评审验收。全年开展冷链运转6次，及时下发各类疫苗，保证各接种单位预防接种需要。建立疫苗冷链智能监控平台，对全市34家预防接种单位实行疫苗冷链温度24小时监控，进一步确保疫苗的规范使用与安全。开展春秋两季入托、入学儿童预防接种证查验和补种以及免疫规划疫苗成功率和免疫水平监测等工作。参加2019年第二届“智飞杯”预防接种家长课堂演讲比赛，醴陵市选手代表株洲市参赛获得三等奖。

【慢性病防控】2019年，全市以

"国卫""国慢"创建为重点，加强慢性病患者健康管理。截至年末，全市常住人口数96.75万人，累计建立电子健康档案766696份，建档率79%。累计管理高血压患者56561人，任务完成率105.72%，其中规范管理54098人，规范管理率95.64%，血压控制达标42449人，血压控制率75.05%。管理Ⅱ型糖尿病20794人，任务完成率119.28%，其中规范管理19854人，规范管理率95.47%，血糖控制达标17665人，血糖控制率84.95%。开展碘缺乏病监测，采集盐样300份，碘盐合格率为99.33%。完成684名不明原因"三热"患者疟原虫血检工作，复查血片73张，未发现疟疾阳性病例。死因监测报告审核死亡病例6154例，报告粗死亡率为6.35‰；重点慢性病监测结果显示，全市医疗机构共报告新发恶性肿瘤1548例，心脑血管事件3406例。开展饮水型氟中毒监测、麻风病可疑线索摸排58例，对9例现存治愈病例开展随访调查。完成中英减盐项目中期调查195人，失访29人。开展土源线虫调查1017人，检测发现蛲虫、蛔虫各1例，阳性率＜3‰。组织全市33家单位624名队员参加全国第四届"万步有约"职业人群健走激励大奖赛，排名第83位，获得"全国百强健走示范区"称号。

【结核病防控】2019年，中心推进医防合作，对结核病建立疾病预防控制机构、定点医疗机构、基层医疗卫生机构"三位一体"防治模式。全年接诊初诊病人2219人，免费摄片1489张，免费查痰4569人次，免费系统管理病人768例，其中阳性396例，病原学阳性率56.9%，肺结核患者成功治愈率95.7%。筛查阳性病人密切接触者371人，筛查率100%。网络报告结核病人总体到位率达99.4%。耐多药项目痰培养465例，发现耐多药病人18例。新病原学阳性耐药筛查率75.4%，高危人群耐药筛查率48.2%，利福平耐药纳入治疗率75%。国家"十三五"课题项目——"肺结核患者密切接触者潜伏感染干预技术研究"进展顺利，其中指示病例87例，密切接触者241例，预防性服药70人。学校结核病散发疫情30起，其中当地学校14起。筛查学生患者密切接触者614人，无新发现肺结核患者。对辖区502所学校及托幼机构2019年入学（园）新生开展结核病筛查，共计筛查26379人，发现学生肺结核病例1人。

【艾滋病防控】2019年，中心根据《湖南省遏制与防治艾滋病三年行动计划（2018—2020年）》的方案要求，实施监测检测、开展宣教干预、落实治疗关怀，探索防艾新策略。自2003年以来，全市累计报告HIV / AIDS445例，其中年内新增报告133例。新增艾滋病初筛实验室2家，总数达9家，新增快速检测点20个。自愿咨询免费检测956人，发现阳性30例；艾滋病毒抗体筛查18.2万人，初筛阳性167人，确诊阳性110例。抗病毒治疗430人，新增治疗122人，免费CD4细胞和病毒载量检测520人次。有25名生活困难的艾滋病感染者和病人被纳入城镇或农村低保范围，救助贫困艾滋病人11人。

【职业病防治】2019年，完成企业从业人员职业健康体检299家6427人次，筛查职业禁忌症151人、疑似职业病人180人。体检人数较上年增加1890人，增长41%。开展重点职业病监测与职业健康风险评估工作，对61家厂矿企业的2264名作业工人进行职业健康检查，完成个案信息录入。及时完成重点职业病监测、疑似职业病人、农药中毒27例个案信息录入和网络直报。完成全市36家医疗卫生机构辐射防护摸底调查工作。完成68家企业重点职业病危害因素现场监测，对220个岗位实施了噪声监测，噪声超标岗位62个，超标率28.2%，采集粉尘样品428个，其中总尘214个、呼尘214个，总尘超标点6个，占比2.8%，呼尘超标点2个，占比0.5%。完成职业性尘肺病随访及回顾性调查875例，随访率达53.4%，其中现存492例，死亡347例，失访36例。

【监测检验】2019年，中心实验室有各类检测设备63种154台，其中A类检测设备36种71台，通过省级计量认证检测项目153项，通过县级甲等疾控机构验收项目246项。按时参加各项能力验证和比对活动，成绩均为优秀。规范质量体系运行，全年未发生责任或安全事故。完成艾滋病抗体初筛标本1594份，梅毒抗体检测标本1316份，丙肝抗体标本检测1311份；门诊职业卫生体检3289人次，各类公共场所从业人员体检1598人；各类水质检测标本748份；职业粉尘、毒物监测样品856份；食品安全风险监测采样75份，消毒包装餐饮具监测498份，盐碘和尿碘监测各300份；处理一般突发公共卫生事件2起，采集标本检测16份；完成医疗和托幼机构消毒监测标本65份；其他标本采集及检测1503份。体检科完成预防性体检15925人，较上年增加2275人，增长17%，发放健康证22531本。

【健康教育】2019年，中心围绕"三创四化""中国居民健康素养""全民健康生活方式行动"等核心工作内容，结合卫生日开展主题宣传活动15次。各镇卫生院、社区卫生服务中心开展健康知识讲座315次，受众达14217人。开展健康教育咨询330次，接受群众咨询27292人次。发放各类宣传单、宣传折页、海报等19.62万份。发挥健康教育讲师团作用，联合学校、医院、社区、乡镇卫生院开展健康教育“五进”活动，开展应急自救、职业病防治、“三减三健”等系列知识讲座47场，听取讲座的群众达5900余人。全年下发健康教育核心信息6期，刊发健康教育简报6期，利用“疾控卫士”微信公众平台传播健康知识，倡导全民健康生活方式，不断提高居民健康知识知晓率和健康素养水平。（王　婷）

市精神病医院

【概况】2019年，市精神病医院（以下简称“医院”）占地7000余平方米，有业务用房1.7万平方米；有在职职工208人，其中高级职称4人，中级职称42人，本科学历43人。医院设有精神科门诊、心理咨询门诊和精神科男、女封闭病区等临床科室及检验科、B超室、心脑电图室、放射科等辅助科室，主要承担全市精神疾病患者的管理、治疗与康复工作。全年服务门诊1.46万人次，服务住院3096人次，实现业务收入3469.25万元。

【重性精神病防治】一是做好精神疾病防治知识宣传。通过悬挂宣传横幅、展示宣传画板、发放宣传册、宣传折页和设立医疗咨询点等形式，为群众普及有关精神心理疾病的预防和保健方法。全年义诊100余人次，发放宣传折页等800余份。二是全力做好严重精神障碍患者救治救助工作。全年救治救助贫困重性精神疾病患者92人，减免救助费用22.7万元，其中医疗救治救助费用12.76万元、住院伙食费9.93万元。三是加强对全市精神疾病患者的管理工作。全年质控严重精神障碍患者健康档案1040份，电话随访患者416人。年末，全市有登记在册患者4496人，在册率4.64‰；其中在管患者4349人，在册患者年规范管理率96.73%。在册患者服药4410人，服药率（治疗率）98.09%，规律服药率90.21%。

【学科建设】2019年，医院组建专业团队，成立心理康复治疗中心。对有需求的在院精神障碍患者开展心理治疗，促进病情稳定，早日康复。对社区康复的精神障碍人员开展心理疏导、团体辅导等服务，帮助重新建立人际交往，早日回归社会。参与社会危机救援，开展危机干预，降低社会危机事件；针对心理压力大的职场工作人员、学生等开设心理咨询与疏导，帮助调节情绪、舒缓压力。医院开通24小时心理热线电话，随时接听市民求助。阳三心理康复治疗中心和自闭症儿童康复治疗中心于12月22日成立，主要收治0～6岁孤独症儿童、各种心理问题人员、社区康复的精神障碍人员等。（谭　钢）

株洲市中心血站醴陵分站

【概况】2019年，株洲市中心血站醴陵分站共采集无偿献血4950人次，采集量为8381.1单位，供血红细胞11224.5单位，血浆6359单位，机采血小板254治疗量，手工血小板272单位，冷沉淀3145单位。全市共计无偿献血报销109人次7.15万元。年内，醴陵市被授予“2019年度株洲市无偿献血先进县（市）区”。（陈　媛）

湖南师范大学附属湘东医院

【概况】2019年，湖南师范大学附属湘东医院（以下简称“医院”）进一步加强党的领导，持续深化公立医院综合改革，全面推进医院“十三五”规划的落实，持之以恒抓好重点学科、人才队伍建设，促进医院核心竞争力与品牌影响力的稳步提升，推进医院各项工作平稳、科学、可持续发展。年内，医院在湖南经视、株洲电视台及醴陵电视台播出新闻稿件近30次。在《健康报》《今日醴陵》《株洲日报》《大众卫生报》《新湖南客户端》《法制周报》《湖南科技报》《中国扶贫网》《潇湘晨报》“红网”等媒体发表新闻报道、图片新闻等167条。组织参加全国卫计系统医院主题摄影比赛，推送的稿件《浴火重生》获一等奖，《生命》获三等奖，《医患情深》获优秀奖。医院获得省医院协会颁发的医院文化建设“先进单位”称号，《湖南师范大学附属湘东医院院报》获中华医学会科普分会优秀科普作品（刊物类）奖。年内，医院切实履行建档立卡贫困户就医“先诊疗后付费”政策。开展“光明扶贫”工程，为138名建档立卡贫困户和贫困家庭的白内障患者实施免费手术。

【门急诊综合大楼投入使用】2019年，医院门急诊综合大楼顺利投入使用。门急诊综合大楼建设项目投资近3亿元，总建筑面积5.2万平方米，涵盖门诊、急诊、医技、内科病室、血透中心、培训中心、信息中心、多功能报告厅等，流程合理、功能齐全、配套设施完善。医院以门急诊综合大楼投入使用为契机，通过信息化掌上医院建设以及门诊自助诊疗，优化服务流程、简化就医手续、缩短等候时间。血透中心机位增至40张，增设内科住院床位400张，建立心血管内科重症监护病区（CCU）和神经内科重症监护病区（NICU），规范化建设发热门诊、肠道门诊，提升了医院整体服务能力和人民群众的看病就医获得感。

【综合改革持续深化】2019年，医院综合改革有新进展。响应市“120”急救中心整合建设，完善“120”湘东医院急救站设施设备，充实技术力量，建立和完善急救中心转诊、转运、院前急救和医务人员业务学习等相关流程和制度，减少危重病人的外转。医联体建设取得质的突破，与市来龙门社区卫生服务中心达成紧密型医联体建设协议。醴陵市“智慧医疗”云平台的远程诊断项目得以完善，尤迈医疗远程会诊正式落户医院，通过远程会诊服务平台，与北京协和、阜外、天坛等医疗机构的专家实现“零距离”接触。“卒中中心”和“胸痛中心”分别通过中国卒中协会、中国胸痛总部认证，建立了心血管内科重症监护病区（CCU）和神经内科重症监护病区（NICU）。重点科室建设初见规模，肿瘤科成为市重点发展专科，投入2000余万元建设放疗中心业务一期用房和引进电子直线加速器等相关设备；消化内科顺利开科，先后投入近1000万元添置内镜及内镜治疗相关的新设备，能够独立开展三甲医院重点消化专科95%以上技术。

【人才队伍建设】2019年，医院严格按照《湖南省事业单位公开招聘人员试行办法》，遵循公开、平等、竞争、择优的原则，公开招聘医、护、技等毕业生81人，其中硕士研究生11人。做好学科带头人引进和人才推介工作，引进学科带头人1名。完成2018年度高、中、初级专业技术职称人员的专业技术聘任工作136人次，其中高级人员聘任11人次，中级人员聘任38人次，初级人员聘任87人次。组织开展职工篮球赛、乒乓球赛、羽毛球赛等文体活动，丰富职工的文化生活，展现职工的良好精神风貌。动员职工参加无偿献血等献爱心活动，全年有103人次参加无偿献血活动，献血3万余毫升。

【医教研管理】一是强化医疗质量。对照三甲标准，持续改进，稳步提升医疗质量。认真落实十八项医疗核心制度，重点抓好首诊负责制、查房制度、交接班制度、危重病人抢救制度、疑难危重病例讨论、手术审批、手术安全核查以及病历书写等制度的落实；认真进行重大和新开展手术的审批，加强对新技术、新项目的准入管理，严格进行医疗质量与安全检查；强化风险防控，进一步强化医务人员风险意识，抓好医患沟通能力培训，全面加强医务人员沟通、协调、服务意识与能力，稳步提升医疗风险预警、管理、处置的能力与水平。二是持续深化优质护理服务。优质护理服务覆盖率100%，优质护理病房患者满意度95%，医生对护理工作满意度90%，出院患者回访率达70%以上，专科患者回访率100%，患者心理护理覆盖率100%，健康教育覆盖率100%，健康教育知晓率达95%以上，年度内未发生护理事故及护理严重差错事故，住院患者跌倒或坠床、压疮风险评估率100%；设立护理副院长－护理部主任－护理副主任（科护士长）－护士长的护理组织管理体系，推行护士长轮岗制。三是医教研协同发展。成功举办7项授予一类学分的省级继教项目，填补了医院省级继教项目的空白。全年申报科研课题10项，有3项获立项，组织了专项基金科研诚信、生物医学伦理和科研课题开展的督查工作。新招录研究生6名，增选硕士研究生导师1名。

【后勤保障】2019年，医院筹资近1.5亿元，引进64排CT、16排CT、高能加速器、1.5T核磁共振、高端消化内窥镜系统、四维彩超、盆底彩超、大型生化仪等满足诊疗需求的先进设备设施。投资近1000万元加强信息化建设，建设了标准化的信息机房，完善了“掌上医院”“智慧医疗”云平台，完成LIS系统、体检系统、病案系统的升级改造，完成HIS系统与弱电系统接口的开发，四大系统互联互通更为流畅。整合后勤相关部门，成立后勤服务中心，完成洗衣房社会化改革。

【党建工作】一是开展“不忘初心、牢记使命”主题教育。通过开展集中学习、专题党课、知识竞赛、重温入党誓词等活动，将“不忘初心、牢记使命”主题教育与医院中心工作紧密结合，坚持党员带头、以上率下的工作导向，活动取得明显成效。二是抓好支部建设。各支部严格按要求抓好“三会一课”、主题党日活动，全年组织开展主题党日活动120余场次，专题学习研讨40余场次。党委成员、支部书记为支部讲授党课近30场次，各支部均建立微信、QQ群，增进党员之间的学习交流。按照党委要求，召开领导班子民主生活会2次。同时，各支部均按要求组织召开组织生活会，对全院411名党员进行了民主评议。严把“入口关”，全年共发展党员7人，集中培训入党积极分子、预备党员

21人次。推进了党支部“五化”建设与党员积分管理工作。三是持续深入抓好廉政建设。坚持关口前移，进一步规范程序流程、完善制度机制；着力加强纪律教育、廉政教育、警示教育，充分利用廉洁风险防控平台等信息化手段，抓好敏感区域、重点环节的廉洁风险防控；进一步强化纪委的日常监督作用，加大执纪问责力度；坚持纠建并举，突出抓好行业作风专项整治；坚持“三重一大”议事决策机制，全年召开党委会、院长办公会60余次，所有“三重一大”事项均做到集体领导、民主集中、个别酝酿、会议决定。（徐安利）

南华附二醴陵兆和医院

【概况】2019年，南华附二醴陵兆和医院（以下简称“医院”）开设临床医技科室近20个，有床位500余张，医疗业务用房面积近4万平方米。全年诊疗1.2万人次，开展大中型手术近6000例。年内，患者满意度持续保持在96%以上，员工满意度达99%，成功入围全国民营医院300强（227名）。

【医院管理】2019年，医院通过整合MDT科室、调配人力资源、牵手省级医院（南华大学附属南华医院、中南大学湘雅医院）等方式，朝着外科微创化、内科医技化、医技诊疗化方向发展，在泌尿、康复、血透、骨伤疼痛、普外、消化内科等方面取得一定口碑。其中泌尿外科有高级职称医师5人、病床近80张，形成以治疗尿结石与前列腺两大泌尿疾病为主的科室特色，是市重点学科。年内泌尿外科住院患者达2900人次，开展手术2000余台。

【医共体建设】截至年末，医院分别与长庆示范区社区卫生服务中心、市黄沙卫生院、市左权镇新阳卫生院组建医共体，实现了人、财、物、事统一管理，有效保障了医共体良性发展。基层医院在院容院貌、医疗水平、服务能力和老百姓满意度方面均得到显著提升。基层首诊、双向转诊、急慢分治、上下联动的分级诊疗模式落实到位，方便群众就医，黄沙及长庆两家分院全年上转病人512人次、下转病人196人次。（程　洁）

泰安医院

【概况】2019年，市泰安医院（以下简称“医院”）有职工298人，其中高级专业技术人员19人（正高5人，副高14人）、市十大名医2人，市“好医师”1人。医院进一步完善阳三石街道社区卫生服务中心服务大楼的升级改造，使其成为集电子信息化门诊优质基本医疗、预防保健、康复、健康教育、计划生育指导、医疗卫生服务等智能综合性的服务大楼，被省卫健委审批核定为全市首家社区医院。医院技术托管的浦口卫生院在全市卫生系统获得公共卫生服务工作第二名。年内，与船湾镇清水江卫生院签约为医共体单位，并对其进行升级改造，同时与明月镇贺家桥卫生院、嘉树镇卫生院、东富镇卫生院枧头洲分院、石亭镇卫生院等建立医疗联合体医院。

【医改工作】截至年末，医院有阳三石街道社区卫生服务中心、浦口镇卫生院、清水江卫生院3家紧密型“医共体”医院和石亭镇卫生院、嘉树镇卫生院、贺家桥卫生院、枧头洲卫生院4家松散型医联体医院，对3家紧密型医共体医院分别派出有固定的技术和管理骨干进行帮扶。每月安排2次以上的坐诊、查房、教学，组织大型义诊4次，受益群众达800人次。根据医共体单位的具体要求组建专家团队进行指导，全年安排人员下乡近400人次，分批次组织专家到医共体单位进行徒手心肺复苏、急性心衰的处理、胸腔穿刺及消化道出血处理的知识讲座，免费接收清水江卫生院工作人员到院进修心内科、B超和心电图，提高基层医疗工作人员医疗技能。对医联体单位护理人员进行输氧、静脉输液、徒手心肺复苏、无菌技术操作等常用护理操作技术集中培训。每个医共体建立微信群，为疑难病例讨论及重症会诊提供快捷途径。自签约启动以来，医共体医院共上转病人1080人次，下转病人1030余人次。

【健康扶贫】2019年，医院全面落实健康扶贫优惠政策，实行“先诊疗后付费”和“一站式”结算，为贫困患者就诊提供绿色通道。阳三石社区管理的747名贫困户、128名慢性病患者和浦口镇卫生院管理的2289名贫困户、130名大病患者、420名慢性病患者均实行家庭签约管理、面访、体检等工作。完善3.0系统扶贫电子录入，浦口镇卫生院转诊到泰安医院的住院病人可享受优先诊疗、“绿色通道”、“一站式”医疗服务、降费5%等优惠政策，尽可能为贫困患者降低医疗费用。

【党建工作】2019年，医院围绕“健康醴陵”工作目标，推进党支部的“五化”建设。全年召开支部委员会13次、党员大会6次，上党课14次。开展重温入党誓词、参观革命烈士纪念馆和禁毒教育基地、“不忘初心、牢记使命”主题教育学习、学习青年共产党员黄文秀的先进事迹、到医共体单位坐诊和义诊等活动。全年医院党支部组织到各个医联体单位坐诊、查房276人次，分别到阳三石、贺家桥、嘉树、清水江义诊7次，义诊人次近千人。建立泰安医院党建微信群，利用“学习强国”管理平台自学党建知识。开展“不忘初心，牢记使命”主题教育，督促党员干部加强理论和业务知识学习，主动对标对表、查找问题，整改提升。“7·9”特大洪灾期间，医院门诊、前后坪、地下室入口均被洪水围困，医院党支部带领全体员工全力以赴，使险情得到控制，地下室未被洪水淹没，重要设备得以保护，避免可能造成的重大经济损失，保障患者的生命安全。洪水过后，医院党支部立即组织全院职工进行灾后清理消毒，仅用半天时间恢复医院各部门正常运转。党支部先后组织防疫人员约200人次深入阳三石社区、船湾镇和石亭镇进行灾后防疫及消毒工作，对水淹公共场所、受灾房屋及周边、所有饮用水井等进行全面消毒，累计消毒水井约300口。为灾区人民发放消毒物资并广泛开展了消毒知识培训及防病宣传工作，共发放84消毒液50件，漂白精5件，宣传资料1万份，受益群众累计2万人次。（杨胜求）

区·街道·镇

长庆示范区

【概况】2019年，长庆示范区全体干部职工积极工作，开拓进取，各项工作均取得一定成效，获株洲市“安全生产工作先进单位”称号。托管来龙门街道的珊田、马脑、清潭、长庆寺、黄沙、双江6个村，其中马脑村获“株洲市文明单位”“美丽乡村建设示范村”等称号。全年税收任务为5800万元，实际完成6401万元，完成率为110.36%，完成率在全市区、乡镇、街道中排名第三。

【经济工作】2019年，长庆示范区经济工作稳步提升。一是产业突围进展顺利。13家工业企业实现年生产总值18亿元，增长13%。新增2家“小升规”工业企业，2家服务业“小升规”企业进入审批程序。新增8个工业固定资产投资项目，实现投资1.6亿元。二是村级经济不断壮大。变“闲钱”为“活钱”。引导各村因地制宜，投资开发集体资源，成立村级合作社、村级股份公司等特色经济实体，变资源为资产，破除集体经济空壳村。变“资金”为“股金”。引导各村合理调配使用集体闲置资金，入股优质发展项目，增加股权收益。年内，珊田村集体经济年收入突破400万元。变“独唱”为“合唱”。引导各村充分认清自身“长短腿”，取长补短，实现“跨村合作”。三是征地拆迁有成效。拟出让碧桂园三期项目用地，该项目已于2016年完成征拆腾地清零验收；年内已出让土地清零5宗，分别是中石化加油站项目、时代金属项目、恒泽公司项目Ⅰ、渌水明珠置业、恒泽公司项目Ⅱ。全年完成征地28.2公顷，完成腾地21.47公顷，拆迁房屋17栋；查处违法建设10处，查处违法建设占地面积1034平方米，建筑面积1906平方米；依法强拆违法建设4户，强拆建筑面积967平方米。

【民生事业】脱贫攻坚工作，完成61个纳入项目库项目的申报和公示工作，为10户贫困家庭提供公益性岗位，为17名符合条件的贫困学子申请“雨露计划”，完成3户贫困户危房改造，有27户55人享受社会保障兜底政策。民政社保工作，完成各类保险收缴工作，新增城镇就业200人，申报促进小额担保贷款1人。人居环境整治工作，关停3家搅拌站和2家泡沫厂。紧抓“四好”农村路建设，对高铁连接线与106国道及区村道路进行提质改造。清潭村李家铺污水处理厂完成验收并投入使用，解决近20户养殖户和4个村民小组的污水排放问题。“监督服务微信群”建设工作，建立微信群12个，村民进群率100%，实名率95%以上，在群内为群众解答各类咨询、解决各类问题270余个，充分发挥微信群在监督服务、政策宣讲、政务公开等方面的作用。农林水利工作，加强农村基础设施建设，逐步改善农业生态环境，全区休耕162.09公顷，其中双江村和黄沙村已休耕3年，年内在准备复耕的各项工作。建立土地确权台账，将农村土地承包经营权证发放到户。（李艳玲）

来龙门街道

【概况】2019年，来龙门街道辖7个村、8个社区，实际管理来龙门街道辖区的东岸村和文庙、北门、胜利、四塘、马放塘、狮子坡、丁家坊、上洲8个社区，以及国瓷街道辖区的八里庵、姜湾、国光、车顿桥、五里牌5个社区（来龙门街道所述年鉴内容均以实际管理范围为依据），管辖面积24.88平方公里，城市管理面积是全市建成区面积的五分之三，有户籍人口10.7万人。街道党工委下辖12个党委、3个党总支、101个党支部（包括5个直属支部）和183个党小组，有党员2804人，党政班子成员职数为11人。

【经济工作】2019年，来龙门街道完成规模工业总产值17.7亿元，比上年同期增长23.3%；实现商业企业销售额21.59亿元，比上年同期增长19.27%；完成固定资产投资3.43亿元；新增限额以上商业企业2个，另有6家企业资料上报了株洲市统计局，待上级审批入规；组织开展小分队招商活动3次，新签约项目3个，完成招商引资5.08亿元；完成税收4.23亿元，为全年任务的100.2%。年内，来龙门街道开展企业帮扶工作。建立党政领导班子成员联系重点工程、重大项目和重点企业制度，及时协调解决出现的问题和矛盾，为企业发展解难，为产业发展助力。采取宣传板报、宣传标语、现场政策解答等形式，联合市委办、市财政局等单位组织村、社区和辖区内60余家企业开展企业帮扶主题活动2次，帮助企业现场解答、解决问题21个。年内，获评市“产业活动项目建设年”活动红旗单位、温暖企业“三百”行动红旗单位。组织开展第四次全国经济普查工作，辖区设61个普查小区，历时1年，18名指导员和77名普查员共同参与，清查、登记法人单位及产业活动单位1392家、个体户11088户，普查对象数量占全市的六分之一，成为全市唯一获评“湖南省第四次经济普查先进单位”称号的单位。

【征拆工作】2019年，来龙门街道共有征拆项目29个，涉及清零项目12个，需征地77.73公顷、腾地122.67公顷、国有土地收回52.17公顷和房屋拆迁612户。年内完成征地26.73公顷，腾地39.6公顷，国有土地收回9.77公顷，拆迁343户，房屋拆除276栋（套），完成水文站、大桥北匝道、莲株高速与醴陵大道交会处等15个项目的验收。

【社会治理】2019年，来龙门街道深入开展社会治理行动，社会大局和谐稳定。一是提升城市管理水平。组织开展“八小行业”（小餐饮店、小食品加工店、小熟食店、小理发美容店、小旅馆、小歌舞厅、小浴室、小网吧）和“六乱”（乱搭乱建、乱停乱放、乱摆摊、乱拉挂现象、乱堆挖现象、乱张贴现象）整治行动，成功取缔江源桥下百人麻将馆、姜湾马路市场和大坡里马路市场，城市环境更加整洁有序，获评市城市创建红旗单位。在“7·9”特大洪灾期间，作为城区受灾最严重的街道，灾后迅速组织机关、村、社区工作人员、辖区志愿者，发动居民参与灾后清扫行动，快速恢复城市秩序，获评市“抗洪救灾”先进单位。二是提升社会治理能力。抓牢社会治安综合治理。全力打造株洲市规范化戒毒康复室，开展“扫黑除恶”专项斗争，组织开展“平安创建”系列活动，辖区发案率明显下降，群众安全感明显提升。做好信访工作，积极调处、化解矛盾纠纷，成功化解瞿某某、黄某某等信访积案，签订息访协议。在新中国成立70周年大庆特护期间，对辖区内所有重点人员逐一落实“人盯人”“三班倒”的稳控措施，实现“五个不发生、三个零”的工作目标。抓实网上群众路线工作。依托“醴陵为民”网上群众路线微信群工作，建立村（社区）级微信群79个，入群人数21574人，入群率超过90%。受理群众诉求418起，解决393起，在办25起，提供便民服务620次，开展宣传教育454次，公示公开11次，舆情管控34次，群众足不出户就可以反映问题、解决问题，便民利民服务触手可及。抓细基本公共卫生服务。为辖区常住居民建立统一规范的居民健康档案，免费为辖区老年人提供1次健康体检活动，组织开展健康教育、预防接种、0～6岁儿童健康管理、孕产妇保健、慢性病管理等服务，对342名重性精神病患者进行登记管理，规范化管理288人。组建4个医疗巡诊服务工作团队，定期开展进社区（村）入户等主动连续的医疗服务，共巡诊37次，服务1004人。三是抓牢网格化服务管理。截至年末，网格员共采集录入人口信息122067条，走访帮扶困难群众8546人次，上报事件（各类隐患、问题）12861件、社情民意2788条，为居民帮代办各类事项16356次，涌现了刘春娇、李权、吴利平、刁彩霞等全市“最美网格员”和“优秀网格员”。四是抓好无物业管理小区业主自治。发挥“居民自治”的主动力，组织醴泉花园、教师园一期2个小区召开业主大会，成立业主委员会，通过《小区业主大会议事规则》等规章制度，对小区管理方式和物业服务费标准进行表决，启动改造门岗、完善监控、疏通排污等工作，让老旧小区旧貌换新颜，得到居民群众的点赞。年内，来龙门街道被评为国家司法部“大排查、早调解、护稳定、迎国庆”专项活动表现突出集体，株洲市安全生产工作优秀单位。

【党建工作】2019年，来龙门街道从多方面着手，扎实推进党的组织体系建设。一是抓好“不忘初心、牢记使命”主题教育学习。

牢牢把握“守初心、担使命、找差距、抓落实”总要求和“理论学习有收获、思想政治受洗礼、干事创业敢担当、为民服务解难题、清正廉洁作表率”5个具体目标，明晰学习时间和任务清单，通过精研细读、丰富载体、强化指导等举措促学督学。二是抓好主题党日活动。组织开展以“传承好家风，共筑和谐家园”为主题的朗诵、为庆祝中华人民共和国成立70周年举办的“不忘初心，牢记使命”文艺晚会、徒步忆长征等系列“党建+”主题党日活动和“主题党日+”活动，使党建工作丰富多彩。三是抓好党员队伍建设。在强化书记抓党建“第一责任人”的基础上，每名街道党工委委员联系一个党建工作指导点（基本以驻点村、社区为主）、一批入党积极分子、一个以上非公有制经济组织党支部，定目标、定责任、定措施强化规范管理。组织14个村（社区）到浙江省杭州市等地学习城市基层党建工作先进经验和创新做法，组织各村（社区）党建专干业务知识培训2次，提高基层党员干部的工作能力。落实发展党员政治审查制度，发展35岁以下的青年党员，做好从产业工人、高知识群体以及非公有制经济组织、社会组织中发展党员工作。年内，共发展党员10名，入党积极分子24名。四是抓好党建品牌打造。完成68家“五化”党支部建设，80%以上的党支部达到“五化”标准。打造好马放塘、四塘、北门、五里牌等社区的城市党建和金塔集团等非公企业党建，在五里牌社区创新性的引入“有声党建”，让党建工作有“声”有色，助推五里牌社区软弱涣散党组织“摘帽”。五是抓好党风廉政建设。一方面定期组织村、社区纪检员进行业务知识培训，开展廉政文化“六进”（进机关、进社区、进家庭、进学校、进企业、进农村）工作，增强党员干部廉政意识和拒腐防变的能力，另一方面全力推进“雁过拔毛”式腐败问题、“治陋习、树新风”、“扫黑除恶”等专项整治，接到各类问题线索3起，了结信访件3起，立案4起，对4人进行党纪立案调查，结案3起，纪律处分3人，协审案件7起。六是抓好思想政治工作。抓好舆论引导，明确2名舆情信息员和1名网络评论员，加强对突发事件的舆论上报和引导，上报舆情信息20条，回复各类网上舆情信息10余条；发动2600余人参与“学习强国”的平台学习，参与度和日均积分均排名全市镇（街道、示范区）前列；积极征订党报党刊，对辖区内40余家大小网吧进行不定期检查督查，规范网吧运营管理；利用报纸、杂志等媒体和网站、微信等平台抓好各类宣传信息推送工作，推广身边好人200余人次，在“株洲组工”“醴陵组工”和“醴陵发布”等各级媒体发布信息30余篇，《我把“青春祖国”读给你听》等信息被“株洲组工”网推介报道，宣传来龙门街道的各项工作，树立积极正面的良好形象。（黄远水）

阳三石街道

【概况】2019年，阳三石街道完成财政税收35707万元，为任务数的100.29%，总量和完成数均在全市前列；完成规模以上工业产值34.86亿元，同比增长13%；限额以上企业零售额为9.99亿元，同比增长11.9%；完成固定资产投资6.6亿元，为任务数的83%；新增“四上企业”（规模以上工业企业、资质等级以上建筑业企业、限额以上批零住餐企业、限额以上服务企业）9家。年内，阳三石街道各项社会事业持续推进。土地矿产品交易市场、阳东一路、县阳路雨污分流等8个项目实现全面“清零”，多年项目遗留问题得到历史性破解。五环都会不动产权证发放工作进展顺利，业主自发赠送锦旗。全市最大临时过渡市场——阳三石临时过渡马路市场成功搬迁，金荣生鲜市场正式启用，阳三路真正实现还路于民。召开企业家座谈会暨议教工作会，株洲时代金属制造有限公司、湖南醴陵阳东磁电股份有限公司、湖南建宸置业有限公司、湖南泉湘陶瓷有限公司等企业捐赠教育专项资金近60万元，重教兴教氛围浓厚。新增就业人数1809人，1002名失业人员、405名就业困难人员和23户零就业家庭实现再就业，为1600户2828名城乡低保户、五保户和341名优抚对象发放民政救济经费1.18亿元。面对“7·9”特大洪灾，街道党员干部迅速响应、沉着应对，确保无人员伤亡、无房屋倒塌，群众生产生活第一时间得到恢复。动员党员干部群众参与“大爱瓷城·灾后重建”主题募捐活动，筹集“99公益捐款”56.99万元。组织举办趣味运动会和秋游美食竞赛活动，增强干部凝聚力和归属感，主动谋事、主动干事成为新常态。年内，阳东社区获评省“和谐社区创建单位”，立三村获评株洲市“美丽乡村建设示范村”。（刘　琼）

仙岳山街道

【概况】2019年，仙岳山街道下辖6个行政村、4个社区，169个村（居）民小组，有市直行政事业单位38家，工业企业43家，其中规模企业30家。全年完成财政税收15362.7万元，完成全年任务的102.5%；累计完成工业生产总产值60.76亿元，增长18.12%；规模以上批零餐饮业营业额8.74亿元，增长19.66%；工业固定资产投资申报入库5.7亿元；新增“四上”企业6家。

【经济建设】2019年，仙岳山街道依托“产业突围”战役，推进温暖企业“三百”行动，落实党员干部联系企业制度，以产业稳定快速发展助推街道高质量发展。全年开展4轮辖区企业集中走访，开展2次温暖企业“三百”行动主题活动，召开银企座谈会，为醴陵市华盛瓷厂、醴陵市明辉瓷厂、醴陵市精艺陶瓷制造有限公司等12家企业引入银行资金约4000万元；多次召开现场会议，协助醴陵市三塘瓷业有限公司、醴陵市鑫强瓷厂、醴陵市鸿鑫陶瓷制造厂、醴陵市精艺陶瓷制造有限公司等企业解决厂房扩建（改造）诉求，企业向自动化、智能化转型升级。指导辖区28家企业安装“醴企帮扶”APP，协助企业发布各类诉求17条，解决（答复）率达100%。协助燕园生态农庄项目扩征土地2公顷，引进湘游综合服务大厦过亿项目，火宫殿、唐羽茗茶等过千万元项目入驻“一江两岸”酒吧街。企业发展实力更雄厚，发展方向更趋多元化。全年完成征地11.99公顷，完成腾地16.09公顷；签订拆迁协议165户，拆除176户。验收清零项目有“一江两岸”南街酒吧街停车场、“一江两岸”南岸安置区（原机器厂生活区）、望江楼（补征地）项目、江源大桥连接线储备土地等16个。开展产权改革工作，组织年收入6万元以上的村级集体将经营性净资产折算成股份，并量化到每个经济组织成员，通过土地流转、门面出租、盘活资产等途径提高村级集体收入；全面开展农业面源污染排查整治，推进种植结构调整技术指导，加强辖区货源单位摸底及超限超载治理等工作，进一步夯实农业农村发展基础。

【城乡提质】2019年，仙岳山街道通过开展环境卫生综合整治、污染源防治、道路绿化等措施，推动城乡环境改善提质。完成市创建办交办整改439处，开展“大清扫”行动459次；对辖区垃圾池开展集中整治，清除垃圾近1000立方米，对辖区15处工业固废垃圾堆放点进行全面清除，加强渌江河等开放水系的环境治理，开展水体专项综合治理10余次，对二圣河源头万宜村养殖污染采取整村推进三级沉淀池建设，实现源头截污。联合相关部门对散乱污企业实行“两断三清”（断水、断电，清原料、清设备、清产品），督促企业落实环保主体责任。对菜市场、门店等开展整治，取缔4处临时马路市场；完成233户改厕工作并通过验收。组织大型拆违行动22次，拆除违法建设面积2856平方米，拆除率100%；整改“四类房”32户，整改率100%；植树4.4万余株，打造“五边”绿化示范路段7.5公里；制作大型围墙宣传广告46处、制作户外宣传牌529块，让核心价值观宣传融入百姓生活；出动文明劝导员298人次，开展志愿活动59次，完成志愿服务系统6000余人次账号注册及信息录入工作。

【社会治理】2019年，仙岳山街道开展信访工作“四大攻坚”（重点领域、重点群体、重点问题、重点人员的化解攻坚战）“三无”先进单位创建和“平安稳定风险排查”活动，走访村（居）民1.3万余户。化解信访积案3起、成功调处矛盾纠纷52起，调解履行率100%。以打击“黄赌毒”为重点，联合派出所开展集中清查行动12次，聘请12名巡逻队员巡查重点路段，辖区发案率明显下降，群众安全感和满意度明显提升。成立退役军人服务分站，为157名退役（转业）人员办理社会养老保险补缴、农村籍退伍老兵生活补助等。开展平安创建，评选“平安家庭”模范户78户、平安小区4个、平安企业9家。组织计划执法检查4次，专项执法行动18次，日常检查78次，出动执法人员270人次，检查生产经营单位47家，排查并整改安全隐患77处。健全消防安全日常管理，联合派出所开展消防安全大排查、大整治活动6次。联合职能部门开展食品安全检查，保证食品安全“零事故”。在“7·9”特大洪灾期间，组织2230户、8700名受灾人员及时疏散、转移，发放救灾物资400余箱，组织车辆、机械70余台，清运灾后垃圾2000余吨，及时处置灾后隐患点20余处，协助6户居民办理保险理赔、60户居民申领冬春救助、14户因灾受损房屋得到修缮补偿、4户灾后倒房重建补助；组织党员群众200余人（次）支援茶山镇、石亭镇灾后重建；发动辖区企业、爱心人士2.6万人参与捐款，筹集善款41.8万元，腾讯基金会另配捐4.3万元。

【民生事业】2019年，仙岳山街道脱贫退出7户20人，超额完成市扶贫办下达目标。便民服务中心全年累计接待群众6200余人次，受理办理各类证件、信息登记、手续变更等事项6000余件；办理“12345”政府服务热线受理事件153件，打通为民服务“最后一公里”。全年新增城乡低保对象51户129人，新增特困供养对象8户9人，发放低保金、救助金等680万元。年内辖区内共出生315人，政策外出生4人，出生政策符合率达

98.7%。全年投入1140余万元修缮村组道路6.85公里，修缮山塘水库等水利设施12处，完成自来水、天然气接入等民生实事10件。推进网上群众路线，街道分层建群198个，有22483人入群，处理群众诉求493件，办理满意率达100%。“壹乐园·儿童服务站”项目、“阳光花季”未成年人成长护航项目落户碧山社区，“家校共育”项目落户南门社区。启动社区卫生服务中心医生巡诊制，落实健康档案建立、家庭医生签约服务等工作，设置17个社区卫生服务中心医生固定巡诊点；建成居家养老服务中心1个、老年人日间照料中心4个、小区养老驿站1个，辖区60岁以上老人养老服务全覆盖。建立“书香醴陵”、阅读“五进”活动场地5个，设立图书角19个，书院社区设立特色书屋。

【党建工作】2019年，仙岳山街道开展“不忘初心、牢记使命”主题教育，组织集中学习、专题研讨、专题党课170余次，组织文艺汇演、红歌赛等乐学活动40余场，轮训党员超1000人次；30个党支部通过“五化”支部验收，培养入党积极分子44名，发展预备党员8名，转正党员10名，为党组织注入新活力。将党建工作与重点项目建设等中心工作深度融合，结合在职党员进社区、“两代表一委员”工作室等多重机制，联合辖区企事业单位党组织开展扶贫帮困等主题活动60余次，“党建+”成效明显。成功召开建党98周年暨“七一”表彰千人大会，举办“我和我的祖国”党群文艺会演庆祝新中国成立70周年。明确领导班子党风廉政建设重点职责和任务分工，打造60余米廉政文化长廊，营造“廉洁自律、廉荣贪耻”的浓厚氛围，推进全面从严治党向基层延伸。（罗海娟）

国瓷街道

【概况】2019年，国瓷街道辖7个村、5个社区，其中5个社区划归来龙门街道托管，实际管理玉瓷、华塘、石塅、古城、土株岭、横店、姜东7个村（国瓷街道所述年鉴内容均以实际管理范围为依据），有228个村民小组，总户数5671户，总人口数28536人，总面积51.57平方公里，其中有耕地面积590公顷、山林面积2010公顷，森林覆盖率达42%。辖区拥有湖南港鹏实业有限公司、湖南省醴陵市环宇陶瓷实业有限公司、醴陵瑞祥瓷业有限公司等19家规模以上企业，商贸发达。座落于辖区的醴陵·世界陶瓷艺术城是醴陵市标志性景点，凤凰山城市主体公园全面启动建设。

【产业发展】2019年，完成规模工业总产值15.23亿元，同比增长15.8%，引进固定资产投资项目18个，实现固定资产投资额5.1亿元。引进世昌混凝土责任有限公司、源美瓷业有限公司项目2个；鼓励辖区企业进行智能化生产线的转型升级，湖南省醴陵市环宇陶瓷实业有限公司智能化生产线以及相应的厂房配套设施建成投产。

【项目建设】2019年，完成征地55.51公顷，腾地121.65公顷，签订协议149户。其中石塅陶艺雅园安置区完成征地4.67公顷，腾地4公顷，签约6户，城北家园安置区完成征地5.6公顷，腾地5.6公顷，签约8户，陶子湖项目完成腾地59.67公顷，签约73户，姜村储备土地完成腾地13.33公顷，培智街区完成腾地6.67公顷，签约25户。茶塘安置区二期、茶东路一期、东城大道（国瓷段补征）、331省道醴陵屏山至芦淞区栗塘村公路（醴陵黄沙至周家段）等11个项目实现征拆清零。

【安全生产】2019年，国瓷街道宣教结合，开展防事故保平安、安全生产月等宣传活动，组织开展安全生产培训，有100人次参训。强化安全风险防控，排查企业16家，排查隐患27条，现场整改24条，限期整改3条，下达现场处理措施决定书24份、责令限期整改指令书1份。开展专项整治行动，查处烟花爆竹零售门店超药量、超规格经营等违法违规行为和突出问题，对8家无证经营烟花爆竹零售店予以取缔；摸底排查经营、使用、储存危险化学品企业数量，筑牢安全生产防线。

【综合治理】2019年，国瓷街道营造宣传氛围，发放“给居民的一封信”1.2万张，张贴公告300张，悬挂横幅70条，发挥和调动群防群治队伍作用，扎实有效开展日常巡逻，确保治安秩序平稳。主动排查，及时化解，构建起人民调解、行政调解和司法调解“三调联动”的工作局面，排查各类矛盾纠纷问题231起。做好特护期安保工作，接待群众152批436人次，成功调解纠纷51件。

【脱贫攻坚】国瓷街道有建档立卡贫困户176户631人。2019年，国瓷街道按照“一户一策”的要求，根据贫困户实际情况实施帮扶措施，脱贫7户18人。全年教育助学惠及84户105人，申报5户危房改造，申报72项2020年脱贫攻坚项目，为30余名贫困人员提供了就业岗位；开展健康扶贫，联合社区医院为300余名贫困户送去免费医疗服务，落实

35户贫困户“户帮户亲帮亲互助脱贫奔小康”活动，组织贫困户开展“10·17”消费扶贫主题活动，帮助40余户贫困户销售各类蔬菜、蛋禽800千克，实现农产品交易额2万余元。

【“三创四化”工作】2019年，国瓷街道集中排查和整治跟踪辖区内50家“八小行业”门店，引导30家无证门店办理相关手续，以“三清一改”（清理农村生活垃圾、清理村内塘沟、清理畜牧养殖粪污，改变影响农村人居环境的不良习惯）行动为抓手，持续开展周五全民大扫除活动，清理生活垃圾及畜禽养殖粪污等农村生产废弃物。推动垃圾分类试点，发放1700套垃圾分类配套设施，7个村可回收资源贮存分拣中心均投入使用。推进厕所革命，完成6个村173户农户厕所改造验收，做到非卫生厕所必改，贫困户、五保户、低保户优先改。开展环境保护工作，取缔7家采石洗砂场并复绿，联合执法部门对辖区恒臻建筑材料贸易有限公司、海运搅拌站、德昌石料加工销售部3家混凝土企业进行断电处置，并依法予以取缔。成功创建石塅村、土株岭村2个省级卫生村和华塘村、姜东村2个株洲市卫生村。截至年末，国瓷街道共有省级卫生村5个，在全市率先实现株洲市卫生村全覆盖。

【民生实事】2019年，国瓷街道为632名贫困对象录入就业岗位信息，新增城镇就业805人。有3个村成立老年人协会，7个村成立红白理事会。建立健全计划生育特殊困难家庭“一对一”联系制度，落实关心关爱计划生育家庭政策。新增家庭医生签约115人，老年人体检1257人，成立4个巡诊工作队，设立10个巡诊点，分片包干，落实巡诊工作机制。开展“四好”公路建设，完成4条道路路基建设；开展“百万绿荫”活动，种植杉树、香樟、柚子、红叶石楠等树木6万余株。

【党建工作】2019年，国瓷街道有7个党总支，26个党支部，其中18个村党支部、1个机关党支部、1个机关离退休党支部、6个非公有制党支部，有党员879名。年内，开展“不忘初心、牢记使命”主题教育，组织集中学习33次、上专题党课11次、集中学习研讨3次、理论测试10次、调研走访30余次，形成调研报告12份并转化为实践成果。通过集中培训、送学上门、网络培训等形式组织788名党员开展冬春训。走访慰问因病致贫致困群众、困难党员等对象77人，发放慰问金5.25万元。开展党支部“五化”建设，16个党支部完成“五化”建设并验收。（殷婕敏）

李畋镇

【概况】2019年，李畋镇下辖2个居委会，14个村，总面积122平方公里，总人口68321人，镇政府驻地南桥居委会。全镇产业特色明显，以烟花爆竹及其相关配套产业和黄金矿产开采为主，是全市花炮企业最多和花炮产业集聚度最高的乡镇。

【产业发展】2019年，李畋镇依托商贸经济、基础设施、生态绿化、集镇改造四大类重点项目，开展“产业项目建设年”活动，加大招商引资和烟花鞭炮产业技术支持，鼓励企业柔性引才。金利来烟花自动生产线升级项目投入资金1000万元；引进市金顺金矿、市鑫磊石英砂岩矿2个建设项目，完成招商引资额1.2亿元，超额完成150%；通过引进佳惠汽车服务项目，税收完成全年任务的103.87%；中洲烟花自主研发建设7条组合烟花自动化生产线及配套设施，全面投入使用并取得较好效益，每条线计划年产值达1亿元；科富花炮成立湖南省爆竹工程技术研究中心，投入400余万元对设备进行升级，使其具备A级焰火燃放资质。为加快行业升级改造，年内全镇通过烟花爆竹4轮换证的生产企业达50家，共有92个工区，166条生产线。全镇烟花鞭炮制造业人员达3.6万人，占全镇人口53%。全年花炮行业总产值达89亿元，占全市花炮行业总产值40%以上。

【农业发展】2019年，李畋镇培产业、调结构，农村经济持续增长。坚持推进蔬菜产业化经营，按照“一村一品”打造李畋蔬菜名片。积极走农产品多样化道路，农户自主养殖龙虾野禽、种植杨梅枇杷等农产品。蔬菜种植合作社方兴未艾，富里居委会和新树村的皓缘种植合作社、田源祥蔬菜种植合作社发展早春蔬菜、反季节蔬菜等蔬菜种植，总占地面积200余公顷；潼塘村师恩水稻种植专业合作社流转耕地面积86.67公顷，营业收入达55万元；南桥居委会流转土地面积33.33公顷建设韭菜基地，发展蔬菜产业，带动居民增收；裕民村犇牛种植农民专业合作社流转田土面积60余公顷种植水稻和芋头；洪源村新世纪百果园占地面积13.33公顷，种植无花果、猕猴桃、黄桃、冰糖柑、杨梅和枇杷树5000余株。截至年末，李畋镇成立专业农村合作社55家，产生经济效益1.12亿元。

【安全生产】2019年，李畋镇守底线筑保障，安全生产常抓不懈。全年组织安全生产执法活动1077次，出动执法人员3336人次，检查生产经营单位790家，责令停产停业15家。全年发放消防、作业、逃生等安全手册6300余份；培训企业主要负责人、安全管理人员、特种作业人员8000余人。实施领导班子分片包厂带班检查制度，强化“大安全”管理范畴，涵盖危险化学品、“三场所三企业”（有限空间作业场所、涉及可燃爆粉尘作业场所、喷涂作业场所，金属冶炼企业、涉氨制冷企业和船舶修造企业）、人员密集场所、建筑施工、特种设备重点行业领域。年内，李畋镇迎接国家级安全生产检查3次、省级检查10余次，均获好评。

【脱贫攻坚】2019年，李畋镇287名帮扶干部结对帮扶贫困对象694户2345人。对中央巡视组脱贫攻坚专项巡视反馈意见和脱贫攻坚中形式主义、官僚主义问题专题报告反映问题进行整改，通过开展“两不愁、三保障”排查及巩固脱贫“九清零”行动，整改问题41个，完成危房改造29户，吸纳建档立卡劳动力近200人，提供慰问物资价值超26万元。截至年末，全镇已脱贫601户2115人。驻石溪村扶贫工作队多次组织爱心企业和团体对贫困户开展爱心帮扶活动，为脱贫攻坚不断汇聚力量。在迎接扶贫省检的过程中，各级扶贫干部凝心聚力，将工作做细做实，使新树村在省检过程中取得良好成绩。

【民生事业】2019年，李畋镇聚力民生事业，人民福祉全面提升。全镇共有732户1418名低保对象申领保障金28.54万元，对未纳入低保政策的困难户进行社会临时救助，全年救助200余人次，发放救助资金18.91万元。通过网上群众路线，全镇建群568个，入群人数42330人。通过网格化管理，全镇37个网格录入人口信息70863条，房屋信息72524条，上报事件183条；凤形村网格员黄梅获全市“最美网格员”称号，成为全市乡镇4名获选的网格员之一；全镇网格工作跻身全市一类单位。通过“三社联动”，全镇登记注册志愿者8300余人，直接提供服务6000余人次。提升养老服务能力，建立1个镇级的居家养老服务中心和16个村级日间照料中心。居民健康档案建档率达81%，对健康管理、预防接种、0～6岁儿童、孕产妇、65岁以上老人等进行更加全面的管理。通过“书香醴陵”活动，全镇举办阅读“五进”活动，特色书屋24小时开放，为阅读者提供了极大的便利。加快推进“互联网+政务服务”和“最多跑一次”改革，完成了镇级159项公共服务事项的认领、编制和修改。

【基础设施建设】2019年，李畋镇下大力气完善基础设施建设，道路和水利建设如火如荼。花麦村投资500万元，完成村环线路基建设，率先启动104省道建设；潼塘村投资300余万元，完成村级道路拓宽升级；新树村投资100余万元，完成村级主干道的拓宽；富里居委会投资80万元，完成村级主干道升级改造；华埠村硬化升级7公里村级道路，对水渠水圳进行硬化修缮；凤形村拓宽硬化5.6公里村级道路，完成村级综合活动中心建设；塘坊村对村级多条主干道进行硬化和改造；大草坪村拓宽水渠水圳3500米；车上村对全村水渠进行硬化，对村内约3公顷水塘进行修缮，保证了农田用水；清水村对村内3条主要水圳进行硬化，保证了良田得到有效灌溉；麻石村、利群村均对村组道路和水利设施进行了拓宽和硬化。

【综合治理】2019年，李畋镇整资源强管理，社会秩序和谐稳定。全力做好矛盾纠纷排查化解工作，对重大矛盾纠纷尽快掌握矛盾发展动态，取得调处主动权，全镇三级调解组织共调处各类矛盾纠纷132起。营造扫黑除恶氛围，共悬挂扫黑除恶横幅100余条，张贴宣传标语200余份，树立标牌50条，发放扫黑除恶专项斗争宣传资料3000余份。

【党建工作】2019年，李畋镇有2个党委、15个党总支和71个党支部，其中“两新”党组织26个；有党员1891人，其中女党员242人，预备党员10人，村级党员致富带头人52名。镇常委班子进村入户上党课16次，上课人数达1978人次；对180余名党员干部进行主题教育应知应会测试。结合党支部“五化”建设、“扫黑除恶”专项斗争等工作，通过开展主题教育走访调研，运用“双述双评”结果，排查出新树村、塘坊村、南桥居委会党支部为软弱涣散基层党组织。针对3个软弱涣散党组织，镇党委根据群众诉求，制定整改方案，选派一名第一书记，启动一批帮扶项目，派出一支整顿队伍，建立一个坚强班子，于年内全部整改到位，3个村党组织战斗力、凝聚力显著增强。（罗　莹）

白兔潭镇

【概况】2019年，白兔潭镇镇域面积71.3平方公里，辖10个村、2个居委会，有51882人，实现地区生产总值33亿元，完成财政税收3955万元。

【产业发展】2019年，白兔潭镇调结构、兴产业。农业方面：一是促进农业产业结构调整。扩大丝瓜、黄瓜等当地特色农业种植面积，推广以西瓜、杨梅种植为主的农业蔬果基地，做大做强特色农业产业，解决约1万名农村劳力就业。白市居委会的“丝瓜节”活动提高了镇农产品的影响力。二是调整林业产业结构。因地制宜、因村制宜，峤岭村以高价值名贵树种为主的种植基地初具规模。三是落实产权制度。农村土地确权登记颁证和集体产权制度改革全面完成，农民土地和集体产权权属明晰有保障，有利于探索集体所有制有效实现形式，发展壮大集体经济。工业方面：金牛居委会引入湖南南联环资科技有限责任公司50万吨石英砂固废处理与资源化应用生产线项目，年内进入报批阶段。引入金源矿业和浙江制鞋厂项目，其中金源矿业总投资5000万元，年内进入基建阶段。山水村引入金德利塑料回收利用颗粒制造厂，促进产业多元化发展。

【脱贫攻坚】2019年，白兔潭镇开展“户帮户亲帮亲互助脱贫奔小康”活动，为贫困户解决生产生活需求。全镇易地搬迁集中安置点居住贫困对象68户219人，祥春鞋厂扶贫车间吸纳26名贫困劳动力，周边餐饮、家具建材、超市等行业吸纳近20名贫困劳动力就业。金牛居委会为易地扶贫搬迁户流转土地1.33公顷，打造“幸福菜地”，让贫困对象实现搬得出、留得住、能就业、有保障。

【综治工作】2019年，白兔潭镇深化综合治理。抓实网格化管理，网格化信息录入率全市排名第三，余溪村李纯被推选为白兔潭“最美网格员”。完成全国“两会”、新中国成立70周年大庆等特护期安保工作，获全市先进单位称号。通过定期开展禁毒宣传活动，围绕“禁毒宣传进场所”组织了系列行动，呼吁广大居民共享无毒生活。成立联防队，定时开展治安巡逻，在镇区进行夜间训练，对违法犯罪行为进行打击与警示，提升居民安全感，净化社会风气，综治民调满意度在全市乡镇排名中提升10余名，综治工作得到百姓认可。

【安全生产】2019年，白兔潭镇推进省级安全生产示范乡镇创建工作，开展全行业安全整治，获评省安全生产示范乡镇。对烟花爆竹企业实行限产停产，做到“零事故、零伤亡”，处置非法生产行为2起。组建一支5人的森林消防中队，在特殊时期对重点防火地点、单位进行巡查。在每个村居设立1个微型消防站，用于临时应急灭火。对辖区内学校及周边食品经营场所进行联合专项整治行动，保证食品和药品安全。举办安全生产知识竞赛暨拔河比赛，共有500余名花炮产业从业者和2000余名群众参加，安全生产工作深入人心。

【人居环境整治】2019年，白兔潭镇人居环境不断改善。深入开展“利剑治污”工作，对辖区内有证企业严格销号手续，对“散乱污”企业实行“两断三清”，清理工业固废垃圾上千吨，并对源头进行蹲守排查，让近10年的乱倒乱埋现象得到有效治理。实行“户分类、村收集、镇运转、市处理”的垃圾处理原则，以每150户配备1名保洁员的模式对全镇进行保洁队伍全覆盖，在金牛居委会建设全镇第1个环保型垃圾中转站。完成新改建厕所1518户，建立验收制度，保证改厕质量。通过拆除空心房、房屋改造、村容整治工程，整治“四类房”514户。严格执行“一户一宅”政策，依靠村规民约，引导农户拆旧建新、规范建房，助推美丽乡村建设。12月，余溪村获“全国乡村治理示范村”称号，并作为全镇乡村振兴示范点接受省级领导检察，获得高度评价。

【民生事业】2019年，白兔潭镇推动民生事业高质量发展，人民生活品质日益提升。金牛村和白市居委会着力健全“三社联动”机制，通过村（社区）、社会组织、社会志愿者共同建设的方式推动社区工作发展，多次组织开展防溺水宣传教育、文艺会演等活动丰富社区居民生活。特色项目玄武商居广场二期完工，进一步提升和改善集镇居住水平；老106国道提质改造项目总投资达700万元，完成路面拓宽和排水工程。完成市第五中学综合楼新建项目征地拆迁，校区规模进一步扩大；9月，经营面积达1800平方米、藏书5万余册的百草园书城白兔潭店开业，群众足不出镇即可享受城市大型综合书店的多元化体验。落实基本公共卫生服务项目，组建6个医院服务巡诊小组，依托村卫生室或卫计站、村委会设置16个固定巡诊点，全年巡诊64次，约有1.8万人接受巡诊。黄甲村建立村级日间照料中心示范点。在“7·9”洪灾期间，及时处置险情，在确保辖区群众生命财产安全情况下，组织党员、群众500余人次到茶山镇和石亭镇参与救援，筹集捐赠救灾款20余万元。

【党建工作】2019年，白兔潭镇坚持党建引领谋发展。一是强化理论学习，规范党内组织生活，不断加强自身建设，荷田村、柏大村利用“学习强国”平台形成浓厚的学习氛围。开展“不忘初心、牢记使命”主题教育。通过上党课、主题教育知识测试，结合日常工作情况与专项整治行动要求，推动学习取得实效。二是抓党建与实际工作融合。抓住乡村振兴和“湘赣边区乡村振兴示范区”创建机遇，实现经济、文化、环境全面发展。泉溪村通过党建发展壮大村级集体经济；田心村以党支部“五化”建设为契机，打造星子灯“非遗”展厅，并积极申报国家级非物质文化遗产。三是抓整改促提升。经市委第五巡察组为期3个月的巡察，整改立行立改问题8个，移交问题线索10条，镇村党员干部作风明显好转，基层党组织凝聚力、战斗力不断提升。（孙　斌）

浦口镇

【概况】2019年，浦口镇辖12个行政村、4个居委会，村民小组由原来的480个合并为244个，总人口5.86万人。镇域面积78.5平方公里，是全市工业重镇，有电瓷电器、烟花鞭炮、建筑建材、机械制造四大支柱产业，是全国三大电瓷生产基地之一。

【经济建设】2019年，浦口镇以温暖企业“三百”行动为主线，加大对企业的扶持力度，走访调研企业120余家次，协调企业解决涉及土地、融资、政策落地等问题40余个，全镇的烟花鞭炮、电瓷电器等产业实现稳步发展，特别是小礼花弹产业全面复苏，全年实现产值6000余万元。推进重点项目建设，年初开始实施旗滨集团石英砂采选项目。该项目计划总投资1.67亿元，分两期建设（一期投资1.46亿元，二期投资2074万元），占地约76.67公顷，其中矿区66.67公顷、洗厂10公顷，可就近解决旗滨集团东富高性能玻璃生产线的材料供应。特色农业发展迅速，先后布局发展小龙虾养殖、油茶种植、基围虾养殖等特色农产品种养业，荷花、保丰、三铺、荣坪、天符等村（社区）的特色农业发展迅速，“一村一品”专业化发展模式初见雏形。

【社会治理】2019年，浦口镇社会治理水平稳步提升。一是严格土地管理，城镇品质提升。以卫片图斑整改为主线，严查违法用地，拆除违章建筑2400平方米，整改成效显著。开展集中服务，全面解决历年集镇开发用地手续不完善的遗留问题。投资6000余万元的浦东商贸城二期全面完成，进入预售阶段，集镇的城镇化、现代化水平得到全面提升。二是开展镇村环境整治，人居环境优化。全年拆除旱厕1600余个、废弃猪圈360余个、违建110余处800余平方米，清理沟塘垃圾、枯树、杂草等废弃物1500余吨，清理乱搭乱建、乱堆乱放500余处，拆除废旧广告牌和低俗广告90余处，整治黑臭水体20条。投入100余万元，种植各类植物1万余株，绿化道路20余千米，镇域环境得到全面提升。三是构建污染防治新体系，治污效果明显。年内，重点加大对非法采矿采砂采泥的打击力度，打击取缔非法砂石厂3家，停产整顿砂石厂1家，并强化监控措施，建立巡查制度，投入60余万元设置水泥路障6处，严重打击破坏环境的违法行为。四是加强社会治安综合治理，乡村和谐稳定。在全镇组织开展6次扫黑除恶专项排查，排查、解决苗头性问题11件，成功化解陈年信访案3起，维持社会稳定。

【精准扶贫】2019年，浦口镇以“九清零”工作为主线，推进精准扶贫工作，全年脱贫17户36人，全镇累计脱贫475户1679人，占比84.1%。完成23户贫困户的危房改造；落实扶贫小额信贷还款计划，小额信贷256户，贷款金额715万元全部还款到位；落实“雨露计划”申报40人，教育助学404人，教育扶贫全覆盖；落实“123”类对象372名贫困户享受医疗扶贫，大病救助16人，慢性病签约356人，农村合作医疗贫困户代缴全覆盖。

【社会事业】2019年，浦口镇社会事业成效显著。一是殡葬改革有新举措。全镇各村（居）均成立红白理事会，党员、干部签订火化承诺书。投资近500万元，在仙石村建成一期公墓区，2020年可投入使用。二是养老服务有新进展。浦口镇光荣敬老院争资近400万元，完成集食堂、医疗室、棋牌室、健身区为一体的新楼以及绿化等配套设施建设，12月通过验收并投入使用，改善了老人生活条件，解决了市东乡片区失能老年人赡养问题，助推全镇养老服务产业的提升。

【《中国名镇志·浦口镇志》出版发行】2017年7月，浦口镇启动《中国名镇志·浦口镇志》编纂工作。经过全体编纂团队2年多的努力，经株洲市、湖南省地方志主管部门和中国地方志指导小组办公室审定，于2019年12月由方志出版社正式印刷出版，成为株洲市唯一入选中国名镇文化工程的志书。全书分电瓷基地，花炮之乡、基本镇情、工业强镇、小康社会建设、名胜古迹等类目，重点记述了浦口镇的城镇化进程和花炮、电瓷两大支柱产业的发展历程，展现出浦口镇从农业小镇向工业强镇发展过程中，政治、经济、文化、生态等各方面和谐发展的美丽画卷。

【党建工作】2019年，浦口镇党组织建设进一步加强。4—6月，市委第二巡察组对浦口镇党委开展了为期2个月的巡察，通过集中走访、谈话、调阅资料等方式，发现镇党委在党的政治建设、思想建设、组织建设、作风建设、纪律建设、夺取反腐败斗争压倒性胜利等方面存在的28项不足。浦口镇党委对发现的问题立查立改，年内已全面整改到位，党组织的执政能力不断提升。按照“五化”要求，大力实施组织力提升工程，建设17个“新时代文明实践站（所）”组织，成立102支志愿服务队，组织开展96次“户帮户亲帮亲”文明实践志愿者活动。（尹　鹏）

王仙镇

【概况】2019年，王仙镇辖10个行政村、2个居委会，总人口47783人，有党组织52个，党员1387人，有中小学9所，幼儿园13所，医院3所。镇域面积85.9平方公里，有耕地面积1546.67公顷。

【产业发展】2019年，王仙镇各产业稳步发展。农业产业持续向好。进一步促进种植结构调整，市早益种植农民专业合作社年度新增调整面积10.36公顷，调整续种面积28.04公顷，市顺民种养农民专业合作社调整续种面积26.92公顷。秋、冬种植面积覆盖率达80%以上，耕地地力主要指标提高3%以上，秋、冬农业生产产值达人均1500元。工业经济稳中有进。全镇实现工业总产值32.2亿元，同比增长13.5%，完成固定资产投资7.4亿元，完成率为105.7%。有“四上”企业40家、工业企业36家、服务业企业1家和商业企业3家，申报1家商业和2家工业“小升规”企业，完成对辖区344家法人单位和3606户个体户的入户调查工作。第三产业不断壮大。挖掘提升旅游文化内涵，打造白兰谷、王仙山、三狮洞、温泉湖、大屏山风景区“五张名片”，形成观光旅游、红色旅游、体验旅游等精品旅游路线。

【安全保障】2019年，王仙镇防治并举，确保辖区安全稳定。安全生产方面，引导企业科学停产，有序推进节后复产验收；集中开展安全知识“七进”活动，评选“最美安全员”、烟花鞭炮“最美工厂”，引导企业强化安全意识。实行安全监管“一月一整治”，以监管执法为主线，夯实企业安全主体责任。开展打非治违工作，落实对非法生产、非法采矿“零新生、零反弹、零容忍”的打非工作目标。食品安全方面，全镇12个村分别设立食品、药品安全宣传电子显示屏幕，配备食品安全信息员和社会监督员，实施网格化管理，确保食品安全“零遗漏”。综治方面，广泛进行禁毒、交通安全法规知识宣传，在106国道、村级主干道、货运源头企业悬挂横幅，营造安全稳定氛围。配合市公安局、王仙中心派出所开展“扫黑除恶”专项行动，打击违法犯罪效果显著，辖区内没有出现重大治安案件，社会治安明显好转。

【镇村建设】2019年，王仙镇持续完善基础设施建设，改造老106国道，提质改造王仙中学、小学门口道路，改善学生出行条件。推进农村人居环境治理，大力推进“厕所革命”，新改建卫生厕所2000余座，完成农村“四类房”摸底调查工作，整治“四类房”171户。通过开展清理整顿马路市场和占道经营行动，镇容村貌日新月异。开展“垃圾不落地”“学雷锋爱劳动志愿服务”“垃圾分类小课堂”等宣传志愿活动，发放垃圾分类桶1800余个，评选“最美庭院”2000余户，其中王仙居委会周宝林家庭、李山村郑国荣家庭获评醴陵市“最美家庭”称号。采取环境问题销号制，有效督促问题整改落实，销号管理经验获上级肯定。落实“河长制”，各级“河长”开展巡河800余次，坚决打赢碧水保卫战。响应市“五边”绿化“百万株绿荫”行动，绿化道路31.42公里，栽种绿植4.78万株。

【脱贫攻坚】2019年，王仙镇在市委组织部、市农业局、市医保局、市网格化中心、市总工会、市疾控中心、市新华书店等后盾单位支持下，决战决胜脱贫攻坚。培育11家农民专业合作社、家庭农场和农业公司等产业扶贫企业，发放小额扶贫信贷505万元，其中有98户入股合作社，累计分红42万余元，通过修缮、新建、房屋置换以及入住敬老院等方式，为24户贫困户解决住房问题，为14户贫困户改善居住条件，实现19户42人脱贫。

【社会事业】2019年，王仙镇各项社会事业稳步推进。切实做好防洪抗旱工作。“7·9”洪灾期间，镇村干部参与应急抢险，救援、转移受灾群众，全镇未出现人员因灾伤亡。灾后积极筹款，在“99公益日”爱心筹款活动中，全镇共筹得爱心善款34万余元，获配捐16万余元，总筹款51万余元。完成并组工作，村（居）民小组数由原472个合并至195个。完成土地确权工作，发放农村土地承包经营权证9772本。“城乡统筹·幸福醴陵”创新社会治理系列行动不断深化。践行和走好新时期的网上群众路线，搭建“醴陵为民”微信群数量197个，有群成员1.7万余人，成为密切联系群众、解决群众困难的便捷途径。落实“三社联动”和养老服务，新建12个村级日间照料中心，为全镇510名贫困老人代缴老年人意外伤害保险，为60周岁以上老年人提供免费健康检查。全镇有1188名妇女享受“两癌”免费筛查，有295对育龄夫妻接受国家免费孕前优生健康检查，新增5个标准化村卫生室，发放计划生育特殊困难家庭住院护理补贴34万余元。（李颖靓）

沩山镇

【概况】2019年，沩山镇下辖沩山村、青泉村、新东堡村、泉水村、老鸦山村、漏水坪村、大林村7个行政村，年末有141个村民小组，有5640户20404人。镇域面积86平方公里，有耕地面积708.4公顷，其中水田面积632.5公顷，山地面积6784.5公顷，森林覆盖率达71%。沩山镇是醴陵瓷业的发祥地，境内有丰富的瓷泥、耐火石等矿产资源。工业经济主要依托矿产资源，形成以电瓷、日用瓷等为主的域内经济支柱产业。农业生产以种养殖为主。第三产业以旅游发展为主线，其中沩山村休闲旅游产业发展迅速，新修建的旅游环线为游客提供了交通便利。全镇GDP达48.16亿元，同比增长6.01%；规模工业生产总值45.60亿元，同比增长5.72%；完成税收2101万元，比目标计划高出0.23%。年末，沩山镇获评“湖南省卫计执法示范窗口单位”“湖南省文明乡镇”“株洲市信访维稳‘三无’乡镇”，大林村获评“湖南省卫生村”，沩山村和新东堡村获评“株洲市卫生村”。

【产业发展】2019年，沩山镇各产业全面发展。农业产业方面：沩山镇在新东堡村、泉水村、青泉村新增冬种油菜133.33公顷，其中新东堡村建立五彩油菜基地，为乡村旅游助力。工业产业方面：大林村电瓷产业集群效应凸显，醴陵高科电瓷制造有限公司、醴陵恒华电瓷电气有限公司、醴陵市红日电瓷电器厂、醴陵市太阳电力电瓷电器制造有限公司等产值超2000万元的企业成长为优质电瓷企业。第三产业方面：9月29日，醴陵窑月形湾古窑厂陈列馆开馆揭幕仪式在沩山村举行，截至年末，接待游客1万余人次。

【脱贫攻坚】2019年年末，沩山镇有建档立卡贫困户565户1855人，已脱贫508户1739人，年内脱贫12户17人。7月，新一轮“两个帮扶”（驻村帮扶和结对帮扶）工作调整后，沩山镇有1支株洲市派驻村工作队、3支醴陵市派驻村工作队和3支镇派驻村工作队。年内，沩山镇试点试行贫困户分类管理工作。通过精确扫描，将贫困户划分为A、B、C（A为稳定脱贫户，B为巩固提升户，C为重点扶持户）三类，通过分户贴牌、分类定策、分户定责、分村张榜等方式，进一步帮助贫困户脱贫致富。11月13日，株洲市贫困户分类帮扶工作现场会在醴陵市召开，参会人员对沩山镇沩山村分类帮扶工作进行实地考察并给予高度肯定。

【安全保障】2019年，沩山镇部署安全保障工作，社会大局和谐稳定。安全工作方面：一是企业生产安全。开展工贸企业有限空间作业专项整治，组织森林防火业务培训、食品安全和安全生产月等宣传教育活动。每月19日“企业安全教育日”到烟花爆竹生产企业指导开展教育培训，高危企业主要负责人、专职安全员、特种作业人员持证率达100%。创新安全文化宣教载体，指导醴陵市楚丰出口烟花鞭炮制造公司利用漫画、专题宣传栏、警示语等方式，将入厂围墙打造为安全生产文化墙，生动简练地向员工进行安全生产知识宣教培训。打击非法生产，年内取缔非法采矿点7处，辖区已无非法采矿采砂行为。二是森林防火安全。全年出动防火宣传车150余车次，发放宣传资料900余份，张贴横幅100余条，在清明、春节等重点防护期，镇领导坚持带班值守，年内全镇未发生森林火灾。三是应急抢险处置。4月27日，沩山村桃园坳组临北部旅游线路一侧山体出现大面积山体滑坡险情。险情发生后，沩山镇立即启动应急预案，组织疏散当地群众，并对接有关部门，组织人员24小时值守。因处置迅速有效，未出现人员伤亡，人民群众生命财产安全得到保障。综治工作：一是信访工作成效显著。年内未发生重大集体访、越级访，切实维护了社会稳定。二是禁毒工作深入民心。沩山镇镇政府与7个村、辖区学校、企业签定责任书，镇禁毒办4次组织人员到学校讲授禁毒法制教育课，在学校巡回展出禁毒宣传图片，组织学校开展以“珍爱生命，拒绝毒品”为主题的手抄报比赛活动，推进禁毒宣传教育活动的深入开展；镇妇联组织开展“不让毒品进我家”活动；全年利用短信平台发送禁毒信息20余条。辖区无新型毒品流通与新滋生的吸毒人员。三是持续开展“扫黑除恶”专项斗争工作。多次召开专题会议部署扫黑除恶专项斗争工作，通过出动宣传车、张贴公告、悬挂条幅、发放宣传资料等形式落实到位。四是人民武装工作扎实有效。年内征兵工作圆满完成。“7·9”洪灾期间，沩山镇出动民兵400余人，到泗汾、石亭、左权等6个乡镇执行抗洪抢险任务。

【完成镇人大选举】2019年，镇人大精心部署选举工作。选举历时3个月，采取公开信、微信、电话等方式引导选民回乡参选，引导群众广泛参与。过程严格遵守程序要求，镇村均设立举报箱，镇选举风气小组全程监督，对违纪违规问题零容忍，确保选举严肃公正。11月，泐山镇第一届第四次人民代表大会召开，会议补选2名镇人大代表，2人分别当选为镇长和人大主席团主席。

【人居环境整治】2019年，泐山镇推进农村人居环境整治工作。拆除废弃垃圾池70余个，在泐山村旅游环线增设7个垃圾分类公共投放点，通过出动宣传车、悬挂宣传横幅、发放《致村民的一封信》《垃圾分类倡导书》、举行“最美庭院”评选活动和卫生户评选、“小手牵大手”特别家长会等形式的活动，加大宣传力度。成立治“六乱”小分队，清除各类小广告及垃圾200余处。通过栽种红叶石楠等树木和设置花木箱，新增绿化里程约15公里，绿化面积约3000平方米。

【其他社会事业】2019年，泐山镇新出生182人，符合政策生育率96.3%。新增计划生育家庭奖励扶助对象30人，发放计划生育家庭奖励扶助资金44.06万元，68人享受独生子女保健费16320元。落实计划生育特殊家庭综合保险和住院护理补贴政策，为符合条件的家庭发放住院护理补贴15392元。完成产前筛查检查195人，“两癌”免费筛查467人。年内，镇卫生院与市中（一）医院合作成立市中医院泐山分院，实现大病不出镇，为全镇人民提供医疗保障。“民生100工程”稳步推进，实现“零就业家庭”动态援助100%，新增农村劳动力转移就业113人，新增企业养老保险参保28人，开发贫困劳动力公益性岗位10人。

【党建工作】2019年，泐山镇推进基层党建提质升级，构建党建工作新常态。一是以组织力提升为重点，打造战斗堡垒。建立了13个“醴陵为民”微信群，镇村干部入群率100%，村民入群率91%，入群实名制率83%。二是开展“不忘初心、牢记使命”主题教育。领导班子带头上党课，搞调研，检视问题，梳理的66个问题全部整改到位。全镇15个基层党支部和非公党组织全部按要求召开专题组织生活会，开展民主评议党员工作，并对评议的2名不合格党员进行帮扶整改。三是坚持党建引领，落实主体责任。推行“党建+”治理模式，充分发挥党建在脱贫攻坚、农村人居环境整治、安全生产、信访工作等方面的引领作用。通过“扶贫帮困我先行”、“我与国旗同框”、“我对祖国有话说”、红色故事宣讲会等主题党日活动，增强党员的责任感、使命感和荣誉感。四是严格落实廉政建设。按照“一岗双责”的要求，将党风廉政建设责任细化分解到各班子成员的分管工作和部门，并将党风廉政建设责任压实到基层党组织，形成“人人肩上有责任，齐心协力抓廉政”的良好局面。利用微信群等途径发送廉政信息，曝光典型案例，加强对机关干部纪律作风监督，全镇党员干部廉洁自律意识明显增强。（岳　鑫）

东富镇

【概况】2019年，东富镇辖10个村、1个居委会，有355个村民小组、9931户，总人口39887人，镇域面积80.4平方公里，有耕地面积1602.2公顷。全镇工业以东富工业园为主体，有玻璃、电瓷、花炮、陶瓷、耐火材料等支柱产业，全年实现财政收入1.5亿元，规模以上工业产值34.3亿元，增长10.6%，限额以上商业服务业营业收入2.5亿元，增长31.5%，完成固定资产投资18.5亿元，其中工业固定资产投资9.6亿元。年内，东富镇获评“湖南省卫生镇”“株洲市卫生文明单位”“醴陵市绩效评估一等单位”“醴陵市产业项目建设年活动红旗单位”等荣誉。

【农业发展】2019年，东富镇种植水稻1200公顷，粮食产量9000余吨，冬种油菜300余公顷。全镇实施种植结构调整主体13家，结构调整面积235.4公顷，实施种植率达95%以上，莲旗村、森冲村完成278.86公顷土地休耕工作，为粮食生产打下坚实基础。

【园区建设】东富工业园规划面积14平方公里，建成区超过3平方公里。2019年，东富工业园实现玻璃产业园一期、公墓山、包冲路、北冲一路、110千伏变电站、公交末站、龙源大道、电力电瓷电器产业园B区8个项目征拆工作清零。醴陵华鑫电瓷科技股份有限公司、湖南阳东电瓷电气股份有限公司、湖南湖电电力设备有限公司、醴陵旗滨电子玻璃有限公司等10余家企业竣工投产，深圳阳光晶波科技有限公司、晶鼎玻璃等企业年内加紧建设。引进中建材碲化镉发电玻璃项目，总投资100亿元，一期投资18亿元，核心区处于建设中。居民安置亮点突出，高效推进朝阳花园、莲旗花园建设和龙源小区改造，对龙源小区分批下发不动产权证55本，完成172户宅基地建设和77户宅基地分配任务。

【安全保障】2019年，东富镇将矛盾纠纷化解在基层，全年无积案、无越级访、无失稳事件。收到省委第一巡视组、株洲巡视组信访交办件12件，全部办结。

开展“平安创建”“国家安全”“信访宣传月”“禁毒宣传月”“法治宣传月”等宣传活动，悬挂横幅80余条，发放宣传单2.3万余份，张贴标语80余条。对企业开展全面安全生产大检查，严肃查处企业“三超”（超人员、超量、超许可范围）“三违”（违章指挥、违反劳动纪律、违规作业）行为，发现企业违规行为86项，当场整改75项，责令限期整改11项。全年检查企业374次，立案4起，经济处罚3.3万元，打非工作队每月对重点地区巡查3次，为全镇安全生产工作特别是花炮企业的安全管理提供坚强保障。

【民生事业】2019年，东富镇民生事业进一步发展。一是聚力脱贫攻坚。实现脱贫5户8人，对10户贫困户进行危房改造，对31户贫困户住房进行提质改造。截至年末，全镇共脱贫452户1356人，未脱贫35户70人。二是完善基础设施。2019年，全镇完成自然村通水泥（沥青）路加宽18条，共计11.47公里；新建自然村通水泥（沥青）路19条，共计13.25公里；完成路面修补1000平方米。新建水沟1520米，对水库、骨干山塘除险加固10余处。“7·9”特大洪灾期间，镇党委、政府迅速响应，紧急转移1720人，投入70余万元，发动社会各界近1万人次募捐17万余元，用于保障受灾群众生活和灾后重建。三是改善人居环境。投入资金140余万元，开展“百万绿荫”行动，植树4.35万余株。投资300万元提升环卫水平，投放垃圾桶2000余个，配备保洁员80人，添置垃圾清运车3辆；初步完成1170户“厕所革命”整改验收；完成“四类房”数据摸底，拆除“四类房”45栋4468平方米。四是推进卫生事业发展。实行一孩生育证、二孩生育证、流动人口婚育证明、计划生育证明等项目的“一站式”服务，共发放避孕药具8678人次，发放叶酸464人次，完成“两癌”免费筛查1480人次和国家免费孕前优生检查257人次。五是促进文旅产业发展。推进东富寺改造项目，申请AAAA级文物旅游景点，打造红色旅游路线。举办献礼新中国70周年华诞文艺会演、趣味插田比赛、《给孩子成长的力量》家庭教育主题讲座等文体活动，丰富居民精神文明生活。

【党建工作】2019年，东富镇在启动“不忘初心，牢记使命”主题教育后，全支部召开党员大会30次，讲党课11次，班子成员集中研讨大会2次，检视问题大会1次，党员通过“送学上门”“线上学习”等方式参与率达98.5%。投入资金50余万元，完善村级综合服务平台基础设施建设，推进23个支部“五化”建设，覆盖率超过80%。优化细化绩效考核办法，加大政务公开力度，打造“阳光政府”。开展“醴陵为民”网上群众路线工作，建立村级微信群23个，镇、村、组三级微信群295个，村民入群率90%，累计服务22617人。（肖国阳）

孙家湾镇

【概况】2019年，孙家湾镇镇域面积52.8平方公里，辖6个村，有22819人。年内，孙家湾镇凝心聚力稳增长，经济发展稳中有进，综合实力迈上新台阶。在遭遇特大洪灾的情况下，农业生产保持稳定，粮食总产基本与往年持平，脱贫攻坚成效显著，污染防治强力推进，生态环境持续改善，社会大局和谐稳定。基层党组织建设、温暖企业“三百”行动等工作被市级主流媒体报道，“醴陵发布”微信公众号特别制作“这里是孙家湾”向全市推广。

【经济发展】2019年，孙家湾镇全力以赴抓项目，经济快速发展，实现税收7928万元，税收完成额在全市乡镇中排名第一。把招商引资作为突破点，组建招商小分队分4批次到广州市、西安市、长沙市等地开展招商引资活动，年内共有6个项目落地，全镇活力进一步增强。把转型升级作为关键点，打造南部工业园，鼓励辖区企业转型升级。湖南省华泰联业陶瓷有限公司收购湖南科润电瓷电器制造有限公司，新引进生产线1条，湖南神舟防水新材料有限公司、湖南湘耐渗塑胶工程材料有限公司、湖南正兴防水材料厂等企业完成技改工作，湖南中成空间智能技术有限公司落户孙家湾镇。金星陶瓷厂、邹再德瓦厂等22家被列为“散乱污”的企业完成整改。把温暖企业作为着力点，制定孙家湾镇干部联系企业制度，“一对一”走访帮扶，帮助企业解决发展中存在的问题和困难。

【民生事业】2019年，孙家湾镇全力抓好保障和改善民生工作，人民群众获得感、幸福感、安全感不断提升。社会保障多方发力。年内新增低保对象19户66人，新增特困供养对象9人，新增残疾人两项补贴对象31人。投入资金36万元提质改造敬老院，养老服务质量进一步提升。脱贫攻坚精准发力。对贫困户实施“一户一策”，强化技能培训，拓宽增收渠道，年内脱贫4户9人，完成13户“四类对象”危房改造。组织开办乡村旅游技能培训和农业种植技术培训，通过对接人社局、帮扶单位等渠道为8名贫困对象直接解决就业，通过宣传动员、介绍工作等途径为64名贫困对象间接解决就业。卫健工作持续发力。全镇男女性别比值逐渐接近，人口结构逐渐优化。完成3个村级卫生室标准化建设，并配备了乡村医生进驻，群众在家门口就能享受到便捷的医疗服务。落实计划生育奖励扶助政策，39名独生子女对象、289名计划生育奖励扶助对象和18名计划生育特别扶助对象享受奖励扶助46万元。完成160对夫妻国家免费孕前优生健康检查。完成育龄妇女“两癌”免费筛查419人。成立家庭医生签约服务组，为18名计划生育特别扶助对象和3名手术并发症对象推行“一对一”家庭医生签约服务。年内，镇卫生协会获“全省计划生育协会先进集体”称号。灾后重建扎实有序。“7·9”洪灾期间，全镇受灾人数8000余人，水稻种植受灾面积约700公顷。面对灾情，镇村迅速反应、有效应对，着力抓好抗洪救灾和灾后重建工作，各村仅用3天时间便恢复了正常生产生活秩序。

【人居环境整治】 2019年，孙家湾镇多种途径抓整治，人居环境持续改观。规范辖区用地，整治“四类房”317栋，完善监督管理体系，及时制止和处理违法违规建设行为，协助国土部门对违法建筑下达停工通知书8份、办理乡村规划许可证5本，基本完成孙家湾村、龙虎湾村村庄规划修编工作，333省道两厢土地得到有效控制。抓好畜禽粪污处理，摸底排查全镇8户500头以上规模养殖户的粪污治理设备，分户建立监控台账，实施定期检查。摸排黑臭水体并建立台账，按“谁污染、谁负责”原则完成黑臭水体治理工作。指派专人负责秸秆禁烧工作，加强值班值守与巡逻，有效杜绝秸秆焚烧现象。抓镇容村貌治理，全镇6个村5000户村民参与生活垃圾日清日运，垃圾清理覆盖率达90%。在国道、省道及村级主干道等重点区域开展“六乱”整治行动，清理、疏通路边沟渠35公里，清理“牛皮癣”900余处，拆除各类商业广告牌300余处。

【安全保障】 2019年，孙家湾镇坚守安全生产和综治安保底线，社会大局持续稳定。落实班子成员接访制度，全年信访工作排名进入全市第一方阵，连续3年获“三无创建先进单位”称号。全镇开展“扫黑除恶”宣传活动20余次，发放传单2万余张，营造扫黑除恶的浓厚氛围，让黑恶势力无所遁形。坚持抓禁毒禁赌排查工作，做到底册清明，保持宣传力度，营造良好氛围，在禁毒大讨论活动中排名全市第一，民调工作排名进入全市第一方阵。坚持安全第一、预防为主、综合治理的安全生产方针，建立健全生产经营单位负责、职工参与、政府监管、行业自律、社会监督的工作机制，进一步明确各方安全职责，全年未发生安全事故。隐患排查工作实现长效化、制度化，对学校、超市、宾馆等人员密集场所进行消防、用电等情况的检查，对辖区内各个领域进行整治排查165次，检查生产经营单位59家，排查安全隐患230处，全部督促整改到位。专项治理行动实现标准化、常态化，对辖区内烟花爆竹企业进行指导和督查，不定期开展烟花爆竹零售非法经营打击行动。

【党建工作】 2019年，孙家湾镇党建工作亮点纷呈。发展入党积极分子22名，发展预备党员15名，转正党员10名。开展“不忘初心，牢记使命”主题教育，坚持把学习教育、调查研究、检视问题、整改落实四项重要措施衔接起来，整体推进。组织镇村干部学习习近平总书记系列讲话和中共十九大精神14次。用活“学习强国”APP平台，学习覆盖率达101.26%。开展违反中央八项规定精神突出问题的专项治理、自查自纠、重点核查等工作，开展违规发放津补贴专项整治活动，全年镇纪委立案3起，结案3起，党纪处分2人次，诫勉谈话43人次。（黄　婷）

泗汾镇

【概况】 2019年，泗汾镇辖7个村、4个居委会，359个村民小组，9448户，总人口40022人；有党组织53个，设党委1个、党总支11个和党支部41个，有党员1448人。镇域面积70.6平方公里，是1985年批准的全市首批4个建制镇之一，2002年被确定为市南部重点发展建设中心集镇。全镇以陶瓷、花炮、现代农业、商贸、服装等为支柱产业，产生一批以湖南华瑞兴邦实业有限公司、湖南恒凯通信息科技有限公司、湖南丰德利瓷业有限公司、明维鞭炮烟花出口有限公司等为龙头的企业群，有工业企业298家、私营企业和个体工商户2235家。

【抗洪救灾】 7月9日，受全市及周边地区大到暴雨影响，泗汾镇辖区发生严重洪涝、塌方、滑坡等灾害，总受灾人数达21578人，受淹住户1565户，紧急转移安置4200人，倒塌房屋40余户160余间，损坏房屋200余户450余间，农业畜禽水产养殖类受灾户约750户，农田水稻种植和经济作物受灾面积分别超过1200公顷和420余公顷，其中绝收面积342.4公顷。铁河堤防决口11处约1.46公里，损坏水闸5座，冲毁塘坝26座，损坏灌溉水渠7处800余米，损坏水文监测站1个，损坏机电泵站23座，经济损失超过1.2亿元。灾情发生后，泗汾镇积极组织各项恢复重建工作。重点排查水库、山塘、矿山、河堤、道路、桥梁、危旧房、人员密集场所，发现隐患及时处理解决，确保群众的生命财产安全。克服等、靠、要思想，开展灾后抢险筑堤工作。各村（社区）灾后第一时间组织党员、组长对受损堤坝进行缺口填补和加固，完成石湾村、泗汾村、枧上居委会、何田居委会、陈家垅村受损的980米堤坝恢复加固工作。对受灾村（社区）全方位防疫消毒，发放消毒液和卫生药品，发放防范灾后疫情宣传单3000余张。及时给辖区百姓发送灾后注意安全用电提醒，防范次生灾害。进行灾后清淤，清理路面垃圾，控制细菌滋生，减少环境污染。

【经济发展】2019年，泗汾镇实现规模工业总产值14.06亿元，同比增长15.45%，实现社会商品零售总额3123万元，同比增长19.52%。招商引资有成效。年内新增规模以上工业和商业企业各1家，万利源生态种植休闲农业综合体项目投产见效，湖南恒凯通信息科技有限公司、佳和农牧股份有限公司等重大实体型、税源型项目凸显支撑力和拉动力，助推泗汾镇由传统农业区向现代工业区转型。企业帮扶有收获。助推石湾村百宜项目相关的4个村民小组实行土地流转。开展2次专项行动，保障市第二中学校区扩建项目顺利施工。联合市畜牧、气象、环保部门和石虎村村委会、企业代表、村民代表，协调畜禽无害化处理环保问题20余次。传统企业提质改造。督促境内市正兴页岩空心机砖厂、市华威琉璃瓦厂、市金星琉璃瓦厂3家被列为“散乱污”的企业完成整改提质。重点工程稳步推进。打造泗汾镇乡村振兴经济园区，年内有湖南恒凯通信息科技有限公司、佳和农牧股份有限公司入驻园区，其中佳和农牧股份有限公司的现代农业循环经济产业园项目流转土地面积166.67公顷，已办理开工手续。湖南百宜原种猪有限公司30万头生猪生态养殖项目完成石湾村2个村民小组的土地流转。

【安全保障】2019年，泗汾镇增强防治能力，确保社会大局和谐平稳。严防狠打，开展国庆特护期辖区安全检查。落实安全生产网格化管理责任，强化烟花爆竹、食品药品、建筑交通等领域的安全生产监管。组织巡查打击非法销售烟花爆竹零售点20次、非法加工鞭炮“狗尾草”窝点5次、非法经营液化气门店3次，对烟花爆竹、加油站等高危行业巡查230余次，对境内10余家商超、宾馆、网吧等人员密集场所进行消防检查。联合镇安监站、应急消防二中队、村级护林员开展森林防火宣传30余次，巡逻重点场所、重点路段、重点山林入口110余次，严防森林火灾。稳控有力，确保信访安保工作。在特护期全面落实重点案件、重点人员、灾后重点涉访人员包保责任和稳控措施，成功劝返1人次，无赴省进京非访事件；处理办结巡察信访交办件2件；化解涉及灾后信访问题、解释方针政策30余批次，联合派出所整治境内麻将娱乐场所1次，行政处罚1人次。

【人居环境整治】2019年，泗汾镇加强村庄规划管理、村容村貌整治和卫生状况改善，人居环境有较大改观。开展用地规范化管理，协助相关部门开展泗汾镇总体规划和建设规划勘察和编制工作。落实农村“四类房”整治，拆除“空心房”180栋。完善监督管理体系，实现全镇动态监察，及时制止和处理违法违规建设，把部分村因村部建设涉及的违法建设行为向上级单位反映并协助处理，全年协助国土部门对违法建筑下达停工通知书10份、办理乡村规划许可证26本。加强镇容村貌治理，先后3次组织全镇40余名干部集中整治106国道沿线集镇，拆除大型广告牌和条幅70余块，清除牛皮癣500余处。加强生活垃圾治理，采用“户收集、村转运、市集中处理”方式，清理农村生活垃圾约4200吨，清理沟塘淤泥750吨。加强污水治理，摸底记录辖区内黑臭水体、化粪池情况，形成全镇生活污水处理台账与黑臭水体整治清单。陈家垅村疏浚陈觉组两旁的沟渠，何田居委会清淤106国道沿线多年积淤、排水不畅的下水道。开展道路绿化，在106国道周边、泗嘉公路等重点路段和各村主干道，栽种树木3320株。

【其他民生事业】2019年，泗汾镇推进民生事业全面发展。助推脱贫攻坚：全镇有建档立卡贫困人口435户1625人，年内解决2户因病辍学儿童上学问题，完成19户危房改造，其中18户已通过验收、1户危房改造工程完成整改待复验，另有3户待录入系统新增。截至年末，全镇共有387户1483人稳定脱贫。健全社会保障：新增农村最低生活保障34户89人，新增农村特困供养人员7人，新增残疾人护理补贴52人、生活补贴29人，新增90岁高龄补贴6人。落实卫健服务：做好计划生育奖励扶助新增上报及年审工作，关怀救助计划生育特殊家庭，建立镇、村干部“二对一”联系人制度和节日、生日、重大疾病及临终关怀等慰问制度，慰问计生困难家庭28户，发放慰问金1.2万余元。开展妇幼健康服务，为228对夫妻完成国家免费婚前医学检查和免费孕前优生健康检查，引导、督促、回访辖区内孕产妇做好产前筛查，协助卫生院对高危孕产妇进行追踪管理，实现辖区孕产妇零死亡。对接健康巡诊和家庭医生签约工作，联合泗汾中心卫生院在11个村、居委会全面启动定期、定点健康巡诊活动。通过建立工作长效机制，确保各巡诊点每两月开展不少于1次的巡诊活动，签约率达30%。开展卫生救护知识技能培训讲座，发放红十字会救护员证100余本。

【党建工作】2019年，泗汾镇推进党建工作，发挥党建引领作用。开展“不忘初心，牢记使命”主题教育，坚持把学习教育、调查研究、检视问题、整改落实四项重要措施衔接起来，整体推进。开展3轮集中学习研讨，镇党委理论学习中心组召开3次专题研讨会议，形成学习笔记36本，研讨发言稿30余篇。完善村级综合服务平台制度建设。花茂村、茶田村新建村级综合服务平台并投入使用。发挥网上群众路线微信群和网格化平台功能，及时宣传党的方针政策和上级最新工作部署，健全为民服务全程代理制度和值班坐班制度，优化办事流程。提升干部业务水平，镇党委组织村党建专干在镇党建办跟班学习，提高村级党建业务水平。发挥“党建+”作用。一是“党建+脱贫攻坚”。镇党委为各村（居）选派镇级驻村帮扶工作队，队长由联点党委班子成员担任，队员由办点机关干部担任。发挥党员带头致富的作用。开展“三亮两带”（党员亮身份、亮承诺、亮作为，党员贫困户带头脱贫致富、党员致富带头人带领群众脱贫致富）工作。二是“党建+扫黑除恶”。以支部主题党日活动为契机，线上线下协同联动。线上以“泗汾之声”公众号为媒介，宣传扫黑除恶知识，点击量超1万人次。线下开展大走访、大宣传，设置大型广告牌26块、LED显示屏15块、横幅30条、宣传标语近1000张，走村入户发放扫黑除恶应知应会告知书1.1万份。面向党员、干部及群众开展典型案件通报，取得警醒效果。三是“党建+农村人居环境整治"。利用主题党日活动，在全镇范围内开展五边绿化“百万株绿荫”行动、集镇整治“六乱”行动等。（黎泽宇）

沈潭镇

【概况】2019年，沈潭镇辖7个村、2个居委会，总人口28982人。镇域面积53.5平方公里，有耕地面积1432公顷，其中水田1223公顷、旱土209公顷；有山地面积2200公顷。工业以化工陶瓷和烟花鞭炮为主，新材料产业强势发展。农业以种植水稻为主，畜牧业以养殖生猪为主，兼有麻鸭、土鸡、黑山羊、鲜鱼、龙虾等繁育基地。全年完成税收1252万元，实现固定资产投资1.72亿元，社会消费品零售额1544万元，招商引资1.2亿元。

【产业发展】2019年，沈潭镇注重产业协同发展。农业方面：推进土地确权和农村产权制度改革工作，引导土地规范有序流转，推进种植结构调整，全年调整农业种植结构316.42公顷。加快农业转型升级，采取“公司+农户”“合作社+农户”等模式，促进农业增产增效、农民增收，三创种养农民专业合作社流转土地面积约70公顷，种植薄荷等药材，是全市最大的薄荷种植基地。工业方面：推进兴华环保项目建设，将塑料垃圾变废为宝，实现资源可循环利用。支持湖洲住工节能房屋科技有限公司发展3D打印房屋省时环保，逐渐走进千家万户。建成三星里自来水厂，9月10日开始供水，每天供水量1万吨，成为东富工业园的“源头活水”；加快吉利烟花科研生产基地建设，提高传统产业的科研力度，解决生产难题。第三产业方面：依托特色资源助推全域旅游发展。以“学好样”为主题，挖掘人文资源，建设美田桥家风馆，打造人文、山水、红色3条主题旅游线路，构建全域旅游发展新格局。

【脱贫攻坚】2019年，沈潭镇坚持打好脱贫攻坚战，贯彻落实扶贫领域作风建设年工作要求，不断提高干部思想认识，扎实工作，做到“扶真贫、真扶贫”。全镇原有建档立卡贫困人口269户854人，年内脱贫12户30人，截至年末，共有231户758人整体脱贫。发展教育扶贫和产业扶贫，为16名学生申请“雨露计划”职业教育补助，20家种养殖合作社与180余名贫困户形成利益链接。围绕“全面整改、重点清零”原则，完成“九清零”任务。开展“户帮户亲帮亲互助脱贫奔小康”活动，选定54名主体帮扶责任人和9名村级管理员，与54名重点帮扶对象建立结对帮扶关系。沈潭镇扶贫工作在《中国扶贫网》等各级新闻媒体作典型推介。

【社会事业】2019年，沈潭镇进一步抓好各项社会事业。加强基础设施建设，整修山塘52口、渠道2500余米、机埠16座，道路统建项目6.53公里，农村基础设施进一步完善。深化土地集约利用，完成宅基地复垦20余公顷，切实保障和改善民生。拆除违法建筑3处，占地面积2000平方米。优化教育环境。沈潭中学耗资35万元完成提质改造，新改建柞市中学、湖溪小学住宿楼，校园环境进一步改善。卫计工作常抓不懈。全镇育龄妇女7015人，计划生育率达97.6%，性别比平衡，社会抚养费征收立案率达100%。严审新增计划生育奖励扶助对象，把好计划生育奖励扶助困难家庭年审关，全面开展免费“两癌”筛查，加大人口清查，药具、产筛、国家免费检查工作全面完成任务。

【安全保障】2019年，沈潭镇构筑无死角的安全监管网络体系。推行“关停并转”，原有9家烟花爆竹企业压减至7家。开展安全生产执法检查91次，下达执法文书80份，消除事故隐患185处。查处无证销售烟花爆竹零售店10家，取缔烟花爆竹零售许可证7本，实现全年安全生产零事故。加强镇村森林防火工作，确保全镇2000公顷森林资源和人民生命财产安全。在“7·9”洪灾期间，全镇党员干部奔赴一线，全力抢险救灾，70岁老党员漆秋恒发动家人参与救援工作，贫困户易海波成功转移18户群众到自家安置，全体党员干部带头捐款，积极重建家园。排查化解社会矛盾，全年调解矛盾纠纷50起，其中重大矛盾纠纷10起，受理群众信访案件15起，办结15起，未发生因调解不当而越级上访和民转刑案件。开展“源头治理”和“积案清查”活动，实现特护期“零非访”。创新社会治理体制，将网格化服务管理做实做强，完善“一村一辅警，一格一助警”的联动机制。

【环境治理】2019年，沈潭镇以“省级卫生镇”为基础，推进生态环境建设。落实“五边”绿化“百万株绿荫”行动，植树6000余株，绿化道路10条。开展农村人居环境综合治理，新建垃圾中转站1个，开展“六乱”整治集中行动，清理辖区内大型墙体广告30余处，清理牛皮癣1000余处，小广告牌300余个。推行“厕所革命”，年内完成267户改厕任务，整治“四类房”134栋，农村人居环境明显改善。

【党建工作】2019年，沈潭镇开展“不忘初心，牢记使命”主题教育，组织开展学习研讨89次，班子成员和党支部书记讲党课38场次，下村入户开展调查研究12次，检视问题125个、解决群众难题97个。推进党支部“五化”建设，全镇84%的党支部完成验收。坚持党委班子成员每月到联系点检查指导党建工作制度，完成软弱涣散党组织双垅村的整顿工作，提升党组织整体建设质量。定期与村党总支书记谈心谈话，3次组织村党总支书记、党员产业发展大户外出学习，激发“比赶超”源生动力。全镇31个支部利用微信群组织党员特别是流动党员开展学习、宣传政策、组织活动、掌握动态。推进“五问工作法”，转作风、提效能、树形象的理念深入人心。（陈利文）

船湾镇

【概况】2019年，船湾镇完成社会生产总值69.54亿元，其中工业产值52.5亿元，同比增长15.8%，服装产业总产值突破50亿元，同比增长8.2%。完成财政税收6150万元，固定资产投资3.2亿元，成功落地3亿元。

【产业发展】2019年，船湾镇现代农业、职业服饰产业、生态旅游服务业融合发展。招商引资有突破，完成公佳、创晟、恒旺、宜帆、恒通燃气5个项目总投资3亿元的新建工程。企业帮扶落实到位，收集并解决企业困难和问题30余条。服务企业有作为，联合银行举办中小企业融资需求对接会，为企业获得抵押贷款3000万元，无抵押信贷900万元。农业生产有成效，流转土地面积793公顷，实施结构调整467.17公顷，解决就业岗位6500余个，增加劳动力收益80余万元。全域旅游有亮点，举办2019年醴陵市春季乡村旅游节船湾站活动，吸纳游客20万人次，综合收入800万元；清水湾畔景区规模进一步扩大，土地流转面积达200公顷；耸立生态项目清迈休闲山庄进展顺利，完成一期工程建设，筹备开展二期工程建设，打造船湾乡村旅游新亮点。

【脱贫攻坚】2019年，船湾镇依托辖区服饰产业、生态旅游产业、现代农业等解决劳动力6000余人，带动218户贫困户创收，帮助15户42人脱贫，贫困发生率降至0.37%。申报扶贫产业项目16个，产业项目资金72万元，11户贫困户完成危房改造，41户贫困户申请扶贫小额信贷92万元，提升群众经济收入，脱贫致富。

【环境整治】2019年，船湾镇开展环保督查暗访、洗砂“利剑行动”，停产整改2家、销号6家。提升生态旅游产业品质，改善人居环境，新修道路9.09公里，道路加宽8公里，栽植树木5.4万株，改建厕所1220户，整治“四类房”201栋。年内，船湾镇获评“株洲市卫生镇”，杨木档村获评“株洲市卫生村”。

【其他民生事业】2019年，船湾镇从多方面改善民生，提高人民群众获得感、幸福感、安全感。一是抓灾后重建。船湾镇是第一个遭遇“7·9”洪灾洪峰的受灾镇，在全体干群共同努力下，全镇未出现1例人员伤亡和灾后疫情。洪灾过后，党员群众积极参与募集善款、倒房重建、重修水利等灾后重建工作，人民生产生活秩序快速恢复。二是抓平安建设。镇村调解矛盾纠纷600余件，调解率100%，做到矛盾不出镇。开展扫黑除恶、禁毒禁赌、打击非法集资、反邪防邪和“平安创建”专项活动，镇公众安全感测评工作上半年排名全市第五，下半年排名全市第一。三是抓民生保障。改建船湾镇敬老院，提升供养人员生活保障，年内新增低保户50户、劳动力转移就业300人、社保参保317人。（汤泰山）

明月镇

【概况】2019年，明月镇下辖15个行政村、5个居委会，267个村（居）民小组，总人口75464人,有党支部61个、党员2510人，镇域面积169.1平方公里，是全市人口最多、镇域面积第二的乡镇。全镇有耕地面积2575.48公顷，耕地确权面积3247.77公顷，林地面积9190.98公顷（含水口山林场）。境内有向阳河、申垅江2条支流，在白果居委会境内汇入铁河支流大障河，水域面积5.8平方公里。有中型水库1座（藕塘水库），小（1）型水库2座（龙龟山水库、寺冲水库），小（2）型水库17座，总蓄水量1740万立方米；有骨干山坪塘540口。年内，全镇实现地区生产总值18.96亿元，增长22.7%；工业总产值13.5亿元，增长30.3%；固定资产投资5.86亿元，增长404.29%；社会消费品零售总额1.55亿元，增长18.9%；完成税收3264万元，完成率为100.25%。

【产业发展】2019年，明月镇产业经济稳步增长。农业高效发展。一是加强农业基础设施建设。全年投入600余万元在20个村居开展灌溉、排水沟、机耕路等基础设施建设，受益农田面积超1300公顷。二是加快农业升级转型。探索“企业＋合作社＋农户”的产业化经营模式，打造农民专业合作社综合体，树立乡村振兴实践范例。引进10余家农业企业、成立123家农民专业合作社、投入资金7000余万元，升级打造中联天地油茶、吉泰农牧鸡苗、云岩社区玻璃牛角椒、档梓山黄桃和药材等产业基地和稻谷烘干、集中育秧、农机服务等服务项目，解决1000余名农民就业。三是发展明月镇农业品牌。投资200余万元用于农产品品牌包装，逐步扩大“玻璃牛角椒”特色农业品牌的市场竞争力和影响力。2019年9月，明月镇云岩社区凭借玻璃牛角椒成功入选第九批全国“一村一品”示范镇，株洲市仅此一家。工业稳中求进。年内，全镇有工业企业38家，有规模以上企业9家，工业产值13.4亿元。以市马恋耐火泥有限公司为代表的工业材料企业，注重高科技引领和人才培养，后续发展动力足，前景广阔。以醴陵瑞丰烟花有限公司、醴陵神马花炮有限公司为代表的花炮企业，积极推进烟花鞭炮生产技术升级改造，加大对花炮机械化生产的投入，筑牢安全生产防线。全年投入整改资金近1亿元，其中神马花炮有限公司技术改造项目总投资3200万元，兴宇花炮有限公司新建厂房项目总投资3100万元，万欢出口花炮厂技术改造项目总投资2800万元。

【项目建设】2019年，明月镇重点项目建设成果丰硕。湖南醴陵贺家桥风电场项目正式落地开工建设，项目总装机容量5万千瓦，总投资10亿元。投入8000万元推进湖南日胜石料有限公司醴陵市天马料石场改扩建工程建设，安全设施设计已通过株洲市应急管理局审批，建成后将成为全市生产过程全环保的示范性矿业。总投资1.1亿元支持吉泰畜禽良种养殖循环经济园项目，建成后可养殖种鸡和蛋鸡30万羽。年内，吉泰农牧有限公司获评省农业产业化龙头企业称号。与新奥燃气有限公司签订合作协议，计划投资1.2亿元引进管道燃气进村入户。

【民生保障】2019年，明月镇基本养老保险、基本医疗保险分别完成缴费人数28763人和54365人，参保率达88%和84%。有农村低保对象2072人，低保兜底对象197人，散养"五保"对象506人，集中供养"五保"对象133人，享受残疾人“两项补贴”1113人、90岁高龄补贴133人、临时救助417人，累计发放各类救助资金1009.6万元。落实长效节育措施628例，完成国家免费孕前优生健康检查547对，“两癌”免费筛查1619人。建立居民健康档案53047份，为65周岁以上老年人免费体检212人。摸底排查“四类”重点人员住房情况，完成危房改造153户，协调解决非“四类”户住房安全43户，共196户竣工入住，住房安全问题得到保障。年内，全镇产业扶贫682户2415人，劳务输出2323人，危房改造32户，易地搬迁15户40人；教育助学430人，健康扶贫一类153人，健康扶贫二类578人，有34名贫困对象担任生态护林员，生态补偿惠及106人，补偿金额7418.5元，兜底保障89户204人，共有44户116人实现脱贫。

【安全保障】2019年，明月镇加大安全生产和社会综合治理工作力度，成效明显。举办安全生产和食品安全进校园、进企业、进机关、进社区等活动，发放安全生产知识资料9000余份，建立并完善农村集体聚餐备案登记制，成功打造1条食品安全示范街，确保食品安全平稳可控，未出现食品安全事故。开展日常安全生产检查，检查企业491家次，下达执法文书739份，出动执法人员813次，发现并整改隐患382条，立案调查5起，暂扣许可证1家，停产停业整顿3家，罚款6.9万元，实现安全生产零事故。加大信访工作管理力度，提高矛盾纠纷排查和调处能力，真正做到“小事不出村、大事不出镇、矛盾不上交”。全年调处矛盾纠纷36起、排查矛盾纠纷4件，接待来访群众75人次，处理网上信访事件22份，调处率达100%。（吴佳慧）

嘉树镇

【概况】2019年，嘉树镇辖7个行政村、91个村民小组、7624户，总人口24825人。镇域面积63.1平方公里。嘉树镇工业发达，主要以炻瓷生产为主，产品远销180余个国家和地区，是全国闻名的“炻瓷之乡”。年内，全镇有58家工业企业，其中规模以上企业25家（含年内新增3家）；实现规模以上工业生产总值24.88亿元，同比增长19.14%；固定资产投资总额8.45亿元，同比增长16.98%，社会消费品零售总额1.33亿元，增长22.64%；实现税收6455万元。

【产业发展】2019年，嘉树镇落实市“四个十条”、温暖企业“三百”行动等政策，助推全镇炻瓷企业63条自动化生产线改造和智能化生产建设。华联瓷业智能制造项目获省领导肯定。组织炻瓷协会赴株洲“湘火炬”智创中心考察对接，引进自动化设备针对性设计，力促陶瓷智能化生产流程比例再提升，提高炻瓷产业转型升级质量；有效发挥炻瓷协会行业“风向标”作用，提升炻瓷产业知识产权申报率，落实“双培养”和柔性人才引进政策。在推动企业发展同时，加大招商引资力度，根据各村特色村庄规划蓝图，引进签约新项目4个，总投资2.6亿元，其中金正鑫门业、渗泉现代渔业养殖2个项目落地开工。

【脱贫攻坚】2019年，嘉树镇脱贫7户16人，完成5户贫困户危房改造，申报项目库涉及10个行业部门的98个项目，投入产业扶持资金12万元，创新产业帮扶形式。玉茶村在全市率先推进贫困户分类管理，获上级肯定；深化结对帮扶，各大节庆日期间慰问贫困户638户（次），慰问资金（含物资折合）约10万元。

【镇村建设】2019年，嘉树镇结合地形地貌、产业特点、历史人文等要素，高品位定制“乡村振兴”概念性规划及各村特色规划。建设“新时代文明实践广场”“健康步道”等民生工程，推进“文旅驿站”“炻瓷文化园”等“文化+产业”项目建设。紧抓“四好”农村路建设，筹资约1000万元，改扩建和整修镇村道路约40公里，极大改善村级交通环境。加大水利设施建设力度，投入近600万元，在新井、杉仙、嘉树等村建设节能灌溉水利项目；落实“河长制”管理，推进7个村河道整修工程，去除河道痼疾沉疴，建立长效机制，确保沿河环境改善。

【人居环境整治】2019年，嘉树镇整合镇村资金400余万元抓好人居环境整治。推进“厕所革命”，全年完成494户厕所改造，全市“厕所革命”工作现场会取点嘉树镇玉茶村，“连片改厕”有效促进邻近水渠治理，作为全市典型获肯定；渗泉村厕改工作实行全村推进，改厕工作走在全镇前列。完善垃圾清运市场化体系，实行生活垃圾统一运输处理，清运体系覆盖全镇7个村1700余户，覆盖率达30%以上。

【应急管理】加强应急管理，在“7·9”洪灾期间，使用直升机等现代化救援模式，在全镇受重灾的情况下支持石亭镇重灾区应急抢险，支援全市抗洪救灾工作。启动镇村消防队伍建设工作，组织一批义务消防员，添置一批消防设施。加强安全生产监管，全年组织安全生产联合行动37次，出动执法人员123人次，检查生产经营单位100余家，排查发现安全隐患65处，均整改落实到位。

【其他社会事业】2019年，嘉树镇建立网上为民服务微信群15个，入群人数达5643人，为民办事109件。建立1个镇级居家养老服务中心、5个村级日间照料中心，为辖区的老人组织健康讲座和义诊。线上线下双渠道宣传“书香醴陵”，打造8个“农村书屋”和1个益嘉瓷业“企业书屋”，营造全民读书氛围。加大教育投入，联合中心学校、炻瓷企业打造“炻瓷+文化”的本土特色化教育理念，规划建设“炻瓷实践教育基地”，提升青少年对嘉树的认同感和自信心。

【党建工作】2019年，嘉树镇强化党建引领，坚持把党建与重点工作相结合，镇党委在乡村振兴、村级规划、产业发展、人居环境等重点工作上发挥引领作用。紧扣支部建设，将全镇80%的党支部列为“五化”建设示范点，下辖各支部确定和培养入党积极分子24名，发展党员10名。推进

"不忘初心、牢记使命"主题教育，推广"学习强国"平台的下载和学习，全镇拥有智能手机的党员APP使用率达100%。狠抓扫黑除恶，党委牵头开展"扫黑除恶"专项斗争，配合上级政法机关对新井村恶势力犯罪行为予以打击处理。开展党员签订《不参与涉黑涉恶承诺书》和党员群众签订《积极参与扫黑除恶承诺书》活动，被《湖南日报》、湖南经视等主流媒体报道。（袁　璐）

均楚镇

【概况】2019年，均楚镇辖11个村、2个居委会，有181个村（居）民小组、11010户、总人口41719人。镇党委下设村（社区）党总支部13个，机关党支部2个，企业、非公有制经济组织、农民专业合作社党组织7个，有党员1715人。均楚镇镇域面积172.4平方公里，有耕地面积2357.4公顷，有山林面积1.2万公顷，森林覆盖率达70%；有中小型水库27座。境内有部门站所、医院、学校、敬老院等行政企事业单位28个，有农村集市5个，有私营企业和个体工商户600余家。均楚镇工业以电瓷制造、采矿、造纸、烟花爆竹为主，盛产茶叶、红薯、山茶油、蜂蜜、莲子、葡萄等农产品，生猪、黑山羊等养殖业比较发达。

【经济发展】2019年，全镇实现社会生产总值12.39亿元，完成固定资产投资总额1.17亿元，完成税收1401万元。农业生产稳步发展。龙头企业持续发展，农产品品牌不断增多，扩大长午新村莲藕、周坊村茶叶等特色农业生产规模，发展潇湘名贵树木等龙头企业，打造潇湘白莲、金妙山茶叶、征楚薯片等知名品牌，逐步在全镇形成"一村一品"的农业产业新格局，农业产业在全市名列前茅。全年完成种植结构调整520公顷，土地确权颁证率和产权制度改革完成率均达100%。工业经济稳中有进。全镇有企业259家，其中工业企业35家，有从业人员3318人；实现工业总产值4.93亿元，其中9家规模工业企业实现产值4.9亿元。第三产业发展向好。生态旅游为经济发展带来新动力，承办市2019年夏季乡村文化旅游节，接待游客1.68万人次，完成收益458万元，在湖南芒果TV直播频道播出时获得点击率130万次。招商引资成绩突出。全年组织4次外出招商引资，招商引资金额突破6000万元。洪鑫矿业引进浙商投资，年内顺利开工。项目建设蓄势待发。潜韶天然气管道铺设工程管道全部接通，工作进度在株洲市排名第一。君子山生态旅游景区建设逐步完善，歇军线提质改造项目纳入市政府工作计划，大西南旅游项目纳入株洲市2020年重点项目计划。

【安全保障】2019年，均楚镇大局稳定有序。信访总量明显下降，全年实现"零登记""零非访""零事故"，特护期间被评为醴陵市新中国成立70周年大庆特护期信访维稳先进单位。开展"扫黑除恶"专项斗争工作，推进"民调"、禁毒和"平安创建"工作。开展"6·26"国家禁毒日宣传活动。评选106户"平安家庭"模范户。严打刑事犯罪，狠抓社矫工作。全年调处各类矛盾纠纷50余起，调解成功率达100%。安全生产严守底线。全年组织安全生产风险大排查、大管控、大整治执法行动21次，出动执法人员58人次，检查生产单位30家，排查整治安全隐患10处，取缔非法经营单位2家。组织安全生产执法检查100次，出动执法人员232人次，检查生产经营单位118家次，取缔关闭非法经营单位2处。开展"防事故保平安"宣传活动，在各企业设置"12350"举报宣传牌，组织安全生产微信平台考试。全年播放特殊天气、防汛和安全取暖预警信息90余次，安全生产和应急知识49次。结合安全生产"七进"要求，开展安全宣传咨询日活动和安全生产知识进学校活动，发放《学校安全常识》等手册900余份。组织开展防汛应急演练，完善应急预案。

【镇村建设】2019年，均楚镇基础设施逐步完善。完成7个村村组道路连通12公里，完成5个村窄路加宽8公里，新建桥梁3座，完成"四好"农村路建设任务。全年投入154万余元完成对34处受损水利设施的修复、改建和加固工作，完成辖区内所有水库的大坝除杂清理工作。镇村环境更加宜居。完善垃圾转运体系，新增3000个垃圾桶。推行厕所革命，完成960户厕所改造，改善农村厕所卫生条件。落实《株洲市农村村庄规划建设管理条例》政策，加强农村村庄建设风貌管理，率先在金山居委会、老湾村开展村庄规划工作。完成446处"四类房"拆除、修缮、新建工作；推动"百万株绿荫"行动，栽种树木4.55万株；落实"河长制"工作，辖区范围内河道环境明显改善。加快推动"美丽乡村示范村"建设，镇村环境卫生显著提升。

【脱贫攻坚】2019年，均楚镇脱贫攻坚工作持续聚焦"两不愁三保障"，推进"七个一批"（特色产业脱贫一批、劳务输出脱贫一批、易地搬迁脱贫一批、生态保护脱贫一批、教育脱贫一批、医疗保险救助脱贫一批、保障兜底脱贫一批）"六大工程"（交通扶贫工程、水利扶贫工程、通信和电力光伏扶贫工程、农村危房改造和环境综合整治扶贫工程、文化扶贫工程、乡村旅游扶贫工程）工作，开展“九清零”工作，实现11户39名贫困户脱贫，并确保已脱贫对象稳定增收不返贫。“国家扶贫日”活动期间，通过展销会帮助贫困户销售农产品5万余元，签订意向协议30万元；开展“户帮户亲帮亲互助脱贫奔小康”工作，全年发放价值50余万元的慰问物资；重点突出产业扶贫，各村合作社、龙头企业与贫困户建立利益联结机制实现率达80%，“两有”人员（有发展产业能力和发展产业意愿的人员）产业扶贫覆盖率达100%。开展扶志与扶智教育，树立主动脱贫思想，科学规划幸福菜地，实现易地搬迁户后续帮扶覆盖率100%。推进就业扶贫持续惠民，全年新增贫困劳动力转移就业30人，帮助贫困劳动力申请交通补贴16人，安置贫困户公益性岗位7人。组织小型专场招聘会13场，开展技能培训400人，提供就业扶贫专岗3600余个，在一定程度上解决了贫困劳动力就业难题，激发脱贫致富内在动力。

【其他民生事业】 2019年，均楚镇各项惠民实事有序开展。一是灾后重建扎实有效。“7·9”洪灾期间，全镇转移受灾群众1100人，农田受灾1000余公顷，造成经济损失约3500万元。洪灾过后，全镇干群齐心协力，及时安顿受灾群众，发放救灾物资20余万元，设置7个灾后安置点，投入资金80万元，安置、救助受灾群众2700余人。其中，黄田村灾后重建安置点，帮助9户“五保”老人解决住房安全，被纳入省灾后重建的现场会参观点。开展灾后环境整治，及时做好受灾群众的情绪疏导和稳控工作，组织村民生产自救，完成灾后农作物补种133.33公顷，抢修危桥、受阻路段、水利设施，摸排受灾情况，开展灾后防疫和消毒工作。二是社会保障全面铺开。全年救助困难群众400余户，发放救助资金30余万元，危房改造73户。成立1个镇级居家养老服务中心和14个日间照理中心。完善3个敬老院的娱乐设施、健身设施、消防设备、医药器材。全年组织3次特困集中供养老人的生活常识、消防知识培训和1次残疾人就业培训，帮助5名残疾人顺利就业。全年通过“三社联动”组织2次志愿者服务活动，注册志愿者5381人。完成养老保险缴纳13673人，合作医疗保险缴纳25127人，办理“生育服务证”407本，发放计划生育奖励扶助资金59.9万元，完成3589户“最美庭院”评选。三是文教卫工作全面发展。市第七中学获得“2019年度湖南省平安校园”称号，均楚镇广场舞队获“2019湖南省第十届全民健身节暨‘舞动中国—排舞联赛’”特等奖。完成档案室规范化建设验收，征兵、统计、老龄、残联工作均实现综合协调发展。

【党建工作】 2019年，均楚镇全面推进主题教育走向深入。围绕《中国共产党章程》《习近平新时代中国特色社会主义思想学习纲要》等，组织党员集中学习46场、专题学习研讨2次、集中考试14次，共有1300余名党员参加考试。为流动党员和年老体弱党员上门送学，确保主题教育“不掉队”。全面提振基层党员战斗力，在中国共产党成立98周年之际，组织1100余名党员开展庆祝活动，表彰先进党支部、优秀党员、平安家庭模范户，激励基层党员干事创业的内在动力。推动基层党支部建设，一是落实软弱涣散基层党组织整顿工作，如期完成青山村软弱涣散党组织整顿验收；二是推动党支部“五化”建设全面开展，全年发展预备党员15名，审批转正党员10名，培养入党积极分子30名。实现“共产党员户”挂牌1531户。（邱玲洁）

石亭镇

【概况】 2019年，石亭镇辖9个村、1个居委会，总人口39049人，镇域面积106.2平方公里，有耕地面积2101.1公顷、山林面积5571.3公顷，有小（1）型水库2座，小（2）型水库14座，属于长株潭两型社会建设综合配套改革试验核心区、省第三轮城乡统筹示范镇之一。

【抗洪救灾】 7月9日，全市遭遇特大洪水灾害，石亭镇是全市受灾最严重的乡镇，直接经济损失达4.15亿元，转移群众2.8万余人。洪灾期间，全镇未出现1例人员伤亡，抗洪抢险工作取得全面胜利。洪灾过后，石亭镇调动社会各界力量开展灾后重建。全镇有3.6万余人次参与“99公益募捐”，募捐金额达35万余元，参与募捐人数在全市镇街中排名第一。开展水损道路抢修，1个月内修复大小水损道路26处11公里；修复冲毁农田，发动群众抢时间补栽补种水稻344.38公顷，秋收时水稻亩产最高达400千克；35户倒房户搬进新家，修缮一般房屋受损户270户。打响水利大会战，开展“五捐”（捐资、捐物、捐工、捐设备、捐服务）活动，总投资600余万元，2个月的时间完成20年的水利建设工程量，全镇水利基础设施防汛减灾能力大幅提升。石亭镇获评抗洪救灾先进集体，胡修文等8名干部受到嘉奖表彰，石亭居委会总支书记廖正红在全市抗洪救灾总结大会上作典型发言，石塘岭村被列为全省灾后重建现场会水损工程建设现场参观点，灾后重建工作得到认可。

【项目建设】2019年，石亭镇有红海集团鸿贤生态油茶产业园、清泥湾生态农业产业园、云启生态农业产业园3个133.33公顷以上的现代农业项目和广翰新型材料建材有限公司1个绿色生产基地建筑行业环保项目。鸿贤生态油茶产业园项目投资人熊坚，是位列“广东企业500强”第152位的红海人力集团创始人，项目拟投资6000万元，计划流转土地面积333.33公顷，谋划发展油茶深加工、乡村文旅、特色旅游等产业，该项目于5月正式开工，年内流转、平整山地面积200余公顷。清泥湾生态农业产业园实现投资近7000万元，兴建6700平方米的生猪养殖场，开垦24公顷的水果基地和12公顷有机蔬菜基地，农产品配送中心、农技创新研发中心、农产品质量安全检测中心和屠宰中心年内处于建设中，规划建成省级农业产业龙头企业。云启生态农业产业园计划8年内完成投资5亿~10亿元，以种养殖业为基础，发展现代农业、老年休闲、养生度假等产业，年内已流转土地面积140公顷，种植黄金贡柚33.33公顷4.6万余株。广翰新型建材有限公司属株洲市重点建设项目，地处上保与花溪两村交界处、313省道旁，总投资2.7亿元，是建筑行业中的环保项目，主要产品是干混砂浆。年内所有手续全部完备，进行了土地平整和设备安装、机械调试工作。“三加一”项目的顺利落地，将构建石亭镇高质量发展支柱，助推全镇经济发展。

【环境治理】2019年，石亭镇生态环境和人居环境均有改善。一是进行河道和砂船整治。渌江河石亭段原有采砂船22组47条，涉及股东73户416人，“利剑治污”行动启动后，通过与砂船股东反复沟通，得到群众的理解和配合，仅用100天时间即全部拆除辖区内16个违法洗砂架，22组47条砂船全部切割上岸，消除石亭境内渌江河道安全、环保、稳定三大隐患，解决历史老大难问题。落实“河长制”治理水环境，建立长效的巡河与保洁机制，成立专业水面打捞队，实现常年河道保洁，关停渌江干流及其一级支流沿河两岸500米区域的养殖场，修复水生态，打击毒鱼、电鱼违法犯罪活动。二是开展农村人居环境整治。开展“百万绿荫”行动，植树4.2万余株，打造6公里的镇级示范路，各村均建设2公里长的样板路。重拳出击整治“六乱”行为，对辖区主次干道、集镇村周边集中整治，姞仙村成立60余人的环保协会集中清运垃圾，治理黑臭水体，防治畜禽粪污污染，清扫和清运垃圾2200余吨。实施“厕所革命”，按照卫生厕所和无害化卫生厕所的标准，完成厕所改造1032户。结合土地增减挂钩项目，完成“四类房”整治101户，其中整治空心房84户、违建房1户、危旧房8户、偏杂房8户。

【社会治安综合治理】2019年，石亭镇以“强综治、创平安、促发展”为准则，促进社会平安稳定。专题研究部署“扫黑除恶”专项斗争工作，广泛发动宣传，设立举报信箱，公布有奖举报电话和政策，发动群众提供线索，在全镇范围内开展扫黑除恶摸排工作，保持扫黑除恶高压态势。12月10日，镇扫黑除恶专项斗争挂牌督办顺利摘牌。落实“六个一”措施，加强软弱涣散党组织石塘岭村整顿工作。确定镇级联点领导，选派工作队，选定一批帮扶项目；投资350万元引进旱改水和农网改造2个生态项目；耗资20余万元除险铁园组渌江河段，消除防汛安全隐患，软弱涣散组织石塘岭村成功摘帽。开展法治宣讲进村、进校、进企业活动，出动法制宣传车20台次，发放移风易俗倡议书1000余份，群众法治意识明显增强。做好禁毒反邪教工作，开展教育活动10余次。党员领导干部带头接访，主动下访，办理办结群众来信27件，接待来访群众200余人次，接返赴省、进京上访人员12人次，实现全年特护期“零非访”的工作目标，新中国成立70周年特护期维稳工作获全市先进。开展“七五”普法宣传活动，为群众提供法律服务32人次。充分发挥人民调解组织作用，有效调处矛盾纠纷52起，未发生1例因调解不当而越级上访和民转刑案件。推进“醴陵为民”网群工作群工作，解决问题270余个。开展10余次联合治超行动，遏制违法超载现象，有效保障路面硬件设施和交通安全。安全执法大检查和打非治违活动常态化，安全生产“红线”意识明显增强，安全事故零发生。

【社会保障】2019年，石亭镇将惠民政策落到实处。提高居民“新农合”、“新农保”、“老年意外险”、妇女“两癌”等惠民保险参保率，落实低保、医疗救助、粮食直补、高龄补贴等政策，做到“一卡通”全覆盖。开展退役军人关爱行动，完成退役军人信息录入887人，为退伍军人悬挂光荣牌，10个村全部成立退役军人服务站。卫生工作健康发展，“7·9”洪灾后，集结湖南师范大学附属湘东医院、醴陵泰安医院等15个医院350名医生，对全镇进行全覆盖无死角防疫消毒和健康宣教，确保大灾之后无大疫。脱贫攻坚卓有成效，全年有4户贫困户完成危房改造，224名学生享受“两免一补”政策，22名大学生享受“雨露计划”，医疗救助政策全覆盖，技能培训贫困群众125人次，产业扶贫366户1218人，保障兜底44户101人。通过打好产业扶贫、医疗救助、教育资助、技能培训、政策兜底、易地搬迁等系列“组合拳”，提升精准脱贫成效，年内有7户13人脱贫。

【党建工作】2019年，石亭镇开展“不忘初心、牢记使命”主题教育。全面把握“守初心、担使命，找差距、抓落实”的总要求，把学习教育、调查研究、检视问题、整改落实贯穿主题教育全过程，聚焦灾后重建，开展调查研究、问题检视和整改落实。立足实际开展冬修水利大会战，以大会战成果展现主题教育战果，以灾后重建效果展现干部担当作为的效果。村级阵地建设进一步加强。新建村级组织活动中心6个，实现村级组织活动中心全覆盖，彻底改变部分村组织生活无场所的局面。推行村干部坐班制度，全部设立便民服务中心，规范党员干部管理，不断实现管理服务精细化，方便群众办事。党支部“五化”建设进一步提升。按照党支部“五化”要求，抓实27个支部党建基础工作，加强村级党组织和队伍建设。将姑仙村第一党支部等19个党支部作为全镇党支部“五化”建设示范点。每一个党总支根据党员人数标准化设置党支部和党小组，规范开展支部活动，提高组织生活质量，加强党员教育管理，推行积分制和民主评议。党组织和党员作用充分发挥。“7·9”特大洪灾期间，组织广大党员冲锋在前，日夜奋战，发挥模范作用。（甘　瑶）

茶山镇

【概况】2019年，茶山镇镇域总面积166.8平方公里，下辖13个行政村、5个居委会，有村民小组282个，总人口66134人。全镇有林地面积9.8公顷，耕地面积7066.67公顷。渌江、铁河2条河流纵横交错，各级河流境内总长近70公里，水资源丰富。2019年，茶山镇地区生产总值同比增长8.3%；实现工业产值30.18亿元，同比增长23.3%；实现商业产值1753万元，同比增长22.7%，固定资产投资同比增长212%；实现社会消费品零售总额8.32亿元；完成招商引资16.48亿元，居醴陵市镇街第一；实现税收1645万元，完成率113.68%。

【项目建设】2019年，湖南逸风航空基地作为全省第一个无人机操作培训基地顺利落户茶山镇，多次获省级媒体报道，并顺利承办第一期全国操作员培训。高铁高科技项目中联智创高铁减震片项目落户东岗村，项目计划投资2亿元。省重点项目欣羲源高品质石英加工、市重点项目金木陶瓷、中大泵业等一批项目加快推进，株洲市重点项目辉泰电子等一批项目竣工投产或建成运营，带动大量农村剩余劳动力稳定就业。333省道项目建成通车，贺家桥风电项目稳步推进。

【农业产业】2019年，建成313省道线茶山段20公里双季稻高产示范长廊，早稻播种面积1233.33公顷，晚稻种植面积1253.33公顷，粮食总产量稳定增长，水稻每亩单产超500千克，累计完成农业产业结构调整1400公顷。辖内有农产品加工企业30余家，其中主营业务收入1000万元以上的5家，省级龙头企业1家，市级龙头企业2家。面积达140公顷、种植30余种太空蔬果的农业产业化项目天睿农业基地，成为省应急管理工作灾后重建现场会样板参观点。种植面积达73.33公顷、全市最大的荷花基地落户龙井居委会，省农业厅厅长到现场调研。种植面积达26.67公顷，洪慈菊花基地被列为市种植结构调整示范核心基地、田园乡村全域旅游示范基地、标准化生产基地和产业化精准扶贫基地，是全市全域旅游与经济增长的重要观光点。

【镇村建设】2019年，茶山镇开展“三清两改一提升”（清理农村生活垃圾、清理村内塘沟、清理畜禽养殖粪污和农业生产废弃物，改变影响农村人居环境的不良习惯、改农户厕所和公厕，提升村容村貌）工作，整治黑臭水体18处，清理河道约10公里，清除清运渌江、铁河岸体垃圾300余吨，位于神福港居委会的集中污水处理厂建成即将启动，完成313省道、神马线沿线道路绿化，栽植桂花树、红叶石楠、樟树等1.3万余株。完成厕所改造831户，拆除农村“四类房”303户，创建“最美庭院”4500余户，查处违法用地41宗，乡村环境面貌不断改善。“白改黑”（水泥路面改为沥青路面）道路5公里，统筹自然村通水泥（沥青）路建设24公里，完成长沙岭至神福港防洪道路提质改造。

【社会事业】2019年，茶山镇完成13户24人脱贫，有14户贫困户完成危房改造，有3户新建完工、11户完成置换。截至年末，全镇累计827户2876人实现脱贫，贫困发生率由2014年的4.77%下降至0.32%。2020年扶贫项目库申报工作初步完成，脱贫攻坚阶段性目标基本实现，并2次顺利通过省专项检查。取缔非法生产经营场所23处，组织捣毁液化气非法经营、充装、倒罐窝点7处，清理整治无证经营烟花爆竹零售点10余户。

建成村级日间照料中心3个，其中东岗老年人日间照料中心被列为市级示范点；有在建老年人日间照料中心4个，其中长马村老年人日间照料中心投入200余万元。开展“三社联动”项目活动20余次，服务近2000人。卫生计生优质服务进一步提质，全面落实“两癌”免费筛查等惠民工程。（康琛悦）

板杉镇

【概况】2019年，板杉镇镇域面积89.9平方公里，辖10个村，总人口40101人。全镇以扎实的工作作风，推动各项工作高质量发展，共引进4个项目，合同引资8.4亿元，其中过5亿元和3亿元的项目各1个。组织参与“7·9”抗洪救灾工作，获评市抗洪救灾工作先进集体。

【农业发展】2019年，板杉镇农业发展效果明显。扶持流转土地面积20公顷以上的分级种粮大户16个，完成18家养殖场畜禽粪污资源化利用建设改造，完成八步桥村和寨下村高标准农田建设140公顷。土地确权工作进入尾声，实测面积2193公顷。完成村级股权量化工作，擂鼓桥村、七里山村、东冲铺村先后成立村级股份制经济合作组织。培育“吕夫子”“金桥油茶”农业品牌不断发展壮大。

【镇村建设】2019年，板杉镇突出规划引领，布局镇村建设。编制东城大道板杉综合物流园区项目规划，写入市委全会报告，列入株洲市株醴新城规划。年内该项目与央企对接，计划一期投资30亿元，建成133.33公顷集物流、仓储、科研、产销为一体的国际物流产业园区。自筹资金启动长坡口、夏坪桥、板杉3个村的村庄规划编制，拓展发展空间。策划包装莲株高速粤港澳大湾区醴陵科创园项目，引入合作方启动项目规划，占地333.33公顷，投资约50亿元。引进“板杉千邑文旅中心”项目，着力改造提升老集镇，年内项目进展顺利。

【社会治理】2019年，板杉镇突出社会治理，发展环境越来越优。一是服务架构更趋完善。全面完成并组工作，村民小组由357个合并为167个；完成区域内网格重置，网格由27个优化为21个；建立健全网上群众路线，全镇居民进群率超过90%，家庭覆盖率达93%，群内开展各项民生、社会服务600余次。二是社会大局平稳可控。“扫黑除恶”工作获得中央巡视组肯定，特色宣传“三句半”被省、株洲市、醴陵市三级媒体争相报道。加强人民调解，共调解矛盾纠纷20余起，调解成功率90%。司法工作开展有序，社区矫正新增5人，解除6人，组织集中训话13次，参与公益活动5次。信访工作成效显著，特护期进京上访为“零”，省委第一巡视组信访交办件均已办结，实现“无积案”“无越级访”“无失稳事件”工作目标。三是安全生产成绩突出。全年开展专项检查20余次，下达安全生产执法文书173份，现场处置措施文书95份，消除一般安全隐患80余处、重大安全隐患4处。打击取缔非法无证经营烟花爆竹销售点32处。组织打击非法采砂采矿行动7次，收缴非法作业挖机6台，对情节严重的移送司法机关处理1人。在板杉镇人民代表大会上全票通过《关于板杉镇境内涉砂涉矿企业（项目）严格管控的决议》，为源头管理提供有效保障。全年辖区无任何安全事故，连续3年被评为醴陵市安全生产先进单位。四是道路交通管理有效。完成通自然村项目18个、15.94公里，完成320国道周边道路加宽改造10.27公里，完成“十四五”农村路网规划设计。完成浙赣铁路复线铁路桥涵洞重建，成功消除沪昆高速擂鼓桥村人行天桥重大安全隐患。

【民生保障】2019年，板杉镇通过共建共享，促进民生事业持续发展。精准扶贫扎实推进。产业扶贫效果明显，联结分红逐年增加。年内有12户17人脱贫，贫困发生率降至0.37%，贫困人口总数由481户1566人减至70户149人。民政残联扶危解困。新增低保对象16户49人，发放临时救助9.19万元，救助192人。年末，全镇有在册农村低保对象343户720人，城市低保对象2户3人，社会保障兜底对象75户164人，有分散特困供养人员254户265人。卫健工作常抓不懈。完成孕前免费优生检查270对，人口性别比不断优化，5年内出生性别比为100∶108.8。新增寨下、流碧桥、夏坪桥3个村级标准化卫生室。有33人参与团体义务献血，任务完成率达150%。文化事业蓬勃发展。创新“书香醴陵”建设方法，组织成立东莱奖教促进会，筹集首批助学善款48万元用于奖教促学。

【人居环境整治】2019年，板杉镇突出环境整治，镇村面貌不断改善。严格拆违控违，制止违法建筑、违规用地52起，拆除违章建筑12处（栋）。完善垃圾处理体系，投入资金50万元，启用垃圾处理场，创新垃圾分类方式，启动市场化保洁机制，实现付费清运垃圾全覆盖。完成“四好”农村路路肩除草14公里，水沟清理60处，路面提质改造3200余平方米。持续开展巡河，打造夏坪桥段样板河，河道治理成效明显。启动厕所革命，完成578户农厕改造。开展“最美庭院”创建活动，全镇共评选“最美庭院”2569户，有2户获评全市“最美庭院”示范户。有效整治“四类房”208户，评估和改造危房29处，补贴金额59.8万元。

【党建工作】2019年，板杉镇从多方面着手抓党建工作。抓好“不忘初心、牢记使命”主题教育，强化使命担当。开展专题学习18次、宣讲20次，形成调研报告11篇，集中研讨200余场，检视问题900余个，解决群众难题500余个。强化理论武装。全镇党员干部“学习强国”APP参与度57.33%、覆盖率93.63%。落实全面从严治党，立案2起，党纪处分2人，受理并调查核实举报件5件，开展专项检查5次，未发现违规违纪现象。创建22个“幸福株洲”村级微信群，打通服务群众的“最后一公里”。抓实基层阵地建设，强化战斗堡垒。新建1个村级综合服务平台，整顿1个软弱涣散基层党组织。采取“一人一档、一季一评”形式推行党员积分制管理。创新“互联网+组织生活”“线上+线下”等机制，将组织生活开展到“网上”。坚持党管武装，强化阵地建设。成立50人的镇综合应急排。全面完成征兵工作任务。（刘传真）

左权镇

【概况】2019年，左权镇镇域面积123平方公里，辖11个行政村、1个居委会，总人口46800人。有耕地面积2266.67公顷、山地面积9400公顷，森林覆盖率达50.8%，官庄灌区右干渠穿越境内，境内有小（1）型水库1座，小（2）型水库15座。

【项目建设】2019年，左权镇坚持“政府引导、以商招商、做优园区”的发展思路，签约引进项目7个，投产4个，开工率100%。合同引进项目资金2.5亿元，提前超额完成全年任务，引资额在全市镇街排名第二。重点项目有序推进。开展“产业项目建设年”活动，东城大道在辖区内路段建设进展顺利，按期竣工通车。左权镇生态旅游核心景区项目全面推进，左家老屋建设初步成型。潜江－韶关天然气管道项目左权段全面建成，泽域美景生态园项目完成樱花园建设。农业项目不断发展壮大。泽域美景和青泥湾2个农业项目继续做大做强，德福青蛙和青莲生态农业实施生态种养结合，重点支持青莲生态农业和圆善油茶向规模农业企业升级。石羊村岳明农业合作社种植瓜蒌53.33公顷，被列为市种植结构调整核心示范区，花桥村40公顷休耕水田被列为长株潭地区治理式修耕技术模式基地。

【镇村建设】2019年，左权镇人居环境升级。建立起“户分类、村收集、镇转运、市处理”的生活垃圾处理机制，实现有效治理生活垃圾的行政村全覆盖。稳步实施“厕所革命”，全年厕改任务完成率100%。开展“五边”绿化“百万株绿荫”行动，打造3公里镇级示范路。青泥村获评“2019年度湖南省卫生村”称号。国土规划依法推进。严格执行《株洲市农村村庄规划建设管理条例》，将军村、陈东村、清安铺村以及篾织街居委会先行启动新一轮村庄规划编制。

【“三大攻坚战”】2019年，左权镇坚持稳中求进，打好“三大攻坚战”。一是突出防范化解金融风险。重点排查投融资、新型网络等领域，金融运行总体平稳、可防可控。二是深入推进脱贫攻坚。2019年预脱贫对象11户27人均已脱贫。年内35户危房改造任务全面通过验收且补助到位。组织各村完成2020年脱贫攻坚拟申报项目177个。全年发放产业扶贫资金18万元，扶持贫困户336户1362人自主发展产业，贫困户小额信贷累计发放134户，信贷资金达534.9万元。脱贫攻坚工作在全市考核中处于先进行列。三是扎实开展环境保护。开展采矿挖沙洗砂“利剑治污”行动，落实推进“河长制”工作，加强农村黑臭水体治理，江河湖泊水生态环境不断优化。

【社会治理】2019年，左权镇坚持安全生产常抓不懈。抓好烟花生产企业高温停产及复产工作，开展烟花爆竹“打非”清剿等专项行动，加大安全生产宣传力度，成功创建省级安全生产示范乡镇。有效应对“7·9”特大洪涝灾害，做好抗灾救灾应急管理工作，被评为“醴陵市抗洪救灾先进集体”。综治成绩显著，被评为市“平安建设先进单位”“三无创建先进单位”“信访维稳先进单位”。抓好公众安全感民意调查工作，综治民调工作得分在株洲市104个镇街中排名第一。保持“扫黑除恶”专项斗争高压态势，开展扫黑除恶和禁毒宣传，全年所有特护期均实现“三零”目标，被评为醴陵市“新中国成立70周年大庆特护期信访维稳工作先进单位”。

【党建工作】2019年，左权镇全面完成12个村（社区）基层党组织阵地标准化建设，“五化”支部建设达80%，全面推行党组织书记“双述双评”和绩效考核机制。持续抓好党员管理，优化党员结构，全年发展预备党员27人，转正党员21人。开展“不忘初心、牢记使命”主题教育，结合“三会一课”、组织生活会、民主生活会等党内基本制度，不断增强党政领导干部队伍的政治定力。严治懒政怠政和侵害群众利益的不正之风，加强对重点领域、关键环节执纪监督，以问责常态化促进履职尽责到位，不断推进干部作风转变和服务效能提升。（陈　君）

枫林镇

【概况】2019年，枫林镇辖11个行政村和2个居委会，有165个村民小组，11012户42061人。规模工业总产值达6.5亿元，完成工业固定资产投资5.4亿元，实现限额以上社会消费品零售总额1.6亿元，完成税收1459万元。是市“四点一片一谷”（渌江书院、渌江桥、立三故居、醴陵窑4个国家重点文物保护单位，北部旅游环线片区，中国陶瓷谷）旅游格局的重要组成部分，是财政部农业综合性改革试点镇，省卫生镇，省农村“四好”公路建设示范镇，株洲市首批建设的20个特色小镇之一，株洲市整镇推进美丽乡村建设镇之一。

【产业发展】2019年，枫林镇金桥村千亩荷花基地、隆兴坳村巨型稻立体种养基地、双井村猕猴桃基地、蕉源村茶叶基地和枫林市村丹枫四季果园等特色农业产业迅速发展，将军山“云霄山·醴陵白芽”茶夺得湖南首届茶祖神农杯金奖，雅域茶叶“雅云湘·小青柑”获2019年中国中部农业博览会金奖。隆兴坳村被评为省休闲农业示范点。五石村的枫林工业园、蒋家桥村的雅好食品产业园、枫溪谷的生命科技园都展现出强劲的发展态势。枫林工业园已入驻企业2家，其中株洲中模绿建新材料有限公司年产值达1.5亿元，业务辐射湖南、江西、湖北等省。年内，枫林镇持续打造并推广隆兴坳民宿、千亩油菜花、千亩荷花里、枫溪谷、彰仙观、彰仙廊桥及登山步道等系列特色景观；枫溪谷成功举办“枫叶红了”首届乡村音乐节活动，吸引游客上万人；耿传公祠依托红色革命传统教育基地，完善基础设施，年接待游客约30万人次。

【项目建设】2019年，枫林镇完成彰仙福地登山步道建设和彰仙观改造项目并投入使用。隆兴坳互通项目在20天内完成征拆协议签订，完成征地8.07公顷，拆迁房屋9户。推进金桥居委会等5个村级污水集中处理点建设，金桥居委会污水处理设施完成新建，解决附近100余户居民的生活污水处理问题。投资500余万元引进蕉源村南楚风鹌鹑养殖项目；成功签约湖南程盛新材料科技有限公司，流转土地面积26.67公顷。推进耿传公祠、彰仙福地争创AAAA级旅游景区工作。

【民生保障】2019年，枫林镇脱贫12户27人，累计脱贫572户1841人。完成91户贫困户的“微心愿”，帮助70个贫困学子申报“雨露计划”，新增小额信贷110万元，产业带动近500户贫困户平均增收2000余元，完成13户贫困户的危房改造，对全镇36户易地搬迁户持续跟踪帮扶。全年共发放低保、“五保”、残疾人、重点优抚对象补助和助学金696.1万元。给100余名残疾人配发个性化辅助器具125件。开展临时救助107人次，救助金额10万余元。帮助双井村等5个村（社区）完成日间照料中心建设。根据各村实际，将345个村民小组合并为165个，合理整合了村级自治力量。“7·9”洪灾期间，枫林镇开展救灾支援，筹集爱心公益捐款15万余元。开展预防接种疫苗、免费健康体检、家庭医生签约服务等工作，惠及百姓1.86万人。扶贫公益性岗位新增就业12人，转移劳动力就业108人，城乡居民养老保险缴费18160人。

【社会治理】2019年，枫林镇建立“监督与服务”微信群26个，并分层建立网上群众路线微信群110个，村（居）民入群率91%，镇村干部入群率100%。完善镇村网格化中心基础建设，在13个村（居）共设置网格27个，网上事件处理成功率达100%。对2名严重违反社区戒毒协议人员移送强制戒毒，实现脱失社区戒毒人员全部“清零”。完成和办理中央扫黑除恶督导组、省委巡视组及省、株洲市信访局交办信访件15件；及时回复并处理市长热线咨询和投诉件116件；化解各类矛盾纠纷130余起，涉及金额100余万元，做好大型节庆、会议期间信访工作，未发生赴省进京非访事件。全年组织安全生产执法行动161次，领导带队检查80余次，检查各类生产经营单位172家次，排查治理安全隐患97处。

【环境整治】2019年，枫林镇办结中央环保督察交办件3件，取缔“散乱污”企业2家，整治辖区内的非法搅拌站4家和非法采沙场2家。集中治理集镇“六乱”行为，清除“牛皮癣”900余处，整治出店经营店铺87家，拆除违章建筑（雨棚）4个。新增垃圾转运车1台，新增垃圾分类桶3000余个。畜禽养殖场粪污处理设施匹配建设率达100%。实施农村环境污染治理工程，建成临时垃圾中转站1个，隆兴坳等8个村实行垃圾处理农户付费制度；完成厕所改造2340户，超额完成既定改厕任务，改厕数居全市镇街首位。实施村容村貌改善工程，完成枫林大道－雪清路－五杨公路－醴官公路－耿传公路－隆兴坳村中棚组近20公里道路绿化工作；拆除“四类房”320栋，拆除面积约4.5万平方米；清理主干道沿线大型广告牌25块，拆除乱搭遮阳棚19个。实施特色村镇培育工程，按照“1+X”规划的要求，对隆兴坳、金狮、金桥、枫林市、时轮5个村进行规划调整，作为全市亮点推介。全面落实“河长制”工作，集中排查整治辖区内各河段，在隆兴坳村打造样板河3公里。枫林镇第2次获评株洲市农村人居环境“十佳乡镇”，隆兴坳村、枫林市村、金桥居委会、时轮村入选株洲市农村人居环境整治“百村示范”之列，黄獭嘴居委会、时轮村、双井村、金狮村获评“株洲市卫生村”，隆兴坳村获评“2019年度省级同心美丽乡村”“湖南省卫生村”。

【基础设施建设】2019年，枫林镇完成省自然村通村公路修建、拓宽15.7公里，本级修建、拓宽村组联通公路23.3公里，完成道路“白改黑”5.24公里。投资近1千万元，进行河道生态修复、河道治理、蕉源村大冲尾水库修复等，打造大型水井50余口，修建水坝16座。农电站对大湾村和金阳村进行农网改造，为五石村、金桥居委会、时轮村和蒋家桥村新增变压器，改造隆兴坳村、金狮村、双井村、彰仙村和枫林市村600余名用户进户线，解决了村民用电问题。

【党建工作】2019年，枫林镇开展“不忘初心、牢记使命”主题教育，经验做法被株洲文明网、“醴陵发布”等媒体平台推介。推广“学习强国”平台学习，注册率达101%，最高平均单日学习积分24.78分，位列全市镇街前列。落实“三会一课”制度，召开专题会议6次，党委书记带头讲党课3次，发展预备党员15名。开展支部“五化”建设行动，完成31个党支部“五化”建设。开展整顿软弱涣散党组织工作，解决交通、水利、民政等多个问题，接待来访、走访党员群众800余人次，召开座谈会8次，召集全体党员上专题党课、红色宣讲3次，并严格按照程序，补选4名支委。严格落实全面从严治党主体责任，受理来信来访12件，办结5件，查处案件9件，办结3件，立案6件，诫勉谈话党员1名，党内警告处分党员3名。（刘常雨）

官庄镇

【概况】2019年，官庄镇辖7个行政村、128个村民小组，总人口18285人，有7个党总支，下辖21个党支部。年内，官庄镇按照统筹做好稳增长、促改革、调结构、惠民生、防风险各项工作，综合实力持续提升，镇村面貌明显改善，现代农业稳步发展，民生事业有力推进。全年规模企业总产值10.8亿元，同比增长16%；完成固定资产投资9800万元，完成税收971万元。

【产业发展】2019年，官庄镇发展绿色生态农业，通过“合作社+贫困户”“基地+散户”“互联网+电商平台”“旅游+品牌打造”4个模式，横江黄桃、潭塘猕猴桃、瓦子坪莓茶、蜂蜜等产业逐步发展壮大。加大第三产业招商引资力度，调整产业结构，醴陵瑞狮农业发展有限公司投资800万元的朝天湾项目基本完成。横江村投资1200万元的农村综合改革项目快速推进。

【基础设施建设】2019年，官庄镇升级改造潭塘、桃花、瓦子坪3个村的卫生室，缓解老百姓看病难问题。官庄卫生院和市中（一）医院建立“医共体”，破解基层卫生医疗机构的发展困境。完成潭塘村村级综合服务中心和潭塘村、瓦子坪村农贸市场建设，镇村设施进一步规范。全年加宽道路7条7.8公里；新建桥梁3座，总跨度65米；硬化水泥道路20余公里，完成了株岭至王仙旅游环线支线横江、阳坑段路基建设13.8公里。

【安全保障】2019年，官庄镇调处各类纠纷60余起，排查不稳定因素17起，处理市长热线咨询和投诉件29件，未发生矛盾升级、赴省进京非访事件。7月，镇人民调解委员会获评株洲市优秀人民调解委员会。开展“监督与服务”微信群工作，建立村级微信群14个，村（居）民入群率96%，镇村干部入群率100%。完善镇村网格化中心基础建设，处理网上事件成功率达100%。开展打非治违、“安全生产月”活动、“强执法防事故”行动和安全生产风险隐患大排查、大管控、大整治百日行动，组织执法行动70余次，出动执法人员160人次，发现各类安全隐患126处。第二、第三季度安全生产工作获全市先进。

【脱贫攻坚】2019年，官庄镇有7户20人通过脱贫验收，贫困发生率降至0.55%。开展“九清零”行动，推进问题整改清零。支持各村产业发展，发放139万元产业扶贫资金，有效激发贫困户内生动力。完成境内120户易地扶贫搬迁户不动产登记发证工作。推进“四个一”帮扶措施，新建幸福菜地5块2.51公顷，让易地搬迁的贫困户住得安稳。2月16日，官庄村唐乐伟的脱贫故事刊登在《中国扶贫》杂志；12月10

日，阳坑村代表醴陵市接受省级扶贫交叉检查，得到上级肯定。

【人居环境整治】2019年，官庄镇开展“五边”绿化“百万株绿荫”行动，植树1.82万株，打造樱花、桃花等景观线路，完成3公里镇级示范路建设。进行“六乱”整治行动，集中整治主要道路，拆除路灯、户外广告牌280余块，清除牛皮癣100余处，清理侵占道路建筑物垃圾10余处。在2018年改厕284户基础上，继续开展厕所革命，投入87.3万元改造873户旱厕，持续改善村民居住环境。有序开展“四类房”整治，拆除空心破坏房462栋，修缮354栋，扎实改进村容村貌。将黑臭水体治理工作纳入“河长制”工作，黑臭水体得到有效治理。

【其他社会事业】2019年，官庄镇各项社会事业齐头并进。土地确权工作顺利完成，农村集体资产改革基本完成，4351本农村土地承包经营权证发放到户。及时发放惠农补贴28项1727万元。完成村级并组工作，315个村民小组合并为128个，合理整合村级自治力量。强化各类民生保障，为211名低保对象、283位残疾人、112名城乡医疗救助和临时救助人员、特困供养救助人员、17户危房改造户、18户土坯房改造户、高龄老年人发放各类补助及救助资金434.7万元。完善农村敬老院消防设施，推进居家养老服务中心和村级日间照料中心建设。支持各类社会服务，开展留守儿童关爱保护工作，依法保障153名困境儿童受教育权利，继续做好困境儿童救助及孤儿保障工作；做好优抚双拥工作，及时为各类优抚对象发放优待抚恤补助资金65.95万元。教育事业蒸蒸日上，官庄镇“青松班”教育理念及成果多次在全市教育系统会上获教育局领导赞誉，中考在全市排名前进20名，瓦子坪小学在全市统考中2次获评质量红旗单位；做好卫生和计划生育工作，获评“株洲市2018年度人口和计划生育工作优秀单位”。

【党建工作】2019年，官庄镇开展“不忘初心、牢记使命”主题教育，将学习教育、调查研究、检视问题、整改落实贯穿全程，持续推动主题教育往实里走、往心里走、往深里走。通过党委理论学习中心组、“学习强国”APP等，严格执行支部组织生活标准化原则，规范和加强组织生活。年内培养入党积极分子19人，吸收预备党员8名，按期转正党员6名。开展办公用房和违规发放津补贴等问题自查自纠工作，落实党风廉政建设“两个责任”。年内镇纪委处理信访举报件2件，办结2件。（罗雯诗　邓秀方）

人　物

先进人物

赵石毛　男，1964年5月生，中共党员，湖南省邵东县流泽镇人，先后担任中国个体劳动者协会第五届常务理事、省市县非公有制经济综合党委委员、醴陵市工商联副主席、醴陵个私协会副会长、醴陵市邵阳个私党支部书记、醴陵市邵阳商会会长、金龙百货董事长。

1992年，赵石毛从中学英语教师的岗位上离职，成为个体工商户，与妻子到醴陵市创业，后创立了班龙服饰广场。经过20余年的打拼，“金龙至尊”服饰发展成为服装鞋帽连锁超市，在湘赣两省建有连锁店29家，员工总数达400余人，并拥有“金龙至尊”“蝶之媛”2个注册商标。赵石毛在经营中注重党建工作，率先在商会和公司成立党支部、共青团和妇联组织，并把党支部建到商铺上，定期组织学习培训，开展党日活动，依靠党组织凝心聚力、攻坚克难。赵石毛积极参与公益事业和社会扶贫，个人累计捐款130余万元，所在党支部捐款50余万元，资助20余名学生完成学业，为30余名重症患者家庭送去关爱，并坚持慰问10余名孤寡老人。2016年，赵石毛被评为“全国先进个体工商户”。2018年，赵石毛被国家市场监管总局评为改革开放40年“党建引领小个专创新发展”典型人物，并在全国巡回宣讲党建创新工作经验。2019年，在全国市场监管系统“双先”“双优”及先进个体工商户表彰大会上，赵石毛再获“全国先进个体工商户”称号，并代表全国近8000万个体工商户作典型发言。　（王枚丁）

杨湘钧　女，1972年8月出生，湖南省醴陵市人，醴陵市陶瓷烟花职业技术学校教师。

杨湘钧于1989年进入醴陵市第三职业高中学习，1992年通过对口升学考入湖南城市建设高等专科学校建筑专业的师资班，1995年学成毕业后，回到母校醴陵市第三职业高中任教。24年来，杨湘钧一直从事职业教育，并担任班主任，用爱心对待每一个学生，教学过程中，注重介绍专业内容、专业发展前景、相关工作岗位，引导学生制定个人成长规划，树立正确职业观。对学生各个方面都很严格，要求每天写日记、每周上台演讲、每天站军姿等。关注每个学生的变化，手机拍照留念，提笔记录成长过程，仔细了解学生的生活情况并嘘寒问暖。2014年，学校成立“杨湘钧名班主任工作室”，德育经验《花开的声音》全校推广。2015年、2018年，杨湘钧所带的班级先后被湖南省教育厅授予“湖南省先进班集体”的荣誉称号。在杨湘钧的带领下，由易帅、成兴发、郭权、张思龙组成的团队，在2018年全国职业院校技能大赛中职工程测量比赛中获得全国三等奖。瞿申豪、汪醴南等7名学生获得省三好学生、优秀干部的表彰。在多年的教学中，杨湘钧逐渐成长为骨干教师、专业带头人、名班主任，被评为醴陵市优秀班主任、优秀教师、职业教育先进个人，株洲市优秀教师，湖南省技能竞赛优秀指导老师，全国技能竞赛优秀指导老师。2019年9月，杨湘钧被教育部授予“全国优秀教师”称号。　（钟　宇）

逝世人物

王泰诚　男，汉族，1929年7月出生，籍贯醴陵，中共党员，市政协原副主席，享受副县级待遇离休干部。1949年6月参加革命工作，并加入中国共产党。1949年8月至1950年1月，任地下党清湾乡支部书记，同时在清湾乡中心小学任教。1950年2月至1952年5月，先后在第三、五、七区人民政府工作。1952年5月至1952年11月，任醴陵县人民政府人事科科长。1952年11月至1954年4月，任新民主主义青年团醴陵县工作委员会副书记。1954年5月至1958年6月，先后担任醴陵县委宣传部干事、副部长。1958年6月至1961年9月，任县教育局局长。1961年10月至1962年5月，先后担任白兔潭区区公所干部、大障区区公所干部。1962年6月至1968年10月，先后担任醴陵县人民委员会文教科干部、科长。1968年11月至1972年3月，被拘留劳动。1972年4月至1973年8月，任醴陵县贺家桥钨矿副矿长。1973年9月至1979年8月，先后担任醴陵县教育局和文化局副局长、局长。1979年9月至1980年12月，先后担任醴陵县委宣传部副部长、部长。1981年1月至1985年3月，任醴陵县人民政府副县长。1985年4月至1987年4月，任政协醴陵市第六届委员会副主席。1991年1月，离休并享受副县级待遇。2019年1月29日，因病去世，享年90岁。

汤其龙 男，汉族，1930年3月13日出生，籍贯醴陵，中共党员，原湘林汽车湘运分公司享受副县级待遇离休干部。1943年1月至1945年12月，在王仙中心小学、枧头益智补习学校就读。1948年8月至1952年12月，先后在醴陵县二区担任事务长、财粮办事员、助理员，其间于1949年7月参加革命工作。1953年1月至1956年5月，先后担任醴陵县三区政府副区长、三区供销社财经委员兼供销社主任，其间于1954年3月加入中国共产党。1956年6月至1959年7月，任醴陵县商业局干部人事科科长。1959年8月至1961年5月，任醴陵县商业局副局长。1961年6月至1969年2月，先后担任神福港公社副书记兼社长、党委书记、革委主任。1969年3月至1974年11月，先后担任醴陵外贸站革委主任、官庄水库革委主任、官庄水库局长党总支书记。1974年12月至1976年5月，任湘林汽车十中队负责人。1976年6月至1980年4月，任湘林汽车十中队副书记。1980年4月，任湘林汽车湘运分公司副书记。1990年7月离休，10月批准享受副县级待遇。2019年8月29日，因病去世，享年89岁。

叶良桂 男，汉族，1930年8月出生，籍贯醴陵，中共党员，市住房和城乡建设局享受副县级待遇离休干部。1937年2月至1942年2月，先后在板杉夏坪桥中心小学、城关城南小学、醴泉中心小学就读。1944年5月至1949年12月在板杉斯陶中学就读。1949年12月至1950年12月，在二野军大五分校学习。1950年12月至1956年6月，在贵州军区后勤部营管处工作，其间于1952年11月加入中国共产党。1956年7月至1969年7月，在陆军49师145团后勤处工作。1969年8月至1974年7月，在醴陵县转步公社下三洲大队务农。1974年8月至1980年8月，在醴陵县房地产公司工作。1980年8月至1981年8月，担任醴陵县公共汽车公司营运股股长。1981年9月至1985年1月，担任醴陵县集体建筑办主任。1985年2月至1986年3月，在醴陵市城乡建设委员会工作。1986年3月，离休并享受副县级待遇。2019年6月28日，因病去世，享年89岁。

钟国栋 男，汉族，1931年6月1日出生，籍贯醴陵，中共党员，市人民政府调研员，享受副县级待遇退休干部。1955年7月至1958年2月，在醴陵县第九区公所粮站参加工作，任保管员。1958年3—6月，下放至军山乡劳动锻炼。1958年7月至1963年4月，任醴陵县粮食局资料员。1963年5月至1965年4月，任醴陵县中心办干事。1965年5月至1969年6月，任枧头洲公社社长。1969年7月至1970年9月，任均楚区斗、批、改工作队队员。1970年10月至1972年12月，任醴陵县湘东铁路指挥部党委办副主任，其间于1971年加入中国共产党。1973年1月至1974年10月，任醴陵县委办公室干部。1974年11月至1977年12月，先后担任军山公社任副书记、书记。1978年1月至1981年12月，任均楚区书记。1981年12月至1983年12月，任醴陵县委常委、县委办公室主任。1983年12月至1985年1月，任醴陵县政府副县长。1985年1月至1987年2月，先后担任城工委副书记、书记。1987年3月至1990年12月，任醴陵市政府副市长，其间于1987年被株洲市记大功。1992年12月至1997年10月，任醴陵市政协主席。1997年11月至1999年6月，任醴陵市人民政府调研员。1999年7月，退休并享受副县级待遇。2019年10月，因病去世，享年88岁。

罗永祥 男，汉族，1933年5月出生，籍贯湖南宁乡，中共党员，市人大常委会原副主任，享受副县级待遇离休干部。1949年9月参加革命工作。1949年10月至1951年6月，为浏阳县东区土改工作队员，从事县政府事务。1951年7月至1956年1月，先后担任浏阳县粮食局办事员、副股长，其间于1952年2月加入中国共产党。1956年2月至1957年3月，任湘潭地区粮食局副科长。1957年4月至1980年12月，先后担任茶陵县工业、基建局副局长和县氮肥厂厂长、书记。1980年12月至1982年3月，任茶陵县经委副主任。1982年3月至1984年1月，任湘潭地区古港磷肥厂厂长。1984年1月至1987年4月，任醴陵县（市）人民政府副县（市）长兼城关镇镇长。1987年4月至1989年5月，任醴陵市城市工作委员会人大副主任兼书记。1989年5月至1990年5月，任醴陵市人大常委会副主任。1993年10月，离休并享受副县级待遇。2019年3月12日，因病去世，享年86岁。

游克尚 男，汉族，1934年1月出生，籍贯湖南新化，民革党员，市人大常委会原副主任，享受副县级待遇退休干部。1955年1月，参加革命工作。1955年2月至1969年12月，担任醴陵县农田水利局技术员。1969年12月，因“文化大革命”被错误处理，开除下放至泗汾农场。1973年10月至1978年8月，平反复职后在醴陵官庄区农技站任技术员。1978年9月至1980年12月，先后担任县农业局土肥股副股长、股长。1981年1月至1986年12月，先后担任县（市）农业局区划办公室组长、主任。1987年1月至1993年10月，任醴陵市人大常委会副主任。1998年12月，退休并享受副县级待遇。2019年10月25日，因病去世，享年85岁。

何泉生 男，汉族，1936年9月24日出生，籍贯醴陵，中共党员，阳三石街道办事处享受副县级待遇退休干部。1951年3月参加工作，任原五区通信员。1952年1月至1954年7月，在醴陵县政府从事通信、警卫工作。1954年8月至1956年3月，任县油脂公司人事干事，其间于1954年12月加入中国共产党。1956年3—9月，任王仙区粮站副主任。1956年9月至1959年2月，先后担任醴陵“五人小组”专干、县委肃反审干整风办公室专干。1959年11月至1961年1月，先后担任高桥公社组织部部长，高桥公社社长、副书记。1963年5月至1969年3月，任黄沙公社党委书记、区委委员。1969年3月至1970年8月，任茶山岭区“斗批改”组长。1970年8月至1973年10月，任枫林市公社革委副主任、副书记。1973年10月至1981年12月，任枫林市公社党委书记。1981年12月至1986年12月，任醴陵八里坳区委副书记。1987年1月调入渌江乡政府，先后担任渌江乡党委副书记、人大常务主席、党委委员。1996年1月退休，1997年批准享受副处级待遇。2002年，被评为株洲市“五好”老干部。2019年5月6日，因病去世，享年83岁。

吴章令 男，汉族，1937年6月13日出生，籍贯醴陵，中共党员，原市老龄办副主任，享受副县级待遇退休干部。1954年10月至1956年10月，任醴陵白兔潭供销社出纳、白兔潭区公所财会辅导员，其间在省农学院学习半年。1956年11月至1964年12月，先后在醴陵均楚区公所、富里区公所及南桥人民公社、洪沅人民公社担任财会辅导员。1966年1月至1968年12月，任洪沅人民公社社长。1969年1月至12月，在醴陵大桥指挥部负责后勤工作。1970年1月至1978年12月，先后担任富里人民公社干部、革委副主任、党委副书记，其间于1973年1月加入中国共产党。1979年1月至1981年12月，先后担任大林乡人民公社党委副书记、主任。1982年1月至1984年12月，任大林乡党委书记。1985年1月至1986年12月，任白兔潭区工委干部。1987年1月至1988年12月，先后任洪沅乡党委副书记、乡长。1989年1月，调入市老龄办任副主任。1997年，批准享受副县级待遇。1998年2月退休。2019年1月5日，因病去世，享年82岁。

廖初全 男，汉族，1939年10月4日出生，籍贯醴陵，中共党员，市人大常委会原副主任，享受副县级待遇退休干部。1958年9月至1962年7月，在湖南师范学院历史系学习，其间于1959年12月加入中国共产党。1962年8月至1964年8月，在醴陵县第七中学工作。1964年8月至1968年10月，在醴陵县人民委员会文教科工作。1968年10月至1972年3月，在醴陵县革命委员会工作。1972年3月至1981年12月，在中共醴陵县委组织部工作。1982年1月至1983年11月，任醴陵县人事局副局长。1983年12月至1991年4月，担任中共醴陵县（市）委组织部副部长、正科级组织员。1991年4月至1997年12月，任醴陵县人大常委会副主任。1998年1月至1999年10月，任醴陵市人民政府助理调研员。1999年11月，退休并享受副县级待遇。2019年11月10日，因病去世，享年80岁。

杨仕盛 男，汉族，1940年3月3日出生，籍贯醴陵，中共党员，市人大常委会原副主任，享受副县级待遇退休干部。1954年9月至1961年7月，在醴陵一中初中和高中就读。1961年9月—11月，在湖南省建设学院学习。1961年12月，由湖南省建设学院分配回醴陵县工作。1961年12月至1962年6月，为醴陵县转步人民公社干部。1962年6月至1965年2月，为醴陵县委办公室干部。1965年2月至1968年9月，先后担任醴陵县八里坳区公所区秘书、区团委书记、县团委常委。1968年9月至1980年4月，先后担任醴陵县委办公室干部，桂柳铁路醴陵县修建指挥部党委委员、办公室主任，县委常委秘书，其间于1973年6月加入中国共产党。1980年4月至1985年4月，任醴陵县王仙乡委员会党委书记。1985年4月至1988年12月，先后担任醴陵县纪律检查委员会副书记、书记，醴陵市委常委。1988年12月至1992年12月，任醴陵市委常委、市委办公室主任。1992年12月至1997年12月，任醴陵市人大常委会副主任、党组副书记。1998年1月至1999年6月，任醴陵市委助理调研员。2000年4月，退休并享受副县级待遇。2019年10月29日，因病去世，享年79岁。（李春玲）

附 录

荣 誉 谱

先 进 集 体

2019 年醴陵市所获综合荣誉一览表

表 12

获奖单位	奖励（命名）名称	授予（命名）单位
醴陵市	2019 年国家园林城市	住房和城乡建设部
	全国农村创业创新典型县	农业农村部
	2019 中国文旅产业最具开发（投资）价值县	《半月谈》杂志社
	全国政府采购百强县（市、区）突出贡献单位（2018—2019 年度）	14 届全国政府采购监管峰会组委会
	2019 年度脱贫攻坚先进县市区	中共湖南省委办公厅、湖南省人民政府办公厅
	2019 年携手奔小康先进单位	
	2019 年度湖南省综治工作考核评估先进县市区	
	2019 年度湖南省综治工作考核评估平安县市区	
	2019 年度安全生产工作考核优秀单位	
	2019 年度落实制造强省建设等政策措施成效明显的市、县市区	湖南省人民政府办公厅
	2019 年度农村人居环境整治先进县市区	中共湖南省委农村工作领导小组
	湖南省“七五”普法中期先进县（市、区）	中共湖南省委全面依法治国委员会办公室
	2019 年度实施乡村振兴战略先进县市区	湖南省实施乡村振兴战略领导小组
	2019 年全省外贸先进县市区	湖南省发展开放型经济领导小组
	湖南省 2018 届文明城市	湖南省精神文明建设指导委员会

续表 12-1

获奖单位	奖励（命名）名称	授予（命名）单位
醴陵市	2018 年度道路交通平安县市	湖南省道路交通安全委员会
	湖南省民政工作先进县市区	湖南省人力资源和社会保障厅、湖南省民政厅
	2019 年度全省工业经济运行检测协调工作先进单位	湖南省工业和信息化厅
	2018—2019 湖南省全域旅游示范区	湖南省文化和旅游厅
	全省茶油大县	湖南省林业局、湖南省财政厅
	2019 年度湖南省食品安全工作 A 类（先进）单位	湖南省食品安全委员会
	2018 年度全市人口和计划生育工作优秀单位	中共株洲市委办公室、株洲市人民政府办公室
	2019 年招商引资工作红旗单位	株洲市人民政府办公室
	株洲市文明建设先进县市	株洲市精神文明建设指导委员会
	2018 年度城市管理工作优秀县城	株洲市城市管理委员会

2019 年全国（条线）先进单位、集体一览表

表 13

获奖单位	奖励（命名）名称	授予（命名）单位
市林业局	2016—2018 年度全国森林防火工作先进单位	国家林业和草原局
白兔潭镇余溪村	全国乡村治理示范村	农业农村部
市工商业联合会	全国工商联 2019 年民营企业调查点工作示范单位	中华全国工商业联合会办公厅
中共醴陵市纪律检查委员会（监察委）	2019 年度《中国纪检监察》学刊用刊工作先进单位	《中国纪检监察》杂志社
市场监督管理局、仙岳山监督管理所	全国市场监管系统优秀市场监管所名单	国家市场监督管理总局
市检察院公诉局	全国巾帼建功先进集体	中华全国妇女联合会
市司法局	全国公共法律服务工作先进集体	司法部

2019 年湖南省（条线）先进单位、集体一览表

表 14

获奖单位	奖励（命名）名称	授予（命名）单位
中共醴陵市纪律检查委员会（监察委）	2019 年度全省纪检监察信息工作先进单位	中共湖南省纪委办公厅
市委宣传部	网评队伍建设先进集体	中共湖南省委网信办
市委组织部	湖南省柔性引才用才试点单位	中共湖南省委人才工作领导小组办公室

续表 14-1

获奖单位	奖励（命名）名称	授予（命名）单位
市委组织部	湖南省科技特派员工作先进单位	中共湖南省委组织部
市委宣传部	2018 年度红网网民留言办理工作先进单位	湖南红网新媒体集团
市委宣传部	2018 年度“湘问——投诉直通车”栏目“有诉必回的 10 大政府职能部门”	《湖南日报》
市妇女联合会	2018—2019 年度湖南省妇联系统宣传工作先进单位	湖南省妇女联合会
市退役军人服务中心	湖南省退役军人模范单位	湖南省人力资源和社会保障厅、省委组织部、省退役军人事务厅、省军区政治工作局
枫林镇隆兴坳村、白兔潭镇余溪村	2019 年度湖南省休闲农业集聚发展示范村	湖南省农业农村厅办公室
船湾镇清水江村	2019 年度全省美丽乡村建设示范村	中共湖南省委农村工作领导小组
东富镇	湖南省卫生镇（乡）	湖南省爱国卫生运动委员会
国瓷街道土株岭村、石塅村、板杉镇七里山村、左权镇青泥村、枫林镇隆兴坳村、沩山镇大林村、明月镇七星村、东富镇东富村	湖南省卫生村	
东富镇卫生院	湖南省文明卫生单位	
沩山镇、孙家湾镇孙家湾村、白兔潭镇余溪村	湖南省 2018 届文明村镇	湖南省文明建设指导委员会
市渌江投资控股集团有限公司、市卫生健康局、市农村商业银行	湖南省 2018 届文明单位	
国网湖南省电力有限公司醴陵市供电分公司	湖南省 2018 届文明标兵单位	
李云希家庭	湖南省 2018 届文明家庭	
市阳三石小学	湖南省 2018 届文明校园	
湖南醴陵红官窑瓷业有限公司	湖南省工业品牌培育示范企业	湖南省工业和信息化厅

2019 年株洲市（条线）先进单位、集体一览表

表 15

获奖单位	奖励（命名）名称	授予（命名）单位
市委宣传部	2019 年度株洲市“扫黄打非”先进集体	株洲市“扫黄打非”工作小组
市委统战部	株洲市 2019 年度全市统战信息宣传工作先进单位	中共株洲市委统战部
市委统战部	株洲市 2019 年度“学习多党合作历史 展示党外人士风采”微演说优秀组织奖	中共株洲市委统战部
嘉树镇	2018 年度先进基层武装部	株洲军分区
嘉树镇	株洲市信访维稳工作“三无”创建乡镇	中共株洲市委政法委员

续表 15-1

获奖单位	奖励（命名）名称	授予（命名）单位
嘉树镇	株洲市安全生产先进单位	中共株洲市委办公室、株洲市人民政府办公室
嘉树镇	株洲市 2018 年度全市人口和计划生育政策优秀单位	中共株洲市委办公室
嘉树镇	株洲市五四红旗团委	共青团株洲市委
嘉树镇、东富镇、仙岳山街道办事处、国瓷街道姜东村、长庆示范区马脑村、左权镇石羊村、阳三石街道泉湖村、明月镇申明村、板杉镇板杉村、东富镇莲旗村、来龙们街道马放塘社区、浦口镇天符社区、仙岳山街道财源塔社区	株洲市 2019 年度文明村镇	株洲市精神文明建设指导委员会
市自然资源局	株洲市 2019 年度文明标兵单位	
财政局、高新集团、自来水公司、审计局、国家统计局醴陵调查队、气象局、农业农村局、人力资源和社会保障局、科技和工业信息化局、信访局、园林绿化中心	株洲市 2019 年度文明单位	
渌江中学、东堡中学、湖南轻工高级技工学校、陶瓷烟花职业技术学校、黄沙中学、王坊中学、德才职业学校、姜湾小学五里牌校区、江源小学、东门塘小学	株洲市 2019 年度文明校园	
船湾镇	2019 年度株洲市卫生镇	株洲市爱国卫生运动委员会
明月镇湾富村、江边铺村、申明村，左权镇陈东村，国瓷街道姜东村、华塘村，东富镇横新村，枫林镇黄獭嘴居委会、金狮村、双井村、时轮村，沩山镇沩山村、新东堡村，船湾镇杨木档村	2019 年度株洲市卫生村	
枫林镇中心卫生院、东富镇人民政府、沈潭镇新田完全小学、沈潭中学、阳三石街道东门塘小学	株洲市 2019 年度文明卫生单位	
阳三石街道阳东小学、荆潭湾小学、均楚镇中心卫生院	株洲市 2019 年度无烟管理示范单位	
珊田村福田医养中心	株洲市园林式单位（居住区）	
实验小学	株洲市 2019 年度文明标兵校园	株洲市精神文明建设指导委员会
板杉镇	2019 年全市“优秀人民调解委员会”	株洲市司法局
船湾镇	2019 年度株洲市安全生产工作优秀乡镇	中共株洲市委办公室
船湾镇	株洲市信访维稳“三无创建”先进乡镇	株洲市信访联席办
市农机局	2019 年度株洲市农机工作先进单位	株洲市农业机械化管理局
市农机局	2019 年度株洲市农机安全生产目标管理工作先进单位	
市农机局	2019 年度株洲市农机综合信息工作先进单位	

2019 年醴陵市级先进单位、集体一览表

表 16

获奖单位	奖励（命名）名称	授予（命名）单位
来龙门街道、阳三石街道、仙岳山街道、国瓷街道、长庆示范区、李畋镇、白兔潭镇、浦口镇、沩山镇、东富镇、孙家湾镇、泗汾镇、沈潭镇、船湾镇、嘉树镇、石亭镇、板杉镇、左权镇、枫林镇、官庄镇、市委党校、市信访局、市科工信局、市教育局、市民政局、市公安局、市自然资源局、市财政局、市交通运输局、市农业农村局、市水利局、市卫健局、市应急局、市商务局、市退役军人局、市城管局、市广播电视台（市融媒体中心）、市水文局、市消防大队、市公安局交警大队、市民兵应急连、市气象局、市交通事务中心、市畜牧水产事务中心、市创建办、市自来水公司、市供电公司、武警醴陵中队、市中（一）医院、市环卫服务中心、醴陵中油燃气公司、市农商银行、湖南醴陵釉下五彩城开发建设有限公司、醴陵新华联房地产开发有限公司、株洲醴陵旗滨房地产开发有限公司、湖南华联瓷业股份有限公司、醴陵市渌江兴旺投资有限公司、醴陵鸿贤生态农业开发有限公司、醴陵碧桂园房地产开发有限公司、湖南建宸置业有限公司、醴陵亿都房地产开发有限责任公司、湖南浦建集团建设工程有限责任公司、湖南省众兴源建设工程有限公司、湖南省醴陵市通达建设工程有限公司、南华附二兆和医院、株洲市关爱生命协会醴陵工作站、醴陵市登山户外运动协会、白兔潭救援队	抗洪救灾先进集体	中共醴陵市委、醴陵市人民政府

先进个人

2019 年全国（条线）先进个人一览表

表 17

获奖个人	奖励（命名）名称	授予（命名）单位
赵石毛	全国先进个体工商户	国家市场监督管理总局、中国个体劳动者协会
杨湘钧	全国优秀教师	教育部

2019 年湖南省（条线）先进个人一览表

表 18

获奖个人	奖励（命名）名称	授予（命名）单位
张剑辉	全省审计工作先进个人	全省审计工作先进集体和先进个人评选表彰工作领导小组
李学文	湖南省模范退役军人	湖南省人力资源和社会保障厅、省委组织部、省退役军人事务厅、省军区政治工作局
朱玉婷	湖南省 2019 年“百名最美扶贫人物”	湖南省扶贫开发领导小组办公室
陈浩学	全省司法所工作表现突出个人	湖南省司法厅

2019 年株洲市（条线）先进个人一览表

表 19

获奖个人	奖励（命名）名称	授予（命名）单位
刘中花、文向永、李勇	2019 年度株洲市先进农机工作者	株洲市农业机械化管理局

2019 年醴陵市级先进个人一览表

表 20

获奖个人	奖励（命名）名称	授予（命名）单位
邓少仁、邓星振、刘铁华、刘雪平、汤中亮、余汉平、张卫根、张文、周亮、胡修文、钟洁、唐益丰、谢逢线、漆付	抗洪救灾记三等功	中共醴陵市委、醴陵市人民政府
刘卫华、李成林、李勇军、钟飞跃、唐芳、章建平、蔡佳霖	抗洪救灾记嘉奖人员	
王常平、吴永生、邹友泉、张清月、黄石、廖正红	抗洪救灾突出个人	
汤其良、江午阳、钟伟、黄燕、顾鹏宇、侯哲、文业祥、王金明、刘静、 廖亚军、张建武、汤学花、邓华、史秋林、吴建钢、曾凤娇、陈亮、叶武英、陈正伟、张长才、江亚光、钟健柏、龙招、汪泽根、邓实奇、文洪国、易学成、邹政大、李家波、刘铁强、康铁建、钟征、易辉平、邓建林、刘传水、李国强、邹富林、赵益方、肖鹰、张平、邓绍强、邓彬、黄绍红、谢友良、叶海涛、邬岗、凌邦永、张方军、刘新建、唐尚昆、陈纪云、陈家中、陈佑生、何宗根、唐赞虎、徐瑶林、张红军、漆建风、王海中、彭志中、王建萍、漆秋恒、易海波、刘再虎、欧阳敏、刘米初、胡健、王日民、谭小马、杨开春、杨建国、程正良、钟建生、叶家富、何建华、叶宗义、谢艳林、黄宏志、左云国、刘柏奇、周述坚、邱基维、汤广、刘运山、黎明、帅文志、凌雪枚、林勇、程楚明、万丽娟、黄日强、钟刚、黄军、黄家初、张智慧、张跃明、张旺、龙有良、田湘醴、李明杰、杨峰、黄九连、邹建群、潘育武、江星元、李建虎、杨立清、江小青、易虎龙、彭龙、田芳宇、钟光辉、陈志奇、张立山、罗干、杨占文、刘涛、周根初、蔡潘、廖蔚佳、聂淼、李颖军、丁运山、唐勇、罗武、苏静、田袁、张常、王主民、荣敏、文喜良、曾小应、周双双、黄向阳、谢文、唐芳、易星星、张扬、黄赞、谢思远、邓余平、杨雪安、刘凯、刘娟、邱再华、刘怡、杨波、卢文、刘晓敏、刘亿、杨刚、廖作军、黄军、李汉华、甘毅、廖鑫、罗斌、易玉辉、汤学军、付建安、张洪、易朝华、杨翔、刘利平、邹花平、王亮、黄伟、杨柳青、巫桐林、宋鑫巍、胡志明、丁建兵、唐文英、周春芳、黄艳秋、刘启云、江滇生、王虎、袁利军、李俊良、刘军、陈辉、吴远征、向前、文帅军、林家根、阳继先、李东华、汤铁文、刘增广、胡文军、晏守能、朱道昌、唐永智、孙林章、贺明春、赵晋东、陈颢、毛如燚、刘行、葛永明、谢超、叶王伟、付晓鹏、周浩、杨水丹、邓波、李亚平、龙自力、张阳、戴青、黄细平	抗洪救灾先进个人	

说明：荣誉谱内 2018 年度的奖项，以授奖或发文时间在 2019 年 1 月 1 日至 12 月 31 日为列入标准

（陈双春　韩芳子）

文 件 选 编

中共醴陵市委　醴陵市人民政府 印发《关于加快产业突围的实施意见（2019年修订）》的通知

醴发〔2019〕4号

各镇党委、人民政府，各街道党工委、办事处，长庆示范区党工委、管委会，市直各单位，驻醴各单位：

现将《关于加快产业突围的实施意见（2019年修订）》印发给你们，请认真遵照执行。

中共醴陵市委
醴陵市人民政府
2019年2月15日

关于加快产业突围的实施意见（2019年修订）

为进一步加快我市产业突围步伐，推动我市实体经济高质量发展，以“产业项目建设年”活动为抓手，深入开展招商引资“三乡”行动、温暖企业“三百”行动、园区攻坚三年行动，立足我市当前产业发展实际，在深入调研、广泛征询意见的基础上，对《中共醴陵市委醴陵市人民政府关于加快产业突围的实施意见（修订）》（醴发〔2018〕7号）予以修订。

一、主要目标

力争到2020年，形成具有核心竞争优势的现代产业体系。规模工业增加值年均增长约7.5%，达到400亿元。第三产业比重达45%以上，高新技术产业占GDP比重达30%以上，高新技术企业达120家以上。打造1000亿元陶瓷产业集群、300亿元花炮产业集群、100亿元玻璃产业集群、1000亿元产业园区，培育一批新兴支柱产业，致力打造国家级经济开发区。年主营业务收入过10亿元企业达5家，过5亿元企业达10家，过1亿元企业达100家，上市（创业板、中小板、主板和境外上市，下同）企业达5家。

二、重点工作

（一）推进链条化发展

不断完善产业链条，开展“建链、补链、延链、强链”行动。持续推进信息化与工业化深度融合、制造业与生产性服务业深度融合、传统产业与新兴产业的跨界融合以及军民产业深度融合。不断探索新经济、新模式、新业态，推进传统优势产业高端化、新兴产业规模化，提升产业配套能力，构建现代产业体系，促进产业协同发展。充分发挥园区产业突围主战场作用，立足“一主两特”园区产业定位，大力推进“一谷一城一园”发展，打造千亿产业园区和国家级经开区。

（二）推进智能化发展

大力推进产业智能化升级改造，积极推进“机器换人”、“装备升级”“智能制造”三项行动。引导企业加大人才引进培养、创新平台建设、技术研发创新、成果转化应用等方面投入，全面推进智能升级，培育一批国家级、省级智能制造示范车间、示范企业，打造一批国家级、省级企业研发中心，培养一批科技研发领军人才。通过集聚人才、技术和资金，助推醴陵智能制造推广应用。

（三）推进品牌化发展

实施质量强市和品牌强企战略，大力构建质量品牌体系。打造以质量为核心的区域品牌和企业品牌，打响陶瓷、花炮、服饰、旅游等“醴陵品牌”，培育一批制造业、农产品、服务业以及“老字号”品牌，提高产品附加值和竞争力。鼓励企业积极参与各类行业标准、团体标准、国家标准、国际标准的制定，引进先进质量管理理念，创新质量监管方法，完善质量评价体系。提升企业知识产权保护意识，辅导企业积极申请专利、商标、软件著作权等知识产权。

（四）推进国际化发展

积极响应“一带一路”倡议，鼓励企业组团参与国际贸易，积极开拓国际市场。通过强化与宜家、沃尔玛、星巴克以及西门子、GE、ABB 等国际巨头的深度合作，不断提升企业生产、管理、营销水平，实现陶瓷、花炮等优势产品由“贴牌”向“品牌”转变，助推企业提升国际市场竞争力。

三、保障措施

（一）加强组织领导

调整市产业突围工作领导小组，由市委书记胡湘之任政委，市委副书记、市人民政府市长董巍任组长，相关职能部门、各镇（街、长庆示范区）等单位为成员单位。领导小组办公室设在市经科信局，领导小组下设 8 个小组。农业产业发展小组由市委副书记邹志超任组长，旅游产业发展（创建全域旅游示范区工作）小组由市人大常委会主任贺小玲任组长，陶瓷产业发展小组由市政协主席江曙明任组长，创新创业工作小组由市委常委、市委组织部部长钟勇军任组长，花炮产业发展小组由市委常委、市人民政府常务副市长曾毅鹏任组长，服饰产业发展小组由市委常委、市委宣传部部长刘海龙任组长，新材料产业领导小组由市委常委、市委统战部部长石勇辉任组长，园区招商工作小组由经开区党工委书记黎平任组长。

（二）加大资金扶持

加强政银企合作，建立 10 亿元以上规模的产业发展基金，建立区域风险担保基金，撬动社会资金进入实体经济。统筹财政专项资金，采取以奖代投、贷款贴息、有偿使用、投资参股等方式，破解土地要素、金融保障、人力资源、平台支撑等重点难题。

（三）完善政策配套

进一步修订完善促进经开区招商引资、陶瓷产业发展、花炮产业发展和大众创业万众创新十条政策（简称“四个十条”政策，见附件）。相关单位要根据本实施意见，加快修订出台具体工作方案及政策兑现实施细则，按照公开、公平、公正的原则，规范兑现程序，落实兑现政策。服饰、旅游、文化教育、防水材料等产业的扶持政策和重大招商项目，采取“一事一议”制定优惠政策。

（四）强化考核奖惩

围绕主要目标和重点工作，由领导小组办公室负责制定产业突围工作考核办法，统一组织考核工作，考核结果纳入年度重点工作绩效评估体系。对产业突围工作中的先进单位和个人给予表扬奖励。

四、其它事项

（一）申报“四个十条”政策相关奖补资金的企业，必须同时符合以下条件：1. 在醴陵市境内注册、合法经营、依法缴税的合法企业；2. 政策兑现周期内未发生较大及以上安全事故（烟花爆竹企业未受株洲市以上安全生产通报批评）、环保事故等；3. 政策兑现周期内未发生群体性上访事件，影响社会稳定；4. 政策兑现周期内未发生偷漏税收、逃废银行债务、拖欠农民工工资等严重失信行为；5. 政策兑现周期内未因严重违法，被有关部门立案查处。

（二）不与企业年度销售收入、投资总额、纳税总额等指标挂钩的奖补项目，按季度兑现；与上述指标挂钩的奖补项目，年终统一兑现。

（三）对符合《促进经开区招商引资十条政策》条件的园区外非陶瓷、花炮企业，参照该政策执行。

（四）同类优惠政策按“就高不就低”原则实施，不重复进行奖补。

（五）本意见由市委办、市政府办负责解释。《中共醴陵市委醴陵市人民政府关于加快产业突围的实施意见（修订）》（醴发〔2018〕7 号）同时废止。

附件：1. 促进经开区招商引资十条政策
2. 促进陶瓷产业发展十条政策
3. 促进花炮产业发展十条政策
4. 促进大众创业万众创新十条政策

附件 1

促进经开区招商引资十条政策

为将湖南醴陵经济开发区（以下简称“经开区”）打造成千亿产业园区，创建国家级经开区，现就促进经开区招商引资制定本政策。

第一条　加快项目供地

对新入园企业，可根据企业意愿，推行工业用地“长期租赁、先租后让、租让结合”的供应方式及“弹性土地出让年限”的供地政策。具体实施由国土资源部门参照《湖南省自然资源厅关于推进工业用地弹性供应有关问题的通知》（湘自然资规〔2018〕1 号）执行。（牵头单位：经开区，配合单位：市国土资源局）

第二条　奖励投资达效

对在经开区投资新建的用地产业项目，项目投产后 5 年内，项目年实缴税收达到 7 万元 / 亩且税收增幅达到 10% 的，前 3 年每年安排相当于企业该项目当年所缴纳的税收地方留成部分等额奖励给企业；第四、五年，安排相当于企业该项目当年所缴纳的税收地方留成部分的 50% 等额奖励给企业。如当年企业该项目税收强度未达到7万元/亩或税收增幅未达到10%（第一年无税收增幅要求），则当年不予奖励。（牵头单位：经开区，配合单位：市税务局、市财政局）

第三条　降低生产成本

对年实缴税收在20万元/亩以上用地企业或年实缴税收在600元/平方米以上的入驻标厂企业的新建、扩改增产业项目和园区现有国家鼓励的战略性新兴产业项目，给予降低用电、用气成本等相关支持。

（一）降低企业用电、用气成本，对当年税收增幅在10%以上的企业，年用电量500万千瓦时以上的奖励0.1元/千瓦时，年用气量200万立方米以上的奖励0.1元/立方米，以上两项奖励合计不超过50万元。（牵头单位：经开区，配合单位：市经科信局）

（二）用工支持。支持和帮助企业、创业基地实行养老保险费率过渡试点。对达到过渡费率试点条件的企业，从批准之日起，根据用工规模按12%或14%的费率缴纳单位部分养老保险费。以后每年提高一个百分点，逐步过渡到规定的统一缴费费率。（牵头单位：市人社局）

（三）融资帮助。设立经开区产业发展基金，专门针对经开区企业发放贷款，增加贷款额度，降低贷款成本，延长还款期限。对纳入以上合作项目且当年实缴税收超过7万元/亩的企业给予20%贴息支持（以企业实际缴付利息为上限），单家企业贴息总金额最高不超过20万元。企业3年内有不良信用记录的，一律不予贴息。新增贴息贷款必须用于企业生产经营。支持市高新集团以入股等形式对科技含量高、市场前景好、税收贡献大的新兴企业以及转型升级的传统龙头企业进行投资。（牵头单位：市财政局，配合单位：经开区、市高新集团）

（四）降低物流成本。对我市承办“五定班列”的物流企业或开通“五定班列”的第三方物流企业给予补贴。对每条承办或开通我市至沿海港口“五定班列”的物流企业，在物流企业稳定运输价格（以2017年铁路部门运价及企业实际运价为基数）的前提下，自2019年1月开始，按照实际完成的外贸集装箱数量给予500元/箱补贴，每条班列每年补贴最高限额为150万元，每半年进行一次核算和拨付。（牵头单位：市商务局，配合单位：经开区、市经科信局、市财政局）

（五）支持物流服务平台建设。对投资5000万元（含）以上、新建仓储面积1万平方米以上的物流项目，单层按10元/平方米、多层按20元/平方米的标准给予一次性补贴。单家物流企业补贴总额最高不超过100万元。（牵头单位：市商务局，配合单位：经开区、市经科信局、市财政局）

（六）外贸奖励。加大对外向型经济发展的支持力度，对上年度外贸进出口额300万美元（含）以上且年进出口增长20%以上的企业给予5万元的奖励。（牵头单位：市商务局，配合单位：市财政局）

（七）展会补贴。在境外（含港澳台）参加展会的企业，给予其展位费40%的补贴；在国内参加展会的企业，给予其每个展位3000元的补贴；参加中国糖酒交易会的企业，给予其5000元/次的补贴。（牵头单位：市商务局，配合单位：市食药工商质监局、市财政局）

第四条　优化投资环境

（一）对法律法规规章规定和省、株洲市可以下放市本级的投资项目审批权限和经济社会管理权限，依法赋予经开区管委会相关权限；对经开区内工业项目涉及到其他部门市本级审批事项开辟“绿色通道”，在企业提供必要的资料后，实行“全程代办，限时办结”。（牵头单位：市政务中心）

（二）经开区新建工业企业及企业扩改增项目，行政事业性收费按本级财政留成部分的100%补贴给企业，服务性收费按最低标准的30%收取。（牵头单位：市政务中心）

第五条　推进标厂建设

（一）鼓励用地需求在30亩以内的企业进驻标准厂房，对成长性好的入园企业根据其年纳税额给予为期3年的租金优惠补贴，具体标准如下：租赁厂房，企业先按照租赁标准厂房的实际价格交清租金，企业年实缴税收达到200元/平方米，给予30%租金补贴；年实缴税收达到400元/平方米，给予60%租金补贴；年实缴税收达到600元/平方米，给予100%租金补贴。补贴上限不超过10元/平方米/月。（牵头单位：经开区，配合单位：市税务局、市财政局）

（二）对有标厂定制需求的企业，可由市高新集团与企业进行代建、合建、租赁等多种方式的合作，以减轻企业建设成本压力。（牵头单位：经开区，配合单位：市高新集团）

第六条　做强“一主两特”

根据园区产业发展现状，确立经开区的主导产业目录为“一主两特”（非金属矿物制品制造业；计算机、通信和其他电子设备制造业，通用设备制造业），并针对“一主两特”给予特定扶持。大力支持“一主两特”企业引进，新引进用地项目或投资在1亿元以上的“改扩建”项目享受“五通一平”的净地交付优惠政策支持；新引进标厂项目，免租装修期由3个月延长至6个月。（牵头单位：经开区，配

合单位：市高新集团）

第七条　培育龙头企业

当年实缴税收首次达到2亿元、1亿元、8000万元、5000万元、3000万元、2000万元、1000万元的企业，分别一次性奖励100万元、80万元、60万元、40万元、20万元、15万元、10万元。上年纳税100万元～500万元（含）、500万元～1000万元（含）、1000万元～3000万元（含）、3000万元～5000万元（含）、5000万元～1亿元（含）、1亿元以上，且当年纳税分别相应增长40%（含）、30%（含）、25%（含）、20%（含）、15%（含）、10%（含）以上，奖励企业新增税收地方留成部分的10%，最高分别不超过5万元、10万元、20万元、40万元、60万元、100万元。以上两类奖励不重复享受。（牵头单位：市税务局，配合单位：市财政局、市经科信局）

第八条　支持企业上市

（一）企业成功挂牌上市后，该上市企业首发募集资金总额60%以上使用在本市范围内，按照以下三个档次对企业进行一次性奖励：首发募集金额3亿元（含）以下的（境外上市以首发当日汇率折合人民币计算，下同）、3亿元以上10亿元（含）以下的、10亿元以上的，一次性分别奖励100万元、200万元、300万元；对总部设在醴陵的，奖励标准分别提高至300万元、600万元、1000万元。（牵头单位：市经科信局，配合单位：经开区、市财政局）

（二）对因上市成功、兼并重组、抛售限售股以及工资薪酬收入所产生的个人所得税，企业高管当年缴纳300万元（含）～1000万元的，其个人所得税地方留成部分的50%由产业扶持资金补贴给个人；1000万元（含）～2000万元的，其个人所得税地方留成部分的60%由产业扶持资金补贴给个人；2000万元（含）～5000万元的，其个人所得税地方留成部分的80%由产业扶持资金补贴给个人；5000万元（含）以上的，其个人所得税地方留成部分的90%由产业扶持资金补贴给个人。（牵头单位：市财政局，配合单位：经开区、市经科信局）

第九条　鼓励创新创业

（一）大力推进智能制造。装备补贴实行全市总额控制，当年新购置自动化、智能化生产装备须于年初进行备案。对当年新购置自动化、智能化生产装备不含税总价值100万元（含）以上（所购置设备中单台设备不少于10万元）且纳税100万元（含）以上的企业，按购置设备不含税总价值的15%给予补助，单家企业最高补助不超过150万元。对企业首次被评为国家级、省级“智能制造示范企业”的，分别一次性奖励100万元、50万元；首次被评为国家级、省级“智能制造示范车间”的，分别一次性奖励50万元、30万元；获得国家级、省级首台（套）设备认定的，分别一次性奖励50万元、20万元。（牵头单位：市经科信局；配合单位：市财政局、市税务局）

（二）支持企业创新能力建设。对首次获得国家级、省级、株洲市级认定的技术中心（工程研究中心、工业设计中心、重点实验室、检测中心），分别一次性奖励200万元、50万元、10万元。（牵头单位：经开区，配合单位：市经科信局）

（三）促进园区企业普及电子商务，支持企业利用电商平台拓展市场，鼓励企业开设网上商城旗舰店。对在阿里巴巴、京东、1号店等知名电商平台设立网上旗舰店的企业（店铺），年实缴税收5万元（含）以上，按实缴税收地方留成部分的30%给予奖励，每年奖励最高不超过50万元。（牵头单位：市商务局，配合单位：市经科信局、市财政局）

第十条　特惠“一事一议”

在实际投资过程中根据项目实际情况，对全球500强、国内100强企业投资的项目、株洲市级以上认定的高新技术产业项目、固定投资在3亿元以上的重大工业项目及现代服务业项目、产业链关键项目，采取“一事一议”的方式单独制定优惠政策。（牵头单位：经开区，配合单位：市商务局、市发改局、市经科信局）

以上政策适用于在经开区“一谷一城一园”（中国陶瓷谷、渌江新城、东富工业园）范围内并符合国家产业政策、经开区产业发展规划要求的项目。

附件2

促进陶瓷产业发展十条政策

为加快陶瓷产业转型升级，实现链条化、智能化、品牌化和国际化发展，特制定本政策。

第一条　鼓励自主创新

对首次获得国家级、省级、株洲市级认定的技术中心（工程研究中心、工业设计中心、重点实验室、院士专家工作站、博士后工作站、检测中心等），分别一次性奖励200万元、50万元、10万元；对首次获得国家级、省级新材料企业认定的陶瓷企业分别一次性奖励50万元、20万元。（牵头单位：市经科信局，配合单位：市财政局）

第二条　支持智能升级

大力推进智能制造。装备补贴实行全市总额控制，当年新购置自动化、智能化生产装备须于年初进行备案。对当年新购置自动化、智能化生产装备不含税总价值100万元（含）以上（所购置设备中单台设备不少于10万元）且纳税100万元（含）以上的企业，按购置设备不含税总价值的15%给予补助，单家企业最高补助不超过150万元。对企业首次被评为国家级、省级“智能制造示范企业”的，分别一次性奖励100万元、50万元；首次被评为国家级、省级“智能制造示范车间”的，分别一次性奖励50万元、30万元；获得国家级、省级首台（套）设备认定的，分别一次性奖励50万元、20万元。（牵头单位：市经科信局；配合单位：市财政局、市税务局）

第三条　培育龙头企业

（一）鼓励龙头骨干企业联合兼并重组。过程中涉及到资产过户应缴纳的相关税费，税收按地方留成部分的80%、行政事业性收费按本级财政留成部分的100%补贴给企业，服务性收费按最低标准的30%收取；对重组后3年内年税收增长达到全市平均水平的，每年按新增税收地方留成部分的50%给予奖励。（牵头单位：市经科信局，配合单位：市税务局、市财政局）

（二）当年实缴税收首次达到2亿元、1亿元、8000万元、5000万元、3000万元、2000万元、1000万元的陶瓷企业，分别一次性奖励100万元、80万元、60万元、40万元、20万元、15万元、10万元。上年纳税100万元～500万元（含）、500万元～1000万元（含）、1000万元～3000万元（含）、3000万元～5000万元(含)、5000万元～1亿元(含)、1亿元以上，且当年纳税相应增长40%（含）、30%（含）、25%（含）、20%（含）、15%（含）、10%（含）以上，奖励企业新增税收地方留成部分的10%，最高分别不超过5万元、10万元、20万元、40万元、60万元、100万元。以上两类奖励不重复享受。（牵头单位：市税务局，配合单位：市财政局、市经科信局）

（三）支持企业上市，对经开区范围以外的陶瓷企业上市按《关于促进经开区招商引资十条政策》相关条款给予支持。（牵头单位：市税务局，配合单位：市财政局、市经科信局）

第四条　支持陶瓷文化旅游

鼓励陶瓷企业创建文化旅游品牌。对首次获评国家AAA、AAAA、AAAAA级旅游景区的企业，分别一次性奖励20万元、100万元、200万元。首次获评国家级和省级工业旅游示范点的单位，分别一次性给予10万元、5万元奖励。上述奖励与全域旅游相关奖励不重复享受。（牵头单位：市商务局，配合单位：市经科信局、市财政局）

第五条　加强质量品牌建设

鼓励陶瓷企业争创省级、国家级品牌或质量标杆（示范）企业。对首次获得“中国质量奖”的，一次性奖励50万元；对首次获得“湖南省省长质量奖”的，一次性奖励20万元；对首次获得“株洲市市长质量奖”的，一次性奖励3万元。对首次获得“湖南省质量标杆企业”称号的，一次性奖励5万元；对首次被评为国家级、省级品牌示范企业的，分别一次性奖励10万元、5万元；鼓励企业申请以马德里商标注册为主的国际商标注册，对企业在国外新核准注册的国际商标每件奖励1万元。（牵头单位：市食药工商质监局，配合单位：市经科信局、市财政局）

第六条　鼓励开拓市场

（一）加大对外向型经济发展的支持力度，对上年度外贸进出口额300万美元（含）以上且年进出口额增长20%以上的企业给予5万元的奖励。（牵头单位：市商务局，配合单位：市财政局）

（二）在境外（含港澳台）参加展会的企业，给予展位费40%的补贴；在国内参加展会的企业，给予每个展位3000元的补贴；参加中国糖酒交易会的企业，给予5000元/次的补贴。（牵头单位：市商务局，配合单位：市食药工商质监局、市财政局）

（三）对年销售额5000万元（含）以上且采购本地非关联陶瓷生产企业的成品、半成品金额达到3000万元的企业，奖励20万元；采购金额超过3000万元的，每增加500万元追加奖励3万元，累计奖励不超过30万元。（牵头单位：市经科信局，配合单位：市税务局、市财政局）

第七条　打造公共平台

支持融资平台发展。进一步做大做强产业发展基金，充分发挥基金扶持产业发展的积极作用。鼓励商业银行加大对陶瓷企业的资金投放力度，按季平均贷款增额的5‰给予奖励，每年每家商业银行奖励金额最高不超过100万元。（牵头单位：市财政局，配合单位：市经科信局、市人民银行）

第八条　支持陶瓷电商发展

鼓励支持企业利用电商平台拓展市场，积极开设网上商城旗舰店。对在阿里巴巴、京东、1号店等知名电商平台设立网上旗舰店的陶瓷企业（店铺），年实缴税收5万元（含）以上，按实缴税收地方留成部分的30%给予奖励，每年奖励最高不超过50万元。（牵头单位：市商务局，配合单位：市经科信局、市财政局）

第九条　加强要素保障

陶瓷企业季平均贷款增额达到200万元（含）以上且当年纳税100万元（含）以上的，按照同期贷款基准利率的30%进行贴息（以企业实缴利息为上限），企业当年新增贷款贴息总额最高不超过20万元。（牵头单位：市财政局，配合单位：市经科信局、市税务局、市人民银行）

第十条　推进“两型”建设

对首次获得省、株洲市“两型企业”“绿色工厂”认定的企业，分别一次性奖励10万元、5万元。鼓励陶瓷企业加大对污染源治理的投入，推动陶瓷企业工业污染物排放达到国家排放标准。（牵头单位：市环保局，配合单位：市两型办、市经科信局）

附件 3

促进花炮产业发展十条政策

为加速推进全市花炮产业转型升级，全面落实花炮企业分类管理制度，特制定本政策。

第一条 加速推进智能制造

一类花炮企业投资新建烟花自动化生产线或进行重大技术升级，经省级（国家级）主管部门验收并有推广价值的一次性奖励 80 万元；投资新建爆竹自动化生产线或进行重大技术升级，经省级（国家级）主管部门验收并有推广价值的一次性奖励 50 万元。黑火药和引火线企业投资新建自动化生产线或者进行重大技术升级，经省级（国家级）主管部门验收并有推广价值的一次性奖励 15 万元。对符合条件的二类企业按一类企业标准的 80% 给予奖励。（牵头单位：市安监局，配合单位：市财政局、市花炮局，各镇、街道、长庆示范区）

第二条 完善公共服务体系

对首次获得国家级、省级、株洲市级认定的技术中心（工程研究中心、工业设计中心、重点实验室、院士专家工作站、博士后工作站、检测中心等），分别一次性奖励 200 万元、50 万元、10 万元。花炮产业公共服务平台建设项目（包括焰火燃放场、总部大楼、物流仓储基地、“互联网 + 醴陵花炮”信息平台等）享受市级招商引资优惠政策。（牵头单位：市花炮局，配合单位：市财政局、市安监局、市经科信局）

第三条 增强核心竞争力

（一）鼓励企业拓展市场。首次控股或买断地市级、县区级经营权的，分别一次性给予 10 万元、8 万元的奖励。（牵头单位：市花炮局，配合单位：市财政局、市食药工商质监局、市商务局）

（二）鼓励扩大花炮出口。对花炮出口企业按照年内新增税收的 10% 给予奖励。（牵头单位：市财政局，配合单位：市税务局、醴陵海关、市花炮局）

（三）当年实缴税收首次达到 1500 万元、1000 万元、800 万元、500 万元、300 万元的花炮企业，分别一次性奖励 15 万元、10 万元、 8 万元、5 万元、3 万元。上年纳税 50 万 ~ 100 万元（含）、100 万 ~ 300 万元（含）、300 万 ~ 500 万元（含）、500 万 ~ 1000 万元（含）、1000 万元以上，且当年纳税相应增长 40%（含）、30%（含）、20%（含）、15%（含）、10%（含）以上，分别奖励企业 5 万元、8 万元、10 万元、20 万元、40 万元。以上两类奖励不重复享受。（牵头单位：市税务局，配合单位：市财政局、市花炮局）

（四）加大对外向型经济发展的支持力度。对上年度外贸进出口额 300 万美元（含）以上且年进出口额增长 20% 以上的企业给予 5 万元奖励。（牵头单位：市商务局，配合单位：市财政局、市花炮局、醴陵海关）

（五）在境外（含港澳台）参加展会的企业，给予展位费 40% 的补贴；在国内参加展会的企业，给予每个展位 3000 元的补贴。（牵头单位：市商务局，配合单位：市花炮局、市财政局）

第四条 降低要素成本

（一）企业办理用地手续时只需报批建筑和硬化道路占地面积，涉及的行政事业性收费按本级财政留成部分的 100% 补贴给企业；服务性收费按最低标准的 30% 收取。（牵头单位：市国土资源局，配合单位：市财政局、市住建局、市林业局、市环保局）

（二）企业办理国有土地出让时，经提出申请并完善招拍挂等前期手续后，按国土资源部门的挂牌价，由产业发展基金借资给企业进入双控账户，企业从双控账户全额缴纳土地出让金。摘牌后，财政按土地出让金的 90% 返回到企业的双控账户，用于偿还产业发展基金借款。（牵头单位：市财政局，配合单位：市国土资源局、市花炮局）

第五条 拓宽融资渠道

（一）加强产业发展基金与商业银行合作。先期设立 1000 万元的风险补偿金，可视业务拓展情况增加，合作银行按 1 ∶ 10 的比例放大对花炮企业发放贷款，增加贷款额度，降低贷款成本，延长还款期限。（牵头单位：市财政局，配合单位：市人民银行、市花炮局、各商业银行）

（二）新增银行贷款 100 万元（含）以上的一、二类花炮企业，按照同期贷款基准利率的 30% 给予贴息（以企业实缴利息为上限），企业当年新增贷款贴息总额最高不超过 20 万元。（牵头单位：市财政局，配合单位：市人民银行、市花炮局）

（三）鼓励商业银行对花炮企业加大资金投放力度，按季平均贷款增额的 5‰给予奖励，每年每家商业银行奖励金额最高不超过 100 万元。（牵头单位：市财政局，配合单位：市人民银行）

第六条 提升创新能力

（一）对新获得花炮新产品和新技术发明专利的企业或个人，一次性奖励 5 万元；对新获得国家级（国际性）、省级花炮行业管理部门或行业协会鉴定或评定的新技术、新产品、新材料和新工艺的企业或个人，一次性奖励 5 万元、3 万元。同一项目不重复计奖，按最高标准执行。（牵头单位：市花炮局，

配合单位：市财政局、市经科信局、市安监局）

（二）鼓励企业与国内高校进行产学研技术合作，年内新申报花炮科研项目或课题并获得省级以上成果认定的，一次性奖励20万元。（牵头单位：市花炮局，配合单位：市财政局、市安监局）

第七条　推进规范化建设

（一）对新通过安全生产标准化二级企业验收的烟花、爆竹生产企业分别一次性奖励50万元、30万元。黑火药、引火线企业根据三味球数量、制引机台数给予奖励。对年内首次被评为一类花炮企业的，每家奖励2万元。（牵头单位：市花炮局，配合单位：市财政局、市安监局、花检中心）

（二）领衔编制团体标准的单位，标准颁布实施后，每项补贴5万元。制定实施企业标准的单位，标准颁布并在国家有关平台公布的，每项补贴1万元。（牵头单位：市花炮局，配合单位：市财政局、市食药工商质监局、市安监局）

第八条　加强品牌建设

（一）鼓励花炮企业争创省级、国家级品牌或质量标杆（示范）企业。对首次获得“中国质量奖”的，一次性奖励50万元；首次获得“湖南省省长质量奖”的，一次性奖励20万元；首次获得“株洲市市长质量奖”的，一次性奖励3万元。首次获得“湖南省质量标杆企业”称号的，一次性奖励5万元；首次被评为国家级、省级品牌示范企业的，分别一次性奖励10万元、5万元；鼓励企业申请以马德里商标注册为主的国际商标注册，对企业在国外新核准注册的国际商标每件奖励1万元。（牵头单位：市食药工商质监局，配合单位：市花炮局、市财政局）

（二）花炮企业及商协会在国家级电视台、省级卫视台、省级非卫视台投放花炮主题广告的，一次性分别给予20万元、10万元、5万元补贴。（牵头单位：市花炮局，配合单位：市财政局、市广播电视台）

第九条　推行“两型”建设

对首次获得省级、株洲市“两型企业”“绿色工厂”认定的企业，分别一次性奖励10万元、5万元。鼓励花炮企业加大环保投入，对建成固体危废物处理场或污水处理厂且正常运行、获得本级环保部门验收认可的，一次性奖励5万元。（牵头单位：市环保局，配合单位：市财政局、市两型办、市花炮局）

第十条　完善产业链

开辟“铁海联运”“水陆联运”“湘欧快线”花炮出口通道，吸引专业物流企业来醴落户。对新引进或组建且当年在醴固定资产投资达500万元、1000万元、2000万元以上的一类花炮危货运输专业物流企业，分别一次性给予5万元、10万元、20万元奖励。（牵头单位：市交通运输局，配合单位：市财政局、市安监局，市公安局、市花炮局）

附件4

促进大众创业万众创新十条政策

为进一步优化创新创业环境，激发全社会创新潜能和创业活力，培育和催生我市经济社会发展新动力，特制定本政策。

第一条　构建创新创业平台

（一）升级现有众创平台，鼓励企业构建新的众创平台。着力打造中小企业服务平台，为创业者提供“一站式”服务。对国家、省、株洲市新认定的众创空间（星创天地、中小企业孵化器、中小企业服务平台）分别一次性给予15万元、10万元、5万元补贴。（牵头单位：市经科信局，配合单位：市财政局）

（二）鼓励企业设立创新创业基地。对新认定的国家级创新创业基地、省级中小企业创新创业基地分别一次性给予50万元、20万元奖励。（牵头单位：市经科信局，配合单位：市财政局）

（三）充分发挥人才服务综合体、创新创业项目发布平台作用，定期开展项目路演或创业培训，为项目和资金搭建联系平台，对项目路演或创业培训给予2000元/场次奖励。（牵头单位：团市委，配合单位：市委人才办、市人社局、市经科信局、市财政局）

第二条　鼓励科技人员创业

鼓励科技人员创新创业，鼓励科技特派员协助企业开展创新创业服务。每年组织评审1个重点创新创业项目和4个一般创新创业项目，分别一次性给予重点创新创业项目5万元、一般创新创业项目2万元奖励。（牵头单位：市委人才办、市经科信局，配合单位：市财政局）

第三条　鼓励大学生和返乡农民工创业

（一）给予小额创业担保贷款贴息。大学生、返乡农民工自主创业可向市人社局申请最高额度为10万元的创业担保贷款，并由政府贴息。（牵头单位：市人社局，配合单位：市财政局）

（二）每年重点扶持一批大学生、农村青年致富带头人、返乡农民工创业项目。经认定符合条件的项目，给予每个项目2万元创业资助。（牵头单位：市人社局，配合单位：市委人才办、市农业局、市经科信局、市财政局、团市委）

第四条　降低创业门槛

（一）行政审批权限下放，推行“一门式”办公。在初创小微企业提供符合法定形式的必要资料后，实行“全程代办，限时办结”，涉及的行政事业性收费按本级财政留成部分的100%补贴给企业，服务性收费按最低标准的30%收取。（牵头单位：市政务中心，配合单位：市财政局、市经科信局、市食药工商质监局）

（二）放宽市场准入条件。允许创业者利用家庭住所、租赁房、商业用房、闲置库房、工业厂房等作为创业场所，引导初创企业利用众创空间及其他新型孵化机构集中办公，允许“一址多照”“集群注册”。（牵头单位：市食药工商质监局，配合单位：市税务局）

第五条　鼓励自主创新

对新获批湖南省战略性新兴产业科技攻关项目、省创新创业技术投资项目、省重点研发计划项目、省重大科技专项的企业一次性奖励10万元。对获得国家、省、株洲市认定的科技成果转化项目实施企业，一次性奖励20万元、10万元、3万元。对新获评的国家级高新技术企业一次性奖励5万元。对获得国家、省和株洲市科技进步奖的企业和个人分别一次性奖励10万元、5万元、3万元。对获得省级及以上专利奖一、二、三等奖的企业分别一次性奖励10万元、5万元、3万元。（牵头单位：市经科信局，配合单位：市财政局）

第六条　加强创新创业培训

（一）开办“创新创业大讲堂”。在醴陵陶瓷学院、湖南陶瓷技师学院、市陶瓷烟花职校开设创新创业类课程。整合就业专项资金，对创新创业培训给予政策性补贴。创业培训定点机构组织开办100人以上创业大讲堂活动，给予1万元/次经费补贴，每个机构每年补贴总额不超过10万元。举办SYB创业培训，全年培训人数达到200人及以上、学员创业成功率达到60%的（有营业执照的学员占培训学员总数60%），一次性奖励培训机构5万元。（牵头单位：市人社局，配合单位：市委人才办、市财政局、市经科信局、醴陵陶瓷学院、湖南陶瓷技师学院、市陶瓷烟花职校）

（二）鼓励校企合作。我市陶瓷、花炮、农业、服饰等重点产业和战略性新兴产业的企业与高等院校建立校企合作教学实践培训基地，吸引学生来醴实习，按实际实习人数500元/人的标准对企业进行补贴，年补贴资金不超过10万元。（牵头单位：市委人才办，配合单位：市经科信局、市教育局、市财政局）

第七条　强化高层次人才支撑

在科技创新、重点产业、教育医疗等公共服务领域，吸引一批国内外高层次人才和团队来醴创新创业。新引进高层次人才签订5年劳动合同并稳定工作1年以上的，享受如下政策：

（一）对新引进的“双一流”大学全日制本科毕业生学历、普通高校全日制硕士研究生学历、普通高校全日制博士生学历人才，分别一次性发放1万元、3万元、10万元安家费。用人单位在条件允许的情况下可以配套发放安家费。同时妥善安排引进人才的配偶、子女就业就学。（牵头单位：市委人才办，配合单位：市财政局、市人社局、市教育局、市经科信局）

（二）对新引进的、在本市城区无住房的全日制硕士研究生学历及以上人才统筹安排周转房入住。（牵头单位：市委人才办，配合单位：经开区、市教育局、市经科信局、市房产局）

（三）新引进全日制硕士研究生学历人员在5年服务期之内，在本市城区范围内购买首套商品房100平方米以下的，一次性补贴2万元；购买首套商品房100平米以上的，一次性补贴4万元。新引进的博士生学历人才在5年服务期之内，在本市城区范围内购买首套商品房的，给予1000元/平方米购房补贴，分3年按30%、30%、40%比例进行支付。市财政对以上所购房屋契税进行返还，原周转房收回。（牵头单位：市委人才办，配合单位：市财政局、市经科信局、市教育局、市房产局）

（四）推选领军人才。对获评株洲市领军人才的，按照株洲市领军人才分类分别配套奖励10万元～30万元。（牵头单位：市委人才办，配合单位：市经科信局、市财政局）

（五）新引进具有高级职称（正高级或副高级）的高层次人才。经认定后，享受本条中新引进全日制硕士研究生学历人才的同等次安家费和购房补贴等待遇。（牵头单位：市委人才办，配合单位：市财政局、市人社局、市教育局、市经科信局、市卫计局）

第八条　加大柔性引才力度

鼓励我市所属的学校、卫生医疗、社会服务等事业单位和在我市注册、具有独立法人资格、设立时间在1年以上的国有及民营企业在不改变人才的人事、档案、户籍、社保等关系的前提下，按照“不求所有、但求所用”原则，柔性引进醴陵市外高层次人才。引进的高层次人才可通过挂职、兼职、技术咨询、周末工程师等形式到醴陵工作，为我市经济社会发展提供智力支持。对带技术、带成果、带项目在我市实施科技成果转化的醴陵市外高层次人才及其创新创业团队，用人单位可为其申请“一事一议”补贴。鼓励用人单位实行股权激励办法，与引进人才协商，以技术成果作价入股，参与产权收益分配。（牵头单位：市委人才办，配合单位：市人社局、市经科信局、市财政局）

第九条　扶持产业人才发展

（一）设立创新创业产业引导基金。鼓励各类民间资本投资创办各类小微企业。鼓励企业、行业协会、群团组织、天使投资人等以多种方式向各类创业主体提供资金支持。鼓励企业加强人才载体建设。支持新建重点实验室、工程技术研究中心、高新技术研究中心、企业技术中心、院士专家工作站、博士后工作站等各类人才创新载体，按国家、省、株洲市级分别给予最高200万元、50万元、10万元补贴。鼓励引进全国性的学术组织、学术会议、专业论坛、科技会展永久落户醴陵，按“一事一议”给予补贴。（牵头单位：市委人才办，配合单位：市财政局、市经科信局、市教育局）

（二）激励产业人才成长。鼓励企业引进陶瓷、花炮类相关专业的全日制本科生来我市陶瓷、花炮企业就业，给予就业人员住房补贴1万元/人。本市陶瓷、花炮企业员工与企业签订5年以上劳动合同且新获得人社部门颁发的陶瓷、花炮行业中级技术职称或中级技能职称的个人，一次性奖励3000元；获得陶瓷、花炮行业高级技术职称或高级技能职称的，一次性奖励5000元。（牵头单位：市委人才办，配合单位：市财政局、市经科信局、市花炮局、市人社局）

第十条　营造创新创业氛围

每年安排100万元开展创新创业大赛、技能比武，对获奖项目给予1万元~10万元奖励。获奖项目通过金融机构进行贷款的，按当年度基准利率，给予最高200万贷款额度的贴息。优先推荐获奖项目参加株洲市以上的创新创业大赛、技能比武等活动及“株洲市吴运铎创业大奖”“大学生创业奖”等评选，获得株洲市级一、二、三等奖的，参照株洲市级给予一定奖励；获得省级一、二、三等奖的，分别给予8万元、5万元、3万元奖励；获得国家级一、二、三等奖的，分别给予10万、8万、5万元奖励。项目同时获得不同级别奖项的，按获得最高级别奖项进行奖励，不重复奖励。（牵头单位：市人社局，配合单位：市委人才办、市经科信局、市财政局、团市委）

中共醴陵市委　醴陵市人民政府
关于醴陵市党政机关机构设置的通知

醴发〔2019〕7号

各镇党委、人民政府，各街道党工委、办事处，长庆示范区党工委、管委会，市直各单位，驻醴各单位：

《醴陵市机构改革方案》已经株洲市委、株洲市人民政府批准。现将改革后的中共醴陵市委、醴陵市人民政府机构设置通知如下：

一、市委机构（8个）

（一）中共醴陵市纪律检查委员会醴陵市监察委员会机关

（二）市委工作机关（计入机构限额的工作机关7个）

中共醴陵市委办公室

中共醴陵市委组织部

中共醴陵市委宣传部

中共醴陵市委统一战线工作部

中共醴陵市委政法委员会

中共醴陵市委全面深化改革委员会办公室（设在中共醴陵市委办公室）

中共醴陵市委全面依法治市委员会办公室（设在醴陵市司法局）

中共醴陵市委网络安全和信息化委员会办公室（设在中共醴陵市委宣传部）

中共醴陵市委财经委员会办公室（设在中共醴陵市委办公室）

中共醴陵市委外事工作委员会办公室（设在中共醴陵市委办公室）

中共醴陵市委机构编制委员会办公室

中共醴陵市委审计委员会办公室（设在醴陵市审计局）

中共醴陵市委教育工作领导小组秘书组（由醴陵市教育局承担职责）

中共醴陵市委农村工作领导小组办公室（设在醴陵市农业农村局）

中共醴陵市委巡察工作领导小组办公室

中共醴陵市纪律检查委员会与醴陵市监察委员会合署办公，实行“一套工作机构、两个机关名称”；中共醴陵市委办公室挂醴陵市档案局牌子；中共醴陵市委组织部挂中共醴陵市直属机关工作委员会、中共醴陵市委老干部局、中共醴陵市委非公有制经济组织和社会组织工作委员会、醴陵市公务员局牌子；中共醴陵市委宣传部挂醴陵市新闻出版局（醴陵市版权局）、醴陵市精神文明建设指导委员会办公室牌子；中共醴陵市委统一战线工作部挂醴陵市民族宗教事务局牌子。

二、政府机构（29个）

（一）醴陵市人民政府办公室

（二）市政府工作部门（28个）

醴陵市发展和改革局

醴陵市教育局

醴陵市科技和工业信息化局

醴陵市公安局

醴陵市民政局

醴陵市司法局

醴陵市财政局

醴陵市人力资源和社会保障局

醴陵市自然资源局

醴陵市住房和城乡建设局（醴陵市人民防空办公室）

醴陵市交通运输局

醴陵市水利局

醴陵市农业农村局

醴陵市商务和粮食局

醴陵市文化旅游广电体育局

醴陵市卫生健康局

醴陵市审计局

醴陵市退役军人事务局

醴陵市应急管理局

醴陵市城市管理和综合执法局

醴陵市林业局

醴陵市市场监督管理局

醴陵市统计局

醴陵市人民政府金融工作办公室

醴陵市信访局

醴陵市扶贫开发办公室

醴陵市医疗保障局

醴陵市行政审批服务局

醴陵市人民防空办公室与醴陵市住房和城乡建设局合署办公，实行“一套工作机构、两个机关名称”；醴陵市应急管理局挂醴陵市防汛抗旱指挥部办公室牌子。

中共醴陵市委
醴陵市人民政府
2019年3月20日

中共醴陵市委办公室　醴陵市人民政府办公室关于印发《醴陵市并组工作实施方案》的通知

醴办发〔2019〕7号

各镇党委、人民政府，各街道党工委、办事处，长庆示范区党工委、管委会，市直有关单位：

《醴陵市并组工作实施方案》已经市委、市人民政府同意，现印发给你们，请认真遵照执行。

中共醴陵市委办公室
醴陵市人民政府办公室
2019年3月13日

醴陵市并组工作实施方案

为贯彻落实中央、省、株洲市关于加强农业农村工作的部署和要求，按照市委十二届六次全体（扩大）会议暨市委经济工作会议精神，为有序推进我市并组工作，结合我市实际，特制定本方案。

一、目标任务

以中共十九大精神和习近平新时代中国特色社会主义思想为指导，紧紧围绕全面实施乡村振兴战略，科学合理调整我市村（居）民小组规模和布局，不断优化资源配置，降低行政成本，增强服务功能，巩固基层政权。按照优化布局、规模适度、有利发展的要求，合理确定组的规模。2019年10月底前实现村（居）民小组总数在现有基础上减少50%。

二、基本原则

（一）积极稳妥。综合考虑历史沿革、风俗习惯、自然条件、交通水系、产业布局、群众意愿等情况，因地制宜制定并组方案，确保并组工作稳妥推进，不发生群体性事件和历史遗留问题。

（二）依法自愿。按照《中华人民共和国村民委员会组织法》和“四议两公开”等有关规定，充分发扬民主，尊重群众意愿，广泛听取群众意见。

（三）整体合并。以组为单位整体合并，不跨行政村调整。

（四）有利发展。通过并组改革，整合现有资源，降低行政成本，提升服务能力，实现合大并强，助推乡村振兴战略实施。

三、实施步骤

先行试点再全面推广，并组工作分三个阶段进行：6 月份前完成全市至少 20% 的村并组试点工作，7 月份在其余村（居）全面开展并组工作（任务分配见附件 2），10 月份全面完成。

（一）前期准备阶段

1. 宣传发动。各镇（街、长庆示范区）召开并组工作动员大会，安排部署有关工作。通过会议动员、发放资料、公开栏公示、张贴标语、网站发布等多种形式，广泛深入宣传并组工作的重要性和必要性，营造良好氛围，确保并组工作顺利进行。

2. 征求意见。深入开展调查研究，重点摸清各组规模、地域面积、耕地面积、人数户数、组级集体资产等基本情况。广泛征求意见，对并组的初步方案、资产处置、命名等群众关心的问题广泛听取各方面意见，做到论证充分、意见基本一致。

（二）制定方案阶段

1. 拟订方案。各镇（街、长庆示范区）要在深入调查研究、反复协商、充分论证的基础上，综合考虑各方面因素，科学合理制定并组实施方案，党（工）委书记为第一责任人，村（社区）书记为直接责任人。要规范新组命名，按照《地名管理条例》有关规定，充分尊重地域特征、历史沿革、文化渊源，考虑地方知名度和群众认同感，选择著名地名、历史用名、文化特色名以及当地历史文化名组命名，原则上不臆造新的组名。

2. 通过方案。由村（居）“两委”组织涉及并组的村（居）民小组召开小组会议讨论通过并组初步方案。村（居）民小组会议应当有本村（居）民小组三分之二以上满十八周岁的村（居）民或者本村（居）民小组三分二以上户的代表参加，并经半数以上到会人员签字同意，方可形成《××镇（街、长庆示范区）××村（居）××村（居）民小组并组决议》。

3. 报批方案。村（居）委会须对并组决议进行不少于 7 天的公示，公示期间如未收到任何异议，则正式提出《××镇（街、长庆示范区）××村（居）关于合并村（居）民小组的请示》，报镇人民政府（街道办事处、长庆示范区管委会）批准，镇人民政府（街道办事处、长庆示范区管委会）研究同意后予以批复。各村（居）并组方案由各镇（街、长庆示范区）汇总报市民政局，最终报市人民政府备案。

（三）组织实施阶段

1. 公告并实施。各村（居）将经镇人民政府（街道办事处、长庆示范区管委会）批准后的并组方案在合并的村（居）民小组人流集中位置张贴公告，让群众知晓，并按方案组织实施。

2. 选举村（居）民小组长。并组后的村（居）民小组要根据《村民委员会组织法》相关规定选优配强村（居）民小组长 1 人，负责组级日常事务。村（居）民小组长由村民小组会议推选，任期与村（居）民委员会的任期相同，可以连选连任。村（居）民小组可依实际情况设村（居）民小组管理委员会，成员 3 ~ 5 人。

（四）总结验收阶段

1. 做好后续相关工作。各镇（街、长庆示范区）要及时召开并组工作总结大会，总结经验，并重点围绕村民自治、乡村振兴等内容对新任村（居）民小组长开展培训。各村（居）并组工作资料要汇编成册，报镇（街、长庆示范区）备案。

2. 做好检查验收工作。市并组工作领导小组将组织对各镇（街、长庆示范区）并组工作进行检查验收。验收合格后，各镇（街、长庆示范区）并组工作情况总结须报市民政局。

五、工作要求

（一）加强组织领导。成立醴陵市并组工作领导小组，由市委副书记邹志超任组长，市人民政府副市长钟国建任副组长，负责协调指导全市并组工作。

（二）严格工作程序。并组工作要严格按照《村民委员会组织法》和“四议两公开”等有关规定进行。

（三）强化资金保障。市财政局要切实保障并组工作所需的工作经费。

（四）做好信访工作。各镇（街、长庆示范区）要稳妥做好并组工作期间的群众来信来访接待工作，安排专人负责政策咨询和接访答复工作，及时化解突出问题，确保并组工作顺利进行。

（五）严肃纪律要求。并组工作是改革的一项重要内容，严禁利用家族派性势力扰乱并组秩序，对影响和干扰并组工作正常进行的，将依法依纪严肃处理。不得借并组之机变卖集体财产、挪用资金或虚列支出、转移套取资金，不得突击花钱，巧立名目套取集体资金，对有禁不止的，依法追责并责令全额退赔。各镇（街、长庆示范区）要设立举报信箱，公开举报电话，及时发现、纠正、查处在并组过程中出现的各类违法违纪行为。

附件：（略）

中共醴陵市委办公室　醴陵市人民政府办公室
关于印发《醴陵市机构改革实施方案》的通知

醴办发〔2019〕9 号

各镇党委、人民政府，各街道党工委、办事处，长庆示范区党工委、管委会，市直各单位，驻醴各单位：

《醴陵市机构改革实施方案》已经市委、市人民政府同意，现印发给你们，请结合实际认真贯彻落实。

中共醴陵市委办公室
醴陵市人民政府办公室
2019 年 3 月 20 日

醴陵市机构改革实施方案

根据《中共株洲市委办公室株洲市人民政府办公室关于印发〈醴陵市机构改革方案〉的通知》（株办〔2019〕14 号）和有关部署要求，为确保我市机构改革各项任务落到实处，提出如下实施方案。

一、总体要求

全面贯彻中共十九大和十九届二中、三中全会精神，坚决贯彻落实习近平总书记关于深化党和国家机构改革的重要论述，准确把握株洲市委、市政府批准印发的《醴陵市机构改革方案》要求，把思想和行动统一到中央、省委、株洲市委决策部署上来，在市委的统一领导下，围绕大力实施创新引领、开放崛起战略和大力推动高质量发展的要求，不折不扣落实深化机构改革各项任务。各级各部门要进一步提高政治站位、强化责任担当，把机构改革作为当前重要工作任务，以加强党的全面领导为统领，以国家治理体系和治理能力现代化为导向，以推进机构职能优化协同高效为着力点，改革机构设置，优化职能配置，理顺职责关系。要深化转职能、转方式、转作风，提高效率效能，全面推进体制机制创新，积极构建系统完备、科学规范、运行高效的机构职能体系，促进各方面改革有机衔接、协调联动，发挥改革整体效应，为加快实现基本现代化提供坚强有力的体制机制保障。

二、实施内容

按照《醴陵市机构改革方案》部署，此轮机构改革涉及七个方面的任务：

（一）调整优化市级党政机构和职能

1. 建立健全和优化市委对重大工作的领导体制机制，组建或优化市监察委员会和市委全面依法治市委员会、市委审计委员会、市委全面深化改革委员会、市委网络安全和信息化委员会、市委财经委员会、市委外事工作委员会、市委教育工作领导小组等议事协调机构。

2. 加强市委职能部门的统一归口协调管理职能，调整优化机构编制、公务员、新闻出版和电影、民族宗教、侨务等管理职能和领导体制。

3. 新组建或调整优化市自然资源局、市农业农村局、市文化旅游广电体育局、市卫生健康局、市退役军人事务局、市应急管理局、市司法局、市审计局、市市场监督管理局、市医疗保障局、市行政审批服务局等 18 个党政部门。

（二）深化市人大、政协机构改革和群团组织改革

1. 切实加强人大对社会建设、监察、预算决算、国有资产管理等的监督职能，健全人大组织制度和工作制度，完善人大专门委员会设置，更好发挥其职能作用。

2. 深入推进人民政协履职能力建设，加强人民政协民主监督，优化政协专门委员会设置，更好发挥其作为专门协商机构的作用。

3. 全面完成各项群团组织改革任务，进一步健全党委统一领导群团工作的制度，推动群团组织去机关化、行政化、贵族化、娱乐化，增强政治性、先进性、群众性，优化机构设置，完善管理模式，

创新运行机制，更好发挥群团组织作为党和政府联系人民群众的桥梁和纽带作用。

（三）深化市委市政府直属事业单位改革和承担行政职能的事业单位改革

切实抓好市委市政府直属事业单位改革，按照精干高效原则设置市委市政府直属事业单位。同时，全面推进承担行政职能的事业单位改革，完全、主要和部分承担行政职能的事业单位均纳入改革实施范围。在全面清理行政职能的基础上，按照能转职能的不转机构、确需转机构的实行综合设置的原则，区分情况推进改革。行政职能剥离划转后，余下职能任务饱满的，可继续保留原事业单位，重新明确其职责任务和类别。改革后，除行政执法机构外，不再保留或新设承担行政职能的事业单位。

（四）深化综合行政执法改革

按照一个领域最多一支执法队伍的原则，统筹配置行政执法职能和执法资源，减少执法队伍种类。减少执法层级，下沉执法力量。市级行政主管部门应强化统筹协调和监督指导职责，除法律法规明确要求由市级承担的执法职责外，主要负责监督指导、重大案件查处和跨区域执法的组织协调工作。镇（街）在综合执法平台基础上探索实现一支队伍管执法。锁定执法人员编制底数，探索建立体现综合行政执法特点的编制及人员管理办法，清理清退临时人员和聘用人员。完善执法程序，严格执法责任，加强执法监督。

（五）深化乡镇机构改革

构建简约高效的基层管理体制。夯实基层基础，推动治理重心下移，按照依法下放、宜放则放的原则，进一步下放经济社会管理权限，尽可能把资源、服务、管理下放到镇（街），强化基层政府社会管理和公共服务职能。进一步理顺部门与镇（街）关系，把条的管理和块的治理协同起来。分步推进镇（街）改革。在机构限额内，对镇（街）党政机构和事业单位设置作进一步调整优化，构建更好服务群众、简约精干的基层组织架构，实行扁平化和网格化管理。适应镇（街）工作特点和便民服务需要，整合审批、服务、执法等方面的力量和职能，综合设置机构。镇（街）工作重心要转到加强党的建设和公共服务、公共管理、公共安全上来。

（六）统筹推进审批服务便民化改革

将机构改革同深化简政放权、放管结合、优化服务改革有机结合起来，全面推行审批服务“马上办、网上办、就近办、一次办”，不断优化办事创业和营商环境。适时推进相对集中行政许可权改革，整合审批、服务等方面力量和相关职能，综合设立行政审批服务机构。深入推进审批服务标准化建设，压缩自由裁量权，完善适用规则，推进同一事项无差别受理、同标准办理。加快推进部门政务信息联通共享，着力提升“互联网＋政务服务”水平。持续开展“减证便民”行动，大力减少盖章、审核、备案、确认、告知等各种繁琐环节和手续。承担行业管理职责的相关部门要加强指导和监督，推进供水、供电、供气等公共事业部门的便民化改革，最大限度方便企业群众办事。

（七）强化机构编制管理刚性约束

强化党对机构编制工作的集中统一领导，建立编制管理动态调整机制，统筹使用各类编制资源。完善机构编制管理法规制度，增强“三定”规定严肃性和权威性，实现权责清单与“三定”规定有机衔接。推进机构编制管理科学化规范化，规范管理合署办公机构、挂牌机构、议事协调机构、临时机构和派出机构，根除挂牌机构实体化和“事业局”。加大机构编制违纪违法行为查处力度，严禁上级部门违反规定干预下级机构设置、职能配置和编制配备。

三、实施步骤

全市深化机构改革要按照市委确定的时间表、路线图、任务书，把握节奏、盯住节点，积极稳妥推进各项任务落实。

（一）全面动员部署（2019 年 3 月）。召开全市深化机构改革动员会，推动全面理解深化机构改革重大举措，深刻领会党中央、省委、株洲市委决策部署，把习近平新时代中国特色社会主义思想，特别是习近平总书记关于深化党和国家机构改革的重要论述作为推进机构改革的根本遵循和行动指南，进一步统一思想、提高认识，稳步有序推进机构改革。

（二）配备部门领导班子（2019 年 3 月）。市人民政府依法向市人大常委会履行市政府工作部门设置和调整法定备案程序。市委编办研究提出新组建或设立的部门领导职数建议，市委组织部提出拟任人选意见，市委决定领导干部，市人大依法履行法定程序。配备部门领导班子，同步加强党组织建设。

（三）新组建部门挂牌（2019 年 3 月底前）。市委办公室牵头研究制定部门挂牌计划，统筹各新组建、新设立部门的挂牌要求和时序，市委改革办、市委编办、市政府办公室、市财政局等部门配合做好具体工作。市委办公室、市委编办、市政府办公室同步组织相关部门和单位刻制印章。市财政局负责落实党政部门场所，确保各新组建、新设立部门按要求集中统一办公。

（四）推进人员转隶（2019 年 3 月）。按照“先转隶、后‘三定’”的原则，由各职责划出部门会同划入部门协商开展机构和人员转隶，确保各项工作正常运转，不出现空档。组建转隶过程中，要切实做好经费资产处置、经费预算调整、档案移交管理、离退休干部管理、印章废止和启动等相关工作，各相关业务主管部门要建立健全工作机制，切实加强监督指导，确保新组建部门运转顺畅。

（五）制定部门“三定”规定（2019 年 3 月）。按照中央和省委、株洲市委政策文件要求，紧密结合我市实际，市委编办研究制定市直各部门机构编制职数框架（主要职责、内设机构个数、编制及领导职数等），经市委深化机构改革领导小组（以下简称领导小组）审定，作为起草和审核部门“三定”规定的基本遵循。各部门在领导小组改革组的指导下，按要求起草本部门“三定”规定草案及说明，并按规定时间报改革组初审，形成送审稿并按程序送相关部门征求意见和进行合法性审查。经领导小组办公室审核后，按程序报领导小组审批。市委工作机关的“三定”规定报市委批准，以市委办公室名义印发；市政府工作部门“三定”规定报市委、市人民政府批准，以市委办公室、市政府办公室名义印发。

（六）统筹推进承担行政职能事业单位改革（2019 年 3 月）。全面清理市直事业单位承担的行政职能，将行政职能划归主管部门或职能相近的行政机构，并写入行政机构“三定”规定。党政机构改革中，因主管部门发生撤销、合并、重组等改变隶属关系的，随主管部门改革调整相应进行划转和调整。

（七）验收督查（2019 年 4 月）。各部门“三定”规定印发实施后，市委办公室、市委组织部、市委改革办、市委编办、市政府办公室、市财政局、市审计局组成联合验收组，组织开展验收督查，督促各部门按要求贯彻落实“三定”规定。

四、组织领导

各级各部门要切实增强“四个意识”、坚定“四个自信”，坚决做到“两个维护”，切实抓好党中央、湖南省委、株洲市委和市委决策部署的贯彻落实。

（一）加强统筹协调。深化机构改革在党中央、省委、株洲市委集中统一领导下，由市委负总责。市委深化机构改革领导小组负责研究机构改革重大事项，统筹机构改革组织实施，发挥统筹协调、整体推进、督促落实作用，增强改革的系统性、整体性、协同性。有关职能部门按照职责分工，分别负责、协调解决机构改革涉及的有关具体问题。积极发挥好部门党委（党组）的作用，把党的领导贯穿机构改革始终，加强对本部门机构改革的统筹协调。

（二）压实工作责任。各级各部门要把抓改革落实作为政治责任，按照《醴陵市机构改革方案》有关要求，围绕实施机构改革主要环节、关键步骤和工作任务抓好落实。有关单位要按照《醴陵市机构改革工作任务分解表》，进一步明确责任分工，细化工作措施，抓紧完成转隶交接、“三定”规定起草等工作，确保各新组建、新设立部门尽快运行。

（三）稳妥有序推进。要把思想政治工作贯穿改革全过程，确保干部队伍思想不乱、工作不断、队伍不散、干劲不减。要加强宣传引导，为推进机构改革营造良好社会环境和舆论环境。要坚持“先立后破、不立不破”原则，在新机构正式组建之前，原有机构及其工作人员要继续履行现行职责，确保工作不出现空档。要妥善安排超配人员，不搞断崖式的精简分流人员。要把握好改革发展稳定关系，掌握好节奏、步骤和力度，不能擅自行动，一哄而起，更不能搞变通，拖延改革。

（四）严明纪律规矩。要坚持机构编制管理刚性约束，严格落实机构限额管理，按照科学配置、优化协同和精简效能的原则核定机构编制，在不突破机构限额和编制总量的前提下推进机构职能调整。要严格执行机构改革政治纪律、组织纪律、机构编制纪律、干部人事纪律、财经纪律、保密纪律，坚决做到令行禁止，坚决防止国有资产流失，对违纪违法的，一经发现，坚决查处。要完善监督机制，加强整改问责，发现问题及时列出清单，明确责任，挂账整改，确保改革方向不偏离、改革任务落到实处。

附件：醴陵市机构改革工作任务分解一览表

醴陵市机构改革工作任务分解一览表

表 21

序号	工作任务	责任单位	落实措施
1	市监察委员会同市纪律检查委员会合署办公，履行纪检、监察两项职责，实行“一套工作机构、两个机关”名称	市纪委、市监委	制定市纪律检查委员会、市监察委员会“三定”规定
2	市委全面深化改革领导小组改为市委全面深化改革委员会，市委全面深化委员会办公室作为委员会的办事机构，设在市委办公室	市委办公室	制定市委全面深化改革委员会工作规则
3	组建市委网络安全和信息化委员会，市委网络安全和信息化委员会办公室作为委员会的办事机构，设在市委宣传部	市委宣传部	制定市委网络安全和信息化委员会工作规则
4	加强市委对审计工作的领导，更好发挥审计监督作用，组建市委审计委员会，市委审计委员会办公室作为委员会的办事机构，设在市审计局	市审计局	1. 制定市委审计委员会工作规则、市审计局“三定”规定或机构编制调整文件。 2. 制定所属副科级以上事业单位“三定”规定或机构编制调整文件；组织开展所属承担行政职能事业单位改革
5	组建市委外事工作委员会，市委外事工作委员会办公室作为委员会的办事机构，设在市委办公室。将市政府办公室的外事工作职责和市委统战部的港澳事务管理职责一并划入市委办公室。市委办公室对外使用市政府外事办公室、市政府港澳事务办公室、市委保密委员会办公室（市国家保密局）、市委机要局（市国家密码管理局）名称	市委办公室	1. 制定市委外事工作委员会工作规则、市委办公室（市档案局）“三定”规定。 2. 制定所属副科级以上事业单位“三定”规定或机构编制调整文件；组织开展所属承担行政职能事业单位改革
6	市委巡察工作领导小组办公室作为市委巡察工作领导小组的办事机构，设在市纪委，作为市委工作机关。不再保留市委巡视工作联络办公室牌子	市委巡察工作领导小组办公室	制定市委巡察工作领导小组办公室“三定”规定或机构编制调整文件
7	将市委法治醴陵建设领导小组改为市委全面依法治市委员会，市委全面依法治市委员会办公室作为委员会的办事机构，设在市司法局	市司法局	制定市委全面依法治市委员会工作规则、市司法局“三定”规定或机构编制调整文件
8	组建市委财经委员会，市委财经委员会办公室作为委员会的办事机构，设在市委办公室	市委办公室	制定市委财经委员会工作规则
9	组建市委教育工作领导小组，市委教育工作领导小组秘书组作为领导小组的办事机构，职责由市教育局承担	市教育局	1. 制定市委教育工作领导小组工作规则、市教育局“三定”规定或机构编制调整文件。 2. 制定所属副科级以上事业单位“三定”规定或机构编制调整文件；组织开展所属承担行政职能事业单位改革
10	市委组织部统一管理市委机构编制委员会办公室。调整优化市委机构编制委员会领导体制，市委机构编制委员会办公室作为委员会的办事机构，承担委员会日常工作，作为市委工作机关，对外使用市事业单位登记管理局名称，归口市委组织部管理	市委组织部 市委编办	1. 制定市委机构编制委员会工作规则、市委编办“三定”规定或机构编制调整文件。 2. 制定所属副科级以上事业单位“三定”规定或机构编制调整文件；组织开展所属承担行政职能事业单位改革
11	1. 市委组织部统一管理公务员工作。将市人力资源和社会保障局的公务员管理职责划入市委组织部，对外加挂市公务员局牌子。 2. 将市委老干部局并入市委组织部，市委组织部对外加挂市委老干部局牌子	市委组织部	1. 制定市委组织部（市直属机关工作委员会、市委老干部局、市委非公有制经济组织和社会组织工作委员会、市公务员局）“三定”规定。 2. 制定所属副科级以上事业单位“三定”规定或机构编制调整文件；组织开展所属承担行政职能事业单位改革

续表 21-1

序号	工作任务	责任单位	落实措施
12	市委宣传部统一管理新闻出版、版权、电影工作。将市文体广电新闻出版局（市版权局）的新闻出版、版权、电影管理等职责划入市委宣传部，对外加挂市新闻出版局（市版权局）、市精神文明建设指导委员会办公室牌子	市委宣传部	制定市委宣传部[市新闻出版局（市版权局）、市精神文明建设指导委员会办公室]“三定”规定或机构编制调整文件
13	市委统战部统一管理民族宗教、侨务工作。将市政府办公室的民族事务、宗教事务、侨务管理职责划入市委统战部，对外加挂市民族宗教事务局牌子，对外使用市政府侨务办公室名称。 市政府办公室不再加挂市民族宗教事务局牌子	市委统战部 市政府办公室	1. 制定市委统战部（市民族宗教事务局）“三定”规定。 2. 制定市政府办公室“三定”规定或机构编制调整文件
14	不再设立市社会治安综合治理委员会及其办公室、维护稳定工作领导小组及其办公室，有关职责交由市委政法委员会承担	市委政法委	制定市委政法委“三定”规定
15	市委防范和处理邪教问题领导小组及其办公室（市政府防范和处理邪教问题办公室）职责交由市委政法委员会、市公安局承担	市委政法委 市公安局	制定市公安局“三定”规定或机构编制调整文件
16	将市委办公室的直属机关工作委员会相关职责划入市委组织部，市委组织部对外加挂市直属机关工作委员会牌子。 市委办公室不再加挂市直属机关工作委员会牌子	市委办公室 市委组织部	制定所属副科级以上事业单位“三定”规定或机构编制调整文件；组织开展所属承担行政职能事业单位改革
17	将市委统战部的台湾工作职责划入市委办公室，对外使用市委台湾工作办公室（市政府台湾事务办公室）名称。 市委统战部不再加挂市委台湾工作办公室牌子	市委办公室 市委统战部	制定所属副科级以上事业单位“三定”规定或机构编制调整文件；组织开展所属承担行政职能事业单位改革
18	组建市自然资源局。将市国土资源局的职责、市住房和城乡规划建设局的城乡规划管理职责、市发展和改革局的组织编制并实施主体功能区规划职责、市水利局的水资源调查和确权登记管理职责，以及市林业局的森林、湿地等资源调查和确权登记管理等职责整合，组建市自然资源局，作为市政府工作部门。 不再保留市国土资源局	市自然资源局	1. 制定市自然资源局“三定”规定。 2. 制定所属副科级以上事业单位“三定”规定或机构编制调整文件；组织开展所属承担行政职能事业单位改革
19	组建市生态环境局醴陵分局。将市环境保护局的职责，市发展和改革局的应对气候变化和减排职责，市水利局的编制水功能区划、排污口设置管理、流域水环境保护职责，市国土资源局的监督防止地下水污染职责，市农业局（市委农村工作办公室）的监督指导农业面源污染治理等职责整合，组建市生态环境局醴陵分局，作为市生态环境局的派出机构，由市生态环境局直接管理，不计入机构限额。 不再保留市环境保护局	市生态环境局 醴陵分局	对应做好改革相关工作
20	组建市农业农村局。将市农业局（市委农村工作办公室）的职责，以及市发展和改革局的农业投资项目、市财政局的农业综合开发项目、市国土资源局的农田整治项目、市水利局的农田水利建设项目等管理职责整合，组建市农业农村局，作为市政府工作部门。市委农村工作领导小组办公室设在市农业农村局。 不再保留市农业局（市委农村工作办公室）	市农业农村局	1. 制定市委农村工作领导小组工作规则、市农业农村局“三定”规定或机构编制调整文件。 2. 制定所属副科级以上事业单位“三定”规定或机构编制调整文件；组织开展所属承担行政职能事业单位改革
21	组建市文化旅游广电体育局。将市文体广电新闻出版局（市版权局）的文化、体育、广播电视管理职责，以及市商务旅游和粮食局的旅游管理职责整合，组建市文化旅游广电体育局，作为市政府工作部门，对外使用市文物局名称。 不再保留市文体广电新闻出版局（市版权局）	市文化旅游广电体育局	1. 制定市文化旅游广电体育局“三定”规定。 2. 制定所属副科级以上事业单位“三定”规定或机构编制调整文件；组织开展所属承担行政职能事业单位改革

续表 21-2

序号	工作任务	责任单位	落实措施
22	组建市卫生健康局。将市卫生和计划生育局的职责，市民政局的老龄工作职责，以及市安全生产监督管理局的职业安全健康监督管理职责整合，组建市卫生健康局，作为市政府工作部门。 不再保留市卫生和计划生育局	市卫生健康局	1. 制定市卫生健康局“三定”规定或机构编制调整文件。 2. 制定所属副科级以上事业单位“三定”规定或机构编制调整文件；组织开展所属承担行政职能事业单位改革
23	组建市退役军人事务局。将市民政局的退役军人优抚安置、市人力资源和社会保障局的军官转业安置等职责整合，组建市退役军人事务局，作为市政府工作部门	市退役军人事务局	制定市退役军人事务局“三定”规定
24	组建市应急管理局。将市安全生产监督管理局的职责，市政府办公室的应急管理职责，市公安局的消防管理职责，市民政局的救灾职责，市国土资源局的地质灾害防治职责，市林业局的森林防火相关职责，市经济科技信息化局的震灾应急救援职责，市水利局的水旱灾害防治相关职责，以及防汛抗旱、减灾、抗震救灾、森林防火等指挥部（委员会）的职责整合，组建市应急管理局，作为市政府工作部门，对外加挂市防汛抗旱指挥部办公室牌子。市应急管理局承担市安全生产委员会日常工作。 不再保留市安全生产监督管理局	市应急管理局	1. 制定市应急管理局（市防汛抗旱指挥部办公室）“三定”规定。 2. 制定所属副科级以上事业单位“三定”规定或机构编制调整文件；组织开展所属承担行政职能事业单位改革
25	重新组建市司法局。将市司法局的职责和市政府办公室的法制工作职责整合，重新组建市司法局，作为市政府工作部门。 市政府办公室不再加挂市政府法制办公室牌子	市司法局	1. 制定市司法局“三定”规定或机构编制调整文件。 2. 制定所属副科级以上事业单位“三定”规定或机构编制调整文件；组织开展所属承担行政职能事业单位改革
26	优化市审计局职责。将市发展和改革局的重大项目稽查、市财政局的预算执行情况和其他财政收支情况监督检查职责划入市审计局。 不再保留市领导干部任期经济责任审计工作领导小组及其办公室	市审计局	1. 制定市审计局“三定”规定或机构编制调整文件。 2. 制定所属副科级以上事业单位“三定”规定或机构编制调整文件；组织开展所属承担行政职能事业单位改革
27	组建市市场监督管理局。将市食品药品工商质量监督管理局（市食品安全委员会办公室）的职责，以及市发展和改革局的价格监督检查与反垄断执法职责，市商务旅游和粮食局的经营者集中反垄断执法职责，市经济科技信息化局的知识产权管理职责整合，组建市市场监督管理局，作为市政府工作部门。市市场监督管理局承担市食品安全委员会日常工作。 不再保留市食品药品工商质量监督管理局（市食品安全委员会办公室）	市市场监督管理局	1. 制定市市场监督管理局“三定”规定或机构编制调整文件。 2. 制定所属副科级以上事业单位“三定”规定或机构编制调整文件；组织开展所属承担行政职能事业单位改革
28	组建市医疗保障局。将市人力资源和社会保障局的城镇职工和城镇居民基本医疗保险、生育保险、新型农村合作医疗职责，市发展和改革局的药品和医疗服务价格管理职责，市民政局的医疗救助职责整合，组建市医疗保障局，作为市政府工作部门	市医疗保障局	1. 制定市医疗保障局“三定”规定。 2. 制定所属副科级以上事业单位“三定”规定或机构编制调整文件；组织开展所属承担行政职能事业单位改革
29	组建市行政审批服务局。将市机构编制委员会办公室的行政审批制度改革工作职责，市政府办公室的电子政务管理、大数据管理、优化经济发展相关行政职能整合，组建市行政审批服务局，作为市政府工作部门	市行政审批服务局	1. 制定市行政审批服务局“三定”规定。 2. 制定所属副科级以上事业单位“三定”规定或机构编制调整文件；组织开展所属承担行政职能事业单位改革
30	组建市科技和工业信息化局。将市经济科技信息化局的职责、相关部门的外国专家管理职责整合，组建市科技和工业信息化局，作为市政府工作部门。 不再保留市经济科技信息化局	市科技和工业信息化局	制定市科技和工业信息化局“三定”规定
31	组建市扶贫开发办公室，作为市政府工作部门	市扶贫开发办公室	制定市扶贫开发办公室“三定”规定

续表 21-3

序号	工作任务	责任单位	落实措施
32	组建市政府金融工作办公室。将市政府办公室的金融工作相关职责整合，组建市政府金融工作办公室，作为市政府工作部门。 市政府办公室不再加挂市政府金融工作办公室牌子	市政府金融工作办公室	制定市政府金融工作办公室“三定”规定
33	组建市商务和粮食局。将市商务旅游和粮食局的职责、市民政局的救灾物资储备职责整合，组建市商务和粮食局，作为市政府工作部门。 不再保留市商务旅游和粮食局	市商务和粮食局	制定市商务和粮食局“三定”规定或机构编制调整文件
34	重新组建市林业局。将市林业局的职责，以及市国土资源局、市住房和城乡规划建设局等部门的风景名胜区、自然遗产、地质公园等管理职责整合，重新组建市林业局，作为市政府工作部门，由市自然资源局统一领导和管理	市林业局	制定市林业局“三定”规定或机构编制调整文件
35	市住房和城乡规划建设局更名为市住房和城乡建设局。 市人民防空办公室作为市国防动员委员会的常设办事机构，与市住房和城乡建设局合署办公，实行一套工作机构、两个机关名称	市住房和城乡建设局 市人民防空办公室	1. 制定市住房和城乡建设局市人民防空办公室“三定”规定。 2. 制定所属副科级以上事业单位“三定”规定或机构编制调整文件；组织开展所属承担行政职能事业单位改革
36	市信访局由市委办公室、市政府办公室共同管理的机构调整为市政府工作部门	市信访局	制定市信访局“三定”规定或机构编制调整文件
37	与株洲市委市政府机构基本对应保留的其他党政机构：市发展和改革局、市民政局、市财政局、市人力资源和社会保障局、市交通运输局、市城市管理和综合执法局、市水利局、市统计局作为市政府工作部门	所列单位	制定所列单位“三定”规定或机构编制调整文件
38	深化市人大机构改革。组建市人大社会建设委员会。整合市人大法制委员会（市人大内务司法委员会）、市人大财政经济委员会、市人大常委会教育科学文化卫生工作委员会的相关职责，组建市人大社会建设委员会，作为市人大专门委员会。 将市人大法制委员会加挂的市人大内务司法委员会单设，更名为市人大监察和司法委员会，作为市人大专门委员会。 组建市人大教育科学文化卫生委员会。将市人大常委会教育科学文化卫生工作委员会职责整合，组建市人大教育科学文化卫生委员会，作为市人大专门委员会。不再保留市人大常委会教育科学文化卫生工作委员会。 组建市人大农业与农村委员会。将市人大常委会农业和农村工作委员会职责整合，组建市人大农业与农村委员会，作为市人大专门委员会。不再保留市人大常委会农业和农村工作委员会。 组建市人大民族华侨外事委员会，作为市人大专门委员会，与市人大教育科学文化卫生委员会合署办公。 市人大城乡建设环境资源保护委员会更名为市人大环境与资源保护委员会。 市人大法制委员会与市人大监察和司法委员会合署办公。 市人大常委会预算工作委员会与市人大财政经济委员会合署办公。 市人大常委会办公室加挂市人大常委会信访办公室牌子	市人大常委会办公室	制定市人大机关机构编制调整文件

续表 21-4

序号	工作任务	责任单位	落实措施
39	深化市政协机构改革。组建市政协农业农村和人口资源环境委员会，作为市政协专门委员会。将市政协联谊法制群团委员会等专门委员会联系农业界别委员及相关工作职责调整到市政协农业农村和人口资源环境委员会。 组建市政协提案和委员学习联络委员会。将市政协办公室承担的委员联络工作职责，市政协学习文史委员会、市政协提案工作委员会的相关职责整合，组建市政协提案和委员学习联络委员会，作为市政协专门委员会。 组建市政协经济科技和外事委员会。将市政协经济科技委员会的职责和市政协联谊法制群团委员会的外事工作职责整合，组建市政协经济科技和外事委员会，作为市政协专门委员会。 不再保留市政协经济科技委员会、市政协联谊法制群团委员会。 组建市政协社会法制和民族宗教委员会。将市政协提案工作委员会的社会法制工作职责和市政协联谊法制群团委员会的民族宗教职责整合，组建市政协社会法制和民族宗教委员会，作为市政协专门委员会。不再保留市政协提案工作委员会。 市政协学习文史委员会更名为市政协文教卫体和文史委员会	市政协办公室	制定市政协机关机构编制调整文件
40	深化群团组织改革。按照省委关于群团组织改革的决策部署，健全党委统一领导群团工作的制度，紧紧围绕保持和增强政治性、先进性、群众性这条主线，着力解决“机关化、行政化、贵族化、娱乐化”等问题。优化机构设置、完善管理模式、创新运行机制，更好适应基层和群众需要	市直相关群团组织	1. 制定并组织实施相关群团组织改革方案，按要求深化群团组织改革。 2. 制定群团组织机构编制调整文件
41	全面推进承担行政职能的事业单位改革，完全、主要和部分承担行政职能的事业单位均纳入改革实施范围。改革后，除行政执法机构外，不再保留或新设承担行政职能的事业单位	市委组织部、市委改革办、市委编办、市财政局、市人社局等相关部门	组织开展市直承担行政职能事业单位职能清理、结合本轮机构改革及部门“三定”规定制定工作，推动事业单位承担的行政职能回归行政机关。结合事业单位划转行政职能情况，提出相应的机构编制调整建议，按规定程序报批
42	深化综合行政执法改革。按照中央和省委关于深化市场监管、生态环境保护、文化市场、交通运输、农业等5个领域综合执法改革的部署要求，研究制定具体贯彻落实意见，继续推进和完善城市管理等跨领域跨部门综合改革，探索在更宽领域更大范围探索综合执法	市委组织部、市委改革办、市委编办、市司法局、市财政局、市人社局等相关部门	按省里统一部署，落实中央关于市场监管、生态环境保护、文化市场、交通运输、农业5个领域综合执法改革的部署要求
43	深化乡镇机构改革。构建简约高效的基层管理体制	市委组织部、市委改革办、市委编办	研究起草镇（街）机构改革方案
44	统筹推进审批服务便民化改革。将机构改革同深化简政放权、放管结合、优化服务改革有机结合起来，全面推行审批服务“马上办、网上办、就近办、一次办”，不断优化办事创业和营商环境	市行政审批服务局、市司法局	1. 推进相对集中行政许可权改革。 2. 深入推进审批服务标准化建设。 3. 加快推进部门政务信息联通共享。 4. 持续开展“减证便民”行动
45	强化机构编制管理刚性约束。强化党对机构编制工作的集中统一领导；建立编制管理动态调整机制，统筹使用各类编制资源；完善机构编制管理法规制度，制定完善“三定”规定，增强“三定”规定严肃性和权威性；继续深化权责清单制度，实现权责清单与“三定”规定有机衔接；推进机构编制管理科学化规范化，严格机构编制管理权限和程序；加大机构编制违纪违法行为查处力度，严格执行机构编制管理法律法规	市委组织部、市委改革办、市委编办、市委巡察办、市财政局、市人社局、市审计局	1. 强化党对机构编制工作的集中统一领导。 2. 完善机构编制管理法规制度。 3. 推进机构编制管理科学化规范化建设。 4. 严格机构编制管理权限和程序。 5. 加大机构编制违纪违法行为查处力度

醴陵市人民政府
关于印发《醴陵市建立残疾儿童康复救助制度工作方案》的通知

醴政发〔2019〕8号

各镇人民政府、街道办事处，长庆示范区管委会，市直相关单位：

现将《醴陵市建立残疾儿童康复救助制度工作方案》印发给你们，请认真组织实施。

醴陵市人民政府
2019年7月11日

醴陵市建立残疾儿童康复救助制度工作方案

为贯彻落实《湖南省人民政府关于建立残疾儿童康复救助制度的实施意见》（湘政发〔2018〕23号）和《株洲市人民政府关于印发〈株洲市残疾儿童康复救助制度实施细则〉的通知》（株政发〔2018〕18号）文件精神，围绕残疾人“人人享有康复服务”目标，结合我市实际，特制定本方案。

一、救助原则

残疾儿童监护人有康复意愿，自愿申请、预期合理。

二、救助范围

（一）康复救助对象主要为0～6岁（不满7周岁），符合救助条件的视力、听力、言语、肢体、智力和孤独症等残疾儿童，优先救助城乡最低生活保障家庭、建档立卡贫困户家庭的残疾儿童。

（二）康复救助对象条件：具有我市户籍或有效居住证，有康复需求和适应指征，具备医疗诊断资质的专业机构出具的诊断证明书，具有康复潜力的残疾儿童。视力、听力残疾儿童的诊断结果需达到办理残疾人证的最低指标。

三、救助内容和标准

（一）机构康复训练。

1. 视力残疾儿童康复：为视力残疾儿童提供功能评估、视觉基本技能训练，时间不少于1个月，救助标准每人1500元。

2. 听力、言语、智力、肢体残疾儿童和孤独症儿童康复：救助标准每人每月1500元，主要用于康复训练、康复评估、家长培训、康复教材、康复档案、康复设备、环境布置、人员培训及购买服务等费用补贴。

3. 康复训练救助时间每年不超过10个月。多重残疾儿童同一年度只能选择其中一种残疾类别接受机构康复训练救助。

（二）辅助器具适配。

1. 视力残疾儿童：根据需要为视力残疾儿童免费适配助视器，助视器救助标准为平均每人每次1500元。在救助年龄内，助视器每人累计救助不超过3次。

2. 肢体残疾儿童：根据需要为肢体残疾儿童免费适配假肢矫形器、轮椅、坐姿椅、站立架、助行器等辅助器具。假肢平均每人每次救助1万元，矫形器平均每人救助5000元，轮椅、坐姿椅、站立架、助行器等辅助器具平均每人每次救助1500元。假肢、矫形器购置费占60%，适配服务费占40%。其它辅助器具购置费占80%，适配服务费占20%。根据专业评估机构意见，在救助年龄内，假肢、矫形器每年评估1次，必要时更换；轮椅、坐姿椅、站立架、助行器等其它辅助器具每人累计救助不超过3次。

3. 听力残疾儿童：为经评估适合佩戴助听器的听力残疾儿童免费配发助听器，救助标准每人每次不低于6000元，其中80%用于助听器（2台全数字助听器）购置、20%用于助听器验配服务。在救助年龄内，助听器验配每人累计救助不超过2次。

（三）手术。

1. 为有手术适应指征的听力残疾儿童植入人工耳蜗。手术对象为听力损失为重度聋以上，配戴助听器康复效果不佳，医学检查无手术禁忌症，双侧耳蜗及内听道结构正常、无蜗后病变，精神、智力及行为发育正常。监护人对人工耳蜗有正确的认识和适当的期望值。每人一次性救助不低于7.5万元，其中80%用于采购人工耳蜗产品1套，20%用于术前复筛检查、手术及术后5次调机。

2. 为肢体残疾儿童实施矫治手术，主要手术适应症为：先天性马蹄内翻足等足畸形、小儿麻痹后遗症、脑瘫导致严重痉挛、肌腱挛缩、关节畸形及脱位、脊柱裂导致下肢畸形等。每人每次救助不低于1.8万元，用于手术费、辅助器具适配及康复训练等。在救助年龄内，每人手术累计救助不超过2次。

四、申请康复救助流程

（一）申请。残疾儿童及其监护人持身份证或家庭户口本、定点医疗机构的诊断证明书原件，到市残联康复办提出申请，填写《残疾儿童康复救助申请审批表》（一式两份）和《残疾人精准康复服务手册》，已办理残疾人证的残疾儿童需要残疾人证复印件。

（二）审批。市残联按照"最多跑一次"的要求，及时对相关材料进行审核，符合康复救助条件的，由残疾儿童监护人自主选择定点康复机构接受康复服务；不符合条件的，及时向申请人说明原因。

（三）救助。残疾儿童监护人持《残疾儿童康复救助申请审批表》到定点康复机构办理康复训练注册登记，建立康复档案，接受康复训练。定点康复机构与监护人签订康复协议，同时将协议复印件报市残联备案。残疾儿童超龄或自行放弃康复训练，定点康复机构须及时报告市残联，市残联及时注销该项康复救助。

（四）转介。原则上残疾儿童应在本市定点康复机构就近就便接受康复救助服务，因本市暂无定点康复机构可转介到上级定点康复机构接受康复救助服务。

（五）经费保障与结算。

1. 市财政是残疾儿童康复救助资金保障主体。在中央、省财政补助的基础上，将残疾儿童康复救助资金纳入市财政预算。

2. 在本级定点康复机构接受康复服务发生的费用，已纳入城乡居民基本医疗保险、大病保险、医疗救助范围以及列入政府相关部门医疗救助的康复服务项目，由基本医疗保险大病保险、医疗救助或政府相关部门项目资金按政策规定先行结算，再由市残联根据情况给予定额或差额补助。

3. 因特殊原因需到外地进行康复治疗的0～6岁残疾儿童，先到市残联申报，提交相关的有效证明，经市残联审核同意并备案，出院后可以申请康复补助。申请康复补助需提供详细的住院记录、费用报销清单、户口本等资料，经市残联审核后给予定额或差额补助，不发放治疗期间的生活补助。

4. 残疾儿童康复补助申请经市残联审核后，报市财政局按照国库集中支付要求将补助资金拨付至监护人账户；辅助器具适配经费由市残联与市财政局结算，辅助器具产品由市残联根据需求情况经政府招标程序进行集中采购。

五、定点康复机构认定

（一）残疾儿童康复救助服务定点康复机构必须符合以下基本要求：

1. 具有法人资质，机构建设符合国家及省市制定的有关康复机构规范。

2. 自愿成为残疾儿童康复救助服务定点康复机构，并履行相应责任和义务，具备承担相关康复项目任务的服务能力。

3. 能够按照国家和省市现行的残疾儿童康复救助机构服务规范和服务标准所规定的服务内容、服务流程、服务周期和质量要求提供康复服务。

4. 遵纪守法，无违法违规等不良记录；没有发生过重大伤亡或责任事故。

（二）本级定点康复机构的认定与管理，由市残联会同市卫健局、市教育局、市民政局等单位，组织相关专业康复专家进行遴选评审，择优选择，报株洲市残联审定。定点康复机构须与市残联签订《残疾儿童康复救助定点康复训练机构目标责任书》，明确目标任务、工作要求及双方责任、权利、义务等。定点康复机构应利用公告栏、网站等做好康复救助公示工作，自觉接受残疾儿童家长、媒体及社会公众的监督。市残联要做好指导和监督工作，确保救助项目公开、透明。

（三）定点康复机构如出现下列行为之一，且在规定时间内整改不合格的，取消其定点资格。

1. 借助项目名义、出具虚假材料套取康复救助资金。

2. 额外收取救助对象康复项目服务范围内不合理费用。

3. 未按康复服务范围和康复技术规程提供康复服务。

4. 康复服务效果及满意度未达标。

5. 存在消防、食品卫生、水电气使用及教学环境等安全隐患。

6. 违反康复救助工作要求造成严重后果的其他行为。

六、工作要求

（一）明确工作责任。市残联统筹协调全市残疾儿童康复救助工作，市财政局、市医保局、市教育局、市卫健局、市民政局等单位要密切配合、通力合作，按照责任分工抓好落实。市残联要做好政策宣传，摸清残疾儿童康复需求，制定实施救助计划，做好救助对象审批，定点康复机构准入、评估、退出等工作；加强定点康复机构综合监管、救助项目绩效评估和项目实施的督导检查；加强康复人才培养，做好残疾儿童康复救助服务管理综合信息平台的信息录入和管理；配合政府职能部门做好其他相关保障工作。市财政局要按规定保障残疾儿童康复救助经费，加强资金监管。市医保局要按规定将残疾儿童医疗康复项目纳入医保支付范围。市教育局要支持市特殊教育学校开展残疾儿童康复工作，为康复后的残疾儿童进入普通小学或幼儿园就读提供支持保障。市卫健局要加强对定点康复机构的管理和指导，组织医疗机构专业人员进行康复技术培训，指导市妇幼计生服务中心等医疗机构开展残疾预防和残疾儿童早期筛查、诊断、干预等工作。市民政局要做好福利机构残疾儿童康复救助工作。

（二）强化人员培训。市残联组织定点康复机构的专业技术人员参加省、株洲市残联组织的专业培训。各定点康复机构要加强对康复专业人员的培养，建立完善康复服务专业人员培养培训体系，充分发挥各类康复专家的技术指导作用，提高机构康复服务能力。

（三）做好政策宣传。各相关单位要学习掌握残疾儿童康复救助制度的精神和内容，积极组织实施残疾儿童康复救助工作，充分利用多种媒体做好政策宣传，营造良好的社会氛围，引导全社会关心、支持残疾儿童康复工作。

醴陵市人民政府
关于印发《醴陵市农村公路养护管理办法》的通知

醴政发〔2019〕9号

各镇人民政府、街道办事处，长庆示范区管委会，各相关单位：

《醴陵市农村公路养护管理办法》已经市人民政府同意，现印发给你们，请认真贯彻执行。

醴陵市人民政府
2019年8月6日

醴陵市农村公路养护管理办法

第一章 总则

第一条 为进一步加强农村公路养护管理，推动“四好农村路”建设，促进我市农村经济社会全面协调发展，根据《中华人民共和国公路法》《公路安全保护条例》《农村公路养护管理办法》《湖南省农村公路养护管理办法》等相关法律法规规定，结合我市实际，制定本办法。

第二条 本办法所称农村公路指经交通运输主管部门纳入统计年报的县道、乡道、村道及其所属设施。公路包括公路桥梁、隧道和渡口。

第三条 农村公路养护管理遵循“统一领导、分级负责、以市为主、镇村共管”的原则，按照“县道县管、乡道乡管、村道村管”的责任体系，逐步建立责权明确、管养分离的养护管理体制。

第二章 管理机构与职责

第四条 市人民政府主要负责筹集和管理农村公路养护资金，领导和监督农村公路管理机构的养护管理工作。市农村公路工作领导小组依照有关规定实施日常督查和年度考核，推动养护管理工作落实。市交通运输局负责编制辖区内农村公路养护管理计划，养护工程的检查、监管、验收，审核乡道、村道养护管理计划并指导协调实施。市交通事务中心负责养护相关事务性工作。

第五条 各镇人民政府（街道办事处、长庆示范区管委会）负责编制辖区内乡道养护管理计划，做好辖区内乡道养护管理工作；指导督促村级编制村道养护管理计划、做好村道的养护管理工作；监督、管理、使用好乡道、村道养护资金。

各镇人民政府（街道办事处、长庆示范区管委会）应明确一名负责人分管农村公路养护管理工作，并配备专职农村公路养护管理人员，共同负责区域内农村公路养护管理日常工作。

第三章 资金筹措与管理

第六条 农村公路养护资金，主要用于农村公路小修、大中修、水毁修复、公路安全保障和危旧桥梁改造等专项工程。

第七条 农村公路养护资金通过以下渠道筹集：

（一）国家和省级补助的农村公路养护专项资金；

（二）市人民政府配套安排的农村公路养护资金；

（三）各镇人民政府（街道办事处、长庆示范区管委会）筹集安排的农村公路养护资金；

（四）村民会议或村民代表会议采取“一事一议”等方式依法筹集的农村公路养护资金；

（五）企业、个人等社会捐助，或其他方式依法筹集的农村公路养护资金；

参照《农村公路养护管理办法》（交通运输部令2015年第22号）规定的农村公路养护工程补助标准，由市财政统筹安排预算专项用于农村公路日常养护。市交通运输主管部门根据季度考核结果，分季度将乡道、村道补助资金拨付至各镇人民政府（街道办事处、长庆示范区管委会）。（以纳入省级统计年报的农村公路里程作为补助基数）

第八条 农村公路养护资金应统筹安排、专户管理、专款专用、强化监管。任何单位和个人不得以任何形式截留、挤占、挪用或超范围使用。

第四章 养护管理

第九条 农村公路养护工程按照公路行政等级分级管理实施，具体作业内容参照交通运输部《公路养护技术规范》及相关规定执行。

第十条 农村公路养护管理应遵循“因地制宜、经济适用、保护环境、节约资源”的原则，宜采用新技术、新材料、新工艺、新设备，提升农村公路养护专业化、规范化、信息化和机械化水平。做到路面整洁、路基稳定、桥隧安全、排水畅通、设施完好等要求。

第十一条 根据我市实际情况，日常保养和小修可采用：

（一）专业化养护管理模式。坚持市场化原则，由专业养护公司实施养护管理，达到法定规模的专业化养护工程，应依照有关规定采取招标方式选择养护管理单位，或根据实际情况委托各镇人民政府（街道办事处、长庆示范区管委会）代养。灾害性应急抢修工程，可以直接委托养护作业单位实施。

（二）承包养护管理模式。一般乡道、村道，可以推行班组或个人承包养护管理模式，承包养护管理模式应以公平竞争方式，就近组建养护管理班组或确定养护管理人员。

第十二条 农村公路大中修、水毁修复、公路安全保障、危旧桥梁改造等专项工程，应按照省级交通运输主管部门相应管理办法执行。经批准后的大中修工程项目和水毁修复、危桥改造等专项工程，应按有关规范、标准进行设计，编制预算并择优选定具备条件的单位实施，实行合同管理，严格按照有关的施工规范、标准和操作规程进行施工，认真做好施工记录，建立技术档案；工程项目完工后，应按有关规定进行验收，及时编制竣工、结算资料。

第十三条 农村公路养护作业单位和人员应当按照《公路安全保护条例》规定和相关技术规范要求开展养护作业，采取有效措施，确保施工安全、交通安全和工程质量。

农村公路养护作业单位应当完善养护质量和安全制度，加强作业人员教育和培训。

第五章 路政管理

第十四条 农村公路路产路权保护实行“政府负责、部门执法、群众参与、综合治理”的管理体制，由市交通运输主管部门负责路政管理，并指导镇村两级做好路产路权保护。

第十五条 在征得市交通运输主管部门的同意后，各养护责任主体可根据农村公路技术等级设置相关设施，限制超载、超高、超宽等超标准的车辆在农村公路上行驶。

第十六条 交通运输、自然资源、住建、农业农村等行政主管部门，应加强对公路两侧建筑控制区的管理。

第六章 考核和奖惩

第十七条 农村公路养护管理工作要以养护质量为中心，建立农村公路养护工作责任制，健全养护质量控制体系，严格落实考评及验收制度，完善社会监督，提高农村公路养护资金使用效益。

（一）市农村公路工作领导小组定期对相关责任单位进行考核，具体考核细则另行制定。

（二）违反本办法规定，在实施农村公路养护过程中出现截留、挤占、挪用或超范围使用农村公路养护资金的，由市交通运输主管部门或者由其向市人民政府建议对责任单位进行通报批评，限期整改；情节严重的，对责任人依法给予行政处分。

（三）违反本办法规定，不按规定对农村公路进行养护的，由市交通运输主管部门或者由其向市人民政府建议对责任单位进行通报批评，限期整改；情节严重的，停止补助资金拨付，依法对责任人给予行政处分。

（四）违反本办法其他规定，由市交通运输主管部门按照《中华人民共和国公路法》《公路安全保护条例》等相关规定进行处罚。

第七章 附则

第十八条 本办法自印发之日起施行。

醴陵市人民政府办公室
关于印发《醴陵市突发公共卫生事件应急预案》《醴陵市突发公共事件医疗卫生救援应急预案》《醴陵市流感大流行应急预案》的通知

醴政办发〔2019〕3号

各镇人民政府、街道办事处，长庆示范区管委会，市直各单位，驻醴各单位：

《醴陵市突发公共卫生事件应急预案》《醴陵市突发公共事件医疗卫生救援应急预案》《醴陵市流感大流行应急预案》已经市人民政府同意，现印发给你们，请认真遵照执行。

醴陵市人民政府办公室
2019年5月21日

醴陵市突发公共卫生事件应急预案

1　总则

1.1　编制目的

指导和规范全市突发公共卫生事件的应急处置工作，有效预防、控制和消除突发公共卫生事件及其危害，保障公众身心健康与生命安全，维护正常的社会秩序。

1.2　编制依据

《中华人民共和国传染病防治法》《中华人民共和国食品安全法》《突发公共卫生事件应急条例》《国家突发公共卫生事件应急预案》《国家食品安全事故应急预案》《湖南省突发公共卫生事件总体应急预案》《湖南省突发公共卫生事件应急预案》和《湖南省实施〈中华人民共和国突发事件应对法〉办法》《株洲市突发公共卫生事件应急预案》等法律法规和有关规定。

1.3　适用范围

本预案适用于我市行政区域内突发公共卫生事件的防范和应急处置。

1.4　工作原则

突发公共卫生事件处置坚持预防为主、常备不懈，统一领导、分级负责，快速反应、联防联控，依法规范、科学处置的原则。

2　应急指挥体系及职责

市人民政府设立突发公共卫生事件应急指挥机构，负责本行政区域的突发公共卫生事件应急处置工作。

2.1　应急组织机构

市人民政府设立醴陵市突发公共卫生事件应急指挥部（以下简称市卫生应急指挥部），由分管卫健工作的副市长任指挥长，市政府办分管负责人、市卫健局局长任副指挥长，市政府新闻办、市发改局、市教育局、市科工信局、市公安局、市民政局、市财政局、市人社局、市交通运输局、市农业农村局、市商务局、市文旅广体局、市应急局、市林业局、市市场监管局、市公安局交警大队、株洲市生态环境局醴陵分局、醴陵海关、市供电公司、市红十字会、醴陵火车站、市人武部、市电信公司、市移动公司等单位负责人为指挥部成员。

市卫生应急指挥部办公室（以下简称市卫生应急办公室）设在市卫健局，由市卫健局局长兼任办公室主任。

2.2　应急组织机构职责

2.2.1　市卫生应急指挥部

贯彻落实市委、市人民政府重大决策部署，领导、指挥和协调全市突发公共卫生事件应急工作，统一调度全市卫生应急资源，及时向市人民政府报告情况；决定启动和终止重大突发公共卫生事件的应急响应，完成市人民政府交办的其他工作。

2.2.2　市卫生应急指挥部办公室

负责全市突发公共卫生事件应急处置的日常管理工作，组织协调有关突发公共卫生事件应急处置工作；负责突发公共卫生事件应急处置相关预案、实施方案及有关工作计划的起草工作，组建与完善公共卫生事件监测和预警系统；根据突发公共卫生事件应急预案，组织对公共卫生和医疗救助专业人员进行突发公共卫生事件应急知识和处理技术的培训、演练，帮助和指导各医疗机构应对其他突发公共事件的伤病员救治工作；承办救灾、反恐、中毒、放射事故等重大安全事件中涉及公共卫生问题的组织协调工作，对突发重大人员伤亡事件组织紧急医疗救护工作。

2.2.3 市卫生应急指挥部成员单位

市卫健局 组织制定突发公共卫生事件防控技术方案；统一组织实施应急医疗救治工作和各项预防控制措施，并进行检查、督导；根据预防控制工作需要，依法提出隔离、封锁有关地区等措施和建议；组织开展爱国卫生运动。

市政府新闻办 负责组织新闻媒体宣传党和政府的方针、政策及应急处置的法律法规；开辟健康教育专栏，普及预防及应急知识；宣传报道典型事例。

市发改局 负责协商有关单位制定突发公共卫生事件应急基础设施建设发展规划，协助相关单位改善应急基础设施条件，完善突发公共卫生事件应急服务体系。

市教育局 负责做好在校学生、教职工的宣传教育和自我防护工作，落实学校卫生工作措施，防止突发公共卫生事件在校内发生和流行。配合市卫健局落实各类学校的突发公共卫生事件控制措施。

市科工信局 组织协调电力供应和通讯保障工作。根据实际需要，协调上级科技部门制订突发公共卫生事件应急处置技术研究方案。

市公安局 密切关注与疫情有关的社会动态，依法、及时、妥善地处置与疫情有关的突发性群体性事件，查处打击违法犯罪活动，维护社会稳定。协助市卫健局依法落实强制隔离措施。

市民政局 组织做好受灾群众的紧急转移、安置工作，负责对特困群众进行生活救助和医疗救助；组织、协调有关单位和社会团体开展社会捐助工作，接受、分配国内外企业、个人以及外国政府、境外组织捐助的资金和物资，做好款物管理和发放工作；组织和动员村（社区）力量，参与群防群治；协调做好死亡人员的火化和其他善后工作。

市财政局 根据实际情况，安排突发公共卫生事件应急处置所需经费，并做好财政资金和捐赠资金拨付、使用的监督管理工作。

市人社局 协助上级部门制定参与突发公共卫生事件应急处置工作人员的工伤待遇政策，并监督相关部门做好待遇的落实工作。

市交通运输局 协助市卫健局对乘坐公路、水路交通工具的人员进行检疫、查验工作，防止传染病通过交通运输环节传播。确保疫区公路、水路畅通，突发公共卫生事件处置人员以及防治药品、器械等急用物资和有关标本的运送。

市农业农村局 负责人畜共患动物疫病（包括陆生和水生动物）的防治工作，开展与人类接触密切的动物相关传染病的监测和管理工作；组织开展对农产品质量安全事故调查、处理和相关技术鉴定等工作。

市商务局 负责做好生活必需品的市场供应工作；组织做好参加外经贸活动人员的登记工作，防止突发公共卫生事件在外经贸活动期间跨地区传播扩散；负责在粮食收购、储存、运输过程中发生的粮油食品安全事故的调查处理和相关产品的技术鉴定工作。

市文旅广体局 组织做好全市旅游行业突发公共卫生事件的预防和应急处置工作；在突发公共卫生事件发生期间，组织做好旅游团队及人员的宣传、登记、观察工作，防止突发公共卫生事件在海内外旅游团队中发生和跨地区传播扩散；及时收集世界旅游组织和主要客源地的反映，有针对性地做好有关工作。

市应急局 负责危险化学品安全生产监督管理和职业病危害控制的监督管理工作。

市林业局 组织开展陆生野生动物相关传染病的监测、基础调查和样品采集及送检；在突发公共卫生事件发生期间，协助有关单位做好划定的控制区域内携带病毒病菌的陆生野生动物栖息地的隔离工作；组织专家分析和提出有关陆生野生动物活动的范围和趋势等预警信息。

市市场监管局 负责组织实施食品安全事故应急处置工作；督促相关部门做好各项应急处置工作，及时有效地控制食品安全事故，防止事态蔓延扩大；研究协调解决食品安全事故应急处理工作中的具体问题；组织做好突发公共卫生事件发生地应急处置所需物资的质量监督工作，确保应急物资的产品质量；负责食品流通环节造成食品安全事故违法行为的调查处理等工作。负责维护市场价格秩序。

市公安局交警大队 做好疫区交通秩序维护或交通管制工作。

株洲市生态环境局醴陵分局 组织对突发公共卫生事件引发的环境事件进行监测，指导环境污染的控制与处置工作。

醴陵海关 协助相关部门对进口食品造成重大食品安全事故原因调查处理。

市供电公司　负责保障疫情疫区电力的正常供应。

市红十字会　负责实施群众性初级卫生救护知识培训，并依法组织群众开展现场自救和互救，根据突发公共卫生事件的具体情况，向国内外发出呼吁，依法接受、发放国内外组织和个人的捐赠，提供急需的人道主义援助。

市人武部　组织协调驻醴部队参与突发公共卫生事件应急处置行动，配合公安机关做好事发现场的控制工作。

醴陵火车站　负责对辖区进出火车站和乘坐火车的人员进行检疫、查验工作，将发现的传染病人和疑似传染病人移交指定的医疗机构处理，防止传染病通过铁路运输环节传播，确保我市境内铁路畅通安全，突发公共卫生事件应急处置人员以及防治药品、器械等急用物资和有关标本的运送。

市电信公司、市移动公司　组织、协调各电信运营企业做好通信保障工作。

其他有关单位根据本单位职责和突发公共卫生事件应急处置需要，组织好紧急物资采购、市场监督管理、污染扩散控制，以及市卫生应急指挥部交办的相关工作。

2.3　专家组

市卫生应急办公室设立突发公共卫生事件专家组，负责对确定突发公共卫生事件级别以及采取相应措施提出建议；参与制订、修订突发公共卫生事件应急预案和技术方案，对突发公共卫生事件应急处置进行技术指导，对突发公共卫生事件应急响应的中止、后期评估提出咨询意见；承担卫生应急指挥机构交办的其他工作。

2.4　现场应急指挥机构

根据突发公共卫生事件应急处置工作需要，成立现场应急指挥部，主要负责突发公共卫生事件现场应急处置工作，下设若干个应急处置工作组，由市直相关单位分管负责人任组长。

综合协调组由市卫健局牵头，市直相关单位、事发地人民政府参加。负责贯彻落实指挥部下达的各项指令、任务；统筹组织现场处置工作；负责现场处置的沟通协调、督查督办、信息报送、材料汇总等工作；承担现场应急指挥部的会务、政务活动等。

医疗卫生保障组由市卫健局牵头，市直相关单位、事发地人民政府参加。负责流行病学调查、病例的救治、密切接触者的医学观察等工作。

现场处置组由市卫健局牵头，市直相关单位、事发地人民政府参加。负责对现场进行清洗消毒、病害动物的扑杀和无害化处理、事件的评估等工作。

宣传组由市政府新闻办牵头，市直相关单位、事发地人民政府参加。负责舆情的引导、相关政策以及健康科普的宣传工作。

后勤保障组由事发地人民政府牵头，市直相关单位参加。负责统筹保障事件现场的场地保障、电力照明、专用通信、公网通信、气象监测等工作。

交通保障组由市公安局牵头，事发地人民政府和市直相关单位参加。负责建立交通引导机制，承担事件现场组织实施核心区、隔离区、控制区和应急通道的交通管控和疏导任务；负责受灾民众集中安置点等外围交通管控工作。

3　监测预警与信息报告

3.1　监测

根据上级安排，建立统一的突发公共卫生事件监测、预警与报告网络体系，包括：法定传染病和突发公共卫生事件监测报告网络、症状监测网络、实验室监测网络，医疗、疾病预防控制、卫计监督执法机构负责开展突发公共卫生事件的日常监测工作。

市卫健局按照上级卫健行政部门的要求，加强对监测工作的管理和监督，组织落实各项监测措施，保证监测质量。

3.2　预警

市卫健局要在权限范围内，及时、准确地发布突发公共卫生事件预警信息，并根据突发公共卫生事件可能的发展趋势，及时通报市卫生应急指挥部办公室。各有关单位根据预警要求及时做好应对准备工作。

3.3　信息报告

任何单位和个人有权向各级人民政府及相关单位报告突发公共卫生事件或隐患，有权向上级政府部门举报不履行或者不按照规定履行突发公共卫生事件应急处置职责的单位和个人。

3.3.1　报告程序

突发公共卫生事件监测机构、医疗卫生机构和有关单位发现突发公共卫生事件，应在规定时限内向市卫健局报告。

市卫健局接到突发公共卫生事件信息报告后应立即组织进行现场调查确认，及时采取措施并在规定时限内向市人民政府和株洲市卫健行政部门报告，并随时报告事态进展情况。

对可能造成重大社会影响的突发公共卫生事件，市卫健局可直接上报株洲市和省卫健行政部门。

市卫健局要与毗邻地区加强协作，建立突发公共卫生事件信息通报机制，一旦出现突发公共卫生事件影响范围超出本行政区域的人畜共患食源性疾病态势，要根据应急处置工作的需要，及时通报、联系和协调。

3.3.2 报告内容

突发公共卫生事件报告应分为首次报告、进程报告和结案报告，要根据事件的严重程度、事态发展和控制情况及时报告事件进程。

首次报告未经调查确认的突发公共卫生事件或存在隐患的相关信息，应说明信息来源、危害范围、事件性质的初步判定和拟采取的主要措施。

经调查确认的突发公共卫生事件报告应包括事件性质、波及范围、危害程度、流行病学分布、事态评估、控制措施等内容。

3.3.3 突发公共卫生事件网络直报

镇级及以上医疗卫生机构通过电话、传真等进行报告的同时，并通过“突发公共卫生事件报告管理信息系统”及时上报，提高信息报告的及时性。市疾控中心收到报告信息后，应及时逐级审核信息，确保信息准确，并统计汇总、分析，按照有关规定报告市卫健局。

4 应急响应

4.1 响应级别

根据突发公共卫生事件的性质、危害程度、涉及范围，突发公共卫生事件划分为一般（Ⅳ级）、较大（Ⅲ级）、重大（Ⅱ级）和特别重大（Ⅰ级）四级。

4.1.1 一般突发公共卫生事件（Ⅳ级）主要有：

（1）甲类或按甲类管理传染病：发生腺鼠疫、霍乱病例，一个平均潜伏期内或1周内病例数未超过10例。

（2）乙类传染病：1周内，同一自然村寨、建筑工地、学校、幼儿园等集体单位发生炭疽、伤寒（副伤寒）、登革热、甲肝/戊肝、输血性乙肝、麻疹、流脑、乙脑、钩体、流行性出血热、疟疾等5例及以上病例，或者死亡1例及以上。

（3）丙类传染病：符合《国家突发公共卫生事件相关信息报告管理工作规范》报告标准，但未达到III级标准的事件。

（4）其他感染性公共卫生事件：1周内，发生近5年从未报告的或国家宣布已消灭的传染病或发现不明原因肺炎病例。

（5）食物中毒：一次食物中毒人数10～99人，未出现死亡病例。

（6）职业中毒：一次发生急性职业中毒10人以下，未出现死亡病例。

（7）其他中毒事件（食物中毒、职业中毒以外的急性中毒）：出现急性中毒病例3例及以上的事件；一起突发中毒事件，中毒人数在10人及以上且无人员死亡；暴露人数50～999人。

（8）环境因素事件：发生环境因素改变所致的急性病例3例及以上；24小时内，出现一氧化碳中毒人数10～29人，或死亡3～5人。

（9）意外辐射照射事件：出现意外辐射照射人员1例及以上；Ⅳ类、Ⅴ类放射源丢失、被盗、失控，或者放射性同位素和射线装置失控导致人员受到超过年剂量限值的照射。

（10）市卫健局认定的其他一般突发公共卫生事件。

4.1.2 较大突发公共卫生事件（III级）主要有：

（1）甲类或按甲类管理传染病：发生肺炭疽、肺鼠疫病例，一个平均潜伏期内病例数未超过5例；1周内发生腺鼠疫、霍乱病例10例以上。

（2）乙类传染病：一周内乙类传染病发病水平超过前5年同期平均发病水平1倍以上。

（3）丙类传染病：一周内丙类传染病发病水平超过前5年同期平均发病水平1倍以上。

（4）食物中毒：一次食物中毒人数超过100人；出现死亡病例。

（5）职业中毒：一次发生急性职业中毒10～50人；死亡5人以下。

（6）其他中毒事件（食物中毒、职业中毒以外的急性中毒）：一起突发中毒事件暴露人数1000～1999人；一起突发中毒人数在100人及以上且死亡1人；一起突发中毒人数在100人以下，死亡3～9人。

（7）环境因素事件：在24小时内，出现一氧化碳中毒人数30～59人，并出现死亡病例；死亡6～9人。

（8）意外辐射照射事件：Ⅲ类放射源丢失、被盗、失控，或者放射性同位素和射线装置失控导致9人以下（含9人）急性重度放射病、局部器官残疾。

（9）株洲市级以上人民政府及其卫健行政部门认定的其他情形。

4.1.3 重大突发公共卫生事件（II级）主要有：

（1）甲类或按甲类管理传染病：一个平均潜伏期内发生肺鼠疫、肺炭疽5～30例以上病例；1周内发生腺鼠疫、霍乱病例20例以上，在全市范围内流行；发生传染性非典型肺炎及人感染高致病性禽流感疑似病例。

（2）乙类传染病：1周内发病水平超过前5年同期平均发病水平2倍以上。

（3）丙类传染病：1周内发病水平超过前5年同期平均发病水平2倍以上。

（4）其他感染性公共卫生事件：我国尚未发现的传染病发生或传入，疫情有扩散趋势。

（5）食物中毒：一次食物中毒人数超过100人并出现死亡病例；出现10例以上死亡病例。

（6）职业中毒：一次发生急性职业中毒50人以

上；死亡 5 人以上。

（7）其他中毒事件（食物中毒、职业中毒以外的急性中毒）：一起突发中毒事件暴露人数 2000 人及以上；一起突发中毒事件，中毒人数在 100 人及以上且死亡 2 ~ 9 人；一起突发中毒事件死亡 10 ~ 29 人。

（8）环境因素事件：24 小时内，出现一氧化碳中毒人数 60 ~ 99 人，并出现死亡病例；死亡 10 ~ 14 人。

（9）意外辐射照射事件：Ⅰ类、Ⅱ类放射源丢失、被盗、失控，或者放射性同位素和射线装置失控导致 2 人以下（含 2 人）受到全身照射剂量大于 8 戈瑞或者 10 人以上（含 10 人）急性重度放射病、局部器官残疾。

（10）省级以上人民政府及其卫健行政部门认定的其他情形。

4.1.4　特别重大突发公共卫生事件（Ⅰ级）主要有：

（1）甲类或按甲类管理传染病：肺鼠疫、肺炭疽疫情在我市发生，并波及 2 个以上的省份；发生传染性非典型肺炎、人感染高致病性禽流感病例，并有扩散趋势。

（2）其他感染性公共卫生事件：发生烈性病菌株、毒株、致病因子等丢失事件；我国尚未发现的传染病发生或传入我市，并有扩散趋势；发现我国已消灭传染病在我市重新流行。

（3）群体性不明原因事件：我市发生涉及多个省份的群体性不明原因疾病，并有扩散趋势。

（4）周边以及与我省通航的国家和地区发生特大传染病疫情，我市出现输入性病例，严重危及我国公共卫生安全的事件。

（5）国务院及其卫健行政部门认定的其他情形。

4.2　响应行动

4.2.1　一般（Ⅳ级）突发公共卫生事件的应急响应

市卫生应急指挥部启动Ⅳ级应急响应，组织有关单位开展突发公共卫生事件的应急处置工作。

市卫健局按照责任立即组织专家调查确认，并对疫情进行综合评估。同时，迅速组织医疗、疾病预防控制和卫生监督机构开展突发公共卫生事件的现场处理工作，并按照规定向市人民政府和株洲市卫健行政部门报告，必要时请求株洲市卫健行政部门给予技术指导。

4.2.2　较大（Ⅲ级）突发公共卫生事件的应急响应

市卫生应急指挥部启动Ⅲ级应急响应，同时上报株洲市卫生应急指挥部，组织有关单位协助市卫健局做好疫情信息收集，组织人员疏散安置，依法进行疫区的确定与封锁、隔离和舆论宣传等工作；保证突发公共卫生事件应急处置所需的医疗救治和预防用防护设备、药品、医疗器械等物资的供应。

市卫健局立即组织专家调查确认，并对疫情进行综合评估；迅速组织开展现场流行病学调查、致病致残人员的隔离救治、密切接触者的隔离、环境生物样品采集和消毒处理等紧急控制措施，并按照规定向市人民政府和株洲市卫健行政部门报告调查处理情况，必要时请求株洲市卫健行政部门给予技术指导。

4.2.3　重大（Ⅱ级）突发公共卫生事件的应急响应

市卫生应急指挥部启动Ⅱ级应急响应，同时上报株洲市卫生应急指挥部，在上级卫生应急指挥部的统一指挥下，开展突发公共卫生事件的应急处置工作。

4.2.4　特别重大（Ⅰ级）突发公共卫生事件的应急响应

市卫生应急指挥部启动Ⅰ级应急响应，同时上报株洲市卫生应急指挥部，在上级卫生应急指挥部的统一领导和指挥下，组织协调开展突发公共卫生事件的应急处置工作。

4.3　应急处置

4.3.1　先期处置

突发公共卫生事件发生后，事发地人民政府和相关单位要组织力量先期核实和处置，同时报告市卫生应急指挥部。

4.3.2　处置措施

市卫生应急指挥部接报突发公共卫生事件信息后，应迅速组织力量开展现场处置工作，及时采取预防控制措施，如现场流行病学调查、伤病人员的救治、密切接触者的隔离、环境生物样品采集和消毒处理等，防止事态进一步发展。同时，立即组织专家进行调查确认和综合评估，并按照规定向市人民政府和株洲市卫生应急指挥部报告。必要时，请求上级人民政府或有关部门予以支持。

4.4　信息发布

突发公共卫生事件发生后，按照上级有关规定，做好信息发布工作。信息发布要及时主动、准确把握，实事求是，正确引导舆论，注重社会效果。

4.5　应急响应终止

突发公共卫生事件隐患或相关危险因素消除，或末例传染病病例发生后经过最长潜伏期无新的病例出现，由市卫生应急指挥部宣布应急结束。

5　善后工作

5.1　善后处置

突发公共卫生事件应急工作结束后，市卫生应急指挥部对应急处置期间紧急调集、征用有关单位、企业、个人的物资和劳务应进行合理评估，给予补偿。对因参与应急处置工作致病、致残、死亡人员，按照国家有关规定，给予相应的补助和抚恤；对参加应急处置一线工作的专业技术人员应制订合理的补助标准，给予补助。

5.2 总结评估

突发公共卫生事件结束后，市卫生应急指挥部组织各成员单位应对突发公共卫生事件的处置情况进行评估。评估内容主要包括事件概况、现场调查处置概况、病人救治情况、所采取措施的效果评价、应急处置过程中存在的问题、取得的经验及改进建议。评估报告报市人民政府和株洲市卫生应急指挥部。

6 应急保障

6.1 人员保障

建立健全突发公共卫生事件应急处置队伍，并加强管理和培训。

6.2 物资保障

市卫健局、市财政局和市商务局要加强沟通、协调配合，做好处置突发公共卫生事件的物资供应和储备工作。市卫健局负责提出卫生应急物资储备计划，市商务局负责组织、落实物资储备，市财政局保障物资储备经费。

发生突发公共卫生事件时，市卫生应急指挥部根据应急工作需要，下达储备物资调用指令。应急储备物资使用后要及时补充。

6.3 经费保障

市财政局应将突发公共卫生事件防控经费纳入年度经费预算，加大应急基础设施项目建设经费保障力度，及时安排和拨付。同时，积极通过国际、国内等多渠道筹集资金，用于突发公共卫生事件应急处置工作。

6.4 通信与交通保障

市卫生应急指挥部根据实际工作需要，配备通信设备和交通工具。

7 监督管理

7.1 宣传和教育

市政府新闻办要组织有关单位利用广播、影视、报刊、互联网、手册等多种形式对社会公众广泛开展突发公共卫生事件应急知识的普及教育，宣传卫生科普知识，指导群众以科学的行为和方式对待突发公共卫生事件。要充分发挥有关社会团体在普及卫生应急知识和卫生科普知识方面的作用。

7.2 应急演练

市卫健局要按照“统一规划、分类实施、分级负责、突出重点、适应需求”的原则，采取定期和不定期相结合的形式，组织开展突发公共卫生事件应急演练。

7.3 奖励与责任

对在突发公共卫生事件应急处置中作出突出贡献的单位和个人予以表扬；对有玩忽职守、失职、渎职等行为的，有关单位要依法给予责任人行政处分，触犯法律的，依法追究法律责任。

7.4 监督检查

市应急局、市卫健局会同有关单位对本预案实施情况进行监督检查，确保应急措施到位。

8 附则

8.1 名词术语解释

突发公共卫生事件：指造成或者可能造成社会公众身心健康严重损害的重大传染病、群体性不明原因疾病、重大食物和职业中毒以及因自然灾害、事故灾难或社会安全等事件引起的严重影响公众身心健康的突发事件。

重大传染病疫情：指某种传染病在短时间内发生、波及范围广泛，出现大量的病人或死亡病例，其发病率远远超过常年的发病率水平的情况。

群体性不明原因疾病：指在短时间内，某个相对集中的区域内同时或者相继出现具有共同临床表现病人，且病例不断增加，范围不断扩大，又暂时不能明确诊断的疾病。

重大食物和职业中毒：指由于食品污染和职业危害的原因而造成的人数众多或者伤亡较重的中毒事件。

新传染病：指全球首次发现的传染病。

我国尚未发现传染病：指埃博拉、猴痘、黄热病、人变异性克雅氏病等在其他国家和地区已经发现，在我国尚未发现过的传染病。

我国已消灭传染病：指天花、脊髓灰质炎等传染病。

8.2 预案管理与更新

市卫健局根据情况变化，及时对预案进行修订和完善，提请市人民政府批准发布。

8.3 预案实施

本预案自公布之日起施行。

醴陵市突发公共事件医疗卫生救援应急预案

1 总则

1.1 编制目的

有效预防、及时控制和消除突发公共事件的危害，保障公众身体健康与生命安全，维护正常的社会秩序。

1.2 工作原则

遵循预防为主、常备不懈的方针，贯彻统一领导、分级负责、反应及时、措施果断、依靠科学、加强合作的原则。

1.3 编制依据

《中华人民共和国突发事件应对法》《中华人民共和国传染病防治法》《中华人民共和国动物防疫法》《中华人民共和国进出境动植物检疫法》《突发公共卫生事件应急条例》《突发公共卫生事件与传染病疫情监测信息报告管理办法》《国家突发公共事件医疗卫生救援应急预案》《株洲市突发公共医疗卫生救援应急预案》等法律法规和有关规定。

1.4 适用范围

本预案适用于本市范围内突发公共事件所导致的人员伤亡、健康危害的医疗卫生救援工作。

1.4.1 暴力或恐怖事件；

1.4.2 火灾、水灾、地震、台风等自然灾害；

1.4.3 各种原因引起的爆炸（厂房、矿山、压力容器）事件；

1.4.4 各种建筑物倒塌和各类滑坡事件；

1.4.5 核泄漏和核污染事件；

1.4.6 各种重大交通事故；

1.4.7 食物和化学物品等原因引起群体中毒或职业中毒事件；

1.4.8 生物制品、化学物品或物理辐射物质泄漏，可能造成或已造成人身伤害、饮用水污染或持久性污染的事件；

1.4.9 甲类传染病的发生或各类传染病等重大传染病的暴发流行；

1.4.10 其他对公众生命或健康（如学校、公共场所等人群密集地）构成严重威胁的各种突发意外事件。

2 组织指挥体系及职责

市卫健局设立突发公共卫生事件医疗卫生救援机构，负责本地区的突发公共事件医疗卫生救援工作。

2.1 应急组织机构

市人民政府设立醴陵市突发公共事件医疗卫生救援指挥部（以下简称市医疗卫生救援指挥部），由分管卫健工作的副市长任指挥长，市政府办分管负责人、市卫健局局长任副指挥长，市卫健局、市发改局、市科工信局、市公安局、市民政局、市财政局、市人社局、市交通运输局、市商务局、市市场监管局、市政府新闻办、市公安局交警大队、市红十字会、市人武部、醴陵海关等单位分管负责人为指挥部成员。

市医疗卫生救援指挥部办公室设在市卫健局，由市卫健局局长兼任办公室主任

2.2 应急组织机构职责

2.2.1 市医疗卫生救援指挥部

领导、组织、协调、部署全市突发公共卫生事件医疗卫生救援工作，指导各相关单位开展突发公共事件医疗卫生救援工作。

2.2.2 市医疗卫生救援指挥部办公室

负责突发公共事件医疗卫生救援日常工作，起草预案，开通对外电话，实行24小时值班制，制定有关预案、预防和信息报告制度，提出应急物质储备目录，开展应急演练、调查评估、信息发布、应急保障、宣传培训及其他应急协调、管理工作；承办市医疗卫生救援指挥部交办的其他任务。

2.2.3 市医疗卫生救援指挥部成员单位

市卫健局 组织制定市突发公共事件医疗救援技术方案；统一组织实施应急医疗救治工作和各项预防控制措施，并进行检查、督导。

市发改局 会同有关单位制定突发公共事件卫生医疗救援基础设施建设规划，改善应急基础设施条件，组织落实建设资金，完善突发公共事件卫生医疗救援应急服务体系。

市财政局 根据实际情况，安排突发公共事件卫生医疗救援应急处置储备金、编制储备金启动预案专项资金，并做好财政资金的及时拨付和监督管理工作。

市科工信局 组织协调全市各电信营运企业为突发公共事件的报告及医疗卫生救援应急处置提供通讯保障工作；组织协调电力企业保障电力供应。

市公安局 负责维护突发公共事件现场治安秩序，加强对重点区域、重点场所、重点人群、重要物资和设备的安全保护，依法、及时、妥善处置与医疗救援有关的突发事件，查处打击违法犯罪活动，保证现场医疗救援工作的顺利进行。

市民政局 制定相关政策，落实对应急医疗卫生救援工作有功人员的奖励和英勇献身人员的烈士认定及有关抚恤政策。

市人社局 会同有关单位制定参与突发公共事件医疗卫生应急处置中工作人员的工伤待遇政策，并监督相关单位做好待遇的落实工作。

市交通运输局、市公安局交警大队 保证医疗卫生救援人员和物资运输的优先安排、优先调度、优先放行，确保运输安全通畅，对现场及相关通道实行交通管制，开通应急救援“绿色通道”，保证医疗卫生救援工作的顺利开展。

市商务局 负责组织生活必需品的供应，维护生活必需品供应秩序，保障有效供给。

市市场监管局　负责突发公共事件医疗卫生救援药品的调配和质量监督管理。

市政府新闻办　负责协调新闻单位，审核新闻发布口径，做好突发公共事件医疗卫生救援工作的信息发布和宣传报道工作。

市红十字会　按照《中国红十字会总会自然灾害与突发公共事件应急预案》，负责组织群众开展现场自救和互救，并根据突发公共事件的具体情况发出呼吁，依法接受国内外组织和个人的捐赠，提供急需的人道主义援助。

市人武部　组织指挥辖区部队参与突发公共事件医疗卫生救援应急处置行动，配合市公安局做好事发现场的控制工作。

醴陵海关　负责突发事件医疗卫生救援急需进口特殊药品、试剂、器材的优先通关验放工作。

2.3　现场医疗卫生救援指挥部

市医疗卫生救援指挥部根据实际工作需要在突发公共事件现场设立现场医疗卫生救援指挥部，现场医疗卫生救援指挥长由市医疗卫生救援指挥部指挥长指定，统一指挥、协调现场医疗卫生救援工作。

2.4　专家组

建立医疗卫生救援专家组，参与制定、修订和评估突发公共事件医疗卫生救援应急预案和技术方案，对突发事件医疗卫生救援工作提出咨询建议、预案分级、技术指导和支持。医疗卫生救援专家组包括现场处置组、医疗救治组、紧急转运组、隔离防护组、流行病调查组。

2.5　医疗卫生救援机构

各医疗机构承担突发公共事件医疗救援工作，包括现场伤员救治及转运。疾病预防控制机构及职业病防治机构等部门做好现场标识、分区和疾病预防控制和卫生监督工作。

3　应急响应和终止

3.1　应急响应分级

根据突发公共事件导致人员伤亡和健康危害情况，将医疗卫生救援应急响应事件分为Ⅰ级（特别重大）、Ⅱ级（重大）、Ⅲ级（较大）和Ⅳ级（一般）四级。

3.1.1　符合下列情况之一的，为Ⅳ级（一般）：

（1）一次事件伤亡3人以上、9人以下，其中，死亡和危重病例超过1例的突发公共事件。

（2）市人民政府及其有关部门确定的其他需要开展医疗卫生救援工作的一般突发公共事件。

3.1.2　符合下列情况之一的，为Ⅲ级（较大）：

（1）一次事件伤亡10人以上、19人以下，其中，死亡和危重病例超过3例的突发公共事件。

（2）市人民政府及其有关部门确定的其他需要开展医疗卫生救援工作的较大突发公共事件。

3.1.3　符合下列情况之一的，为Ⅱ级（重大）：

（1）一次事件伤亡20人以上、29人以下，其中，死亡和危重病例超过5例的突发公共事件。

（2）跨市的有严重人员伤亡的突发公共事件。

3.1.4　符合下列情况之一的，为Ⅰ级（特别重大）：

（1）一次事件伤亡30人以上，且危重人员多，或者核事故和突发放射事件、化学品泄露事故导致大量人员伤亡。

（2）跨市州、县（市、区）的有特别严重人员伤亡的突发公共事件。

3.2　应急响应

3.2.1　Ⅳ级响应

符合下列条件之一的，启动医疗卫生救援应急的Ⅳ级响应，用蓝色表示：

（1）发生一般突发公共事件，市人民政府启动突发公共事件总体应急预案。

（2）其他符合医疗卫生救援一般事件（Ⅳ级）级别的突发公共事件。

市医疗卫生救援指挥部接到关于医疗卫生救援一般事件的有关指示、通报或报告后，应立即启动工作，组织医疗卫生救援机构开展突发公共事件的现场处理工作，组织专家对伤病员及救治情况进行调查、确认和评估，同时向市人民政府和突发公共事件应急指挥机构报告有关处理情况。

市卫健局应及时将本区域医疗卫生救援一般事件报告株洲市卫健行政部门。

3.2.2　Ⅲ级响应

符合下列条件之一的，启动医疗卫生救援应急的Ⅲ级响应，用黄色表示：

（1）发生较大突发公共事件，株洲市人民政府启动市突发公共事件总体应急预案。

（2）其他符合医疗卫生救援较大事件（Ⅲ级）级别的突发公共事件。

市医疗卫生救援指挥部接到关于医疗卫生救援重大事件的有关指示、通报或报告后，在株洲市卫健行政部门的领导和指挥下组织协调医疗卫生救援机构开展现场医疗卫生救援。

3.2.3　Ⅱ级响应

符合下列条件之一的，启动医疗卫生救援应急的Ⅱ级响应，用橙色表示：

（1）发生重大突发公共事件，省人民政府启动突发公共事件总体应急预案。

（2）发生重大突发公共事件，省有关部门启动市突发公共事件专项应急预案。

（3）其他符合医疗卫生救援重大事件（Ⅱ级）

级别的突发公共事件。

在上级卫健行政部门的领导和指挥下，组织协调医疗卫生救援机构开展现场医疗卫生救援。

3.2.4 Ⅰ级响应

符合下列条件之一的，启动医疗卫生救援应急的Ⅰ级响应，用红色表示：

（1）发生特别重大突发公共事件，国务院启动国家突发公共事件总体应急预案。

（2）发生特别重大突发公共事件，国务院有关部门启动国家突发公共事件专项应急预案。

（3）其他符合医疗卫生救援特别重大事件（Ⅰ级）级别的突发公共事件。

在上级卫健行政部门的领导和指挥下，组织协调医疗卫生救援机构开展现场医疗卫生救援。

3.3 现场医疗卫生救援和指挥

医疗卫生救援应急队伍在接到救援指令后要及时赶赴现场，并根据现场情况全力开展医疗卫生救援工作。在实施医疗卫生救援过程中，既要积极开展救治，又要注重自我防护，确保安全。

现场医疗卫生救援指挥部要及时准确掌握现场情况，做好现场医疗卫生救援指挥工作，主要或分管负责人要亲临现场，靠前指挥，减少中间环节，提高决策效率，加快抢救进程。现场医疗卫生救援指挥部要接受突发公共事件现场处置指挥机构的领导，加强与现场各救援部门的沟通与协调。

3.3.1 现场抢救

到达现场的医疗卫生救援应急队伍，要迅速将伤员转送出危险区，本着“先救命后治伤、先救重后救轻”的原则开展工作，按照国际统一的标准和方法迅速对伤病员进行检伤分类，分别用蓝、黄、红、黑四种颜色，对轻、重、危重伤病员和死亡人员作出标志（分类标记用塑料材料制成腕带），扣系在伤病员或死亡人员的手腕或脚踝部位，以便后续救治辨认或采取相应的分级、分区处理措施。

3.3.2 转送伤员

当现场环境处于危险或在伤病员情况允许时，要尽快将伤病员合理转送并做好以下工作：

（1）对已经检伤分类待送的伤病员由现场医生进行复检。对有活动性大出血或转运途中有生命危险的急危重症者，应就地先予抢救、治疗，做必要的处理，满足基本生命需要后再进行监护下转运，迅速有针对性转往有关医疗机构。

（2）认真填写转运卡提交接纳的医疗机构，并报现场医疗卫生救援指挥部汇总。

（3）在运转中，医护人员必须在医疗仓内密切观察伤病员病情变化，并确保治疗持续进行。

（4）在运转过程中要科学搬运，避免造成二次损伤。

（5）合理分流伤病员或按现场医疗卫生救援指挥部指定的地点转送，任何医疗机构不得以任何理由拒诊、拒收伤病员。

3.4 信息报告和发布

市120急救指挥中心和其他医疗机构接到突发公共事件的报告后，在迅速开展应急医疗卫生救援工作的同时，立即将人员伤亡、抢救等情况报告现场医疗卫生救援指挥部或市卫健局。

现场医疗卫生救援指挥部、承担医疗卫生救援任务的医疗机构要每日向市卫健局报告伤病员情况、医疗救治进展等，重要情况要随时报告。市卫健局要及时向市人民政府、市医疗卫生救援指挥部和突发公共事件应急指挥机构报告有关情况。

市医疗卫生救援指挥部要会同新闻主管部门，按照《湖南省突发公共事件新闻发布应急预案》的有关规定，做好突发公共事件医疗卫生救援信息发布工作。

3.5 应急响应终止

突发公共事件现场医疗卫生救援工作完成，伤病员在医疗机构得到救治，经市人民政府或突发公共事件应急指挥机构批准，市医疗卫生救援指挥部可宣布医疗卫生救援应急响应终止，并将医疗卫生救援应急响应终止的信息报告株洲市卫健行政部门。

4 应急保障

4.1 通信保障

全市各急救网络医院要配备无线电话，设置急诊科专线电话，确保本预案启动后应急医疗应急救援组或现场指挥部与有关部门、单位、个人、医疗救治网络组织的联络通畅。

4.2 队伍保障

要大力加强医疗救治人才资源储备，积极培养结构合理、训练有素、德才兼备的各类医疗救治人才，重点培养一批有知识、有技能、有实践经验、高素质的医疗救治人才，各级医疗机构特别需要加强复合型高素质现场应急医疗救治人才的培养。要创新医疗救治人才培养工作机制和优化环境，着力营造一个有利于优秀人才脱颖而出、健康成才、干好事业的良好氛围，并切实改善工作条件，提高生活待遇，解决后顾之忧，稳定专业队伍。

4.3 药械保障

要建立健全本市突发事件医疗救治药品器械等物资储存、调拨和紧急配送系统。要建立健全药品、救护设备、快速检验检测技术和试剂、卫生防护用品和应急设施等应急物质的储备制度，平战结合，确保突发事件医疗救治所需的医药器械等物资的应急供应。

4.4 救治演练

突发事件医疗应急救援组每年要组织开展突发事件应急医疗救治的模拟演练，确保掌握相关领域的最新知识和先进技术，演练内容包括：疫情报告、应急指挥、现场处置、医疗救治、个人防护等，以不断提高市卫健局和医疗单位应对突发事件医疗救治的总体应急能力和水平。有关医疗机构要根据各自的职责经常性地开展应急医疗救治演练。

5 监督管理

5.1 宣传培训

市卫健局要做好突发公共事件医疗卫生救援知识普及的组织工作；宣传部门要组织广播、电视、报刊、互联网等媒体扩大对社会公众的宣传教育，广泛宣传应急救援的法律法规和医疗救援自救、互救常识，提高公众应急救援综合素质；各单位、社会团体要加强对所属人员的宣传教育；各医疗卫生机构要做好宣传资料的提供和师资培训工作。

5.2 公众参与

在广泛普及医疗卫生救援知识的基础上逐步组建广泛社会参与、救助网络，形成全社会、广大公众积极参与医疗卫生救援的良好氛围。

医疗卫生救援演练需要公众参与的，演练组织部门应制定相应预案并报经市人民政府同意。

5.3 奖惩和责任

对在突发公共事件医疗卫生救援工作中作出贡献的集体和个人给予表扬；对失职、渎职的有关责任人，要依据有关规定严肃追究责任，构成犯罪的，依法追究刑事责任。对在突发公共事件应急医疗救援工作中表现突出英勇献身人员，应按有关规定追认为烈士，并予相应抚恤；对因此而致病、致残、死亡人员应按国家有关规定，给予相关补助和抚恤。

突发公共事件医疗卫生救援工作实行责任追究制。

6 附则

6.1 预案管理与更新

全市各医疗卫生单位要结合本单位实际，制定相应预案，报市医疗卫生救援指挥部办公室备案。市卫健局根据情况变化，及时对预案进行评审和更新，并报市人民政府批准发布。

6.2 预案实施时间

本预案自公布之日起施行。

醴陵市流感大流行应急预案

1 总则

1.1 编制目的

加强流感大流行的应对准备，指导、规范流感大流行应急工作，最大程度地减少流感大流行对公众生命健康安全造成的危害，维护社会稳定。

1.2 编制依据

《中华人民共和国突发事件应对法》《中华人民共和国传染病防治法》《湖南省实施〈中华人民共和国突发事件应对法〉办法》《湖南省突发公共事件总体应急预案》《湖南省流感大流行应急预案》《株洲市流感大流行应急预案》等法律法规和有关规定。

1.3 适用范围

本预案适用于我市行政区域内流感大流行的防范和应急工作。

1.4 阶段划分

根据新型（或新亚型）流感病毒毒株或重现旧亚型毒株（以下简称新型流感病毒）的波及范围和危害程度，将流感大流行应对过程划分为应对准备阶段、应急响应阶段、恢复评估阶段。

1.5 工作原则

遵循统一领导、联防联控，依法防控、科学应对，预防为主、有效处置，加强宣教、社会参与的原则。

2 应急指挥体系及职责

2.1 应急组织机构

市人民政府成立醴陵市应对流感大流行指挥部，由市人民政府分管副市长任指挥长，市卫健局局长任副指挥长，市委宣传部、市信访局、市发改局、市教育局、市科工信局、市公安局、市民政局、市财政局、市人社局、市交通运输局、市农业农村局、市林业局、市商务局、市市场监管局、株洲市生态环境局醴陵分局、市畜牧局、市台办、市红十字会、市供电公司、醴陵海关、醴陵火车站、武警醴陵中队负责人为指挥部成员。

市应对流感大流行指挥部办公室设在市卫健局，由市卫健局局长兼任办公室主任。

2.2 应急组织机构职责

市应对流感大流行指挥部负责统一领导与指挥全市流感大流行防控工作，市应对流感大流行指挥部办公室承担其日常工作。在应对准备阶段，市应对流感大流行指挥部各成员单位按照各自职能开展流感大流行防控工作。在应急响应阶段，市应对流感大流行指挥部设立综合组、口岸组、医疗防疫组、保障组、宣传组、科技组、畜牧兽医组、社会治安组、对外合作组 9 个工作组，开展相关工作。

（1）综合组。由市卫健局牵头，市委宣传部、市发改局、市科工信局、市农业农村局、醴陵海关、武警醴陵中队等相关单位和专家组组成，负责综合协调市应对流感大流行指挥部的会议组织、重要工作督办、信息管理、专家组管理等工作。

（2）口岸组。由醴陵海关牵头，市公安局、市交通运输局、市农业农村局、市卫健局、醴陵火车站、武警醴陵中队等相关单位组成，负责口岸出入境检验检疫工作，督促落实口岸、交通工具及其场所的各项防控措施。

（3）医疗防疫组。由市卫健局牵头，市教育局、市公安局、市民政局、市人社局、市市场监管局、株洲市生态环境局醴陵分局、醴陵海关、市红十字会、武警醴陵中队等相关单位组成，负责组织实施医疗救治和防控应急措施，督导检查落实情况，提出应对策略、措施及建议。

（4）保障组。由市卫健局牵头，市发改局、市科工信局、市民政局、市财政局、市人社局、市交通运输局、市商务局、市市场监管局、市供电公司、醴陵海关、醴陵火车站、武警醴陵中队等相关单位组成，负责疫情防控物资及产品质量保障、资金保障和隔离治疗、医学观察人员的生活保障以及应急通信保障。

（5）宣传组。由市委宣传部牵头，市政府新闻办、市教育局、市科工信局、市卫健局、醴陵海关等相关单位组成，负责疫情信息互通，开展疫情防护知识科普宣传、舆情监测和心理疏导。

（6）科技组。由市科工信局牵头，市发改局、市教育局、市财政局、市人社局、市农业农村局、市林业局、市卫健局、市市场监管局等相关单位组成，负责开展流感大流行趋势预测预警及防控技术研究，组织相关机构参与流感大流行应急科研项目和学术交流，协调解决技术研发和应用中的科技问题。

（7）畜牧兽医组。由市农业农村局牵头，市发改局、市财政局、市交通运输局、市林业局、市市场监管局、市畜牧局、醴陵海关、武警醴陵中队等有关单位组成，负责相关的动物疫情监测与防控及其信息管理，组织动物流感防控应急物资储备及相关技术培训，指导各地稳定养殖业生产。

（8）社会治安组。由市公安局牵头，市科工信局、市教育局、市信访局、武警醴陵中队等相关单位组成，负责会同卫生部门密切关注因疫情引发的社会动态，协助有关单位依法实施强制隔离措施，及时依法处置与疫情有关的社会安全事件。

（9）对外合作组。由市台办牵头，市商务局、市卫健局、醴陵海关、市红十字会等相关单位组成，负责协调处理流感大流行应急涉外及涉港澳台地区事务，收集省内外疫情及防控相关信息并通报有关单位；负责接待国际组织考察、市内外国公民和港澳台人员救治的联络工作。

各工作组还需做好市应对流感大流行指挥部交办的其他相关工作。

2.3 专家组

市应对流感大流行指挥部设立专家组，由相关领域的专家组成，主要负责跟踪市内外疫情信息，分析评估流感大流行风险及疫情趋势，提出应对策略及措施，开展技术指导和相关科研工作。

3 应对准备

3.1 预案及方案制订

各有关单位按照职责分工，组织制订相应的流感大流行应急预案、工作方案和技术规范。

3.2 应急物资和资金准备

市卫健局及时组织开展全市流感大流行疫苗、抗病毒药物需求评估，提出需求建议，并制订使用方案。市科工信局做好调运准备、组织加强重要物资的紧急调度、交通运输协调和应急通信保障准备工作，并会同市财政局适时调整我市医药储备品种及规模。市交通运输局会同铁路部门制订应急物资优先运输方案。市财政局会同有关单位安排落实疫情应急工作资金。市人社局、市卫健局会同有关单位，按照政策规定，及时支付参保人员在流感大流行期间的住院医疗费用。市民政局会同相关单位制订流感大流行期间社会捐助资金和物资管理方案。

3.3 常规监测与风险评估

市卫健局、市农业农村局、市林业局、醴陵海关等有关单位加强对人群流感疫情、相关动物流感疫情及口岸流感疫情、进出境动物流感的常规监测工作。一旦发现异常情况，及时组织专家开展风险评估、调整应对策略和措施。

4 应急响应

根据流感疫情流行发展程度，应急响应划分为Ⅳ级、Ⅲ级、Ⅱ级、Ⅰ级，市应对流感大流行指挥部视实际情况启动相应级别的应急响应。同时，及时报告株洲市流感大流行应急指挥机构。

4.1 Ⅳ级响应

4.1.1 启动条件

（1）新型流感病毒在省内造成持续传播的人间疫情，我市尚未发现由此引起的人间病例。

（2）我市发现由新型流感病毒引起的人间散发病例或有限人传人疫情，但尚无证据表明病毒已具备持续人传人的能力。

（3）根据株洲市应对流感大流行指挥部指示需要启动应急响应。

符合上述条件之一的，市应对流感大流行指挥部启动Ⅳ级响应。

4.1.2 应急措施

（1）应急监测与风险评估。市卫健局、市农业农村局、市林业局加强疫情监测，强化相关异常事件报告；及时开展风险评估，调整监测和应对策略。

（2）出入境检验检疫。醴陵海关加强检验检疫，及时发现、报告和处置可疑病例和受污染物资。

（3）医疗救治。各医疗机构做好医疗救治所需的人员、药品、设备等保障工作，一般病例就地治疗，重症及危重病例视病情逐级转运。

（4）病例及其密切接触者管理。市流感大流行应急指挥部督促落实隔离和医学观察场所，加强病例及其密切接触者的追踪和管理。

（5）疫苗、抗病毒药物、诊断试剂等物资储备。相关单位根据各自职责，在应对准备的基础上进一步加强或适当调整。

4.2　Ⅲ级响应

4.2.1　启动条件

（1）新型流感病毒在我省内造成持续传播的人间疫情，并传入我市，流感大流行的风险显著增加。

（2）本市发现新型流感病毒，且有证据表明已具备持续人传人的能力。

符合上述条件之一的，市应对流感大流行指挥部启动Ⅲ级响应。

4.2.2　应急措施

在Ⅳ级应急响应的基础上，进一步强化并采取以下应急措施：

（1）应急监测与风险评估。加强疫情及新型流感病毒的抗原性和耐药性变异等监测，强化危害程度和风险评估。

（2）出入境检验检疫。采取相应防控措施，加强检疫查验。

（3）医疗救治。加强病人救治和转运等工作。

（4）疫苗和抗病毒药物储备。完善疫苗和抗病毒药物使用策略。

（5）交流合作。积极参与省内外、国内外技术交流与合作，及时发布市内外旅行警示。

（6）其他措施。做好学校、车站、码头等重点场所和交通运输工具流感大流行防控工作。

4.3　Ⅱ级响应

4.3.1　启动条件

（1）新型流感病毒在我市造成社区水平的流行，并出现重症或死亡病例。

（2）疫情有进一步扩散趋势。

符合上述条件之一的，市应对流感大流行指挥部启动Ⅱ级响应。

4.3.2　应急措施

在Ⅲ级应急响应的基础上，进一步强化并采取以下应急措施：

（1）应急监测与风险评估。持续加强疫情发展趋势研判和风险评估；学校、托幼机构开展因病缺课监测，机关企事业单位开展因病缺勤监测。

（2）医疗救治。集中优势医疗资源，加强重症救治，降低病死率；建立对口支援机制，做好大规模救治患者的准备；必要时，依法征用社会场所作为临时医疗救治点。

（3）疫苗接种与抗病毒药物使用。完善人群疫苗接种和抗病毒药物使用策略。

（4）物资储备。根据疫情形势变化，做好应急物资储备、经费保障等工作。

（5）社会措施。依法在疫情暴发和流行地区实施停工停课、限制集会等强制性控制措施；优先保证防控物资运输，确保生活必需品供应；加强市场监管，维护市场秩序。

4.4　Ⅰ级响应

4.4.1　启动条件

（1）我市新型流感病毒感染者病例数持续增加，且维持在较高水平。

（2）全市一半以上镇（街道、长庆示范区）报告确诊病例，并出现较多数量重症病例或死亡病例。

（3）疫情对人群健康和社会运行构成严重威胁。

符合上述条件之一的，市应对流感大流行指挥部启动Ⅰ级响应。

4.4.2　应急措施

在Ⅱ级应急响应的基础上，进一步强化并采取以下应急措施：

（1）应急监测与风险评估。重点监测流感病毒变异，开展住院病例、重症、死亡病例监测和人群免疫水平调查。

（2）医疗救治。持续评估医疗负荷，及时调配医疗卫生资源；完善对口支援机制，加强重症病例救治。

（3）社会措施。密切关注疫情和社会动态，依法落实强制隔离等措施，维护社会稳定；积极开展社会动员，鼓励和组织志愿者参与防控工作，维护正常生产生活秩序。

4.5　信息报告、通报

各镇（街道、长庆示范区）和市卫健局、市农业农村局等相关单位要及时向市应对流感大流行指挥部、市人民政府和上级有关部门报告疫情；相关单位要及时互通疫情信息，并加强与驻醴部队、武警部队等的相关信息沟通。

4.6　应急响应级别调整与终止

市应对流感大流行指挥部加强疫情形势研判，强化防控策略措施，及时调整响应级别。当大流行流感病毒活动恢复到季节性流感水平，市应对流感大流行指挥部决定终止应急响应，宣布进入恢复评估阶段。

5　恢复评估

5.1　总结评估

市流感大流行应急指挥部、相关单位根据职责分工，开展流感大流行应对工作的总结与评估。

5.2 恢复社会基本服务

各镇人民政府（街道办事处、长庆示范区管委会）组织恢复社会正常生产生活秩序。

6 监督管理

6.1 宣传、培训和演练

市卫健局负责组织开展本预案的宣传、培训和演练活动，切实提高全社会的流感大流行防控与应急能力。

6.2 奖励与责任

依法依规对流感大流行应急工作中的先进集体和个人予以表扬奖励，对玩忽职守、失职、渎职的集体和个人追究责任，对因参与应急工作致病、致残、死亡的工作人员给予相应的补助和抚恤，对应急工作中紧急调集、征用的物资和劳务进行补偿。

7 附则

7.1 预案管理与更新

市卫健局根据情况变化，及时提请市人民政府修订完善本预案。

7.2 预案制定与实施

本预案自公布之日起施行。

2019年度中共醴陵市委、市委办公室重要文件一览表

表22

文 号	文件标题
醴发〔2019〕3号	关于印发《醴陵市环境保护工作责任规定》和《醴陵市重大环境问题（事件）责任追究办法》的通知
醴发〔2019〕4号	印发《关于加快产业突围的实施意见（2019年修订）》的通知
醴发〔2019〕5号	印发《关于支持民营经济发展的若干意见》的通知
醴发〔2019〕7号	醴陵市党政机关机构设置的通知
醴发〔2019〕9号	关于印发《2019—2022年醴陵市干部教育培训规划》的通知
醴发〔2019〕11号	印发《关于开展“不忘初心、牢记使命”主题教育的实施方案》的通知
醴发〔2019〕12号	关于醴陵经开区体制机制改革的实施意见
醴委〔2019〕7号	印发《关于增强“四个意识”做到“两个维护”进一步加强党的政治建设的十五条措施》的通知
醴办发〔2019〕2号	印发《关于开展“城乡统筹·幸福醴陵”创新社会治理系列行动的实施方案》的通知
醴办发〔2019〕3号	关于印发《醴陵市2019年温暖企业“三百”行动实施方案》的通知
醴办发〔2019〕4号	关于印发《醴陵市2019年度重点工作绩效评估实施方案》的通知
醴办发〔2019〕5号	关于印发《2019年市级领导“五个一”活动方案》的通知
醴办发〔2019〕6号	关于印发《醴陵市2019年招商引资工作方案》的通知
醴办发〔2019〕7号	关于印发《醴陵市并组工作实施方案》的通知
醴办发〔2019〕9号	关于印发《醴陵市机构改革实施方案》的通知
醴办〔2019〕10号	关于印发《醴陵市2019年“产业项目建设年”活动工作方案》的通知
醴办〔2019〕48号	关于印发《醴陵市柔性引才用才省级试点方案》的通知
醴办〔2019〕49号	关于印发《醴陵市2019年“民生100”工程实施方案》的通知

续表 22-1

文　号	文件标题
醴办〔2019〕53 号	关于印发《醴陵市加快推进教育现代化工作方案》的通知
醴办〔2019〕63 号	关于印发《醴陵市交通问题顽瘴痼疾集中整治行动方案》的通知

2019 年度醴陵市人民政府、政府办公室重要文件一览表

表 23

文　号	文件标题
醴政发〔2019〕2 号	关于表彰醴陵市 2018 年度见义勇为先进个人的决定
醴政发〔2019〕3 号	关于公布实施醴陵市城镇基准地价更新成果的通知
醴政发〔2019〕4 号	关于印发《醴陵市财政资金管理若干规定（试行）》的通知
醴政发〔2019〕6 号	关于牢固树立过“紧日子”思想、做好财政增收节支工作的实施意见
醴政发〔2019〕7 号	转发株洲市人民政府《关于进一步促就业稳就业的若干措施》的通知
醴政发〔2019〕8 号 LLDR-2019-00002	关于印发《醴陵市建立残疾儿童康复救助制度工作方案》的通知
醴政发〔2019〕9 号 LLDR-2019-00003	关于印发《醴陵市农村公路养护管理办法》的通知
醴政发〔2019〕10 号	关于给予钟刚等同志记三等功、肖湘平等同志嘉奖的决定
醴政告〔2019〕1 号 LLDR-2019-00001	关于加强莲株高速醴陵一级公路管理的通告
醴政告〔2019〕2 号	关于取缔姜湾马路市场并搬迁至姜湾农贸市场的通告
醴政告〔2019〕3 号	关于取缔阳三石马路市场并将阳三石农贸市场搬迁至阳三生鲜集市的通告
醴政告〔2019〕4 号	关于切实做好油茶（桐）采摘工作的通告
醴政告〔2019〕5 号	关于鸣放防空警报的通告
醴政办发〔2019〕2 号	关于印发《醴陵市打击道路运输非法营运专项整治行动实施方案》的通知
醴政办发〔2019〕3 号 LLDR-2019-01001	关于印发《醴陵市突发公共卫生事件应急预案》《醴陵市突发公共事件医疗卫生救援应急预案》《醴陵市流感大流行应急预案》的通知
醴政办发〔2019〕4 号	关于印发《醴陵市国家慢性病综合防控示范区建设工作实施方案》的通知
醴政办发〔2019〕5 号	关于印发《醴陵市临床医学重点专科建设实施方案》的通知
醴政办发〔2019〕7 号	关于印发《醴陵市全面推行行政执法公示制度执法全过程记录制度重大执法决定法制审核制度的实施方案》的通知
醴政办发〔2019〕9 号	关于印发《醴陵市征地拆迁和房屋征收工作经费和奖励办法》的通知

（李玉伟　张真源）

主要机构及负责人名录

一、中共醴陵市委及其工作部门负责人

中共醴陵市第十二届委员会

书记　胡湘之
副书记　董　巍
曾毅鹏（2019.9任）
邹志超（2019.7免）
常委　胡湘之　董　巍　曾毅鹏
钟勇军　易文星　李云星
刘海龙　廖胜云
刘政凯（2019.9任）
石勇辉
于大平（2019.3任）
邹志超（2019.7免）
市委办公室主任　于大平（2019.3任）
委员（按姓氏笔画为序）　丁　瑜（女）　丁际秋
于大平（2019.3任）
王吉祥　邓少仁　石勇辉
叶志钢　田安平
刘政凯（2019.9任）
刘高飞　刘海龙　刘望鸣
江曙明　汤　文　李云星
杨冬发　何　柢（女）
何忠明　余建明　邹明麟
宋友红　张有余　陈　佳
易文星　胡炼红　胡湘之
钟　洁（女）　钟国建
钟勇军　贺小玲（女）
夏春良　徐德军　黄振伟
黄晓军　彭　新（女）
彭亿安　董　巍　曾　敏
曾毅鹏　温国战　赖　洪
廖胜云　黎　平　黎平华
邹志超（2019.7免）
候补委员　许君明　吴均成　凌　伟
郭　晖　盛　勇　谢世军
副县（处）级干部　李志龙

市委办公室

主任　于大平（2019.3任）
副主任　何柳望　李琼盛　张　勇
市纪委派驻纪检组组长　潘　良（女）
全面深化改革领导小组办公室专职副主任　罗　干（2019.8任）
市委督查专员、督查室主任（兼）　张立山（2019.8任）

市纪委监委

书记（主任）　易文星
副书记（副主任）　彭　新（女）　彭秋生
罗　谷
纪委常委　付　颖　姚　宁　彭晓明
彭　巍（2019.7任）
阳水雄（2019.7任）
王　振（2019.7免）
监委委员　付　颖　姚　宁　彭　巍
钱素芳（2019.7任）
陈国勇（2019.7任）
王　振（2019.7免）
办公室主任　（空缺）
组织部部长　杨　庆（2019.7任）
李景兰（女，2019.7免）
宣传部部长　张　威（女）
党风政风监督室纠风办主任　陈志奇
信访室主任　陈　晓（女）
案件监督管理室主任　周　科（2019.8任）
黄　琪（女，2019.8免）
案件审理室主任　叶陶潜（2018.9任）
第一纪检监察室主任　刘　平（2019.8任）
陈国勇（2019.7免）
第二纪检监察室主任　罗坚勇
第三纪检监察室主任　史小明
第四纪检监察室主任　易钗钗（女，2018.9任）
第五审查调查室主任　李海龙（2019.8任）
第六审查调查室主任　谢　彦（2019.9任）
纪检监察干部督查室主任　胡戴民（2019.8任）

市纪委派出纪检组

派驻市委办纪检组组长　李炳徽（2019.8任）
潘　良（女，2019.8免）
派驻市政府办纪检组组长　罗　明
派驻市发展和改革局纪检组组长　张华珍（女）
派驻市民政局纪检组组长　贺其佳
派驻市财政局纪检组组长　王　军（2019.7任）
瞿孝桂（2019.7免）
派驻市教育局纪检组组长　王帮铁（2019.8任）
钱素芳（女，2019.7止）
派驻市住房和城乡规划建设局纪检组组长　黄志凯
派驻市交通运输局纪检组组长　易智勇

派驻市农业局纪检组组长　张　韬
派驻市林业局纪检组组长　曾　勇
派驻市卫生和计划生育局纪检组组长　金　志

市委组织部

部　　长　钟勇军
副 部 长　樊光群（2019.7 任）
　　　　　黎　波　杨　钟（女）
　　　　　周细平（兼，2019.7 任）
　　　　　李子平（2019.5 免）
　　　　　何文立（兼，2019.3 免）

市“两新”组织党工委

书　　记　樊光群（2019.7 任）
　　　　　李子平（2019.5 免）
副 书 记　王智辉（女，2019.7 任）
　　　　　段辉建（2019.7 免）
　　　　　孙　勇（兼）　周海军（兼）
　　　　　丁武华（兼）

市党员教育中心

主　　任　周海波（2019.9 任）

市委宣传部

部　　长　刘海龙
副 部 长　郭　健（2019.4 任）
　　　　　何春辉（2019.5 任）
　　　　　李景兰（女，2019.7 任）
　　　　　余波玲（女，2019.4 免）

市网络舆情监控中心

主　　任　（空缺）

市委统战部

部　　长　石勇辉
副 部 长　聂　淼（女）
　　　　　文志勇（2019.8 任）
　　　　　董秋平（女，2019.7 任）
　　　　　孙　勇（兼）
　　　　　刘道平（2019.7 免）

市民宗局

局　　长　文志勇（兼，2019.8 任）
副 局 长　江　宏（2019.8 任）

市委政法委

书　　记　廖胜云
副 书 记　张　文　彭卫东
　　　　　汤卓玉（女，2019.7 任）
　　　　　漆振洪（2019.7 免）

政治部

主　　任　张　利（女，2019.8 任）

市机构编制委员会办公室

主　　任　谢辉荣
副 主 任　姚　瑾（女，2019.4 任）
　　　　　周玉梅（女）

机构编制事务中心

主　　任　（空缺）

市委党校

校长、支部书记　邹明麟
常务副校长　陈长贵（2019.3 免）
副 校 长　刘海波　王主民
　　　　　王茹辉（女，2019.8 任）

二、醴陵市人大常委会、市人大专门委员会、常委会工作机构负责人

市人大常委会

党组书记、主任　贺小玲（女）
党组成员、副主任　廖宏力　李亿平（女）
　　　　　李荣佳　翁菊清
副 主 任　唐青柏（兼）
党组成员办公室主任　张国文

办公室

主　　任　张国文
副 主 任　阳　纯（女）

选举任免联络工作委员会

主　　任　米　佳（女，2019.7 任）
　　　　　陈治平（女，2019.7 免）

农业与农村委员会

主　　任　熊习军
副 主 任　李家保

财政经济委员会（预算工作委员会）

主　　任　吴均成（2019.3 任）
　　　　　黎平华（2019.3 免）
副 主 任　廖　军

教育科学文化卫生委员会（民族华侨外事委员会）

主　　任　何春伟
副 主 任　王小兰（女）

监察和司法委员会（法制委员会）

主　　任　余波玲（女，2019.3任）
　　　　　朱思球（2019.3免）
副 主 任　骆　伟（女）

环境与资源保护委员会

主　　任　付益田
副 主 任　杨占文（女）

社会建设委员会

主　　任　盛　勇

三、醴陵市人民政府及工作部门负责人

市人民政府

市　　长　董　巍
副 市 长　刘政凯（2019.9任）
　　　　　何忠明　谭　艳（女）
　　　　　钟国建　陈　佳　王吉祥
　　　　　曾　敏（2019.3任）
　　　　　曾毅鹏（2019.9免）
政府办公室主任　杨冬发（2019.3任）
　　　　　曾　敏（2019.3免）
调 研 员　廖达全
副调研员　巫栽清
　　　　　杨　帆（公安局政委）

市人民政府办公室

党组书记、主任　杨冬发（2019.3任）
　　　　　曾　敏（2019.3免）
党组成员　欧阳启明
　　　　　刘铁强（2019.7任）
　　　　　万丽娟（2019.7任）
　　　　　黄茂群（2019.7任）
　　　　　罗洪龙（2019.7任）
　　　　　杨　锐　谢建林（兼）
　　　　　贺　鹏（2019.9任）
　　　　　罗　明
　　　　　米　佳（女，2019.7免）
副 主 任　欧阳启明
　　　　　刘铁强（2019.7任）
　　　　　万丽娟（2019.7任）
　　　　　黄茂群（2019.7任）
　　　　　罗洪龙（2019.7任）
　　　　　杨　锐　谢建林（兼）
　　　　　贺　鹏（2019.9任）
市纪委派驻纪检组组长　罗　明
督查专员、督查室主任（兼）　周根初（2019.8任）

经济研究中心

主　　任　刘　涛（2019.8任）

市发展和改革局

党组书记、局长　余建明（2019.4任）
　　　　　吴均成（2019.3免）
党组副书记、副局长　邹汉华
党组成员　陈韶军　朱永春（女）
　　　　　柳许辉　叶　敏
　　　　　涂雪菁（女）　张华珍（女）
副 局 长　陈韶军　朱永春（女）
　　　　　柳许辉　叶　敏　涂雪菁（女）
市纪委派驻纪检组组长　张华珍（女）

市经济科技信息化局

局　　长　钟富强
党组书记　张　辉
党组副书记、副局长　瞿石生
党组成员、副局长　王喜丰
　　　　　谭志红（2019.4免）
　　　　　朱　虹　刘桂平　王传文
副 局 长　吴文辉（女）

市教育局

党委书记、局长　谢世军
党委副书记、副局长　张承谊
　　　　　罗才高（2019.8免）
党委委员　王帮铁（2019.7任）
　　　　　王清波　邓日云
　　　　　付　斌（2019.11任）
副 局 长　王清波
　　　　　邓日云（2019.8任）
市纪委派驻纪检组组长　王帮铁（2019.7任）
　　　　　钱素芳（女，2019.7免）
市政府教育督导室主任督学　付　斌（2019.11任）
　　　　　邓日云（2019.8免）

市民政局

党组书记、局长　周海军
党组成员　刘仕永　匡辉平　贺其佳
　　　　　全小云（女，2019.4任）
　　　　　文　娟（女，2019.3免）
副 局 长　刘仕永　匡辉平
　　　　　全小云（女，2019.4任）
　　　　　文　娟（女，2019.3免）
市纪委派驻纪检组组长　贺其佳

市慈善事务服务中心

主　　任　邱再华（女）

市公安局

党委书记、局长　何忠明
党委副书记、政委　杨　帆
党委委员　王新桥　杨　杰　程　潇
　阎恕鹃　文秋鹏　郭蛟龙
　张海宏（2019.7 任）
副局长　王新桥　杨　杰　郭蛟龙
　阎恕鹃（2019.7 任）
　文秋鹏（2019.7 任）

刑事侦查大队

大队长　贺新宇（2019.8 任）

网络安全保卫大队

大队长　邓星振（2019.8 任）
　宋学文（2019.8 免）
教导员　邓先明

指挥中心

主任　易　明（2019.8 任）

国家安全保卫大队

大队长　蔡志宏

危险爆炸物品管理大队

大队长　文武全（2019.8 任）
　姚战国（2019.8 免）

禁毒大队

大队长　邓　晖（2019.8 任）

治安管理大队

大队长　姚战国（2019.8 任）

人口与出入境管理大队

大队长　宋学文（2019.8 任）
　文武全（2019.8 免）

来龙门派出所

所长　唐开孝（2019.8 任）

阳三石派出所

所长　胡艳梅（2019.8 任）
　贺新宇（2019.8 免）

仙岳山派出所

所长　程寿生（2019.8 任）
　张海宏（2019.8 免）

国瓷派出所

所长　蒋一青

李畋派出所

所长　王　勇

白兔潭派出所

所长　（空缺）　程寿生（2019.8 免）

浦口派出所

所长　（空缺）　邓　晖（2019.8 免）

王仙派出所

所长　邹达峰

东富派出所

所长　（空缺）　唐开孝（2019.8 免）

泗汾派出所

所长　（空缺）邓星振（2019.8 免）

明月派出所

所长　何新武

茶山派出所

所长　刘晓山

均楚派出所

所长　（空缺）

板杉派出所

所长　邓　攀

枫林派出所

所长　（空缺）　胡艳梅（2019.8 免）

市公安局交通警察大队

大队长　程　潇（2019.7 任）
副大队长　黄显兵　彭昕炜

车辆管理所

所长　梁　剑

市司法局

党组书记　彭庆纪（2019.3 任）
　谢新国（2019.7 免）
局长　刘育艳（女，2019.3 任）
党组成员、副局长　郝维青
　陈　华（2019.4 任）

市财政局

党组书记、局长 夏春良
党组副书记 付 权
党组成员 王 军 谭铁涛
陈逾峰 唐建辉
瞿孝桂（2019.4 免）
副局长 付 权 谭铁涛
陈逾峰（2019.4 任）
市纪委派驻纪检组组长 王 军（2019.7 任）
瞿孝桂（2019.4 免）
总会计师 杨柳青（2019.4 任）
陈逾峰

市国库集中支付核算中心

主任 唐建辉

乡镇财政服务中心

主任 郭 理

市人力资源和社会保障局

党组书记、局长 周细平（2019.7 任）
樊光群（2019.7 免）
党组成员、副局长 张朝文 徐达庆
林德建 刘 薇（女）
陈振宇（2019.7 免）

市工伤保险服务中心

主任 何志新

市社会保险服务中心

局长 黄林培

劳动就业服务中心

局长 陈海燕（女）

劳动监察队

队长 周 娟（女，2019.8 任）

市自然资源局

党组副书记、局长 温国战（2019.3 任）
党组书记 何文立（2019.3 任）
党组成员 张 勇 吴建民
尹海坤（挂职） 邹建军
谭志红（2019.4 任）
唐益丰（2019.4 任）
瞿海华 易建新 凌 斌（女）
副局长 张 勇 吴建民
尹海坤（挂职）
邹建军（2019.4 任）
谭志红（2019.4 任）
唐益丰（2019.4 任）
执法监察大队大队长 （空缺） 瞿海华（2019.4 免）
总工程师 凌 斌（女）

市土地储备中心

主任 吴文戈

市土地征用安置所

所长 （空缺）

市不动产登记中心

主任 （空缺）

市住房和城乡建设局（人防办）

党组副书记、局长（主任） 彭亿安（2019.3 任）
丁际秋（2019.3 免）
党组书记 吴海江（2019.3 任）
党组成员、副局长 张文君（女） 杨雪安
殷献忠 朱发平
党组成员、人防办副主任 陈永红（2019.4 任）
总工程师 刘礼平（2019.4 任）
党组成员、市纪委派驻纪检组组长 黄志凯

市建设工程质量安全监督站

站长 钟 颖

市灯饰管理所

所长 付若林

市园林绿化中心

主任 （空缺）
副主任 石金细 宋 鹏

市城市公用事业服务中心

主任 胡国伟（2019.8 任）

市城市管理和综合执法局

党组书记、局长 余汉平
党组成员、副局长 吴同寨 江 南
总工程师 杨光秋（2019.4 任）

城市管理行政执法大队

大队长 丁立新

查处违法建设监察大队

大队长 王志良

市交通运输局

党组书记、局长 张有余
党组副书记 张志军
党组成员 易智勇 漆付 马润年
付竹生（2019.4免）
副局长 张志军 漆付 马润年
市纪委派驻纪检组组长 易智勇
总工程师 彭开仁（2019.4任）
付竹生（2019.4免）

市交通运输综合服务中心

主任 郭峰

市交通事务中心

主任 郭晖（2019.7任）
副主任 邓鸣九 李自力 钟昱

市农业农村局

党组书记、局长 胡炼红（2019.3任）
何柢（女，2019.3免）
党组副书记、副局长 丁铁钢
唐哲明（2019.4免）
党组成员 朱印飞 汪年春
晏小虎 张韬
副局长 乔德良 朱印飞
汪年春 郭陆军
总农艺师 晏小虎
市纪委派驻纪检组组长 张韬

市水利局

党组书记、局长 甘毅
党组副书记 李建文（2019.4任） 金鑫
党组成员 黄冬明（2019.4任） 刘铁华
唐益丰（2019.4免）
副局长 李建文（2019.4任） 金鑫
唐益丰（2019.4免）
总工程师 刘铁华
官庄灌区醴陵管理所所长 （空缺） 邱道棉（2019.8免）
酒埠江灌区醴陵管理所所长 王宏耀
水土保持站站长 欧阳娟（2019.8任）

市林业局

党组书记、局长 凌伟
党组副书记、副局长 付兴乾
党组成员 瞿孝桂（2019.4任）
张哲 曾勇 章佳 邱红星（2019.4免）
副局长 瞿孝桂（2019.4任）
邱红星（2019.4免）
总工程师 章佳
森林公安局局长 张哲
市纪委派驻纪检组组长 曾勇
林业综合执法大队大队长 叶鹏凌
山林纠纷调处办公室主任 张钢林

市商务和粮食局

党组书记、局长 高开军（2019.3任）
张永辉（2019.3免）
党组副书记副局长 杨若邻
党组成员、副局长 吴洪波 娄霞（女）
徐瑾（女） 丁云峰
廖志高（2019.4免）

市文化旅游广电体育局

党组书记、局长 张永辉（2019.3任）
盛勇（2019.3免）
党组成员、副局长 付建安 姚武飞
张晓根（2019.4任）

市博物馆

馆长 李拥军

市卫生健康局

党委书记、局长 邓少仁
党委副书记、副局长 曾文初 张静文
党委委员、副局长 刘淑平（女） 向光
党委委员、市纪委派驻纪检组组长 金志

市卫生健康综合监督执法大队

大队长 柳叶

市审计局

党组书记、局长 唐飞
党组副书记、副局长 张咏梅（女）
党组成员、副局长 吴祖燕
党组成员、总审计师 张剑辉
市经济责任审计工作领导小组办公室专职副主任 朱家福

市投资审计中心

主任 刘建国

市退役军人事务局

党组副书记、局长 周绪球（2019.3任）
党组书记 邹青山（2019.3任）
党组成员、副局长 文娟（女，2019.3任）
付竹生（2019.4任）

市市场监督管理局

党组书记、局长　丁武华
党组副书记、副局长　康人清　杨　宏
党组成员、副局长　陈　宏　王湘彪　易朝华　刘　武　张正金　黄　博　汪再忠
党组成员、总工程师　陈铁乔
市食品药品和质量技术检验检测检验所所长　汤其良

市应急管理局

党组书记、局长　杨　翔
党组成员、副局长　朱三田　李石明　邱红星（2019.4任）
党组成员总工程师　陈　琪
党组成员、安全生产执法大队大队长　汤中亮

市统计局

党组书记、局长　陈长贵（2019.3任）　黎　俊（2019.3免）　刘育艳（女，2019.3免）
党组成员、副局长　胡　婧（女）　瞿秋圆（女）
总统计师　丁祥军
经济社会调查中心主任　刘　勇

市政府金融工作办公室

党组书记、副主任　黎　俊（2019.3任）
主任　陈治平（女，2019.4任）
党组成员、副主任　张　印（2019.3任）

市扶贫办

党组书记、主任　陈　林（2019.3任）
党组成员、副主任　黄永辉（2019.3任）

市医保局

党组书记、局长　邹家全（2019.4任）
党组成员、副局长　李　建（2019.3任）　匡　勇（2019.3任）

市行政审批服务局

党组书记、局长　漆振洪（2019.3任）
党组成员、副局长　邹曼莉（女，2019.3任）
副局长　文启华（2019.7任）

市优化营商环境协调事务中心

主任　黎　华（2019.8任）

市政务服务中心

主任　唐湘群（2019.8任）

市信访局

党组书记、局长　谢建林
党组成员、副局长　易书明

市接待服务中心

党组书记、主任　潘　良（女，2019.7任）
党组成员、副主任　胡小兵（2019.8任）
副主任　李　芳（女，2019.8任）

市征地工作协调服务中心

党组书记　胡　斌（2019.7任）
主任　瞿孝林（2019.7任）
党组成员、副主任　汤申根（2019.8任）　向　前（2019.8任）

市广播电视台

党委书记、台长　丁　瑜
副台长　曾玄风　陈　明
编辑委员会副总编辑　张申明　孙恢宏　肖华林（2019.8任）

市畜牧水产事务中心

主任　陈振宇（2019.7任）　孙　平（2019.5免）
副主任　邹培锋　易康飞　金建军（2019.8免）

市档案馆（市党史和市志研究室）

馆长　吴远香（女）
副馆长　廖际标　陈　灏

市住房保障服务中心

主任　钟显亮（2019.7任）　余建明（2019.4免）
副主任　帅年祥　吴晓红（女，2019.8任）　钟　华（2019.8任）　瞿名辉（2019.8免）　吴远征（2019.8免）
国有土地上房屋征收办公室主任　曾明强

市陶瓷烟花产业服务中心

党组书记　汤铁龙（2019.7任）　胡兆霖（2019.7免）
主任　雷向军（女，2019.7任）
党组成员、副主任　李国平（女）　席小斌　周　玲（女，2019.8任）
副主任　田佩峰

市机关事务服务中心

主　　任　（空缺）
党组书记　刘军（2019.8任）
党组成员、副主任　刘凌云
　　高　柳（女，2019.7任）

市网格化管理服务中心

主　　任　（空缺）
党组书记　文箭（2019.7任）
党组成员、副主任　李颖军（2019.7任）
　　张玉婷（女，2019.8任）

市库区移民事务中心

主　　任　（空缺）
副主任　邱道棉（2019.8任）
　　柳　华（2019.8任）

市渌江投资控股集团有限公司

党委书记、董事长　姚红波（2019.7任）
　　黄小勇（2019.7免）
总经理　姚红波
党委副书记　（空缺）　姚红波（2019.7免）
党委委员　罗裕（2019.8任）
　　阳继先　陈嗣佳
　　龙毅旭　文建纯
监事会主席　罗　裕（2019.8任）
　　金　铭（2019.8免）
纪委书记　阳继先
副总经理　陈嗣佳　龙毅旭
工会主席　李运良

市市场服务中心

主　　任　吴远征（2019.8任）
副主任　蒋申慧（女）　高　剑

市供销合作社联合社

党组书记、主任　王　宇
党组副书记　曾凡好
副主任　曾凡好　乐　琴（女）
监事会主任　刘军（2019.4任）

市水务集团（自来水公司）

总经理　吴礼阳
党总支书记　何细珠
副总经理　李明林（2019.7任）　吴冬升
　　胡江文　温晓文（女）
工会主席　巫学文

市农机事务中心

主　　任　张龙新
副主任　喻　兰（女）　向唯端
　　赵金亮　欧阳芳（女）
　　旷劲松（2019.8免）

市文化市场综合执法大队

大队长　（空缺）
副大队长　李剑波

市环境卫生服务中心

主　　任　钟飞跃

驻醴株洲市国有企业改革事务中心

主　　任　陈建勤

潘矿离退休人员服务中心

主　　任　何岳祥

四、政协醴陵市委员会及工作机构负责人

政协醴陵市委员会

党组书记、主席　江曙明
党组成员、副主席　程曙光　肖建辉
副主席　李忆湘（女）　钟富强（兼）
　　易召群（兼）
党组成员、办公室主任　黄志敏

办公室

党组成员、办公室主任　黄志敏
办公室副主任　吴　军

提案和委员学习联络委员会

主　　任　尹依文（2019.3任）
副主任　姚　丹（女，2019.3任）

经济科技和外事委员会

主　　任　柳才军（2019.3任）

文教卫体和文史委员会

主　　任　刘天汉（2019.3任）

农业农村和人口资源环境委员会

主　　任　姚　武（2019.3任）

社会法制和民族宗教委员会

主　　任　王太忠（2019.3任）

五、湖南醴陵经济开发区负责人

党工委书记 黎 平
党工委副书记、管委会主任 谢圣才
党工委委员 陈丰华 林志祥
刘高飞 赖 洪
副主任 陈丰华 林志祥 赖 洪
纪工委书记 刘高飞

党政办公室

主任 邱素纯（女）
副主任 叶冠勇

产业发展局

局长 黄小龙
副局长 何泽华

招商合作局

局长 江 娅（女，2019.7 任）
副局长 （空缺）尹杰斌（2019.7 免）

社会事务管理局

局长 蒋红专
副局长 颜艳军 陈蓉军

规划建设局

局长 朱湛军
副局长 （空缺）

高新技术发展中心

主任 张 斌
副主任 易爱玲（女） 周伟祁

陶瓷研究中心

主任 邹 萍（女，2019.7 任）
江 娅（女，2019.7 免）
副主任 赖艳霞（女）
易悠悠（女，2019.7 任）
邹 萍（女，2019.7 免）

财政金融所

所长 刘 勇

高新技术产业发展有限公司

董事长 谢智勇（2019.3 任）
易 勇（2019.3 免）
总经理 杨 进（2019.8 任）
谢智勇（2019.8 免）
监事会主席 金 铭（2019.8 任）
丁光勇（2019.8 免）
副总经理 邓勇航 李俊军
张新琪（2019.8 任）
杨 进（2019.8 免）

六、醴陵市人民法院、人民检察院、城区管理委员会负责人

市人民法院

院长、党组书记 刘望鸣
党组副书记 兰文勇 易祖斌
副院长 兰文勇 汤金球 周高尚
党组成员 汤金球 王 昊 方建良
纪检组组长 （空缺）
政工科科长 方建良
执行局局长 （空缺）
工会主席 熊益民
审判委员会专职委员 张华生 易祖斌

白兔潭法庭

庭长 （空缺）

板杉法庭

庭长 （空缺）

泗汾法庭

庭长 晏宇清

茶山法庭

庭长 邓 芳

市人民检察院

检察长、党组书记 黄晓军
党组副书记 罗月虹 陈志高
副检察长 罗月虹 易召群
杨林英（女、兼）
党组成员 杨林英（女）
彭跃云 李 立
纪检组组长 （空缺）
政工科科长 李 立
检察委员会专职委员 陈志高 彭跃云

市城区管理委员会

主任 丁际秋
副主任 （空缺）
唐 琼（女，2019.7 免）

七、民主党派、社会团体负责人

中国国民党革命委员会醴陵市委员

主委　李忆湘（女）
副主委　付海燕（女）

市总工会

主席　廖宏力
党组书记　李子平（2019.5 任）
党组成员　刘醴谦（女）　黄钺
　何春辉（2019.5 免）
副主席　刘醴谦（女）　黄钺
　刘建成（挂职）
　何春辉（2019.5 免）

中国共产主义青年团醴陵市委员会

书记　朱玉婷（女，2019.7 任）
　钟洁（女，2019.7 免）
副书记　（空缺）
　廖勇（女，2019.7 免）

市妇女联合会

党组书记、主席　杨璟（女）
党组成员、副主席　李京（女）
　刘玲（女、挂职）

市残疾人联合执行理事会

党组书记、理事长　颜少龙（2019.3 任）
　朱卫兵（2019.3 免）
党组成员、副理事长　宋瑶玲　刘海平（挂职）

市工商业联合会（总商会）

主席（会长）　黄向阳（女）
党组书记　孙勇
党组成员　邱长青　邓少富　余波
副主席　邱长青　余波

市文学艺术界联合会

主席　唐青柏
党组书记　张坚（2019.9 任）
　刘天汉（2019.3 免）

市科学技术协会

党组书记、主席　匡兴武（2019.3 任）
　欧阳未来（2019.3 免）
党组成员、副主席　刘宁波　卢启宇

市红十字会

会长　（空缺）
常务副会长　彭中华（2019.8 任）

八、学校负责人

湖南轻工高级技工学校

校长　殷建国
党委书记　邹仁义
党委副书记　殷建国　唐金跃
副校长　唐忠民　严安兵　罗建明

市陶瓷烟花职业技术学校

校长　徐峰
副校长　肖红卫　陈健
　廖莉（女，2019.7 任）
　甘旭（2019.8 任）
　王茹辉（女，2019.8 免）
　李文（2019.7 免）
工会主席　谢从文

市第一中学

校长　易军
副校长　苏鹄鸿　张锐
　彭礼强　袁志中

市第二中学

校长　王建林
副校长　黎明　黄水生　彭林
　瞿孝林（2019.7 免）

市第四中学

党委书记、校长　曾祥平
副校长　王元　陈鑫
　王辉　李和平

九、医院负责人

湖南师范大学附属湘东医院

院长　汤建国
党委书记　王自明
党委副书记　刘可安　张见日
副院长　周钢铁　孙志宏　周春芳
纪检书记　刘可安
三甲办常务副主任　董彩梅（女）

市中医院

党委书记　肖宏韬（2019.7 任）
　邹家全（2019.4 免）
院长　谭海彦（2019.7 任）
　邹家全（2019.4 免）

党委委员 王志明（女，2019.8任）
陈建勇（2019.8任）
副院长 王志明（女，2019.8任）
陈建勇（2019.8任）
史 坚
谭海彦（2019.7免）
肖宏韬（2019.7免）
邓 纲（2019.7免）

市妇幼保健计划生育服务中心

主任 周权林
党委书记 邓 纲（2019.7任）
副主任 李崇红（女） 李 丽（女）

市疾病预防控制中心

主任 周江选
党支部书记 刘志宏

十、示范区、街道、乡镇负责人

长庆示范区

党工委书记 易 勇（2019.3任）
汤 文（2019.3免）
主任 凌 伟
党工委副书记 凌 伟
温立峰（2019.3任）
胡 斌（2019.3任）
党工委委员 徐 昂 陈云峰
纪工委书记 徐 昂
副主任 徐甘泉 张劲夫

来龙门街道办事处

党工委书记 汤文（2019.4任）
彭亿安（2019.3免）
主任 张友学（2019.7任）
姚 武（2019.3免）
人大工作委员会主任 杨 芷（女，2019.7任）
钟显亮（2019.7免）
党工委副书记 张友学（2019.7任）
姚 武（2019.3免）
许志良（2019.8任）
杨 芷（女，2019.7免）
党工委委员 杨 芷（女，2019.7任）
钟显亮（2019.7免）
叶 西（2019.8任）
冯 量（2019.8任）
汤其良 李启木
文 理（2019.8免）
刘立群（女，2019.8免）
纪工委书记 叶 西（2019.8任）
文 理（2019.8免）
组织委员 冯 量（2019.8任）
刘立群（女，2019.8免）
人民武装部部长 汤其良
副主任 熊 波 钱 明

阳三石街道办事处

党工委书记 郭中阁（2019.3任）
胡炼红（2019.3免）
主任 王 振（2019.7任）
陈振江（2019.3免）
人大工作委员会主任 施祖泰
政协联络工作负责人 瞿海翔
党工委副书记 王 振（2019.7任）
陈振江（2019.3免）
徐达兵（2019.7任）
张友学（2019.7免）
党工委委员 施祖泰 瞿海翔
谭运喜（2019.8任）
文 理（2019.8任）
易焕明（女）
殷红如（女，2019.8任）
黄 蔚（2019.8免）
纪工委书记 谭运喜（2019.8任）
组织委员 易焕明（女）
人民武装部部长 文 理（2019.8任）
黄 蔚（2019.8免）
副主任 陈金林 郭湘伟

仙岳山街道办事处

党工委书记 黄小勇（2019.9任）
周细平（2019.7免）
主任 王文开（2019.8任）
宋 恒（2019.8免）
人大工作委员会主任 唐 琼（女，2019.7任）
党工委副书记 王文开（2019.8任）
宋 恒（2019.8免）
丁 力（2019.8任）
许志良（2019.8免）
党工委委员 张家富（2019.8任）
张重权 张洁玉（女）
唐 峰
纪工委书记 张家富（2019.8任）
组织委员 张洁玉（女）
人民武装部部长 唐 峰
副主任 王丽芳（女） 周亚鹏

国瓷街道办事处

党工委书记 赖 洪（兼）
主任 易志红

人大工作室主任 罗明波
政协联络工作负责人 万卫华
党工委副书记 易志红 陈大兵
党工委委员 罗明波 万卫华 朱启才
周江龙 王云芝（女）
黎 婷（女，2019.8 任）
王睿婷（女，2019.8 免）
纪工委书记 朱启才
组织委员 黎 婷（女，2019.8 任）
王睿婷（女，2019.8 免）
人民武装部部长 周江龙
副主任 巫启军 刘 威

李畋镇

党委书记 苏继峰
镇长 邓实奇
人大主席 文洪国
党委委员兼政协联络工作负责人 邓丽君（女）
党委副书记 邓实奇 胡战坚
纪委书记 周予雄（2019.8 任）
曾祥军（2019.8 免）
党委委员 文洪国
周予雄（2019.8 任）
陈友水 许 君
曾祥军（2019.8 免）
蒲 聪（2019.8 免）
组织委员（空缺） 蒲 聪（2019.8 免）
人民武装部部长 陈友水
人大副主席 柳 朋
副镇长 陈桂发 陈友水

白兔潭镇

党委书记 肖小武
镇长 邹政大
人大主席 李建伟（2019.7 任）
王帮铁（2019.7 免）
党委委员兼政协联络工作负责人 周远志（2019.7 免）
党委副书记 邹政大
汪 建（2019.8 任）
李建伟（2019.7 免）
党委委员 李建伟（2019.7 任）
刘 海 陈 炎
肖 维 易开春
王帮铁（2019.7 免）
纪委书记 刘 海
组织委员 陈 炎
人民武装部部长 肖 维
人大副主席 陈利华（女）
副镇长 肖祥早 肖 维

浦口镇

党委书记 王 平
镇长 杨 成（2019.7 任）
人大主席 周远志（2019.7 任）
刘铁强（2019.7 免）
党委委员兼政协联络工作负责人 杨 成（2019.7 免）
党委副书记 晏振方（2019.8 任）
周华林（2019.8 免）
党委委员 金小平（女） 吴拥军
袁智恒 黄 波
刘铁强（2019.7 免）
纪委书记 金小平（女）
组织委员 黄 波
人民武装部部长 袁智恒
人大副主席 胡望华（女）
副镇长 黄 徐 袁智恒

王仙镇

党委书记 文 庆（2019.3 任）
郭中阁（2019.3 免）
镇长 余志勇（2019.7 任）
文 庆（2019.3 免）
人大主席 谭芬芬（女）
党委委员兼政协联络工作负责人 吴德根
党委副书记 余志勇（2019.7 任）
钟 征
文 庆（2019.3 免）
党委委员 谭芬芬（女） 陈 潇
易辉平 刘志方
晏振方（2019.8 免）
纪委书记 陈 潇
组织委员 （空缺） 晏振方（2019.8 免）
人民武装部部长 易辉平
副镇长 黄先海 言 艾（女）
向轩琳（女，2019.10 任）
易辉平

沩山镇

党委书记 苏 凯
镇长 卢炼钢（2019.7 任）
钟 敏（2019.7 免）
人大主席 翁 琼（女，2019.7 任）
李明林（2019.7 免）
党委委员兼政协联络工作负责人 赖洪彰
党委副书记 卢炼钢（2019.7 任）
钟 敏（2019.7 免）
黄 唯（女）
党委委员 陈庆军 方卫东 刘传水
李明林（2019.7 免）
杨 雁（女，2019.8 免）

纪委书记 陈庆军
组织委员 （空缺）
杨 雁（女，2019.8免）
人民武装部部长 方卫东
人大副主席 钟 峰
副镇长 杨春来 方卫东

东富镇

党委书记 陈朝科（2019.3任）
杨冬发（2019.3免）
镇长 温水淋
人大主席 方国华
党委委员兼政协联络工作负责人 唐海涛
党委副书记 温水淋
刘 宇（2019.8任）
李 淼（2019.7免）
党委委员 方国华
李泽锋（2019.8任）
阳自更 赵益方 巫瑾千
赵西京（2019.8免）
纪委书记 李泽锋（2019.8任）
赵西京（2019.8免）
组织委员 巫瑾千
人民武装部部长 赵益方
副镇长 赵益方 吴南屏（女）
付 聪（女，2019.10任）

孙家湾镇

党委书记 杨 鹏
镇长 吴 剑（2019.7任）
人大主席 刘新建
党委副书记 吴 剑
王睿婷（2019.7任）
翁 琼（女，2019.7免）
党委委员 刘新建 田响力
谭怀民 杨 智
钟 方（2019.8免）
纪委书记 田响力
组织委员 杨 智
人民武装部部长 钟 方（2019.8免）
人大副主席 易康广
副镇长 钟 禹
吴 剑（2019.7免）
钟 方（2019.8免）

泗汾镇

党委书记 宋 恒（2019.8任）
颜少龙（2019.3免）
镇长 唐尚昆
人大主席 文放武
党委委员兼政协联络工作负责人 杨升良
党委副书记 唐尚昆 易惠超
党委委员 文放武 杨升良
余华杰 贺海燕（女）
林 波 贺志刚
纪委书记 余华杰
组织委员 林 波
人民武装部部长 贺志刚
人大副主席 谢 玲
副镇长 贺志刚 余喜华
姚广济（2019.10任）

沈潭镇

党委书记 彭湘陵（2019.3任）
陈朝科（2019.3免）
镇长 谢 煌（2019.7任）
人大主席 王伏云
党委委员兼政协联络工作负责人 黄永刚
党委副书记 谢 煌 袁 斌（2019.8任）
党委委员 王伏云
刘海林（2019.8任）
周双双（女，2019.8任）
林 威 李 顺
张家富（2019.8免）
殷红如（女，2019.8免）
纪委书记 刘海林（2019.8任）
张家富（2019.8免）
组织委员 周双双（女，2019.8任）
殷红如（女，2019.8免）
人民武装部部长 林 威
人大副主席 龙 隆（2018.9任）
副镇长 林 威 王成龙
谢 煌（2019.7免）

船湾镇

党委书记 袁 亮（2019.3任）
彭庆纪（2019.3免）
镇长 易桢华（女）
人大主席 宋 勇
党委委员兼政协联络工作负责人 罗洪龙（2019.7免）
党委副书记 易桢华（女）
钟 方（2019.8任）
刘雪平（2019.7免）
党委委员 宋 勇
王 华（2019.8任）
曾祥军（2019.8任）
林仕剑（2019.8任）
谭运喜（2019.8免）
李 维（2019.8免）
纪委书记 王 华（2019.8任）
谭运喜（2019.8免）

组织委员 （空缺） 李　维（2019.8免）
人民武装部部长 林仕剑（2019.8任）
刘雪平（2019.7免）
人大副主席 张海生（2019.8任）
漆锦江（2019.8免）
副镇长 曾祥军（2019.8任）
林仕剑（2019.8任）
漆志坚　林　丹（女）
文　茜（女，2019.10免）

明月镇

党委书记 王成根（2019.7任）
郭　晖（2019.7免）
镇长 张　铝
人大主席 周华林（2019.8任）
王　军（2019.7免）
党委委员兼政协联络工作负责人 欧阳建新
党委副书记 张　铝　欧阳国启
党委委员 周华林（2019.8任）
周文勇（2019.8任）
程正良　唐亚旭　张玲樱
王　军（2019.7免）
叶　西（2019.8免）
纪委书记 周文勇（2019.8任）
叶　西（2019.8免）
组织委员 唐亚旭
人民武装部部长 程正良
人大副主席 马宇星
副镇长 程正良　王佑来

嘉树镇

党委书记 刘北斗
镇长 黄志强
人大主席 廖　勇（女，2019.7任）
黄茂群（2019.7免）
党委委员兼政协联络工作负责人 谭小林
党委副书记 黄志强　叶家富
党委委员 廖　勇（女，2019.7任）
郭　钫　巫立新　刘礼英（女）
黄茂群（2019.7免）
纪委书记 郭　钫
组织委员 刘礼英（女）
人民武装部部长 叶家富
副镇长 兰礼平（女）　成　婧（女）

茶山镇

党委书记 骆仕良
镇长 钟　敏（2019.7任）
彭湘陵（女，2019.3免）
人大主席 马　牛
党委委员兼政协联络工作负责人 谢逢线
党委副书记 钟　敏（2019.7任）
邹丁睦
彭湘陵（女，2019.3免）
党委委员 马　牛　吴　敏（女）
陈　钟　程　明
李　成（2019.8免）
纪委书记 （空缺） 李　成（2019.8免）
组织委员 吴　敏（女）
人民武装部部长 陈　钟
副镇长 陈　钟　刘　敏　赵红兵
王　玲（2019.10任）

均楚镇

党委书记 邓元新
镇长 刘雪平（2019.7任）
卢炼钢（2019.7免）
人大主席 邓卫群
党委委员兼政协联络工作负责人 何春泉
党委副书记 刘雪平（2019.7任）
赵西京（2019.8任）
卢炼钢（2019.7免）
徐达兵（2019.7免）
党委委员 邓卫群　易　文　李治国
施　展　王　华（2019.8免）
纪委书记 （空缺） 王　华（2019.8免）
组织委员 施　展
人民武装部部长 易　文
副镇长 李潜滋（女） 张吉祥
易　文

石亭镇

党委书记 胡修文（2019.3任）
陈　林（2019.3免）
镇长 段辉建（2019.7任）
胡修文（2019.3免）
人大主席 欧智文（2019.7任）
万丽娟（女，2019.7免）
党委副书记 段辉建（2019.7任）
李　成（2019.8任）
胡修文（2019.3免）
欧智文（2019.7免）
纪委书记 王波涛
党委委员 欧智文（2019.7任）
王波涛　黄日强
楚鸿玮　李　兵
李　维（2019.8任）
万丽娟（女，2019.7免）
组织委员 黄日强
人民武装部部长 楚鸿玮
副镇长 楚鸿玮　易灿南（女）
钟　刚

板杉镇

党委书记 刘 淼（女）
镇长 刘 敏
人大主席 尹杰斌（2019.7任）
党委委员兼政协联络工作负责人 叶建明
党委副书记 刘 敏
刘立群（女，2019.8任）
纪委书记 易理政
党委委员 尹杰斌（2019.7任）
易理政 汪 洋 陈 波（女）
丁 力（2019.8免）
彭朗朗（女，2019.8免）
组织委员（空缺） 彭朗朗（女，2019.8免）
人民武装部部长 汪 洋
人大副主席 钟定龙
副镇长 杨颖异 汪 洋

左权镇

党委书记 李友鹏
镇长 张卫根
人大主席 姜 丹（女，2019.7任）
党委委员兼政协联络工作负责人 姜 丹（女，2019.7免）
党委副书记 张卫根
胡 广（2019.8任）
袁 斌（2019.8免）
党委委员 姜 丹（女） 曾 亮 易学均
胡 广（2019.8免）
周予雄（2019.8免）
纪委书记 曾 亮
组织委员 周予雄（2019.8免）
人民武装部部长 胡 广（2019.8免）
人大副主席 高明月（女）
副镇长 潘育武
彭 伏（女，2019.10任）
胡 广（2019.8免）

枫林镇

党委书记 陈振江（2019.3任）
高开军（2019.3免）
镇长 李 辉（女）
人大主席 甘辉斌
党委副书记 李 辉（女） 苏赤民
党委委员 甘辉斌 刘海林
刘 赞 刘俊林
易虎龙（2019.8免）
纪委书记 彭 伟（2019.10任）
刘海林（2019.8免）
组织委员 刘 赞
人民武装部部长 刘俊林
人大副主席 钟 琼（女）
副镇长 阳 敏 刘俊林
吴平一（2018.10免）

官庄镇

党委书记 姚飞勇
镇长 李 淼（2019.7任）
王成根（2019.7免）
人大主席 田芳宇
党委副书记 李 淼（2019.7任）
杨 雁（女，2019.8任）
王成根（2019.7免）
朱玉婷（女，2019.7免）
党委委员 田芳宇 黄定峰
付伟文 肖铁华
冯 量（2019.7免）
纪委书记 黄定峰
组织委员 （空缺） 冯 量（2019.8免）
人民武装部部长 肖铁华
副镇长 吴 艳 肖铁华 王 冰（女）
（曾 龙）

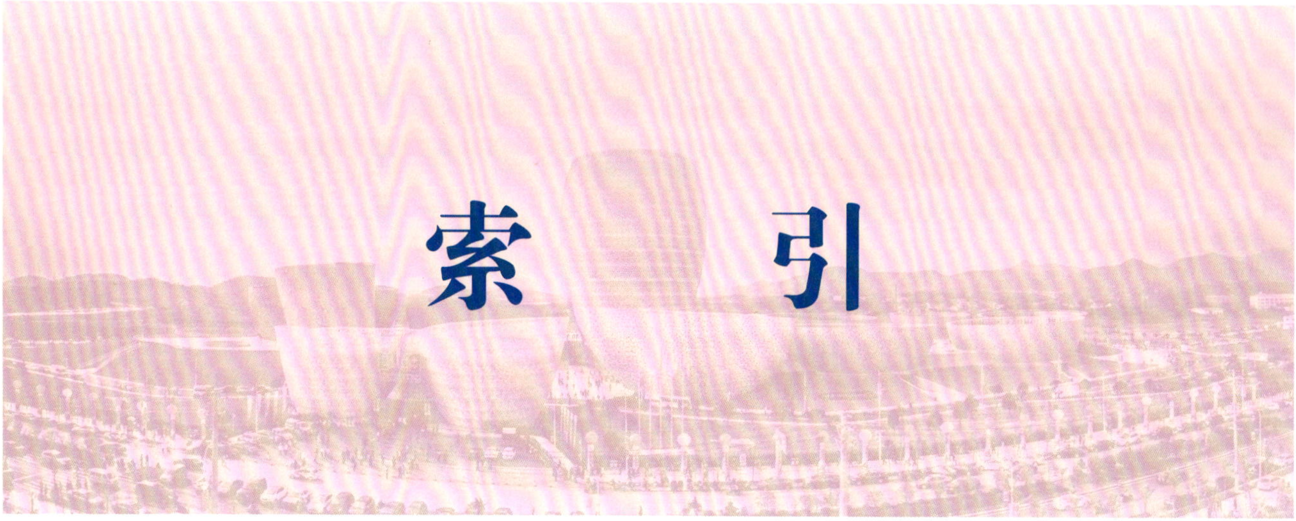

索　引

说　明

1. 本索引编有主题分析索引和地名索引，主题分析索引和地名索引按汉语拼音顺序排列，同音字按声调排序，同音同调字按下一字的音序排列。

2. 标引词后的数字表示内容所在页码，字母 a、b、c 分别表示左栏、中栏、右栏。

3. 类目、专题稿标题和地名用黑体字标明。

数字首

A

B

C

L

M

N

P

Q

R

S

T

W

区·街道·镇